F. Mangold

Der Feldzug in Nord-Virginien im August 1862

F. Mangold

Der Feldzug in Nord-Virginien im August 1862

ISBN/EAN: 9783743301832

Hergestellt in Europa, USA, Kanada, Australien, Japan

Cover: Foto ©ninafisch / pixelio.de

Manufactured and distributed by brebook publishing software
(www.brebook.com)

F. Mangold

Der Feldzug in Nord-Virginien im August 1862

Der

Feldzug in Nord-Virginien

im August 1862.

—————

Von

F. Mangold

Major im Westfälischen Fuss-Artillerie-Regiment No. 7.

Hannover, 1881.

Helwingsche Verlagsbuchhandlung.

(Th. Mierzinsky, Kgl. Hofbuchhändler.)

Schlägerstrasse 20.

Vorwort.

In den Jahren 1875 und 76 habe ich den ersten Band einer „Geschichte des Bürgerkrieges in den Vereinigten Staaten von Amerika" veröffentlicht, welcher die „Vorgeschichte des Krieges" und von der „Geschichte des Krieges" die Ereignisse bis zum Schlusse des Jahres 1861 behandelt. Es war anfänglich beabsichtigt — wie auch aus dem Titel des genannten Bandes hervorgeht —, die Arbeit als 2. Auflage des inzwischen vergriffenen Sanderschen Werkes erscheinen zu lassen und hatte sich Verfasser die Aufgabe gestellt, den von Sander nicht bearbeiteten Teil des Krieges zu ergänzen, das Übrige aber mit möglichster Schonung des Sanderschen Originals nach den inzwischen neu erschlossenen Quellen zu berichtigen und zu ergänzen.

Die Kritik nahm den erwähnten ersten Band überaus wohlwollend auf. Gleichzeitig wiesen aber gewichtige Stimmen in demselben darauf hin, dass es bei Durchführung des oben dargelegten Planes dem Werk an Einheitlichkeit und Gleichmässigkeit in der Behandlung des Stoffes fehlen würde. Bei dem in Aussicht genommenen Umfang von nur zwei Bänden würde für mehr als drei Jahre des Krieges der Raum von nur einem Band zur Verfügung gestanden haben, während die obendrein vergleichsweise weniger interessanten ersten neun Monate fast zwei Drittteile des ersten Bandes füllten. Ich konnte mich der Einsicht nicht verschliessen, dass diese Bemerkungen vollständig berechtigt

waren und nur einem Gefühl Ausdruck gaben, welches ich selbst
schon im Stillen mit mir herumgetragen hatte. Infolge dessen
erwachte in mir der Wunsch, den Anschluss an das Sandersche
Werk ganz fallen zu lassen und den noch rückständigen Teil
des Krieges nach demselben Plan und in derselben Ausführlich-
keit zu bearbeiten, wie den im ersten Band enthaltenen.

Buchhändlerische Rücksichten machten die Verwirklichung
dieses Wunsches zur Zeit unmöglich, was mich jedoch nicht ab-
hielt, meine Arbeiten fortzusetzen. Inzwischen sind seit dem Erscheinen des ersten Bandes noch zahlreiche wertvolle Quellen erschlossen und das Erscheinen noch weiterer, namentlich biogra-
phischer und Memoiren-Werke steht in Aussicht. Auch ist es mir
gelungen, Verbindungen in Amerika anzuknüpfen, durch welche
mir die Einsichtnahme und Benutzung bisher noch ungedruckter
Original-Dokumente ermöglicht wurde.

Das Ergebnis dieser Arbeiten ist ein überaus reichhaltiges
Material, welches mich in den Stand setzt, den Krieg so eingehend
zu behandeln, wie er nicht nur dem deutschen militärischen Publikum, sondern auch überhaupt bisher noch nicht vorgeführt worden ist, und zwar habe ich die Absicht, dies in der Form einer
Folge grösserer Monographien zu thun, welche die verschiedenen
Abschnitte des Krieges zur ausführlichen Darstellung bringen
werden. Jede einzelne dieser Monographien wird ein in sich ab-
geschlossenes und abgerundetes selbständiges Werk sein und in
ihrer Gesamtheit werden sie eine vollständige Geschichte der
militärischen Ereignisse des amerikanischen Krieges bilden.

Unser grosser nationaler Krieg liegt jetzt 10 Jahre hinter
uns und es ist wohl anzunehmen, dass das militärische Publikum
nunmehr auch wieder Interesse für den uns ferner liegenden,
aber noch nicht genügend gewürdigten amerikanischen Krieg
zeigen wird, der einen so weitgehenden Einfluss auf die Entwickelung des europäischen Kriegswesens und die Kampfweise euro-
päischer Heere gehabt hat und noch ferner haben wird, und zwar
um so mehr, je bekannter er in seinen Einzelheiten wird.

Die gewählte Form der Veröffentlichung bietet neben manchen anderen Vorteilen auch noch den, dass sie nicht an die chronologische Ordnung gebunden ist und deshalb die Möglichkeit gewährt, die Bearbeitung einer Anzahl von Feldzügen, deren Geschichte in so fern als abgeschlossen zu betrachten ist, als etwa noch weiter ans Licht kommende Quellen nichts Wesentliches mehr über dieselben enthüllen können, ohne weiteren Zeitverlust erscheinen zu lassen.

Wenn ich als erste dieser Monographien der militärischen Leserwelt die „Geschichte des Feldzuges in Nord-Virginien im August 1862" vorlege, so haben mich zu dieser Wahl noch andere Gründe veranlasst, welche kurz anzuführen mir hier gestattet sein möge.

Im Januar 1863 wurde der General in der Unions-Armee Fitz-John Porter wegen seines Verhaltens in dem Feldzug in Nord-Virginien im August 62 vor ein Kriegsgericht gestellt und von diesem zur Cassation verurteilt. Porter hat stets erklärt, dass er unschuldig sei und hat unablässig versucht, eine Revision seines Prozesses herbeizuführen. Erst im Jahre 1878 ist ihm das gelungen und diese Revision endigte mit einer glänzenden Rechtfertigung Porters. Dabei ist eine Menge neuen Materials zu Tage gefördert, welches diesen Feldzug teilweise in einem ganz neuen Licht erscheinen lässt und wodurch derselbe in erster Linie zu denen zu rechnen ist, deren Geschichte als abgeschlossen und fixirt betrachtet werden kann.

Der Fall, dass ein verdienstvoller General 16 Jahre lang unter dem Drucke eines ungerechten und entehrenden Urteils gelebt und gelitten hat, ist glücklicherweise in der Geschichte ein ziemlich seltener. Noch seltener aber ist der Fall, dass einem solchen Unglücklichen noch nach so langer Zeit eine so vollständige und so glänzende Rechtfertigung zu teil wird.

Der Wunsch, durch möglichste Verbreitung dieser Rechtfertigung im militärischen Publikum ein Scherflein zu dieser Sühne der Geschichte beizutragen und das Streben, den in vieler

Beziehung interessanten und lehrreichen „Feldzug in Nord-Virginien im August 1862" als Erster dem militärischen Publikum in dem Lichte vorzuführen, in welchem er durch die Revisions-Verhandlungen des Prozesses Porter erscheint, sind die Gründe, welche mich veranlassen, gerade diese Arbeit zuerst zu veröffentlichen.

Cöln, im Frühjahr 1881.

Der Verfasser.

Inhalt.

Berichtiguug.

S. 24 Zeile 15 v. u. lies Couch statt Louch.
S. 169 Zeile 15 v. o. lies antreffe statt anweise.

I. Einführung in die militärische Sachlage zu Anfang August 1862.

Auf dem virginischen Kriegsschauplatze, dem wichtigsten Teil des ungeheuren Kriegstheaters, auf welchem sich das blutige Drama des amerikanischen Bürgerkrieges abspielte, war seit der für die Unierten so unglücklichen Schlacht am Bull Run oder bei Manassas Junction, wie sie von den Konföderierten genannt wurde (21. Juli 1861), eine längere Ruhe eingetreten.

Die Wirkung dieser Schlacht im Norden war eine tiefe und nachhaltige. Anfänglich schien es, als ob Regierung und Volk von dem Schlag, der um so schwerer traf, weil er unerwartet kam, vollständig betäubt seien. Allein nur wenige Tage dauerte dieser Zustand. Zwei

Tage nach der Schlacht beantragte die Regierung beim Kongress die Aufstellung einer Armee von 400 000 Mann und die Bewilligung von 400 Millionen Dollars. Der Kongress bewilligte 500 000 Mann und 500 Millionen Dollars. Das Beispiel, welches der Kongress gab, fand im Volke einen lebhaften Wiederhall. Es fand alle seine Thatkraft und Energie wieder, aber es erwachte auch zu einem besseren Verständnis der Sachlage.

Einsichtsvolle Männer sahen wohl, dass etwas anderes eine schlimmere Niederlage erlitten hatte, als das Heer, nämlich das System, unter welchem die Schlacht von Bull Run geschlagen und verloren war. Das Lehrmittel war ein schweres, aber es war notwendig, um das unausbleibliche Ergebnis des rohen Dilettantismus darzulegen, mit welchem der Krieg bis dahin geführt war, und zu zeigen, was die Folge sei, wenn Feldzüge von in militärischen Dingen unwissenden Politikern geplant und Angriffsschlachten unter dem Druck hitzköpfiger Zeitungsschreiber von unausgebildeten Rekruten geschlagen werden.

Der Geist, in welchem das Land sich erhob, um den Forderungen des Augenblicks zu genügen, zeigte, dass es aus der Erfahrung Nutzen gezogen, und wenn vor der Schlacht am Bull Run das Volk in einer Stimmung gewesen war, welche eine so bittere Lehre wohl verdiente, so zeigte sich jetzt bald, dass ein Geist in ihm steckte, der es über die schlimmsten Fehler und Missgriffe erhob.

Die Regierung handelte mit Entschiedenheit und Thatkraft. Am Tage nach der Schlacht am Bull Run wurde der General George B. Mc Clellan, welcher sich durch einen kurzen und glücklichen, in seiner Bedeutung freilich erheblich überschätzten Feldzug in West-Virginien hohen Ruhm erworben hatte, nach Washington berufen und unter dem Beifall der öffentlichen Meinung an die Spitze der Trümmer der Armee gestellt, die aus dem unglücklichen Feldzuge zurückgekehrt waren, und denen sich die rasch ankommenden neu ausgehobenen Regimenter zugesellten. Seine Aufgabe war es, aus diesen Bestandteilen ein Heer zu bilden. Er brachte dazu Jugend[1]), einen fleckenlosen moralischen Charakter, eine feste Gesundheit, eine gute militärische Erziehung und einen unermüdlichen Eifer mit, während ihm ein unbegrenztes Vertrauen entgegengetragen wurde; Dinge, welche für den Führer einer Armee freilich sehr wünschenswert sind, aber allein noch keinen Feldherrn machen, und ob er alle die Eigenschaften und vielfachen Kenntnisse besass, welche ihn in den Stand setzen konnten, das hohe in ihn gesetzte Vertrauen zu rechtfertigen, musste die Zukunft lehren.

Mc Clellan gab sich mit grossem Eifer der ihm gestellten Aufgabe hin. Dieselbe war eine gewaltige. Die militärischen Überlieferungen beschränkten sich auf den Krieg gegen Mexiko und konnten keinen Massstab für die Organisation einer Armee abgeben, wie sie

---

[1]) Mc Clellan war am 3. Dezember 1826 geboren, zur Zeit also noch nicht ganz 35 Jahre alt.

die jetzt vorliegenden Bedürfnisse erheischten. Die vor dem Kriege unterhaltene, kaum 14000 M. starke reguläre Armee war viel zu klein und überdies durch die Vorgänge beim Ausbruch des Bürgerkrieges (Austritt vieler Offiziere), zu sehr erschüttert, um als Rahmen für ein so grosses Heer dienen zu können, wie es jetzt gebraucht wurde.

Am 27. Juli, dem Tage, an dem Mc Clellan das Kommando antrat, betrug die Stärke der um Washington versammelten Truppen etwa 50000 Infanteristen, weniger als 1000 Kavalleristen und 650 Artilleristen, in neun unvollständigen Feldbatterien mit im ganzen 30 Geschützen. Der vollständige Zusammenbruch jeder Organisation, welcher der Schlacht am Bull Run gefolgt war, gab dieser Truppenmenge eher den Anschein eines bewaffneten Pöbelhaufens, als einer Armee. Desertionen hatten in beunruhigender Weise überhand genommen und die Strassen von Washington waren mit Offizieren und Soldaten angefüllt, welche ohne Erlaubnis von ihren Truppenteilen fern waren und in ihrer Haltung und ihrem Benehmen einen vollständigen Mangel an Disziplin verrieten.

Mc Clellans Aufgabe bestand demnach darin, eine feste Disziplin einzuführen, für eine gründliche Ausbildung Sorge zu tragen und dann die Armee für die beabsichtigten Operationen zweckmässig zu organisieren.

In einer Armee, in welcher die Disziplin einmal fest begründet ist, fügen sich ihr die neu Hinzutretenden ohne grosse Schwierigkeit. Aber die Unionsregierung musste sie erst in einer enormen Ansammlung von Menschen, denen ihre ersten Anforderungen ebenso unbekannt wie unbequem waren, einführen, und sie besass dazu keine wahrhaft wirksamen Mittel. Sie hatte zwar das Recht, unwürdige Offiziere von ihren Stellungen zu entfernen, aber sie hatte keinen Einfluss auf eine würdige Wiederbesetzung der freien Stelle, da das Ernennungsrecht mit wenig Ausnahmen den Einzelstaaten zustand und, wenigstens bezüglich der Subalternoffiziere, in vielen Staaten durch Wahl der Mannschaften ausgeübt wurde. Sie konnte die Offiziere durch Entlassung strafen, aber sie konnte ihnen keine Belohnungen für hervorragende Dienste anbieten. Die Staaten fürchteten sich, der Centralregierung einen zu grossen Einfluss einzuräumen, wenn sie ihr das Recht der Ernennung und Beförderung, dieses wirksame Mittel zur Hebung des Eifers, überliessen.

Weiter bestand ein grosses Hindernis für die Aufrechthaltung der Disziplin in dem Gesetz, welches den Kommandeuren zwar eine sehr weitgehende Strafgewalt über die Mannschaften, aber gar keine über die Offiziere gab. Diese mussten für den geringsten Verstoss vor ein Kriegsgericht gestellt werden, wenn sie überhaupt gestraft werden sollten. Die häufigen feierlichen Verhandlungen von Kriegsgerichten über Kleinigkeiten dienten nur dazu, diese zu einer Farce herabzuziehen, und da es natürlich im Interesse des Dienstes lag, das nach Kräften zu vermeiden, so wurde diese Bestimmung geradezu zu einem Schutzmittel für nachlässige Offiziere.

1*

Alle diese Schwierigkeiten konnten aber diejenigen nicht abschrecken, welche es unternommen hatten, die Armee der Union zu organisieren, und es gelang ihnen überraschend schnell, Ordnung und Disziplin einzuführen.

Infolge entsprechender Massnahmen, namentlich aber infolge des wohlbekannten, fast unmerklichen, allmählichen, aber stetigen Einflusses der militärischen Übungen fassten Disziplin und Achtung vor den Vorgesetzten rasch festen Fuss in der Armee, und ihr heilsamer Einfluss machte sich bald bemerkbar.

Nächst der Herstellung der Disziplin war die militärische Ausbildung die wichtigste Aufgabe der Heerführer, deren Lösung um so schwieriger war, als die Offiziere selbst noch ebensoviel lernen mussten, wie die Soldaten, und die Zahl der Lehrer eine so geringe war. Hier half die Einsicht der Freiwilligen, welche sie die Unerlässlichkeit einer gründlichen Ausbildung begreifen liess, über die Hauptschwierigkeit hinweg. Natürlich zeigte sich ein grosser Unterschied zwischen den Regimentern, welche tüchtige Kommandeure hatten, und solchen, welchen dies Glück nicht zu teil geworden war. Erstere gestalteten sich sehr rasch zu brauchbaren, gewandten Truppen. Sehr zu statten kam hierbei der reiche Etat der amerikanischen Regimenter an Stabsoffizieren. Dieselben sind nur je ein Bataillon stark, haben aber drei Stabsoffiziere, und es gab nur wenige Regimenter, bei denen nicht mindestens einer dieser drei Offiziere sehr bald imstande gewesen wäre, die Übungen mit Erfolg zu leiten.

Das waren die allgemeinen Bedingungen, unter denen sich auf beiden Seiten — denn was hier gesagt ist, gilt auch vollständig für die Konföderierten — die Organisation der Armeen vollzog.

Am 4. August legte Mc Clellan dem Präsidenten eine Denkschrift vor, in welcher er seine Ansichten über die Führung des Krieges entwickelte. Er führte aus, dass es angezeigt scheine, den ersten grossen Kampf in Virginien zu schlagen. Um jedoch den dort zu erwartenden Widerstand zu schwächen, sei es notwendig, auch gegen andere Punkte zu Wasser und zu Lande vorzugehen. Namentlich empfehle sich ein starkes Vorgehen am Mississippi abwärts und ein Vorgehen durch Kentucky gegen Ost-Tennessee, um den Anhängern der Union in dieser Gegend eine Stütze zu bieten und die von Memphis nach Osten führenden Eisenbahnen zu unterbrechen. Das werde mit dazu beitragen, die Konföderierten zur Schwächung ihrer Streitkraft in Virginien zu veranlassen.

Er entwickelt dann seine Ansichten bezüglich der Stärke der zu den verschiedenen Aufgaben zu verwendenden Armeen und verlangt für die unter seinem Kommando bei Washington zu bildende Hauptarmee:

250 Infanterie-Regimenter = ...	225 000 M.
110 Feldbatterien, 600 Geschütze, = . .	15 000 M.
28 Kavallerie-Regimenter = ...	25 500 M.
5 Regimenter Ingenieurtruppen = . .	7 500 M.
	273 000 M.

In Verbindung damit sollte eine starke Flotte aufgestellt werden, einmal um die Transportschiffe zu decken, welche diejenigen Armeen verpflegen sollten, die ihre Operationslinie in der Nähe der Küste haben würden, dann aber auch, um mit den Armeen zusammenzuwirken bei ihren Versuchen, die wichtigsten Seestädte des Feindes zu besetzen.

Die niedrigste taktische Einheit, in welcher alle drei Waffengattungen vertreten waren, sollte die Division sein. Nachdem die Regimenter zu je vier in Brigaden vereinigt und etwas ausgebildet waren, wurden Divisionen von je 3—4 Brigaden gebildet. Jeder Division wurden 1 Kavallerie-Regiment und 4 Batterien zugeteilt. Die Bildung von Armeecorps, welche natürlich bei einer Armee von solcher Stärke nicht zu umgehen war, wünschte Mc Clellan hinauszuschieben, weil er von der richtigen Ansicht ausging, dass die Männer, welche die Fähigkeit besitzen, ein Corps von 30000 M. zu führen, nicht so gar häufig sind. Er wünschte erst durch längere Beobachtung seiner Divisionskommandeure und womöglich durch praktische Prüfung vor dem Feinde diejenigen herauszufinden, welchen er ein solches Kommando anvertrauen konnte.

Das sind in kurzen Umrissen die verschiedenen Arbeiten, deren Überwachung und Leitung Mc Clellan zufiel. Es war eine Zeit angestrengter, aber fruchtbarer Thätigkeit, durch welche die Armee an Form und Gehalt gewann. Sie wurde mit einer Energie gefördert, welche unsere grösste Bewunderung verdient. Während Mc Clellan, als er Ende Juli den Befehl übernahm, nur einen Haufen unausgebildeter, entmutigter und zerrütteter Regimenter vorfand, weder zum Marschieren noch zum Fechten zu gebrauchen, standen ihm nach Verlauf von drei Monaten bereits 100000 M. ausgebildeter, gut ausgerüsteter und disziplinirter, von dem besten Geiste beseelter Truppen zur Verfügung, welche wohl den stolzen Namen der „grossen Potomac-Armee" verdienten. Die Geschichte wird nicht zögern, das Urteil zu bestätigen, welches Mc Clellan selbst darüber fällt, indem er sagt: „Die Schaffung einer solchen Armee in einer so kurzen Zeit aus Nichts wird in Zukunft als eine des höchsten Ruhmes werte That der Verwaltung und der Nation betrachtet werden."

Der Kongress und die Regierung thaten alles, was Mc Clellan verlangte. Es ging das soweit, dass es manchmal den Anschein gewann, als ob Mc Clellan von einer Art Gier befallen sei, alles für seine Armee auf Kosten der andern zu erhalten. Seine Anforderungen bezüglich ihrer Stärke wuchsen immer mehr. Gegenüber den Operationen, welche er mit ihr auszuführen gedachte, hatten alle anderen in seinen Augen an Wichtigkeit verloren.

Als er Anfang November nach Rücktritt des bejahrten General Winfield Scott zum General en chef sämtlicher Armeen ernannt wurde, dabei aber speziell das Kommando der Potomac-Armee behielt, hatte er Gelegenheit, diesen Gelüsten in weitestem Masse nachzugeben. Unaufhörlich drängte er die Regierung, die westlichen Armeen zu gunsten der Potomac-Armee zu schwächen, obgleich diese bereits die

weitaus stärkste und namentlich den ihr auf dem virginischen Kriegsschauplatz gegenüberstehenden feindlichen Kräften bedeutend überlegen war.

Berücksichtigt man den militärischen Zustand, in welchem sich
das Land befand, so wird man nicht umhin können, anzuerkennen,
dass vor allen Dingen Zeit erforderlich war, um die Armee in einen
befriedigenden Zustand zu bringen.

Drei Monate einer angestrengten, aber fruchtbaren Thätigkeit
waren verflossen und der Schluss des Herbstes fand in der Gegend
von Washington eine Armee versammelt, welche ebenso bedeutend an
Zahl wie an Tüchtigkeit war. Während dieser Zeit der Arbeit hatte
sich die öffentliche Meinung vollständig ruhig verhalten. Mc Clellan
wurde nicht im geringsten beeinflusst und, stark in dem Vertrauen
seiner Landsleute, war er vollständig Herr der Lage.

Dennoch war es offenbar, dass ihm dies Vertrauen nur unter
der Bedingung eines raschen und energischen Handelns entgegengebracht wurde. Es stand zu viel auf dem Spiel und es waren zu
grosse Interessen mit einer baldigen Beendigung des Krieges verknüpft, um ein Hinausschieben der Entscheidung länger, als unerlässlich war, erträglich erscheinen zu lassen. In einer öffentlichen An-
sprache, welche Mc Clellan kurz nach Übernahme des Befehls über
die Potomac-Armee gehalten, hatte er einen „kurzen, scharfen und
entscheidenden Feldzug" in Aussicht gestellt. Das war im Norden
ebenso zum Losungswort geworden, wie früher das „Vorwärts nach
Richmond!" Es war demnach im höchsten Grade wichtig für ihn,
die erste Gelegenheit zu benutzen und durch greifbare Beweise das
Vertrauen zu rechtfertigen, welches ihm in so reichem Masse freiwillig entgegengebracht wurde, denn in dem Urteil der öffentlichen
Meinung ist weder Stetigkeit noch Mässigung genug, um sich selbst
treu zu bleiben, wenn nicht durch sichtbare Erfolge das Vertrauen
aufgefrischt wird.

Wäre Mc Clellan ein Napoleon gewesen, dem das Prestige von
hundert gewonnenen Schlachten zur Seite stand, oder selbst nur ein
Scott, ergraut in der Achtung seiner Landsleute, reich an Kriegs-
erfahrung, wenn auch in beschränktem Massstabe, so hätte er die
Nachsicht seiner Landsleute in weitestem Masse in Anspruch nehmen
können. Er hatte aber noch nichts gethan, um zu beweisen, dass ein
Napoleon oder ein Scott in ihm steckte, und es war deshalb wichtig
für ihn, dass er die Geduld und das Vertrauen des Volkes nicht auf
eine zu schwere Probe stellte. Von allen Fehlern, welche Mc Clellan
später begangen hat, zeigt keiner, selbst seine Unentschlossenheit vor
dem Feinde und seine anscheinende Unfähigkeit zu handeln, wenn
der richtige Augenblick gekommen war, so sehr den Mangel jener
Eigenschaften, ·welche einen Feldherrn und Staatsmann gross machen,
als jene erste Unterlassungssünde.

Selbst angenommen, dass ein Hinausschieben grösserer Operationen bis zum nächsten Frühjahr geraten war, so hätte es Mc Clellan
doch nicht entgehen dürfen, dass, wenn sein zur Zeit mächtiger Ein-

fluss auf Regierung und Volk nicht wenigstens durch einige Thaten
während der Wintermonate aufrecht erhalten würde, er ihm gerade
dann fehlen würde, wenn er ihn am nötigsten brauchte, um seine
Pläne auszuführen, wie es denn später in der That kam. Vor allen
Dingen aber hätte er, wenn das wirklich seine Überzeugung war, es
fest und bestimmt erklären müssen. Das Zutrauen in ihn war zur
Zeit seiner Ernennung so gross, dass man auch das ruhig hingenommen haben würde.

Mc Clellan scheint aber ursprünglich Anfang oder Mitte Oktober
als den Zeitpunkt bezeichnet zu haben, an welchem er seine Operationen zu beginnen gedenke. Allein diese Zeit kam heran, das Wetter
war herrlich und die Strassen in Virginien in einem vorzüglichen
Zustande, und doch war kein Anzeichen vorhanden, dass die Potomac-
Armee sich in Bewegung setzen werde, sodass der Präsident Lincoln
sich endlich veranlasst sah, Mc Clellan um einen schriftlichen Bericht
über den Zustand seiner Armee und seine Absichten mit derselben
zu ersuchen. In diesem Berichte führt Mc Clellan aus, dass, wenn
die Operations-Armee eine Stärke von 150 000 M. erhalten solle, die
Armee mit Rücksicht auf die notwendigen Besatzungen in Washington,
Baltimore, Annapolis und die Deckung des Potomac, eine Gesamtstärke von 240 000 M. erhalten müsse. Er habe aber erst 168 000 M.
und wenn man davon die nötigen Besatzungen und die noch schlecht
bewaffneten Truppenteile abziehe, so bleibe ihm nur eine Ausrück-
stärke von 76 000 M. Er schlägt dann vor, von den andern Kriegs-
schauplätzen die einigermaassen entbehrlichen Truppen hinwegzuziehen
und der Potomac-Armee zuzuteilen. Er hoffe, dass dann die Potomac-
Armee imstande sein werde, noch vor Eintritt des Winters Offensiv-
Operationen zu beginnen und schliesst mit der Bemerkung, dass das
Vorgehen nicht über den 25. November hinausgeschoben werden
sollte.

Ein anderer für Mc Clellans ganzes späteres Verhalten charak-
teristischer Zug tritt uns in diesem Berichte entgegen. Es ist die
Neigung, die ihm gegenüberstehenden Kräfte des Feindes zu überschätzen. Er sagt in dem Berichte, dass nach allen ihm zugegangenen
Nachrichten die Konföderierten in Virginien 150 000 M. gut ausgebildet und ausgerüstet, geschickt geführt und stark verschanzt hätten.

Thatsächlich waren dieselben kaum $1/_3$ so stark. Die Konföderierten waren durch den Sieg von Bull Run fast ebenso desorganisiert,
wie die Unierten durch ihre Niederlage[1] und das war der hauptsächlichste Grund gewesen, weshalb sie den Sieg nicht durch energische
Verfolgung auszunutzen imstande gewesen waren. Der Kongress der
konföderierten Staaten hatte zwar ebenfalls die Aufstellung einer Armee
von 400 000 M. beschlossen, aber die Vermehrung ging nur langsam
von statten. Der Sieg am Bull Run war eine berauschende Frucht
für den Süden geworden. Er erzeugte ein allgemeines falsches Gefühl
der Sicherheit und es folgte eine Periode der Nachlässigkeit und

---

[1] Johnstons Narrative of military operations pag. 60.

Schläfrigkeit in der Leitung der militärischen Angelegenheiten des Südens, wodurch alle Früchte des Sieges verloren gingen und Eifer und Kampfeslust sich erheblich abkühlten. Monate vergingen, in denen die Armee von Nordvirginien ebenso unthätig blieb, wie ihre Gegnerin. Ihr Befehlshaber General Joseph E. Johnston war mit diesen Zuständen keineswegs einverstanden. Er drang stets von neuem darauf, ihn in den Stand zu setzen, die Operationen wieder aufzunehmen, oder wenigstens dem, bei den gewaltigen Rüstungen des Gegners gewiss bald zu erwartenden, Vordringen Widerstand leisten zu können. Allein es geschah nichts, um seine Armee wieder vollzählig zu machen. Bis Anfang September konnte Johnstons „Armee von Nord-Virginien" nur um eine neuformierte Brigade vermehrt werden.

Johnston hatte um diese Zeit seine Armee in der Gegend von Fairfax C. H. concentriert und starke Posten in der unmittelbaren Nähe des Potomac auf Munsons und Masons Hill, sowie nach Leesburg vorgeschoben. Abgesehen von diesen Posten hoffte er seine Hauptstellung auch gegen so erhebliche Kräfte, wie sie sich allen Nachrichten zufolge bei Washington sammeln sollten, behaupten zu können. An eine Offensive, wie er wohl wünschte, war jedoch ohne erhebliche Verstärkungen nicht zu denken, und da diese ausblieben, so sah er sich zur Unthätigkeit verdammt. Am 1. November wurde das von Johnston befehligte Department von Nord-Virginien in drei Distrikte geteilt: 1) den Distrikt des Shenandoah-Thales, zwischen Alleghany-Gebirge und Blue Ridge-Kette, befehligt von General Jackson, welcher sich in der Schlacht von Bull Run den Namen „Stonewall" erworben hatte, unter welchem er am bekanntesten ist; 2) den Distrikt des Potomac unter General Beauregard zwischen Blue Ridge-Kette und dem Quantico-Fluss und 3) den Distrikt Acquia zwischen Quantico und Chesapeake-Bai unter Befehl des General Holmes. Gegen Ende November betrug die Stärke der Armee in Nord-Virginien 47 200 M., von denen 4800 M. zum Acquia-Distrikt und 3700 M. zum Distrikt des Shenandoah-Thales gehörten. Im Laufe des Monats Dezember trat eine drei Brigaden starke Division unter General Loring zu den Truppen im Distrikt des Thales und im Potomac-Distrikt wurde die Legion Hampton durch Hinzutreten zweier Regimenter stark genug, eine Brigade bilden zu können. Dadurch war die Gesamtstärke der Truppen im Departement von Nord-Virginien Mitte Dezember auf 57 337 M. angewachsen, von denen 10 241 dem Distrikt des Thales, 40 839 M. dem Potomac-Distrikt und 6257 M. dem Acquia-Distrikt angehörten.

Inzwischen war der von Mc Clellan gesetzte Termin, der 25. November, verstrichen, ohne dass die Operationen begonnen hätten. Betrachtet man dies Verhalten Mc Clellans im Lichte der im Vorstehenden gegebenen Aufklärung über die Lage der Dinge bei den Konföderierten, so erscheint dasselbe noch rätselhafter. Freilich lässt sich einwenden, dass er diese Verhältnisse unmöglich so genau kennen konnte. Das muss ihm aber gerade vorgeworfen werden, dass er sich nicht Gewissheit verschaffte. Die Nachrichten, welche ihm seine geheimen Agenten brachten, stimmten so wenig mit denen überein, welche ihm von anderer Seite zugingen, dass für ihn darin die dringendste Aufforderung liegen musste, sich Aufklärung zu verschaffen, namentlich da die Konföderierten in den kleineren Vorpostengefechten, welche in dieser Zeit vorfielen, eine entschiedene Neigung zeigten, zurückzugehen, sobald die Unierten einigermassen Kraft entwickelten. Es steht unzweifelhaft fest, dass eine kräftige Rekognoscierung die Konföderierten veranlasst haben würde, hinter den Rappahannock zurückzugehen. Vorbereitungen dazu waren schon getroffen. Ein solcher erzwungener Rückzug würde im Norden einem Sieg der Unierten gleich erachtet sein und Mc Clellan einen neuen Halt im Vertrauen des Volkes gegeben haben.

Es war eben ein Mangel an Menschenkenntnis, der sich in dieser Unthätigkeit Mc Clellans offenbarte. Als die ersten Monate der Reorganisations-Arbeit vorüber waren und die Zeitungen spaltenlange Beschreibungen über die von dem Feldherrn abgehaltenen Paraden und Besichtigungen brachten, wollte das Volk auch Thaten von der so glänzend und tüchtig geschilderten Armee sehen.

Es ist nicht zu verwundern, dass die allmählich stehend gewordene Redensart der Zeitungen: „Alles ruhig am Potomac", nach und nach eine verstimmende Wirkung auf das empfindliche Nervensystem der öffentlichen Meinung ausübte. Diese Verstimmung wurde zur Ungeduld, welche endlich in laute Anklagen ausbrach, die die Regierung in Verlegenheit setzten und die guten Beziehungen zwischen ihr und dem Oberfeldherrn aufs nachteiligste beeinflussten, als einige unglückliche Ereignisse eintraten, welche einen grossen Eindruck auf das Volk im Norden machten, vaterlandsliebende Männer tief betrübten und einem Gefühl der Erbitterung gegen den General, den man dafür verantwortlich machte, Boden schuf.

Schon die Besetzung von Munsons und Masons Hill, obgleich dieselbe militärisch von untergeordneter Bedeutung war, hatte grossen Ärger erregt, weil diese Punkte so nahe vor der den Unierten besetzten Linie und bei Washington lagen, dass die Entfaltung der feindlichen Flagge gewissermassen im Schatten des Kapitols als herausfordernder Hohn empfunden wurde. Der Ärger verwandelte sich in bittern Zorn, als gegen Ende September die Konföderierten diese vorgeschobenen Posten wieder räumten und man fand, dass die Geschützausrüstung der dort errichteten Werke, welche die Unierten lange Zeit mit scheuer Ehrfurcht betrachtet hatten, aus zwei hölzernen Kanonen und einem Ofenrohr bestand. Eine noch tiefere Erregung aber wurde durch die Blockade des Potomac erregt. Die Konföderierten errichteten nämlich am unteren rechten Ufer dieses Flusses in der Gegend von Dumfries eine Anzahl von Batterien, welche, mit schweren Geschützen armiert, die Schifffahrt auf dem Flusse vollständig hemmten und so die Bundeshauptstadt von ihrer Verbindung mit dem Meere abschnitten. Eine Wegnahme dieser Batterien konnte wenig nützen, denn nichts hinderte die Konföderierten, an anderen

Stellen neue zu errichten. Nur die dauernde Besetzung von Nord-
Virginien konnte hier Abhilfe schaffen und diese setzte eben den
Beginn der Operationen voraus.

Das zweite Ereignis war das Gefecht von Balls Bluff am
21. Oktober, wo infolge mangelhafter Dispositionen eine zur Rekognoscierung über den Potomac gegen Leesburg vorgeschickte Abteilung von überlegenen Kräften angegriffen und fast vernichtet wurde,
weil die Mittel zum Rückzug über den Fluss völlig unzureichend
waren.

Der Eindruck, welchen die Nachricht von diesem Ereignis machte,
war ein tiefer und gewaltiger. Man fragte, wie es möglich sei, dass
eine Abteilung von überlegenen Kräften vernichtet werden könne,
während wenige Meilen entfernt eine grosse Armee lagerte, von der
nur ein geringer Teil vorzugehen brauchte, um die so unvorsichtig
in nachteilige Kampfverhältnisse Verwickelten zu retten. Die Erregung
zitterte noch lange in den Gemütern nach und fand ihren Ausdruck
schliesslich in einem Beschluss des Kongresses, welchen derselbe kurz
nach seinem Zusammentritt im Dezember fasste, dass ein aus Mit-
gliedern beider Häuser bestehender Ausschuss niedergesetzt werden
solle, um die Führung des Krieges zu untersuchen. Die ersten Zeugenvernehmungen betrafen die Schlacht am Bull Run und das Gefecht
bei Balls Bluff, und der Geist, von welchem namentlich die das
letztere betreffende Untersuchung geführt wurde, zeigte deutlich, dass
das Vertrauen in Mc Clellan bedenklich erschüttert war.

So kam das Jahr 1862 heran und fand die Potomac-Armee
immer noch in ihren alten Stellungen bei Washington und Alexandria.

Auch auf seiten der Konföderierten hatte sich wenig verändert.
Gegen Ende des Jahres 1861 betrug die Stärke der Armee in Nord-
Virginien 98088 M., von denen aber nur 62112 M. anwesend waren.
Die grössere Mehrzahl der Leute auf konföderierter Seite war näm-
lich im März und April 1861 auf ein Jahr angeworben. Ihre Dienst-
zeit lief demnach im kommenden März, bezw. April ab. Mancherlei
Anzeichen sprachen dafür, dass keine grosse Neigung vorhanden sei,
sich zu weiterem Dienst zu verpflichten. Die 400000 M., welche der
Kongress im Sommer des vorigen Jahres bewilligt hatte, waren noch
lange nicht vollzählig und die Werbungen nahmen einen schlechten
Fortgang. Unter den Mitteln, welche angewandt wurden, die Freiwilligen zum Eingehen neuer Verpflichtungen zu bewegen, befand
sich auch ein Gesetz, welches jedem, der eine neue Dienstver-
pflichtung auf zwei Jahre oder Kriegsdauer einging, einen Urlaub von
60 Tagen garantierte. Diese Beurlaubungen wurden direkt vom Kriegsministerium in Richmond angeordnet, ohne die Generale, die vergeblich gegen dieses System Einsprache erhoben, zu fragen und hatten
die Folge, dass der Präsenzstand sich bedenklich verminderte. Am
28. Februar betrug die Stärke der Armee unter General Johnston
84225 M., von denen jedoch nur 47617 M. anwesend waren. Dem
gegenüber hatte die Potomac-Armee am 1. Januar eine Stärke von
219707 M. erreicht, von denen 191480 M. effectiv, 14790 M.

krank, 2200 M. arretiert und 11 707 M. abwesend waren. Die Zustände auf Seiten der Konföderierten waren nach Zeugnis des Grafen von Paris, der selbst zum Stabe Mc Clellan's gehörte [1]), im Hauptquartier der Unierten bekannt. Freilich blieb Mc Clellan seiner alten Gewohnheit getreu, die Stärke des Gegners immer weit höher anzunehmen, als sie in Wirklichkeit und nach anderweitig darüber bekannten Nachrichten war. Er stützte sich dabei auf die durch seinen „geheimen Dienst" angestellten Ermittelungen, aber sogar auf Grund dieser konnte er die Stärke des Gegners auf höchstens 105 000 M. angeben und selbst wenn diese Zahl richtig gewesen wäre, so hätten die Unierten doch noch ein so erhebliches Übergewicht gehabt, dass es zum Angriff auf die Konföderierten geradezu herausforderte.

Allein es geschah nichts und die Geduld des Volkes wurde noch immer auf eine harte Probe gestellt. Bis Weihnachten war das Wetter herrlich und die Strassen in Virginien befanden sich in einem so vortrefflichen Zustand, wie sie seit vielen Jahren nicht gewesen waren. Dann trat freilich ein Umschlag in der Witterung ein und die Möglichkeit, den Feldzug zu eröffnen, erschien in unbestimmte Ferne gerückt.

Es war vielleicht ein Unglück für die Potomac-Armee, dass die Aufgabe, welche ihr zugefallen war, sie in die unmittelbare Nähe der Hauptstadt brachte. Die politischen Intriguen, deren Schauplatz diese war, konnten nicht ganz aus dem Lager fern gehalten werden. In Amerika, wo jeder einer politischen Partei angehört, hat auch jeder seine politischen Feinde. Mc Clellan gehörte der demokratischen Partei an, welche die Wahl Lincoln's bekämpft hatte, und er hatte verschiedene Handlungen begangen, welche diese Parteistellung Allen ins Gedächtnis zurückriefen. Die Ernennung Mc Clellans zum Oberbefehlshaber und die Berufung anderer, derselben Partei angehöriger in hohe Stellungen in der Armee wurde zwar von Vielen als ein Unterpfand betrachtet, dass der Frage der Erhaltung der Union gegenüber jeder Parteiunterschied wegfalle. Allein bei Anderen hatte diese Art der Versöhnlichkeit doch Neid und persönliche Missgunst hervorgerufen. Die Unversöhnlichsten unter denen, welche Lincoln an die Spitze der Nation gestellt hatten, konnten dem jungen demokratischen General seine hohe Stellung nicht verzeihen und sowohl in den Hallen des Kongresses wie in den Bureaus der Ministerien mussten die Interessen der Armee und des Landes oft gegen die politische Parteifeindschaft gegen den General zurücktreten. Anderseits waren die alten politischen Gegner Lincolns, wenn sie sich jetzt auch zur Verteidigung der bedrängten Union um ihn schaarten, im Stillen doch nach wie vor der Überzeugung, dass seine Wahl an dem ganzen Unglück Schuld sei. Mit Mc Clellan durch die Bande übereinstimmender politischer Überzeugungen verknüpft, gefielen sie sich darin, in ihm den zukünftigen Führer ihrer Partei zu sehen. Wenn sie sich diese Hoffnungen auch nur untereinander zuflüsterten, so

---

[1]) Histoire de la guerre civile en Amérique. Tome 2, pag. 464.

konnte es doch nicht fehlen, dass etwas davon auch in weitere
Kreise drang und das musste bei einem Volke, wie das amerikanische,
denen das in Republiken sprichwörtliche Misstrauen gegen einen
glücklichen Feldherrn wahrlich nicht fehlte, von der übelsten Wirkung
sein und Mc Clellan verstand es nicht, seine übereifrigen Freunde
zum Schweigen zu bringen.

Die absolute Unthätigkeit der Potomac-Armee, das undurch-
dringliche Schweigen, welches Mc Clellan allen Fragen nach seinen
Zielen und Absichten entgegensetzte und endlich die oben berührten
politischen Beziehungen waren Keime, aus denen eine üppige Saat
des Misstrauens emporwuchern konnte.

Lincolns durch diese Verhältnisse bedingte Niedergeschlagenheit
hatte Anfang Januar 1862 den höchsten Grad erreicht. Er hatte
die Gewohnheit gehabt, Mc Clellan häufig des Abends allein zu be-
suchen, um mit ihm die Sachlage zu besprechen. Als aber seine
Hoffnung, etwas über das Wann und Wie der beabsichtigten Operationen
zu erfahren, nicht in Erfüllung ging, waren diese Besuche allmählich
seltener geworden und es war eine gewisse Kälte in den Beziehungen
der beiden Männer eingetreten, auf deren Schultern in erster Linie
die Verantwortlichkeit für das Wohl der Nation lastete. Die bei
Washington nun schon so lange müssig lagernde Armee hatte Un-
summen von Geld verschlungen, der Staatsschatz war erschöpft, der
Kredit der Vereinigten Staaten erschüttert, die Beziehungen zu den
europäischen Westmächten, besonders zu England, sehr delikater Natur,
die radikale Partei im Kongress gewann mehr und mehr die Oberhand, kurz, es herrschten Verhältnisse, welche wohl den Stärksten
niederbeugen konnten. Lincoln fühlte das unabweisbare Bedürfnis
sich auszusprechen. Mc Clellan war an einem in Washington herrschenden typhösen Fieber erkrankt und Lincoln liess deshalb am
10. Januar die Generale Mc Dowell und Franklin zu einer Besprechung
zu sich entbieten, bei welchem auch der grösste Teil der Minister
zugegen war, um ihre Meinung zu hören, ob es nicht möglich sei,
bald aktive Operationen mit der Potomac-Armee zu beginnen. In
dieser Konferenz entwickelte Mc Dowell den Plan, unter Benutzung
der Orange-Alexandria-Eisenbahn als Verpflegungslinie und mit der
Tendenz des stetigen Umfassens der strategischen rechten Flanke des
Feindes durch ein längs des Potomac abwärts marschierendes, durch
ein Geschwader von Kanonenbooten unterstütztes Corps gegen Richmond vorzugehen, während Franklin der Ansicht war, dass sämmtliche nicht zur unmittelbaren Deckung der Hauptstadt erforderlichen
Streitkräfte von der Mündung des York-River aus, also von
Süd-Osten her gegen Richmond operieren müssten. Die Be-
ratungen wurden noch mehrere Tage fortgesetzt, wobei sich im
allgemeinen mehr Geneigtheit für den Plan Mc Dowells kund gab.
Sie waren aber insofern gegenstandlos, als sich Mc Clellan am 12. Jan.
wieder gesund meldete. Am folgenden Tage fand jedoch noch eine
Beratung statt, bei welcher natürlich Mc Clellan zugezogen wurde.
Letzterer zeigte eine gewisse Empfindlichkeit über das, was während

seiner Krankheit vorgefallen war, und die Diskussion drohte, sich in Allgemeinheiten zu verlieren, als endlich der Finanzminister Chase die bestimmte Frage an Mc Clellan richtete, was er mit seiner Armee zu thun und wann er zu handeln beabsichtige. Nach längerem Schweigen erklärte Mc Clellan: er entwickele seinen Operationsplan nur ungern. Er sei der Ansicht, je weniger Personen darum wüssten, um so besser sei es. Er werde ihn jedoch auseinandersetzen, wenn ihm der Präsident den bestimmten Befehl dazu ertheile. Lincoln fragte darauf, ob er bei sich selbst irgend einen bestimmten Zeitpunkt zum Beginn der Operationen festgesetzt habe und als Mc Clellan diese Frage bejahte, erklärte sich Lincoln befriedigt und hob die Beratung auf.

Am 14. Januar trat ein Wechsel im Kriegsministerium ein. Simon Cameron, der bisherige Minister, trat ab und an seiner Stelle übernahm Edwin Stanton das Portefeuille des Krieges. Dieser gehörte der republikanischen Partei an und der Vorwurf, der ihm gemacht wird, dass er sich in seinem Verhalten Mc Clellan und anderen der demokratischen Partei zuneigenden Generalen gegenüber nicht nur von rein sachlichen, sondern auch von Erwägungen leiten liess, denen politische Parteifeindschaft nicht fremd war, ist nicht unbegründet.

Stanton drängte zunächst darauf, dass der schmachvollen Blockade des Potomac ein Ende gemacht werden solle, ebenso wie der durch die Stellung der Konföderierten bei Leesburg und im unteren Shenandoah-Thal bewirkten Unterbrechung der Baltimore-Ohio-Bahn. Bei Besprechung dieser Angelegenheit entwickelte Mc Clellan seinen Feldzugsplan, und erhielt von Stanton die Aufforderung, denselben dem Präsidenten vorzulegen. Dieser Plan bestand darin, die Armee zu Schiffe von Annapolis — dieser Hafen musste gewählt werden, weil die konföderierten Batterien die Schiffahrt weiter oberhalb unmöglich machten — nach der untern Chesapeake-Bai zu transportieren, um entweder an einem am unteren Rappahannock gelegenen Punkt oder bei Fort Monroe ausgeschifft zu werden und von da aus — im letztern Falle auf der zwischen York- und James-River gelegenen virginischen Halbinsel aufwärts — gegen Richmond zu operieren.

Lincoln versagte diesem Plane seine Zustimmung, namentlich weil die zum Transport der Armee zu Wasser nötigen Vorbereitungen zu viel Zeit in Anspruch nehmen würden.

Wenige Tage (27. Januar) später, erschien eine Kabinets-Ordre des Präsidenten, wodurch angeordnet wurde, „dass der 22. Februar[1]) der Tag für eine allgemeine Bewegung sämtlicher Land- und Seestreitkräfte gegen die Insurgenten sein solle". Am 31. Januar erschien eine zweite Kabinets-Ordre Lincolns, welche befahl, dass alle disponiblen Kräfte der Potomac-Armee als Expeditionscorps formiert werden sollten, um sich eines Punktes der Eisenbahn südwestlich von Manassas Junction zu bemächtigen und zwar vor oder am 22. Februar.

Dem Präsidenten stand verfassungsmässig ohne Zweifel das Recht zu, derartige Befehle zu erlassen. Ob es aber weise war, in dieser

---

[1]) Der Geburtstag Washingtons und als solcher ein nationaler Festtag.

Art von diesem Rechte Gebrauch zu machen, ist eine andere Frage.
Es ist das einzigemal, während des ganzen Krieges, dass Lincoln
einen solchen Gebrauch von seinem kriegsherrlichen Rechte machte.
Dass Lincoln, der sich in den schwersten Krisen den klaren nüch-
ternen Blick zu bewahren wusste, welcher Bescheidenheit mit zu
seinen hervorragendsten Tugenden zählte und wiederholt eingestanden
hat, dass er von militärischen Dingen nichts verstehe, das Missliche
eines solchen Eingreifens in die Leitung der Operationen nicht
eingesehen haben sollte, ist kaum anzunehmen und geht wohl schon
aus dem Umstande hervor, dass er die Nichtbefolgung seines ersten
Befehles stillschweigend geschehen liess. Wir finden für das Vorgehen Lincolns nur eine Erklärung und das ist die Annahme, dass
wir es hier mit einer Art von Verzweiflungsschritt eines durch die
ungeheure Verantwortlichkeit niedergedrückten Mannes zu thun haben.
Lincoln konnte die Thatenlosigkeit nicht länger ertragen, er musste
Alles thun, was in seinen Kräften stand, ihr ein Ende zu machen,
um sein eigenes Gewissen zu beruhigen.

Der zweite Befehl war nun eine notwendige Folge des ersten.
Die Ausführung des von Mc Clellan vorgeschlagenen Operationsplanes
konnte bis zum 22. Februar nicht vorbereitet sein. Lincoln war demnach genötigt, dem General, dessen Plan er vorwiegend deshalb ver-
worfen hatte, weil die Vorbereitungen zu seiner Ausführung zu viel
Zeit in Anspruch nehmen würden, einen andern Plan vorzuschreiben,
dessen Ausführung in der gegebenen Zeit möglich war.

Die eben erwähnten Kabinets-Befehle Lincolns führten dazu, dass
Mc Clellan am 3. Februar in einer ausführlichen Denkschrift die Vor-
und Nachteile der verschiedenen Operationslinien beleuchtet, und nochmals den von ihm vorgeschlagenen Plane des Vorgehens von der
untern Chesapeake-Bai gegen Richmond aufs dringendste empfahl.

Der Eindruck, welchen Mc Clellans Ausführungen auf Lincoln
machte, war zwar kein überzeugender, immerhin aber sah er, dass
Mc Clellan mit solcher Unlust an die Ausführungen der Operationen
auf der direkten Linie Washington-Richmond gegangen wäre, dass
erspriessliche Resultate kaum zu hoffen waren. Die Wirkung dieses
Eindruckes trat zunächst dadurch in die Erscheinung, dass die erste
Kabinets-Ordre, durch welche der Beginn der Operationen auf den
22. Februar festgesetzt war, zwar nicht förmlich widerrufen, ihre
Nichtbefolgung aber doch stillschweigend, oder vielleicht auch durch
mündliche Zustimmung gut geheissen wurde.

Nach langem Zögern gab Lincoln soweit nach, dass am 27. Februar
dem Kriegsministerium der Auftrag erteilt wurde, die nötigen Dampf-
und Segelschiffe zum Transport der Potomac-Armee nach ihrer neuen
Operations-Basis zu mieten.

Inzwischen war es in den Tagen vom 24. bis 26. Februar den
Unierten gelungen, bei Harpers Ferry den Potomac zu überschreiten
und im untern Shenandoah-Thal mit den Divisionen Banks und Sedgwick
festen Fuss zu fassen, während gleichzeitig der in Westvirginien stehende
General Lander das Städtchen Romney besetzt hatte. Der konföderierte

General Jackson war dadurch veranlasst, seine Truppen bei Winchester zu konzentriren. Diesen Ort wollte er nicht ohne Kampf aufgeben. Die Unierten begnügten sich jedoch zunächst mit der Besetzung von Charlestown, Martinsburg und Bunkershill und beide Gegner blieben sich auf wenige Meilen Entfernung gegenüber steben, ohne dass es zu ernstlichen Gefechten kam.

Unter dem Schutze der Divisionen Banks, Sedgwick und Lander konnte nunmehr die Baltimore-Ohio-Bahn wieder hergestellt und in Betrieb gesetzt werden und so war wenigstens einer der Beschwerden der öffentlichen Meinung abgeholfen.

Mc Clellan wandte seine Aufmerksamkeit nunmehr der zweiten, der Befreiung des untern Potomac zu und hatte zur Besprechung der notwendigen Massnahmen seine Divisions-Kommandeure zum 8. März nach seinem Hauptquartier entboten.

Am frühen Morgen dieses Tages wurde er jedoch selbst zum Präsidenten berufen und dieser sprach sich sehr unzufrieden über den Stand der Angelegenheiten aus. Er gab von Neuem seinem Zweifel in die Weisheit des von Mc Clellan vorgeschlagenen Operationsplanes Ausdruck und liess sich von dem General versprechen, seinen Plan dem heute bei ihm versammelten Kriegsrat zur Beurteilung vorzulegen. Dieser Kriegsrat bestand aus den Generalen Mc Dowell, Sumner, Heintzelman, Keyes, Fitz-John Porter, W. F. Smith, Franklin, Mc Call, Blenker, Naglee (in Vertretung des abwesenden General Hooker), Andrew Porter und Barnard. Von diesen stimmten die drei zuerst genannten und der General Barnard unbedingt gegen, Keyes mit der Einschränkung, dass die Armee nicht eher nach der neuen Basis aufbrechen sollte, ehe die Konföderierten vom Potomac vertrieben seien, die andern sieben ohne diese Einschränkung für Mc Clellans Plan der Verlegung der Operationsbasis nach der unteren Chesapeake-Bai.

Lincoln konnte nach diesem Ergebnisse des Kriegsrates seine Einwilligung nicht länger vorenthalten.

An demselben Tage aber erschien noch eine überraschende Kabinets-Ordre des Präsidenten. Dieselbe bestimmte, dass der zu der aktiven Operation bestimmte Teil der Potomac-Armee, einschliesslich der Reserve, aber ausschliesslich derjenigen Truppen, welche in den Befestigungen bei Washington verblieben, in vier Armeecorps organisiert werden sollte.

Zu kommandierenden Generalen wurden ernannt die Generale: Mc Dowell, Sumner, Heintzelman und Keyes, und es wurde bestimmt, dass das 1. Corps (Mc Dowell) aus 4 Divisionen, das 2. Corps (Sumner) das 3. Corps (Heintzelman) und das 4. Corps (Keyes) aus je 3 Divisionen bestehen solle. Die von den genannten Generalen bisher kommandierten Divisionen bildeten Bestandtheile ihrer Corps. Ein 5. Corps sollte aus den Divisionen Banks und Shields[1]) gebildet und General Banks unterstellt werden. Die Division Sedgwick trat zum Corps

---

[1]) Früher Lander. General Lander war am 3. März zu Paw-Paw in West-Virginien gestorben.

Sumner, blieb aber vorläufig noch Banks zugeteilt. Die zur Ver-
teidigung von Washington bestimmten Truppen sollten dem General
Wadsworth unterstellt werden, welcher zum Militär-Gouverneur des
Distrikts Columbia ernannt wurde.

Wenn Lincoln die Überzeugung gewonnen hatte, dass die Organisation von Armeecorps vor Beginn des Feldzugs unbedingt geboten
sei, so hatte er unzweifelhaft das Recht und Pflicht, die Corps-Com-
mandeure zu ernennen, und wenn er dies that, ohne vorher Mc Clellan über die zu dieser hohen Stellung ausersehenen Persönlichkeiten zu
befragen, so mochte er dazu seine guten Gründe haben. Vielleicht
waren gerade die ihm zu Ohren gekommenen Gerüchte über die von
Mc Clellan in Aussicht genommenen Generale die Veranlassung, dass
er die Angelegenheit so durchgreifend erledigte, ohne Mc Clellan zu
hören. Er wählte die rangältesten Generale der Potomac-Armee für
diese Stellungen und entzog dadurch Mc Clellan und seinen Freunden
die Möglichkeit, ihn zu beschuldigen, er habe sich bei der Massregel
von persönlichen Rücksichten leiten lassen. Im Allgemeinen darf zwar
bei Besetzung von solchen Stellungen, wie die eines kommandierenden Generals, das Prinzip der Anciennetät allein wohl nicht angewendet
werden, im vorliegenden Falle jedoch konnte man wohl sagen, dass
keiner der überhaupt in Betracht kommenden Generale sich vor seinen
Kameraden so hervorgethan hatte, dass er besondere Berücksichtigung
verdiente.

Dass von den ernannten Corps-Kommandeuren in dem oben statt-
gehabten Kriegsrate drei entschieden gegen, der vierte nur bedingungs-
weise für Mc Clellans Pläne gestimmt hatte, war freilich ein schwer
wiegender Nachteil. Da die Kabinetsordre aber denselben Datum
trägt, wie der Tag, an welchem der Kriegsrat stattfand und doch gewiss
schon länger vorbereitet war, so kann mit Bestimmtheit angenommen
werden, dass das ein zufälliges Zusammentreffen und keineswegs beabsichtigt war. Alle vier waren übrigens militärisch erzogen und
gehörten der Armee schon lange Jahre an. Es liess sich voraussetzen,
dass sie militärischen Geist und Patriotismus genug besassen, ihr
Bestes zu leisten, auch wenn sie die Pläne ihres Obergenerals nicht
als die besten anzuerkennen vermochten.

An demselben Tage (8. März) trat ein Ereignis ein, welches
die Ausführbarkeit der Pläne Mc Clellans ernstlich in Frage stellte,
und sogar einen Augenblick drohte, dem ganzen Kriege eine andere
Wendung zu geben.

Den Konföderierten war im April 1861 mit dem Marine-Etablissement von Gosport der freilich bis zur Wasserlinie niedergebrannte
Rumpf der Fregatte „Merrimac" in die Hände gefallen. Dieser Rumpf
war von ihnen benutzt, um ein Panzerschiff einer ganz neuen Kon-
struktion zu erbauen. Über dieses Schiff cursierten die abenteuer-
lichsten Gerüchte. Fanden dieselben auch nicht überall vollen Glauben,
so waren sie doch Veranlassung, dass man den Vorgängen in Gosport
grosse Aufmerksamkeit schenkte. Flaggoffizier Goldsborough, der
Kommandeur des nordatlantischen Geschwaders, hatte schon im Oktober

1861 einen Bericht erstattet und ausgesprochen, dass die „Merrimac" allerdings ein formidabler Gegner sein werde. Die Unionsregierung hatte zwar sofort ihre Massregeln getroffen, der „Merrimac" ebenfalls mit einem neuartigen Panzerschiff entgegenzutreten. Es war aber fraglich, ob dies so zeitig vollendet sein würde, um sofort beim ersten Erscheinen des neuen Gegners den Kampf gegen denselben aufnehmen zu können.

Admiral Goldsborough war mittlerweile nach der Küste von Nord-Carolina abgegangen und hatte auf der Rhede von Hampton-Roads bei Fort Monroe eine Anzahl von Kriegsschiffen zurückgelassen, welche er für Bekämpfung der „Merrimac" für hinreichend hielt.

Am 21. Februar meldete der Kapitän Marston, welcher als ältester Offizier diese Schiffe befehligte, dass die „Merrimac" nach eingezogenen Nachrichten zum Auslaufen bereit sei und im Verein mit den auf dem James-Fluss liegenden hölzernen Kanonenbooten „Jamestown" und „Yorktown" innerhalb 5 Tagen Newport News angreifen werde. Ob die in Hampton-Roads liegenden Schiffe der „Merrimac" gewachsen sein würden, war mindestens zweifelhaft und an massgebender Stelle ein Gegenstand ernster Sorge, welche in wiederholten Befehlen zur Beschleunigung der Fertigstellung des im Bau befindlichen Panzerschiffs zum Ausdrucke kam. Zu einer Zeit also, wo das Auslaufen der „Merrimac" täglich zu erwarten war und wo ernste und, wie die Zukunft lehrte, nur zu wohl begründete Zweifel obwalteten, ob die zu seiner Bekämpfung verfügbaren Seestreitkräfte ausreichend seien, wollte Mc Clellan die untere Chesapeake-Bai mit einer grossen Anzahl hölzerner, mit Menschen und Kriegsmaterial beladener Transportschiffe füllen.

Die Gerüchte über die Furchtbarkeit der „Merrimac" waren in der That nicht übertrieben.

Auf der Rhede von Hampton-Roads befanden sich am 8. März die unierten Dampffregatten „Minnesota" und „Roanoke", die Segelfregatten „Congress", und „St. Lawrence" und die Segel-Sloop „Cumberland". Um 1 Uhr mittags lief ein aus vier Schiffen bestehendes konföderiertes Geschwader, bei welchem sich auch die „Merrimac" befand, aus dem Elisabeth-Fluss aus. In dem nun folgenden Kampfe wurde die Fregatte „Cumberland" durch Anrennen in den Grund gebohrt. „Congress", die in flacheres Wasser geschleppt war, wohin die „Merrimac" nicht zu folgen vermochte, wurde in Brand geschossen und gezwungen, die Flagge zu streichen. „Minnesota" und „St. Lawrence", welche ebenfalls in flaches Wasser und auf den Grund geraten waren, wurden durch das Geschützfeuer zwar beschädigt, aber der grösseren Entfernung wegen, in geringerem Masse. „Roanoke", deren Maschinen unbrauchbar waren, nahm an dem Kampf nicht Teil. Dem Gefechte wurde nur durch die eintretende Dunkelheit ein Ende gemacht. Der Panzer der „Merrimac" hatte sich als undurchdringlich für die Geschütze der Unions-Schiffe erwiesen, und was deren Schicksal sein würde, wenn der Kampf am andern Tage erneuert wurde, konnte Niemandem zweifelhaft sein. Glücklicherweise traf aber in der Nacht vom 8. zum 9. das von der Regierung

speziell zum Kampfe gegen die „Merrimac" bestimmte Panzerthurm-
schiff „Monitor", das erste seiner Art, von New-York auf der Rhede
von Hampton-Roads ein, und als am Morgen des 9. die „Merrimac"
abermals erschien, um das am Tage zuvor begonnene Werk zu vollenden, wurde sie vom „Monitor" so energisch angegriffen, dass sie
ihre ganze Aufmerksamkeit diesem Gegner allein zuwenden musste.
Der Kampf dauerte vier Stunden und endete mit dem Rückzug der
„Merrimac" nach Gosport. Ob derselbe erfolgte, weil der Führer der
„Merrimac" einsah, dass er keine Erfolge mehr erringen konnte, oder
ob er durch Beschädigungen, die das Schiff in dem Kampfe erlitten
hatte, notwendig geworden war, liess sich nicht übersehen.

Die Bestürzung, welche im Norden beim Eintreffen der Nachrichten von dem Kampfe des ersten Tages herrschte, war unbeschreib-
lich und wurde durch diejenigen über die Ergebnisse des zweiten
Tages nur teilweise wieder gehoben, weil man den materiellen Schaden,
den die „Merrimac" erlitten, nicht kannte, und es immerhin zweifelhaft blieb, ob der „Monitor" aus einem zweiten Kampfe mit seinem
furchtbaren Gegner wiederum siegreich hervorgehen werde. Ein etwaiges
Wiedererscheinen der „Merrimac" auf der vielleicht gerade mit Transportschiffen gefüllten Rhede von Hampton-Roads konnte trotz des
„Monitor" immer noch gefährliche Folgen haben und durfte demnach
bei den endgültigen Entschliessungen in Bezug auf den zu unternehmenden Feldzug nicht unberücksichtigt bleiben. Gleichzeitig mit
dem Gefecht von Hampton-Roads trat aber noch ein anderes Ereignis
ein, welches auf diese Entschliessungen von grossem Einfluss sein
musste. Am 9. März, während Mc Clellan mit dem Präsidenten und
dem Kriegssekretär die über die Kämpfe des 8. März eingelaufenen
erschütternden Nachrichten und deren mögliche Folgen besprach, traf
von den Vorposten die Meldung ein, dass die Konföderierten die
Stellung bei Manassas räumten und nach Süden abzögen. Dem war
in der That so.

Die Dimensionen, welche die Rüstungen des Norden annahmen,
hatten Johnston zu der Überzeugung geführt, dass die Behauptung
der so weit vorgeschobenen Stellung bei Manassas auf die Dauer unmöglich sei und er hatte seine Vorbereitungen zum Rückzug hinter
den Rappahannock schon lange getroffen. Anfang März erhielt Johnston Meldungen, dass auf dem linken Ufer des Potomac, etwa dem
Städtchen Dumfries gegenüber, Truppen-Konzentrationen stattfänden.
Johnston hielt es nicht für unmöglich, dass die Unierten hier den
Potomac überschreiten und über Fredericksburg gegen Richmond vorgehen wollten. Wenn diese Operation mit der gehörigen Raschheit
ausgeführt wurde, so konnten sie eher vor Richmond erscheinen, als
er von Manassas aus, und dies veranlasste ihn in den Tagen des 7.
und 8. März den Rückzug hinter den Rappahannock anzutreten.

Infolge dieser Nachricht befahl Mc Clellan für den 10. ein allgemeines Vorgehen der Potomac-Armee. Dieselbe erreichte an diesem Tage die
Gegend von Centreville, am folgenden Manassas-Junction. Von hier
aus wurde General Stoneman mit einer Kavallerie-Brigade zur Rekog-

noscierung vorgeschickt, wodurch festgestellt wurde, dass der Feind sämtliche Brücken der Orange-Alexandria-Bahn zerstört hatte, also auf eigene Benutzung dieser Bahn in der nächsten Zeit nicht rechnete. Am 16. März kehrte Stoneman zur Armee zurück und nahm bei Union Mills Stellung. Am 11. März erschien abermals eine Kabinets-Ordre des Präsidenten, welche wir als ein Symptom des schwindenden Vertrauens anzusehen haben. Mc Clellan wurde der Stellung als General en chef enthoben und behielt nur das Kommando über die Potomac-Armee.

Das Seegefecht von Hampton-Roads und der Rückzug der Konföderierten waren die beiden Ereignisse, welche die Ausführung des Feldzugsplanes Mc Clellans, wieder in Frage stellten. Die militärische Sachlage war durch dieselbe so vollständig geändert, dass der Präsident mit Recht verlangte, es solle eine nochmalige Beratung des Kriegsrates stattfinden.

Durch den Rückzug der Konföderierten hinter den Rappahannock war die Möglichkeit bei einem Vorgehen von Urbana aus dem Feinde bei Richmond zuvorzukommen, auf welche Mc Clellan gerechnet hatte, geschwunden; die Benutzung dieser Operationslinie demnach ausgeschlossen. Es blieb also nur die Operation von Fort Monroe aus. Der Kriegsrat fand am 13. März statt und erklärte sich für ein Vorgehen von Fort Monroe aus, unter der Voraussetzung, dass 1) das feindliche Schiff „Merrimac" unschädlich gemacht, 2) die nötigen Transportmittel ohne Zeitverlust bei Alexandria gesammelt, 3) genügende Kriegsschiffe verfügbar gemacht werden könnten, um die von den Konföderierten am Yorkfluss errichteten Batterien zum Schweigen zu bringen, und endlich 4) ausreichende Streitkräfte zum Schutz von Washington zurückbleiben sollten. Könnten diese Bedingungen nicht sämtlich erfüllt werden, so empfahl der Kriegsrat einstimmig ein direktes Vorgehen gegen die hinter den Rappahannock gesammelten Streitkräfte des Feindes. Zum Schutz von Washington wurde von der Mehrzahl ein Corps von 25 000 M. ausser der Besatzung der Forts für ausreichend erachtet, während General Sumner 40 000 M. für erforderlich hielt.

Bezüglich der „Merrimac" hatte der Kampf vom 9. noch lange nicht alle Besorgnisse beschwichtigt. Viele hielten denselben für die Folge zufällig zusammengetroffener günstiger Umstände, welche nicht zum zweitenmale eintreten würden. Ausserdem war vorläufig der „Monitor" noch das einzige Schiff seiner Gattung. Wie leicht konnte ihm durch Sturm oder ähnliches Ungefähr etwas zustossen, was eine Reparatur notwendig machte und dann hatte die „Merrimac" vielleicht mehrere Tage oder Wochen lang freies Spiel, wo sie Unheil genug anrichten konnte. Das Marine-Ministerium, bei dem Mc Clellan anfragen liess, sprach sich geradezu dahin aus, dass es nicht rätlich sei, sich auf den „Monitor" zu verlassen, obgleich es denselben der „Merrimac" für mehr als gewachsen hielt. Trotzdem erklärte Mc Clellan sofort, dass er das vollste Vertrauen zu dem „kleinen Monitor" habe.

Lincoln sprach noch am 13. März seine Zustimmung zu den Beschlüssen des Kriegsrats aus und knüpfte seinerseits die Bedingung

daran, dass bei Manassas-Junction ausreichende Streitkräfte stehen
blieben, um diesen wichtigen Punkt nicht wieder in die Hände des
Feindes fallen zu lassen und dass Washington vollständig sicher gestellt werde.

Am 15. März wurde die Potomac-Armee in der Gegend von
Alexandria konzentriert, wo die Einschiffung stattfinden sollte. Nur
das Corps Sumner blieb einstweilen bei Manassas-Junction stehen, bis
es dort von einer Division des Corps Banks, welchem die Sicherung
von Washington anvertraut werden sollte, abgelöst werden könne.

Nach der ihm am 16. März gegebenen Instruktion fiel dem Corps
Banks die Deckung von Washington und dem Shenandoah-Thal zu.
Es sollte aber auch gleichzeitig Chester-Gap, Warrenton-Junction und
Warrenton selbst und „einen etwas mehr vorgeschobenen Punkt der
Orange-Alexandria-Bahn" durch starke Vorposten besetzen.

Das Corps Banks erhielt demnach die Aufgabe, sowohl das
Shenandoah-Thal, wie die ganze Südfront von Washington zu decken.
Von Winchester nach Manassas-Junction sind 50 Mln. Luftlinie. Die
Entfernung verdoppelt sich aber beinahe, wenn man den Bogen über
Warrenton in Rechnung zieht.

Die Banks unterstellten Truppen bestanden Anfangs März aus
seiner eigenen Division 15 398 M. und der Division Shields 11 869 M.
stark. Dazu kam vorläufig noch die Division Sedgwick mit 11 217 M.,
über welche Banks zunächst noch verfügte.

Mit diesen Truppen hatte Banks, wie wir wissen, anfangs März
das unterste Shenandoah-Thal, die Gegend von Martinsburg und Charlestown besetzt. Ihm stand der konföderierte General Stonewall Jackson mit etwa 4600 M. bei Winchester gegenüber. Jackson war entschlossen, diesen Ort nur im äussersten Notfall zu räumen. Dieser
Fall trat ein, als am 11. März die Division Sedgwick Berryville besetzte und so seine Verbindungen bedrohte. · Noch in der Nacht zum
12. ging er nach Süden zurück, wobei Oberst Turner Ashby mit
seinem Kavallerie-Regiment seinen Rückzug deckte. Banks besetzte
Winchester am 12. und liess die Division Shields den Konföderierten
bis Strassburg folgen. Jackson war bis Mount-Jackson am Endpunkt
der Manassas-Gap-Bahn am nördlichen Quellfluss des Shenandoah zurückgegangen. Am 15. März marschierte die Division Sedgwick ab,
um zu ihrem Corps zu stossen und am 16. erhielt Banks die schon
erwähnte Instruktion von Mc Clellan. Infolge dessen wurde Shields
von Strassburg zurückgerufen. Er traf am Abend des 20. wieder in
Winchester ein.

Sobald Jackson den Abmarsch der Unierten erfahren hatte, beschloss
er zu folgen. Am 22. erhielt er die Nachricht, dass der grösste Teil der
unierten Streitkräfte abmarschiert sei und bei Winchester nur schwache
Abteilungen zurückgeblieben seien. Das war in so fern richtig, als
am 22. morgens die Division Williams den Marsch nach Manassas
angetreten hatte. Bei Winchester war aber die ganze Division Shields
zurückgeblieben, welche Jackson numerisch überlegen war. Er erreichte das in der Nähe von Winchester gelegene Dorf Kernstown

spät am Nachmittag des 23. und beschloss, trotz der Ermüdung seiner
Leute, sofort anzugreifen. Das Gefecht endigte ungünstig für die
Konföderierten, welche zum Rückzug gezwungen wurden, hatte aber
doch die Folge, dass die auf dem Marsch nach Manassas befindliche
Division Williams nach Winchester zurückberufen wurde, und dass
General Banks, der sich am 23. nach Washington begeben wollte,
ohne diesen Ort erreicht zu haben, sofort nach Winchester zurückkehrte und mit seinem Corps den zurückgehenden Konföderierten bis
Strassburg folgte. Nachrichten von angeblich für Jackson im Anmarsch
befindlichen Verstärkungen liessen ihn von einer abermaligen Detachierung der Division Williams Abstand nehmen, eine Änderung der
ursprünglichen Disposition, welche auf die Pläne Mc Clellans von
verhängnissvollem Einfluss war.

Inzwischen hatte die Einschiffung der Potomac-Armee begonnen.
Über 400 Dampfer und Segelschiffe waren zu dem Zwecke versammelt.
Das Corps Heintzelman war das erste, welches segelte (17. März), dann
folgten die andern, so rasch als möglich. Die Divisionen Richardson
und Blenker des Corps Sumner blieben einstweilen noch bei Manassas
stehen, bis das mit der Deckung dieses wichtigen Punktes beauftragte
Corps Banks sie abgelöst haben würde.

Wie früher erwähnt, hatte der konföderierte General Johnston
bei seinem Rückzug hinter den Rappahannock die Linie Acquia Creek-
Fredericksburg als diejenige ins Auge gefasst, auf welcher die Unierten
wahrscheinlich gegen Richmond operieren würden. Gegen den 18. März
jedoch hatte er sich überzeugt, dass er sich geirrt und dass die
gewaltigen zum Wassertransport getroffenen Vorbereitungen, die ihm
natürlich nicht verborgen geblieben waren, darauf schliessen liessen,
dass ein noch weiter unterhalb an der Chesapeake-Bai gelegener
Punkt zum Ausgangspunkt der Operation ausersehen sei. Dies hatte
ihn veranlasst, mit der Hauptmasse seiner Armee hinter den Rapidan
zurückzugehen. Nur die Division Ewell und die Kavallerie unter
Stuart blieben am Rappahannock stehen.   .

Inzwischen waren die eben erzählten Ereignisse im Shenandoah-
Thal (Gefecht bei Kernstown) eingetreten und hatten eine Reihe von
wichtigen Folgen hervorgerufen. Am 11. März war durch dieselbe
Ordre, durch welche Mc Clellan seiner Stellung als General en chef
enthoben wurde, ein neues Militär-Departement geschaffen, welches
unter der Bezeichnung „Berg-Departement" denjenigen Teil der Staaten
Kentucky, Virginien und Tennessee umfasste, welche östlich einer von
Nord nach Süd durch die Stadt Knoxville gezogenen Linie und westlich des Kammes des Alleghany-Gebirges liegt. An die Spitze desselben
wurde der General Frémont gestellt. An Truppen befanden sich
zur Zeit in diesem Distrikte: eine Brigade unter General Schenck zu
Franklin, etwa 3000 M., eine Brigade unter General Milroy 3500 M.
und eine Division unter General Cox im Kanawha-Thal 7000 M.
Frémont sollte die Operationen der Potomac-Armee dadurch unterstützen,
dass er seine Truppen sammelte und gegen das obere Shenandoah-
Thal vorging, um sich von hier aus je nach Umständen entweder eben-

falls gegen Richmond oder gegen Knoxville zu wenden. Dazu waren die ihm zur Verfügung stehenden Truppen etwas zu schwach und Präsident Lincoln ward von allen Seiten gedrängt, eine Division der Potomac-Armee an Frémont zu überweisen. Lincoln hatte sich anfänglich diesen Versuchen gegenüber ablehnend verhalten. Die Ereignisse im Shenandoah-Thal, welche immerhin zeigten, wessen man sich von einem so unternehmenden Gegner, wie es Stonewall Jackson war, zu versehen hatte, gaben den Argumenten jener Dränger neue Kraft und am 31. März teilte Lincoln dem General Mc Clellan mit, dass er sich genötigt gesehen habe, die Division Blenker dem General Frémont zu überweisen. Die Abzweigung einer 9000 M. starken Division von einer 200 000 M. starken Armee, welche gegen einen noch nicht 70 000 M. starken Gegner zu Felde zog, hatte im Grunde genommen um so weniger zu bedeuten, als das Corps, dem sie zugeteilt wurde, gegen dasselbe Objekt, wenn auch auf einer andern Linie, zu operieren, also einen Teil der feindlichen Kräfte auf sich zu ziehen bestimmt war.

Bedeutungsvoller waren noch andere durch die Ereignisse im Shenandoah-Thal hervorgerufenen Folgen. Eine der Bedingungen, unter welchen Lincoln seine Zustimmung zu Mc Clellans Plan erteilt hatte, war vollständige Sicherung der Hauptstadt. Wir haben gesehen, wie Mc Clellan dem Corps Banks diese Aufgabe zugeteilt hatte und wie durch den Vorstoss Jacksons die Detachierung der Division Williams nach Manassas zur Unmöglichkeit geworden war. Mc Clellan hatte infolge dessen am 1. April neue Instruktionen an Banks erlassen. Er hielt Banks' Kräfte für genügend, Jackson im Shenandoah-Thal im Schach zu halten. Ein Vorgehen der Konföderierten östlich der blauen Berge sei nicht wahrscheinlich, weil diese sonst wohl die Brücken der Orange-Alexandria-Bahn nicht zerstört haben würden. Detachierungen zur Verstärkung Jacksons werde Johnston schwerlich vornehmen, sicherlich dann nicht mehr, wenn erst Richmond ernstlich durch die Potomac-Armee bedroht werde. Dann aber sei ein Vorgehen des Corps Banks gegen Staunton sehr erwünscht. Durch diese Instruktion wurde Banks für längere Zeit an das Shenandoah-Thal gefesselt.

In einem an demselben Tage an den Kriegsminister erstatteten Berichte zählt Mc Clellan die zur „Deckung von Washington" zurückgelassenen Truppen[1]) auf. Danach befanden sich

bei Warrenton	7 780 M.	
bei Manassas	10 859 „	
im Shenandoah-Thal[2])	35 467 „	.
am untern Potomac	1 350 „	
in Washington und den Forts	18 000 „	
	73 456 M.	

Das war allerdings eine Zahl, welche sich auf dem Papiere sehr stattlich ausnahm. Bei Lichte betrachtet schrumpft aber die Stärke der

---

[1]) Es waren dies Truppen, welche nicht zu den Corps der Potomac-Armee gehörten.

[2]) Corps Banks und Division Blenker.

von dieser Zahl zur unmittelbaren Deckung von Washington gegen
einen Angriff von Süden her wirklich verfügbaren Truppen erheblich
zusammen. Zunächst dürfen die Truppen im Shenandoah - Thal,
deren Zahl überdies durch den Abgang der nur auf dem Durchmarsch dort befindlichen Division Blenker auf 25 439 M. vermindert
wurde, von denen 2100 M. zur Bewachung der Eisenbahnen in West-
Virginien unentbehrlich waren, gar nicht gerechnet werden, weil
dieselben zunächst mit der Beobachtung von Jackson, dann aber mit
der von Mc Clellan gewünschten Offensive gegen Staunton vollauf
beschäftigt waren. Unter den in obiger Rechnung als „bei Manassas
stehend" aufgeführten Truppen befanden sich 3359 M., welche zur
Zeit zur Bewachung der Eisenbahnen in Maryland verwendet wurden,
und 3500 M., welche zum Dienst in Pennsylvanien organisiert waren.
Mc Clellan wünschte, dass diese Truppen nach Manassas herangezogen
würden. Es stand ihm aber keine Verfügung über dieselben zu und
es war fraglich, ob die höheren Autoritäten die Ansichten des Generals über ihre Abkömmlichkeit an den Orten, wo sie sich befanden,
teilten. Thatsächlich waren demnach nur 4000 M. bei Manassas vorhanden. Die 1350 M. am untern Potomac waren dort ebenfalls unentbehrlich, um den dort sehr starken Verkehr von Spionen und
Schmugglern zu verhindern.

Demnach schrumpften die wirklich zur Deckung von Washington
von Mc Clellan zurückgelassenen Truppen auf die 7780 M. bei Warrenton unter General Abercrombie, die aber noch nicht alle dort eingetroffen waren, und die 18 000 M. unter General Wadsworth in Washington und den Forts zusammen. In dem zu Fairfax C. H. am 13. März
abgehaltenen Kriegsrat war von einigen Generalen 25 000 M. als das
Minimum der, ausser der Besatzung der Forts, zur Deckung der
Hauptstadt notwendigen Truppenzahl, von andern eine Gesamtstärke
der zu diesem Zwecke zurückzulassenden Truppen von 40 000 M. als
unerlässlich bezeichnet worden. Keine dieser Zahlen wurde, wie wir
sehen, annähernd erreicht und die von Lincoln gestellte Bedingung der
Sicherstellung von Washington war demnach unerfüllt geblieben.

Präsident Lincoln sah sich abermals genötigt, von seinem Recht als
verfassungsmässigem Chef der Land- und Seestreitkräfte der Union Gebrauch zu machen. Er ordnete am 4. April an, dass das ganze
1. Armee-Corps (Mc Dowell), welches noch nicht eingeschifft war,
aus dem Verbande der Potomac-Armee ausscheiden und zur Deckung
von Washington verwandt werden solle. Der östlich der blauen
Berge gelegene Teil von Virginien wurde als „Departement des
Rappahannock" dem General Mc Dowell unterstellt, während der
zwischen diesem und dem Berg-Departement gelegene Teil, im Wesentlichen das Shenandoah-Thal, als „Departement des Shenandoah" dem
General Banks zugeteilt wurde.

Inzwischen hatte sich Mc Clellan am 1. April eingeschifft und erreichte
Fort Monroe am Nachmittag des 2. April. Er fand dort je 2 Divi-
sionen des 3. und 4. Armee-Corps, 1 Division des 2. Corps, eine
Brigade regulärer Infanterie unter General Sykes, einige reguläre

Kavallcrie-Regimenter und die Reserve-Artillerie unter General Hunt.
Einer Division des 4. Corps (Casey) fehlten noch die Trains, weshalb
dieselbe noch nicht marschfähig war. Die übrigen 4 Divisionen etc.
zählten 58 000 M. operationsbereiter Truppen[1]). Mit dem Eintreffen
der noch zurückbefindlichen 3 Divisionen und der Vollendung der
Marschbereitschaft der Division Casey erreichte die Potomac-Armee
eine Stärke von 119 965 M.

Die virginische Halbinsel, auf welcher Mc Clellan operieren
wollte, wird durch den James-Fluss im Süden und den York-Fluss
im Norden gebildet. Beide sind in ihrem untern Lauf meerbusenartig
erweitert und weit stromaufwärts für Seeschiffe mittleren Tiefgangs
zugänglich. Dadurch war die Möglichkeit geboten, die Verpflegung
und sonstigen Nachschub zu Schiffe bis in die unmittelbare Nähe der
an den Fluss angelehnten Armee nachzuführen. Der obere Teil
der Halbinsel, auf welchem auch Richmond, die Hauptstadt der Konföderation und das Operationsobjekt Mc Clellans, liegt, wird durch
den parallel zum James- und Pamunkey-Fluss (Quellfluss des Yorkflusses und ebenfalls schiffbar) fliessenden Chickahominy durchschnitten.
Letzterer ist für gewöhnlich ein unbedeutendes Gewässer, welches
durch sumpfige Wälder fliesst. Nach einem Gewitterregen jedoch
schwillt der Bach rasch zu bedeutender Höhe an und wird reissend,
indem er nicht nur sein eigenes Thal, sondern oft auch die benach-
barten Landstriche überschwemmt und dann zu einem bedeutenden Be-
wegungshindernis wird. Er fliesst anfänglich parallel zum Pamunkey
und Jamesfluss, wendet sich später aber scharf nach Süden und mündet
in den letzteren.

---

[1]) Des bessern Verständnisses wegen mag hier ein kurzer Auszug aus
der Ordre de bataille der Potomac-Armee folgen:

II. Armee-Corps: General Sumner.
1. Division: Richardson. Brigaden Howard, Meagher und French.
2. Division: Sedgwick. Brigaden Gorman, Burns und Dana.

III. Armee-Corps: General Heintzelman.
1. Division: General Fitz-John Porter. Brigaden Martindale, Morell
   & Butterfield.
2. Division: General Hooker. Brigaden Sickles, Naglee und Starr.
3. Division: General Hamilton (später Kearny). Brigaden Jamesson,
   Birney und Berry.

IV. Armee-Corps: General Keyes.
1. Division: General Louch. Brigaden Graham, Peck und Devins.
2. Division: General W. F. Smith. Brigaden Hancock, Brooks und
   Davidson.
3. Division: General Casey. Brigaden Keim, Palmer und noch eine
   dritte Brigade, deren Kommandeur noch nicht ernannt war.

Beim 2. und 3. Corps war je ein Kavallerie-Regiment eingeteilt. Ausserdem
gehörten zu jeder Division 4 Batterien, ferner zur Armee:
   Reserve-Infanterie-Brigade: General Sykes.
   Reserve-Kavallerie-Division: General Cooke, Brigaden Emory
   und Blake.
   Reserve-Artillerie: Oberst Hunt.
General Naglee erhielt später die noch als vakant bezeichnete Brigade der
Division Casey. An seiner Stelle erhielt General Grover die 2. Brigade
der Division Hooker. Auch Oberst Starr führte die Brigade nur interimi-
stisch für den noch abwesenden General Patterson.

Der grosse Vorteil der Schiffbarkeit der beiden genannten Flüsse war vorläufig noch nicht auszunützen. Der Jamesfluss war für die Schiffe noch unzugänglich, weil das konföderierte Panzerschiff „Merrimac" jeden Tag wieder erscheinen konnte. Auch der Zugang zum Yorkfluss war noch nicht frei, denn nicht weit von seiner Mündung, an einer Stelle, wo sich seine Ufer erheblich nähern und so eine Stromenge bilden, liegt am Südufer das Städtchen Yorktown, gegenüber am nördlichen Ufer Gloucester Point. Beide Orte waren befestigt und mit schweren Geschützen ausgerüstet. Die Öffnung des Yorkflusses musste Mc Clellans erstes Ziel sein. Er hatte dabei auf die Mitwirkung der Marine gerechnet, ein Marine-Offizier war jedoch nie zu Rate gezogen, denn als er sich gleich nach seiner Ankunft mit dem Kommandeur der bei Fort Monroe stationirten Kriegsschiffe beriet, wurde ihm erklärt, dass das einfach eine Unmöglichkeit sei, weil die 50 bis 60 Fuss über dem Wasserspiegel liegenden Befestigungen für die Geschütze der Schiffe gar nicht erreichbar seien. Er war demnach auf die Landarmee allein angewiesen.

Der Vormarsch gegen Yorktown begann am 4. April, ging aber langsamer von statten als erwartet war, weil sich die Wege in einem schauderhaften Zustand befanden. Erst am Nachmittag des 5. wurde die Gegend von Yorktown erreicht und hier gefunden, dass sich eine Reihe von Befestigungen quer über die ganze Halbinsel bis zum Jamesfluss hinzog. Zur Verteidigung dieser Stellung hatten die Konföderierten hier „die Armee der Halbinsel", ein kleines 11 000 M. starkes Corps unter General Magruder, aufgestellt. Mc Clellan, seiner Gewohnheit getreu, die Kräfte des Feindes zu überschätzen, berichtet, dass ihm „nicht weniger als 15 000 M." gegenüberständen. Sein Plan war, das noch erwartete Corps Mc Dowell nicht bei Fort Monroe landen, sondern in den Severn River einlaufen und dort ausschiffen zu lassen, um so Gloucester Point von der Landseite anzugreifen. Yorktown wollte er einschliessen und mit dem Rest seiner Armee die Operationen fortsetzen. Beides erwies sich als unausführbar. Am 5. erhielt Mc Clellan die amtliche Mitteilung, dass das Corps Mc Dowell bei Washington zurückgehalten worden sei und die unerwartete Entdeckung, dass an die Festung Yorktown eine sich über die ganze Halbinsel ziehende verschanzte Linie stiess, machte die Einschliessung unmöglich.

Die Nachricht von der Zurückbehaltung des Corps Mc Dowell machte einen niederschmetternden Eindruck auf Mc Clellan, viel mehr als sie verdiente. Er hätte leicht eine der drei anderen Divisionen, welche sich noch zurückbefanden, mit der Aufgabe betrauen können und würde doch noch Kräfte genug zum Angriff auf die Stellung von Yorktown übrig behalten haben. Eine Division war mehr als hinreichend, das nach der Landseite gar nicht befestigte und sehr schwach besetzte Gloucester Point zu nehmen. Obgleich alles darauf hindrängte, die Stellung bei Yorktown rasch zu nehmen, obgleich es auf der Hand lag, dass dieselbe von Kräften besetzt war, welche für die ausgedehnte Stellung selbst zu schwach, im Vergleich zur Armee Mc Clellans verschwindend klein waren, obgleich der Augenschein lehrte,

dass die Werke südlich von Yorktown stellenweise sehr schwach und
noch bei weitem nicht vollendet waren, konnte sich Mc Clellan nicht
entschliessen, durch einen energischen gewaltsamen Angriff, der vielleicht nicht unbeträchtliche Verluste im Gefolge gehabt, aber bei der
Übermacht der Unierten sicher zum Ziele geführt hätte, die Stellung zu
durchbrechen. Er griff statt dessen zum Spaten und entschloss sich
Yorktown förmlich zu belagern. Der ganze Monat April ging mit
Vorbereitungen zur Belagerung, Batteriebauten etc. hin.

Diese Zeit wurde von den Konföderierten bestens ausgenützt.
Sobald es feststand, dass die feindliche Hauptarmee nach Fort Monroe
geschafft sei, wurde auch die Armee Johnstons nach der Halbinsel
geschafft. Nur die Divisionen Jackson und Ewell wurden zurückgelassen; erstere im Shenandoah-Thal, letztere am oberen Rappahannock
mit der Anweisung, einer etwaigen Aufforderung Jacksons, ihn zu unterstützen, Folge zu leisten, und endlich blieb in Fredericksburg ein
aus allen drei Waffen gemischtes Detachement, in Stärke einer Brigade
unter General R. H. Anderson zur Deckung des unteren Rappahannock und namentlich der Eisenbahn Fredericksburg-Richmond stehen.
Alles übrige, d. h. die Divisionen D. H. Hill, D. R. Jones, Early, Longstreet und G. W. Smith wurden nach der Halbinsel gezogen. General
Johnston wurde zum Befehlshaber der den Unierten entgegentretenden Armee ernannt. Die Stärke der ihm zur Verfügung stehenden
Truppen einschliesslich der Division Magruder betrug 53 000 M.

Während dieser Zeit fand eine lebhafte Korrespondenz zwischen
Mc Clellan einerseits und dem Kriegsminister und Lincoln anderseits
statt. Mc Clellan drang mit aller Entschiedenheit darauf, dass ihm
das Corps Mc Dowell noch nachgeschickt werde und erreichte auch,
dass am 14. April der Befehl erlassen wurde, die Division Franklin
nach der Halbinsel einzuschiffen. Dieselbe traf am 22. April auf dem
untern Yorkfluss ein, wurde aber nicht ausgeschifft, weil Mc Clellan
sie im gegebenen Augenblick auf dem linken Ufer des Yorkflusses
zum Angriff auf Gloucester Point verwenden wollte.

Inzwischen hatte der Batteriebau seinen Fortgang genommen
und Anfang Mai war derselbe endlich soweit gediehen, dass die Er-
öffnung des Feuers auf den 6. Mai befohlen werden konnte. Indessen
kam es dazu nicht.

Johnston war der Ansicht, dass auf dem untern Teil der Halbinsel ein entscheidender Erfolg nicht zu erzielen sei. Nur Zeit
wünschte er zu gewinnen, um bei Richmond möglichst starke Streitkräfte zu sammeln. Als er daher erfuhr, dass die Angriffsarbeiten
der Unierten soweit gediehen seien, dass sie ihr Feuer eröffnen konnten, befahl er in der Nacht vom 3. zum 4. Mai die Räumung von
Yorktown und Gloucester Point.

Als am 4. Morgens die Unierten entdeckten, dass die feindlichen
Werke verlassen seien, wurden sogleich die nötigen Anordnungen
zur Verfolgung getroffen. Die Division Franklin erhielt den Befehl,
zu Schiffe den Yorkfluss hinaufzugehen und bei West-Point zu landen.
Die Verluste, welche die Unierten während der Belagerung durch

das feindliche Feuer erlitten hatten, waren nicht erheblich, dagegen hatten Krankheiten, die durch das wochenlange Liegen in dem sumpfigen Lande hervorgerufen waren, einen starken Abgang zur Folge gehabt. Schlimmer noch war es, dass die Moral der Truppen entschieden gelitten hatte, namentlich dadurch, dass es Jedermann klar war, dass der Feind nicht durch Waffengewalt aus Yorktown vertrieben war, sondern dasselbe nur aus Klugheitsrücksichten geräumt habe. Darüber konnten auch Mc Clellans triumphirende Depeschen und belobende Tagesbefehle nicht hinweghelfen.

Noch nachteiliger aber war es, dass die Konföderierten die ihnen gelassene Zeit zur Vervollständigung ihrer Rüstungen gebrauchten. Wir haben schon oben gezeigt, wie sie alle auf dem virginischen Kriegsschauplatze entbehrlichen Streitkräfte auf der Halbinsel konzentrierten. Aber sie erschlossen sich weitere Quellen, um dieselbe verstärken und vollzählig erhalten zu können. Am 16. April nahm der Kongress zu Richmond ein Gesetz an, wodurch die allgemeine Wehrpflicht eingeführt und jeder Bürger vom 18. bis incl. 35. Jahre zum Dienen im Heer verpflichtet wurde.

Die Räumung von Yorktown machte dem freiwilligen Stillstand der Potomac-Armee ein Ende. Mc Clellan befahl noch am 4. morgens, dass General Stoneman[1]) mit aller verfügbaren Kavallerie sofort auf der Strasse von Yorktown nach Williamsburg vorgehen solle. Als nächste Unterstützung folgten die Division W. F. Smith des Corps Keyes auf der Strasse von Lees Mill, die Division Hooker des Corps Heintzelman auf der Strasse von Yorktown. Etwas später wurden noch die Divisionen Kearny (früher Hamilton) des Corps Heintzelman auf der Strasse von Yorktown, die Divisionen Couch und Casey des Corps Keyes auf der Strasse über Lees Mill in Marsch gesetzt. General Sumner, als ältester General nächst Mc Clellan, erhielt den Auftrag, den Oberbefehl über diese Truppen einstweilen zu übernehmen, obgleich von dessen eigenen Corps keine Teile sich dabei befanden. Die Divisionen Richardson, Sedgwick (Corps Sumner) und Porter (Corps Heintzelman) sollten in Yorktown eingeschifft werden, um im Verein mit Franklin zu Wasser nach West-Point geschafft zu werden.

Bei Williamsburg hatten die Konföderierten abermals eine Stellung fortifikatorisch vorbereitet. Es war nicht die Absicht Johnstons, dieselbe dauernd zu halten, weil sie durch die Schiffe auf dem Yorkfluss umgangen werden konnte, aber sie sollte benutzt werden, um der allzu hitzigen Verfolgung der Unierten zeitweilig Halt zu gebieten.

Als die Kavallerie der Unierten am Abend des 4. bei Williamsburg ankam, fanden sie diese Verschanzungen, deren Vorhandensein sie ebenso überraschte, wie seiner Zeit das der Stellung von Yorktown, besetzt. Die durch den schlechten Zustand der Strassen aufgehaltene Infanterie kam erst so spät abends an, dass der Angriff

---

[1]) General Stoneman war Chef der gesamten Kavallerie der Potomac-Armee.

auf den folgenden Tag verschoben werden musste. Am 5. kam es
zu einem Gefecht, für welches beide Teile den Sieg in Anspruch
nahmen. Jedenfalls war es den Unierten nicht geglückt, sich der
ganzen Stellung zu bemächtigen, sondern sie hatten nur am rechten
Flügel einige von den Konföderierten übersehene Werke besetzt. Allerdings waren einige Versuche der Konföderierten, den Fehler durch
Wiedernahme dieser Werke auszugleichen, blutig abgewiesen worden,
und ihr Besitz würde bei Erneuerung des Kampfes am folgenden Tage
sehr zu Gunsten der Unierten in die Wagschale gefallen sein. Eine
solche lag aber gar nicht in der Absicht der Konföderierten. Johnston wusste, dass ein Teil der Potomac-Armee zu Schiffe den Yorkfluss hinaufgegangen war, und er traf noch in der Nacht zum 6. seine
Anordnungen für den weiteren Rückzug.

Die eigentliche Verfolgung hatte mit dem Gefecht bei Williamsburg ihr Ende erreicht. Mc Clellan berichtete an den Kriegsminister,
dass seine Armee ohne allen Zweifel schwächer sei, als die der Konföderierten. Während die Potomac-Armee am 6. bei Williamsburg
stehen blieb, um den in den grundlosen Wegen zurückgebliebenen
Proviant- und Munitions-Kolonnen Zeit zu lassen nachzukommen, war
die Division Franklin am 6. bei Eltham gelandet.

Am 7. kam es hier zu einem Gefecht mit der konföderierten
Division Smith, welche Johnston mit der Deckung seiner rechten Flanke
beauftragt hatte. Das Gefecht wurde seitens der Konföderierten abgebrochen, als Johnston mit der Armee die durch Franklins Landung
bedrohte Stelle der Strasse passiert hatte.

Erst am 8. Mai nahm Mc Clellan den Vormarsch von Williamsburg wieder auf. Derselbe wurde aber so langsam fortgesetzt, dass
erst am 21. Mai der Aufmarsch hinter dem Chickahominy beendet war.

Während des Marsches war eine andere Einteilung der Armee
vorgenommen. Die Division Porter war aus dem 3. Armeecorps (Heintzelman) ausgeschieden und mit der ebenfalls als Division zu zwei Brigaden formierten „Reserve" unter General Sykes zu einem Corps formiert worden, an dessen Spitze General Fitz-John Porter gestellt
wurde. Ein zweites neues Corps wurde aus der Division Franklin und
der vom 4. Corps (Keyes) abgegebenen Division W. F. Smith formiert
und General Franklin unterstellt. Die neuen Corps erhielten die
Nummern 5 und 6. Es bestand demnach jetzt die Potomac-Armee
auf der virginischen Halbinsel aus 5 Armeecorps, jedes zu 2 Divisionen.

Noch eines Ereignisses, welches während des Vormarsches der Potomac-Armee von Williamsburg nach dem Chickahominy eintrat, muss gedacht werden. Südlich des Jamesfluss in und bei Norfolk hatten die Konföderierten eine Division von ca. 15 000 Mann unter General Huger aufgestellt, welche unter anderm die Aufgabe hatte, das Marine-Etablissement
bei Gosport, wo sich auch das Panzerschiff „Merrimac" befand, zu schützen.
Hugers Stellung bei Norfolk wurde unhaltbar, wenn die Konföderierten
den untern Teil der Halbinsel räumten, um so mehr, als auch von
Nord-Karolina aus, wo ein uniertes Corps unter General Burnside stand,
seine Verbindungen mit dem Hinterlande bedroht wurde. Bereits am

27. April hatte Huger den Befehl erhalten, sich auf die Räumung ge- fasst zu machen und namentlich das Marine-Etablissement zur Zer- störung vorzubereiten.

Als Johnston am 4. Mai von Yorktown abzog, schickte er gleich- zeitig an Huger den Befehl, die Zerstörung nunmehr auszuführen und mit seinen Truppen den Marsch nach Richmond anzutreten. Einige Tage lang wusste der Kommandant des Marine-Etablissements, Kapitain Forrest, welcher mit der Massregel nicht einverstanden war, durch seine Vorstellungen die Ausführung des Befehles hinzuhalten. Am 8. morgens jedoch glaubte Huger nicht länger zögern zu dürfen. Die Gebäude des Marine-Etablissements wurden in Brand gesteckt und Huger zog ab. Die Schiffe, welche bei Gosport gelegen hatten, waren vorher nach dem Jamesfluss ausgelaufen. Als Norfolk noch an demselben Tage von den Unierten von Fort Monroe aus besetzt wurde, waren diese Schiffe gewissermassen heimatlos geworden, den kleinen höl- zernen Kanonenbooten gelang es zwar, den Jamesfluss aufwärts zu ent- kommen, allein die „Merrimac" konnte ihres Tiefganges wegen, ihnen nicht folgen. Einem Angriff der unierten Kriegsschiffe hätte sie wohl erfolgreich widerstehen können, aber von aller Verbindung mit dem Lande abgeschnitten, was sich jetzt ringsum im Besitz der Unierten befand, hätte sie sich doch nur so lange behaupten können, als die wenigen an Bord befindlichen Vorräte reichten. Ihr Befehlshaber, Kommodore T a t n a l l, beschloss deshalb, das Schiff zu zerstören. Am Morgen des 11. wurde die Mannschaft in den Booten eingeschifft und hierauf das Schiff in Brand gesteckt, welches kurz darauf in die Luft flog.

Die Einfahrt in den Jamesfluss war nunmehr für die Unierten frei. Noch am 11. lief ein kleines Geschwader von 4 Schiffen in den- selben ein und fuhr langsam und vorsichtig den Fluss hinauf. Erst am 15. Mai, als die Schiffe bereits D r e w r y s B l u f f, nur etwa 8 Meilen von Richmond, erreicht hatten, wurden sie von dem dort erbauten Fort Darling beschossen und an der Weiterfahrt verhindert. Es entspann sich ein Geschützkampf mit dem Fort, welcher bis 12 Uhr Mittags dauerte. Zu dieser Zeit sahen sich die Schiffe, deren Munitionsvorrat erschöpft war, genötigt, das Gefecht abzubrechen und wieder strom- abwärts zu gehen.

Die Öffnung des Jamesflusses für die Schiffe bot Mc Clellan die Möglichkeit, sich auf diesen statt auf den Yorkfluss zu basieren. Er hätte am 11. Mai sogar seinen weitern Vormarsch noch so einrichten können, dass nichts vergeblich geschehen war. Allein die Erwägung, dass die Transportschiffe bereits in den Yorkfluss eingelaufen waren und die Eisenbahn von White-House nach Richmond ein bequemes Mittel zur Verpflegung darbot, sowie dass auf dieser Linie eine Vereinigung mit andern unierten Truppen, welche etwa von Fredericksburg aus oder längs der Orange-Alexandria-Bahn gegen Richmond operieren würden, leichter möglich sei, gab den Ausschlag und liess Mc Clellan sich für Beibehaltung der einmal gewählten Linie entscheiden. White-House wurde zum Haupt-Depôt-Ort bestimmt und eingerichtet.

Am 21. Mai stand die Potomac-Armee folgendermassen: Die Avant-
garden-Kavallerie unter General Stoneman stand eine Meile von New-
Bridge, das Corps Franklin 2 Meilen dahinter und das Corps Porter
in Unterstützungs-Entfernung hinter diesem; das Corps Sumner stand
am Chickahominy von New-Bridge abwärts bis zum Übergang der
York-River-Eisenbahn, daran schloss sich bei Bottom Bridge das Corps
Keyes. Das Corps Heintzelman stand in Unterstützungs-Entfernung
hinter diesem. Der Übergang bei Bottoms Bridge befand sich in den
Händen der Unierten. Das feindliche Ufer war unbesetzt gefunden
und da es von Wichtigkeit war, den Übergang zu sichern, hatte schon
am 20. die Division Casey den Fluss durchfurtet, die Höhen des rechten
Thalrandes besetzt und sich dort leicht verschanzt. Die von den Konföderierten zerstörte Brücke wurde wieder hergestellt. Das Hauptquartier
Mc Clellans kam nach Cool Arbor. Am 26. befand sich die Eisenbahn
von White-House bis zum Chickahominy in betriebsfähigem Zustand,
die Eisenbahnbrücke über den letzteren wurde am 27. hergestellt.

Während die Armee Mc Clellans Yorktown belagerte und dann
langsam nach dem Chickahominy marschierte, fielen im nördlichen Teil
von Virginien und im Shenandoah-Thal einige wichtige Ereignisse vor.

Nach dem Treffen von Kernstown hatte sich Jackson das Shenandoah-Thal aufwärts zurückgezogen, war dann aber von Harrisonburg
aus plötzlich nach Osten abgebogen und hatte am 19. April eine sehr
feste Stellung am Fuss der blauen Berge bei Swift-Run Gap bezogen.
Banks war gefolgt, konnte es aber nicht wagen, weiter in der Richtung
auf Staunton vorzudringen, weil er sonst seine rückwärtigen Verbindungen
dem in seiner Flanke stehenden Jackson preisgegeben hätte, während
anderseits des letztern Stellung so stark war, dass sie einen Angriff
selbst mit erheblich überlegenen Kräften nicht rechtfertigte. So war
Banks bei Harrisonburg stehen geblieben. Jacksons Streitkräfte hatten
sich um diese Zeit durch Rückkehr Beurlaubter und Neueinstellungen
auf ca. 6000 Mann verstärkt.

Ausser Jackson stand im Shenandoah-Thal noch eine konföderierte
Brigade unter General Edward Johnson. Dieselbe bestand aus
6 Infanterie-Regimentern, einer Batterie und einer kleinen Kavallerie-
Abteilung und war etwa 3000 Mann stark. Sie hatte da Stellung
genommen, wo die Strasse von Staunton nach Monterey die Hauptkette
der Shenandoah-Berge überschreitet. Ihr gegenüber, bei dem Dorfe
Mc Dowell, stand die zum Corps des General Frémont gehörige Brigade
Milroy. Das Ausweichen Jacksons nach Osten hin hatte die von Harrisonburg aus in den Rücken der Stellung Johnsons führenden Strasse entblösst und dieser hatte sich infolge dessen veranlasst gesehen, bis nach
West-View bei Staunton zurückzugehen. Dadurch war Milroy kühner
geworden und hatte seine Vorposten bis nach dem Dorfe Deerfield,
dem Kreuzungspunkt der Strassen Harrisonburg - Warmsprings und
Staunton-Monterey, vorgeschoben.

Jackson fürchtete, dass nunmehr eine Vereinigung zwischen den
Kräften unter Banks und denen unter Milroy stattfinden und Johnson
gezwungen werden könne, noch weiter nach Süden zurückzugehen, wo-

durch dann eine Vereinigung mit seinen eigenen Truppen unmöglich geworden wäre, und er beschloss demnach, zunächst Milroy zurückzuwerfen. Am 30. April setzte er sich nach Staunton in Marsch, während die Division Ewell, welche von Stanardsville herankam, die von Jackson verlassene Stellung besetzte und die Aufgabe erhielt, seinen Abzug zu verschleiern. Einschliesslich der Division Ewell und der Brigade Johnson verfügte Jackson jetzt über etwa 17 000 Mann. Banks war zur Zeit 19 000 Mann stark. Über die Stärke der Truppen unter Frémont ist weiter oben das nötige gesagt.

Von Staunton aus setzte Jackson im Verein mit General Johnson, welcher seine Vorhut bildete, den Vormarsch gegen Mc Dowell fort. Am 8. Mai kam es bei Mc Dowell zu einem Gefecht, in welchem gegen Abend auch die in Eilmärschen herbeigekommene Brigade Schenck teilnahm. Der Kampf dauerte bis zum Abend, in der Nacht jedoch traten die Unierten den Rückzug nach Franklin an. Jackson folgte, fand seine Gegner am 10. jedoch in so starker Stellung bei Franklin, dass er einen Angriff nicht für ratsam hielt, zumal am 11. auf Seiten der Unierten die Division Blenker eintraf, wodurch dieselben ein erhebliches numerisches Übergewicht erhielten. Auch besorgte er, dass Banks, wenn er von dem Vorgefallenen Kunde erhielt, ihm von Harrisonburg aus den Rückweg verlegen könne. Am 14. trat er deshalb den Rückzug an und traf am 16. in Augusta Springs ein, wo er Ruhetag hielt, um sich dann am 17. mit frischen Kräften der Aufgabe zuzuwenden, durch einen energischen Vorstoss nach Norden Furcht und Schrecken in Washington zu verbreiten und so die Absendung weiterer Truppen zur Verstärkung Mc Clellans zu verhindern, wobei ihm die Regierung in Washington durch verkehrte Massregeln trefflich in die Hände arbeitete.

Als nämlich durch den Rückzug Jacksons und das Vorgehen der Potomac-Armee gegen Richmond jede unmittelbare Gefahr für Washington beseitigt schien, hatte General Mc Dowell am 15. April den Befehl erhalten, mit seinem Corps in der Richtung nach Fredericksburg bis an den Rappahannock vorzugehen. Am 30. April erfolgte der weitere Befehl, Fredericksburg zu besetzen, was am 4. Mai nach Herstellung der Brücke geschah.

Inzwischen begann Mc Clellan nach der Schlacht bei Williamsburg den Präsidenten und den Kriegsminister auf die dringendste Weise um weitere Verstärkung, namentlich um Wiederzuteilung des ganzen Corps Mc Dowell zur Potomac-Armee zu bitten. Wenngleich der Präsident hierauf nicht eingehen zu können glaubte, so wollte er Mc Clellan doch wenigstens so weit entgegenkommen, dass er Mc Dowell auf der Linie Fredericksburg-Richmond selbständig vorgehen liess, um schliesslich Mc Clellan die Hand zu reichen. Dazu hielt er aber Mc Dowell nach Entsendung der Division Franklin nicht für stark genug. Am 12. Mai erhielt deshalb General Banks den Befehl, die Division Shields an Mc Dowell abzugeben und sich mit der Division Williams bei Strassburg zu verschanzen. Banks' Stärke sank dadurch auf 9000 Mann herab, mit denen er am 17. Mai bei Strassburg stand.

Von hier aus schickte er den Oberst Kenly mit einem Infanterie-Regiment, etwas Kavallerie und Artillerie, in Allem etwa 1000 Mann, nach Front Royal, um das Thal von Luray zu beobachten. Am 18. Mai hatte sich Jackson mit Ewell in einer persönlichen Zusammenkunft über alles notwendige verständigt. Am 20. konzentrierte er sein ganzes Corps einschliesslich der Division Ewell bei New-Market, ging jedoch von hier nicht direkt gegen Strassburg vor, sondern wandte sich rechts, überschritt die Massinutton-Berge und überfiel am 23. den Oberst Kenly in Front Royal, dessen Detachement vollständig zersprengt wurde. Jacksons Truppen waren jedoch zu erschöpft, um die Verfolgung sofort beginnen zu können. Er musste am Abend des 23. bei Front Royal stehen bleiben, und die Früchte seines Sieges wären wohl noch grösser gewesen, wenn dieser Aufenthalt hätte vermieden werden können, der nur teilweise durch die Sorglosigkeit Banks wieder ausgeglichen wurde. Dieser empfing am Abend des 23. Nachrichten über das Vorgefallene, hielt es aber für unmöglich, dass es sich hier um starke feindliche Kräfte handele, sondern glaubte, dass er es nur mit einem Kavallerievorstoss zu thun habe. Deshalb hatten seine ersten Anordnungen auch nur eine Verstärkung des Oberst Kenly im Auge. Erst in der Nacht trafen Nachrichten von Winchester ein, wohin Versprengte von Front Royal gelangt waren, welche Banks eine einigermassen richtige Vorstellung über das, was geschehen war, gaben. Am 24. morgens 3 Uhr wurde der Train etc. unter Eskorte nach Winchester in Marsch gesetzt, und um 9 Uhr folgten die Brigaden Donelly und Gordon und die Kavallerie-Brigade Hatch, welche die Nachhut bildete.

Zwar wurde der Train durch die vorauseilende Kavallerie Jacksons in Unordnung gebracht, so dass eine grosse Anzahl Wagen preisgegeben werden mussten, den Marsch der Truppen vermochte dieselbe jedoch nicht aufzuhalten, so dass es Banks in der That gelang, Winchester früher zu erreichen, als Jackson. Einen entscheidenden Kampf konnte Banks auch bei Winchester nicht annehmen, weil er sonst Gefahr lief, von der Übermacht eingeschlossen zu werden. Es musste ihm nur darauf ankommen, so viel Zeit zu gewinnen, dass der gerettete Rest seines Trains den Potomac erreichen und überschreiten konnte.

Während dieser am Morgen des 25. seinen Marsch fortsetzte, suchte Banks das Vordringen der Konföderierten aufzuhalten. Erst als diese ihn auf beiden Flügeln zu umfassen drohten, nahm auch er den Rückzug wieder auf und erreichte am Nachmittag Martinsburg und überschritt, nachdem er hier nur zwei Stunden gerastet, noch am Abend den Potomac bei Williamsport. Jackson hatte wegen gänzlicher Erschöpfung seiner Leute die Verfolgung nur bis auf 5 Meilen hinter Winchester fortsetzen können.

Es befanden sich jetzt nur noch in Charlestown und Harpers Ferry unierte Abteilungen. Gegen diese schickte Jackson am 28. Mai den General Winder mit seiner Brigade. Winder, welcher Charlestown ohne grosse Mühe genommen hatte, fand die Unierten bei Harpers Ferry in so starker Stellung, dass er einen Angriff nicht wagte, sondern nach Charlestown zurückging. Am andern Tag traf Jackson selbst hier ein und brachte die Division Ewell mit. Während der Vorbereitungen zu einem Angriff auf Harpers Ferry trafen jedoch Nachrichten ein, die ihn zwangen, auf die Sicherheit seines Corps Bedacht zu nehmen. Nur die Brigade Winder und die Kavallerie blieben beobachtend bei Halltown stehen. Alle übrigen Truppen erhielten Befehl nach Winchester zurückzukehren.

So gross die materiellen Erfolge des kühnen Schlages auch waren, welchen Jackson geführt hatte, so waren die moralischen Folgen doch noch weit grösser.

Wie wir weiter oben gesehen haben, hatte Mc Dowell den Befehl erhalten, von Fredericksburg gegen Richmond vorzugehen, und war der Beginn dieser Operationen auf den 26. festgesetzt. Mc Clellan hatte telegraphisch Mitteilung davon erhalten. Allein am 24. nachmittags traf die Nachricht von den Vorgängen im Shenandoah-Thale in Washington ein und verbreitete dort unbeschreibliche Bestürzung. Mc Dowell erhielt sofort den Befehl, das Vorgehen gegen Richmond zu unterlassen und, eine Division bei Fredericksburg stehen lassend, mit den beiden anderen schleunigst längs der Manassas-Gap-Bahn nach dem Shenandoah-Thale zu marschieren, und General Frémont (zu Franklin) wurde angewiesen, ebenfalls so rasch als möglich gegen Strassburg vorzugehen. Mc Dowell hatte infolge des erwähnten Befehls die Division Shields am 25. in Marsch gesetzt. Am 28. hatte dieselbe Rectortown erreicht und brach hier am 29. um 5 Uhr morgens mit dem Auftrage wieder auf, am 30. mittags 12 Uhr in Front Royal zu sein. Zur selben Zeit sollte General Frémont in Strassburg eintreffen. Gelang dies, so waren Jackson beide Rückzugswege verlegt, und er musste in eine üble Lage kommen, namentlich wenn auch Banks wieder von Norden gegen ihn vorging. Das waren im wesentlichen die Nachrichten, welche Jackson am 29. bei Harpers Ferry zugingen. Beim Tagesgrauen am 30. Mai begann Jackson seinen Rückzug nach Süden. Seine Kolonnen waren aber sehr lang, da er die grosse Zahl erbeuteter Wagen nicht aufgeben wollte. Er selbst folgte erst am 31. und erreichte an diesem Tage Strassburg. Das Corps Frémont war durch Verbarrikadierung der Strassen zu Umwegen genötigt gewesen, wodurch sein Anmarsch verzögert war. Seine Avantgarde war jedoch in Sicht, als Jackson in Strassburg eintraf, und musste zurückgeworfen werden, weil Jackson hier die noch zurück befindliche Brigade Winder abwarten wollte. Am 1. Juni morgens griff die Division Ewell die Vorhut Frémonts an und hielt den Vormarsch bis Mittag auf. Um diese Zeit traf das Gros Frémonts ein, und da inzwischen die Brigade Winder Strassburg passiert hatte, so brach Ewell das Gefecht ab und folgte dem Corps, welches seinen Rückzug durch das westlich der Massinutton-Berge gelegene Thal auf Harrisonburg fortsetzte. Die unierte Division Shields hatte am 30. zwar Front Royal erreicht, war aber dort stehen geblieben, da ihr Befehl nur die Besetzung dieses Punktes anordnete. So war es Jackson gelungen, zwischen den beiden gegen seine Rückzugslinien vorgehenden Corps hindurchzuschlüpfen.

Am 2. Juni nahmen dieselben die Verfolgung wieder auf, Frémont westlich, Shields östlich der Massinutton-Berge.

Am 5. Juni kam Jackson in Harrisonburg an. Infolge der von den Konföderierten bewirkten Zerstörung der Brücken war Frémont aufgehalten und war an diesem Tage erst bis 3 Meilen südlich New-Market gelangt. In Harrisonburg hörte Jackson, dass durch Übereifer auf der Strasse nach Staunton ebenfalls alle Brücken zerstört seien. Es blieb ihm also nichts übrig, als sich über Browns Gap nach Charlottesville zu wenden. Dazu musste 'er sich des Übergangspunktes über den Hauptquellfluss des Shenandoah bei Port Republic versichern. Während er selbst mit dem grössten Teil seiner Truppen den Weg nach Port Republic einschlug, beauftragte er Ewell, die Verfolgung Frémonts nach Möglichkeit aufzuhalten, damit sein Train Zeit behalte, die Gebirgspässe zu erreichen. Am 6. abends kam es bei Harrisonburg zu einem Gefechte zwischen der Kavallerie-Vorhut Frémonts und der konföderierten Kavallerie unter Ashby, in welchem die letztere zwar ihre Stellung behauptete, aber ihren tapfern Führer verlor. Jackson erreichte am 7. abends den Quellfluss des Shenandoah, Port Republic gegenüber, wo seine Truppen am Abend am linken Ufer lagerten. Der Ort war von den Unierten unbesetzt gefunden. Am frühen Morgen des 8. rückte aber plötzlich unierte Kavallerie und Artillerie in denselben ein und bemächtigte' sich der für Jackson so wichtigen Brücke. Erst nach · ernstem Gefechte gelang es Jackson, beides wieder in seine Gewalt zu bekommen. Nunmehr überschritt er den Fluss und ging der im Anmarsch befindlichen Division Shields am rechten Ufer entgegen. Nicht weit von Port Republic stiess er auf dieselbe und warf sie nach heftigem Gefechte zurück. Gleichzeitig hatte auch Ewell bei Cross Keys ein Gefecht mit dem Corps Frémont, infolge dessen es ihm gelang, in der Nacht vom 8. zum 9. unbelästigt nach Port Republic abzuziehen. Jackson liess sofort nach dem Eintreffen Ewells die Brücke in Brand stecken, wodurch er jede Verfolgung unmöglich machte, und marschierte dann in aller Ruhe nach Browns Gap ab.

Die vorstehend erzählten Ereignisse fallen der Zeit nach mit der Belagerung von Yorktown und dem Vormarsch Mc Clellans bis zum Chickahominy zusammen. Am 21. Mai hatte die Potomac-Armee ihren Aufmarsch hinter dem Chickahominy begonnen. Dabei war es zu einigen kleineren Zusammenstössen mit dem Feinde gekommen, so am 23. Mai bei New-Bridge, Ellisons Mill und Beaverdam Creek, deren Ergebnis das war, dass die Konföderierten ihre auf das nördliche Ufer vorgeschobenen Abteilungen zurückgezogen und auch das südliche Ufer nicht mehr unmittelbar besetzt hatten. Der schon am 20. bei Bottoms Bridge auf das südliche Ufer vorgegangenen Division Casey folgte am 23. die andere Division (Couch) desselben Corps (Keyes) und das ganze Corps nahm bei Seven Pines Stellung und verschanzte sich dort. Ferner erhielt am 23. das Corps Heintzelman den Befehl, auf das Süd-Ufer vorzugehen; dasselbe nahm zwei Meilen vorwärts Bottom Bridge Stellung, um die Übergänge über den White Oak Swamp zu beobachten und den linken Flügel der Armee zu decken. General Heintzelman erhielt als Rangältester den Oberbefehl über die beiden auf das Südufer vorgeschobenen Corps.

Am 28. hatte General Casey beim Vorgehen auf Fair-Oaks einen ziemlich ernsten Widerstand zu überwinden, woraus Heintzelman schloss, dass die Konföderierten demnächst einen Angriff versuchen würden. Er nahm daraus Veranlassung, zwei Brigaden der Division Kearny seines eigenen Corps $^3/_4$ Meilen vorwärts Savage Station als Reserve für den rechten Flügel Stellung nehmen zu lassen.

Schon am 25. Mai war den Truppen anbefohlen, stets auf den Entscheidungskampf vorbereitet zu sein. Allein das erwartete Vorgehen erfolgte nicht. Bereits seit der Schlacht bei Williamsburg hatte Mc Clellan den Präsidenten und den Kriegsminister gedrängt, ihm Verstärkungen zu schicken, wobei er darauf hinwies, dass er wahrscheinlich gegen einen doppelt so starken Gegner, als er selbst sei, zu kämpfen habe. Dies Drängen hatte die Folge, dass sich Lincoln entschloss, das Corps Mc Dowell von Fredericksburg aus gegen Richmond vorgehen zu lassen. Am 18. Mai wurde Mc Clellan davon in Kenntnis gesetzt. Damit war aber dieser nicht zufrieden und stellte jetzt das Verlangen, das Corps Mc Dowell auf dem Wasserweg über Fort Monroe zu ihm zu schicken. Auf dies Verlangen ging die Regierung jedoch nicht ein, sondern befahl Mc Dowell, wie wir weiter oben gesehen haben, seinen Vormarsch am 26. anzutreten. Da von Fredericksburg nach dem Chickahominy etwa 50 Meilen (80 Kilometer) sind, so hätte Mc Dowell in drei Tagen am rechten Flügel Mc Clellans eintreffen können. Wir haben aber auch weiter gesehen, wie durch die plötzliche Offensive Jacksons im Shenandoah-Thal die Angelegenheit eine ganz andere Wendung nahm und die Verwendung Mc Dowells in anderer Richtung notwendig wurde. Die Nachricht davon war eine grosse Enttäuschung für Mc Clellan. Er beantwortete sie jedoch mit der Erklärung, dass die Zeit sehr nahe sei, wann er Richmond angreifen werde. An demselben Tage schob er, wie schon erwähnt, seinen linken Flügel (die Corps Keyes und Heintzelman) über den Chickahominy.

Die Zeit, welche Mc Clellan durch die Belagerung von Yorktown und den langsamen Vormarsch nach dem Chickahominy verloren hatte, war von den Konföderierten bestens ausgenutzt. Die Division Huger war aus Norfolk, die Brigade Branch aus Nord-Karolina und die Brigade Anderson von Fredericksburg herangezogen. Vor allen Dingen waren aber die Cadres durch die Rückkehr der Beurlaubten und Neuanwerbungen wieder gefüllt. Die Armee bestand jetzt aus den Divisionen Longstreet (6 Brigaden), A. P. Hill (6 Brigaden), D. H. Hill (4 Brigaden), Magruder (6 Brigaden), Huger (3 Brigaden) und Whiting (2 Brigaden), im Ganzen 27 Brigaden, in einer Gesamtstärke von 62 700 Mann. Sie hatte im Bogen um Richmond herum Stellung genommen, derart, dass der linke Flügel nördlich von Richmond, etwa Mechanicsville gegenüber, stand, während der rechte Flügel sich unterhalb der Stadt an den Jamesfluss lehnte.

Die Stellung der Unierten machte rasches Handeln zur gebieterischen Notwendigkeit. Der über den Chickahominy vorgeschobene.

linke Flügel war eine herausfordernde Drohung für die Konföderierten,
während seine Lage nicht unbedenklich war. Durch einen launenhaften
Fluss von den übrigen drei Corps der Armee getrennt, bot ihre Anwesenheit auf dem Südufer den Konföderierten vielleicht Gelegenheit,
sie mit Überlegenheit anzugreifen und zu schlagen, ehe sie vom andern
Ufer her unterstützt werden konnten. Der konföderierte General Joseph
E. Johnston war nicht der Mann, sich eine solche Gelegenheit entgehen zu lassen. In aller Stille zog er in den letzten Tagen des
Mai seine Armee dem linken Flügel der Unierten gegenüber zusammen
und als·am 30. Mai nachmittags ein überaus heftiges Gewitter eintrat,
wodurch der Chickahominy rasch anschwoll und über seine Ufer trat,
auch die von den Unierten erbauten Brücken zum Teil mit fortriss,
stand sein Entschluss fest. Am 31. morgens griff Johnston mit 23
von seinen 27 Brigaden das vorgeschobene Corps Keyes an. Das
dadurch herbeigeführte Gefecht bei Seven Pines und Fair Oaks
würde mit der Vernichtung der beiden vorgeschobenen Corps der
Unierten geendet haben, wenn nicht im kritischen Augenblick Sumner,
trotz des unsicheren Zustandes der Brücken, mit seinem Corps den
Chickahominy überschritten hätte und einer Umgehungs-Kolonne der
Konföderierten entgegengetreten wäre, welche nach heftigem Kampfe
zurückgeworfen wurde.

   Auf Seiten der Konföderierten war General Johnston schwer
verwundet und der Oberbefehl über die Armee ging jetzt auf den
General Robert E. Lee über.

   Die Unierten erwarteten eine Erneuerung des Angriffs am 1. Juni.
Derselbe erfolgte jedoch nicht. Vielmehr waren die Konföderierten
schon am frühen Morgen in ihre alten Stellungen zurückgegangen
und auch die Unierten konnten die Positionen wieder besetzen, welche
sie vor der Schlacht bei Seven Pines innegehabt hatten.

   Es trat nunmehr wieder Ruhe ein, welche zum Teil durch das
Wetter und den unerhört hohen Wasserstand des Chickahominy erzwungen war. Der Boden war ein ungeheurer Sumpf, auf welchen während des Tages eine tropische Sonne ihre glühenden Strahlen herabsandte,
so dass neben den Verwesungsgerüchen der durch die heftigen Regengüsse
ausgewaschenen Leichen auch noch die gefährlichsten Miasmen dem
feuchten Boden entstiegen. Krankheiten nahmen in den Lagern überhand und der Geist der Truppen sank mit jedem Tage mehr.

   Und doch war die Situation eine solche, welche keine Unthätigkeit zuliess.

   Die Armee war in zwei Teile geteilt, deren Verbindung schwierig
und unsicher war. Welche Gefahren darin lagen, war eben durch
die Schlacht von Seven Pines gezeigt. Das hätte eine ernste Mahnung
sein sollen, diesem Zustande ein Ende zu machen. Das Grundübel lag
darin, dass Mc Clellan zum Schutz seiner Verbindungs- und Verpflegungslinie beträchtliche Streitkräfte auf dem nördlichen Ufer des
Chickahominy behalten musste. Dadurch wurde es ihm unmöglich
gemacht, seine Gesamtkräfte an einem Punkte zu vereinigen, während
gleichzeitig dem Feinde Gelegenheit gegeben wurde, die beiden Teile

der Armee getrennt anzugreifen und zu schlagen. Aus dieser grundfalschen und unglücklichen Situation gab es zwei Auswege: 1) Verlegung der Basis an den Jamesfluss, wodurch eine Operationslinie gewonnen wäre, welche in jeder Beziehung den Vorzug von der gegenwärtigen verdiente. Er würde dann die Wahl gehabt haben, entweder
auf dem Nordufer des Jamesfluss gegen Richmond vorzugehen, oder.
durch Übergang auf das Südufer, gleichzeitig gegen die Verbindungen
der Hauptstadt mit dem übrigen Teil der Konföderation zu operieren,
was freilich gewagter war, aber auch entscheidendere Resultate in Aussicht
gestellt hätte; oder 2) die Verbindung mit dem Yorkfluss momentan
preiszugeben, und kühn gegen Richmond vorzugehen, um im Falle
eines ungünstigen Ausgangs des zu erwartenden Kampfes nach dem
Jamesfluss zurückzugehen. Letzterer Ausweg verdiente den Vorzug,
weil der üble moralische Eindruck, den ein Wechsel der Operations-
basis ohne eine Schlacht hervorgebracht haben würde, vermieden
worden wäre, ersterer auch einen Flankenmarsch vor der Front des
Feindes vorbei notwendig machte.

Aber jeder Ausweg wäre besser gewesen als Unthätigkeit, welche
unter den thatsächlich obwaltenden Verhältnissen gewagter war, als
der kühnste Operationsplan, aber unglücklicherweise bot der Fall eine
Alternative und es lag in der Natur Mc Clellans, dass er sich nicht
für die bestimmte Wahl des einen oder andern Weges entscheiden
konnte, dass er zögerte einen Entschluss zu fassen, selbst unter Umständen, wo der schlechteste Plan besser gewesen wäre, als gar nichts
zu thun. In seinen Briefen an Lincoln und den Kriegsminister aus
den Tagen nach der Schlacht bei Seven Pines spricht er immer den
Entschluss aus, den Entscheidungskampf herbeizuführen, sowie der
Chickahominy gefallen und das Wetter besser geworden sei. Daneben
geht neues Drängen um Verstärkungen.

In Erwiederung auf letzteres wurde ihm die Ermächtigung erteilt, einige Regimenter der Besatzung von Fort Monroe an sich zu
ziehen. Andere Regimenter wurden ihm aus dem Norden zugesichert,
von denen die ersten am 6. Juni in Baltimore eingeschifft wurden. Die
Potomac-Armee erhielt dadurch einen Zuwachs von 8—9000 M. Wichtiger noch war die ihm am 5. Juni erteilte Zusage, dass ein Teil
von Mc Dowells Corps ihm geschickt werden solle, sobald dasselbe
von seiner Expedition gegen Jackson aus dem Shenandoah-Thal zurückgekehrt sei. Die bei Fredericksburg stehende Division Mc Call
wurde sogar sofort eingeschifft und Mc Clellan von der bevorstehenden Ankunft derselben benachrichtigt. Sie traf am 12. und 13. bei
White House ein, wodurch die Effectiv-Stärke der Potomac-Armee
wieder beträchtlich über 100 000 M. stieg.[1] Die Regengüsse, welche

---

[1] Nach dem Stärke-Rapport betrug am 26. Juni, also nach der Ankunft der Division Mc Call, die Stärke der Potomac-Armee:

In Summa . . . . 156 838 M.
davon abwesend (krank und desertiert)   29 511 M.
abkommandiert und krank anwesend   12 225 „

in Summa abzurechnen . . . . 41 736 M.
bleibt Effectivbestand . . . . 115 102 „

den ersten Teil des Monats' Juni so unangenehm gemacht hatten,
liessen nach, so dass der General am 14. melden konnte, dass das
Wetter günstig sei und er hoffe, in zwei Tagen werde der Boden prak-
tikabel sein. Er werde vorgehen, sobald seine Brücken vollendet
seien und der Boden die Bewegung der Artillerie zulasse.

Für die Konföderierten liess der Boden bereits am 12. eine sehr wichtige Bewegung zu. General Stuart brach nämlich an diesem Tage mit
1200 Reitern auf, um dem General Lee Aufklärung über die Stellung
der Unierten zu verschaffen und zugleich gegen die Verbindungen derselben zu wirken. Er umritt den rechten Flügel, zog hinter der ganzen
Stellung der Unierten her, zerstörte die Eisenbahn nach White House,
freilich nur oberflächlich, warf die zu seiner Verfolgung ausgeschick-
ten Kavallerie-Abteilungen in mehreren Gefechten zurück, und kehrte,
nachdem er den Chickahominy unterhalb der Stellung der Unierten
überschritten hatte, am Morgen des 15. zur Armee zurück. Das
kühne Unternehmen war glänzend geglückt. Die ganze Armee der
Unierten war umritten, alarmirt und in Aufregung gebracht. Man
hatte einen genauen Einblick in die Stellungen des Feindes gewonnen,
wertvolle Vorräte vernichtet, 165 Gefangene gemacht und 200 Pferde
und Maultiere erbeutet.

Während der Tage, welche auf Stuarts Streifzug unmittelbar
folgten, schien es, als ob der Augenblick des Entscheidungskampfes
gekommen sei. Die virginische Sonne trocknete den Boden rasch
und am 18. telegraphierte Mc Clellan nach Washington, dass ein
allgemeiner Kampf jede Stunde beginnen könne. Allein am 20. macht
er wieder den Beginn seines Vorgehens davon abhängig, dass „gewisse Verteidigungswerke vollendet" würden, welche die Stellung auf
dem Nordufer des Chickahominy decken sollten. · Er sei dazu gezwungen durch die geringe Zahl seiner Armee, damit er so wenig
Truppen als möglich auf dem Nordufer zurückzulassen brauche.

In der Absicht des Kommandierenden der Konföderierten lag es
indessen durchaus nicht, abzuwarten, bis General Mc Clellan mit seinen
weitläufigen Vorbereitungen zu Ende sei. General Lee hatte, seit er
nach der Schlacht bei Seven Pines das Kommando übernommen
hatte, noch verschiedene Verstärkungen an sich gezogen. Er konnte
jetzt auch den General Jackson, der seine Aufgabe im Shenandoah-
Thal meisterhaft gelöst hatte, herbeirufen und verfügte dadurch über
eine Armee von 80835 M., was ihm hinreichend dünkte, um seinerseits die Offensive zu ergreifen.

Jackson erhielt den Befehl, nach Richmond abzumarschieren,
etwa am 12. Juni, zugleich mit der Anweisung, Alles zu thun, was
seinen Abmarsch verschleiern und den Eindruck hervorbringen könne,
als ob er eine neue Offensive nach Norden beabsichtige. Jackson
entledigte sich dieses Auftrages mit gewohnter Geschicklichkeit. Die
Kavallerie unter Oberst Munford, welcher an die Stelle des gefallenen
Ashby getreten war, stehen lassend, war er am 17. nach Staunton marschiert und hatte von da sein Corps auf der Eisenbahn nach Frederickshall
geschafft, wo es ausgeschifft wurde. Von hier aus wurde der Marsch

zu Fuss fortgesetzt. Am 25. Juni erreichte die Spitze Ashland. Jackson
aber ritt an diesem Tage nach Richmond, um sich mit Lee über die
demnächst auszuführenden Operationen zu besprechen. Die Unterredung
war nur kurz. Lee hatte seine Pläne für die Ausführung des eigentlichen Angriffs schon früher gemacht und es war nur notwendig,
Jackson seine Rolle zuzuteilen.

General Mc Clellan hatte im Laufe des Juni auch noch die
Corps Sumner und Heintzelman auf die Südseite des Chickahominy
vorgeschickt, so dass auf dem Nord-Ufer sich nur noch das Corps
Porter in der Gegend von Gaines Mill und New Cool Arbor und die
Division Mc Call bei Mechanicsville befanden. Der linke Flügel der
Armee der Unierten war durch den White Oak Swamp gedeckt, die
Front der auf der Südseite des Chickahominy befindlichen vier Corps
war im Laufe der Zeit durch Befestigungsanlagen sehr stark gemacht.
Dagegen hatte Stuarts kühne Rekognoscierung ergeben, dass der
rechte Flügel ziemlich ungedeckt sei und mangelhaft bewacht werde.
Namentlich sei die Linie des Totopotomoy Creek, welche den
rechten Flügel und Rücken der Unierten einen trefflichen Schutz
hätte gewähren können, nur schwach besetzt und gar nicht
künstlich verstärkt. Hier war daher der einem Angriff günstigste
Punkt.

General Lee wollte demnach zum unmittelbaren Schutz von Richmond nur den General Magruder mit seinen 6 Brigaden, ferner die
Division Huger (3 Brigaden) und die Division Holmes (4 Brigaden
— im Ganzen etwa 28 000 M.[1]) stehen lassen. Die Hauptmasse der
Armee sollte auf das Nordufer des Chickahominy übergehen und
das Corps Porter in der rechten Flanke angreifen. Dabei sollte Jackson, von Ashland kommend, womöglich gegen Porters Rücken vorgehen. Ein Erfolg gegen den rechten Flügel der Potomac-Armee
machte für diese die Festhaltung ihrer Verbindunglinie mit White
House unmöglich und liess Mc Clellan nur die Wahl zwischen dem
Rückzug nach Fort Monroe und der Verlegung seiner Basis nach
dem Jamesfluss, was nur durch einen Flankenmarsch angesichts des
Feindes möglich war. Allerdings lag noch eine dritte Möglichkeit
vor. Wenn Mc Clellan rechtzeitig erkannte, dass die Konföderierten nur schwache Kräfte zum Schutz von Richmond zurückgelassen hatten, so konnte er, Porter nur insoweit verstärkend, als es
zur Durchfürung einer nachhaltigen Defensive erforderlich war, sich
mit der Hauptmasse seiner Armee auf Magruder stürzen und nach
dessen Bewältigung Richmond nehmen. Dadurch würden die Konföderierten wohl gezwungen worden sein, auf das Südufer des Chickahominy zurückzukehren. Darin lag das Gefährliche von Lees Plan.
Indessen war eine solche Möglichkeit bei dem Mangel an Initiative,
den Mc Clellan bisher gezeigt hatte, kaum wahrscheinlich.

Inzwischen hatte Mc Clellan Wind von dem bekommen, was
hinter seinem rechten Flügel vorging. Am 24. war ein Deserteur

---

[1] Taylor, Four years with Gen. Lee. Pag. 56.

von der Armee Jacksons eingebracht, welcher mitteilte, dass dieser
gegen den Rücken Mc Clelláns im Anmarsch sei. Eine Anfrage in
Washington, was dort für Nachrichten über Jackson vorlägen, wurde
dahin beantwortet, dass die Aussage des Deserteurs volle Beachtung
verdiene. Darauf befahl Mc Clellan dem General Porter am 25.
nach dem Totopotomoy Creek zu rekognoscieren und wurde die Kavallerie - Division Stoneman, der etwas Infanterie zugeteilt wurde,
mit Ausführung dieser Rekognoscierung beauftragt. Ferner wurden
zwei zuverlässige Spione abgesandt. Letztere kehrten am 25. zurück
mit der Nachricht, sie hätten in der Gegend von Hanover C. H. so
zahlreiche Patrouillen konföderierter Kavallerie getroffen, dass sie
nicht durchzudringen vermocht hätten. Ein gleiches meldete General
Stoneman. Ein Entschluss musste nunmehr gefasst werden. Dreierlei
war möglich: 1) Konzentration der ganzen Armee auf dem Nordufer
des Chickahominy und Annahme der Entscheidungsschlacht dort; im
ungünstigen Fall Rückzug nach Fort Monroe; 2) Konzentration auf
dem Südufer mit Preisgabe der Verbindung nach White House und
Gegenstoss gegen Richmond; 3) Flankenmarsch vor der Front des
Feindes vorbei und Verlegung der Basis nach dem James-Fluss.
    Mc Clellan schätzte die Stärke der Konföderierten auf 200 000 M.
und glaubte deshalb, dass der erste und zweite Ausweg nur wenig Aussicht auf Erfolg hätten. Er beschloss den dritten einzuschlagen. Die
Vorbereitungen wurden noch am 25. begonnen und da die Verbindung mit White House preisgegeben werden musste, so wurden Lebensmittel für 8 Tage an die Truppen verteilt, alle Munitionsfahrzeuge
der Corps vollgepackt, Verwundete und Kranke zurückgeschickt und
die bei White House vorhandenen Vorräte, soweit die anwesenden
Schiffe ausreichten, verladen etc. Die Ausführung dieser Massregeln
wurde in der Nacht vom 25. zum 26. begonnen und in den folgenden beiden Tagen fortgesetzt, als der Kampf bereits entbrannt war.
    Der Angriff der Konföderierten gegen den rechten Flügel der
Division Mc Call erfolgte am Nachmittag des 26. bei Mechanicsville und
damit begann die Reihe der siebentägigen überaus blutigen Kämpfe,
welche insgesamt unter dem Namen der Schlacht bei Richmond bekannt sind. Am folgenden Tage begann die Potomac-Armee ihren
Flankenmarsch nach dem Jamesfluss, welchen sie unter unaufhörlichen
Angriffen der Konföderierten auszuführen hatte. Am 1. Juli stand
sie auf Malvern Hill am Jamesfluss und wies hier den letzten Angriff
der Konföderierten ab.
    Diese waren durch die vorausgegangenen Tage unausgesetzter
Kämpfe und Märsche ebenso erschöpft und der Erholung und Reor-
ganisation bedürftig, wie ihre Gegner und erneuerten deshalb ihren
Angriff nicht, sondern gingen nach der Gegend von Richmond zurück.
    Bei den Unierten machte die Erneuerung der Lebensmittel, Fourage
und Munition es notwendig, dass die Armee sobald als möglich in
dauernde Verbindung mit den Transportschiffen trat. Dazu eignete
sich nach Ansicht des die Flotille auf dem Jamesfluss kommandierenden
Marineoffiziers die Stellung bei Malvern Hill nicht so gut, wie die

etwas weiter stromabwärts gelegene bei Harrisons Landing. Dorthin wurde noch in der Nacht vom 1. zum 2. Juli der Rückzug angetreten. Hier wollte Mc Clellan seine Armee retablieren, die erlittenen schweren Verluste durch herangezogene Verstärkungen ausgleichen, um dann seine Operationen gegen Richmond aufs Neue zu beginnen. Es war eine bittere Enttäuschung für das Volk im Norden, als man hörte, dass die grosse Armee des Potomac aus ihrer Stellung vor Richmond zurückgegangen sei, die „Belagerung" aufgegeben und ihrerseits eine Stellung bezogen habe, welche man als eine defensive bezeichnen musste, und zwar in der ungesunden Region am Jamesfluss, wo unter einer sengenden Sommersonne Krankheiten in jeder Form sie bedrohten. Am meisten beunruhigt aber war die Regierung durch die am 3. Juli datierte Meldung Mc Clellans, dass er nicht mehr als 50 000 M. bei den Fahnen habe. Es waren im Ganzen nahe an 160 000 M. (158 314) nach der Halbinsel geschickt. Was war also aus den fehlenden 110 000 M. geworden? Das war eine wichtige Frage, welche die Nation ohne Zweifel an den Präsidenten richten würde, wenn sich die Angabe Mc Clellans als richtig herausstellte. Dies und der Wunsch, sich mit Mc Clellan über die ganze Situation auszusprechen, veranlasste Lincoln sich am 8. Juli selbst nach Harrisons Landing zu begeben. Bezüglich der Truppenzahl fand er, dass ca. 40 000 M. mehr anwesend waren (88 665 M.), als Mc Clellan am · 3. gemeldet hatte. Dennoch blieb immer noch eine Differenz von ca. 70 000 M. Nach seiner Rückkehr nach Washington forderte er deshalb einen eingehenden Bericht und dabei stellte sich heraus, dass 38 250 M. beurlaubt waren. Da in dem von Mc Clellan eingereichten Rapport aber noch 16 619 M. als „krank" neben den Beurlaubten aufgeführt war, in welcher Zahl wohl auch die 7709 Verwundeten aus den Kämpfen vom 26. Juni bis 1. Juli enthalten waren, so kann von den 38 000 Beurlaubten wohl kaum der vierte Teil aus Kranken und Verwundeten aus den ersten Monaten des Feldzugs bestanden haben, welche nach dem Norden evacuiert oder in die Heimat beurlaubt waren. Der bei weitem grösste Teil, gewiss mehr als 25 000 M., war sicherlich gesund beurlaubt, und das konnte doch nur mit Bewilligung des Obergenerals geschehen sein, und wenn Lincoln sagte: „wenn Sie diese Leute bei sich hätten, so könnten Sie in den nächsten drei Tagen nach Richmond gehen", so wollte er damit wohl nur seinem Erstaunen Ausdruck leihen, dass der General auf der einen Seite so starke Beurlaubungen duldete, während er auf der andern fortwährend um Verstärkungen bat.

Der Verlegung der Operationsbasis an den Jamesfluss lag bekanntlich der Gedanke zu Grunde, sich eine Operationslinie zu sichern, auf welcher er mit einer verstärkten und retablierten Armee einen neuen Feldzug gegen Richmond mit mehr Aussicht auf Erfolg beginnen könne. Die Stellung am Jamesfluss bedrohte die Verbindungen Richmonds mit den am atlantischen Ocean gelegenen Staaten der Konföderation ganz direkt und wenn die feindliche Armee eine Diversion gegen Washington versuchte, so würde ein energischer General, dem

bei einiger Tüchtigkeit des Aufklärungsdienstes eine solcho Bewegung
nicht verborgen bleiben konnte und durfte, sich an ihre Fersen heften.
General Mc Clellan war nun der Ansicht, dass ihm alle Hilfsquellen
der Nation zur Verfügung gestellt werden sollten, um seine Armee
auf eine solche Stärke zu bringen, wie sie nach seiner Ansicht nötig
war, um die Offensive wieder ergreifen zu können. Er wollte dann
auf das Südufer des Jamesfluss übergehen und über Petersburg direkt
gegen die südlichen Verbindungen von Richmond operieren.   ·
      Der versammelte Kongress bewilligte auch sofort eine neue Aus-
hebung von 300 000 M. auf Kriegsdauer, allein die massgebenden Persönlichkeiten in Washington gingen auf Mc Clellans Pläne nicht ein,
sondern verfügten anders.
      Wie wir wissen, befanden sich in Nord-Virginien drei kleine
Armeen unter den Generalen Mc Dowell, Banks und Frémont, welchen
wir zuletzt bei dem vergeblichen Versuche gefolgt sind, Jackson auf
seinem Rückzuge das Shenandoah-Thal aufwärts abzuschneiden. Nach
den Gefechten von Cross Keys und Port Republic (8. Juni), in
welchen Jackson ihnen gerade in dem Augenblicke entschlüpfte, wo
die Schlinge zugezogen werden sollte, hatten sich die drei Corps wieder
in sich gesammelt. Das Corps Banks erhielt die an Mc Dowell abgegebene Division Shields (vergl. S. 31) zurück, welche jetzt jedoch
·an Stelle des in dem Gefechte bei Kernstown verwundeten General
Shields der General A u g u r kommandierte. Das Corps sammelte sich
bei Winchester im Shenandoah-Thal. Frémont kehrte nach dem untern
Shenandoah-Thal zurück und Mc Dowell konzentrierte sein Corps bei
Fredericksburg.
      Gerade der klägliche Ausgang der Operationen gegen General
Jackson hatte dem Präsidenten Lincoln die Überzeugung verschafft,
dass es notwendig sei, um ein erspriessliches Zusammenwirken der
drei getrennten Corps zu sichern, von denen jedes für sich zu schwach
war, um etwas ausrichten zu können, die drei Corps zu einer Armee
zu vereinigen und E i n e m G e n e r a l zu unterstellen.
      Seine Wahl für den letzteren Posten fiel auf den General J o h n
P o p e, der, bisher auf dem westlichen Kriegsschauplatz thätig, die
allgemeine Aufmerksamkeit durch seine erfolgreichen Operationen gegen
New-Madrid am Mississippi und die darauf folgende Eroberung der
Mississippi-Insel Nr. 10 auf sich gelenkt hatte. Die Aufgabe der
„Armee von Virginien" war, wie wir im nächsten Kapitel sehen
werden, neben der Deckung von Washington gegen einen direkten
Angriff von Süden und durch das Shenandoah-Thal, die Erleichterung
der Operationen der Potomac-Armee durch Bedrohung Richmonds von
Nord-Westen her. Pope übernahm das Kommando am 26. Juni,
also an dem Tage, wo der siebentägige Kampf bei Richmond begann.
Die ganze Sachlage war durch diese Kämpfe und den Rückzug der
Armee Mc Clellans nach Harrisons Landing eine so kritische geworden,
dass nur dann ein erspriessliches Zusammenwirken der beiden getrennten
Armeen zu erwarten war, wenn über beiden ein fester Wille stand,
dem beide zu gehorsamen hatten.

Seit der Enthebung Mc Clellans von der Stellung als General
en chef war dieser Posten unbesetzt geblieben. Präsident Lincoln
hatte von dem ihm verfassungsmässig zustehenden Rechte Gebrauch
gemacht und die Operationen wenigstens in soweit geleitet, als er,
wie z. B. beim Feldzug gegen Jackson im Shenandoah-Thal, ziemlich
eingehende Direktiven für die Bewegungen der einzelnen Corps
gegeben hatte. Dass nicht viel dabei herausgekommen war, haben
wir gesehen. Lincoln mochte wohl selbst fühlen, dass er nicht der
Mann dazu war, von Washington aus die Bewegungen verschiedener
Armeen zu leiten. Namentlich unter den kritischen Verhältnissen, wie
sie sich ihm nach seinem Besuche im Hauptquartier Mc Clellans dar-
stellten, mochte ihm die Verantwortung zu gross erscheinen und er
entschloss sich deshalb, die Stelle des General en chef aufs Neue zu
besetzen. In General Henry W. Halleck, zur Zeit kommandierender des Departements des Westen, glaubte Lincoln den Mann gefunden
zu haben, welcher für diesen verantwortungsvollen Posten geeignet
sei. Seine Wahl war, wie die Zukunft lehrte, keine besonders glück-
liche. Es fehlte Halleck jede Genialität, und der freie weitsehende Blick,
der für eine solche Stellung erforderlich ist. Bei der Leitung der
Operationen im Westen, namentlich beim Vorgehen gegen Corinth, hatte
er eine fast bis zur Ängstlichkeit gehende Vorsicht gezeigt. Er kam über
das Wägen nicht zum Wagen. Diese Eigenschaft machte sich allerdings weniger fühlbar, als er vom grünen Tisch in Washington aus
die Operationen leitete, aber er verfiel da in den Fehler, dass er
Details anordnete, welche er aus der Entfernung nicht befehlen konnte
und durfte, weil bei Ankunft seiner Befehle sich die Situation häufig
schon völlig geändert hatte, ganz abgesehen davon, dass seine Anordnungen vielfach schon an sich ganz verkehrt und fehlerhaft waren. Eine
weitere Eigenschaft, welche nicht zu der hohen Stellung passte, war
die, dass er engherzig und klein dachte. Er liess sich bei Prüfung
der Anordnungen Vorschläge und Pläne der ihm unterstellten Generale
nicht blos von sachlichen, sondern nur zu häufig von persönlichen
Motiven leiten. Wer nicht seine Gunst zu erringen wusste, fand
nicht nur keine Unterstützung und Förderung bei ihm, sondern sah
sich in allen Handlungen und Bewegungen gehemmt und eingeengt
und wurde sobald als möglich beseitigt. Derselben politischen Partei
angehörig, wie der Kriegssekretär Stanton, wurde er bald dessen ge-
fügiges Werkzeug gegen Generale, die diesem missliebig waren, wozu
in erster Linie Mc Clellan gehörte. Wenn die Handlungsweise Hallecks
diesem gegenüber in der Hauptsache auch sachlich gerechtfertigt
erscheint, so macht sich doch dieser Geist persönlichen Übelwollens
in vielen Kleinigkeiten fühlbar und hinterlässt in Demjenigen, der die
Beziehungen der beiden Generale in der gegenwärtigen Krisis studiert,
von deren gutem Einvernehmen so viel abhing, das peinliche Gefühl,
dass sachlich wohl begründete ungünstige Entscheidungen, als durch
persönliche Motive hervorgerufen, mit Bitterkeit empfunden und hingenommen werden mussten.

Die Kabinets-Ordre, durch welche Halleck an die Spitze der

Armeen berufen wurde, erschien am 12. Juli. Etwa 8 Tage später traf er in Washington ein und trat am 23. Juli seine neue Stellung an.

Um diese Zeit war die militärische Situation kurz folgende: Auf Seiten der Unierten befanden sich zwei Armeen auf dem virginischen Kriegstheater, nämlich: 1) die Armee von Virginien unter dem General Pope auf der langen Linie vom Rappahannock, Fredericksburg gegenüber, bis zum Shenandoah-Thal auseinander gezogen und 2) die Potomac-Armee unter General Mc Clellan bei Harrisons Landing am Jamesfluss unterhalb Richmond. Erstere war etwa 40000 M., letztere 90—100,000 M. stark.

Die feindliche Armee stand in weitem Bogen auseinandergezogen um Richmond. Ihre Stärke betrug am 20. Juli in der Armee von Nord-Virginien 69 559 M. (hiervon waren 12 231 M. nach Nord-Carolina detachiert, so dass nur 57 328 M. übrig bleiben). Dazu kam die Armee des Shenandoah-Thales (die Divisionen Jackson und Ewell) mit rund 8000 M.[1]), sodass General Lee also über rund 65 300 M. verfügte. Über diese Stärke-Verhältnisse war auf Seiten der Unierten nichts bekannt. Mc Clellan hielt die Konföderierten jedenfalls für numerisch erheblich stärker, als seine eigene Armee. Unter dieser Annahme war demnach keine der beiden Armeen der Unierten imstande für sich allein offensiv gegen Richmond vorzugehen, während sich jede der Gefahr ausgesetzt sah, ihrerseits von überlegenen Kräften angegriffen und geschlagen zu werden, ohne dass für die andere auch nur die entfernteste Möglichkeit vorhanden gewesen wäre. rechtzeitig zur Unterstützung heranzukommen. Diese Lage war unhaltbar und es musste ihr sobald als möglich ein Ende gemacht werden. Die Vereinigung vorwärts zu suchen, auf dem Schlachtfelde der Entscheidungsschlacht, war unmöglich, weil die Entfernung beider Armeen von dem Operationsobjekt, zu ungleich, die der Armee von Virginien überdies auch zu gross war, wodurch sich die Zeit des Anmarsches und damit die Gefahr, isolirt von überlegenen Kräften angegriffen und geschlagen zu werden, vergrösserte. Es blieben also nur zwei Wege übrig. Entweder die Armee von Virginien wurde zu Schiffe nach der Virginischen Halbinsel geschickt, um sich dort mit der Potomac-Armee zu vereinigen oder umgekehrt, die Potomac-Armee wurde nach Nord-Virginien zurückberufen.

Mc Clellan drängte mit aller Macht dahin, dass ersterer Weg gewählt werde. Präsident Lincoln war anfangs geneigt, auf Mc Clellans Wünsche einzugehen. Er dachte freilich nicht daran, die Armee Popes nach der Virginischen Halbinsel zu schicken, aber er war nicht abgeneigt, Mc Clellan solche Verstärkungen zuzuwenden, wie dieser verlangte, um die Offensive wieder ergreifen zu können. Er versprach ihm

---

[1]) Taylor a. a. O. pag. 59: „Jackson verfügte in der Schlacht von Cedar Mountain (am 9. Aug.) über 18 623 M." Pag. 60: „In dieser Zahl ist jedoch die Division A. P. Hill mit 10 623 M. enthalten, welche erst Anfangs August zu Jackson stiess und hier noch mit zur Armee von Nord-Virginien gezählt ist."

20 000 M., welche von den unter General Burnside in Nord-Carolina und unter General Hunter in Süd-Carolina stehenden Truppen entnommen werden sollten. Nötigenfalls konnte die Armee Popes auch noch etwas abgeben. Sie musste dann freilich jede aktive Rolle aufgeben, und sich auf die direkte Deckung Washingtons und des Shenandoah-Thales beschränken.

Am 17. Juli wurde dem General Burnside der Befehl geschickt, mit allen Truppen, welche in Nord-Carolina einigermassen entbehrlich seien, sich so rasch als möglich einzuschiffen und nach Fort Monroe zu segeln, wo er auch bald darauf mit 7000 M. eintraf. Weitere 4000 M. unter General Stevens kamen von Süd-Carolina. Sie wurden mit den Truppen Burnsides zu einem Corps vereinigt. Diese Truppen wurden zwar ausgeschifft, aber der Potomac-Armee noch nicht definitiv überwiesen. Sie blieben vielmehr in der Nähe von Fort Monroe, ebenso wie auch ihre Bagage am Bord der Schiffe gelassen wurde, um bei einer etwaigen Wiedereinschiffung keine Zeit zu verlieren. Die Frage, in welcher Weise die Operationen der Potomac-Armee weiter geführt werden sollten, musste erst entschieden werden, ehe definitiv über diese Truppen verfügt wurde.

Inzwischen trat Halleck an die Spitze der Armeen. Er begab sich am 25. selbst in das Hauptquartier Mc Clellans, um dessen Absichten und Wünsche bezüglich der weiteren Operationen kennen zu lernen. Mc Clellan teilte ihm den früher schon erwähnten Operationsplan (vergl. S. 42) mit und verlangte zu dessen Ausführung eine weitere Verstärkung von 50 000 M. Halleck hielt den Plan nicht für ausführbar und war für die Rückberufung der Potomac-Armee nach Nord-Virginien. Die Majorität einer von Halleck berufenen Versammlung von Generalen sprach sich dahin aus, dass sich allerdings die Rückberufung empfehle, wenn eine ansehnliche Verstärkung der Potomac-Armee nicht beabsichtigt werde oder nicht angängig sei. Sie machte dabei vorzugsweise geltend, dass ein unthätiges Abwarten in jenen ungesunden Gegenden gerade während der heissesten Monate des Jahres die Armee dezimiren müsse. War es jedoch möglich, der Potomac-Armee die notwendigen Verstärkungen alsbald zu teil werden zu lassen, dann empfahlen sie unbedingt die Wiederaufnahme der Operationen von der gegenwärtigen Stellung aus, im Sinne des von Mc Clellan vorgeschlagenen Planes.

Halleck reiste nach Washington zurück, ohne die Frage entschieden zu haben. In Washington behielt jedoch der den Plänen Mc Clellans abgeneigte Einfluss die Oberhand und es wurde die Abberufung der Potomac-Armee beschlossen. Es ist hier nicht der Ort, zu untersuchen, ob dieser Beschluss ein weiser oder ein fehlerhafter war, es mag nur bemerkt werden, dass die Annahme Mc Clellans, die Konföderierten bei Richmond seien 200 000 M. (sie waren thatsächlich 65 000 M.) stark, gewiss nicht ohne Einfluss auf diese Entscheidung war.

Am 3. August wurde Mc Clellan mitgeteilt, es sei beschlossen, die Potomac-Armee von der Halbinsel nach dem Acquia-Creek zu ziehen, von wo aus sie im Verein mit der Armee unter Pope operieren sollte.

Zugleich erhielt er Anweisung, alle Vorbereitungen zu treffen, diesen Befehl unverzüglich auszuführen. Er könne dazu über alle Transportmittel innerhalb seines Bereiches verfügen, solle aber den erhaltenen Befehl und die künftige Bestimmung der Potomac-Armee sorgfältig geheim halten.

Die Art, wie Mc Clellan die Instruktionen Hallecks ausführte, werden wir in den nächsten Kapiteln verfolgen, welche unserer eigentlichen Aufgabe, der Darstellung des „Feldzuges in Nord-Virginien im August 1862" gewidmet sind, auf dessen Verlauf dieselbe von grossem Einfluss war.

II. Die Schlacht am Cedar- oder Slaughters Mountain.

(26. Juni bis 12. August.)

Die Armee von Virginien. — Ihre Aufgabe. — Popes erste Dispositionen. — Einfluss der Ereignisse bei Richmond auf die Aufgabe der Armee von Virginien. — Korrespondenz zwischen Pope und Mc Clellan. — Popes Tagesbefehle. — Antwort der konföderierten Regierung auf dieselben. — Erste Truppenbewegungen. — Besetzung von Gordonsville durch die Konföderierten. — Rekognoscierungen Stuarts. — Die Division A. P. Hill verstärkt Jackson bei Gordonsville. — Pope begiebt sich zur Armee. — Kavalleriegefechte. — Das Corps Burnside wird nach dem Acquia Creek geschafft. — Präsident Lincoln ruft 300 000 Mann Milizen zu den Waffen. — Die Corps Mc Dowell und Banks erhalten Befehl zum Vorgehen. — Die Brigade Crawford besetzt Cedar-Mountain. — Die Schlacht am Cedar- oder Slaughters Mountain. — Die Division King wird von Fallmouth abgerufen. — Jackson geht über den Rapidan zurück. — Verzögerungen im Rücktransport der Potomac-Armee. — Gereizter Depeschenwechsel zwischen Halleck und Mc Clellan.

General Pope hatte das Kommando über die unter seinem Befehl zur „Armee von Virginien")[1] vereinigten Truppen am 26. Juni übernommen, verblieb jedoch vorläufig noch in Washington. General

---

[1]) Die Armee von Virginien war folgendermassen zusammengesetzt:

I. Armeecorps: General Sigel.

1. **Division:** General Schenk. Brigade Stahl, Brigade Mc Lean.
2. **Division:** General von Steinwehr. Brigade Koltes, Kavallerie-Brigade Lloyd und Reserve-Artillerie.
3. **Division:** General Schurz (früher Blenker). Brigade Bohlen (später Schimmelpfennig), Brigade Kryzanowski.
4. **Selbständige Brigade** Milroy.
5. **Kavallerie-Brigade:** Oberst Beardsley.

II. Armeecorps: General Banks.

1. **Division:** General Williams. Brigade Gordon, Brigade Crawford.
2. **Division:** General Augur (später Greene). Brigade Geary, Brigade Prince, Brigade Greene, Kavallerie-Brigade General Hatch (später Buford).

III. Armeecorps: General Mc Dowell.

1. **Division:** General King. Brigade Gibbon, Brigade Doubleday, Brigade Patrick, Brigade Hatch.
2. **Division:** General Ricketts. Brigade Duryée, Brigade Tower, Brigade Hartsuff, Brigade Caroll, Kavallerie-Brigade: General Bayard.

Frémont, welcher an Anciennität über Pope stand und keine Neigung verspürte, als Untergebener eines jüngern Generals zu dienen, war auf seinen Wunsch seiner Stellung enthoben. An seiner statt erhielt General Sigel den Befehl über das betreffende Armeecorps. Ausser den drei im vorigen Kapitel genannten Corps wurde der Armee noch eine kleine unorganisierte und deshalb vorläufig im Felde noch nicht verwendbare Truppenabteilung zugeteilt, welche unter General Sturgis bei Alexandria stand. Sigels Corps war 11 500 M. stark, das Corps Banks meldete 14 500 M., war aber, wie sich später herausstellte, erheblich schwächer (siehe weiter unten). Das Corps Mc Dowell zählte 18 400 M. Daraus ergab sich eine Totalstärke von 38 000 M. Die Kavallerie zählte im Ganzen etwa 5000 M., war jedoch zum grössten Teil sehr schlecht beritten und in einem für den Felddienst nicht sehr geeigneten Zustand.

Diese Streitkräfte waren, als Pope das Kommando übernahm, über einen weiten Raum zerstreut. Die Corps Sigel und Banks standen im Shenandoah-Thal zwischen Winchester und Middletown, der grössere Teil in der Nähe des letztgenannten Ortes. Die Division Ricketts, des Corps Mc Dowell, stand bei Manassas Junction und hatte eine starke Avantgarde nach Cattlets Station vorgeschoben, die andere Division, King, stand bei Fallmouth am untern Rappahannock, Fredericksburg gegenüber.

Die Aufgabe, welche Pope gestellt wurde, war: Deckung von Washington gegen alle Angriffe, welche in der Richtung von Richmond her gemacht werden konnten, Sicherung des Shenandoah-Thales und endlich Bedrohung der Verbindungs-Linien des Feindes in der Richtung auf Gordonsville und Charlottesville, um so viel Streitkräfte der Konföderierten als möglich nach dieser Seite zu ziehen und dadurch Mc Clellans Operationen gegen Richmond zu erleichtern.

Ein schliessliches Vorgehen gegen die feindliche Hauptstadt von Nordwesten her im Zusammenwirken mit der Potomac-Armee war, wenn es ohne Nachteil für die übrigen Aufgaben geschehen konnte, nicht ausgeschlossen. Zur Zeit, als die Bildung der Armee von Virginien beschlossen wurde, stand die Potomac-Armee noch am Chickahominy, und der endliche Beginn ihrer Offensive gegen Richmond wurde mit Ungeduld erwartet. Am 26. Juni, dem Tage, an welchem Pope das Kommando über die Armee von Virginien antrat, begannen die Kämpfe der siebentägigen Schlacht bei Richmond, nach welchen jeder Gedanke einer Offensive der Potomac-Armee, für die nächste Zeit wenigstens, aufgegeben werden musste.

Popes Bestreben ging zuvörderst darauf hinaus, die ihm zugewiesenen Truppen in Stellungen zu bringen, welche er für die Lösung der ihm zugefallenen, etwas vielseitigen Aufgabe für geeignet hielt.

In Betreff der Sicherung des Shenandoah-Thals war er der Ansicht, dass dieselbe im vorliegenden Falle nicht durch Aufstellung eines Teiles seiner Armee im Thale selbst zu bewirken sei, sondern durch Konzentration an solchen Punkten, von denen aus er sowohl gegen die Rückzugs- und Verbindungslinien eines etwa von Richmond aus — und von anders her war nichts zu erwarten — in das Thal vorgehenden feindlichen Corps operieren, als auch sofort in das Thal selbst einrücken konnte, um sich den etwa schon hier Eingedrungenen und nach Norden Vordringenden entgegen oder in Flanke und Rücken zu werfen. Das wies auf eine Stellung am Ostfusse der Blue-Ridge-Berge in der Nähe eines der durch diese Bergkette führenden Pässe hin.

Der zweite Teil seiner Aufgabe — Bedrohung der Verbindung von Richmond mit dem Westen der Konföderation über Gordonsville und Charlottesville — liess eine Stellung wünschenswert erscheinen, von der aus er rasch gegen diese beiden wichtigen Eisenbahnknotenpunkte vorgehen konnte. Die von Norden kommenden Strassen nach diesen beiden Orten führen aber ebenfalls am Ostfuss der Blue-Ridge-Berge entlang und es konnte demnach nicht schwer fallen, eine Stellung zu finden, in welcher beide Aufgaben gelöst werden konnten.

Ähnlich lag es mit der dritten Aufgabe: Die Deckung Washingtons gegen eine von Richmond aus unternommene Offensive. Eine solche musste entweder sich auf die Orange-Alexandria-Eisenbahn basieren oder durch das Shenandoah-Thal gehen, oder beide Wege wählen. Darnach erscheint für die Lösung dieser Aufgabe die Stellungnahme in der Gegend geboten, wo sich die Orange-Alexandria-Bahn dem Shenandoah-Thale oder dessen östlicher Begrenzung, den Blue-Ridge-Bergen, am meisten nähert. Das ist eben die Gegend von Culpepper C. H. Dieser Ort liegt an der Orange-Alexandria-Bahn, und es führten von demselben aus vorzügliche Strassen einerseits über Sperryville und Thorntons Gap nach dem Shenandoah-Thal, anderseits über Orange C. H. nach Gordonsville und Charlottesville.

General Sigel erhielt dem entsprechend den Befehl, mit seinem Corps von Middletown aufzubrechen, den Shenandoah bei Front Royal zu überschreiten, und, auf der Westseite der Blue-Ridge-Berge im Thal von Luray aufwärts marschierend, diesen Bergzug bei Thorntons Gap zu überschreiten und vorläufig bei Sperryville stehen zu bleiben. Das Corps Banks sollte auf derselben Strasse folgen und 6—10 Meilen[1]) östlich von Sperryville Stellung nehmen. Mc Dowell erhielt den Befehl, die Division Ricketts nach Waterloo vorzuschieben, da, wo die Strasse von Warrenton nach Sperryville den obern Rappahannock oder eigentlich dessen obern Quellfluss, Hedgemans Creek, überschreitet. Die Division King wurde auf Befehl von Washington aus vorläufig noch bei Fallmouth belassen, um die Eisenbahn von Fredericksburg nach Acquia Creek zu decken. Hier waren nämlich im Hinblick auf die spätere Möglichkeit eintretenden Bedarfs umfassende Vorkehrungen angelegt, um grössere Truppenmengen rasch aus- und einschiffen und ein grosses Depôt einrichten zu können. Nicht allein diese Anlagen mussten geschützt werden, sondern es war notwendig, ein Truppen-Corps in der Richtung auf Richmond, also etwa bis zum Rappahannock, vorzuschieben, um eine hier vor-

---

[1]) Es sind stets englische Meilen gemeint, 1 englische Meile = 1609,4 Meter = 0,22 geographische Meilen.

zunehmende Landung zu decken. Deshalb hatte die Regierung ge-
wünscht, dass eine Division in Fallmouth verbleiben solle, bis sie
durch andere Truppen ersetzt werden könne, und diesem Wunsch
musste Pope sich fügen, wenn er sich auch die schweren Bedenken
nicht verbergen konnte, zu denen eine so weite Trennung einer einzelnen Division von der Hauptarmee Grund geben musste.

Während die Märsche ausgeführt wurden, welche die Truppen in
die vorgenannten Stellungen bringen sollten, fanden bei Richmond die
blutigen Kämpfe statt, deren im vorigen Kapitel kurz gedacht ist.
Als Mc Clellan in seinen Depeschen zuerst die Absicht durchblicken
liess, seine Basis an den Jamesfluss zu verlegen, machte Pope den
Präsidenten auf die misslichen Folgen aufmerksam, welche eine derartige Bewegung haben würde. Er versuchte es, Lincoln zu überreden,
dem General Mc Clellan den Befehl zu schicken, seine Armee nördlich des Chickahominy zu sammeln, wenn er nicht imstande sei,
seine Stellung an diesem Gewässer zu behaupten, und er von überlegenen Kräften gedrängt werde, selbst auf die Gefahr hin, dass dabei ein Teil des Materials preisgegeben werden müsse. Mc Clellan
müsse versuchen, auf Hanover C. H. zurückzugehen, keinesfalls aber
weiter nach Süden ausweichen, als bis nach White House am Pamunkey. Er machte Lincoln darauf aufmerksam, dass durch den Marsch
nach dem Jamesfluss jedes direkte Zusammenwirken mit der Potomac-
Armee unmöglich werde. Die ganze feindliche Armee käme dadurch
zwischen Mc Clellans und Popes Streitkräfte und könne nach Belieben
sich gegen einen von beiden wenden, ohne dass es dem andern möglich sein würde, rechtzeitig zur Unterstützung herbeizukommen. Ferner
falle die Deckung der Bundeshauptstadt durch den Marsch nach dem
Jamesfluss allein seiner schwachen Armee zu und er könne dann gar
nicht daran denken, Detachierungen zur Verstärkung Mc Clellans vorzunehmen, weil das den Feind geradezu herausfordern hiess, sich Washingtons zu bemächtigen. Selbst wenn dadurch Richmond entblösst
werde und infolge dessen in Mc Clellans Hände falle, so würde der
Verlust von Richmond für den Süden gar nichts zu bedeuten haben
im Vergleich zu dem Vorteil, welchen seine Sache gewinnen würde,
wenn die Regierung der Konföderierten ihren Sitz in den Hallen des
Kapitols zu Washington aufschlagen könne.

Pope war so sehr von der Richtigkeit dieser seiner Ansichten
durchdrungen, dass er sie wiederholt und aufs dringendste zur Geltung
zu bringen suchte. Lincoln liess jedoch Mc Clellan gewähren. Zu einer
Einmischung wäre es wohl auch zu spät gewesen, denn Mc Clellan
blieb nach dem 26. Juni gar keine andere Wahl mehr, als der Rückzug nach dem Jamesfluss.

Dass dieser Rückzug einen tiefgreifenden Einfluss auf die Aufgabe Popes hatte, versteht sich von selbst. Als allmählich die Einzelheiten der blutigen sieben Tage bekannt wurden, bemächtigte sich
eine ungeheure Aufregung des Publikums im Norden. Das Volk war
vollständig demoralisiert. Die Goldprämie stieg auf eine ungeheure
Höhe und gleichzeitig sank der Kurs der amerikanischen Staatspapiere

in einer Weise, dass man fürchten musste, sie würden bald völlig
wertlos sein. Es schien, als ob die Union verloren wäre, wenn nicht
die Armee Mc Clellans gerettet würde, und dazu nach Kräften mit-
zuwirken, musste jetzt nach Ansicht der Regierung in Washington
die Hauptaufgabe der Armee von Virginien sein. Dazu gab es zwei
Wege; der eine, welchen Mc Clellan einzuschlagen wünschte, war: Retablissement und Verstärkung der Potomac-Armee, da, wo sie sich befand, um sie in den Stand zu setzen, von dort aus einen neuen Feldzug zu unternehmen; der andere: Abberufung derselben nach Nord-
Virginien. Für beide war es erforderlich, dass sie gegen die Angriffe
der für überlegen gehaltenen Konföderierten sicher gestellt wurde, im
einen Fall, um ihr Retablissement mit Ruhe durchführen zu können,
im andern, um ihren Rückzug nach dem Einschiffungspunkte unbelästigt bewerkstelligen zu können. Das liess sich nur dadurch erreichen,
dass die Operationen der Armee von Virginien die Konföderierten
veranlassten, starke Detachierungen vorzunehmen. Ihre Aufgabe war
demnach auch jetzt noch, starke Truppenmassen des Feindes auf sich
zu ziehen, aber nicht, um die Offensive der Potomac-Armee gegen
Richmond zu erleichtern, sondern um ihr Ruhe zum Retablissement
oder Sicherheit des Rückzugs zu schaffen. Wenn aber, wie man besorgte, der Feind seine ganze Kraft alsbald in der Richtung gegen
Washington verwenden sollte, dann würde es die Aufgabe der Armee
von Virginien sein, sich diesem Vorgehen bis zum äussersten zu
widersetzen und dasselbe so lange aufzuhalten, bis die Bundeshauptstadt durch die neu aufzustellenden Truppen sicher gestellt war.

Bekanntlich entschied man sich wenige Wochen später in Washington für die Abberufung der Potomac-Armee, mit der weiteren Absicht, sie mit der Armee von Virginien zu vereinigen und dann einen
neuen Offensiv-Feldzug zu beginnen.

Pope selbst ging mit wenig Vertrauen auf einen glücklichen
Erfolg an die Lösung dieser Aufgabe. Bei den herrschenden Ansichten über die numerische Stärke der Konföderierten, welche er natürlich teilte, musste er erwarten, von bei weitem überlegenen Kräften
angegriffen zu werden. Er bat auch wiederholt[1]) um Enthebung von
dem Kommando und Rücksendung nach dem Westen, allein weder
Lincoln noch der Kriegsminister Stanton, noch der General en chef
Halleck wollten davon hören.

Nachdem Mc Clellan bei Harrisons Landing angelangt war, richtete
Pope einen Brief an ihn, worin er ihm die Stellung der Armee von
Virginien klarlegte und ihn ersuchte, ihm seine Ansichten ausführlich mitzuteilen und diejenigen Anordnungen zu bezeichnen, welche
ihm zur Sicherstellung einheitlichen Zusammenwirkens wünschenswert
erschienen. Er betonte, dass er keinen andern Zweck habe, als Mc
Clellans Operationen zu erleichtern, und keine Mühe scheuen werde,
dies zu erreichen. Mc Clellan könne deshalb sicher sein, dass jeder
Vorschlag, den er mache, von ihm (Pope) mit der grössten Achtung

---

[1]) The campaign in Virginia of July and August 1862. Official Report
of Major General Pope. Milwaukee, 1863. pag. 4.

und Rücksicht aufgenommen werde, und, soweit es in seiner Macht liege, werde er alle Wünsche Mc Clellans mit Energie und allen ihm zu Gebote stehenden Mitteln ausführen.

Als Antwort auf dieses Entgegenkommen erhielt Pope einen Brief von Mc Clellan, der in ganz allgemeinen, unbestimmten Redensarten gehalten war und keine Vorschläge enthielt, welche das von Pope angestrebte Zusammenwirken sicher stellen konnten.[1])

Inzwischen hatte General Pope einige Tagesbefehle erlassen, welche wir erwähnen müssen, da durch einen derselben seine Beziehungen zu Mc Clellan und der Potomac-Armee augenscheinlich in nachteiliger Weise beeinflusst wurden, während andere Kundgebungen der Regierung zu Richmond hervorriefen, welche Beachtung verdienen.

Der erste dieser Tagesbefehle war eine an die Armee gerichtete Proklamation, und es kam darin unter anderm der Satz vor: „Ich · bin zu Euch gekommen vom Westen, wo wir stets den Rücken unserer Feinde gesehen haben; von einer Armee, deren Streben es war, den Gegner aufzusuchen und ihn zu schlagen, wenn er gefunden war; deren Politik Angriff und nicht Verteidigung war. Nur in einem Falle ist der Feind imstande gewesen, unserer westlichen Armee die Defensive aufzudrängen. Ich nehme an, dass ich hieher berufen bin, um dasselbe System zu befolgen und Euch gegen den Feind zu führen. Es ist meine Absicht, das zu thun, und zwar bald. Ich bin überzeugt, ihr sehnt Euch nach einer Gelegenheit, Euch diejenige Auszeichnung zu erringen, welche Ihr zu verdienen imstande seid, und es wird mein Bestreben sein, Euch diese Gelegenheit zu verschaffen. Inzwischen wünsche ich, dass Ihr Euch gewisse Redensarten abgewöhnen möchtet, welche ich zu meinem Bedauern sehr gang und gäbe bei Euch finde. Ich höre beständig von der Besetzung und Behauptung starker Stellungen, von Rückzugslinien und Verpflegungsbasen sprechen. Lasset uns dergleichen aufgeben. Die stärkste Stellung, welche ein Soldat zu besetzen wünschen sollte, ist eine solche, von der aus man am leichtesten gegen den Feind vorgehen kann. Lasst uns die wahrscheinliche Rückzugslinie unseres Feindes studieren und überlassen wir es unserer eigenen Rückzugslinie, für sich selbst zu sorgen. Nach vorwärts lasst uns blicken, nicht nach rückwärts. Ruhm und Erfolg liegen v o r uns, Unglück und Schande lauern in unserm Rücken. Von diesem Grundsatz aus lasst uns handeln, dann ist es nicht zu kühn, vorauszusagen, dass manch' eine ruhmreiche That auf Eure Fahnen geschrieben werden wird, und dass Euer Name Euren Landsleuten ewig ein teurer sein wird.“

Der Ton dieses Armeebefehles war sicherlich ein wenig glücklicher. Pope hatte durchaus keine Veranlassung, in so verächtlichem Tone von den Feinden zu sprechen, denen er auf dem westlichen Kriegstheater begegnet war. Wenn die Waffen der Unierten dort Erfolge errungen

---

[1]) In Mc Clellans Report wird weder der Brief Popes noch die Antwort Mc Clellans mit einer Silbe erwähnt. Leider giebt auch Pope in seinem weiter oben zitierten Report nicht den Wortlaut der beiden Briefe, sondern bespricht die Korrespondenz nur in der im Text ausgeführten Weise.

hatten, und er einige Male „den Rücken der Feinde gesehen hatte",
so war das doch stets erst geschehen, nachdem sie ihm mannhaft die
Brust geboten und häufig sehr ernst die Zähne gezeigt hatten. Das
Waffenglück, welches den Unierten dort gelächelt hatte, war ihnen
durchaus nicht mühelos in den Schoss gefallen, und sie verdankten es
nicht ihrer Überlegenheit an Tüchtigkeit, sondern der an Zahl.

Die Art und Weise, wie er ferner von der offensiven Kriegführung im Westen und seiner Absicht spricht, eine solche auch auf
dem virginischen Kriegstheater in Scene zu setzen, konnte auf jeden
Unbefangenen nur den Eindruck machen, als ob dieselbe im Gegensatz
zu der unentschlossenen, zögernden Kriegsführung Mc Clellans gestellt
werden sollte, welcher sich in mehr als einem Falle die Defensive
hatte aufdrängen lassen. Das musste verletzen, und zwar nicht nur Mc
Clellan selbst, sondern gerade durch das Unbestimmte und Allgemeine
der Fassung auch einen grossen Teil der auf dem östlichen Kriegsschauplatze von Anfang an thätig gewesenen Generale, die ohnehin
durch die Berufung eines ziemlich unbekannten Mannes, der wesentlich Hervorragendes doch noch nicht geleistet hatte, keineswegs erbaut
waren. Es war das nicht geeignet, sich den f r e u d i g e n Gehorsam
seiner Untergebenen und derjenigen, welche später noch unter seine
Befehle traten, zu sichern, und dessen kann kein Feldherr entraten.

Pope selbst hat später zwar aufs entschiedenste versichert, es sei
ihm nicht im entferntesten in den Sinn gekommen, mit diesem Satze
seines Armeebefehles auf die Führung auf dem östlichen Kriegstheater
anspielen zu wollen. Diese nachträgliche Versicherung fand aber nicht
überall Glauben und konnte jedenfalls den Eindruck nicht mehr ändern,
den der Armeebefehl zunächst und namentlich auf McClellan machte,
und wenn es ihm darum zu thun war, sich die freudige Kooperation
dieses Generals zu sichern, so war der eingeschlagene Weg jedenfalls
kein glücklich gewählter.

Was er dann weiter in betreff der in der Armee gang und gäben
Redensarten sagt, wendet sich gegen den leidigen Kriegsdilettantismus,
der sich, übrigens nicht im Heere allein, breit machte und mangelndes
Verständnis durch möglichst häufige Anwendung militärischer Kunst-
ausdrücke und Redensarten zu verdecken suchte. Aber was hat Pope
dem entgegenzusetzen? Wiederum nichts, als leere Phrasen! Denn
wenn man das, was er über „die stärkste Stellung, welche ein Soldat
zu besetzen wünschen sollte", und über das Studium der „wahrscheinlichen Rückzugslinie des Feindes" sagt, näher betrachtet, so ist es
doch nichts als — Phrase, eine Bravade, welche militärisch betrachtet
eben so wenig Sinn hatte, wie das Zeug, was in den Lagern ge-
schwatzt und in den Zeitungen gedruckt wurde. Und Pope musste
wissen, dass es Unsinn war, was er mit diesen Redensarten der Welt
verkündete, denn er war ein zu gebildeter Offizier, als dass er selbst
es seiner eignen „Rückzugslinie überlassen" hätte, „für sich selbst zu
sorgen"! Im Lichte der spätern Ereignisse betrachtet, wirkt diese
Redensart aber geradezu lächerlich. Die Bedrohung seiner eigenen
Rückzugslinie war es gerade, welche ihn vom Rappahannock bis auf

das Schlachtfeld von Manassas zurückbrachte, wo denn die Entscheidungsschlacht geschlagen und von ihm verloren wurde.

Der zweite der erwähnten Tagesbefehle erschien am 18. Juli und bestimmte, dass die Truppen von dem Lande leben sollten, in welchem die Operationen stattfanden. Die dazu nöthigen Requisitionen sollten jedoch nur von den zuständigen Offizieren des Verpflegungswesens ausgehen. In den auszustellenden Empfangsbescheinigungen war auszusprechen, dass sie nach Beendigung des Krieges zahlbar seien, wenn der Besitzer nachzuweisen imstande war, dass er seit Ausstellung der Quittung ein loyaler Bürger der Union gewesen sei.

Dass Pope die Requisitions-Verpflegung durchzuführen versuchte, kann für europäische militärische Leser nichts befremdliches haben. Noch weniger werden dieselben darin ein Unrecht erblicken, da ein gleiches Verfahren in Europa längst als völkerrechtlich zulässig anerkannt ist. Eine andere Frage freilich ist es, ob die Anordnung praktisch durchführbar war, und wenn wir diese Frage verneinen müssen, dann wäre die ganze Anordnung besser unterblieben. Selbst in den dicht bevölkerten Ländern Europas kann auf Requisitionsverpflegung nur vorübergehend und für kleinere Truppenabteilungen, für grössere nur bei raschem Ortswechsel gerechnet werden.

Die geringe Dichtigkeit der Bevölkerung auf dem amerikanischen Kriegsschauplatz, welche selbst in Virginien, dem am dichtest bevölkerten unter allen in betracht kommenden Staaten, noch weit hinter der mittleren Dichtigkeit in Europa zurücksteht, versprach aber wenig Erfolg für die Requisitionsverpflegung. Dazu kommt noch eins. Die Plantagenwirtschaft hat in den Südstaaten das Entstehen von Dörfern verhindert. Ausserhalb der Städte wohnt die Bevölkerung meist in einzelnen, weit von einander gelegenen Gehöften. Das, was auf den Karten als Dörfer oder selbst kleinere Städte verzeichnet ist, sind oft nur drei bis vier Häuser oder Gehöfte, welche nach den reichsten unter den Besitzern genannt sind, indem derselbe seinem Namen „-ton" oder „-ville" angefügt hat. Dadurch wurde es ungeheuer schwierig gemacht, dass die Verteilung einer ausgeschriebenen Requisition durch die einheimische Behörde den Vermögensverhältnissen des einzelnen entsprechend bewirkt wurde, und die Gefahr lag nahe, dass einzelne hart bedrückt und dadurch erbittert wurden.

In der von Pope angeordneten Allgemeinheit liess sich die Massregel also schwerlich durchführen, und konnte deshalb nur störend auf die Regelmässigkeit der Magazin- oder Kolonnen-Verpflegung einwirken, da die Ergebnisse der Requisitionen und infolge dessen der noch zu deckende Bedarf der Truppen sich nicht im voraus übersehen liess. Übertriebene Erwartungen in Bezug auf die Früchte der Requisitionen führten dann dazu, den Nachschub an Verpflegungsmitteln zu vermindern, und wenn die Ergebnisse hinter den Erwartungen zurückblieben, trat Mangel ein. Sicherlich aber musste das Requisitionsverfahren eine grosse Erbitterung in den betroffenen Landstrichen hervorrufen, und wenn man sich auch gewissermassen in Feindesland befand und deshalb wohl glaubte, auf die Gefühle der Einwohner keine besonders zarte Rücksicht nehmen zu müssen, so liegt es doch auf der Hand, dass man stets besser dabei führt, wenn man sich durch Schonung, die deshalb noch keine Schwäche zu sein braucht, den guten Willen der Einwohner zu erhalten sucht, zumal, wenn es so äusserst zweifelhaft sein muss, ob der mit dem rücksichtsloseren Verfahren angestrebte Zweck erreicht wird.

Noch bedenklicher aber muss es erscheinen, dass Pope die Anerkennung der am Schlusse des Krieges auf Grund des Requisitionsscheines geltend zu machenden Forderung an den Nachweis der Loyalität knüpfen wollte. Bei einem Kriege zwischen selbständigen Nationen ist eine solche Bedingung selbstredend unmöglich. Hier handelte es sich aber um einen Krieg, bei welchem die eine Seite, die nordstaatliche, die gegnerische als Rebellen gegen die verfassungsmässige Regierung betrachtete. Die Berechtigung oder Nichtberechtigung dieser Anschauung soll hier nicht erörtert werden, und wenn nach den Gesetzen des Landes ein Hochverräter und Rebell vielleicht auch keinen Anspruch auf Entschädigung für sein bei Unterdrückung der Rebellion in Anspruch genommenes Privateigentum besass, so widerspricht es doch allen Rechtsgrundsätzen unserer Zeit, dass die betreffenden den Nachweis ihrer Loyalität führen sollten. Seit die berüchtigten Vermutungen zum Nachteil des Angeschuldigten aus dem Strafverfahren entfernt sind, hat nicht der Angeklagte seine Unschuld nachzuweisen, sondern der Kläger muss Beweise für die Schuld des Angeklagten beibringen. Fast noch mehr böses Blut erregten zwei andere Befehle, einer vom 20. Juli, der andere vom 23. Juli, bei deren Erlass Pope die Sicherung seiner Armee und ihrer rückwärtigen Verbindungen im Auge hatte.

Im ersten dieser Befehle machte er zunächst die Civilbevölkerung für den Schutz der Eisenbahn im Operationsbereich seiner Armee gegen böswillige Beschädigungen verantwortlich, welche namentlich von Guerillas ausgingen. „Die Privilegien und der Schutz der Kriegsgesetze," sagte er, „finden keine Anwendung auf die gesetzlosen Banden, welche keinen Teil der organisierten Streitkräfte des Feindes bilden, noch auch das Gewand des Kriegers tragen und die unter dem Vorwande, friedliche Bürger zu sein, Schutz suchen und finden, um sich dann in den Rücken der Armee zu schleichen und einzelne zurückgebliebene Soldaten anzufallen und zu ermorden, Transporte zu überrumpeln, Eisenbahnen, Telegraphenlinien und Brücken zu zerstören und Ausschreitungen zu begehen, die eine Schmach für ein civilisiertes Volk sind und den Abscheu der Menschheit erregen."

Wo eine Eisenbahn, eine Heerstrasse oder eine Telegraphenleitung im Rücken der Armee durch solche Banden zerstört wurde, sollten die Bewohner der Gegend auf fünf Meilen im Umkreis zusammenkommen und gezwungen werden, den angerichteten Schaden wieder herzustellen und überdies ihnen eine Kontribution an Geld oder Geldeswert auferlegt werden, welche der Höhe desjenigen Betrags gleichkam, der

für die Bezahlung und den Unterhalt der zur Erzwingung und Be-
aufsichtigung der Arbeit nötigen Truppen aufgewandt war.

Ferner wurde befohlen, dass, wenn von Civileinwohnern aus
Häusern auf Soldaten oder Angehörige der Armee geschossen würde,
diese Häuser niedergebrannt; ihre Bewohner verhaftet und vor ein
Kriegsgericht gestellt werden sollten.

Diese Anordnungen hielten sich völlig innerhalb der Grenzen des
nach Kriegsrecht Zulässigem. Bezüglich der Massregeln, welche er zum
Schutze der Eisenbahnen und anderer Verkehrsmittel verordnet, hatte
er überdies die Erfahrung für sich. Im Jahre 1861, wo er im nördlichen Teil des Staates Missouri kommandierte, hatte er anfänglich
sehr viel durch die häufigen Zerstörungen der Eisenbahnen durch
Guerillas zu leiden. Ähnliche Anordnungen hatten dem Übel ziemlich
gründlich abgeholfen, Selbst in ganz feindlich gesinnten Distrikten
bildeten sich freiwillige Abteilungen, welche den Schutz der Eisenbahnen übernahmen, um nur nicht gezwungen zu sein, angerichteten
Schaden eigenhändig wieder auszubessern und obendrein noch die
zur Aufsicht dabei verwandten Truppen zu bezahlen und zu verpflegen.
Inhaltlich wie rechtlich lässt sich demnach gegen diesen Befehl vom
20. Juli nichts einwenden.

Anders verhielt es sich dagegen mit der zweiten der oben erwähnten Ordres, der vom 23. Juli. Durch sie wurde nämlich angeordnet, dass die Kommandeure von Armee-Corps, Divisionen und Brigaden sofort alle „disloyalen" männlichen Bewohner innerhalb ihres
Rayons verhaften sollten. Diejenigen, welche bereit seien, den Vereinigten Staaten den Treu-Eid zu leisten (*oath of allegiance*) und
welche genügende Sicherheit dafür stellen konnten, dass sie den Eid
halten würden, sollten die Erlaubnis haben, in ihrer Heimat zu bleiben
und ihren Geschäften nachzugehen. Diejenigen dagegen, welche sich
weigerten, diesen Eid zu leisten, sollten über die äussersten Vorposten
der Armee hinaus nach Süden geführt und ihnen bedeutet werden,
dass man sie als Spione betrachten und der äussersten Strenge der
Militär-Gesetze unterworfen werde, falls sie sich wieder innerhalb der
Linien der Vereinigten Staaten-Armee betreten liessen.

Das lief auf eine völlige Austreibung der unionsfeindlichen Bevölkerung hinaus. Dazu hat kein General, selbst in Feindesland
nicht, ein Recht und vor allen Dingen lag hier auch noch gar keine
Veranlassung zu so grausamer Härte vor. Wenn alle anderen Mittel
zur Sicherung der Armee gegen die illegale Beteiligung der Civil-
Einwohner an der Kriegführung erschöpft gewesen wären und sich
als vergeblich erwiesen hätten und wenn diese Art der Kriegführung
trotz strengster Anwendung der im Kriegsrecht gestatteten äussersten
Mittel einen solchen Umfang erreicht hätte, dass geradezu die Existenz
der Armee bedroht schien, dann wäre vielleicht eine solche Massregel zu entschuldigen gewesen. So lange aber die Bevölkerung, mochte
sie auch noch so feindlich gesinnt sein, sich ruhig verhielt und allen-
fallsige Ausschreitungen in dem angedeuteten Sinne noch keine un-
gewöhnliche Ausdehnung angenommen hatten, besass er kein Recht,

sie von Haus und Hof zu vertreiben. Überdies aber wurde durch diese Ordre eine Frage der Politik mit einer Frage der militärischen Notwendigkeit in bedauerlicher Weise vermischt.

Endlich soll [1]) Pope noch den ihm unterstellten Generalen befohlen haben, hervorragende Bürger als Geiseln für das gute Verhalten der Bevölkerung zu verhaften. Wenn Angehörige der Armee durch „Buschklepper" angegriffen würden, sollten diese Geiseln erschossen werden. Das neue Kriegsrecht lässt die Vergeiselung, allerdings ungern, zu, da es dem natürlichen Rechtsgefühl widerstrebt, Unschuldige für die Verbrechen anderer leiden zu lassen. Immerhin aber ist die Vergeiselung noch keineswegs formell als unzulässig anerkannt und im vorliegenden Fall wurden die hervorragenden Bürger wohl auch weniger verhaftet, um sie wie Geiseln für Verbrechen anderer zu bestrafen, sondern um wo möglich, durch die Rücksicht auf dieselben die Bevölkerung abzuhalten, Handlungen zu begehen, welche zu verhindern oder, vorkommenden Falls, mit unerbittlichster Strenge zu bestrafen, eine unerlässliche Pflicht eines jeden Heerführers ist.

Als diese Befehle im Süden bekannt wurden, erregten sie eine namenlose Entrüstung. Präsident Davis wurde von allen Seiten gedrängt, Repressalien zu ergreifen und sah sich schliesslich gezwungen, diesem Drange nachzugeben. General Lee wurde beauftragt, die betreffenden Entschliessungen durch Parlamentäre dem General Halleck mitteilen zu lassen und entledigte sich dieses Auftrages in einem Schreiben vom 2. August. Nachdem er zuförderst die Anstoss erregenden Befehle Popes aufgezählt hat, führt er fort: .

„.... Unter diesen Umständen hat unsere Regierung die beiliegende General-Ordre erlassen, welche ich angewiesen bin, Ihnen mitzuteilen, wodurch General Pope und seine Offiziere als in der Stellung befindlich anerkannt werden, welche sie für sich selbst gewählt haben, — nämlich die von Räubern und Mördern, und nicht die von ehrlichen Feinden, welche, wenn sie in Gefangenschaft geraten, Anspruch auf Behandlung als Kriegsgefangene haben. Der Präsident hat mir ferner aufgetragen, Ihnen mitzuteilen, dass wir auf unser Recht der Wiedervergeltung an Unschuldigen verzichten und werden deshalb fortfahren, die Soldaten der Armee Popes als Kriegsgefangene zu behandeln. Wenn jedoch auf der Ausführung der unerhörten Massregeln, welche in den oben erwähnten Ordres angedroht werden, bestanden wird, auch nachdem wir Ihre Regierung benachrichtigt haben, dass wir Repressiv-Massregeln auf die Bestrafung derjenigen Offiziere beschränken, welche sich bereit finden lassen, an derartigen Verbrechen Teil zu nehmen, so würden wir gegen unsern Willen gezwungen werden, als letztes Mittel den Krieg nach den von unsern Feinden gewählten Grundsätzen zu führen, bis die Stimmen der beleidigten Menschlichkeit Ihnen Achtung für die anerkannten Gebräuche des ˙Krieges abgezwungen hat."

---

[1]) In der seinem Report als Anhang beigegebenen Sammlung von Ordren etc., welche freilich, wie aus der Numerierung hervorgeht, bei weitem nicht vollzählig ist, findet sich keine derartige Ordre.

General Halleck schickte jedoch diese Briefe zurück, ohne offizielle Kenntnis davon zu nehmen, „weil in einer Sprache abgefasst, die zu beleidigend sei, um angehört werden zu können". Thatsächlich wurden auch einige Offiziere, die in den nächsten Gefechten in die Hände der Konföderierten fielen, wie gemeine Verbrecher behandelt, und wenn die Unierten der damit betretenen abschüssigen Bahn der Retaliation auch ihrerseits hätten folgen wollen, so wäre damit eine Kriegführung in Scene gesetzt, an deren Folgen man nur mit Schrecken denken kann. Etwas Ähnliches mochte man wohl auch in Richmond fühlen. Ein am 15. August vom Kriegs-Minister erlassener Befehl, wodurch es Offizieren und Soldaten bei Todesstrafe verboten wurde, o h n e g e h ö r i g e b e s o n d e r e E r m ä c h t i g u n g die Reihen zu verlassen, um Privat-Eigenthum zu nehmen oder ein Privathaus zu diesem Zwecke zu betreten, wurde als eine teilweise Desavouirung Popes aufgefasst und als auch die Ordre bezüglich der .Austreibung illoyaler Einwohner thatsächlich fast unausgeführt blieb, zog man im Süden wieder mildere Seiten auf und liess auch die Repressalien fallen.

Die ersten Dispositionen, welche Pope über die ihm unterstellten Truppen traf, sind am Eingang dieses Kapitels bereits erwähnt worden. Er hielt eine Vereinigung der beiden getrennten Armeen der Unierten mit Recht für unerlässlich, und zwar war·er der Ansicht, dass diese Vereinigung durch Abberufung der Potomac-Armee von der virginischen Halbinsel erfolgen müsse, welche er während seines Aufenthaltes in Washington demnach mit aller Energie betrieb. Bis diese Vereinigung bewirkt war, konnte die Aufgabe der Armee von Virginien nur eine wesentlich defensive sein und musste sich auf die Deckung von Washington und des Shenandoah - Thales beschränken und allenfalls auf Demonstrationen, um dadurch den Feind zu veranlassen, von seinen Hauptkräften bei Richmond nach Westen und Nordwesten zu detachieren und so den Abzug der Potomac-Armee zu erleichtern. Sollte, wie man fürchtete und wie es Präsident Davis in einem am 5. Juli erscheinenden Armee-Befehl fast zu offen ankündigte, der Feind mit überlegenen Kräften gegen Washington vorgehen, so wäre es die Aufgabe Popes gewesen, sich diesem Vorgehen mit allen Kräften zu widersetzen und dasselbe so lange aufzuhalten, bis die Potomac-Armee vom Aquia-Creek aus am Rappahannock angekommen sein konnte.

General King bei Fredericksburg war zunächst angewiesen, Kavallerie-Abteilungen vorzuschicken, um die Virginia-Central-Bahn (Richmond-Gordonsville) zu zerstören, und so die Verbindung zwischen der Hauptstadt und dem Shenandoah-Thal zu unterbrechen. Während dies ausgeführt und die genannte Bahn an verschiedenen Stellen zerstört wurde, erhielt General Banks den Befehl, mit einer Infanterie-Brigade rasch Culpepper C. H. zu besetzen. Dies geschah am 13. Juli und am 14. wurde ihm weiter aufgetragen, General H a t c h mit der Kavallerie weiter vorzuschicken, Gordonsville zu nehmen und die Eisenbahn östlich dieses Ortes nach Richmond zu auf einige Meilen zu zerstören. Ebenso sollte auch Charlottesville besetzt werden. Dieser Befehl konnte jedoch nicht mehr ganz zur Ausführung gebracht werden.

Auf Seite der Konföderierten war General Lee ein aufmerksamer Beobachter der Vorgänge bei den Unierten gewesen. Er schickte das Corps D. H. Hill auf die Südseite des Jamesflusses, wo es, etwas entfernt von demselben, Harrisons Landing gegenüber Stellung nahm, während das Corps Longstreet über den Chickahominy ging und in der Gegend von New-Kent C. H. lagerte. Die Kavallerie-Division Stuart wurde in die Grafschaft Hanover geschickt, um sich zu erholen und sich zu remontieren. Sie erreichte binnen Kurzem wieder die Stärke von 4000 gut berittenen Leuten[1]), und war in 3 Brigaden unter den Generalen Hampton, Fitzhugh Lee und Robertson geteilt, der Rest der Armee blieb bei Richmond stehen. Diese Truppenverschiebungen waren etwa in den Tagen vom 9.—12. Juli vorgenommen. Gleichzeitig that er sein Möglichstes, um die durch die Kämpfe in der siebentägigen Schlacht gelichteten Reihen wieder zu füllen. Rekonvalescenten und Neukonskribierte wurden eingestellt und aus andern kleineren Posten im Innern und an der Küste wurde Alles, was an Truppen entbehrlich war, herangezogen. Seine Armee erreichte dadurch wieder eine Stärke von 65 000 M. (vergl. S. 44).

Inzwischen begannen auch auf Seiten der Unierten die Truppenverschiebungen nach dem obern Rappahannock hin. Lee fühlte, dass dieselben zunächst wohl nur den Zweck hatten, ihn darüber in Ungewissheit zu versetzen, von woher er den nächsten Schlag zu erwarten habe, ob von Harrisons Landing oder vom obern Rappahannock her. Er befand sich in einer eigentümlichen Lage, die ihn gewissermassen zur Unthätigkeit verdammte. Die feindliche Armee unter Pope befand sich so weit von Richmond, dass ein Vorgehen gegen dieselbe eine Entblössung der Hauptstadt notwendig gemacht haben würde, die dann der leichten Wegnahme durch die Potomac-Armee ausgesetzt war. Von einem Angriff gegen die letztere brauchte er sich durch die Rücksicht auf Pope nicht abhalten zu lassen, allein die Potomac-Armee war, wie Lee recht wohl wusste, numerisch ihm mindestens gewachsen, wenn nicht stärker, und stand ausserdem in einer stark verschanzten Stellung, so dass ein Angriff gegen dieselbe mit numerisch schwächeren Kräften mehr als kühn gewesen wäre. Immerhin aber war es für die Konföderierten wichtig, die Virginia-Central-Bahn, welche durch die Bewegungen Popes bedroht schien, zu decken, schon deshalb, weil sie die wichtigste Verbindungslinie der Hauptstadt Richmond mit dem Westen der Konföderation bildete.

---

[1]) Heros von Borke, Stuarts Stabschef, giebt in seinen *„Memoires of the Confederate War of Independence"* die Stärke, welche die Kavallerie-Division Stuart zu dieser Zeit erreicht habe, auf 15 000 M. an. Taylor, einer der Adjutanten Lees, dagegen giebt die Stärke der Kavallerie-Division Stuart gegen Ende Juli auf 295 Offiziere 3740 M. (Taylor, Four years with Lee, pag. 165.) Die Angaben Taylors stützen sich alle auf die Original-Rapporte aus jener Zeit und sind deshalb durchaus zuverlässig, während Borke bei Abfassung seines übrigens sehr verdienstvollen Werkes kein offizielles Material zur Verfügung gestanden hat. Es ist aus innern Gründen auch durchaus unwahrscheinlich, dass eine aus drei Brigaden bestehende Kavallerie-Division der Konföderierten 15 000 Pferde stark gewesen sei.

Aus diosem Grunde erhielt General Jackson am 13. Befehl, mit
den Divisionen Winder und Ewell Gordonsville zu besetzen. Es war
das also einen Tag früher als Banks angewiesen wurde, seine Kavallerie
unter Hatch nach Gordonsville vorzuschieben. Gordonsville ist von
Culpepper C. H. etwa 20 (etwa $4^1/_2$ deutsche) Meilen entfernt, war
also durch Kavallerie sehr wohl in einem, höchstens zwei Tagen zu
erreichen, und wenn Hatch der Übermacht Jacksons gegenüber sich
auch schwerlich hätte behaupten können, so hätte er doch ausreichend ·
Zeit gehabt, den zweiten Teil seines Auftrages — Zerstörung der
Eisenbahn — auszuführen. Statt dessen entwickelte Hatch eine unglaubliche Langsamkeit. Am 17. erhielt Pope eine Meldung, dass
Hatch Infanterie, Artillerie und Trains mitgenommen habe (ob auf
Befehl Banks oder aus eigenem Entschluss, ist nicht ersichtlich) und
infolge schlechter Strassen an diesem Tage erst Madison C. H. erreicht habe. Auch der weitere Vormarsch geschah in derselben langsamen Weise, und als Hatch endlich am 20. vor Gordonsville ankam, fand er diesen Ort von den Konföderierten besetzt und musste
zurückkehren. Jackson war am Tage vorher, am 19., in Gordonsville
eingetroffen.

Während dieser Zeit hatte die Kavallerie des Corps Mc Dowell
unter General Bayard ihre Demonstrationen von Fredericksburg aus
fortgesetzt, zum Teil mit grossem Erfolge. Am 20. wurde die Eisenbahnbrücke bei Beaver-Dam, nur 35 Meilen von Richmond, zerstört,
ebenso der dort befindliche Bahnhof, wo eine beträchtliche Menge
von Vorräten aller Art lagerten. Als infolge dieser Ereignisse General Stuart, der, wie erwähnt, in der Gegend von Hanover C. H. stand,
seinen Sicherheitsrayon weiter ausdehnte, stiess bei einem abermaligen Streifzug am 23. Juli die Kavallerie der Unierten auf eine
Schwadron von Stuarts Leuten, welche zerstreut wurde. Auf die
Kunde hiervon, machte sich Stuart mit drei Regimentern zur Verfolgung auf. Gegen Abend bei dem Schauplatze des Gefechtes angekommen, fand er jedoch, dass die Unierten einen grossen Vorsprung
hatten und blieb für die Nacht halten, um am nächsten Tage, da
er doch einmal so weit gekommen war, die gebotene Gelegenheit zu
einer weiteren Rekognoscierung zu benutzen. Mit Tagesanbruch auf-
brechend, wurde der Marsch den ganzen 24. fortgesetzt, bis man
gegen Abend etwa 10 Meilen von Fredericksburg angelangt war. Hier
liess Stuart halten und setzte Vorposten aus. Er beabsichtigte in der
Nacht Fredericksburg zu überfallen. Allein bald nach 11 Uhr abends
brach ein von heftigen Regengüssen begleitetes Gewitter los. Die
Flüsse Mat, Ta, Po und Ny, welche die Konföderierten auf ihrem
Marsche überschritten hatten, mussten durch diesen Regen voraussichtlich binnen kürzester Zeit so gewaltig anschwellen, das sie unpassierbar wurden. Klugheit gebot deshalb schleunigst den Rückzug anzutreten und in der That zeigt es sich, dass diese Vorsicht im höchsten Grade
gerechtfertigt war, denn der Mat war nur noch mit der grössten Schwierigkeit zu überschreiten. Erst am späten Nachmittag des 25. erreichten
die ermüdeten Reiter das Lager bei Hanover C. H. wieder.

Auf dem rechten Flügel der Unierten hatte General Banks nach dem fehlgeschlagenen Versuche des General Hatch, sich Gordonsvilles zu bemächtigen, den Befehl erhalten, aus seiner eigenen Kavallerie und der des Corps Mc Dowell 1500—2000 der am besten berittenen Leute auszuwählen und dieselben unter General Hatch über Madison C. H. nach der Westseite der Blue-Ridge-Berge bis zu einem Punkt zu schieben, von wo aus sie die Virginia-Central-Bahn südwestlich von Gordonsville erreichen und zerstören konnten, um dann event. gegen Charlottesville vorzugehen und die Bahn zwischen diesem Orte und Lynchburg ebenfalls zu zerstören. General Hatch begann zwar die Ausführung dieses Befehles, gab sie aber aus unbekannten Gründen sehr bald wieder auf und kehrte in seine Stellung bei Sperryville zurück. Als Pope von diesem zweiten Fehlschlag hörte, wurde er im höchsten Grade aufgebracht und enthob Hatch seines Kommandos. An seiner Stelle wurde Brigadier-General Buford mit dem Kommando der Kavallerie des Corps Banks betraut.

Inzwischen verschob sich der Schwerpunkt der Ereignisse mehr und mehr nach Nordosten, nach Culpepper C. H. zu. Jackson, der, wie erwähnt, am 19. in Gordonsville eingetroffen war, hatte sich nach den ihm zugehenden Nachrichten bald überzeugt, dass die ihm gegenüber stehenden Truppen numerisch ihm erheblich überlegen seien, so dass er selbst defensiv ihnen kaum gewachsen zu sein glaubte. Unter Darlegung dieser Verhältnisse bat er Lee um Verstärkung. Die Ungewissheit, welche über die Absichten Mc Clellans herrschte, liess die sofortige Absendung von Verstärkungen unthunlich erscheinen. Erst als sich Mc Clellan fortgesetzt ruhig verhielt und namentlich als es bekannt wurde, 'dass das von Nord-Carolina eingetroffene Corps Burnside nicht zur Potomac-Armee gestossen, sondern bei Fort Monroe verblieben sei, glaubte Lee weitere Detachierungen wagen zu können. Am 27. Juli erhielt demnach die Division A. P. Hill den Befehl, aus der Grafschaft New-Kent zur Verstärkung Jacksons nach Culpepper abzurücken. Auch die Kavallerie-Brigade Robertson wurde ihm überwiesen. Um den Abgang der Division A. P. Hill zu maskieren und die Potomac-Armee in ihrer gegenwärtigen Stellung festzuhalten, oder womöglich durch Bedrohung ihrer Verbindungen zum Abzug zu veranlassen, erhielt der auf dem Südufer des James stehende General D. H. Hill den Befehl, die Aufmerksamkeit des Feindes auf sich zu lenken. D. H. Hill entledigte sich dieses Auftrages durch Demonstrationen auf dem Südufer, welche schliesslich zur Besetzung von Loggins-Point auf dem Südufer des James durch die Unierten führten. A. P. Hill kam am 2. August bei Gordonsville an.

General Pope hatte sich bis dahin in Washington aufgehalten, was für den Geist seiner Armee nicht gerade von Vorteil gewesen war. Die früher erwähnten Kundgebungen Popes, namentlich aber der Tagesbefehl, in welchem er seinen Untergebenen Lehren über die Art der Kriegführung gab, welche er für die richtige hielt, hatten in mannigfacher Weise verletzt und seine lange Abwesenheit von der Armee hatte ihm keine Gelegenheit gegeben, dieser Verstimmung durch seinen persönlichen Einfluss entgegenzuarbeiten. Am 26. Juli verliess er endlich Washington und verlegte sein Hauptquartier, nachdem er die Division Ricketts bei Waterloo besichtigt hatte, nach Sperryville. Gleichzeitig hatte er den grössten Teil der Kavallerie-Brigade unter General Bayard ebenfalls nach dem oberen Rapidan gezogen, wo sie im Verein mit der Kavallerie-Brigade Buford den Sicherheitsdienst zu übernehmen hatte. Letztere stand mit 5 Regimentern bei Madison C. H. und hatte ihre Vorposten am Rapidan von den Blue-Ridge-Bergen bis nach Barnetts Ford, dem Übergang der Strasse von Orange C. H. nach Madison C. H. über den Rapidan, aufgestellt. Zu ihrer eventuellen Unterstützung hatte General Sigel eine Infanterie-Brigade und eine Batterie nach dem Punkte vorgeschoben, wo die Strasse von Madison C. H. nach Sperryville den Robertsons River überschreitet. Zu demselben Zwecke nahm die Brigade Crawford vom Corps Banks in Culpepper C. H. Stellung. General Bayard stand mit 4 Regimentern bei Rapidan Station, dem Übergangspunkt der Eisenbahn über diesen Fluss, während seine Vorposten sich von Barnetts Ford bis nach Racoon Ford erstreckten. Auf dem Gipfel des Thoroughfare Mountain, etwa gleich weit von dem Standorte Bufords und Bayards, wurde eine Signalstation errichtet, von der aus man das ganze Land bis nach Orange C. H. hin überblicken konnte.

Die beiderseitige Kavallerie kam sehr bald in Berührung mit einander.

Am 2. August erfuhr der Oberst Jones des 7. Virginia-Kavallerie-Regimentes, als er die Vorposten ablösen wollte, dass Orange C. H. von unierter Kavallerie besetzt sei. Um sich darüber Gewissheit zu verschaffen, setzte er seinen Vormarsch fort und stiess in der That bei dem genannten Orte auf feindliche Kavallerie. Es kam zu einem ziemlich lebhaften Gefechte, welches damit endete, dass Orange C. H. im Besitze der Unierten verblieb. Jones selbst war verwundet und etwa 50 Gefangene verblieben in den Händen der Unierten.

Weitere Aufklärung über die wahrscheinlichen nächsten Absichten der Unierten hatte auch diese Rekognoscierung nicht gebracht, Unmittelbar darauf fand von seiten der Potomac-Armee aus eine Rekognoscierung der Division Hooker nach Malvern Hill statt, welche, wie wir wissen, unternommen wurde, um Gewissheit darüber zu erlangen, ob Gerüchte, die zu Pope gedrungen und von diesem nach Washington gemeldet waren, begründet seien, denen zufolge die Konföderierten Richmond räumen und nach dem Süden zurückgehen sollten. Die Rekognoscierung führte am 5. August zur Besetzung von Malvern Hill durch die Division Hooker, von wo eine schwache aus Infanterie und Artillerie bestehende Abteilung der Konföderierten vertrieben wurde. Eine Bestätigung der erwähnten Gerüchte, welche wohl durch das Auftreten der Division D. H. Hill auf dem Südufer des Jamesflusses (s. o.) entstanden waren, ergab sich nicht. Von Seiten des Armee-Ober-Kommandos der Konföderierten wurde die Rekognoscierung und Besetzung von Malvern-Hill jedoch als eine Demonstration aufgefasst und diente dazu, die Ungewissheit über die Absichten der Unierten zu vermehren. Erst gegen den 6. August trat ein Ereignis ein, welches einigen Anhalt darüber gab.

Es war im Hauptquartier der Konföderierten wohl bekannt, dass General Burnside mit seinem Corps aus Nord-Karolina abberufen und bei Fort Monroe eingetroffen war. Ebenso hatte man Kenntnis, dass die Truppen dieses Corps der Potomac - Armee nicht überwiesen, sondern bei Fort Monroe verblieben waren. Dies liess darauf schliessen, dass man auf Seiten der Unierten selbst noch unschlüssig war, wo diese Truppen demnächst verwendet werden sollten. Den fernern Bewegungen derselben wurde deshalb eine ganz besondere Aufmerksamkeit zu teil. Zur genannten Zeit nun kam auf dem Jamesfluss ein kleines Dampfboot an, welches unter Parlamentärflagge ausgewechselte Kriegsgefangene bis zu den Vorposten der Konföderierten bringen sollte. Unter denselben befand sich auch ein gewisser John S. Mosby[1]), damals Soldat eines Virginia-Regiments, welcher auf der Fahrt seine Augen offen gehalten hatte und Intelligenz genug besass, aus dem, was er beobachtete, richtige Schlussfolgerungen zu ziehen. Mosby eilte gleich nach der Landung nach dem Hauptquartier Lees. Es gelang ihm, eine Unterredung mit dem General zu erlangen und ihm seine Beobachtungen mitzuteilen, aus welchen geschlossen wurde, dass das Corps Burnside nach dem untern Rappahannock transportiert werde. Dort war also der Schauplatz der nächsten Ereignisse zu suchen. Lee konnte deshalb seine Aufmerksamkeit nunmehr in erhöhtem Grade der Armee Popes zuwenden.

Hatte, wie wir gesehen haben, in Richmond Unsicherheit in Bezug auf die nächste Zukunft geherrscht, so war man sich auch in Washington keineswegs klar über die Pläne der Konföderierten. Der Armeebefehl des Präsidenten Jefferson Davis vom 5. Juli[2]) hatte ziemlich unverblümt eine demnächstige Offensiv-Kampagne in Aussicht gestellt, und das Vorschieben Jacksons nach Gordonsville, das Heranziehen der Division A. P. Hill zu seiner Verstärkung wurden in Washington bereits als die ersten Anfänge derselben aufgefasst. Die Besorgnis für die Sicherheit der Bundeshauptstadt steigerte sich dadurch ganz erheblich. Es darf dabei nicht ausser acht gelassen werden, dass der ganzen Beurteilung der Lage eine durch Mc Clellan verursachte, übertriebene Annahme der Stärke der Konföderierten zu Grunde lag, welche eine Offensive gegen Washington, trotz der drohenden Nähe der Potomac-Armee, sehr wohl möglich erscheinen liess. Es war deshalb begreiflich, dass man Pope so rasch als möglich in den Stand gesetzt zu sehen wünschte, einer überlegenen Offensive zunächst wenigstens defensiv Stand halten zu

---

[1]) Mosby erhielt später die Erlaubnis, ein Parteigänger-Corps zu errichten. Da er in Nord-Virginien geboren und aufgewachsen war, sodass er das Land genau kannte, auch zahlreiche Freunde und Verwandte besass, so wurden seine Unternehmungen in jeder Weise begünstigt, so dass sie meist erfolgreich waren. Persönliche Gewandtheit, Kühnheit und Intelligenz standen ihm ebenfalls fördernd zur Seite, so dass er einer der erfolgreichsten und gefürchtetsten Parteigänger war. Mosby ist gegenwärtig Konsul der Vereinigten Staaten in Hongkong.

[2]) Vergleiche Seite 58.

können. Am 3. August abends war, wie wir wissen, dem General Mc Clellan die Nachricht zugegangen, dass die Überführung der Potomac-Armee nach dem Aquia Creek beschlossen sei, und dass er, um diesen Befehl möglichst rasch ausführen zu können, über sämtliche in seinem Bereiche vorhandenen Seetransportmittel verfügen könne. Einige Tage vorher (30. Juli) hatte er schon Anweisung erhalten, seine Kranken, deren er etwa 12 500 hatte, zu evacuieren.

Am 4. August erhielt Burnside den Befehl, sein Corps schleunigst wieder einzuschiffen und nach dem Acquia Creek zu segeln, um zunächst die Division King bei Fallmouth für Pope disponibel zu machen. Es bestand nur aus Infanterie; Spezialwaffen fehlten ihm gänzlich. Um diesem Mangel abzuhelfen, erhielt Mc Clellan am 6. August den Befehl, sofort ein Regiment Kavallerie und einige (several) Batterien für das Corps Burnside nach dem Acquia Creek zu schicken. Fünf Batterien wurden demzufolge am 8. eingeschifft. Oberst Rufus Ingalls, Mc Clellans Chief-Quarter-Master, berichtete an diesem Tage, dass durch diese fünf Batterien die Mehrzahl der vorhandenen Schiffe in Anspruch genommen sei. Das Sanitätswesen habe noch zehn bis zwölf der grössten Transportdampfer, welche, wenn verwendbar, 12 000 M. verladen könnten, und es seien ferner einige Dampfer bei Fort Monroe vorhanden, welche 8—10 000 M. Infanterie befördern könnten, deren Tiefgang ihnen aber nicht gestatte, bis nach Harrisons Landing stromaufwärts zu gehen. Die an letztgenanntem Orte selbst verfügbaren Schiffe könnten nur 5000 M. Infanterie fassen. Zum Transport von Kavallerie seien augenblicklich gar keine geeigneten Schiffe vorhanden, indessen könnten einige hergerichtet werden, so dass in zwei bis drei Tagen die Absendung eines Kavallerie-Regimentes erfolgen könne. Würde Yorktown oder Fort Monroe als Einschiffungsplatz gewählt, so sei es möglich, 25 000 M. auf einmal abzuschicken, vorausgesetzt, dass die jetzt dort mit dem Krankentransport beschäftigten Schiffe ebenfalls herangezogen würden.

Mit diesen Massregeln allein begnügte sich die Regierung in Washington nicht, um die Armee zu verstärken. Am 4. August erschien eine Proklamation des Kriegsministers Stanton, worin derselbe im Namen und auf Befehl des Präsidenten 300 000 M. Milizen auf neun Monate (oder kürzere Zeit) zu den Waffen rief. Zugleich wurde angeordnet, dass diejenigen Staaten, welche bis zum 15. August ihre Quote für die im Juli angeordnete Aufstellung von 300 000 Freiwilligen (vergleiche Seite 42) auf dem Wege der freiwilligen Anwerbung noch nicht hatten vollzählig machen können, dies durch Einstellung Milizdienstpflichtiger thun sollten. Das gab mit dem schon früher erwähnten, im Juli angeordneten, neuen Aufgebote eine Vermehrung der Armee von 600 000 M. für das ganze Gebiet der Nordstaaten. Freilich mussten wohl noch einige Wochen vergehen, ehe die infolge dieser Massregeln aufgestellten Regimenter zu den Armeen, denen sie zugeteilt wurden, stossen konnten und sie waren dann, zunächst wenigstens, ihrer mangelhaften Ausbildung wegen, ein Zuwachs von ziemlich zweifelhaftem Werte.

Pope hatte inzwischen, wie wir bereits im vorigen Kapitel erwähnt haben, durch seine Kundschafter oder auf irgend eine andere
Weise, vielleicht absichtlich von den Konföderierten verbreitet, die
Nachricht erhalten, dass diese Richmond räumten und nach Lynchburg zurückgingen. Damit standen die ihm in den letzten Tagen zugegangenen Meldungen über Truppenbewegungen nach Gordonsville
zu anscheinend im Widerspruch, wenn man nicht annehmen wollte,
dass dies zur Maskierung des angeblichen Abzugs von Richmond unternommene Demonstrationen seien. Wohl um sich hierüber Aufschluss
zu verschaffen, vielleicht auch um seinerseits durch Drohungen den
Abzug der Potomac-Armee von Harrisons Landing zu erleichtern, hatte
er General Mc Dowell am 6. August Befehl erteilt, von Waterloo nach
Culpepper C. H. und Banks am 7. die Anweisung, bis zu dem Punkte
vorzugehen, wo die Strasse von Sperryville nach Culpepper C. H.
den Hazelfluss überschreitet. Am 8. August stand demnach alles,
was Pope zur Hand hatte, von Culpepper C. H. bis Sperryville echellon-
niert, während die Kavallerie in der weiter oben beschriebenen Weise
den Rapidan beobachtete. Die Gesamtstärke dieser Truppen betrug
circa 28 000 M.

Pope selbst begab sich am 7. August nach Sperryville, wo er
das Corps Sigel besichtigte. Hier trafen Meldungen ein, dass der Feind
den Rapidan an verschiedenen Punkten zwischen dem Eisenbahnübergang und Liberty Mills zu überschreiten Anstalten treffe. Um vier
Uhr nachmittags brach Pope infolge dessen nach Culpepper C. H. auf,
wo er am Morgen des 8. eintraf. Dieser Ort war, wie wir wissen,
schon seit einiger Zeit von der zum Corps Banks gehörigen Brigade
Crawford besetzt gewesen, und am 7. war ausserdem die Division
Ricketts des Corps Mc Dowell eingetroffen. Während des Vormittags
des 8. trafen fortdauernd Meldungen über das Vorgehen der Konföderierten ein. General Bayard meldete, dass er vor überlegenen Kräften
langsam auf Culpepper C. H. zurückgebe, während General Buford
über das Vorgehen starker feindlicher Kräfte gegen Madison C. H.
berichtete.

In der That hatte Jackson sich entschlossen, gegen Pope vorzugehen. Was ihn dazu veranlasst hat, ist nicht recht klar. Wenn
Lee auch wohl den Plan hatte, demnächst die Offensive zu ergreifen,
so dachte er doch nicht daran, diesen Feldzug zu eröffnen, ehe nicht
der letzte Zweifel über die Absichten der Unierten bezüglich der
Potomac-Armee geschwunden waren. So lange diese noch in solcher
Stärke in so bedrohlicher Nähe stand, durfte Lee nicht daran denken,
Richmond zu entblössen, um sich gegen Pope zu wenden. Ebenso
wenig konnte er Jackson den Auftrag erteilen, einstweilen selbständig
gegen Pope vorzugehen, denn da dieser für ganz erheblich stärker
als jener gehalten wurde (obgleich er es thatsächlich nicht war), so
würde dies geheissen haben, Jackson einem partiellen Echec aussetzen.
Es bleibt also nur übrig, anzunehmen, dass Jackson, von Lees Absichten
im allgemeinen unterrichtet, beabsichtigte, durch demonstratives Vorgehen in Washington Unruhe hervorzurufen, so die Rückberufung der

Potomác-Armee zu beschleunigen und so seinem Chef die Freiheit der
Bewegung wieder zu geben. Demzufolge hatte er sich am 7. August
von Gordonsville gegen den Rapidan in Marsch gesetzt. Am 8.
morgens überschritt die Kavallerie-Brigade Robertson diesen Fluss und begann
mit der sich langsam zurückziehenden Kavallerie der Unierten zu
plänkeln. Am Nachmittag folgte das Gros des Jacksonschen Co. ps,
zuerst die Division Ewell, dann Winder und zuletzt A. P. Hill.
General Bayard, welcher die unierte Kavallerie-Brigade kommandierte, die hier
den Vorpostendienst verrichtet hatte, entwickelte eine rege Thätigkeit,
so dass Jackson sich genötigt sah, die Brigade Lawton der Division
Ewell zur Deckung der Trains zurückzuschicken, welche infolge
dessen an dem bald folgenden Kampfe keinen Teil nahm.

Wenn es Jacksons Absicht wirklich war, durch Bedrohung Popes
einen Druck auf die Regierung in Washington auszuüben und diese
zu veranlassen, den Abzug der Potomac-Armee von der Halbinsel zu
beschleunigen, so erreichte er den ersten Teil dieser Absicht wenigstens
vollständig.

Am 9. August telegraphierte Halleck an Mc Clellan, dass der
Feind seine Streitkräfte Pope und Burnside gegenüber massiere, augenscheinlich in der Absicht, die Armee von Virginien zu erdrücken und
gegen den Potomac vorzugehen. „Sie müssen augenblicklich Verstärkungen nach dem Acquia-Creek schicken. Angesichts der Transportmittel, welche Ihnen zur Verfügung stehen, ist Ihre Langsamkeit
durchaus nicht befriedigend. Sie müssen mit aller möglichen Geschwindigkeit handeln.“ Mc Clellan erklärte dem gegenüber (am
10. August 8 Uhr morgens), dass die am 8. an Burnside abgeschickte
Batterie das letzte verfügbare Transportschiff in Anspruch genommen
hätte. Seitdem seien genug Schiffe angekommen, um „heute“ ein
Kavallerie-Regiment einschiffen zu können. Die Kranken würden so
rasch eingeschifft, als es möglich sei. „Es ist nicht, wie Sie behaupten,
unnötiger Aufenthalt vorgekommen, nicht eine Stunde, sondern alles
ist so rasch als möglich gefördert, um Ihre Befehle auszuführen.“

Diese Antwort Mc Clellans stützt sich auf einen Bericht des
Quarter-Masters vom frühen Morgen desselben Tages. Danach waren
zum Verladen der 5 Batterien 11 Dampfer, meist kleine, und 6 Schooner
erforderlich gewesen, von denen noch keiner zurückgekehrt sei. Alle
gemieteten Schooner, welche früher besonders für den Pferde-Trans-
port eingerichtet gewesen seien, wären entlassen oder in gewöhnliche
Transportschiffe umgewandelt. Ein grosser Teil der bei Harrisons
Landing vorhandenen Dampfer sei noch mit Vorräten beladen, oder
beim Transport der Kranken thätig. Um das Kavallerie-Regiment
verladen zu können, würden alle nicht in der oben erwähnten Art
in Anspruch genommenen Dampfer erforderlich sein. Sie könnten
eine grosse Menge Infanterie aufnehmen, seien aber zum Transport
von Kavallerie nicht recht geeignet und es bliebe dabei viel Raum
unbenützt. Einige Dampfer seien noch im Laufe des Tages zu erwarten und die mit Vorräten beladenen Schooner würden so rasch
als möglich entladen, um sie zum Transport zu verwenden.

Aus den eingehenden Meldungen hatte sich Pope noch nicht klar zu werden vermocht, ob Jackson in der Richtung auf Madison C. H. oder auf Culpepper C. H. vorging. Da es ihm aber zur besonderen Pflicht gemacht war, seine Verbindung mit dem unteren Rappahannock festzuhalten, von wo ihm allein Unterstützung von Seiten der zurückkehrenden Abteilungen der Potomac-Armee kommen konnte, so hielt er es für angezeigt, seine Streitkräfte bei Culpepper C. H. zu konzentrieren. Am 8. wurde demnach die Brigade Crawford von Culpepper C. H. nach Cedar Mountain, einige Meilen südlich von Culpepper C. H., am rechten Ufer des Cedar Run, vorgeschickt, um nötigenfalls die zurückgehende Kavallerie aufzunehmen und zu unterstützen. Banks und Sigel erhielten den Befehl, vom Hazel Run, beziehungsweise Sperryville, nach Culpepper C. H. vorzugehen. Vom General Sigel erhielt Pope jedoch noch am Abend (den 8.) eine Rückfrage, welche Strasse er wählen solle. Da es zwischen Sperryville und Culpepper nur eine Strasse und zwar eine breite Chaussee gab, so war der Zweifel Sigels immerhin schwer verständlich. Der Zeitverlust, welcher durch diese Rückfrage entstand, machte es jedoch unmöglich, das Corps Sigel am anderen Tage so zu verwenden, wie Pope beabsichtigt hatte. Am frühen Morgen des 9. erhielt General Banks den Befehl, mit seinem ganzen Corps nach Cedar Mountain vorzugehen, wo sich die Brigade Crawford schon befand. Er sollte hier Stellung nehmen, das Vorgehen des Feindes aufhalten und denselben zur Entwickelung seiner Kräfte nötigen, um nach dem gewonnenen Einblick einen Schluss ziehen zu können, ob es sich hier um ein ernstliches Vorgehen, oder nur um eine Rekognoscierung oder Demonstration handle.

Die Strasse, welcher Banks folgte, erreicht etwa 7 Meilen südlich von Culpepper C. H. ein bewaldetes Hochplateau, von welchem sie sich in das tief eingeschnittene sumpfige Thal des Cedar Run senkt, um dann, am rechten Ufer dieses Gewässers, den Abhang eines breiten kahlen, sich von Nordwesten nach Südosten hinziehenden Hügelrückens zu ersteigen. Im Südwesten und parallel mit ihm lagern sich diesem Hügelrücken zwei durch tiefe Thäler von ihm, beziehungsweise von einander, getrennte niedrige langgestreckte Berge vor, welche im Nordwesten durch einen Halbkreis bewaldeter Anhöhen mit dem Hügelrücken zusammenhängen. Diese ganze Gruppe führt den Namen Cedar Mountain und ist der höchste Punkt der Gegend, welcher das ganze Gelände zwischen Rapidan und Culpepper C. H. dominirt.

Die Strasse teilt sich auf dem Hügelrücken südlich des Cedar Run. Ein Zweig führt in ziemlich genau südlicher Richtung nach dem Punkt, wo die Orange-Alexandria-Eisenbahn den Rapidan überschreitet, der andere führt nach Orange C. H. Diese beiden Hauptstrassen sind namentlich in der Nähe ihrer Vereinigung, also südlich von Cedar Mountain, durch einige brauchbare Querwege verbunden. Dieselben überschreiten oder umgehen zum Teil einen bewaldeten Berg, der sich südlich eines namenlosen Zuflusses des Cedar Run erhebt und den Namen Slaughters Mountain führt.

Die Brigade Crawford hatte am Abend des 8. das Hochplateau auf dem linken — nördlichen — Ufer des Cedar Run erreicht und dort gelagert. Ihre Vorposten waren aber auf das südliche Ufer des genannten Baches, auf den kahlen Hügelrücken, vorgeschoben. Ebenda befand sich auch die vor den vorgehenden Konföderierten zurückgegangene Kavallerie-Brigade Bayard.

Jackson hatte, wie wir wissen, am 8. den Rapidan bei Barnetts Ford auf der Strasse von Orange C. H. nach Culpepper C. H. überschritten und an diesem Tage noch Robertson River erreicht. Am 9. hatte er seinen Vormarsch fortgesetzt und seine Vortruppen waren bald mit den Vorposten Crawfords in Berührung gekommen. Als daher General Banks mit seinem Corps bei der Stellung der Brigade Crawford ankam, hörte er, dass der Feind bereits Fühlung genommen habe. Er ordnete demnach zunächst eine Verstärkung der Vorposten an und als bald darauf sogar einige vereinzelte Kanonenschüsse darauf schliessen liessen, dass der Feind einen ernstlichen Kampf vorbereite, entschloss er sich, mit seinem ganzen Corps auf das rechte Ufer des Cedar Run vorzugehen und sich hier dem Vorgehen des Feindes zu widersetzen. Er ging demzufolge über den Hügelrücken am rechten Ufer des Cedar Run und die erste parallel dazu streichende Bergkette vor und entwickelte sein Corps hinter dem Kamm der zweiten Bergkette, mit Front nach Südwesten derart, dass die Division Augur am linken, die Division Williams am rechten Flügel stand. Augur hatte am äussersten linken Flügel, an den von Westen nach Osten fliessenden Zufluss des Cedar Run angelehnt, die Brigade Greene, daran schloss sich, rittlings der Strasse nach Rapidan Station, die Brigade Prince und daran, bis zur Strasse von Orange C. H., die Brigade Geary, hierauf kam von der Division Williams die Brigade Crawford und den rechten Flügel, gestützt auf die nordwestlich von Cedar Mountain befindlichen bewaldeten Anhöhen, bildete die Brigade Gordon. Hier hatte auch die Kavallerie Stellung genommen. Kaum war der Aufmarsch in dieser Stellung vollendet, als der Angriff Jacksons sich ernstlicher zu gestalten begann.

Die Vorhut der an der Spitze marschierenden Division Ewell wurde von der Brigade Early gebildet. Sobald von derselben die Meldung einging, dass Cedar Mountain von den Unierten besetzt sei, erhielt sie den Befehl, längs der Strasse von Orange C. H. vorzugehen, während General Ewell mit den beiden andern Brigaden seiner Division (Trimble und Hays) nach rechts geschickt wurde, um die Strasse von Rapidan Station zu gewinnen, auf derselben den Kamm des ersten Höhenzuges von Cedar Mountain zu ersteigen und von dieser dominierenden Stellung aus den linken Flügel Banks' zu umfassen.

Early entwickelte seine Brigade rechts der Strasse und ging durch das offene Terrain gegen den ersten Höhenzug vor. Die Kavallerie der Unierten wich langsam vor ihnen zurück. Sobald er jedoch den Kamm des Höhenzuges erreicht hatte, geriet er in das Feuer der sehr geschickt aufgestellten Batterien der Unierten. Dieselben waren nämlich am westlichen Rand des dritten (oben als ‚breiten' bezeichneten Hügelrückens aufgestellt, von wo sie die beiden vorgelegenen Höhenzüge vollständig beherrschten. Es gelang Early nicht, auf dem Kamme festen Fuss zu fassen, er musste vielmehr zunächst hinter demselben Schutz vor dem Artilleriefeuer der Unierten suchen und seine Batterien vorziehen, um die des Feindes zum Schweigen zu bringen. Es entspann sich demnach hier ein Artilleriekampf, der für beide Teile ziemlich verlustreich war. Inzwischen kam die Division Winder herbei. Sie entwickelte sich links — nördlich — der Strasse derart, dass in den Waldparzellen, welche den von dem rechten Flügel der Unierten besetzten gegenüber lagen, die Brigade Campbell Stellung nahm, rechts davon — die Verbindung mit Early herstellend — die Brigade Taliaferro, während die dritte Brigade unter Oberst Roland einstweilen noch in Reserve gehalten wurde. Auch hier beschränkte sich das Gefecht zunächst auf einen Geschützkampf, der jedoch für die Konföderierten gleich im Anfang einen schweren Verlust herbeiführte, indem General Winder beim Placieren der Batterien tödlich getroffen wurde. General W. B. Taliaferro übernahm an seiner Stelle das Kommando der Division.

Inzwischen hatte Ewell mit den beiden anderen Brigaden seiner Division — Trimble und Hays — seine Umgehungsbewegung ausgeführt und war auf dem nordöstlichen Vorsprung von Slaughters Mountain erschienen, von wo aus seine Batterien ein lebhaftes Feuer auf die ihm gegenüberstehende Brigade Geary eröffneten. Allein an ein weiteres Vorgehen war auch hier nicht zu denken. Die Haltung der Unierten war eine so zuversichtliche, dass Jackson sie für viel stärker hielt, als sie thatsächlich waren[1]) und deshalb die Ankunft

---

[1]) Nach dem Stärke-Rapport vom 31. Juli zählte das 2. Armee-Corps (Banks): 13 343 M. Infanterie, 1224 M. Artillerie und 4104 M. Kavallerie, im Ganzen 18 671 M. Davon waren nach Winchester und Front Royal im Shenandoah-Thal detachiert: 3500 M. Infanterie u. Artillerie, sodass die Stärke dieser beiden Waffengattungen, welche wirklich beim Corps vorhanden waren, etwa 11 000 M. betrug. Banks giebt in seinem offiziellen Bericht seine Stärke an Infanterie und Artillerie auf 8000 M. an, sodass eine Differenz von ca. 3000 M. zwischen beiden Rapporten besteht. Dieselbe erklärt sich daraus, dass das Corps Banks auf dem Vormarsch nach Cedar Run einen ganz ungewöhnlich starken Abgang durch Krankheiten, namentlich Diarrhoe, hatte. Ein ganzes Regiment (60. New-York) musste aus diesem Grunde zurückgeschickt werden. Zu obiger Zahl kommt dann noch die Kavallerie-Brigade Bayard. Nach Popes Rapport betrug die Gesamtstärke seiner Kavallerie am 31. Juli 8738 M., wovon jedoch ca. 3000 M. als zum Dienst untauglich abzuziehen sind. Diese Dienstuntauglichen entfallen zum grössten Teil auf die Brigade Bayard, sodass dieselbe für diesen Zeitraum von den meisten Quellen beider Seiten mit nur 1200 M. in Ansatz gebracht wird. Banks Gesamtstärke würde sich demnach auf ca. 9200 M. stellen.

Jacksons Corps bestand am 9. August aus:
Division Winder:
Stonewall-Brigade 5 Regimenter, Brigade Jones 3½ Regiment, Brigade Taliaferro 5 Regimenter.
Division Ewell:
Brigade Early 7 Regimenter, Brigade Trimble 3 Regimenter, Brigade Hays 4½ Regiment, Brigade Lawton 6 Regimenter und 1 keiner Brigade zugeteiltes Regiment.

der Division A. P. Hill abwarten zu müssen glaubte, ehe er etwas
Ernstliches unternahm.

Diese vorsichtige Haltung entging auch den Unierten nicht und
veranlasste Banks zu dem Entschlusse, seinerseits zur Offensive zu
greifen, um die konföderierten Batterien, deren Feuer lästig zu werden
begann, zu vertreiben. Zwei Stunden etwa hatte der Artilleriekampf
gedauert, als Banks den Befehl zu allgemeinem Vorgehen erteilte.

Die linke Flügel-Brigade, Greene, scheint von dem Befehl nicht
erreicht worden zu sein. Sie blieb wenigstens in ihrer Stellung, als
die anderen vorgingen. Die beiden nächstfolgenden Brigaden, Prince
und Geary, gingen gegen die Brigade Early vor. Das Überschreiten
der Thalschlucht, welche sie von den Konföderierten trennte, war mit
beträchtlichen Verlusten verbunden, allein es würde ihnen trotzdem
vielleicht gelungen sein, die Brigade Early zu verdrängen, wenn nicht
in diesem Augenblicke die Tetenbrigade der Division A. P. Hill unter
Thomas erschienen wäre, welche von Jackson sofort zur Unterstützung Earlys beordert wurde. Es entspann sich ein blutiger Kampf,
in welchem sich die Kraft der Unierten gegen die Überzahl erschöpfte.
General Geary wurde schwer verwundet, Prince fiel, ebenfalls verwundet, in Gefangenschaft. Auch der Divisions-Commandeur, General
Augur, wurde verwundet und schliesslich sahen sich die beiden, fast
vernichteten Brigaden genötigt, in ihre frühere Stellung zurückzugehen. Hätten sie nur noch kurze Zeit auszuhalten vermocht, so
wären ihre Anstrengungen vielleicht doch noch von Erfolg gekrönt
gewesen, denn auf dem rechten Flügel errangen die Unierten Erfolge,
welche auch auf die Brigade Early nicht ohne Einfluss blieben.

. Gleichzeitig mit dem oben geschilderten Angriff der beiden genannten Brigaden der Division Augur, war nämlich auch Banks'
rechte Flügel-Division — Williams — gegen die konföderierte Division Winder vorgegangen, sodass der Kampf auf der ganzen Linie
entbrannte. Es war das gegen $^1/_2$6 Uhr abends.

Der Brigade Crawford gelang es, mit Ungestüm vorgehend, den
linken Flügel der Brigade Taliaferro zurückzudrängen und so das
Centrum der Division Winder zu durchbrechen. Teilweise im Rücken
gefasst, geriet die Brigade Taliaferro in Verwirrung und ging bald
in Unordnung zurück, in ihrem Rückzug den linken Flügel der Brigade Early mit fortreissend. Auch die Brigade Campbell, von der

---

Division A. P. Hill:
Brigade Thomas 4 Regimenter, Brigade Branch 5 Regimenter, Brigade
Archer 4$^1/_2$ Regiment, Brigade Pender 4 Regimenter, Brigade Field 5 Regimenter, Brigade Gregg 5 Regimenter, Brigade Stafford 5 Regimenter.
Kavallerie-Brigade Robertson 4 Regimenter.
17 Batterien.
Die Stärke betrug 23 823 M. Die Brigaden Lawton (s. o. S. 66) und Gregg
stiessen erst später zum Corps, wofür ca. 3800 M. in Abzug zu bringen sind,
sodass die gegen Banks engagierten Truppen etwa 20 000 M. betragen. Hiervon
dürfte wohl weiter noch ein gewisser Prozentsatz Abgang an Kranken, ähnlich wie bei Banks, in Abrechnung zu bringen sein. (South. Hist. Soc. Pap.
Vol. VIII, pag. 181.) Immerhin war eine beträchtliche numerische Überlegenheit auf Seiten der Konföderierten.

unierten Brigade Gordon gedrängt, vermochte ihre Stellung nicht zu behaupten und ging zurück. Der linke Flügel Jacksons war somit entschieden geworfen und die Entscheidung schien sich zu Gunsten der Unierten neigen zu wollen, als das persönliche Eingreifen Jacksons der Sache eine andere Wendung gab. Die nächsten zur Verfügung stehenden Truppen waren die in Reserve gehaltene dritte Brigade der Division Winder, die alte Stonewall-Brigade, kommandiert vom Oberst Roland. An ihre Spitze stellte sich Jackson und führte sie im Laufschritt dem Strom der Flüchtigen und der verfolgenden siegreichen Brigade Crawford entgegen.

Die Gegenwart Jacksons schien einen unbeschreiblichen Einfluss auf die Truppen auszuüben, als er, hin- und hersprengend, den Erschütterten Mut zusprach. Überall wurde er mit begeisterten Cheers empfangen. Es war einer der wenigen Augenblicke seiner Laufbahn, wo die Aufregung des Augenblicks die Überhand über ihn gewonnen. Er hatte augenscheinlich vergessen, dass er das Ganze befehligte und handelte wie ein einfacher Oberst, der sein Regiment ins Feuer führt. Die Flüchtigen, welche dem Ruf ihrer Offiziere nicht gehorchen wollten, fassten beim Anblick des geliebten Führers neuen Mut. Sie sammeln sich, schliessen sich der Stonewall-Brigade an und unter dem lauten Schlachtruf: „Stonewall Jackson! Stonewall Jackson!" stürzt sich die ganze Masse den siegreichen Unierten entgegen.

So kam auch hier deren Vorgehen zum Stehen. Die Brigade Crawford, erschöpft durch ihre vorangegangenen Anstrengungen, sieht sich von der Stonewall-Brigade in der Front angegriffen, während nunmehr auch die linke Flügel-Brigade der Konföderierten — Campbell — gegen den rechten Flügel Crawfords vorzugehen und diesen zu umfassen beginnt. Zwar kam jetzt auch die Brigade Gordon der Unierten herbei, allein sie vermochte die Entscheidung nicht mehr aufzuhalten.

Inzwischen war nämlich auch der Rest der Division A. P. Hill angelangt. Die Brigade Branch wirft sich Gordon entgegen und die Brigaden Pender und Archer greifen noch weiter nach links aus, um den rechten Flügel der Unierten zu umfassen. Dieser Übermacht vermochten die erschöpften und dezimierten Unierten nicht zu widerstehen, sondern sahen sich genötigt, den Rückzug anzutreten. ·

Auf dem äussersten rechten Flügel der Konföderierten hatten die Brigaden Trimble und Hays bis dahin noch keinen Anteil an dem Kampf genommen, ausser mit ihren Batterien. Das Thal, welches sie hätten durchschreiten müssen, um die ihnen gegenüberstehenden Unierten anzugreifen, wurde sowohl von den konföderierten, wie von den unierten Batterien beständig unter einem heftigen Feuer gehalten. Jetzt, nachdem die Unierten auf der ganzen Linie den Rückzug angetreten hatten, wurde die Schussrichtung der konföderierten Batterien eine andere. Die genannten Brigaden gingen deshalb nunmehr vor, überschritten das vor ihnen liegende Thal und vereinigten sich mit den übrigen zur Verfolgung vorgehenden Brigaden. Diese Verfolgung konnte jedoch nicht weiter fortgesetzt werden.

Die Meldungen, welche General Pope im Laufe des Tages von
Banks erhalten hatte, liessen nicht auf ein ernstes Gefecht schliessen.
Nach denselben schien es, als ob die Kavallerie der Konföderierten
etwas energischer als gewöhnlich demonstriere, aber Anzeichen, welche
auf einen bevorstehenden ernsthaften Angriff deuteten, wurden nicht
gemeldet. Noch um 5 Uhr nachmittags hatte Banks eine sich in
diesem Sinne aussprechende Meldung abgesandt. Ehe dieselbe jedoch
in Popes Hände gelangte, wurde in Culpepper C. H. das stets an
Heftigkeit zunehmende Artilleriefeuer gehört und Pope hatte sich dadurch veranlasst gesehen, der Division Ricketts zu befehlen, schleunigst in der Richtung des Geschützfeuers vorzugehen. Er selbst
schloss sich an. Gerade als die Division sich in Marsch gesetzt
hatte, traf die Spitze des Corps Sigel in Culpepper C. H. ein. Es
war durch die unerklärliche Unsicherheit Sigels in betreff der zu
wählenden Strasse (s. o.) mehrere Stunden aufgehalten. Überdies traf
das Corps, entgegen dem ein für allemal gegebenen Befehl, dass die
Truppen stets mit einem eisernen Bestand an gekochten Lebensmitteln
für zwei Tage ausrücken sollten, ohne Rationen ein und konnte somit seinen Vormarsch nicht eher fortsetzen, bis Lebensmittel aus den
Proviant-Kolonnen des Corps Mc Dowell empfangen, verteilt und ge-
kocht waren. Auf eine Mitwirkung des Corps Sigel am Abend des
9. konnte sonach nicht gerechnet werden.

Als General Pope mit der Division Ricketts um 7 Uhr abends
in der Nähe des Schlachtfeldes ankam, fand er das Corps Banks in
Stellung auf dem linken Ufer des Cedar Run, sodass zwischen dem
Waldstreifen, welcher den linken Thalrand des Flusses bedeckte, und
dem Corps ein breites offenes Feld lag. Pope, dem die Stellung für
die Kräfte des Corps eine zu ausgedehnte zu sein schien, befahl Banks,
sich mehr nach seinem linken Flügel hin zusammenzuziehen. In dem
dadurch nach rechts hin frei werdenden Raum entwickelte sich nunmehr die Division Ricketts.

Die Konföderierten waren durch den Marsch und Kampf des
Tages sehr erschöpft. Die zunehmende Dunkelheit war überdies einem
weiteren Vordringen nicht förderlich; allein Jackson wünschte so entschieden den errungenen Erfolg auszubeuten und Culpepper C. H. womöglich noch vor Tagesanbruch zu erreichen, dass er sich entschloss,
weiter vorzugehen, zumal der inzwischen aufgegangene Mond Helligkeit genug verbreitete, um in dem, im Ganzen offenen Terrain, eine
ziemliche Umschau zu gestatten. Mit der Division Hill im ersten
Treffen wurde demnach der Vormarsch mit der nötigen Vorsicht angetreten. Schon nach kurzer Zeit meldete indess die vorausgesandte
Kavallerie, dass der Feind in fester Haltung und anscheinend bedeutend verstärkt auf dem Plateau links des Cedar Run stünde. Infolge dieser Meldung wurde auf Jacksons Befehl nur die Batterie
Pegram und die Brigade Field der Division A. P. Hill vorgeschickt,
um die Richtigkeit der Meldung der Kavallerie zu konstatieren.
Pegram ging über den Waldrand vor und eröffnete sein Feuer überraschend auf die Stellung der Unierten. Diese nahmen das Feuer

jedoch energisch auf und antworteten bald mit einer überlegenen Geschützzahl, sodass Pegram sich nach kurzer Zeit veranlasst sah, in den Schutz des Waldes zurückzugehen.

Es war etwa Mitternacht, als das Feuer endlich schwieg. Das Corps Banks war stark erschüttert und ermüdet, sodass Pope es für einige Tage nicht für operationsfähig hielt und daher in den Wald östlich der Strasse zurückschickte, um dort seine Versprengten an sich zu ziehen und sich so rasch als möglich wieder in operationsfähigen Zustand zu setzen. An seine Stelle wurde das Corps Sigel, dessen Spitze kurz nach Mitternacht einzutreffen begann, in die vorderste Linie gezogen.

Jackson, welcher seine ursprüngliche Absicht, den Vormarsch am 10. fortzusetzen, keineswegs aufgegeben hatte, erfuhr am Vormittag dieses Tages, dass die Unierten bedeutende Verstärkungen erhalten hätten. Er gab deshalb nunmehr den Gedanken eines weiteren Vorgehens auf und, seine weit vorgeschobene Stellung so erheblich überlegenen Kräften gegenüber für gefährdet haltend, entschloss er sich am 11., über den Rapidan in seine alte Stellung bei Orange C. H. zurückzugehen, zumal er auch Nachrichten von im Anmarsch befindlichen weiteren Verstärkungen erhielt.

Pope hatte nämlich bereits am 8. an den General King, der durch das Eintreffen des Corps Burnside bei Fallmouth disponibel geworden war, telegraphirt, sich über Stevensburg mit ihm zu vereinigen. King hatte sich noch an demselben Tage in Marsch gesetzt und traf am 11. abends bei der Hauptarmee ein. Pope verfügte dadurch etwa über 25 000 M. (ausschliesslich des noch nicht wieder operationsfähigen Corps Banks) und fasste nunmehr den Entschluss, seinen Gegner am Morgen des 12. anzugreifen. Am nächsten Tage fand man jedoch, dass die Konföderierten über den Rapidan zurückgegangen waren. Die Kavallerie folgte sofort und besetzte wieder die alte Vorposten-Stellung am Rapidan von Racoon Ford bis zum Fuss der Blue Ridge Berge.

Die Verluste beider Teile in der Schlacht am Cedar Mountain waren, im Vergleich zu der Stärke der beteiligten Truppen, ziemlich beträchtlich. Auf Seiten der Unierten bezifferten sich dieselben auf ca. 2400 M. an Toten, Verwundeten und Gefangenen.[1]) Unter den

---

[1]) Gordon in seiner „History of the 2nd Massachusetts Regiment" giebt den Verlust der Unierten auf 1171 Tote und Verwundete und 732 Vermisste an, von denen etwa die Hälfte Gefangene, der Rest Versprengte waren. Dies würde einen Verlust von 1893 M. ergeben. Medical-Direktor Mc Parlin sagt: „Im 2. Corps (Banks), welches vorzugsweise engagiert war, betrugen die Verluste 280 Tote, 1346 Verwundete und 241 Vermisste." Dieser Rapport unterschätzt die volle Zahl der Verwundeten und Vermissten. Nach dieser Schätzung würde der Verlust in Banks Corps sich auf mehr als 1867 belaufen. Der General-Arzt der Unierten berichtet den Gesamtverlust aller engagierten Truppen auf   Tote . . . ˙450
Verwundete 660 ·
Vermisste . 290.

In diesem Bericht ist das Verhältnis zwischen Toten und Verwundeten ein ganz unwahrscheinliches und die Zahl der Verwundeten wahrscheinlich verdruckt und soll wohl 1660 heissen. Ist das richtig, so betrug der Verlust 2400 M. und auch dies würde vielleicht noch etwas zu niedrig gegriffen sein, da Jackson 400 Gefangene meldete. (South. Hist. Soc. Pap. Vol. VIII, pag. 183.)

Verwundeten befanden sich die Generale Augur, Geary und Caroll (Brigade-Kommandeur in der Division Ricketts), unter den Gefangenen General Prince. Der Verlust der Konföderierten belief sich auf 1314 M. an Toten und Verwundeten. Die Schlacht am Cedar Mountain wurde von beiden Parteien als Sieg beansprucht. Nach der vorstehenden Schilderung kann es keinem Zweifel unterliegen, dass der taktische Erfolg am 9. August auf seiten der Konföderierten war. Allein dieser Sieg war teuer erkauft und taktisch unfruchtbar. Jackson war genötigt gewesen, einem ihm numerisch nicht gewachsenen Gegner gegenüber seine gesamten Streitkräfte einzusetzen, und wenn schliesslich auch das Schlachtfeld nach beendetem Kampfe zwei Tage lang in seinem Besitz verblieb, so sah er sich doch am Ende genötigt, das mit so schweren Opfern erkaufte Terrain dem Gegner wieder zu überlassen und in dieselbe Stellung zurückzugehen, welche er vor der Schlacht inne gehabt hatte. Das war für jeden unbefangenen Beobachter ein Rückzug, und der moralische Eindruck davon konnte nur ein ungünstiger sein. Was dem einfachen Zuschauer aber entging, das waren die moralischen Wirkungen des der anscheinenden Niederlage vorausgegangenen Vorstosses Jacksons, und diese waren allerdings derart, dass man erkennen muss, dass der beabsichtigte Zweck — Beschleunigung des Abzugs der Potomac-Armee von der virginischen Halbinsel — vollständig erreicht wurde. Was man in Washington so lange befürchtet hatte, schien nunmehr thatsächlich einzutreten. Ein beträchtlicher Teil der mächtigen feindlichen Armee, welche man · — wir können es dem Leser nicht genug ins Gedächtnis zurückrufen — nach den Berichten Mc Clellans auf 200 000 M. schätzte, hatte sich in Marsch gesetzt, um die schwachen Kräfte Popes über den Haufen zu rennen und die Bundeshauptstadt selbst zu bedrohen.

Unter dieser, freilich grundfalschen, Voraussetzung begreift sich der Missmut Hallecks über die unbefriedigenden Meldungen Mc Clellans in betreff des Rücktransports der Potomac-Armee.

Am 10. August abends, nachdem er die weitere, oben erwähnte Depesche Mc Clellans erhalten hatte, in welcher dieser mitteilt, dass die vorhandenen Transportschiffe gerade nur zum Verladen des für das Corps Burnside bestimmte Kavallerie-Regiments ausreichten, telegraphiert er wieder: „Der Feind überschreitet den Rapidan mit starken Kräften. Er kämpft heute mit Pope, und es darf keinen ferneren Aufenthalt in Ihren Bewegungen geben. Der, welcher schon vorgekommen ist, war ganz unerwartet und muss noch befriedigend erklärt werden. Verlieren Sie keinen Augenblick und telegraphieren Sie mir täglich, welche Fortschritte die Ausführung meines Befehles, betreffend die Überführung Ihrer Truppen, gemacht hat." .

Zur Ausführung dieses Befehles war allerdings noch gar nichts geschehen, da es sich bis jetzt nur um die Absendung der für Burnside bestimmten Verstärkungen und die Evacuierung der Kranken gehandelt hatte. Um $^1/_2$12 Uhr abends beantwortete Mc Clellan die letzt erwähnte Depesche. Er versicherte Halleck von neuem, dass bei Ausführung seiner Befehle kein unnötiger Aufenthalt vorgekommen sei. Es schiene, dass er in einem grossen Irrtum in betreff der vorhandenen Transportmittel befangen sei. Oberst Ingalls, sein Chef-Quarter-Master, habe dem Quarter-Master-General (in Washington) mehr als einmal Bericht über den Zustand der vorhandenen Transportmittel erstattet. Die Anweisung, den Befehl zur Überführung der Potomac-Armee strikte geheim zu halten, habe ihn (Mc Clellan) veranlasst, es als selbstverständlich zu betrachten, dass Halleck die nötigen Schritte zur Bereitstellung ausreichender Transportmittel thun werde. Man müsste sofort eine grosse Menge Schiffe, für alle Waffengattungen und Fuhrwerke geeignet, nach Yorktown und Fort Monroe schicken. Er werde bereit sein, die ganze Armee über Land dorthin zu führen, sobald alle Kranken abgeschickt seien. Nicht eine Stunde Aufenthalt werde es geben, der sich vermeiden lasse. Halleck scheine keine Vorstellung von den Schwierigkeiten des beabsichtigten Unternehmens zu haben. Die Einschiffung des Kavallerie-Regimentes für Burnside sei im Laufe des Tages und Abends gefördert worden. Zehn Dampfer seien dazu erforderlich gewesen. Ausserdem seien 1258 Kranke eingeschifft worden. Damit seien alle Transportmittel erschöpft, mit Ausnahme eines Dampfers, der am nächsten Morgen von Fort Monroe her erwartet wurde und 500 Leichtkranke aufnehmen solle.

„Der gegenwärtige Augenblick ist wahrscheinlich nicht der geeignete, um auf den unnötig schroffen und ungerechten Ton hinzuweisen, in welchem Ihre Telegramme in der letzten Zeit abgefasst sind. Er wird jedoch keinen Unterschied in meiner offiziellen Handlungsweise machen;" schloss er seine Depesche.

Die Einschiffung der Kavallerie ging jedoch nicht so rasch von statten, als Mc Clellan angenommen hatte, und was für Schwierigkeiten dabei zu überwinden waren, mag aus folgendem Bericht ersehen werden, welchen der mit der Leitung der Einschiffung beauftragte Assistent Quarter-Master, Kapitain Sawtelle, am 11. an den Chef-Quarter-Master erstattete. „In Erwiederung auf die Anfrage des General Marcy[1]), welche mir von Ihnen zur Beantwortung überwiesen wurde, muss ich bemerken, dass jetzt hier[2]) im Hafen keine Transportschiffe mehr vorhanden sind, welche nicht entweder schon zur Einschiffung des New-York-Kavallerie-Regimentes oder für das Lazarett-Departement oder den notwendigsten Hafendienst verwendet sind. Ich glaube, dass die für die Kavallerie bestimmten und schon verladenen oder noch zu verladenden Dampfer ausserdem noch 3000 M. Infanterie aufnehmen könnten. Die Boote haben jedoch Anweisung, abzusegeln, sobald sie verladen sind, und einige sind schon abgegangen. Die Einschiffung der Kavallerie geht sehr langsam von statten, und ich bin nicht imstande, die Angelegenheit zu beschleunigen, obgleich ich mehrere Agenten des (Quartermaster-) Departements und einen Offizier an der Landungsbrücke aufgestellt habe, welche mich soviel als möglich unterstützen. Die ganze Armee schickt heute Morgen Tornister,

---

[1]) Mc Clellans Stabs-Chef.
[2]) Bei Harrisons Landing.

Offiziersgepäck und sonstige überflüssige Bagage, um sie auf Schiffe
verladen zu lassen[1]), und mit unserm beschränkten Ladungsvorrich-
tungen ist das unmöglich, wenn nicht die regelmässigen Verausgabungen
von Fourage etc. ausgesetzt werden, um Verwirrung und Aufenthalt bei
dem, was schon angeordnet ist, zu vermeiden. Natürlich, wenn noch
Infanterie auf die Kavallerie-Transportschiffe verladen werden soll, so
werden die Verwirrung und Schwierigkeiten noch vermehrt.

„Ich weiss von keinen Booten, welche heute hier zu erwarten
sind, ausgenommen die „Südamerika" und „Fanny Cadwallader" (ein
Schraubendampfer), welche den Befehl hatten, von Fort Monroe zurückzukehren.

„Die Transportschiffe mit der Artillerie sind in der Nacht des 8.
und am Morgen des 9. nach Acquia Creek abgegangen. Sie hatten
ebenfalls den Befehl, sofort zurückzukehren."

Darnach scheint es allerdings mit den Transportmitteln, wenigstens bei Harrisons Landing, zur Zeit knapp bestellt gewesen zu sein,
und man gewinnt weiter den Eindruck, als ob die Angelegenheit nicht
mit der gehörigen Umsicht geleitet, oder als ob Eigenmächtigkeiten
niederer Befehlshaber (Verladen der Tornister und des Offiziersgepäcks)
vorgekommen seien, welche nur dazu beitragen konnten, die Schwierigkeiten zu erhöhen.

Die Andeutungen des Kapitain Sawtelle, dass noch 3000 M. Infanterie mit der Kavallerie verladen werden könnten, wurde übrigens
von Mc Clellan benutzt und auch eine Brigade der Division Reynolds[2])
mit eingeschifft.

Am Abend um 11 Uhr des 11. August meldete Mc Clellan an
Halleck, dass die Einschiffung des 850 M. starken Kavallerie-Regiments
und einer Infanterie-Brigade um 2 Uhr morgens beendet sein werde.
Ausserdem seien 500 Kranke im Laufe des Tages eingeschifft und
weitere 600 würden eben verladen. Es blieben dann noch etwa
4000 Kranke zu transportieren. „Sie sind," fügte er hinzu, „bezüglich der mir zur Verfügung stehenden Transportmittel aufs gröbste
irre geführt. Fahrzeuge, welche bis zur Grenze ihrer Tragfähigkeit mit
Vorräten beladen, und andere, welche für den laufenden Dienst hier
ganz unentbehrlich sind, sind Ihnen als zum Transport verfügbar gemeldet worden. Alle, welche bei Fort Monroe ausgeladen werden
können, schicke ich dorthin, mit dem Befehl, alsbald hierher zurückzukehren. Ich wiederhole, ich habe keine Zeit bei Ausführung ihrer
Befehle verloren."

Halleck scheint jedoch durch Mc Clellans Behauptung, er sei „aufs
gröbste irre geführt", nicht völlig überzeugt worden zu sein. Am

---

[1]) Mit der Geheimhaltung des Befehles scheint es hiernach nicht so
schlimm gewesen zu sein!
[2]) General Reynolds führte die Division der Pennsylvania-Reserve an
Stelle des in den 7 tägigen Kämpfen bei Richmond verwundeten und in Gefangenschaft geratenen Generals Mc Call. Die Division Mc Call war der zuletzt vom Corps Mc Dowell nach der Halbinsel abgeschickte Truppenteil
(vergleiche Seite 37).

12. August mittags 12 Uhr telegraphierte er an Mc Clellan: „Der Quartermaster-General (in Washington) teilt mir mit, dass beinahe jedes erreichbare Dampfschiff des Landes jetzt zu ihrer Verfügung steht. Noch mehr Schiffe von Baltimore, Philadelphia und New-York zu schicken, würde den Transport von Armeevorräten erschweren und die Verkehrsstrassen lahm legen, auf welchen wir die neuen Truppen heranziehen müssen.[1]) Burnside transportierte beinahe 13 000 M. in weniger als zwei Tagen nach dem Acquia Creek, und seine Transportschiffe wurden sofort zu Ihnen zurückgeschickt. Alle Schiffe im James Fluss und in der Chesapeake Bai wurden Ihnen zur Verfügung gestellt, und es wurde vorausgesetzt, dass täglich 8—10 000 M. transportiert werden könnten. Die grosse Masse Ihres Materials, dachte man, könnte unter dem Schutze desjenigen Teils der Armee, für den keine Wassertransportmittel verfügbar seien, nach Fort Monroe geschafft werden. Das waren die Ansichten der Regierung. Vielleicht waren wir über die thatsächlichen Verhältnisse falsch unterrichtet, in diesem Falle könnte die Verzögerung erklärt werden. Nichts in meinem Telegramme war absichtlich schroff oder ungerecht, aber die Verzögerung war so unerwartet, dass eine Erklärung erforderlich war. Die dringendste Veranlassung zur Eile hat bestanden und besteht noch, und es darf nicht ein Augenblick verloren werden, noch mehr Truppen vor die Front von Washington zu bringen."

Mc Clellan antwortete um 11 Uhr abends und versicherte nochmals, dass nicht ein Mann mehr hätte abgeschickt werden können, als geschehen, und dass keine vermeidbare Verzögerung vorgekommen sei. Schon vor dem Eintreffen der Befehle Hallecks habe Oberst Ingalls alle verfügbaren Schiffe angewiesen, von Fort Monroe nach Harrisons Landing zu kommen. Von den Schiffen, welche das Corps Burnside nach Acquia Creek transportiert, habe er noch nichts wieder gehört. Bei Fort Monroe seien wenige Schiffe, wie „Atlantic" und „Baltic", welche jedoch zu viel Tiefgang hätten, um nach Harrisons Landing zu kommen. Alle Lazarette südlich von New-York seien überfüllt, er schlage deshalb vor, die beiden obengenannten Dampfer mit Schwerkranken zu beladen und nach New-York zu schicken und die Leichtkranken bei Fort Monroe ein Lager beziehen zu lassen. Auf diese Weise könnten wahrscheinlich die noch vorhandenen 3400 Kranken bis „übermorgen" Nacht fortgeschafft werden. „Ich bin überzeugt, dass Sie in bezug auf die Verfügbarkeit der vorhandenen Schiffe falsch unterrichtet sind. Wir können nicht schwerbeladene Vorratschiffe für Truppen oder Pferde benützen, und daraus besteht die grosse Masse der hier befindlichen, welche Ihnen als zum Transport der Armee verfügbar gemeldet sind. Ich fürchte, sie werden bei der Einschiffung der Truppen und des Materials zu Yorktown und Fort Monroe viel Aufenthalt erfahren. Es müssten an jedem Orte wenigstens noch zwei Landungsbrücken gebaut werden. Ich hatte die Erbauung von zwei dergleichen an letztgenanntem Orte vor etwa zwei Wochen angeordnet, allein Sie haben ja den Befehl aufgehoben.

---

[1]) Bezieht sich auf die Truppen, welche infolge der früher erwähnten, neuen Aushebung von 300 000 M. und des Aufrufs Lincolns zur Stellung von 300 000 M. Milizen auf neun Monate organisiert wurden.

„Wie ich höre, sollen die Landungseinrichtungen zu Acquia ganz unzureichend sein, um Truppen und Vorräte in grösserer Ausdehnung zu landen. Nicht eine Stunde sollte verloren werden, um das zu verbessern. Grosser Aufenthalt ist dort von niedrigem Wasserstand zu erwarten. Sie werden einen grossen Mangel an Transportschiffen für Pferde finden ; wir hatten beinahe 200, als wir hierher kamen, und wie ich höre, sind jetzt nur 20 vorbereitet, von denen jedes 50 Pferde aufnehmen kann. Wir werden hier dadurch sehr aufgehalten, dass unsere Landungsbrücken Tag und Nacht zur Landung der laufenden Verpflegung in Anspruch genommen werden. Ähnliche Schwierigkeiten werden sich bei Fort Monroe ergeben. Mit allen Erleichterungen, welche wir bei Alexandria und Washington hatten, dauerte es doch 6 Wochen, um diese Armee und ihr Material einzuschiffen.[1])

„Burnsides Truppen können keinen richtigen Massstab für die Schnelligkeit der Einschiffung abgeben. Er hatte alle Mittel zur Hand, seine Ausrüstung war für diesen Zweck besonders eingerichtet, und seine Leute an das Manöver gewöhnt.

„Es wird keine unnötige Verzögerung vorkommen, aber ich kann doch keine Schiffe machen. Ich führe diese Schwierigkeiten aus Erfahrung an, und weil es mir scheint, dass wir uns in der letzten Zeit mit unseren Arbeiten durchkreuzt haben (*that we have been lately working at cross purposes*), weil Sie von Ihrer Umgebung, welche die inneren Schwierigkeiten eines solchen Unternehmens kennen musste, nicht gehörig informiert waren.

„Es ist keinem Menschen möglich, diese Armee in weniger als einem Monate marschbereit an den Ort zu bringen, wo Sie dieselbe haben wollen. Wenn Washington jetzt in Gefahr ist, so kann diese Armee nicht mehr rechtzeitig ankommen, um es zu retten. Sie ist hier in einer weit bessern Stellung, das zu thun, als von Acquia Creek aus. Unser Material kann nur gerettet werden, wenn wir die ganze Armee zur Deckung verwenden, im Falle wir gedrängt werden. Wenn wir durch Entsendungen fühlbar geschwächt werden, so könnte die Folge der Verlust von viel Material und vielen Menschen sein."

Wir haben im Vorstehenden die Korrespondenz zwischen Mc Clellan und Halleck in bezug auf den Rücktransport der Potomac-Armee ausführlich mitgeteilt und enthalten uns jeden Kommentars, es dem Leser überlassend, sich aus dem Gebotenen ein Urteil zu bilden, ob der gegen Mc Clellan erhobene Vorwurf, er habe die Absendung seiner Truppen über Gebühr verzögert und nicht mit der nötigen Energie betrieben, begründet ist oder nicht. Nur auf den Schlusssatz der zuletzt

---

[1]) Mc Clellan macht sich hier einer starken Übertreibung schuldig. Die erste Division der Potomac-Armee, welche eingeschifft wurde, die Division Hamilton, begann ihre Einschiffung am 17. März, und gegen den 10. April hatte Mc Clellan seine ganze Armee vor Yorktown versammelt. Die Division Franklin, welche erst später kam, kann nicht gerechnet werden, da sie zum Corps Mc Dowell gehörte und erst auf dringendes Verlangen nachgeschickt wurde.

mitgeteilten Depesche vom 12. August abends möchten wir die Aufmerksamkeit nochmals besonders hinlenken. Mc Clellan giebt dort selbst zu, dass seine Armee nicht imstande sei, zur rechten Zeit zur Rettung von Washington zu erscheinen, wenn dieses „jetzt" bedroht sei. Er fügt freilich hinzu, dass sie dazu in ihrer gegenwärtigen Stellung viel besser imstande sei. Über den Wert der Bedrohung von Richmond durch Mc Clellan wollen wir uns hier nicht weiter aussprechen und nur auf das neue Gesicht hinweisen, welches die Sache anscheinend angenommen hatte.

Eine ernstliche Bedrohung von Washington setzt eine Vorwärtsbewegung beträchtlicher konföderierter Streitkräfte in nördlicher Richtung, also eine entsprechende Schwächung der bei Richmond stehenden Armee, voraus. Mc Clellan musste das wissen, denn dass am 9. August eine ernste Schlacht bei Cedar Mountain, also ziemlich weit von Richmond, stattgefunden hatte, war ihm am 12. sicher nicht mehr unbekannt. Würde Mc Clellan angesichts dieser Schwächung bereit gewesen sein, mit seiner Armee auch ohne Verstärkung gegen Richmond vorzugehen, um so dem bedrängten Washington Luft zu machen? Von einer solchen Bereitwilligkeit steht in seinen Depeschen nichts und sie ist seinem ganzen früheren Verhalten nach auch höchst unwahrscheinlich. Hinter dem Satze, in welchem er ausspricht, dass seine Armee in ihrer gegenwärtigen Stellung besser imstande sei, Washington zu schützen, muss man demnach im Geiste die Ergänzung einschalten: „Wenn sie nämlich soweit verstärkt wird, dass ich wieder die Offensive ergreifen kann." Aber zu erwarten, dass die Regierung von der zur Deckung des thatsächlich schon bedrohten Washingtons bestimmten Armee noch starke Entsendungen vornehmen werde, wäre doch geradezu Wahnsinn gewesen, und andere Truppen zur sofortigen Verstärkung der Potomac-Armee hatte sie doch nicht zur Hand.

Ferner sagte er, dass die ganze Armee zur Rettung des Materials erforderlich sei, und starke Entsendungen zu grossen Verlusten in dieser Beziehung führen könnten. Er hält also augenscheinlich die Rettung des Materials seiner Armee für weit wichtiger, als die Rettung der in Gefahr befindlichen Bundeshauptstadt, denn er wollte seine ganze Armee zusammenhalten, weil er sie, wenn er vom Feind gedrängt wird, was noch gar nicht einmal feststeht, zur Rettung des Materials nicht entbehren zu können glaubt.

Eine Störung in der Telegraphenleitung machte am 13. den Verkehr unmöglich. Am 14. um 12 Uhr 30 Minuten mittags berichtet Mc Clellan an Halleck, dass gestern (13.) auf 8 Meilen nichts von den Vorposten der Konföderierten zu bemerken gewesen sei und dass Gefangene ausgesagt hätten, es seien am Sonntag (9.) starke Kräfte von Richmond aus in nördlicher Richtung abmarschiert. Die Antwort, welche er erhielt, war kurz genug. Halleck teilte ihm mit, dass er das lange Telegramm vom 12. abends gelesen habe. In seinen Plänen sei keine Änderung eingetreten. „Sie werden ihre Truppen so rasch als möglich absenden. Ihrer Landung werden sich keine Hindernisse entgegenstellen. Nach Ihrer eignen Mitteilung wird der Abmarsch Ihrer Truppen durch-

aus keine Schwierigkeiten machen. Thun Sie das also mit aller möglichen Geschwindigkeit."

Am 16. August war Mc Clellan endlich imstande zu melden, dass
„die Bewegung zu Wasser und Lande begonnen" habe und dass alles
geschehe, um Hallecks Befehle auszuführen. Das „zu Wasser" bezog
sich auf den Rest der Division Reynolds, welche ebenfalls noch von
Harrisons Landing nach dem Acquia Creek eingeschifft wurde. Das letzte
Echelon derselben segelte am 15. August. Die Hauptmasse der Armee
marschierte, nach Fort Monroe und Yorktown, um dort eingeschifft
zu werden. Die Bewegung hatte am 14. August begonnen und wir
werden darauf zurückkommen, wenn wir die Ereignisse bei der Armee
Popes bis zu dem entsprechenden Zeitpunkt verfolgt haben.

III. Vom Rapidan zum Rappahannock.

(12.—23. August.)

General Lee beschliesst, die Offensive gegen Pope zu ergreifen. — Das Corps Reno trifft bei der Armee von Virginien ein. — Pope geht an den Rapidan vor. — Lee verlegt sein Hauptquartier nach Gordonsville. — Popes schwierige Lage. — Rückzug hinter den Rappahannock. — Lees Dispositionen für den Vormarsch über den Rapidan. — Gefecht bei Brandy Station. — Stellung der Unierten hinter dem Rappahannock. — Demonstrationen. — Rückmarsch der Potomac-Armee nach ihren Einschiffungspunkten. — Porter beschleunigt die Abfahrt seines Corps. — Lee beschliesst, Pope in der rechten Flanke zu umgehen. — Die Brigade Early geht bei Sulphur Springs über den Rappahannock. — Pope will über den Rappahannock vorgehen. — Stuart überfüllt Catletts Station. — Die materiellen und moralischen Ergebnisse dieses Überfalles. — Pope fasst am Morgen des 23. neue Entschlüsse. — Die Division Reynolds trifft bei der Armee ein. — Bedenkliche Lage der Brigade Early. — Gefecht am Great Run. — Popes Plan für den 24. — Die zur Deckung von Richmond zurückgelassenen Truppen erhalten Befehl, der Armee zu folgen. — Der Schauplatz der kommenden Ereignisse. — Unklare Verhältnisse auf seiten der Unierten.

Inzwischen war Lee ein aufmerksamer Beobachter der Ereignisse gewesen. Durch den aus der Kriegsgefangenschaft heimkehrenden, später als Parteigänger berühmt gewordenen Mosby, wie früher erwähnt, auf die am untern Jamesfluss stattfindenden Truppenbewegungen aufmerksam gemacht, hatte er sehr bald erfahren, dass das Corps unter Burnside zur Verstärkung Popes nach dem Acquia Creek abgesegelt und dass Teile der Potomac-Armee im Begriff seien, ebendahin zu folgen. Es schien demnach ziemlich sicher zu sein, dass Offensiv-Operationen am Jamesfluss von Seiten der Unierten nicht länger beabsichtigt würden. Das wirksamste Mittel aber, Richmond vor jeder etwa von dorther noch drohenden Gefahr zu schützen, war die Verstärkung Jacksons und ein energisches Vorgehen gegen Pope.

Demzufolge erhielt General Longstreet den Befehl am 13. August, mit seiner eigenen und der Division Hood nach Gordonsville abzurücken. Am folgenden Tage wurden auch die Divisionen R. H. Anderson und Jones ebendahin in Marsch gesetzt und General Stuart erhielt Befehl mit der Kavallerie-Brigade Fitzhugh Lee ebenfalls zu

6

Jackson zu stossen. Nur eine Schwadron sollte vorwärts Hanover Junction stehen bleiben, um den Abzug zu maskieren und nach Fredericksburg hin zu beobachten. Zum Schutze von Richmond blieben einstweilen noch stehen: die Divisionen D. H. Hill und Mc Law, zwei Brigaden unter General Walker, und die Kavallerie-Brigade Hampton, welcher ganz besonders die Aufgabe zufiel, den Abzug der Potomac-Armee zu beobachten.[1])

Jackson hatte am 13. August durch den Ingenieur-Offizier seines Stabes, Kapitän Boswell, der von der Signalstation auf dem höchsten Punkt der Clarks-Berge (östlich von Rapidan Station) seine Beobachtungen angestellt hatte, ziemlich zutreffende Auskunft über die Stellung der Unierten erhalten. Dieser Offizier berichtete, dass die Hauptmasse derselben auf den Abhängen von Slaughters Mountain lagere, ein Teil eine Meile nordöstlich von Culpepper C. H. an der Strasse nach Brandy-Station stehe, und eine kleinere Abteilung östlich von Mitchels-Station aufgestellt sei. Als Boswell diesen Bericht erstattete, trug ihm Jackson auf, eine Strasse ausfindig zu machen, auf der man mit Umgehung der Flanke des Feindes Warrenton erreichen könne. Am 14. schlug Boswell vor, dass Jackson von Orange C. H. auf der

---

[1]) Die Zusammensetzung des Corps Jackson ist schon weiter oben (S. 69 u. 70) angegeben. Nach Abrechnung der bei Cedar Mountain erlittenen Verluste, aber unter Hinzurechnung der angekommenen Brigaden Lawton und Gregg betrug dessen Stärke jetzt noch 21 500 M. (South. Hist. Soc. Pap. VIII., pag. 219.)
Lee verwandte zur Offensive gegen Pope:
Division Longstreet: Brigade Kemper 5 Rgtr., Brigade Jenkins 5½ Rgt., Brigade Pickett (oder Garnett) 5 Rgtr., Brigade Wilcox 4 Rgtr., Brigade Pryor 4 Rgtr., Brigade Featherstone 3½ Rgt. 8486 M.
Division D. R. Jones: Brigade Toombs 4 Rgtr., Brigade G. T. Anderson 5 Rgtr. 3713 M.
Division Hood: Brigade Whiting (Law) 4 Rgtr., Brigade Hood (Wofford) 5 Rgtr. 3852 M.
Division R. H. Anderson: Brigade Mahone 5 Rgtr., Brigade Wright 4 Rgtr., Brigade Armistead 5 Rgtr. 6117 M. Dazu kamen kurz vor der Schlacht bei Manassas die
Brigaden Drayton 3 Rgtr. und Evans 5 Rgtr. 4600 M.
Die Kavallerie unter General Stuart bestand aus zwei Brigaden unter Hampton und Fitzhugh Lee. Hampton verblieb bei Richmond, die Brigade Lee bestand aus 5 Rgtrn. Die Gesamtstärke der Division Stuart betrug am 20. Juli 4035 M., von denen etwa 2500 auf die Brigade Fitz. Lee kamen.
Die Artillerie bestand aus 20 Batterien, vielleicht einigen mehr. Taylor (Four years with Lee pag. 61) nimmt sie auf 2500 M. an, was etwas zu hoch gegriffen erscheint, da bei den Konföderierten die Batterie selten eine Stärke von 100 M. erreichte. Es betrug demnach die Stärke der Konföderierten:

Corps Jackson .	21 500	M.
Infanterie bei Lee	26 768	„
Kavallerie „ „	2500	„
Artillerie „ „	2500	„
Summa:	53 268	M.

nach dem Rapport vom 20. Juli, wovon wohl ein entsprechender Prozentsatz in Abzug zu bringen ist. (South. Hist. Soc. Pap. VIII. pag 219.)

Strasse nach Fredericksburg bis in die Gegend von Chesnut Hill vorgehen, sich dann auf Pisgah Church wenden, den Rapidan bei Sommersville Ford überschreiten und von dort über Stevensburg, Brandy Station, Beverlys Ford auf Warrenton gehen möge. Jackson billigte diesen Plan und konzentrierte demzufolge am 15. seine drei Divisionen bei Pisgah Church, wo er dann das Eintreffen eines Teils des Longstreetschen Corps abwartete.

Auf Seiten der Unierten waren während dieser Tage die ersten Verstärkungen eingetroffen. Es waren dies zwei Divisionen von je 4000 M. des Corps Burnside (9. Armee-Corps), welches, wie wir gesehen haben, nach kurzem Aufenthalt auf der Rhede von Fort Monroe nach dem Acquia Creek weiter gesegelt war. Die beiden jetzt zu Pope gestossenen Divisionen (Reno und Stevens) wurden vom General Reno als Rangältesten geführt, während Burnside zum Kommandierenden des „Distriktes Acquia" ernannt und mit der dritten Division seines Corps bei Acquia Creek stehen geblieben war, um die Ausschiffung der von der Halbinsel kommenden Truppen zu überwachen und dieselben dahin zu dirigieren, wo sie voraussichtlich gebraucht wurden.[1])

Reno war am 14. August eingetroffen und Pope hatte sich infolge dieser Verstärkung unverzüglich entschlossen, seine gesamten Kräfte gegen den Rapidan vorzuschieben.[2]) Hier hatte das Corps Sigel am rechten Flügel, angelehnt an den Robertson River, da, wo die Strasse von Orange C. H. nach Culpepper C. H. diesen Fluss überschreitet, das Centrum unter Mc Dowell am Slaughters Mountain und der linke Flügel unter General Reno in der Nähe von Racoon Ford, die Strasse von diesem Flussübergang über Stevensburg nach Culpepper C. H. deckend, Stellung genommen. Das Corps Banks stand bei letztgenanntem Orte, noch mit seinem Retablissement beschäftigt. In den nächsten Tagen erhielt Pope beständig Meldungen über die von Richmond her beim Feinde eintreffenden Verstärkungen.

Das Corps Longstreet hatte seinen Marsch am 13. angetreten.

---

[1]) Ein „Corps Reno" existierte, streng genommen, nicht, da kein General-Kommando für die beiden Divisionen organisiert war, (General Reno auch das Kommando über seine Division behielt. Der Kürze wegen werden jedoch in folgenden die beiden Divisionen zusammen als „Corps Reno" bezeichnet werden. Die Benennung „Division Reno" bezeichnet den Teil.
Das „Corps Reno" bestand aus:
1. Division General Stevens: Brigade Christ, Brigade Leisure.
2. Division General Reno: Brig. Nagle, Brig. Ferrero, Brig. Farnsworth.

[2]) Über die Stärke dieser Truppen mögen folgende Angaben hier Platz finden:

Corps Sigel . . .	11 498 M.
Corps Mc Dowell .	18 575 „
Corps Reno ca. . .	8000 „
Kavallerie ca. . .	5000 „
	43 073 M.

dazu das Corps Banks, welches voraussichtlich in einigen Tagen wieder verwendungsfähig wurde, nach den Verlusten bei Cedar Mountain aber auf höchstens 6 200 M. veranschlagt werden darf. Popes Gesamtstärke betrug demnach am 15. August 49 273 oder rund 50 000 M.

Es erreichte Gordonsville am 15. und an demselben Tage verlegte
General Lee sein Hauptquartier ebendahin. In den nächsten Tagen
trafen die übrigen früher erwähnten Truppenteile ein.
Ursprünglich war es Lees Absicht gewesen, am 18. über den
Rapidan zu gehen und Pope anzugreifen. Verzögerungen, welche im
Anmarsch der Truppen von Richmond her eintraten, nötigten ihn
jedoch, den Vormarsch bis zum 20. aufzuschieben. Inzwischen hatte
aber Pope den Entschluss gefasst, hinter den Rappahannock zurückzugehen. Dies war durch folgenden Umstand herbeigeführt. Es
war Lees Absicht, bei dem Vormarsch die Kavallerie an seinem
rechten Flügel zu nehmen, um hier, weit voraus schwärmend, die
Verbindung der Unierten mit dem Rappahannock zu unterbrechen.
Da die Brigade Fitzhugh Lee zur Zeit noch gegen Fredericksburg hin
sicherte, also einen weiten Weg zurücklegen musste, so hatte der
Obergeneral bereits am 15. von Gordonsville aus dem General Stuart
brieflich seinen Plan mitgeteilt, um diesem Zeit zu geben, die Brigade
Lee heranzuziehen. Ein am 16. August von der unierten Kavalle.ie
in der Richtung auf Louisa C. H. unternommener Streifzug brachte
einen Offizier vom Stabe des General Stuart als Gefangenen mit und
bei demselben wurde eine der Ausfertigungen dieses Briefes gefunden.
Aus seinem Inhalte erkannte Pope Stärke und Disposition der feindlichen Streitkräfte und schöpfte die Überzeugung, dass es Lees Absicht sei, ihn zu überwältigen, ehe er durch die Potomac-Armee erheblich verstärkt sei. Er erhielt noch weitere Bestätigung durch
einen Spion, welcher ihm die Nachricht brachte, dass die feindliche
Armee hinter den Clarks Bergen konzentriert stehe, bereit, jeden
Augenblick nach Racoon Ford abzumarschieren, hier den Rapidan zu
überschreiten, und sich zwischen die Unierten und den Rappahannock
zu schieben.

Die Aufgabe, welche Pope von dem Augenblicke an zu lösen
hatte, wo sich die Offensive Lees gegen ihn aussprach, war keine
leichte. Die Orange-Alexandria-Bahn und die grosse Strasse von Alexandria über Centreville, Gainesville und Warrenton waren die Wege,
auf denen er seine Zufuhren und die über Washington kommenden Verstärkungen zu erwarten hatte. Sie musste zunächst gedeckt
werden und damit zugleich die Bundeshauptstadt. Die von der Virginischen Halbinsel kommenden Verstärkungen dagegen sollten zum
grössten Teil bei Acquia Creek landen, welchen Punkt Halleck, als
der Stellung der Armee von Virginien zunächst gelegen, bestimmt
hatte. Aus diesem Grunde war ihm auch die Aufrechthaltung seiner
Verbindung mit Acquia (Fredericksburg) um jeden Preis zur Pflicht
gemacht. Pope sollte also gleichzeitig zwei von seiner Stellung aus
stark divergierende Linien decken. Die oben erwähnten, Pope zugehenden Nachrichten über den Feind liessen über die Absicht Lees mit
allen verfügbaren Kräften die Offensive zu ergreifen, keinen Zweifel
mehr bestehen und sie machten es ferner höchst wahrscheinlich, dass
er zunächst eine Umgehung seines linken Flügels im Auge habe.
Einer solchen entgegenzutreten, und schon jetzt eine Entscheidungs-

schlacht zu schlagen, dazu fühlte sich Pope zu schwach. Erreichte aber Lee den Rappahannock früher wie er, so waren beide Verbindungen, sowohl die über Warrenton mit Washington, als auch die mit Acquia Creek verloren. Es lag auf der Hand, dass keine Zeit zu verlieren war. Ein Entschluss musste gefasst werden, entweder Rückzug hinter den Rappahannock oder Annahme einer Entscheidungsschlacht mit sehr wenig Aussicht auf Erfolg. Pope entschloss sich für den Rückzug. Er war sich dabei wohl bewusst, dass auch dort die Situation ziemlich dieselbe sein werde. Lee konnte ihn auch hier in der linken oder rechten Flanke umgehen und so entweder vom Acquia Creek oder von Washington abschneiden. Wäre er soweit zurückgegangen, dass er einen dieser Punkte vollständig gedeckt hätte, so hätte er den andern eben so vollständig preisgeben müssen. Es kam aber nach Hallecks Ansicht nur darauf an, ein Paar Tage Zeit zu gewinnen, denn er glaubte die Überführung und Ausschiffung der Potomac-Armee werde sich in wenigen Tagen vollenden lassen, und dann könne die Offensive wieder ergriffen werden. Zeit wurde aber durch den Rückzug hinter den Rappahannock jedenfalls gewonnen. Lee musste zunächst dahin folgen und sich über die Stellung seines Gegners hinter dem Fluss vergewissern, ehe er weitere Dispositionen treffen konnte. Deshalb hatte Halleck schon früher Pope gegenüber die Linie des Rappahannock als diejenige bezeichnet, welche unbedingt festzuhalten sei und darin lag eben der Grundfehler in der ganzen Anlage des Feldzugs, dass Halleck die Vereinigung der beiden Armeen in einer dem Feinde zu nahe gelegenen Linie anstrebte; ein Fehler, der noch dadurch verschärft wurde, dass er sich bezüglich der Zeit, welche eine dieser Armeen bedurfte, um heranzukommen, einem grossen Irrtum hingab.

Am Morgen des 18. erteilte Pope den Befehl zum schleunigen Rückzug hinter den Rappahannock. Zunächst sollten die Trains zurückgenommen werden, und zwar die des Corps Sigel auf der grossen Strasse über Sulphur Springs nach Warrenton. Das Corps Banks sollte, seine Trains voraus, von Culpepper C. H. längs der Eisenbahn zurückgehen und den Rappahannock auf der Eisenbahnbrücke überschreiten. Das Corps Mc Dowell sollte in derselben Richtung folgen, das Corps Reno endlich über Stevensburg auf Kellys Ford marschieren und dort den Fluss überschreiten. Die Absendung der Trains, teils auf den Strassen, teils mittelst der Eisenbahn nahm fast den ganzen 18. in Anspruch, so dass die Truppen erst gegen Abend ihren Marsch antreten konnten. Da sie den vorausgeschickten Trains auf denselben Strassen folgten, so waren häufige Stockungen nicht zu vermeiden und erst am Morgen des 20. August war der Rappahannock überschritten. Die dem Corps Sigel zugeteilte selbständige Brigade Milroy, welche die Nachhut des Corps bildete, erreichte um Mitternacht des 19. erst einen Punkt 4 Meilen nördlich von Culpepper, und vereinigte sich mit ihrem Corps um 5 Uhr nachmittags am 20. auf dem linken Ufer des Flusses. Die Kavallerie, welche die rechte Flügel-Kolonne (Corps Sigel) gedeckt hatte, hielt um 2 Uhr Morgens einige Meilen nördlich des Hazel River auf der Strasse nach Sulphur Springs. Sie überschritt den Fluss um Mittag, steckte die Brücke hinter sich in Brand und lagerte um 9 Uhr abends in der Nähe des Corps Sigel. Am Morgen des 20. stand die ganze Armee hinter dem Rappahannock, und zwar mit dem linken Flügel bei Kellys Ford, mit dem rechten etwa 3 Meilen oberhalb Rappahannock Station (Übergangspunkt der Eisenbahn über diesen Fluss), da Sigel den Befehl erhalten hatte, sogleich nach Überschreitung des Flusses bei Sulphur Springs am linken Ufer abwärts zu marschieren, bis er mit dem rechten Flügel des Corps McDowell enge Fühlung gewonnen hatte.

Pope hatte seine rückgängige Bewegung an Halleck gemeldet, und sie hatte auch dessen Billigung erhalten. In den Depeschen, welche in den nächsten Tagen von letzerem an Pope gelangten, wurde aber immer von neuem die Notwendigkeit hervorgehoben, die Linie des Rappahannock unter allen Umständen zu behaupten. Bedeutende Verstärkungen wurden zu dem Ende in nahe Aussicht gestellt.

Lee scheint den Abzug Popes nicht bemerkt zu haben. Am 18. abends meldeten zwar einige Signalstationen, dass die Unierten ihr Hauptlager am Rapidan abbrächen und auf Culpepper C. H. abzögen. Lee hatte aber daraus nicht auf einen Rückzug hinter den Rappahannock, sondern nur auf eine Konzentration bei Culpepper C. H. geschlossen. Sein am 19. ausgegebener Befehl für den Vormarsch am 20. vermutet demnach die Unierten mit ihren Hauptkräften noch bei Culpepper C. H.

In den auf seine Ankunft in Gordonsville folgenden nächsten Tagen hatte er sich, während er das Eintreffen der von Richmond aus in Marsch gesetzten Truppen erwartete, durch persönliche Rekognoscierungen Klarheit über die Stellung der Unierten zu verschaffen gesucht. Auf Grund derselben war er zu dem schon erwähnten Entschlusse gekommen, den Rapidan so zu überschreiten, dass er dadurch Popes Rückzug nach dem Rappahannock unmöglich machte, ihn durch rasches Vorgehen noch in der Stellung bei Culpepper C. H. überraschte und dort zur Entscheidungsschlacht zwang, ehe noch erhebliche Verstärkungen von der Potomac-Armee eingetroffen sein konnten. Die Aufgabe, die Brücken über den Rappahannock im Rücken Popes zu zerstören, sollte hauptsächlich der Kavallerie unter Stuart zufallen. Zum Beginn des Vormarsches war ursprünglich der 18. August in Aussicht genommen, derselbe Tag, an welchem Pope seinen Rückzug antrat. Wie man damals sagte — ob mit Recht, mag dahingestellt bleiben —, war die übergrosse Langsamkeit der Bewegungen des Corps Longstreet die Veranlassung, dass die Operationen am 18. noch nicht beginnen konnten.

Auch die Kavallerie-Brigade Fitzhugh Lee traf später ein als sie erwartet wurde. General Stuart hatte sich am 17. nach Verdiersville begeben, um sie dort zu empfangen und ihr gleich die nötigen Instruktionen zu geben, allein der Tag verging, ohne dass sie eintraf. Stuart und sein Stab blieben allein in dem Orte. In der Nacht kam ein Streifkommando unierter Kavallerie in das Städtchen und der konföderierte Reiter-General entging nur mit genauer Not der Gefangenschaft. Erst am Abend des 18. traf die Brigade ein. Stuart war sehr ärgerlich über die Verzögerung und beschuldigte Lee in seinem offiziellen Berichte, dass er nicht den gebührenden Wert auf Pünktlichkeit lege. Er hatte im vorliegenden Falle ohne Not einen Umweg über Louisa C. H. gemacht, wohin nur seine Proviant-Kolonnen zur Empfangnahme von Provisionen hatten gehen sollen, und dadurch nicht nur einen vollen Tag verloren, sondern war auch mit so ermüdeten Pferden eingetroffen, dass die Brigade nicht instande war, am nächsten Tag einen Eilmarsch in den Rücken des Feindes auszuführen.

Am 19. August wurde der Befehl zum Beginn der Operationen gegeben. General Longstreet sollte mit seinen Truppen den rechten Flügel bilden, den Rapidan bei Racoon Ford überschreiten und in der Richtung auf Culpepper C. H. vorgehen, Jackson erhielt Anweisung, mit seinem Corps als linker Flügel bei Sommerville Ford über den Fluss zu gehen und ebenfalls auf Culpepper C. H. zu marschieren, sich aber stets links von Longstreet zu halten. Die Division Anderson sollte als Reserve hinter Jackson folgen. Die Kavallerie unter Stuart endlich erhielt Mortons Ford als Übergangspunkt angewiesen und den Auftrag, über Stevensburg nach Rappahannock Station zu streifen, die dortige Eisenbahnbrücke zu zerstören, die rückwärtigen Verbindungen zu unterbrechen und endlich ebenfalls in der Richtung auf Culpepper C. H. zu operieren und am rechten Flügel Longstreets Stellung zu nehmen. Jeder Flügel sollte für sich selbst eine Reserve bestimmen. Nur Munitions- und Sanitätswagen sollten zunächst über den Rapidan mitgenommen werden, während die Bagage und die Proviant-Trains einstweilen noch auf dem Südufer, in gesicherter Stellung gesammelt, verbleiben sollten. Dafür sollten die Leute gekochte Lebensmittel für drei Tage tragen. Als Zeit für den Beginn der Bewegung wurde Tagesanbruch des 20. festgestellt.

An demselben Tage (19.) richtete Lee noch einen besonderen Brief an Stuart, worin er diesem eingehendere Instruktionen erteilte. „Sammeln Sie alle Informationen, die Sie bekommen können, in betreff der Furten, Strassen, Stellung des Feindes u. s. w., sodass ihr Marsch mit Verständnis und Energie ausgeführt werden kann. Ich schicke Ihnen den Kapitain Mason, einen erfahrenen Brücken-Ingenieur, welcher, wie ich glaube, Sie bei der Zerstörung der Brücken wesentlich unterstützen kann. Wenn dieselbe ausgeführt ist, oder während sie in der Ausführung begriffen ist, wünsche ich, dass Sie nach rückwärts in der Richtung auf Culpepper C. H. rekognoscieren und soviel Bestürzung und Verwirrung anrichten, als Sie können, ohne Ihre Leute unnötig zu exponieren, bis Sie Fühlung mit Longstreets rechtem Flügel genommen haben. Nehmen Sie rechts desselben Aufstellung, halten Sie sich in Reserve und handeln Sie, wie es die Umstände erheischen werden. ... Die letzten Berichte von den Signalstationen von gestern Abend meldeten, dass der Feind sein Hauptlager abbreche, und in der Richtung auf Culpepper C. H. abziehe."

Am 20. August, um 4 Uhr morgens, trat Stuart mit der Brigade
Fitzhugh Lee und der bis dahin beim Corps Jackson gewesenen Bri-
gade Robertson (vergl. S. 70 Anm.), welche ihm jetzt zugeteilt war,
den Vormarsch über Mortons Ford an. Von hier aus erhielt die
Brigade Fitz. Lee die Richtung nach rechts über Shepherd Grove
auf Kellys Ford angewiesen, während die Brigade Robertson über
Stevensburg marschierte. Stuart selbst blieb bei der letzteren. Bei
Brandy Station sollten sich beide Abteilungen wieder vereinigen.

Zu gleicher Zeit durchfurteten die Spitzen der Corps Jackson
und Longstreet den Rapidan auf den ihnen angewiesenen Punkten.

Auf Seiten der Unierten war die Kavallerie-Brigade Bayard auf
Befehl Mc Dowells bei Brandy Station stehen geblieben und hatte von
dort aus auf allen nach dem Rapidan führenden Strassen Patrouillen
ausgesandt.

Auf diese Patrouillen stiess die Vorhut der Brigade Robertson
noch südlich von Stevensburg. Sie zogen sich jedoch schleunigst durch
diesen Ort zurück. Ein als Repli für die Patrouillen bestimmtes stärkeres
Detachement hatte, schon durch die aufsteigenden Staubwolken vom
Herannahen des Feindes in Kenntnis gesetzt, in einem dichten Walde
südlich von Brandy Station Stellung genommen, und suchte den Vormarsch der Konföderierten aufzuhalten, was ihr auch, namentlich durch
das Feuer abgesessener Leute, welche an dem Waldrande eine gute
Stellung fanden, geraume Zeit gelang. Die Vorhut der Brigade Robertson
— das 7. Virginia-Kavallerie-Regiment — griff zu demselben Mittel,
befand sich aber in dem freien Terrain den gut gedeckten Unierten
gegenüber so im Nachteil, dass das Gefecht mehrere Stunden anhielt,
ohne vorwärts zu kommen. Erst als der Rest der Brigade Robertson
herangekommen war, trat eine Wendung ein. Der Wald, in welchem
die unierte Kavallerie sich festgesetzt hatte, wurde im Westen durch
die Hauptstrasse von Stevensburg nach Brandy Station begrenzt. Diese
Strasse überschreitet die Bahn und wendet sich dann nach Osten.
Etwa eine Meile östlich des Bahnüberganges wird sie von einer nach
Süden gehenden Nebenstrasse durchschnitten, welche ebenfalls die Bahn
überschreitet und den Wald im Osten begrenzt. Im Norden, Westen
und Osten ist das Terrain frei und offen.

Als die drei anderen Regimenter der Brigade Robertson (6., 12.
und 17. Virginia-Kavallerie) herangekommen waren, bogen sie nach
links aus der Hauptstrasse aus und versuchten den Wald im Westen
zu umgehen, während das 7. Virginia-Regiment seinen Angriff in der
Front mit neuer Energie aufnahm. In Gefahr, durch die Umgehung
abgeschnitten zu werden, sahen sich die Unierten gezwungen, zurückzugehen. Stuart, der seine Pferde schonen wollte, liess nur das 7.
Virginia-Regiment verfolgen, während die übrigen den Befehl erhielten,
in ruhigem Trab nachzukommen. Inzwischen hatte General Bayard
mit dem Gros seiner Brigade etwa in der Mitte zwischen Brandy
Station und dem Rappahannock Stellung genommen.

Als Stuart, der sich beim 7. Virginia-Regiment befand, sich diesem
Punkte näherte, sah er vor sich auf einem Höhenrücken eine unierte

Kavallerie-Brigade in Eskadrons-Kolonnen, die Front mit berittenen Flankeuren gedeckt, aufmarschiert. Das 7. Regiment sprengte auf der Strasse vorwärts; ehe es jedoch noch zur Entwickelung gelangen konnte, wurde es durch das Feuer der mit weittragenden Karabinern ausgerüsteten Unierten erreicht und zur Umkehr gezwungen. Nur das rechtzeitige Eintreffen des Gros der Brigade, dem Stuart inzwischen den Befehl zum schleunigsten Nachkommen zugeschickt hatte, rettete das Regiment vor einer schweren Niederlage. Es entspann sich nunmehr der erste grössere Reiterkampf des Krieges, bei welchem die Unierten schliesslich der Übermacht weichen mussten, um so mehr als auch die Brigade Fitz. Lee mit der reitenden Batterie Pelham, welche Stuart ebenfalls zur Eile aufgefordert hatte, erschien. Bayard gelang es, in der Nähe von Rappahannock Station den Fluss zu überschreiten und sich so von der Armee, vor deren Augen der letzte Kampf stattgefunden hatte, aufnehmen zu lassen. Pope hatte die vorteilhaftesten Stellungen eingenommen, um die zum Übergang günstigsten Punkte zu verteidigen. Das Corps Mc Dowell stand massiert beim Eisenbahnübergang, das Corps Sigel befand sich im Marsch am linken Ufer abwärts, um am rechten Flügel Mc Dowells Stellung zu nehmen, das Corps Banks stand bei Normans Ford und das Corps Reno bei Kellys Ford.

Dass die Unierten nicht mehr bei Culpepper C. H. standen, der von Lee in seinem Befehl vom 19. geplante Schlag demnach ein Lufthieb sei, war während des Vormarsches am 20. sehr bald klar geworden. Die Konföderierten hatten demzufolge auch nicht die Richtung auf Culpepper C. H. eingeschlagen, sondern die gegen den Rappahannock beibehalten. Am Abend hatten sie mit der Hauptmasse etwa die grosse Strasse von Culpepper C. H. nach Fredericksburg erreicht und es stand der linke Flügel (Jackson) bei Stevensburg, der rechte (Longstreet) bei Shepherd Grove.

Am Morgen des 21. trat Jackson mit seinem Corps den Vormarsch wieder an, überschritt bei Brandy Station die Eisenbahn und wandte sich dann gegen den Rappahannock. Um 10 Uhr morgens traf er am Ufer dieses Flusses etwa $1/4$ Meile unterhalb Beverly Ford ein. Auf Anordnung Lees machte er einige Schein-Versuche, sich den Flussübergang zu erzwingen. Zuerst bedrohte er Beverly Ford. Ein Regiment von Stuarts Kavallerie (1. Virginia) ging über den Fluss und vertrieb ein uniertes Infanterie-Regiment, welches von dem bei der Eisenbahnbrücke stehenden Corps Mc Dowell detachiert war. Jacksons Teten-Brigade unterstützte die Kavallerie und eine Batterie gezogener Geschütze nahm den Kampf gegen die auf dem linken Ufer auftretenden unierten Batterien auf. Stuart drang vergeblich in Jackson, den Fluss zu überschreiten. Jackson, der über Lees Absichten unterrichtet war, begnügte sich mit einer mässigen Verstärkung der im Feuer stehenden Artillerie. Inzwischen hatte Mc Dowell die Division King nach Beverly Ford geschickt, um diesen Übergang zu sichern. Bei ihrer Annäherung sah sich die konföderierte Kavallerie genötigt, wieder über den Fluss zurückzugehen. Der Kampf beschränkte sich von da an hier auf einen Artilleriekampf zwischen den Batterien der konföderierten Division Taliaferro[1]) und der unierten Division King, an welchem hier und da einzelne Scharfschützen beiderseits teilnahmen. Ähnlich verlief die Sache in der Nähe der Eisenbahnbrücke. Wie wir wissen, hatte Pope den Gedanken an Wiederaufnahme der Offensive nach Eintreffen der Potomac-Armee keineswegs aufgegeben. Aus diesem Grunde hatte er nicht nur die Eisenbahnbrücke unzerstört gelassen, sondern es war auf seine Anordnung noch in der Nacht vom 20. zum 21. von der Division Ricketts (Corps Mc Dowell) eine Bockbrücke in der Nähe geschlagen. Zum Schutze beider war General Hartsuff mit zwei Regimentern seiner Brigade und einer Batterie auf dem rechten Flussufer verblieben und hatte zwei kleine Hügel, die sich in einiger Entfernung vom Ufer erhoben, besetzt. Auch hier beschränkte sich Jackson auf Demonstrationen, welche aber doch so energisch waren, dass der Rest der Brigade Hartsuff und noch eine weitere Batterie auf das rechte Ufer geschickt wurden. Die beiderseitigen Plänkler schossen sich den ganzen Tag mit einander herum und gelegentlich nahmen auch die Batterien an dem Kampfe teil, aber zu etwas Ernstlichem kam es auch hier nicht.

An Popes rechtem Flügel nahm die Infanterie des Corps Sigel die Verbindung mit der Division King auf, während die abgehetzte Kavallerie des Corps zur Flankendeckung verwendet wurde.

Während die oben geschilderten Ereignisse sich zutrugen, war General Bayard mit einem Teil seiner Kavallerie-Brigade bei Kellys Ford wieder auf das rechte Ufer des Flusses und in der Richtung auf Shepherd Grove vorgegangen. Seine Spitze war nicht weit vom Mountain Run auf die aus drei Brigaden unter General Wilcox bestehende Vorhut des Corps Longstreet gestossen. Den langsam zurückweichenden Unierten waren die Konföderierten bis in die Nähe des Rappahannock gefolgt, wo sie von dem Gipfel eines Hügelrückens die sich auf dem linken Ufer dieses Flusses ausdehnenden Lager der Unierten übersehen konnten. Sie waren dann wieder über den Mountain Run zurückgegangen, auf dem linken Ufer dieses Gewässers nur zwei Kompagnien stehen lassend. Diese sahen sich sehr bald von den Flankeuren Bayards, welche ihrerseits wiederum den zurückgehenden Konföderierten gefolgt waren, angegriffen, wussten sich aber zu behaupten. Als Bayard bald darauf mit dem Gros seiner Brigade herbeikam, hatten die Konföderierten inzwischen den Rest des Regiments, welchem die beiden Kompagnien angehörten (12. Mississippi) und ein weiteres (16. Mississippi) auf das linke Ufer des Mountain Run zurückgeschickt, an deren Gewehrfeuer die von den Unierten unternommene Attake scheiterte, Bayard beschränkte sich von da ab auf Beobachtung der Konföderierten, musste sich jedoch bald vor dem Feuer einer gezogenen Batterie zurückziehen. Während dieser Kämpfe war das Gros des Corps Longstreet hinter seiner Avantgarde fort nach Norden weiter marschiert, um sich

---

[1]) Die Stonewall-Division, welche von General Winder kommandiert wurde. Winder war bekanntlich in der Schlacht von Cedar Mountain verwundet und an seiner Stelle führte General Taliaferro die Division.

mit Jackson zu vereinigen. Als dasselbe vorbei war, schloss sich gegen
Abend auch Wilcox mit der Avantgarde, die jetzt Nachhut geworden
war, an. Nunmehr ging auch Bayard wieder vor und beschoss die
abziehenden Konföderierten mit einer ihm inzwischen zur Unterstützung
zugesandten gezogenen Batterie. Diese liessen sich jedoch dadurch
nicht weiter stören, sondern setzten, ohne das Feuer zu erwidern, ihren
Marsch fort. Die eintretende Dunkelheit machte hier allen weiteren
Kämpfen ein Ende.

Pope war mit den Resultaten der Kämpfe dieses Tages vollständig zufrieden. Er glaubte in den Demonstrationen an den Furten
nur die Anzeichen einer beim Feinde infolge der durch den rechtzeitigen Rückzug hinter den Rappahannock bewirkten Durchkreuzung
seiner Pläne herrschenden Ratlosigkeit erblicken zu sollen. Der Gedanke, dass Lee den Versuch machen würde, den Rappahannock zu
überschreiten, ohne seine Truppen dem Feuer der in vorteilhaften
Positionen auf dem linken Ufer aufgestellten Batterien der Unierten
auszusetzen, scheint ihm nur vorübergehend gekommen zu sein. Man
hatte den ganzen Tag über beobachtet, dass die Kolonnen der Konföderierten sich stromaufwärts bewegten, aber Pope glaubte doch nicht
ernstlich daran, dass Lee den Versuch machen werde, etwa bei oder
in der Nähe von Sulphur Springs über den Fluss zu gehen. In
einer am Abend des 21. an Halleck gerichteten Depesche schrieb er,
dass sein rechter Flügel zwar in beträchtlicher Entfernung oberhalb
umgangen werden könne, indessen würde das Zeit erfordern und nebenbei eine sehr gewagte Operation sein. Der Feind müsse dabei seine
Flanke und seinen Rücken entblössen und er (Pope) werde sich eine
solche Gelegenheit gewiss nicht entgehen lassen.

Auch Halleck, der den Feldzug vom grünen Tisch in Washington
aus zu leiten versuchte, zweifelte nicht daran, dass Popes, von Kellys
Ford 10 bis 12 Meilen stromaufwärts reichende, Stellung eine weit
ausholende Umgehung zu einer so gefährlichen Operation mache, dass
Lee sie schwerlich versuchen werde. Er hob deshalb in seinen Depeschen stets die Notwendigkeit hervor, die Linie des Rappahannock
unter allen Umständen zu halten. „Jede Anstrengung muss gemacht
werden, den Rappahannock zu halten," telegraphierte er am 21. vormittags, „machen Sie dem Feinde jeden Zoll streitig und fechten Sie
wie der Teufel, bis wir Sie verstärken können. Achtundvierzig Stunden mehr und wir können Sie stark genug machen." Demnach hatte
also Pope frühestens am 23. oder 24. die ersten Verstärkungen zu
erwarten. Halleck hatte hierbei ohne Zweifel die Potomac-Armee im
Auge.

Wie wir wissen, hatte McClellan am 16. gemeldet, dass der
Abmarsch zu Lande und zu Wasser begonnen habe. Er war in der
That am 14. angetreten. Die Hauptmasse der Armee folgte dabei
einer parallel zum Jamesfluss führenden Strasse, welche den Chickahominy bei Barretts Ferry, nicht weit von seiner Mündung, überschreitet, und sich bei Williamsburg mit der Strasse vereinigt, welche
die Armee im Mai beim Vormarsch benutzt hatte. Hier war unter

dem Schutz einiger Kanonenboote, die im Chickahominy selbst Aufstellung nehmen konnten, eine etwa 2000 Fuss (700 m) lange Pontonbrücke geschlagen.

Die Deckung des Abzugs gegen Richmond hin übernahm die
Kavallerie-Brigade Pleasanton, welche bei Haxalls Landing Stellung
nahm. Das 3. Corps (Heintzelman) deckte die linke Flanke der Armee,
indem es die Übergänge über den Chickahominy bis nach Jones Bridge
hinauf besetzte. Die Kavallerie-Brigade Averill beobachtete die Strassen
zwischen Chickahominy und Pamunkey nach New-Kent C. H. zu und
sicherte namentlich die Brücken über den Diaskund Creek. An der
Spitze der Armee marschirte das 5. Corps (Porter), dann folgte die
Reserve-Artillerie und die grosse Bagage, hierauf kam das 6. Corps
(Franklin), das 4. Corps (Keyes) und endlich das 2. Corps (Sumner).
Am 16. morgens war alles in Bewegung und am Nachmittag desselben Tages setzte sich Mc Clellan mit dem Hauptquartier in Marsch.
Das 3. Corps (Heintzelman) überschritt den Chickahominy bei Jones
Bridge und schlug die Strasse über Diaskund Bridge und Barhams-
ville ein. Am 17. abends hatte die ganze Armee, mit Ausnahme der
Nachhut (Kavallerie-Brigade Pleasanton), das linke Ufer des Chicka-
hominy erreicht. Letztere folgte am 18., worauf die Pontonbrücke
abgebrochen wurde. Die Bewegung wurde von den Konföderierten
nicht im Geringsten belästigt und Mc Clellans Besorgnis, durch deren
Drängen sein Material gefährdet zu sehen, war unbegründet gewesen.

General Porter war angewiesen worden, mit seinem Corps bei
Williamsburg stehen zu bleiben, bis die ganze Armee den Chickahominy
überschritten hatte. Er erreichte diesen Ort am 16. und hätte seiner
Instruktion zufolge bis zum 18. mittags dort verweilen müssen. Allein
er erfuhr hier durch einen aufgefangenen Brief, welch' bedeutende
Kräfte seitens der Konföderierten gegen Pope zusammengezogen würden
und dass der Beginn der Offensive unmittelbar bevorstehe. Voll Eifer,
der Armee von Virginien wenigstens einen Teil der ihr so notwendigen
Verstärkungen ohne Säumen zuzuführen, setzte er seinen Marsch nach
Newport-News auf eigene Verantwortung fort. Diesen Ort erreichte
er am 18. und glücklicherweise trafen auch bald Transportschiffe in
genügender Zahl ein, so dass er am 20., dem Tage, an welchem die
Armee der Konföderierten den Rapidan überschritt, um Pope anzugreifen, nach Acquia Creek absegeln konnte. Die übrigen Corps setzten am 18. und 19. ihren Marsch fort, sodass am 20. die ganze Armee
an den 3 Einschiffungspunkten, Yorktown, Fort Monroe und Newport-News, angelangt war. Das Corps Heintzelman segelte am 21. von
Yorktown und zwar abgeänderter Bestimmung zufolge nach Alexandria,
von wo aus es mit der Eisenbahn weiter befördert werden konnte,
sodass dadurch der durch die längere Seereise bedingte Zeitverlust
wieder ausgeglichen wurde. Das Corps Franklin folgte am 23. von
Fort Monroe aus. An demselben Tage segelte Mc Clellan mit dem
Hauptquartier. Das 2. Corps (Sumner) sollte in Newport-News eingeschifft werden, erfuhr aber Aufenthalt infolge Mangels an Transportschiffen. Wir werden später sehen, wann es folgte. Das 4. Corps

(Keyes) endlich, sollte auf dem südöstlichen Teil der Halbinsel verbleiben und namentlich Yorktown, Fort Monroe und Newport-News besetzt halten.

Wir sehen also, dass erst am 20. August das erste Echelon der Potomac-Armee — Corps Porter — segelte, abgesehen von der Division Reynolds, deren letzte Teile schon am 15. von Harrisons Landing abgegangen waren, die aber zunächst nur zur Verstärkung Burnsides bestimmt war. —

Obgleich Pope eine Umgehung seiner rechten Flanke durch die Konföderierten für ein, für diese zu gefährliches Manöver und deshalb für unwahrscheinlich hielt, hatte sich General Lee dazu entschlossen, dasselbe auszuführen.

Der Rappahannock bietet in seinem oberen Laufe an sich kein sehr bedeutendes Hindernis dar. Brauchbare Furten finden sich alle 1—2 Mln. Trotzdem war Lee nach den ihm zugegangenen Meldungen über die Ereignisse des Tages zu der Überzeugung gelangt, dass eine Erzwingung des Übergangs nur mit unverhältnismässigen Opfern erkauft werden könne. Er beschloss deshalb, gar keinen dahin zielenden Versuch zu unternehmen, sondern weiter stromaufwärts einen günstigen, vom Feinde weniger stark besetzten Übergangspunkt zu wählen und so in die rechte Flanke seines Gegners zu gelangen. Als ein solcher Übergangspunkt stellte sich Sulphur Springs (oder Warrenton Springs, wie der Ort auch häufig genannt wird) dar.

Mit der Ausführung der Umgehung wurden Jackson und Stuart beauftragt. Letzterer erhielt die weitergehende Aufgabe, gegen die rückwärtigen Verbindungen der Unierten zu operieren, dieselben womöglich zu unterbrechen und so Unsicherheit und Bestürzung bei denselben hervorzurufen. Unterstützt sollte die Umgehung durch Demonstrationen des Corps Longstreet gegen die unteren Übergänge des Rappahannock werden, welche den doppelten Zweck verfolgten, die Umgehungsbewegung gegen zu frühe Entdeckung zu sichern und Pope zu verhindern, derselben durch Detachierungen entgegenzutreten.

Stuart brach mit einigen Abteilungen der Brigaden Fitz. Lee und Robertson, sowie seiner reitenden Artillerie beim ersten Dämmern des Tageslichts des 22. auf, überschritt den Hazel Fluss nahe seiner Mündung und kam gegen 8 Uhr morgens bei Freemans Ford an, gegen welche in demonstrativer Weise vorgegangen wurde. Hier stand auf dem andern Ufer der rechte Flügel Popes, die Brigade Milroy des Corps Sigel, und Stuarts beide reitenden Batterien fanden sich bald im lebhaften Kampfe mit der Artillerie Milroys, welche ihnen infolge ihrer günstigeren Stellungen und Überlegenheit des Kalibers bedeutende Verluste an Menschen und Pferden zufügte.

Jackson hatte seine drei Divisionen ebenfalls zeitig am Morgen aus der Stellung bei Beverly Ford zurückgezogen und den Marsch nordwärts angetreten. Er hatte den Hazel Fluss bei Welfords Ford überschritten und, eine Brigade zur Deckung dieses Übergangs zurücklassend, hatte er sich gegen Freemans Ford gewendet. Um 10 Uhr traf er in der Nähe dieses Punktes ein und liess durch einige seiner

Batterien diejenigen Stuarts unbemerkt ablösen. Stuart setzte nunmehr seinen Marsch in grösster Eile in nördlicher Richtung fort, dem wir später folgen werden.

Nachdem Stuart einen genügenden Vorsprung gewonnen, brach auch Jackson das Artillerie-Gefecht bei Freemans Ford allmählich ab und marschierte in der Richtung auf Sulphur Springs weiter.

Milroy war, als das Artillerie-Gefecht bei Freemans Ford schwieg, mit einem kleinen Detachement Kavallerie und einer Kompagnie Scharfschützen über den Fluss gegangen. Als er die Anhöhe erreicht hatte, auf welcher vorher die feindlichen Batterien gestanden hatten, sah er in einiger Entfernung vor sich die zum Corps Jackson gehörigen Wagenkolonnen mit ihrer Bedeckung parallel zum Fluss in nördlicher Richtung marschieren. Bei Milroys Erscheinen wandten sich überlegene Kräfte der Bedeckungstruppen gegen ihn. Er suchte sich in einem kleinen Gehölz am rechten Ufer zu behaupten, sah sich aber schliesslich genötigt, über den Fluss zurückzugehen, zumal lebhaftes Gewehrfeuer in seiner linken Flanke darauf zu deuten schien, dass dem Corps Sigel gegenüber, zu dem Milroy gehörte, ein ernstlicher Versuch gemacht würde, den Übergang zu forcieren.

Das war nun freilich ein Irrtum. Das Feuer, welches Milroy gehört hatte, rührte vielmehr von einem ernstlichen Angriff auf Jacksons Nachhut her, den eine Brigade des Corps Sigel, unter Befehl des Oberst Bohlen, unternommen hatte. Dieselbe war am Nachmittag unter dem Schutze zahlreicher und auf dem linken Ufer gut aufgestellter Geschütze etwas oberhalb der Mündung des Hazel Flusses übergegangen. Die Brigade Trimble, welcher die Deckung der Wagenkolonne oblag, hatte sich anfänglich defensiv verhalten. Als aber gegen Sonnenuntergang die Teten-Division des Longstreetschen Corps, die Division Hood, herankam, ging sie im Verein mit dieser zum Angriff über und trieb die Brigade Bohlen in Verwirrung und mit beträchtlichen Verlusten über den Rappahannock zurück. Oberst Bohlen selbst blieb in diesem Gefechte.

Noch an einer dritten Stelle gingen die Unierten auf das rechte Ufer des Rappahannock über. Es war dies bei der Division Schenk am rechten Flügel des Corps Sigel, etwas oberhalb Freemans Ford. Hier wurde um 1 Uhr mittags ein Kavallerie-, ein Infanterie-Regiment und ein Zug einer Gebirgshaubitzen-Batterie, das Ganze unter Oberst Lloyd, über den Fluss geschickt, um ein am jenseitigen Ufer gelegenes steinernes Haus, von dem aus am Morgen feindliche Schützen ein lästiges Feuer unterhalten hatten, zu zerstören. Die feindlichen Plänkler und ebenso auch eine in geringer Entfernung vom Ufer sichtbar werdende stärkere, aus Kavallerie und Infanterie bestehende Abteilung zog sich bei Annäherung der Unierten ohne Kampf zurück und diese konnten den erhaltenen Auftrag ohne Schwierigkeit ausführen. Ausser der Mitteilung, dass Jacksons Marsch nicht parallel zum Fluss, sondern eher vom Flusse ab nach Nordosten gerichtet zu sein scheine, brachte diese Rekognoscierung keine Nachrichten mit, welche geeignet gewesen wären, Licht auf die Pläne des Gegners zu werfen.

Während dieser Gefechte und Rekognoscierungen hatte Jackson seinen Marsch am rechten Ufer des Rappahannock fortgesetzt, sich den Augen der Unierten, so gut es anging, entziehend. Spät am Nachmittag traf er Sulphur Springs gegenüber ein. Obgleich mancherlei Anzeichen dafür sprachen, dass die Kavallerie der Unierten am andern Ufer nicht weit entfernt sei, so waren doch keine Truppen vorhanden, welche ihnen den Übergang hätten streitig machen können, und er beschloss, sofort auf das andere Ufer überzugehen. Die Brücke war zerstört, der Fluss jedoch so seicht, dass er überall durchwatet werden konnte. Auf dem linken Ufer lagen auf einer kleinen Anhöhe die Häuser des Badeortes, etwa eine Meile weiter südlich erhob sich ein bewaldeter Höhenzug, von dessen Fuss aus sich ein alter Mühlendamm mit einer Schleuse in der Mitte über den Fluss hinzog. Das 13. Georgia-Regiment überschritt den Fluss in der Nähe der abgebrochenen Brücke und besetzte, ohne auf nennenswerten Widerstand zu stossen, einige der Gebäude, während General Early mit seiner Brigade und zwei Batterien über den erwähnten Mühlendamm ging, um sich des Höhenzugs auf dem linken Ufer zu bemächtigen. Auch dies gelang ohne Mühe. Um diese Zeit aber brach die Dunkelheit herein, und es begann ein heftiger Regen zu fallen. Die Schwierigkeiten, welche der Marsch auf schwer erkennbaren Pfaden durch Furten und über alte Mühlendämme in der Dunkelheit darbieten musste, waren kaum so sehr zu fürchten, als dass diese Verbindungsmittel bald vom Wasser bedeckt und unpassierbar sein würden. Der Regen, wie er jetzt fiel, drohte eine Überschwemmung herbeizuführen. Jacksons Corps würde geteilt sein und kein Teil konnte dem andern helfen. Obgleich die Situation Earlys nicht ohne Gefahr war, erschien es doch noch weit bedenklicher, noch mehr Truppen über den Fluss zu schicken, als es Earlys Gewandtheit zu überlassen, sich am andern Morgen bei Tageslicht wieder nach dem linken Ufer zurückzufinden. Jackson kam um so mehr zu diesem Entschluss, als er inzwischen von Lee benachrichtigt war, dass er den Plan, mit der ganzen Armee bei Sulphur Springs überzugehen, aufgegeben habe, um weiter stromaufwärts einen geeigneteren Übergangspunkt zu wählen. Zugleich befahl er Jackson, eventuell wieder auf das rechte Ufer zurückzugehen.

So hatte sich also die Bewegung der Konföderierten nach dem rechten Flügel Popes ihm im Laufe des 22. deutlicher enthüllt. General Sigel, dessen Corps, wie wir wissen, den rechten Flügel Popes bildete, drückte grosse Besorgnis in seinen Meldungen aus und hielt es für geraten, sich der Orange-Alexandria Eisenbahn zu nähern. Er erhielt jedoch die Anweisung, seine Stellung zu behaupten. Die Kavallerie-Brigaden Bayard und Buford wurden nach Fayetteville, beziehungsweise Warrenton gezogen und erhielten den Auftrag, den obern Rappahannock zu beobachten. Im allgemeinen sprach Pope in seinen Instruktionen an Sigel die Absicht aus, sich jedem Versuche des Feindes, den Rappahannock unterhalb Sulphur Springs zu überschreiten, mit allen Kräften zu widersetzen. Einem Übergang bei Sulphur Springs und dem Vordringen auf der Strasse nach Warrenton sollte kein Widerstand geleistet werden. Sobald ein ansehnlicher Teil der Kräfte des Feindes dort den Übergang bewerkstelligt habe, wollte er seine Armee während der Nacht rasch nach seinem rechten Flügel zusammenziehen und über den Feind, welcher in der Richtung auf Warrenton vorzugehen suche, herfallen. Im Hinblick auf ein solches Manöver hatte er im Laufe des Tages dem General Reno den Befehl geschickt, Kellys Ford preiszugeben und Stellung hinter dem rechten Flügel bei Fayetteville zu nehmen.

So kam es, dass Jackson bei Sulphur Springs auf keinen nennenswerten Widerstand stiess.

Im Laufe des Tages änderte Pope jedoch diesen, Sigel gegenüber kundgegebenen Plan wieder. Er begann sich augenscheinlich unsicher über das zu beobachtende Verhalten zu fühlen.

Die fortdauernde Bewegung der Konföderierten nach Norden hin, welche von allen Corps gemeldet wurde, liess auf die Absicht des Übergangs bei Sulphur Springs und des Vorgehens gegen Warrenton schliessen. Was sollte er dem gegenüber thun? Er konnte sich noch nicht nach seinem rechten Flügel zusammenziehen, um die Sigel gegenüber angedeutete Absicht auszuführen, weil ihm bei Rappahannock Station und den zunächst oberhalb gelegenen Furten noch immer starke Streitkräfte gegenüberstanden (Corps Longstreet), die ihm sofort folgen würden, um ihm in den Rücken zu fallen und seine Verbindung mit Fredericksburg zu unterbrechen, sobald er die Übergänge frei machte. Er meinte, es wäre gut, das Corps Franklin, welches am 23. von Fort Monroe absegeln sollte, nach Alexandria zu dirigieren, statt es bei Acquia Creek landen zu lassen. Das war der Inhalt einiger Depeschen, welche er an Halleck sandte. Um 9 Uhr abends hörte er durch ausgesandte Späher, dass thatsächlich eine starke Abteilung des Feindes die Richtung auf Sulphur Springs genommen habe, um dort überzugehen. Halleck, davon in Kenntnis setzend, schlug er nunmehr vor, dass eine Brigade zur Deckung der Eisenbahnbrücke über den Cedar Run von den in Alexandria oder Washington verfügbaren Truppen vorgeschickt und die von West-Virginien erwartete Division Cox und das Corps Heintzelman sofort nach ihrem Eintreffen in Alexandria mit möglichster Eile per Eisenbahn zu ihm in Marsch gesetzt und bei Bealton ausgeschifft werden sollten. Eine Viertelstunde später erhielt er die Meldung von dem bei Sulphur Springs wirklich erfolgten Übergange feindlicher Streitkräfte in der bekannten Stärke. Was sollte er jetzt thun? Der Feind stand auch noch immer in beträchtlicher Stärke bei Rappahannock Station und oberhalb. Wenn er mit seiner ganzen Armee auf Sulphur Springs oder Warrenton ging, gab er seinen Rücken preis. Das war demnach nicht ausführbar. Nur zwei Wege standen ihm offen. Entweder musste er über Cedar Run zurückgehen, um sich dort mit den von Alexandria zu erwartenden Verstärkungen zu vereinigen, oder mit seinen gesamten Streitkräften über den Rappahannock vorgehen, um dem im Umgehungsflankenmarsch begriffenen Feind in Flanke und Rücken zu fallen. Die Depesche, durch welche er Halleck dies mitteilte, schloss mit der Bemerkung, dass er eins oder das andere bei Tagesanbruch am nächsten Tage thun müsse. . Er habe mehr Neigung zu dem zweiten Plane, wolle aber Hallecks Entschliessungen nicht vorgreifen. Um 11 Uhr nachts erhielt Pope eine Depesche, durch welche Halleck seine Zustimmung zu dem Plane eines offensiven Vorgehens über den Rappahannock aussprach.

Es sollte jedoch nicht zur Ausführung dieses Planes kommen. Es ist bereits früher erwähnt worden, dass, während Jackson einen Teil seines Corps (Brigade Early) bei Sulphur Springs über den Fluss gehen liess, Regen eingetreten war, welcher bald einen solchen Charakter angenommen hatte, dass er ein bedeutendes Anschwellen des Rappahannock besorgen liess. Diese Besorgnis hatte sich vollständig bewahrheitet. In wenigen Stunden war der Rappahannock zum reissenden Strome angewachsen. Die oberhalb Rappahannock Station von den Unierten geschlagene Bockbrücke wurde fortgerissen, die Eisenbahnbrücke geriet in Gefahr[1]) und sämtliche Furten wurden unpassierbar. Von einer offensiven Überschreitung des Rappahannock konnte nicht mehr die Rede sein. Die Truppen, welche am Morgen vom linken nach dem rechten Flügel gerufen waren (Corps Reno), um zu dem geplanten Angriff auf den bei Sulphur Springs übergegangenen und auf Warrenton in Marsch befindlichen Feind zur Hand zu sein, hatten am Abend in Voraussicht der Genehmigung Hallecks zur beabsichtigten Offensive über den Rappahannock den Befehl erhalten, sofort nach Kellys Ford zu marschieren, um dort bei Tagesanbruch bereit zu stehen. Jetzt erhielten sie abermals Gegenbefehl und mussten den Weg, den sie oben zweimal zurückgelegt hatten, der aber inzwischen grundlos geworden war, nochmals in entgegengesetzter Richtung zurückmarschieren.

Trotz des ungünstigen Wetters aber sollte die Nacht vom 22. zum 23. wichtige Ereignisse bringen.

Wie wir weiter oben gesehen haben, hatte General Stuart am 21. den Auftrag erhalten, gleichzeitig mit Jacksons Umgehungsversuch über Sulphur Springs einen Streifzug gegen die rückwärtigen Verbindungen der Unierten zu unternehmen. Wir sind dem ersten Teil von Stuarts Marsch am 22. bis nach Freemans Ford bereits gefolgt (S. 93 u. 94). Nachdem er dort durch Jackson abgelöst war, ritt er mit seinen beiden Brigaden im scharfen Trabe bis Waterloo Bridge, überschritt hier den Rappahannock und wandte sich nach Warrenton, wo er spät am Nachmittag des 22. eintraf. Hier hörte er, dass die Proviant-Trains der Unierten bei Cattlets Station an der Alexandria-Orange Eisenbahn parkiert seien, und dass ebendaselbst eine wichtige Eisenbahnbrücke den Cedar Run überspannte. Beide beschloss er zu zerstören. Nach einer kurzen Rast, welche dazu benutzt wurde, die Pferde

---

[1]) Um dies zu verstehen, mag hier bemerkt werden, dass in jener Zeit in Amerika die meisten Eisenbahnbrücken ausschliesslich von Holz erbaut waren. Ihre dadurch bedingte leichte Zerstörbarkeit machte die Eisenbahnen sehr verwundbar.

zu füttern, wurde wieder aufgebrochen und der Marsch in der Richtung auf Cattlets Station mit der der Situation entsprechenden Vorsicht fortgesetzt.

Bald nach dem Aufbruch brach das Unwetter los, welches so wichtige Einflüsse auf die Entschliessungen Popes ausübte. Hier machte es die Wege grundlos, gab auch Grund zu der Besorgnis, dass die vielen Bäche, welche durchritten werden mussten, zu reissenden Strömen anschwellen würden und so auf dem Rückweg das Streifcorps vielleicht in ernste Verlegenheiten bringen konnten. Anderseits aber wurde auch die Geheimhaltung des Marsches begünstigt, da es der Wachsamkeit der unierten Posten, zumal hier im Rücken der Armee, wo sie ohnehin kaum an eine Gefahr dachten, nicht förderlich war.

So wurde denn der Marsch mit der Brigade Lee als Avantgarde fortgesetzt und bald befand sich dieselbe in der Nähe des gesuchten Punktes. Ein kurzer Halt und eine hastige Besprechung folgte, dann eine rasche Vorwärtsbewegung im tiefsten Schweigen, und die überraschten Vorposten der Unierten befanden sich in der Gewalt von Stuarts Reitern.

Etwa 200 Schritt weiter vorwärts erstreckte sich der etwa von 1500 M. Infanterie und 5 Kompagnien Kavallerie bewachte Park auf beiden Seiten der Eisenbahn. Stuart für seine Person war bald mitten darin, aber die Nacht war so dunkel, dass ohne Führer, der über die wichtigsten Örtlichkeiten Auskunft zu geben vermochte, kein erfolgreiches Handeln möglich schien. In diesem Augenblicke war das Glück Stuart in auffallender Weise günstig. Er stiess auf einen Neger, der ihn von früheren Zeiten her kannte. Dieser erbot sich, die Reiter zu der Stelle zu führen, wo ein Teil von Popes Stab und Bagage lagerte. Ein Regiment wurde dorthin geschickt und bald mischte sich in das Geräusch des Regens und das Sausen des Windes der Klang menschlicher Stimmen, das Knattern einzelner Revolverschüsse und das Klirren von Säbeln. Die Überraschung war vollständig. Stuart hatte seinem Stabschef, dem Major von Borke[1]), den besonderen Auftrag erteilt,

---

[1]) Heros von Borke hatte früher in der königlich preussischen Kavallerie gedient, jedoch schon früh seinen Abschied genommen und war im Frühjahr 1862 nach Amerika gegangen, um bei den Südstaaten Dienste zu nehmen. Anfänglich dem Stabe Stuarts ohne eine bestimmte Charge als Volontär-Adjutant zugeteilt, erhielt er nach dem Streifzug Stuarts um die Armee Mc Clellans herum (im Juni 1862), bei welchem er Gelegenheit gefunden, sich auszuzeichnen, ein Patent als Hauptmann. Nach Beendigung der Kämpfe um Richmond wurde er zum Major und General - Adjutanten (Stabs-Chef) Stuarts befördert. Borke blieb beständig in Stuarts Umgebung. Ein auf gegenseitige Achtung gegründetes, inniges Freundschaftsband umschlang beide Männer. Im Gefecht bei Middleburg am 19. Juni 1863 schwer verwundet, sah sich Borke genötigt, dem aktiven Dienst bis zu seiner Wiederherstellung zu entsagen, und er nahm infolge dessen im Winter 1864/65 eine Mission der konföderierten Regierung nach England an, wo er kurz vor dem Zusammenbruch der Konföderation eintraf. Bei Ausbruch des Krieges in Deutschland 1866 trat er wieder in preussische Kriegsdienste zurück.

Borke hat seine Erlebnisse und Erfahrungen in Amerika in dem Werke „Memoire of the Confederate War of Independence" niedergelegt, dem wir auch in der obigen Schilderung im wesentlichen gefolgt sind.

mit einer auserlesenen Schar unter Führung des oben erwähnten Negers nach General Popes Zelt vorzudringen. Hier wurden Popes Pferde, seine Feld-Equipage, Uniformen, eine Kasse und das Brief-Journal des Hauptquartiers erbeutet und mitgenommen. Pope selbst und sein Stab befanden sich in Rappahannock Station, weshalb nur unbedeutende Persönlichkeiten zu Gefangenen gemacht wurden.

Während dieser Zeit hatte die Verwirrung, welche mit solchen nächtlichen Überfällen, auch für den angreifenden Teil, unausbleiblich verbunden ist, ihren Höhepunkt erreicht. Die unierten Truppen, welche südlich des Eisenbahndammes lagerten und von dem Überfall nicht unmittelbar betroffen waren, hatten Zeit gehabt, sich vorzubereiten. Das 5. und 7. Virginia-Regiment, von Stuart beauftragt, den Angriff gegen diesen Teil des unierten Lagers auszuführen, überschritt unter grossen Schwierigkeiten den Bahnkörper und erreichte endlich das Lager. Allein beim ersten Pistolenschuss verlöschten hier plötzlich alle Lichter und gleichzeitig wurde ein lebhaftes Gewehrfeuer hinter den Wagen hervor gegen die Kavallerie eröffnet. Wenige Augenblicke genügten, um den Konföderierten die Überzeugung zu geben, dass weitere Versuche hier keine Aussicht auf Erfolg boten. Überdies war es die höchste Zeit, an die Zerstörung der Eisenbahnbrücke zu denken. Die beiden genannten Regimenter eilten demnach dem östlichen Ende der letztern zu, um auch diesen Teil ihrer Aufgabe zu lösen. Anfänglich bemühte man sich, die Brücke in Brand zu stecken, allein die Balken waren so von Wasser durchtränkt, dass das sehr bald aufgegeben werden musste. Dann wurde ein Versuch gemacht, sie abzubrechen. Ein ganzes Regiment wurde dazu bestimmt und der Brigade-Kommandeur, General Lee, leitete die Arbeit in Person. Mit grosser Schwierigkeit wurde die nötige Zahl von Äxten zusammengebracht und die Arbeit begonnen. Allein man fand sehr bald, dass die Brücke ebenso unverwundbar für die Axt war, wie für das Feuer. Dazu unterhielten die Unierten vom westlichen Ufer des Stromes her ein sehr lebhaftes Feuer. Die Bauart der Brücke war eine sehr solide, sodass es viel Zeit erfordert haben würde, sie gründlich zu zerstören, während alle leichtern Beschädigungen bald wieder hergestellt werden konnten. Zu seinem grossen Leidwesen sah sich demnach Stuart gezwungen, diesen Teil seines Planes aufzugeben.

Während dieser Zeit waren die nicht bei der Brücke beschäftigten Abteilungen bemüht, wenigstens die durch den ersten erfolgreichen Teil des Überfalls geernteten Früchte in Sicherheit zu bringen. Gefangene und Beutepferde wurden nach rückwärts in Marsch gesetzt, Vorratsschuppen und Wagen in Brand gesteckt. Die Flammen derselben beleuchteten die wilde Scene mit ihrem unsichern flackernden Schein, die Verwirrung eher erhöhend als vermindernd.

Stuart musste an den Rückzug denken. Der Regen fiel fortwährend in Strömen und schwellte die Bäche, welche er auf seinem Marsche zu passieren hatte, mächtig an, und es war zu besorgen, dass ihm die Elemente vielleicht den Rückzug versperren könnten, wenn es vom Feinde nicht geschah. Gegen 3 Uhr rief demnach die Trompete zum Sammeln. Der Rückmarsch wurde angetreten und um 8 Uhr früh erreichte die kühne Schar wieder Warrenton, mit allen ihren Gefangenen und der ganzen Beute. Diesmal aber war nur eine kurze Rast hier möglich, denn von der Richtung von Sulphur Springs her, wo Jackson stand und wo auch Stuarts Kolonne das rechte Ufer wieder gewinnen musste, ertönte Kanonendonner.

Nur einige Regimenter der Brigade Robertson nebst zwei reitenden Geschützen blieben längere Zeit in Warrenton stehen, um in der Richtung nach Fayetteville und Rappahannock Station zu rekognoscieren. Ihre Patrouillen brachten sehr bald die Meldung, dass starke feindliche Kräfte gegen Warrenton im Anmarsch seien (die Vorhut des Corps Mc Dowell, welches, wie noch zu erwähnen sein wird, am 23. nach Warrenton disponiert war). Auch Robertson trat demnach gegen Mittag den weitern Rückmarsch an und kam, wie wir sehen werden, zu einem sehr gelegenen Augenblicke bei Sulphur Springs an.

Die materiellen Früchte dieses kühnen Streifzugs waren weniger beträchtlich als man gehofft hatte. Der Natur der Sache nach kann bei solchen Unternehmungen nur ein kleiner Teil der Beute mitgenommen werden. Im vorliegenden Falle beschränkte sich das, was mitgeführt war, auf die erwähnte Kasse, welche 500 000 Dollars enthielt, 500 brauchbare Pferde und 400 Gefangene. Der materielle Erfolg solcher Unternehmungen liegt auch weniger in der mitgeführten Beute, als in dem, was dem Feinde vernichtet ist. Aber auch das war im vorliegenden Falle geringfügig. Infolge des Regenwetters waren die angelegten Brände nicht recht zur Entwickelung gelangt, und wenn auch einige Magazinschuppen und Wagen durch das Feuer beschädigt waren, so war doch die Menge der wirklich zerstörten Vorräte nicht erheblich.

Grösser waren die moralischen Folgen. Der Schreck, welcher überall empfunden wurde, wo man von dem plötzlichen und gänzlich unerwarteten Erscheinen der feindlichen Kavallerie im Rücken des Heeres hörte, war ungeheuer. Einsichtigere empfanden tief das Schmachvolle eines solchen Vorgangs, welcher auf tiefe Schäden in der Heeresleitung schliessen liess. Die grosse Menge dagegen wurde von einem Unbehagen und einer Unruhe befallen, welche nirgends das Gefühl der Ruhe aufkommen lassen und so am meisten dazu beitrugen, dass sich allmählich eine gewisse Abspannung geltend macht und der gute Geist erschlafft. Gerade aus diesen Tagen datieren einige Depeschen Popes, worin er sich beklagt, dass das *straggling*, das Marodieren, das unerlaubte Entfernen und Zurückbleiben Einzelner, sowie die Desertionen in beunruhigender Weise überhand nähmen. In einer von einem derartigen Zustand befallenen Truppe kann eine geringfügige Kleinigkeit eine Panik hervorrufen.

Das wertvollste Beutestück aber, welches allein schon den Zug Stuarts hinreichend bezahlt gemacht hatte, war das Depeschen-Buch Popes, welches sofort an den General Lee geschickt wurde. Was dieser daraus erfuhr, welche wichtige Entschlüsse er infolge dessen fasste, werden wir später sehen. Zunächst müssen wir noch die Ereignisse am Rappahannock in der Nacht vom 22. zum 23. und am 23. verfolgen.

Wie wir wissen, hatten die Bewegungen der Konföderierten am 22. am Rappahannock aufwärts Pope auf die Vermutung gebracht, dass eine Umgehung seines rechten Flügels und eine Unterbrechung seiner Verbindungen mit Alexandria bei Warrenton Junction beabsichtigt sei und er hatte den Entschluss gefasst, sich mit seinen gesamten Kräften dem entgegenzustellen (S. 96). Die Ausführung dieses Entschlusses war indessen nicht so leicht. Er war durch seine Instruction, die Verbindung mit Fredericksburg zu halten, in seiner Bewegungsfreiheit beengt und das am Nachmittag an Halleck gerichtete Verlangen, das Corps Heintzelman mit der Bahn nach Bealton zu befördern, stand schon mit dem geplanten Rechtsabmarsch im Widerspruch. Dann kam am· Nachmittag der Entschluss, die Offensive zu ergreifen und, den Rappahannock überschreitend, gegen die Verbindungen der Konföderierten zu operieren, wenn diese seinen rechten Flügel wirklich umgehen sollten. Dieser Entschluss wurde durch das eintretende Regenwetter durchkreuzt. Pope scheint ihn zwar noch während der Nacht festgehalten zu haben, denn noch um ½3 Uhr morgens am 23. verlangte Pope telegraphisch von Halleck, dass alle von Fredericksburg her im Anmarsch befindlichen Truppen angewiesen werden sollten, die Richtung auf die untern Furten des Rappahannock einzuschlagen, um auf Brandy Station und Stevensburg vorgehen zu können. Erst als es Tag geworden war und sich der Zustand des Flusses vollständig übersehen liess, fasste er andere bestimmte Entschlüsse.

Nach Popes Schätzung war in den nächsten 36 Stunden ein Übergang über den Rappahannock nur auf der Eisenbahnbrücke denkbar. Wurde diese zerstört, so hörte überhaupt jede Verbindung zwischen den beiden Ufern auf. Wenn er diese Verhältnisse rasch ausnutzte, so konnte er, nach Zerstörung der Eisenbahnbrücke, ohne um seine Verbindung mit Fredericksburg besorgt zu sein, den untern Rappahannock preisgeben, rechts abmarschieren, um Warrenton zu decken und dazu einen leichten Erfolg über den am 22. abends bei Sulphur Springs über den Fluss gegangenen Teil der Konföderierten (Brigade Early des Corps Jackson), welcher ebensowenig nach dem rechten Ufer zurückgehen, wie von dort her unterstützt werden konnte, erringen. Inzwischen mussten sicherlich die von Alexandria und Fredericksburg her zu erwartenden Verstärkungen eintreffen und konnten dann wieder die Deckung des untern Rappahannock übernehmen. Pope hoffte demnach durch einen Rechtsabmarsch die Eisenbahn nach Alexandria völlig sicher zu stellen und dabei doch die Linie des Rappahannock und die Verbindung mit Fredericksburg zu behaupten und nebenbei noch dem Feind eine partielle Schlappe beizubringen.

General Sigel erhielt demnach am 23. morgens den Befehl, mit seinem Corps gegen Sulphur Springs vorzugehen und alles vor sich niederzuwerfen, was er vom Feinde auf dem linken Flussufer antreffen werde und· dann die Richtung auf Waterloo Bridge zu nehmen, wo sein Eintreffen, wie General Pope in der betreffenden Ordre sagte, gegen Sonnenuntergang erwartet werde. Zur Unterstützung sollten ihm Banks und Reno mit ihren Corps folgen, während Mc Dowell den

Befehl erhielt, auf Warrenton zu marschieren. Dem Corps Mc Dowell wurde noch die Division Pennsylvania-Reserven, früher unter General Mc Call, jetzt unter General Reynolds[1]) (2500 M.) zugeteilt. Es waren dies die ersten Verstärkungen, welche von der Potomac-Armee eintrafen. Die Division war (vergl. SS. 76 u. 80) am 11. bezw. 15. August schon von Harrisons Landing aus eingeschifft und nach Acquia Creek gesegelt, wo sie zunächst unter den Befehl Burnsides trat. Letzterer hatte sie jedoch auf Befehl von Washington aus alsbald zur Unterstützung Popes abgeschickt. Sie war am 22. abends bei Kellys Ford angelangt und erhielt hier am 23. um 11 Uhr vormittags den Befehl, .nach Warrenton zu marschieren, was sie noch am Abend des 23. erreichen sollte.

Bekanntlich war zur Deckung der Eisenbahnbrücke ein Teil der Brigade Hartsuff von Mc Dowell nach dem rechten Ufer vorgeschoben (vergl. S. 90) und hatte hier auf einer kleinen Erhöhung einige hundert Schritt von der Brücke Stellung genommen und sich durch leichte Verschanzungen gedeckt. Noch vor Tagesanbruch, ehe ihn der Befehl zum Abmarsch nach Warrenton erreichte, hatte Mc Dowell dieses Detachement nach dem linken Ufer zurückbeordert, weil infolge des Anschwellens des Flusses die Eisenbahnbrücke die einzige Rückzugslinie für dasselbe war. Es war vorauszusehen, dass diese bei Tagesanbruch durch die konföderirten Batterien so heftig unter Feuer genommen werden würde, dass ein Rückzug über dieselbe zur Unmöglichkeit wurde. Kaum hatte Hartsuff das linke Ufer erreicht, als in der That, während mehrere Batterien ein heftiges Feuer auf die Eisenbahnbrücke eröffneten, zwei Brigaden der Konföderierten gegen die Stellung, welche Hartsuff geräumt hatte, vorgingen. Sie fanden die Verschanzung natürlich leer und konnten sie ohne Widerstand besetzen, vermochten sich jedoch unter dem Feuer der auf dem linken Ufer auffuhrenden Batterien Mc Dowells nicht in derselben zu behaupten. Inzwischen traf der Befehl Popes ein, nach Warrenton abzumarschieren und die Eisenbahnbrücke zu zerstören. Mit dieser letzteren Aufgabe wurde die Brigade Tower der Division Ricketts beauftragt. Begünstigt von einem heftigen Gewitter, welches die Fernsicht erschwerte, gelang es, die Zerstörung gründlich zu bewerkstelligen, ohne dass die Konföderierten hindernd eingriffen. Erst als die Arbeit beendet war und sich Tower bereits zum Abmarsch anschickte, besetzten die Konföderierten die von Hartsuff verlassenen Verschanzungen abermals und schickten den abziehenden Kolonnen Towers einige Granaten nach. Ohne sich um dies Feuer weiter zu kümmern, setzte Tower im Verein mit der inzwischen von Kellys Ford her gekommenen Division Reynolds den Marsch fort und erreichte am 23. gegen 9 Uhr abends Warrenton, wo die Hauptmasse des Corps Mc Dowell einige Stunden vorher eingetroffen war.

Weniger glatt ging die Ausführung des Befehls Popes bei den übrigen Corps von statten.

---

[1]) Die Division Reynolds bestand aus den Brigaden Meade, Seymour und Jackson, letztere wurde von Oberst Anderson geführt.

Sigel hatte gegen Mittag Fayetteville erreicht und eine auf der Strasse nach Sulphur Springs vorgeschickte Rekognoscierung meldete, dass feindliche Abteilungen sich diesseits des Great Run befänden. Dieselben waren langsam zurückgewichen, hatten sich aber in dem Wald, welcher die Ufer des Great Run umsäumt, festgesetzt, sodass das 9. New-York Kavallerie-Regiment, welches die Rekognoscierung ausgeführt hatte, nicht weiter vorzudringen vermochte. Inzwischen kam die Brigade Milroy herbei. Dieselbe hatte anfänglich die Nachhut Sigels gebildet, jedoch südlich von Fayetteville einen Richtweg eingeschlagen und war, während das Gros des Corps bei Fayetteville hielt, um das Ergebnis der Rekognoscierung abzuwarten, an die Tête gelangt. Milroy ging sofort zum Angriff gegen den Wald vor. Die Konföderierten zogen sich, ohne grossen Widerstand zu leisten, zurück, überschritten den Great Run auf der hier befindlichen Brücke, welche sie hinter sich in Brand steckten, während einige am rechten Ufer auftretende Geschütze dem weitern Vordringen Milroys ein Ziel setzten. Gegen 3 Uhr nachmittags kam das Gros des Corps Sigel am östlichen Ufer des Great Run an und bezog Biwaks, während sofort mit der Wiederherstellung der Brücke begonnen wurde. Die Konföderierten setzten der Arbeit keinen Widerstand entgegen. Dieselbe wurde aber doch erst gegen Morgen des 24. beendet, sodass das Corps Sigel und natürlicherweise auch die Corps Banks und Reno am Abend des 23. die Gegend von Waterloo Bridge, beziehungsweise die Gegend zwischen Waterloo Bridge und Warrenton, nicht erreichten.

Sigel meldete sein Zusammentreffen mit dem Feinde an Pope. „Es kann keinem Zweifel unterworfen sein, dass der Feind uns umgangen hat und dass seine Armee bei Sulphur Springs und Fox' oder Lawsons Ford übergegangen ist", schrieb er an Pope und erteilte diesem den Rat, die Armee in einer zentralen Stellung an der Orange-Alexandria Bahn, etwa bei Bealton, zu konzentrieren und dann den Umständen entsprechend weiter zu handeln. Er schien besonders um seine rechte Flanke besorgt. Pope antwortete sofort, dass die Kavallerie die Bewegungen des Feindes nach dem rechten Flügel beobachte und Sigel deshalb keine Sorge zu haben brauche. „Stehen Sie fest," fuhr er fort, „und lassen Sie den Feind sich nach Warrenton zu entwickeln." Jedem Versuche des Feindes, bei Lawsons Ford einen Übergang zu bewerkstelligen, sollte dagegen mit Energie Widerstand geleistet werden.

Die konföderierten Truppen, welche Sigel eine so grosse Besorgnis eingeflösst hatten, waren indessen keineswegs so beträchtlich, wie dieser vorausgesetzt zu haben scheint. Es war, wie wir wissen, die Brigade Early vom Corps Jackson. Anfänglich war es des Letzteren Absicht gewesen, die Brigade Lawton [1]) folgen zu lassen. Allein Earlys

---

[1]) Gordon, „History of the campaign of the army of Virginia", pag. 61 sagt: „Ein Regiment der Brigade Hays," und bezeichnet in einer Fuss-Note das 13. Georgia-Regiment als dasjenige, welches Early folgte. Auf S. 65 desselben Werkes wird dann gesagt, dass der Rest der Brigade Lawton nachgeschickt sei, und in der That gehörte das 13. Georgia-Regiment nach dem Aufsatz „Relative Strength at Slaughters Mountain" im VIII. Bande der Sou-

Übergang über den halb zerstörten Damm war so langsam von statten gegangen, dass nur ein Regiment dieser Brigade übergegangen war, als die eintretende Nacht der Bewegung ein Ende machte, welche später wegen des Steigens des Wassers ganz aufgegeben werden musste. Überdies traf auch um dieselbe Zeit Lees Befehl ein, bei Sulphur Springs nicht überzugehen und die etwa schon nach dem andern Ufer geschickten Truppen zurückzurufen. Der letzte Teil dieses Befehls war aber ebenfalls des steigenden Wassers wegen unausführbar.

General Early befand sich demnach mit seiner Brigade und einem Regiment der Brigade Lawton allein auf dem linken Ufer des Flusses. Als der Tag (23.) anbrach und er seine Situation übersah, konnte er sich nicht verhehlen, dass dieselbe eine verzweifelte sei. Der angeschwollene Fluss machte alle Versuche, ihn zu überschreiten, hoffnungslos, er konnte weder zurück, noch konnten Verstärkungen ihn erreichen. Er liess einen Boten überschwimmen, um eine Depesche entweder an Jackson oder an Ewell (seinen Divisions-Kommandeur) zu überbringen, in welcher er seiner Besorgnis Ausdruck gab, dass sein ganzes Detachement gefangen werden würde, wenn die Unierten mit einigermassen hinreichenden Kräften gegen ihn vorgingen. Um dieser Situation zu entgehen, bat er um die Ermächtigung, am Strom aufwärts nach Waterloo Bridge marschieren zu dürfen. Ehe diese Depesche noch an Jackson gelangte, schickte dieser auf demselben Wege den mündlichen Befehl, nach Sulphur Springs zu marschieren und hier eine Stellung zwischen Rappahannock und Great Run zu nehmen, in welcher er sich behaupten könne, bis die Brücke bei Sulphur Springs wieder hergestellt sei, woran mit allem Eifer gearbeitet werde. Early formierte seine Linie von sieben Regimentern und zwei Batterien (à vier Geschützen) derart, dass der etwas zurückgebogene rechte Flügel sich da an den Great Run anlehnte, wo die Strasse von Fayetteville nach Sulphur Springs dieses Gewässer überschreitet. Der linke Flügel lehnte sich bei Sulphur Springs an den Rappahannock. Er stand also mit dem Rücken gegen diesen Fluss. Inzwischen hatte Jackson Earlys Depesche empfangen und beantwortet. Early wurde dadurch ermächtigt, sich nach Waterloo Bridge zurückzuziehen, wenn der Feind mit zu beträchtlichen Kräften erschiene, während Jackson mit seinem ganzen Corps am rechten Ufer aufwärts gehen wollte, um diese Bewegung zu decken.

In der eben beschriebenen Stellung empfing Early den erwähnten Angriff Milroys, welcher mit der Verbrennung der Brücke über den Great Run endete. Allein er sah mit Besorgnis, dass spät am Nachmittag eine starke Infanterie-Kolonne mit zahlreicher Artillerie (Corps Sigel) seiner rechten Flanke gegenüber eintraf, welche durch

thern *Historical Society Papers* zur Brigade Lawton, letztere aber zur Division Winder, während die Brigade Early zur Division Ewell gehörte. Nach der zuletzt erwähnten Quelle war die Brigade Lawton erst später (wenigstens erst nach der Schlacht von Slaughters Mountain) zum Corps Jackson gestossen. Wahrscheinlich war sie zu dem Zeitpunkte, von welchem hier die Rede ist, erst eben angekommen und noch keiner Division zugeteilt. Es müsste sonst auffallen, dass zwei, verschiedenen Divisionen angehörige, Brigaden zusammen detachiert wurden.

dass Fallen des Wassers jeden Augenblick mehr bedroht erschien. Er konnte nicht länger zweifeln, dass die Unierten mit starken Kräften von stromabwärts her im Anmarsch waren. Seine Stellung war freilich im Walde vollständig verborgen, seine Stärke war den Unierten unbekannt und dass sie von diesen für viel bedeutender gehalten wurde, als sie wirklich war, ging aus ihrer grossen Vorsicht hervor. Spät am Nachmittag kam Early eine unerwartete Unterstützung. Oberst - Robertson traf mit einigen Kavallerie-Regimentern und zwei reitenden Geschützen von Warrenton ein. Es war dies ein Teil der Kavallerie, mit der Stuart den Überfall von Catletts Station ausgeführt hatte, und welcher auf dem Rückmarsche in Warrenton stehen geblieben war, bis das Herannahen der Vortruppen des Corps Mc Dowell zur Fortsetzung des Rückmarsches nötigte (vergl. S. 100). In der Dämmerung sah man eine Kolonne unierter Infanterie sich nach dem linken Flügel zu bewegen, anscheinend mit Umgehungs-Absichten. Jede Bewegung der Unierten, welche beobachtet wurde, erfüllte die Konföderierten mit Besorgnis. Lange nach Eintritt der Dunkelheit wurde plötzlich von den Unierten eine Salve in den Wald gefeuert, in welchem die Konföderierten standen, der drei laute Hurrahs folgten. Dies hatte eine ermutigende Wirkung auf Early. Von Truppen, welche sich mit so kindischen Demonstrationen amüsierten, war nicht viel zu fürchten. Dennoch war er weit davon entfernt, sorglos zu sein. Man hätte auch noch andere Geräusche vernommen und neue Meldungen gingen ein, dass starke Kolonnen von stromabwärts her im Anmarsch und im Begriff seien, ihn zu umgehen. Wieder wurde eine Depesche an Jackson geschickt. Dieser antwortete darauf dadurch, dass er den Rest der Brigade Lawton auf das linke Ufer hinüberschickte, um sich mit Early zu vereinigen. Diese überschritt den Fluss auf einer Brücke, welche am 23. auf Jacksons Anordnung bei Sulphur Springs geschlagen war, traf um 1 Uhr nachts bei Early ein und überbrachte diesem die Nachricht, dass General Ewell die Instruktion erhalten habe, sich bei Tagesanbruch persönlich auf das linke Ufer zu begeben. Gewinne er die Überzeugung, dass die Unierten wirklich mit erheblich überlegenen Kräften dort anwesend seien, so war er ermächtigt, den Rückzug der beiden Brigaden nach dem rechten Ufer anzuordnen. Early glaubte nicht, dass so lange Zeit bleibe, den entscheidenden Entschluss zu fassen. Er schickte sofort einen Boten an General Ewell und liess diesem sagen, es könne gar kein Zweifel darüber obwalten, dass der Feind ihm mit beträchtlichen Kräften gegenüberstehe. Er habe den Marsch von Geschützen nach seinem linken Flügel zu gehört und wenn man warte, bis der Tag angebrochen sei, so würde die Brücke bei Sulphur Springs von den Unierten unter ein so heftiges Feuer genommen werden, dass ihm der Rückzug über dieselbe unmöglich gemacht werde. Infolge dessen kam Ewell um drei Uhr morgens herüber und befahl nach kurzer Besprechung mit Early, dass der Rückzug der beiden Brigaden sofort angetreten werden solle. Als der Tag (24.) anbrach, hatte der letzte Mann die Brücke überschritten und bei Jefferson Lager bezogen.

Um 10 Uhr abends erstatte Pope Bericht an Halleck über die Ereignisse des verflossenen (23.) und über seine Absichten für den nächsten Tag (24.). Seine Avantgarde, sagte er, habe etwa vor einer Stunde Warrenton erreicht und der Feind[1]) sei bei seiner Annäherung auf Hedgemans River (Namen für den obern Rappahannock) und Sulphur Springs zurückgegangen, wo sein linker Flügel gegen Sonnenuntergang· im Gefecht gestanden habe. Am 24. bei Tagesanbruch werde er gegen Sulphur Springs und Waterloo Bridge vorgehen, obgleich er nicht wisse, ob der Feind mit bedeutenden Kräften diesseits des Flusses stehe oder nicht. In ersterem Falle befinde er (der Feind) sich in einer Falle, da der Fluss noch immer sehr angeschwollen sei.

Im Übrigen war er um seine Verbindungslinie, die Eisenbahn nach Alexandria, besorgt. Dem General Sturgis, welcher an letztgenanntem Orte kommandierte, befahl er, persönlich die Aufstellung von starken Wachen längs der Bahn von Manassas Junction bis Catletts Station anzuordnen, und General Kearny vom Corps Heintzelman, welcher um Mittag mit seiner Division Warrenton Junction erreicht hatte, erhielt Anweisung, dafür Sorge zu tragen, dass die Eisenbahn in seinem Rücken ausreichend bewacht werde. Das waren Massnahmen, die wohl genügten, um der Wiederholung eines Überfalles, wie er in der vorigen Nacht bei Catletts Station stattgefunden hatte, vorzubeugen, nicht aber einer ernsten Unternehmung gegen seine Verbindungslinie, wie sie von Lee zu erwarten war und wie es die nächsten Tage zeigen sollten.

Auf Seiten der konföderierten Heeresleitung hatte der 23. August Entschlüsse zur Reife gebracht, welche den ganzen Feldzug eine andere Wendung geben sollten. Während Pope in seinen Berichten an Halleck den Anschein gab, als ob die Folgen von Stuarts Überfall bei Catletts Station ganz unbedeutend seien, waren es gerade die Früchte dieses Unternehmens, welche den wichtigen Entschluss Lees zur Reife brachten. Unter den dort erbeuteten Gegenständen befand sich eine Kiste mit Papieren aus Popes Hauptquartier. Stuart beeilte sich, dieselben seinem Chef·vorzulegen und Lee ersah daraus Stärke, Zusammensetzung und Dislokation der Armee Popes, er lernte die Auffassung dieses Generals über die ganze Sachlage, seine Absichten und Pläne kennen, er entnahm daraus, dass beträchtliche Verstärkungen für Pope schon in der Nähe angelangt, noch weitere auf dem Marsche seien, ja, dass die gesamte Potomac-Armee zur Zeit wahrscheinlich schon die Halbinsel verlassen hatte, um mit den Truppen unter Pope zu einer grossen Armee vereinigt zu werden. Lee erkannte sofort, dass er rasch schlagen müsse, wenn er überhaupt noch eine Chance des Erfolges haben wollte, oder er musste zurückgehen, um Richmond vor der neuen drohenden Gefahr zu sichern, und der Sieg Jacksons über Banks bei Cedar Mountain war dann das einzige, was er dem konföderierten Kongress und dem Volke des Südens als Frucht eines

---

[1]) Bekanntlich nur ein Teil der Brigade Robertson von Stuarts Kavallerie-Division.

sonst ergebnislosen Feldzuges von Richmond bis zum Rappahannock darbieten konnte, der Menschenleben. Geld und Material genug gekostet hatte. Nicht einen Augenblick zögerte Lee mit den nötigen Anordnungen. Zunächst schickte er den zum Schutze Richmonds gegen etwaige Unternehmungen der Potomac-Armee zurückgelassenen Truppen — die Divisionen D. H. Hill und McLaw, zwei Infanterie-Brigaden unter General Walker und die Kavallerie-Brigade Hampton —, welche jetzt dort entbehrlich waren, den Befehl, der Armee schleunigst zu folgen. Es sei jedoch vorgreifend hier bemerkt, dass diese Truppen erst nach der Entscheidungsschlacht eintrafen. Die einzige Verstärkung, welche Lee noch vor derselben erhielt, waren die Brigaden Evans und Drayton, zusammen 4600 M. stark. Dieselben wurden dem Corps Longstreet überwiesen, und zwar erstere der Division Hood, letztere blieb, ohne einer bestimmten Division zugeteilt zu sein, als selbständige Brigade dem Corps zugeteilt.

Ehe wir die Entschliessungen Lees über die Art, wie er die Operationen fortzusetzen gedachte, besprechen, müssen wir zunächst einen kurzen Blick auf den Landstrich werfen, welcher ihr Schauplatz werden sollte.

Östlich der Blue Ridge Kette erhebt sich in Nord-Virginien, bei Warrenton beginnend und scharf aus der Ebene emporsteigend, eine Hügelkette, die Bull Run Berge. Ein hügeliges Thal breitet sich zwischen ihnen und der Blue Ridge Kette aus, welches sich nach Norden allmählich verengert, bis am Potomac in der Gegend von Leesburg die Bull Run Berge sich mit den dort von der Blue Ridge Kette nach Osten entsandten Ausläufern vereinigen. An den Bull Run Bergen entspringen zahlreiche Wasserläufe, welche alle, von Nordwosten nach Südosten strömend, sich in den Potomac ergiessen. Die hauptsächlichsten derselben, Licking-, Turkey-, Kettle- und Broad Run, münden in den von Südwesten nach Nordosten fliessenden Elk Run, der nach Aufnahme des Broad Run den Namen Cedar Run annimmt und dann, nachdem er noch den Bull Run aufgenommen hat, sich nach Südosten wendet und unter dem Namen Occoquan dem Potomac zufliesst. Diese Wasserläufe bilden die natürlichen Abschnitte für eine Armee, welche Washington gegen einen von Südwesten kommenden Angriff zu decken hat. Die Bull Run Berge sind zwar nicht hoch, aber schwer zugänglich und können nur auf den vorhandenen Strassen, die durch natürliche Einsenkungen des Gebirges (Pässe, Lücken, Gaps) führen, überschritten werden. Dieser Pässe gab es vier. Durch die nördlichste dieser Gebirgslücken zog sich die von Leesburg nach der virginischen Ebene führende Strasse, durch die zweite die von Middelburg über Aldie nach Centreville und Fairfax C. H. führende Strasse; dann folgte Hopewell Gap, weniger wichtig, weil die über diese Gebirgslücke von dem gleichnamigen Städtchen nach Haymarket führende Strasse keine eigentliche Kunststrasse war und nur ausnahmsweise und vorübergehend für Truppenbewegungen gebraucht werden konnte. Der Pass konnte aber dadurch von Bedeutung werden, dass

er, nur wenige Meilen von dem gleich zu erwähnenden wichtigsten
Thoroughfare Gap gelegen, zu taktischen Umgehungen benutzt werden
konnte, falls der Durchmarsch durch Thoroughfare Gap von einer der
kämpfenden Parteien der andern streitig gemacht werden sollte. Der
südlichste und bedeutendste der Pässe endlich, welcher Thoroughfare Gap genannt wurde, war zur Überführung der bei Manassas
Junction aus der Orange-Alexandria Bahn abgehenden Zweigbahn nach
dem Shenandoah Thal benutzt. Der sich hier schon meerbusenartig
erweiternde Potomac machte eine Umgebung der oben erwähnten natürlichen Verteidigungs-Abschnitte im Osten unmöglich. Im Westen dagegen verband das hinter den Bull Run Bergen sich hinziehende Thal
diese Abschnitte, gleichsam wie ein Corridor, und es konnte beispiels
weise der Abschnitt des Broad Run durch Thoroughfare Gap, der des
Bull Run durch Aldie Gap umgangen werden.

Popes Verpflegungslinie war die Orange-Alexandria Eisenbahn.
Die wichtigsten Stationen desselben sind von Alexandria beginnend:
Manassas Junction — wo die Zweigbahn über Thoroughfare Gap
nach dem Shenandoah Thal abgeht —, Bristow am Übergangspunkt
über den Broad Run, weiterhin Catletts Station in der Nähe des Übergangspunktes über den Cedar Run, Warrenton Junction, von wo
eine kurze Zweigbahn nach dem Städtchen Warrenton abgeht, ferner
Bealton und endlich Rappahannock Station, am Übergang über
den Fluss gleichen Namens. An Strassen sind in dem in Rede stehenden Terrainabschnitte zu erwähnen: vor allem die alte Poststrasse, die
von Alexandria über Warrenton nach dem Shenandoah Thal, sowie
nach den Grafschaften Orange und Louisa führte. Sie ist unter dem
Namen Warrenton Turnpike bekannt. Von ihr aus zweigen sich
zwei wichtige und gute Strassen ab: eine von Centreville nach Aldie
in den Bull Run Bergen — sie trägt den Namen Little River Turnpike, — die andere von Gainesville parallel zur Manassas-Gap-Eisen-
bahn durch Thoroughfahre Gap über die Dörfer White Plains, Salem
und Piedmont nach Front Royal im Shenandoah Thal. Aus ihr zweigt
sich bei Haymarket in nordwestlicher Richtung ein brauchbarer Vici-
nalweg ab, welcher nach dem Städtchen Hopewell führt und die
Bull Run Berge bei dem Pass gleichen Namens überschreitet.

Ausser diesen Chausseen gab es noch zahlreiche Querwege und
kleinere Strassen, welche für vorübergehende Truppenbewegungen
brauchbar waren.

Der Charakter des Terrains ist meist der eines sanften Wellen-
geländes. Die Gewässer sind an sich nicht tief und fast überall zu
durchwaten, aber ihre Betten sind meist einige Meter tief eingeschnitten
und mit steilen Rändern versehen, sodass sie von Reitern, Geschützen
und Fuhrwerken nur an den vorhandenen Übergängen (Furten, fords)
oder nach vorherigem Abstechen der Ränder überschritten werden können.
Diese „Furten" sind weiter nichts, als solche Stellen, wo die Beschaffen-
heit der Uferränder entweder von Natur oder durch entsprechende Bearbeitung ein bequemes Herabsteigen in das Flussbett auch für Fuhrwerke, gestattet. In bezug auf die Boden-Bedeckung mag erwähnt

werden, dass der Wald vorherrschend ist, namentlich in der Nähe der Gewässer. Jedoch giebt es auch viele und grosse zusammenhängende freie Strecken, welche dem Ackerbau gewidmet sind. Wo diese Verhältnisse auf den Verlauf der Ereignisse von Einfluss sind, wird noch besonders darauf aufmerksam gemacht werden.

Da von dem Zeitpunkt an, bis zu welchem wir die Darstellung der Ereignisse gegenwärtig geführt haben, die Armee von Virginien unter Pope in verhängnissvolle Wechselbeziehungen zur Potomac-Armee tritt, so müssen einige Worte betreffs der Befehlsteilung gesagt werden, welche zum vollen Verständnis des Nachfolgenden unerlässlich sind.

Den Oberbefehl über die auf dem östlichen Kriegsschauplatz operierenden Armeen hatte sich Halleck persönlich vorbehalten. Volle Klarheit herrschte darüber nicht, wenigstens haben Pope sowohl, wie Mc Clellan wiederholentlich um präcisere Begrenzung ihrer Befugnisse und damit auch ihrer Verantwortlichkeit gebeten. Hatte Halleck die ernstliche Absicht, die Leitung der Operationen persönlich zu übernehmen, so wollte er, wie es scheint, für seine Person erst ins Feld gehen, wenn die Vereinigung der Potomac-Armee mit der Armee von Virginien thatsächlich vollständig vollzogen war. Inzwischen hatte er folgende schwerfällige Anordnung getroffen: Burnside war zum Kommandierenden des Distrikts Acquia Creek ernannt, Mc Clellan blieb nominell Kommandierender der Potomac-Armee, aber die Truppenteile der letzteren traten mit dem Augenblick ihrer Landung bei Acquia Creek unter dem Befehl des Distrikts-Kommandirenden, des General Burnside, und wenn sie von diesem, sei es auf Anweisung Hallecks, sei es aus eigener Initiative, abgeschickt wurden, um zu Pope zu stossen, so traten sie temporär unter dessen Oberbefehl. Aber Pope hatte nicht das Recht, direkt von Burnside Truppen oder Vorräte zu requiriren, oder den auf dem Marsch zu ihm befindlichen Corps Befehle zugehen zu lassen. Alles das musste durch Halleck in Washington gehen, und erst, wenn die betreffenden Truppen-Befehlshaber sich bei ihm gemeldet hatten, traten sie vollständig unter seinen Befehl, ohne deshalb aufzuhören, Teile der Potomac-Armee zu sein. Dass eine solche Einrichtung zu Unklarheiten, Zeitverlusten und selbst zu Competenz-Konflikten und Reibereien führen musste, liegt auf der Hand.

Zu der schon früher gerügten fehlerhaften Grundlage des ganzen Feldzugs tritt also noch der weitere Missgriff hinzu, dass hier der schon so oft verurteilte Versuch wiederholt wurde, die Operationen vom grünen Tisch aus zu leiten. Halleck war eifersüchtig darauf bedacht, dass dieses Verhältnis nicht durchbrochen wurde. Er teilte Burnside und später Mc Clellan nichts von Popes Bewegungen und diesem nur ganz Allgemeines von dem Fortgang der Ausschiffung und dem jeweiligen Standort der Corps der Potomac-Armee mit, sodass thatsächlich die Fäden, an denen die Operationen geleitet wurden, in seinem Kabinet in Washington zusammenliefen.

Dazu kam noch etwas Anderes. Pope hatte sich durch seine überaus ungeschickten Proklamationen und Armeebefehle bei Übernahme des Kommandos bei den Offizieren der Potomac-Armee, nament-

lich den höheren, ausserordentlich missliebig gemacht, während sie
für Mc Clellan eine grosse Zuneigung hatten. Beobachteten sie schon
aus diesem Grunde dem neuen Führer gegenüber ein gewisse miss-
trauische Zurückhaltung, so waren die ersten Ergebnisse der Popeschen
Führung, die doch in gar zu grellem Kontrast mit den tönenden
Phrasen seiner Armee-Befehle standen, auch nicht geeignet, Vertrauen
zu begründen. Mit jedem Tage schwand der Glaube an die Fähigkeit des Führers der Armee von Virginien mehr und mehr. Viele
höhere Offiziere der Potomac-Armee machten kein Geheimnis daraus,
dass sie Pope nicht für fähig hielten, eine Armee zu führen und
gaben ihrer Unlust, unter ihm zu dienen, nur zu offenen Ausdruck.
Das konnte Pope natürlich nicht verborgen bleiben und erzeugte auch
bei ihm Misstrauen in die volle Ergebenheit seiner Untergebenen.
Überall, wo physische Hindernisse, oder eine in der Zeit zwischen
Absendung und Empfang eines Befehls eingetretene totale Änderung
der Sachlage die buchstäbliche Ausführung eines Befehles unmöglich machte, witterte Pope Mangel an gutem Willen oder gar absichtlichen Ungehorsam.

Dass diese Zustände der Sache, der doch Alle dienten, nicht zum
Frommen gereichten, liegt auf der Hand. —

Wir nehmen nunmehr den Faden der Darstellung der Ereignisse
wieder auf.

IV. Vom Rappahannock nach Manassas.

(24. bis 27. August.)

Lee fasst den Entschluss, gegen Popes Rückzugslinie zu operieren. — Jackson mit der Ausführung der Umgehung beauftragt. — Einige Bemerkungen über Lees Plan. — Sigel bei Sulphur Springs. — Stellung der Unierten am Abend des 24. — Anmarsch des Corps Porter. — McClellan bei Acquia Creek. — Jackson tritt seinen Marsch an. — Depeschenwechsel zwischen Halleck und Pope. — Popes Unsicherheit. — Sigels bedenkliche Lage bei Waterloo. — Er erhält den Befehl, nach Warrenton zurückzugehen. — Scharmützel bei Sulphur Springs. — Unklarheit auf Seiten der Unierten. — McDowells Beobachtungen am 25. — Zustand der unierten Kavallerie. — McDowells Bericht an Pope. — Das Corps Porter trifft bei der Armee ein. — Beunruhigende Nachrichten. — Jacksons Marsch von Salem nach Bristow. — Wegnahme von Manassas Junction. — Das Corps Franklin in Alexandria. — Die Beute von Manassas Junction. — McClellan in Alexandria. — Er erhält Befehl, das Corps Franklin in Eilmärschen abzuschicken. — McClellans Besorgnis um die Sicherheit von Washington. — Pope beschliesst zunächst Jackson aufzusuchen und zu schlagen. — Vormarsch auf Gainesville und Greenwich. — Gefecht bei Bristow. — Teile der Brigade Piatt treffen in Warrenton Junction ein. — Die Rekognoscierung des General Buford. — Longstreet folgt Jackson über Salem. — Pope ordnet für den 28. ein konzentrisches Vorgehen auf Manassas an.

Sobald Lee aus den ihm vorgelegten, von Stuarts Reitern erbeuteten Papieren die wahre Sachlage überschaut hatte, fasste er ohne Zögern seine Entschlüsse. Obgleich das Steigen des Wassers ihm den beabsichtigten Flussübergang bei Sulphur Springs und Waterloo Bridge angesichts des Feindes unmöglich gemacht hatte, konnte es ihn an einem Übergang noch weiter stromaufwärts nicht hindern, wodurch er zugleich den Vorteil erreichte, dass seine Bewegungen sich dem Feinde besser verbergen liessen. Er hoffte in Popes Rücken gelangen zu können, ehe dieser seine Absicht noch geahnt hatte. So wollte er Popes Verbindungslinie, die Orange-Alexandria Bahn, unterbrechen, und dadurch die Bewegung der zur Verstärkung Popes bestimmten Truppen verzögern oder womöglich ganz verhindern, die grossen bei Manassas Junction angelegten Magazine wegnehmen oder zerstören und so die Soldaten der Armee Popes ihrer Rationen, die Pferde ihrer Fourage, die Waffen ihrer Munition berauben. Das war der Plan, welchen

Lee am 23. fasste, als noch die Truppen unter Early der Erlösung
aus der sie umdreuenden Gefahr harrten.

Seit die konföderierte Armee am 21. morgens am Rappahannock
angelangt, war sie, eine mässige Linksschiebung abgerechnet, in
ihren Stellungen verblieben. Sie war demnach im Gegensatz zur Armee
der Unierten, deren Corps während dieser Zeit fast unausgesetzt hin
und her marschiert waren, ausgeruht, und ihr Befehlshaber konnte
eine starke Marschleistung von ihnen fordern. Lee beschloss demnach
seine Armee zu teilen, und während der eine Teil am Rappahannock
dem Feinde gegenüber stehen blieb, sollte der andere Teil eine weit-
ausgreifende Umgehung ausführen, um plötzlich überraschend weit
im Rücken des Feindes aufzutreten. Keinen geeigneteren Führer konnte
es für ein derartiges Unternehmen geben, als Jackson, keine besseren
Truppen als dessen unvergleichliche „Fusskavallerie". Er sollte über
Amisville nach Norden marschieren, über Orleans das an ´der Manassas Gap Bahn gelegene Städtchen Salem erreichen, von hier durch
Thoroughfare Gap wieder in die virginische Ebene hinabsteigen und
rasch über Gainesville auf Manassas Junction vorstossen, wo, wie
schon erwähnt, die reichen Depôts der Unierten als erstes Ziel wink-
ten. Während diese Umgehung ausgeführt wurde, wollte Lee mit
dem Corps Longstreet am Rappahannock stehen bleiben, die Aufmerksamkeit der Unierten durch Demonstrationen und anscheinende
Übergangsversuche fesseln und von der Umgehung ablenken. Das
plötzliche Erscheinen Jacksons im Rücken auf seiner Verbindungslinie musste Pope jedenfalls zur Aufgabe der Linie des Rappahannock
nötigen. Lee konnte sich dann mit dem Corps Longstreet entweder
an seine Fersen heften und die Wiedervereinigung mit Jackson auf
dem Schlachtfelde der zu erwartenden Entscheidungsschlacht, anstreben,
die dann von den Unierten zwischen zwei Feuern geschlagen werden
musste, oder er konnte die voraussichtlich grossartige Verwirrung,
welche bei den Unierten durch die Umgehung erzeugt werden musste,
benutzen, um Jackson rasch zu folgen und mit ihm vereint den mo-
ralisch deprimierten und durch entbehrte Verpflegung und unausge-
setzte Märsche erschöpften Unierten die Entscheidungschlacht liefern.

Ein Manöver, wie das hier als von Lee beabsichtigt geschilderte,
steht mit einer der ersten Regeln der Kriegskunst im Widerspruch,
welche lehrt, dass man angesichts des Feindes seine Kräfte nie teilen.
sondern zusammenhalten soll. Eine solche Teilung kann nur unter
ganz besonders günstigen Voraussetzungen allenfalls gebilligt werden.
wenn die gegenseitigen Stärkeverhältnisse derart sind, dass der vor
der Front des Feindes zurückbleibende Teil stark genug gemacht
werden kann, um sich wenigstens defensiv so lange behaupten zu
können, bis die Umgehung wirksam wird, und auch den Gegner zu
Detachierungen zur Sicherung seiner bedrohten Verbindungen zwingt.
Auch die Umgehungs-Kolonne muss stark genug gemacht werden
können, dass sie sich, im Falle das Manöver vorzeitig entdeckt und sie
angegriffen wird, so lange zu behaupten vermag, bis der vor der Front
des Gegners stehen gebliebene Teil ihr Luft machen kann. Treffen

diese Voraussetzungen nicht zu, so setzt man sich, wenn die Umgehung vom Gegner vorzeitig entdeckt wird, der Gefahr aus, dass die beiden getrennten Teile, einer nach dem andern, von dem gesammelten, also jedem einzelnen Teile numerisch überlegenen Gegner angegriffen und geschlagen werden, und zwar liegt diese Gefahr um so näher, als bei weit ausgreifenden Umgehungen dem Umgangenen stets der Vorteil der inneren Linie zur Seite steht. Es wird ein solches Manöver sich also nur da rechtfertigen lassen, wo es darauf ankommt, einen an sich numerisch schwachen, aber durch eine starke Defensivstellung selbst einem überlegenen Angreifer gewachsenen Gegner, aus dieser Stellung herauszumanöverieren, ohne sich den ungewissen Chancen eines direkten Angriffs auf dieselbe auszusetzen. Das erste traf hier annähernd zu. Es galt allerdings, den Gegner aus einer Defensivstellung herauszumanöverieren, welche zwar nicht übermässig stark, so doch immerhin stark genug war, um Lee vom direkten Angriff Abstand nehmen zu lassen. Die zweite Bedingung traf aber nicht zu. Lee war seinem Gegner am 23. August numerisch nicht allein nicht überlegen, sondern kaum gewachsen. In den nächsten Tagen gelangte das numerische Übergewicht ganz bestimmt in immer steigendem Verhältnis auf die Seite der Unierten und Lee wusste das. Ganz besonders bedenklich aber wird das Manöver noch dadurch, dass die Umgehungskolonne gegen die Strasse dirigiert wurde, auf welcher Verstärkungen im Anmarsch waren, welche ihr nicht allein gewachsen, sondern sogar überlegen waren. Dass Lee trotz aller dieser schwerwiegenden Bedenken einen solchen Plan fasste, lässt sich nur dadurch erklären, dass er das Gegenteil von Achtung vor Popes Feldherrneigenschaften besass. Er kannte ihn schon lange, und was er einem anderem Führer gegenüber wohl kaum in Erwägung gezogen hatte, erschien ihm Pope gegenüber keineswegs vermessene Tollkühnheit zu sein. Derartige Flankenmärsche hatten, wie seine ganze Laufbahn beweist, eine grosse Anziehungskraft für Lee, ebenso wie für Jackson, der aus diesem Grunde auch ganz besonders zur Leitung solcher Unternehmungen geeignet war. Bestimmend für den Entschluss Lees wirkte wohl auch die Rücksicht auf den Charakter der beiderseitigen Armeen und des Landes.

Die Armeen bestanden zum grossen Teil aus jungen, eben ausgehobenen, gar nicht oder nur mangelhaft ausgebildeten Leuten, welche für den moralischen Druck eines „Überfalls" oder des „Umgangen seins" sehr empfänglich waren. Die Wirkung demnach, welche es haben musste, wenn sie erfuhren, dass ein grosser Teil der Armee Lees sich in ihrem Rücken befand, während sie glaubten, ihr gegen über zu stehen, musste verhängnisvoll sein. Dass die Gestaltung des Terrains, der Vorhang, welcher durch die Bull Run Berge gebildet wurde, die Richtung der von Thoroughfare Gap nach der Ebene hinabführenden Strasse, zu einer solchen Umgehung geradezu herausforderte, geht aus der weiter oben gegebenen Terrainbeschreibung und aus einem Blick auf die Karte hervor. Der vorherrschend waldige Charakter des Kriegsschauplatzes begünstigte derartige Unternehmungen ebenfalls in hohem Grade, und es gehörte schliesslich nur ein gewisses Mass von Verwegenheit auf Seiten des Generals, der den betreffenden Entschluss zu fassen hatte, dazu, um sie plausibel erscheinen zu lassen. Diese Verwegenheit hat Lee wiederholt bewiesen, und der Erfolg hat sie stets gerechtfertigt. Raschheit der Bewegungen war aber die erste Bedingung des Erfolges. Das ganze Unternehmen konnte und musste wahrscheinlich scheitern, wenn der Feind es zu früh erfuhr und das Debouchieren aus Thoroughfare Gap verwehrte. In dieser Beziehung konnte er keine bessere Wahl treffen, als indem er Jackson zum Führer der Umgehung wählte. Kein General verstand es wie dieser, von seinen Truppen das höchste Mass an Leistungen zu fordern und zu erreichen. Das hatte er in seinem glänzenden Feldzug im Shenandoah Thal im Mai und in seinem Marsch von da nach dem Chickahominy bewiesen. Sein Corps hatte sich schon damals den ehrenden Beinamen „Fuss-Kavallerie" erworben.

Alles, was am 24. von Seiten der Konföderierten vorgenommen wurde, hatte die Förderung der neuen Pläne Lees im Auge. Um dieselben zu verschleiern, wurden die bei den unteren Furten und Übergängen so geschickt ausgeführten Demonstrationen jetzt bei Sulphur Springs und Waterloo Bridge fortgesetzt. Zwischen diesen beiden Orten spielten sich also am Morgen des 24. ganz ähnliche Scenen ab, wie sie in den vorhergegangenen Tagen weiter unterhalb stattgefunden hatten.

Geschütze und Scharfschützen unterhielten beiderseits über den Fluss hinüber ein lebhaftes Feuergefecht. Während desselben aber wurden auf konföderierter Seite die Truppen, welche zum Corps Jackson gehörten, soweit sie noch in erster Linie standen, in aller Stille durch das Corps Longstreet abgelöst, um sich rasch auf die ihnen gestellte grosse Aufgabe vorzubereiten.

Auf Seiten der Unierten hatte das Corps Sigel die Nacht vom 23. zum 24. an den Ufern des Great Run gelagert, dessen geschwollene Wasser eine Barrière zwischen ihm und dem konföderierten Detachement unter Early gebildet hatten. Am Morgen des 24., etwa um 10 Uhr, bereitete sich Sigel vor, den eben genannten Fluss zu überschreiten. Banks und Reno sollten folgen. In einem kleinen Hause am Ufer fand eine Besprechung zwischen den Generalen Pope, Mc Dowell, Sigel, Banks und Reno und einigen anderen Generalen, Divisions- und Brigade-Kommandeuren, statt. Es war noch unbekannt, ob die konföderierten Truppen, welche am Tage vorher Sigel den Übergang über den Great Run streitig gemacht hatten, noch diesseits des Rappahannock standen oder auf das rechte Ufer zurückgegangen waren. Um dies festzustellen, wurde Milroy beauftragt, eine Rekognoscierung vorzunehmen. Die Brücke, auf welcher sich am Tage vorher die Konföderierten auf das rechte Ufer des Great Run zurückgezogen hatten, war durch Aufnahme des Belags nur teilweise zerstört. Die Streckbalken waren liegen geblieben. Auf diesen liess Milroy seine Infanterie übergehen und ging dann, ohne auf die Artillerie zu warten, in der Richtung auf Sulphur Springs vor. Er erreichte, ohne etwas vom Feinde gesehen zu haben, die den Ort umgebenden, diesen und die von Jackson erbaute Brücke beherrschenden Anhöhen. Hier erhielt er aber Feuer von einigen, am jenseitigen Ufer aufgestellten Batterien. Es waren die Batterien der Division A. P Hill, welche dem Vorgehen Milroys ein Ende machten. Nach einigen Minuten indess, nachdem sie die Schwäche der ihnen gegenüberstehenden Truppen erkannt hatten, wurde das Feuer eingestellt, um das Auftreten grösserer Massen abzuwarten. Inzwischen war die Brücke über den Great Run wiederhergestellt, und Sigel mit dem Rest des Corps übergegangen. Nach den Meldungen Milroys waren die feindlichen Batterien das wesentlichste Hindernis zum Vormarsch auf Sulphur Springs. Sigel wollte dasselbe beseitigen, zog seine Batterien vor, und in kurzer Zeit war der gewöhnliche Artillerie-Kampf über den Rappahannock hinüber im Gange. Das Feuer wurde jedoch von den Konföderierten auf höheren Befehl abermals eingestellt, um abzuwarten, bis die Infanterie der Unierten sich zeigte. Selbst die Geschützbedienungen wurden zurückgezogen, um sie nicht unnützen Verlusten auszusetzen. Sigel glaubte, dass das Feuer seiner Batterien die feindlichen zum Schweigen gebracht und die Bedienungsmannschaften vertrieben habe, und meldete Pope, dass der Weg nach Sulphur Springs frei sei. Auch Milroy scheint dies geglaubt zu haben. Jenseits des Flusses standen die anscheinend von ihren Bedienungen im Stiche gelassenen Geschütze, ein Anblick, der zu verführerisch war, als dass Milroy ihm hätte widerstehen können. An der Spitze eines seiner Regimenter ging Milroy persönlich über die Brücke vor, um sich der Geschütze zu bemächtigen. Kaum hatte jedoch die Tête das jenseitige Ufer betreten, als die konföderierten Bedienungsmannschaften plötzlich wieder an ihre Geschütze sprangen und die im Halbkreis um den Brückeneingang herum aufgestellten Batterien ein lebhaftes Schnellfeuer gegen die Brücke eröffneten, sodass das Regiment schneller auf das linke Ufer zurückkehrte, als es herübergekommen war. Der Versuch, Sulphur Springs selbst zu besetzen, wurde aufgegeben und nach Zurücklassung von drei Brigaden der Brücke gegenüber — eine von jedem Corps — wurde der Marsch der drei Corps nach Waterloo fortgesetzt.

Popes Absicht war, die dortige Brücke zu zerstören, während Lee sie erhalten oder wenigstens Pope zu dem Glauben veranlassen wollte, dass ihm an ihrer Erhaltung gelegen sei. Gegen 5 Uhr nachmittags langte Sigels Avantgarde, wiederum die Brigade Milroy, bei Waterloo an. Ebenso wie bei Sulphur Springs, waren die Anhöhen am rechten Ufer des Rappahannock mit Batterien gekrönt und die Gebüsche mit Scharfschützen besetzt, welche ein heftiges Feuer auf die anrückenden Unierten eröffneten. Dasselbe wurde von diesen ebenso erwiedert, hatte aber kein weiteres Resultat, als die Erhaltung der Brücke.

Am Abend des 24. hielten demnach die Unierten im wesentlichen die Linie des Rappahannock von Sulphur Springs bis Waterloo besetzt. Die Avantgarde Sigels stand bei Waterloo, sein Gros in der Richtung nach Sulphur Springs zu, das Corps Banks stand hinter Sigel an der Strasse von Sulphur Springs nach Warrenton, Reno mit seinen beiden Divisionen stand ebenfalls an der Strasse von Sulphur

Springs nach Warrenton, da, wo sich eine Zweigstrasse nach Waterloo abgabelt. Das Corps Mc Dowell stand bei Warrenton, und zwar die Division Ricketts an der Strasse nach Waterloo, ihre Avantgarde etwa vier Meilen von dort entfernt, die Division King auf der Strasse nach Sulphur Springs. Die Division Reynolds endlich lagerte eine Meile südlich von Warrenton, Front nach Süden, und hatte die Brigade Meade zwei Meilen in der Richtung auf Rappahannock Station vorgeschoben. Das war die Disposition von Popes Infanterie und Artillerie am Abend des 24. Die Kavallerie seiner Armee war in verschiedener Verwendung auf eine Fläche von etwa 50 Quadratmeilen verteilt. Im Süden stand ein Regiment bei Fayetteville (9. New-York) zur Beobachtung der Furten des Rappahannock, ein Teil eines andern (6. Ohio) eskortierte Proviant-Kolonnen des Corps Reno, der Rest desselben nebst dem 1. Maryland-Regiment war Sigel bei Waterloo Bridge zugeteilt. Die Hauptmasse aber unter den Generalen Buford und Bayard klärte nach Nordwesten zu auf, untersuchte Strassen und Brücken u. s. w. Sie war durch die unausgesetzten Anstrengungen sehr hart mitgenommen. Der Kommandeur des 9. New-York-Kavallerie-Regiments berichtete schon jetzt, wo der Feldzug eben erst begonnen hatte, dass die Pferde seiner Truppe bis an die Grenze ihrer Leistungsfähigkeit in Anspruch genommen seien. Sie waren seit der Schlacht am Cedar Mountain (9. August) beinahe beständig gesattelt, unregelmässig und unzureichend gefüttert und unablässig unterwegs gewesen, oft verschiedenen Brigade- und Divisions-Kommandeuren zugeteilt. Wir werden im weitern Verlaufe der Darstellung sehen, wie der Ruin der Kavallerie Popes Fortschritte machte und welchen Ursachen es zuzuschreiben war, dass zu der Zeit, wo diese Waffe am vorteilhaftesten hätte verwertet werden können und müssen, kaum noch ein Pferd aus dem Schritt in eine schnellere Gangart hineingequält werden konnte.

Nach eingetretener Dunkelheit war auf Seiten der Konföderierten das Corps Jackson völlig aus erster Linie zurückgezogen und durch Truppen Longstreets abgelöst. Es war dies notwendig, nicht nur um dem ersteren Zeit zur Vorbereitung auf die ihm bevorstehende Anstrengung zu geben, sondern auch um den Verdacht des Feindes nicht zu erregen. In dieser Hinsicht war nichts von besserer Wirkung, als die Konzentration von Truppen bei Sulphur Springs und Waterloo und die anscheinend zur Schau getragene Absicht, diese Punkte zu behaupten. Pope glaubte in der That, dass die erste Phase des Feldzugs vorüber sei. Ebenso wie er Lee das Überschreiten des Rappahannock bei den unteren Furten verwehrt hatte, würde er es ihm jetzt bei Sulphur Springs und Waterloo unmöglich machen. Es blieb ihm also weiter nichts zu thun, als am linken Ufer die nun schon nahe herangekommenen Verstärkungen abzuwarten, mit denen dann Halleck seinen grossen Feldzug beginnen konnte. In der That hatte Oberst Haupt, Linien-Kommissar in Alexandria, am 24. gemeldet, dass er angewiesen sei, für 30 000 M. Beförderungsmittel bereit zu stellen, dass er aber nicht mehr als 12 000 M. pro Tag befördern könne und deshalb vorschlage, einen Teil der Truppen per Fussmarsch gehen zu lassen. Diese zunächst zu erwartenden Truppen waren die Division Sturgis, die Division Cox, der Rest des Corps Heintzelman (Division Hooker) und das Corps Franklin. Von den hier aufgezählten Truppen kamen aber thatsächlich nur an: Das Corps Heintzelmann[1]) — einschliesslich der schon am 23. bei Warrenton Junction angelangten Division Kearny — 10 000 M. stark und ein Teil der Brigade Piatt der Division Sturgis ca. (900 M.). Die von West-Virginien erwartete Division Cox kam erst nach gefallener Entscheidung in Washington an und wurde dort festgehalten, und mit dem Corps Franklin werden wir uns später noch eingehender zu beschäftigen haben. Ausser diesen Truppen war aber auch noch das Corps Fitz-John Porter von Fredericksburg her in Anmarsch.

Das Corps Porter[2]) war (vergl. S. 92) am 20. bei Fort Monroe eingeschifft und am 21. bei Acquia Creek gelandet. Porter hatte sich sofort nach Fallmouth zu General Burnside begeben, wo er spät am Nachmittag, aber doch noch zeitig genug eingetroffen war, um die zu seinem Corps gehörige Division Reynolds, sowie die Brigade Griffins der Division Morell noch an demselben Abend in der Richtung in Marsch setzen konnte, in welcher er nach den ihm in Fallmouth gewordenen Mitteilungen Pope zu finden hoffte. Die anderen Brigaden der Division Morell und die Division Sykes kamen im Laufe der Nacht und während des folgenden Tages (22.) in Fredericksburg an. Morell marschierte am Abend des 22., Sykes am nächsten Morgen, jeder, sobald seine Truppen Lebensmittel und sonstige Vorräte empfangen hatten.

General Burnside hatte von Halleck den Befehl, die Furten des untern Rappahannock zu behaupten und Verbindung mit Pope zu halten, und das war die Aufgabe, welche Porter zunächst gestellt wurde. Die Division Reynolds war, wie an betreffender Stelle erwähnt wurde, am 22. bei Kellys Ford angelangt und dann von Pope nach Warrenton gezogen. Von dieser Anordnung, wie überhaupt von seiner Konzentration nach Warrenton und Sulphur Springs hin hatte Pope weder an Porter, noch an Burnside Mitteilung gelangen lassen. Als die Division Morell am 23. Kellys Ford erreichte, wo sie die Fühlung mit Pope aufzunehmen hoffte, sah sie sich in dieser Erwartung getäuscht. Kellys Ford war unbesetzt und weit und breit nichts von Pope und seiner Armee zu sehen. Patrouillen, welche bis Rappahannock Station streiften, meldeten, dass auch dort nichts von Popes Armee stände und dass die dortige Eisenbahnbrücke zerstört sei. Porter selbst befand

---

[1]) Trotzdem das Corps Heintzelman einen Tag später gesegelt war, als das Corps Porter, und trotzdem es eine etwas weitere Seereise zu machen hatte, als dieser, traf es früher im Operationsbereich der Armee von Virginien ein. Es lag dies daran, dass es von Alexandria, seinem Ausschiffungspunkte, mit der Eisenbahn befördert wurde, während das Corps Porter von Fredericksburg aus zu Fuss marschieren musste.

[2]) Das Corps Porter bestand zur Zeit aus den Divisionen Morell, Sykes und Reynolds. Letztere wurde nach ihrer Ankunft bei Warrenton bekanntlich dem Corps Mc Dowell zugeteilt, sodass für Porter nur die beiden anderen Divisionen verblieben. Ihre Stärke betrug ca. 9600 M.

sich krank in Fallmouth und schickte von dort den Generalen Morell
und Sykes den Befehl zu, stehen zu bleiben, wo sie sich befänden,
bis sichere Nachrichten über Popes Armee eingegangen seien. Dieser
Befehl traf Morell in Morrisville, Sykes bei Kellys Ford. Inzwischen
traf Porter am 24. selbst wieder bei seinem Corps ein. Er hatte von
dem Marsch Popes am Rappahannock aufwärts gehört und beschloss,
zunächst Pope persönlich aufzusuchen und um Verhaltungsbefehle zu
bitten. Auch General Mc Clellan war am 24. in Acquia Creek angekommen und hatte sich Befehle von Halleck ausgebeten. Dass die
Armee des Potomac mit der Armee von Virginien kooperieren sollte,
wusste er, aber wie dies geschehen sollte und wer sie kommandieren
sollte, darüber fehlte es noch an der nötigen Klarheit. Wenn seine
Armee konzentriert und so verwendet werden sollte, dass sie Popes
Pläne unterstützen sollte, dann, so glaubte Mc Clellan, wäre es nötig,
dass er etwas von Popes Plänen erführe. Als er bei Acquia Creek
landete, nahm er als sicher an, dass seine alte Armee gegen die
untern Furten des Rappahannock vorgeschoben werden solle. Allein
einer seiner Corps-Kommandeure (Porter) meldete, dass er die Furten,
welche man von Popes Truppen besetzt glaubte, geräumt gefunden
habe. Um 2 Uhr nachmittags telegraphierte er an Halleck und frug
nach Pope. Immer noch in dem Glauben, dass er für die Operationen
seiner Armee-Corps verantwortlich sei, bis sie thatsächlich das Operationsbereich eines andern Heerführers erreicht hatten, erklärte er, er
könne Porter nicht richtig dirigieren, ehe er wisse, wo sich Pope befünde.
Etwa eine Stunde später erstattete Pope dem General en chef per
Telegraph einen eingehenden Bericht über seine eigenen Bewegungen
und die des Feindes während des Tages, wie wir sie auf den vorstehenden Seiten kennen gelernt haben. Trotzdem telegraphierte Halleck an Mc Clellan: „Sie verlangen Mitteilungen von mir, welche ich
nicht geben kann. Ich weiss weder, wo Pope ist, noch wo die Kräfte
des Feindes stehen. Das sind Dinge, welche ich mich den ganzen Tag
über bemüht habe festzustellen." Das war alles, aber es war charak-
teristisch für die Art, wie Halleck sein Verhältnis zu den Armee-
Kommandeuren auffasste.[1]

Am 25. bei Tagesanbruch trat Jackson von Jefferson aus, wo
sein Corps im Laufe des Nachmittags des 24. konzentriert war, seinen
Marsch zur Umgehung Popes an. Um 3 Uhr nachmittags am 24.
hatte er seinen ersten Ingenieur-Offizier, Kapitän Boswell, zu sich
kommen lassen, um den direktesten und der Wahrnehmung des Feindes
entzogenen Weg nach Manassas Junction auszuwählen. Dieser empfahl
die Strasse über Amisville, Hinsons Mill, Orleans, Salem, Thoroughfare Gap und Gainesville. Jackson stimmte zu und erteilte Boswell
den Befehl, für die nötigen Führer zu sorgen und die Tetendivision
am andern Morgen bei Tagesanbruch selbst zu begleiten.

Die Fusskavallerie sollte nun zeigen, was sie leisten konnte. Ein
langer und beschwerlicher Marsch lag vor ihr, jeder Augenblick war

---

[1] Die Depesche Popes an Halleck ist datiert: Warrenton, 24. August,
3 Uhr 45 Min. Nachm. (Popes Report pag. 50).

kostbar, denn Thoroughfare Gap musste erreicht werden, ehe es der
Feind besetzen konnte, im Falle er vorzeitig Kenntnis von der Umgehung erhielt. Als ob er die Wahrheit der Lehre prüfen wolle,
dass eine Armee marschieren könne, wo zwei Mann Raum für ihre
Füsse finden, zog Jackson im Schatten der Bull Run Berge querfeldein, oft durch Lücken, welche in aller Eile in Feldzäunen hergestellt
waren, oder über kaum bekannte Landwege. Nicht ein Augenblick
Ruhe wurde den Leuten gegönnt. Ermüdet, mit wunden Füssen und
beinahe ohne Nahrung zu sich genommen zu haben, zogen sie stetig
dahin, und nachts biwakierten sie erschöpft, aber in bester Stimmung,
hungrig, aber voll Begeisterung bei dem kleinen Orte Salem. Fast
35 Meilen hatten sie zurückgelegt, und doch waren nur wenig Nachzügler
zurückgeblieben. Beim Durchpassieren durch Salem hielt Jackson an
der Seite der Strasse und blickte mit augenscheinlichem Stolz auf
die festgeschlossenen Glieder und die geordneten Reihen. Es war
fast Mitternacht, als die letzten Regimenter bei Salem in die Biwaks
rückten und bei Tagesanbruch sollte wieder aufgebrochen werden.

Die Ereignisse des 24. hatten Pope zwar die Überzeugung verschafft, dass keine feindlichen Truppen mehr auf dem linken Ufer des
Rappahannock seien. Er fürchtete jedoch, dass bei eintretendem Sinken
des Wassers, was wohl am 25. erwartet werden konnte, der Feind
von neuem versuchen werde, bei Rappahannock Station oder einer der
Furten zwischen diesem Ort und Sulphur Springs einen Übergang zu
bewerkstelligen. Um dem nötigenfalls entgegentreten zu können, befahl
er abermals eine Linksschiebung seiner Armee. Schon in der am Nachmittag des 24. an Halleck gerichteten Depesche äusserte er sich in
diesem Sinne, indem er sagte; „Morgen früh beizeiten werde ich einen
beträchtlichen Teil meiner Kräfte nach Rappahannock Station zurück-
schieben. Ich werde ein Observations-Corps hier lassen (die Depesche ist
von Warrenton datiert), um die Übergänge bei Waterloo und Sulphur
Springs zu beobachten. Die von Washington und Alexandria eintreffenden Verstärkungen werden, denke ich, am besten am Licking River,
zwischen Germantown und der Eisenbahn versammelt . . . . . bis Sie
bereit sind, eine Offensive zu beginnen (*until you are ready
to begin a forward movement).*"

Nach den am Morgen des 25. ausgegebenen Befehlen sollte der
rechte Flügel unter Mc Dowell bei Warrenton stehen, eine Brigade
gegen Waterloo, eine andere gegen Sulphur Springs vorgeschoben. Die
Kavallerie-Brigaden Buford und Bayard sollten längs des Flusses aufgestellt werden. Sigel erhielt den Befehl, mit seinem Corps bei Fayetteville Stellung zu nehmen. Zu ihm sollte die zu erwartende Division
Cox (welche aber nicht kam, vergl. S. 117) als Verstärkung stossen.
Banks wurde mit seinem Corps nach Bealton Station disponiert und erhielt den Auftrag, mindestens eine Division an der Eisenbahn nach Rappahannock Station vorzuschieben. Seinem Corps sollte die Division Sturgis
(kam ebenfalls nicht) zugewiesen werden. General Reno mit seinen beiden Divisionen des 9. Corps sollte wieder bei Kellys Ford Stellung
nehmen und Verbindung mit den von Fredericksburg her im Anmarsch

befindlichen Truppen aufnehmen (Corps Porter). Das Corps Heintzelman endlich sollte bei Germantown am Licking River Stellung nehmen.

Dass Pope durch diese Anordnungen die Pläne zu fördern glaubte, welche Halleck in Washington gemacht hatte, ehe Pope seinen Feldzug eröffnete, geht wohl aus dem Wortlaut der oben mitgeteilten Depesche vom 24. hervor. Dass er ferner · glaubte, durch Verteidigung der Linie des Rappahannock der Absicht des Feindes entgegenzuarbeiten, diese Linie irgendwo zwischen Kellys Furt und Waterloo zu überschreiten, kann keine Frage sein. Allein es war in der Depesche ein Satz, der dem General en chef, so wunderbar es scheinen mag, augenscheinlich nicht gefiel, und zwar der Satz, in welchem Pope darauf hindeutet, dass Halleck demnächst die Operationen selbst leiten werde („bis Sie bereit sind, eine Offensive zu beginnen", hiess es in der Depesche).

Dass General Halleck sich selbst an die Spitze der vereinigten Armeen von Virginien und des Potomac stellen werde, dass er die Verantwortung für ihre Thaten tragen, dass er die Gefahr, eine Niederlage zu erleiden, auf sich nehmen werde dafür, dass ihm im Falle des Sieges auch die Ehre und der Ruhm zufallen würde, muss jeder Soldat als selbstverständlich betrachten und es war ja überdies das, was Halleck als seine Absicht Pope gegenüber angedeutet hatte, sobald beide Armeen vereinigt wären. Pope glaubte, dieser Zeitpunkt sei gekommen. Ein Corps der Potomac-Armee (Heintzelman) war, zum Teil wenigstens schon, eingetroffen, ein anderes (Porter) befand sich ganz in der Nähe und nach der von Alexandria erhaltenen Depesche waren in den nächsten — Stunden könnte man fast sagen — von dort grosse Truppenmengen zu erwarten. Er glaubte sein Dienst als Führer sei nun zu Ende und der Hallecks beginne, und er nahm keinen Anstand, das seinem Vorgesetzten ziemlich klar anzudeuten. Aber er kam damit schlecht bei Halleck an. Dieser antwortete in sehr ungnädigem Tone und meinte, es würde ihm viel angenehmer sein, wenn Pope mehr daran denken wolle, die Armeen wieder über den Fluss gegen den Feind zu führen, als sie auf einer strategischen Linie zu disponieren, um dort seine (Hallecks) Ankunft abzuwarten.

Popes Antwort auf diese Depesche wirkt wie eine Enthüllung auf den Leser!

„Natürlich". schreibt Pope am 25. morgens, „werde ich augenblicklich nach erhaltenem Befehl (at a moments notice) bereit sein, wieder über den Rappahannock zu gehen. Sie werden aus den ein- · genommenen Stellungen ersehen, dass die Corps auf den besten Strassen, welche über den Fluss führen, stehen. Sie wünschten 48 Stunden, um die Armee von der Halbinsel hinter dem Rappahannock zu versammeln und vier Tage sind vergangen, ohne dass es dem Feind gestattet ist, herüber zu kommen. Ich glaube nicht, dass er selbst jetzt dazu bereit ist. In gewöhnlichem trockenen Wetter kann der Rappahannock beinahe überall überschritten werden und der Übergang wird deshalb am besten dadurch verteidigt, dass man zentrale Stellungen einnimmt, von denen aus man jede

Truppenabteilung, welche überzugehen versucht, schlagen kann. Ich
hatte klar verstanden, dass Sie unsere gesamten Streitkräfte zu vereinigen wünschten, ehe eine Vorwärtsbewegung begonnen würde, und
dass ich Sorge tragen müsste, mit Burnside an meinem linken Flügel
in Verbindung zu bleiben, so dass keine Bewegung, die uns trennen
könne, gemacht werden dürfe. Das hat mich weiter am Rappahannock
abwärts gezogen, als ich zu kommen wünschte. Ich bin mit Ihren Absichten nicht bekannt, wie Sie vorauszusetzen scheinen, und
würde mich freuen, dieselben kennen zu lernen, wenigstens
soweit sie meine eigene Stellung und Operationen betreffen.
Ich habe Sie deutlich dahin verstanden, das ich unter allen Umständen den Feind am Überschreiten des Rappahannock verhindern solle.
Das habe ich gethan und werde ich weiter thun. Ich liebe es keineswegs, auf die Defensive beschränkt zu sein, wenn ich es ändern kann,
aber ich muss mich damit begnügen, so lange ich an Burnsides Kräfte
gefesselt bin, welche noch nicht vollständig in Fredericksburg angelangt sind. Bitte, lassen Sie mich, wenn angängig, wissen,
was mein eigenes Kommando sein soll, und ob ich selbständig (*independently*) gegen den Feind handeln soll. Ich
habe allerdings verstanden, dass, sobald unsere gesamten Streitkräfte
vereinigt seien, Sie das Kommando in Person übernehmen würden, und wir in Übereinstimmung vorwärts marschieren würden,
wenn alles bereit sei. Ich schliesse aus dem Ton Ihrer Depesche,
dass Sie mit irgend etwas unzufrieden sind. Wenn ich nicht weiss,
was es ist, kann ich natürlich keine Änderung eintreten lassen. Die
hier ankommenden Truppen treffen bruchstückweise (*in fragments*)
ein. Soll ich sie Brigaden und Corps zutheilen? Ich sollte denken
nicht, da einige der neuen Regimenter, welche kommen, direkt von
Ihrem Bureau aus den Armee-Corps zugeteilt sind.[1]) Im Falle ich
Offensiv-Operationen beginne, muss ich wissen, über welche Kräfte ich
verfügen kann und was Sie zurückzulassen wünschen, und in wie
weit die Verbindung mit Burnside aufrecht erhalten werden muss.
Es ist stets nur mein Vorsatz gewesen, meine Operationen mit Ihren
Plänen in Einklang zu bringen, dennoch wurde ich nicht benachrichtigt, als McClellan Harrisons Landing räumte, sodass ich wissen
konnte, was ich von der Richtung zu erwarten hatte, und wenn ich
mich darüber ausspreche, so thue ich das nicht, um mich zu beklagen.
Ich glaube, Sie wissen wohl, dass ich eifrig bestrebt bin, Alles zu
thun, um Ihre Feldzugspläne zu fördern. Ich verstand, dass diese
Armee die Linie des Rappahannock halten solle, bis die Streitkräfte
von der Halbinsel sich hinter diesem Flusse gesammelt hätten. Das
habe ich gethan. Ich verstand klar, dass ich nichts aufs Spiel setzen
solle, ausser wenn es galt, diesen Zweck zu erreichen, dass es Zeit-
gewinn war, was notwendig war...."

---

¹) Aus diesem Satze scheint hervorzugehen, dass Pope ausser den geschlossenen Divisionen und Corps auch noch einzelne, wahrscheinlich neu
aufgestellte Regimenter zur Verstärkung erhielt, welche in die alten vorhandenen Verbände eingereiht wurden.

Die Meinung dieser Depesche war klar. Sie war männlich und ohne Zweifel entsprach sie den thatsächlichen Verhältnissen. Aber diese Enthüllungen würden nie gemacht sein, wenn nicht Halleck üble Laune gezeigt hätte, welche seinen Untergebenen reizte, von dessen Geschicklichkeit er die Rechtfertigung der Abberufung der Potomac-Armee von der Halbinsel und Erfolge erwartete, denen gegenüber etwaige übelwollende Bemerkungen über die Tapferkeit und Gewandtheit eines Generals en chef, der den Aufenthalt in Washington den Gefahren und Entbehrungen eines Feldzugs vorzog, verstummen mussten.

Halleck sah, dass er einen Fehler begangen hatte, und suchte ihn dadurch wieder gut zu machen, dass er die Ursache von Popes Gereiztheit beseitigte: „Nicht die geringste Unzufriedenheit mit Ihren Operationen am Rappahannock besteht hier," telegraphierte er am 25. um ³/₄12 Uhr morgens, „der Hauptzweck ist durch Heranziehung der Truppen von der Halbinsel erreicht, obgleich sie durch Stürme aufgehalten waren." Er giebt damit also indirekt zu, dass Pope die ihm gestellte Aufgabe soweit gelöst habe. Über den Zeitpunkt, wenn er selbst das Kommando persönlich übernehmen werde, beobachtet er aber auch jetzt noch ein vorsichtiges Schweigen.

Wenn man diese Korrespondenz studiert, so kann man nicht umhin, eine gewisse Sympathie für Pope zu empfinden. Die erste ihm gestellte Aufgabe, war die Überführung der Potomac-Armee durch anscheinende Bedrohung von Richmond von Norden her zu decken und die Linie des Rappahannock zu halten, während die Potomac-Armee dahinter konzentriert wurde, vorausgesetzt, dass dazu nicht mehr, als 48 Stunden erforderlich waren. Pope fühlte sich ihr gewachsen und löste sie. Er hielt die Linie des Rappahannock sogar zweimal 48 Stunden. Jetzt wurden neue und grössere Anforderungen an ihn gestellt. Denn den wahren Sinn von Hallecks Depeschen konnte er nicht missverstehen. Wenn Halleck sich auch nicht in dürren Worten weigerte, das Kommando gegen Lee in Person zu übernehmen, so war es doch klar, dass er die Verantwortlichkeit auf Pope abwälzen wollte. Und Pope konnte sie nicht einmal ablehnen. Dass es ein Amt war, welches er nicht begehrt hatte und nicht wünschte, ja, was er aller Wahrscheinlichkeit entschieden abgelehnt hätte, wenn man es ihm vorher angekündigt hätte, ehe er den Feldzug eröffnete, konnte ihm gar nichts helfen. Unter den Umständen, in denen sich Pope am Morgen des 25. August befand, blieb ihm gar nichts übrig, als die schwere Last auf seine Schultern zu nehmen.

Halleck kann aber deshalb der Verantwortlichkeit nicht entgehen. Für alle Begehungs- und Unterlassungssünden des Feldzuges, für alle die unnötigen und erschöpfenden Märsche, als man blindlings hinter dem Feind herrannte, wo er nicht war, und ihn nicht fand, wo er war, für die Unkenntnis in betreff der grossen Umgehung, bis dieselbe ihren Zweck erreicht hatte, für die enormen Verluste an Menschenleben und Material muss über die Unfähigkeit Popes hinaus Halleck verantwortlich gemacht werden, der einen Pope an der Spitze der Armee überhaupt erst möglich gemacht hatte!

Mit dem Bewusstsein seiner neuen grossen Verantwortlichkeit hatte aber Popes Unsicherheit und seine Reizbarkeit gegen seine Untergebenen zugenommen. Kaum hatte er seine Befehle am Morgen des 25. erlassen, so kamen ihm ernste Zweifel, ob er das Richtige getroffen, oder vom Feinde irre geführt sei. Als Mc Dowell den Befehl Popes für die Disposition seines Armee-Corps in der neuen Stellung empfing, ordnete er dessen sofortige Ausführung an. Die Division Reynolds ging auf der Strasse nach Sulphur Springs soweit vor, dass ihre Avantgarde, die Brigade Meade, sich bis auf vier Meilen dem Flusse näherte. Die Division Ricketts nahm an der Strasse nach Waterloo Stellung und schob die Brigade Tower bis auf vier Meilen am letztgenannten Ort heran. Die Division King verblieb bei Warrenton, an dem Punkt, wo die Strassen nach Sulphur Springs und Warrenton sich gabeln. Die Kavallerie-Brigade Buford wurde an der Strasse nach Waterloo vor der Vorhut der Brigade Tower aufgestellt, die Kavallerie-Brigade Bayard erhielt Befehl, zwischen der Vorhut der Brigade Meade und Sulphur Springs an der Strasse Stellung zu nehmen.

Die drei anderen Corps hatten die Linie des Rappahannock besetzt, aber Pope hatte sie jetzt alle drei nach Stellungen beordert, welche vom Flusse oder wenigstens dem gefährdeten Teil desselben ziemlich entfernt lagen. Banks, Reno und Sigel hatten den Befehl etwa um 10 Uhr morgens erhalten und die beiden erstgenannten den Marsch nach Bealton beziehungsweise Kellys Ford alsbald angetreten. Auch Sigel würde schon nach Fayetteville aufgebrochen sein, wenn er nicht die Überzeugung gehabt hätte, dass unter den obwaltenden Umständen die Entfernung von dem Fluss die verkehrteste Massregel sei. Am Morgen des 24. hatte Pope Sigel mitgeteilt, dass die Brücke bei Waterloo von Bufords Kavallerie zerstört sei. Als er am Nachmittag dort ankam, fand er die Brücke in vollkommener Ordnung und vom Feinde stark besetzt. Am frühen Morgen des 25. erfolgte eine heftige Kanonade seitens der Konföderierten. Dann sah man jenseits des Flusses Lager abbrechen und die Truppen konzentrieren. Ganz ähnlich war es bei Sulphur Springs, kurz, es hatte ganz den Anschein, als ob die Konföderierten sich anschickten, die Passage über den Fluss zu forcieren. So lagen die Dinge, als der Befehl für Sigel eintraf, nach Fayetteville abzumarschieren. Konnte er diesen Befehl ausführen? General Roberts, Popes Stabs-Chef, welcher bald darauf eintraf, überzeugte sich persönlich von dem Stand der Dinge und gab Sigel mündlich den Befehl, seine Stellung bei Waterloo unter allen Umständen zu behaupten.

Im Laufe der späten Vormittagsstunden gestalteten sich die Verhältnisse noch drohender und gegen Mittag standen Waterloo gegenüber auf dem rechten Ufer 28 Infanterie-Regimenter, 6 Batterien und mehrere Kavallerie-Regimenter. Grosse Kavallerie-Abteilungen hatten, wie Sigel gemeldet wurde, den Rappahannock bei Hinsons Ford überschritten[1]),

---

[1]) Es war die Kavallerie-Division Stuart, welche den Marsch Jacksons in der rechten Flanke zu decken hatte.

und dieser fürchtete eine Umgebung seiner rechten Flanke. General Roberts hatte ihm gesagt, dass die Kavallerie-Brigade Buford seine rechte Flanke sichere. Jetzt liess er Buford suchen und dieser wurde 4 Meilen hinter Sigel an der Strasse nach Warrenton lagernd gefunden. Dann kam die Meldung, dass der Feind bei Sulphur Springs thatsächlich den Fluss überschritten und die Ortschaft besetzt habe. Nach Mitteilung des General Roberts war er zur Sicherung seiner linken Flanke auf Banks und Reno gewiesen. Er schickte nach diesen, allein sie waren nach ihrem neuen Bestimmungsort abmarschiert und nicht mehr zu erreichen. Sigel musste selbst für seine Flanken sorgen. Zu dem Ende schickte er von seiner $2^{1}/_{2}$ Regiment starken Kavallerie-Brigade 5 Compagnien nach rechts, den Rest mit 4 Gebirgshaubitzen unter Oberst Beardsley nach links, um den Feind aus Sulphur Springs zu vertreiben.

Allein dies waren nicht die einzigen beunruhigenden Anzeigen, welche Sigel wahrnahm. Seit Tagesanbruch waren starke Kolonnen des Feindes im Marsch von Jefferson auf Amisville beobachtet. Es war das Corps Jackson, dessen Marsch von einer Anhöhe bei Waterloo hinter Sigels Stellung durch eine Waldlücke beobachtet wurde. Diese Richtung musste die Kolonne nur wenige Meilen von Waterloo bringen, oder wenn sie den Marsch fortsetzte, konnte sie den Rappahannock oberhalb Waterloo überschreiten und in seiner rechten Flanke erscheinen. Es schien ihm also ganz offenbar, dass die Konföderierten ihre Hauptkräfte nach ihrem linken Flügel konzentrierten, um vielleicht mit Unterstützung durch eine Umgehung nach links hin, bei Waterloo den Übergang zu forcieren.

Gegen zwei Uhr mittags schickte Sigel eine Meldung in diesem Sinne an Pope ab, aber es kam weder eine Antwort, noch Unterstützung. Es schien einige Verwirrung im Rate zu herrschen, denn am Nachmittag kam eine Depesche von Mc Dowell, von welchem ein Teil an Sigel, ein Teil an Banks gerichtet war. Sigel teilte er mit, dass er sich mit seinem Pontontrain in Fayetteville vereinigen könne (!) und von Banks verlangte er Nachrichten über sein Corps. Sigel beförderte die Depesche weiter und erhielt infolge dessen am Abend eine Antwort von Banks, worin dieser ihm den Rat erteilte, nach Fayetteville zu marschieren. Nunmehr schickte Sigel zu Pope und Mc Dowell nach Warrenton und liess um Verhaltungsbefehle bitten. Es war jetzt fast Sonnenuntergang. Sigel hielt seine Lage für bedenklicher als je. In beiden Flanken glaubte er sich bedroht und die ihm bei Waterloo gegenüberstehenden feindlichen Streitkräfte schätzte er auf 30 000 M. Dabei war der Fluss im Laufe des Tages so weit gefallen, dass er kein ernstes Hindernis mehr bot und an vielen Stellen selbst von Infanterie durchfurtet werden konnte. Die nächsten Unterstützungen waren 4—5 Meilen weit. Er konnte sich nicht denken, dass Pope ihn in einer so exponierten Stellung zu lassen beabsichtige und entschloss sich nach eingebrochener Dunkelheit nach Fayetteville abzumarschieren. Kaum hatte er indessen die entsprechenden Befehle gegeben, als ein Offizier seines Stabes von Warrenton zurückkehrte und eine Ordre von Pope überbrachte, durch wolche Sigel angewiesen wurde, nach Warrenton zu marschieren.

Inzwischen war Oberst Beardsley mit dem 9. New-York- und dem 6. Ohio Kavallerie-Regiment gegen Sulphur Springs vorgegangen. Als er sich dem hübschen Badeort näherte und denselben besetzt fand, liess er seine Haubitzen ein lebhaftes Feuer eröffnen. Schon nach kurzer Zeit gingen die nicht sehr starken Abteilungen der Konföderierten, welche das Städtchen besetzt hatten, über den Fluss zurück, und zwar zum Teil über die in Brand geratenen Brücken, zum Teil durch das Wasser. Nunmehr eröffneten auch vom rechten Ufer her konföderierte Batterien ein heftiges Feuer, wobei der Ort in Brand geriet und namentlich das grosse Hôtel und das Kurhaus in Flammen aufgingen. Nachdem er sich überzeugt hatte, dass hier ein ernstlicher Übergangsversuch der Konföderierten nicht mehr zu erwarten sei, trat Oberst Beardsley etwa um 7 Uhr abends den Rückmarsch nach Waterloo an.

Etwa zur selben Zeit zog Sigel, dem Befehl Popes entsprechend, vorsichtig seine Truppen zurück, um den Marsch nach Warrenton anzutreten. General Milroy erhielt den Auftrag, mit einigen Regimentern seiner Brigade und mehreren Batterien zurückzubleiben, um den Abzug zu maskieren und die Brücke zu verbrennen. Letzteres gelang, zwar mit grossen Schwierigkeiten, aber doch vollständig. Um 9 Uhr abends folgte Milroy dem Corps und die letzte Nachhut wurde durch die beiden Kavallerie-Regimenter unter Oberst Beardsley gebildet, welche zwischen 10 und 12 Uhr nachts von Waterloo Bridge, wohin sie von Sulphur Springs zurückgekehrt waren, abritten.

Ausser von Sigel war der Marsch des Corps Jackson auch noch von Anderen wahrgenommen. Von jeder Anhöhe zwischen Waterloo und Sulphur Springs aus konnte derselbe beobachtet werden. Tausende von Offizieren und Mannschaften des Corps Reno sahen ihn. Jeder zerbrach sich den Kopf darüber, was dieser augenscheinlich eilige Marsch zu bedeuten habe, aber keiner erriet die Wahrheit. Wie Sigel in seiner Meldung an Pope die Meinung ausgesprochen hatte, dass eine direkte Umgehung seiner rechten Flanke im Werke sei, so gaben auch noch andere ihren Vermutungen über die Bedeutung des Marsches Ausdruck. Ein Signal-Offizier von Banks Corps meldete gegen Mittag, dass er 36 Infanterie-Regimenter mit der gewöhnlichen Anzahl von Batterien und einer beträchtlichen Kavallerie-Abteilung rasch nach Norden in der Richtung auf Rectortown habe marschieren sehen, und Banks fügte bei Übermittelung dieser Meldung an Pope hinzu, es scheine offenbar, dass der Feind das Shenandoah Thal bedrohe, oder via Front Royal dahin im Marsch sei, vielleicht mit Absichten auf den obern Potomac oder gar darüber hinaus.

Pope hatte die Wahl, von den verschiedenen ihm vorgelegten Vermutungen sich diejenige auszusuchen, welche ihm am wahrscheinlichsten erschien und er kam ebenfalls zu der Ansicht, dass der Feind sich auf dem Marsch nach dem Shenandoh Thal befände.

Der General hatte sich gegen Abend nach Warrenton Junction

begeben. Als er hier die Ereignisse des Tages nochmals überdachte,
überkam ihn wieder eine grosse Unsicherheit. Wenn Sigels Auffassung
die richtige war, wenn die im Marsche beobachtete Kolonne in der
That nur eine nahe Umgehung des rechten Flügels bei Waterloo bezweckte und die bei Waterloo beobachteten Massen am nächsten
Morgen mit der Umgehungs-Kolonne kooperierten, dann waren seine
heutigen Massnahmen verkehrt. Er hatte das Corps Sigel in einem
Augenblicke von Waterloo wegbeordert, wo dieser General die Situation dort als höchst kritisch schilderte. Diese Ungewissheit war un-
erträglich. Eine gewaltsame Rekognoscierung über den Fluss hinaus
musste Aufklärung schaffen, in wie weit die von Banks ausgesprochene
Vermutung, dass die gesamte feindliche Armee nach dem Shenandoah
Thale abmarschiert sei, begründet war. Um $\frac{1}{2}$10 Uhr schrieb· er von
Warrenton Junction aus an Mc Dowell: „Ich glaube, dass die gesamten
Kräfte des Feindes über Luray und Front Royal nach dem Shenandoah Thal marschiert sind. Die Kolonne, welche heute in der Richtung auf Gaines Cross Roads beobachtet ist, hat sich nach Norden
gewandt auf Salem und Rectortown. Ich wünsche, dass Sie morgen
so früh als möglich mit Ihrem ganzen Corps — Reynolds bei Warrenton in Reserve haltend — eine Rekognoscierung machen und feststellen, was jenseits des Flusses bei Sulphur Springs steht. Zwischen
hier und Culpepper C. H. oder bei Culpepper selbst befinden sich
keine Kräfte des Feindes. Ich lege eine Depesche an General Sigel
bei, welche Sie gefälligst lesen und ihm dann sofort zusenden wollen.
Schicken Sie häufig Meldungen per Telegraph von Warrenton aus."
Die Depesche an Sigel, ebenfalls vom 25. $\frac{1}{2}$10 Uhr abends datiert,
lautete: „Sie werden morgen früh bei Tagesanbruch die Passage
über den Fluss bei Waterloo Bridge forcieren und sehen, was vor
Ihnen steht. Ich glaube nicht, dass der Feind dort mit irgend beträchtlichen Kräften steht, sondern bin der Ansicht, dass seine ganze
Armee nach Westen und Nordwesten abmarschiert ist. Ich bin weder
mit Ihren Berichten noch mit Ihren heutigen Operationen zufrieden
und erwarte morgen beizeiten etwas mehr Zufriedenstellendes über
den Feind zu hören. Schicken Sie zurück und lassen Sie Ihre Pro-
viant-Kolonne heranholen, aber keine Regiments- oder irgend welche
andere Bagage. Sie haben dies als einen strikten Befehl anzusehen,
der buchstäblich befolgt werden muss."

Diese Depeschen gelangten nachts um 12 Uhr in die Hände Mc
Dowells. Das Corps Sigel befand sich zu jener Zeit seit 7 Uhr abends
auf dem Marsche von Waterloo nach Warrenton, eine Entfernung von
$7\frac{1}{2}$ Meilen. Der Befehl für Sigel wies diesen an, „morgen bei Tagesanbruch" den Flussübergang bei Waterloo (wo er eben herkam) zu
forcieren. Ein Adjutant Mc Dowells überbrachte den Befehl an Sigel
und übergab ihm denselben um 2 Uhr nachts und zwar fand er den
General auf der Strasse an der Queue seiner Kolonne, deren Spitze
eben Warrenton erreicht hatte.

Es muss einem unbefangenen Leser unglaublich erscheinen, dass
ein Armee-Führer einem seiner Armee-Corps am Abend den Befehl

schickt, von seiner Stellung und nach einem $7\frac{1}{2}$ Meilen entfernten Punkte zu marschieren und ihm dann, wenn es diesen Marsch in der Nacht eben vollendet hat, den Auftrag erteilt, bei Tagesanbruch von der soeben verlassenen Stelle aus eine gewaltsame Rekognoscierung zu unternehmen.

Pope mochte wohl fühlen, dass er hier der schärfsten Kritik einen Angriffspunkt gegeben habe, und hat später in seinem offiziellen Bericht die Behauptung aufgestellt, Sigel sei ohne Befehl und ohne Vorwissen Popes von Waterloo nach Warrenton marschiert und in dieser Behauptung wurde er von seinem *alter ego*, Mc Dowell, aufs eifrigste unterstützt. In seinem, übrigens erst viel später abgefassten, Bericht über die Ereignisse dieses Tages sagt Mc Dowell mit bezug auf die Behändigung des oben erwähnten Befehls an Sigel, dass sie stattgefunden in der Nacht, „während der General sich auf dem R ü c k z u g von Waterloo nach Warrenton befand, durch welchen Ort seine Truppen die ganze Nacht passierten", und es kann keinem Zweifel unterliegen, dass Mc Dowell dadurch andeuten wollte, Sigel sei seiner Sicherheit wegen zurückgegangen und habe diese Bewegung ohne Befehl ausgeführt. Und doch wusste er, dass Sigels Rückmarsch auf Befehl Popes geschah. Denn um 1 Uhr 45 Minuten morgens des 26. telegraphierte er an Pope, dass das Corps Sigels, „f r ü h e r e n Befehlen entsprechend," durch Warrenton marschiere und dass sein Adjutant Sigel suche, um ihm den Befehl zu überbringen, und etwa vier Stunden später telegraphierte Mc Dowell weiter, dass die Ordre für die gewaltsame Rekognoscierung Sigel übergeben sei, „während er sich auf dem Marsche" von Waterloo nach Warrenton befand.[1])

Hatten die Ereignisse des 25. nur wenig dazu beigetragen, im Hauptquartier der Unierten Klarheit über die Sachlage zu verbreiten, so sollte der 26. in dieser Beziehung noch unbefriedigender verlaufen. Wir haben schon gesehen, dass das Corps Sigel, welches am 26. mit Tagesanbruch eine gewaltsame Rekognoscierung bei Waterloo ausführen sollte, diesen Befehl um 2 Uhr morgens bei Warrenton, $7\frac{1}{2}$ Meilen von Waterloo, erhalten hatte. Sigel hatte darauf nach Warrenton Junction telegraphiert, dass sein Corps unmöglich bei Tagesanbruch die Passage bei Waterloo forcieren könne, seine Leute seien zu erschöpft und bedürften wenigstens einer 24stündigen Ruhe. Pope erteilte ihm darauf den Befehl, bei Warrenton stehen zu bleiben und sein Corps einen Tag lang lagern zu lassen. Eine zweite Störung des Programms für den 26. sollte alsbald folgen. Reno, welcher sich am 25. nachmittags mit seinem Corps auf dem Marsch nach Kellys Ford befunden hatte, war der Befehl zugeschickt worden, am 26. zur Unterstützung der von Mc Dowell und Sigel zu unternehmenden, gewaltsamen Rekognoscierung gegen Rappahannock Station vor- und dort über den Fluss zu gehen. Dieser Befehl hatte ihn jedoch nicht erreicht, er scheint sich auf dem Marsche nach Kellys Ford über-

---

[1]) Popes Virginia Campaign. pag. 195 ff.

haupt verirrt zu haben, denn er erschien plötzlich in der Nacht mit seinem Corps in Warrenton Junction, und es war zu spät, ihn von dort nach Rappahannock Station zu schicken. Statt dessen erhielt er den Befehl, nach Fayetteville zu gehen und das weitere abzuwarten. Nachdem so auf die Mitwirkung Sigels und Renos verzichtet werden musste, erschien es Pope bedenklich, Mc Dowell allein die geplante Rekognoscierung ausführen zu lassen. Um 5 Uhr morgens telegraphierte er an diesen und bat ihn: „alle möglichen Mittel anzuwenden, um sofort festzustellen", was aus dem Feinde geworden sei. Er überliess also Mc Dowells Urteil selbst, die ihm am geeignetsten erscheinenden Mittel zu wählen. Um in dieser Beziehung ihm jedoch einen weiten Spielraum zu geben, erteilte er ihm die Befugnis, über alles, „was er dort fände", zu verfügen, also über ·das Corps Sigel bei Warrenton, das Corps Reno bei Fayetteville und das Corps Banks bei Bealton und es wurde diesen Corps-Kommandeuren von dieser, Mc Dowell erteilten Befugnis Mitteilung gemacht.

Nachdem ihm auf diese Weise Freiheit der Entschliessungen gegeben war, entschloss sich Mc Dowell, den Übergang über den Fluss zu forcieren. Schon in der Nacht hatte er mit Rücksicht auf ein solches Unternehmen sein Corps an der Strasse nach Sulphur Springs konzentriert. Hier ist das Terrain auf dem rechten Ufer des Flusses eben und offen. Etwa $\frac{1}{2}$ Meile (800 m.) vom Flusse entfernt, zieht sich eine Reihe von Hügeln amphitheatralisch um die Übergangsstelle, auf welchen die Batterien des Feindes aufgestellt waren, sodass sie die Ebene am Fluss vollständig beherrschten. Die Hügel waren mit Buschwerk bedeckt, welches die Stellung des Feindes verbarg. Ein Übergang hier hätte sich jedenfalls nur mit starken Verlusten bewerkstelligen lassen, und es war deshalb auch Mc Dowells Absicht, hier nur stark zu demonstrieren, um möglichst viel Kräfte des Feindes dahin zu ziehen, den eigentlichen Übergang aber etwa drei Meilen weiter unterhalb bei Fox' Mill zu bewerkstelligen.

Die Division King wurde mit der Ausführung der Demonstration · bei Sulphur Springs beauftragt. Sie hatte etwa sieben Meilen zu marschieren und trat den Marsch bald nach Tagesanbruch an. In der Nähe des Flusses angekommen, fuhren die Batterien auf, und bald war der gewöhnliche Artilleriekampf über den Fluss hinüber im Gange. Im Laufe des Tages traten jedoch verschiedene Umstände ein, welche Mc Dowell die Überzeugung gaben, dass ein Übergang bei Sulphur Springs oder gar noch weiter stromabwärts ein Luftstoss sein würde, der die gewünschte Aufklärung über die Stellung der Konföderierten schwerlich schaffen würde. Zunächst wurde beobachtet, dass auf konföderierter Seite höchstens zwei Batterien à vier Geschützen im Feuer standen, und schon daraus schloss Mc Dowell, dass bei Sulphur Springs nur geringe Kräfte des Feindes ständen. Noch weitern und ungleich wichtigern Aufschluss erhielt man durch ein anderes Ereignis. Die Konföderierten hatten nämlich ein Frauenzimmer, welches in die Uniform eines unierten Soldaten verkleidet war, in ihren Linien aufgegriffen. Statt die Spionin einfach aufzuknüpfen, schickten sie dieselbe durch Parlamentär über den Fluss. Dadurch erfuhr Mc Dowell, dass bei Sulphur Springs ihm die Division R. H. Anderson gegenüberstand. Nun war ihm bekannt, dass Anderson die früher von Huger kommandierte Division führte; er wusste ferner, dass diese Division um mehrere Tagemärsche hinter Longstreet gewesen war. Er schloss daraus sehr richtig, dass er es bei Sulphur Springs mit dem äussersten rechten Flügel des Feindes in der Stärke einer Division zu thun habe und dass die Hauptmasse der feindlichen Armee oberhalb Sulphur Springs zu suchen sei. Bestätigt wurde dies noch weiter durch Mc Dowells eigene Beobachtung, dass das Land von Sulphur Springs aufwärts bis nach Waterloo und noch darüber hinaus mit Staubwolken, welche von marschierenden Kolonnen herrührten, bedeckt war, während abwärts von Sulphur Springs nichts dergleichen bemerkt wurde. Alles das machte es wünschenswert, doch noch weitere Aufklärung zu schaffen, ehe man sich zu einem Stoss über den Rappahannock hinüber entschloss. Wenn brauchbare Kavallerie vorhanden war, so wollte sie Mc Dowell nach Waterloo und noch weiter stromaufwärts schicken. Allein damit sah es schlimm aus. Die Zumutungen, welche Pope der Kavallerie gestellt hatte, machten sich schwer fühlbar. Jetzt, wo sie eine höchst wichtige Aufgabe zu lösen hatte, schien sie versagen zu wollen. Beide Brigade-Kommandeure, Buford und Bayard, meldeten, dass ihre Pferde ausgepumpt seien. Buford berichtete, seine Brigade sei desorganisiert, und Bayard erklärte, die seinige könne weder eine Attake aushalten noch ausführen. Allein Mc Dowell liess sich damit nicht abfertigen. Er beauftragte den General Buford, alle noch einigermassen diensttüchtigen Pferde seiner eigenen und der Brigade Bayard zu sammeln. Dazu sollten noch die am besten berittenen Leute der zum Corps Sigel gehörigen Kavallerie-Brigade Beardsley gezogen werden. Das Ganze sollte provisorisch in Eskadrons organisiert und Buford unterstellt werden. In den ersten Nachmittagstunden war auf diese Weise eine schwache Brigade zusammengebracht, mit welcher Buford am andern Tage einen energischen Versuch machen sollte, festzustellen, was aus der am 25. im Marsch über Rectortown auf Salem beobachteten Kolonne geworden sei. Er sollte am 27. früh bei Tagesanbruch, mit gekochten Rationen für drei Tage versehen, bereit sein, den Marsch anzutreten. Die Rekognoscierung sollte in der Richtung auf Chester Gap ausgeführt werden, und zwar entweder auf der längs Carters Run aufwärts führenden oder auf der direkten Strasse von Warrenton nach Front Royal.

Um 3½ Uhr nachmittags teilte Mc Dowell seine veränderten Dispositionen und seine Beobachtungen telegraphisch Pope mit.

„Ich habe Buford angewiesen,“ sagte er, „morgen früh mit Tagesanbruch nach Chester Gap zu marschieren, um festzustellen, welche Richtung der Feind an unserem rechten Flügel eingeschlagen hat, ob nach Rectortown oder durch Chester Gap nach Front Royal. Er wird entweder die Strasse über Carters Church, am linken Ufer von Carters Run aufwärts, oder die Strasse direkt von hier (Warren-

ton) nach Chester Gap einschlagen, was durch die heute Nachmittag
noch eingehenden Nachrichten entschieden werden wird. Wie sehr
auch die Ansichten verschiedener Personen in bezug auf die feindlichen Streitkräfte bei Waterloo, Sulphur Springs und anderwärts auseinander gegangen sind, über einen Punkt sind alle einig und das ist:
Die Bewegung des Feindes nach unserem rechten Flügel vom Rappahannock über Waterloo. Bataillone, Trains, Batterien, Alles hat dieselbe
Richtung. Die Streitkräfte des Feindes scheinen jetzt oberhalb Sulphur Springs zu stehen. Unter diesen Gesichtspunkten bitte ich,
ausser Sigels Corps, welches jetzt hier ist, auch noch die Divisionen
Hooker und Kearny schleunigst hierher in Marsch zu setzen, statt
nach Rappahannock Station, denn, ob wir den Feind angreifen oder
er uns, der Entscheidungskampf scheint mir, wie die Dinge jetzt
liegen, eher oberhalb, als unterhalb Sulphur Springs gefochten werden
zu müssen. Wenn sie (die oben genannten Divisionen) noch heute
Nachmittag einen Marsch entweder in der Richtung auf Sulphur
Springs oder Waterloo machen könnten, so wäre das, glaube ich,
eine Bewegung in der richtigen Direktion. Was des Feindes Absicht
ist, ist nicht leicht zu erraten. Einige haben gedacht, dass er um
unsern rechten Flügel über Rectortown auf Washington gehen wolle.
Andere denken, er beabsichtige durch Thorntons- oder Chester Gap
und dann am Shenandoah abwärts zu marschieren. Jede dieser Operationen scheint mir zu gewagt, so lange wir ihm in Flanke und
Rücken stehen. Manche glauben, es sei seine Absicht, seine Trains
nach dem Thale [1]) zu werfen, um von dort seine Verpflegung zu
beziehen und die Front mehr nach Osten als nach Norden zu nehmen.
Auch wird angenommen, dass, während ein Teil seiner Kräfte un-
mittelbar am Rappahannock aufwärts marschiert ist, der grössere
Teil durch Culpepper die Sperryville-Strasse hinaufgegangen sei.
Diese verschiedenen Annahmen werden Ihnen nicht entgangen sein,
allein ich habe es nicht für unpassend gehalten, dieselben hier mit
Bezugnahme auf die von mir vorgeschlagene Konzentration, in der
Richtung hierher, zu wiederholen . . . ."

Wie man sieht, hatte Mc Dowell um diese Zeit noch ebensowenig
eine Ahnung von dem wahren Zweck des Marsches Jacksons, als
Pope. In seinen Spekulationen über die Absicht des Feindes war
Jacksons Marsch in bezug auf Zeit, Zweck und Ort nicht von den
Bewegungen Longstreets getrennt. Der Gedanke, dass die feindliche
Armee sich geteilt haben könne und dass ein Corps in aller Heimlichkeit eine besondere Aufgabe verfolge, war ihm noch nicht gekommen.
Er glaubte, die ganze Armee Lees zur Entscheidungsschlacht am Rappahannock, aber oberhalb Sulphur Springs zu finden. An eine grös-
sere Unternehmung gegen seine Verbindungslinie glaubte Pope am
Nachmittag des 26. entschieden noch nicht und gegen kleinere Streif-
partien traf er an diesem Tage einige Massregeln. Dem Oberst Haupt
in Alexandria erteilte er den Befehl, von den zu seiner (Popes) Ver-

---

[1]) d. h. Shenandoah Thal.

stärkung bestimmten Truppen eine Division nach Manassas Junction zu dirigieren und ihr in seinem Namen den Auftrag zu geben, die dortigen Befestigungen zu besetzen. General Halleck ersuchte er, das Corps Franklin so rasch als möglich nach Gainesville zu schieben, und der Oberst, welcher die zur Deckung der Magazine bei Manassas Junction aufgestellten Etappentruppen kommandierte, erhielt den Auftrag, durch „alle seine Kavallerie" in der Richtung nach Thoroughfare Gap aufklären zu lassen.

Inzwischen gingen Pope mancherlei beunruhigende Nachrichten zu. Ein Offizier des Signalcorps meldete um 3 Uhr 45 Minuten von der Gegend von Waterloo Bridge aus, dass Truppen und Trains des Feindes immer noch auf derselben Strasse nach Norden zögen. Longstreets Corps sei in den Wäldern hinter Waterloo Bridge, Jacksons Corps etwas oberhalb Longstreet und der ganze Distrikt über Jefferson nach Culpepper, Sperryville und Barbours sei mit Staub- und Rauchwolken bedeckt.

Pope schickte diese Depesche in grosser Aufregung an Mc Dowell und ersuchte ihn nochmals, die Bewegung des Feindes nach Norden aufzuklären. Mc Dowell, weniger zugänglich für Sensationsdepeschen, antwortete ruhig, dass er dieselbe Depesche schon direkt von demselben Offizier erhalten habe. Er hoffe, dass die für den nächsten Tag in Aussicht genommene Rekognoscierung durch Buford alle gewünschte Aufklärung schaffen werde.

Auch Sigel hatte alle Nachrichten, welche er durch seine Kavallerie und Spione erhielt, sofort an Pope weiter befördert. Aber darüber, ob die in der Richtung auf Salem beobachtete Kolonne nach dem Shenandoah Thale bestimmt war, oder Mc Dowell bei Warrenton angreifen oder Popes Verbindung mit Washington unterbrechen sollte, brachten auch Sigels Meldungen keine Klarheit. Dieser Ungewissheit gegenüber bereitete Pope sich darauf vor, den Entscheidungskampf bei Warrenton zu schlagen. Es standen ihm jetzt dazu schon bedeutende Kräfte zu Gebote. Das Corps Heintzelman war bei Warrenton Junction und Weaversville angekommen und auch Porter war in der Nähe. Letzterer war am 25. seinem vorausmarschierten Corps von Fallmouth aus nachgeeilt und hatte am 26. Truppen, welche zur Division Kearny gehörten und bei denen General Kearny sich in Person befand, in der Gegend von Rappahannock Station angetroffen. Kearny hatte ihn von der Sachlage unterrichtet, namentlich auch davon, dass der Feind allem Anschein nach weit oberhalb Rappahannock Station einen Übergang versuchen werde. Obgleich seine Instruktionen ihn anwiesen, die unteren Übergänge des Rappahannock zu decken, hatte er es doch angesichts dieser Sachlage für angezeigt gehalten, sich schriftlich bei Pope zu melden und zu dessen Verfügung zu stellen. Gleichzeitig hatte er die Division Sykes nach Bealton in Marsch gesetzt, während die Division Morell einstweilen noch bei Kellys Ford stehen blieb.

Als Antwort auf seine Meldung erhielt Porter einen von Warrenton Junction, 26. August, 7 Uhr abends, datierten Befehl Popes,

dass er die Division Sykes am nächsten Tage über Fayetteville bis
zu einem Punkt $2\frac{1}{2}$ Meilen von Warrenton vorgehen und dort Stellung mit dem rechten Flügel an der Eisenbahn nehmen lassen solle.
Auch die Division Morell solle er so rasch als möglich heranziehen.
Pope wusste demnach, dass das Corps Porter am nächsten Tage
in unmittelbarer Nähe von Warrenton ankam. Ausserdem rechnete
er noch auf die Divisionen Cox und Sturgis und das Corps Franklin.
Wenn sich der Entscheidungskampf um 48 Stunden hinausschieben
liess, so werde Alles gut gehen.

Das war der Inhalt einer Depesche, welche er am 26. abends
8 Uhr 50 Minuten an Mc Dowell richtete. Ein besserer Beweis, dass
Pope jetzt noch nicht an eine ernstliche Unternehmung des Feindes
gegen seine Verbindungslinie glaubte, kann nicht gefunden werden,
denn zur Zeit als Pope diese Depesche an Mc Dowell schrieb, wusste
er bereits, dass die Verbindung unterbrochen sei. Er hielt die Unterbrechung jedoch für das Werk einer schwachen Streifpartei oder von
Guerillas. Dies geht aus einem Befehl hervor, den er um 8 Uhr
20 Minuten abends an Heintzelman erliess, wodurch er diesen beauftragte, sofort „ein Regiment" mit der Bahn nach Manassas Junktion
zu schicken, um festzustellen, was dort passiert sei, den Telegraphen
wieder herzustellen und die Eisenbahn bis auf Weiteres zu schützen.

Bald jedoch kamen beunruhigendere Nachrichten. Um 9 Uhr
telegraphierte Mc Dowell: „Ein intelligenter Neger ist soeben von White
Plains beim General Buford eingetroffen und berichtet, dass die Avantgarde der feindlichen Kolonne sich an jenem Orte befinde. Er sagt,
er habe selbst dort um 12 Uhr 2 Batterien, 2 Kavallerie-Regimenter
und 4 Infanterie-Regimenter gesehen und sie seien im Marsch in der
Richtung auf Thoroughfare Gap gewesen. Man kann sich augenscheinlich
auf die Mitteilungen dieses Mannes verlassen. General Buford sagte,
dass die Angaben durch seine Späher bestätigt werden, welche grosse
Trains, durch Orleans nach White Plains passierend, meldeten."

Danach konnte also kein Zweifel mehr bestehen, welche Richtung
die beobachtete und verloren gegangene Kolonne eingeschlagen hatte.
Sicherlich nicht nach dem Shenandoah Thal.

Um 10 Uhr kamen noch weitere Nachrichten. Einer der von
Sigel ausgesandten Späher war soeben zurückgekehrt und berichtete,
dass von Tagesanbruch bis 4 Uhr nachmittags fortwährend Truppen
nach White Plains zu marschiert seien, wo sie Lager bezogen hätten.
Auf Mc Dowell machte diese Nachricht einen tiefen Eindruck. Er
sah die Gefahr, welche drohte, und versuchte sie abzuwenden. „Wenn
der Feind das Spiel mit uns spielen will", telegraphierte er um 10 Uhr
abends an Pope, „wenn Sie einen Angriff mit erheblichen Kräften
von Thoroughfare Gap befürchten und Sie können Ihre Kräfte nicht
zeitig genug nach Gainesville bringen, so möchte ich darauf aufmerksam machen, dass Centreville und Manassas befestigt sind, das
erstere hinreichend, um zähen Widerstand zu leisten, das letztere genügend, um junge Truppen wesentlich zu unterstützen. Wenn wir
die Panik niederhalten können, welche das Erscheinen des Feindes

voraussichtlich in Washington hervorrufen wird, so scheint mir, dass der Vorteil der Stellung ganz auf unserer Seite ist." Auch diese Mitteilung änderte noch nichts an Popes Auffassung der Sachlage. Er konnte nicht glauben, dass Lee mit solcher Geringschätzung um seine Stellung bei Warrenton herummarschiert sei und obgleich inzwischen eine Meldung von Heintzelman eingegangen war, dass das von ihm nach Manassas abgeschickte Regiment die Eisenbahn von so starken feindlichen Kräften besetzt gefunden habe, dass es ohne einen Angriff zu wagen, zurückgekehrt sei, glaubte er immer noch, dass die Unterbrechung der Verbindung nur durch streifende Kavallerie bewirkt sei. Seine nächste Depesche an Mc Dowell beschäftigt sich noch immer mit Vorbereitungen für den Entscheidungskampf bei Warrenton.

Gegen Mitternacht kam abermals eine Depesche von Sigel. Darnach sollte sich am Abend (26.) die feindliche Nachhut [1]) bei Orleans, das Gros bei White Plains befunden haben. Erst jetzt begann Pope schwankend zu werden. Um 12 Uhr nachts telegraphierte er an Mc Dowell: „General Sigel berichtet, dass die Arrièregarde des Feindes sich heute Abend bei Orleans, sein Gros bei White Plains befindet. Sie wollen morgen sehr früh feststellen, ob das so ist und Ihr ganzes Kommando bereit halten, zu marschieren. Am besten wäre es, wenn Sie es noch diese Nacht feststellten, wenn es irgend möglich wäre. Unsere Verbindungen sind durch die Kavallerie des Feindes bei Manassas unterbrochen. [2]) Ob seine gesamten Kräfte oder nur grössere Teile derselben uns umgangen haben, ist eine Frage, welche wir sofort aufklären müssen....."

Jackson hatte, wie wir wissen, in der Nacht vom 25. zum 26. gegen Mitternacht Salem erreicht. Bei Tagesanbruch am 26. trat er den Marsch wieder an und wandte sich nunmehr nach Osten, in der Richtung auf White Plains und von dort nach Thoroughfare Gap. Der Kolonne voraus eilte ein Kavallerie-Regiment unter Oberst Munford, welches Thoroughfare Gap unbesetzt fand. Damit hatte man die Gewissheit erlangt, dass der Marsch bis jetzt noch nicht entdeckt sei und nun auch aller Wahrscheinlichkeit nach nicht mehr entdeckt werden würde, bis durchschnittene Telegraphendrähte und brennende Brücken dem Feinde klar machten, dass Jackson ihm im Rücken sei.

Auch jetzt noch wurde der Marsch mit allen möglichen Vorsichtsmassregeln, welche die Geheimhaltung fördern konnten, fortgesetzt. Stuart mit seiner Kavallerie deckte die rechte Flanke. Er war um 26. um 2 Uhr morgens aus der Gegend von Waterloo aufgebrochen und war zunächst Jackson nach Salem gefolgt. Hier fand er die Strasse so verfahren, dass er querfeldein ritt und auf Pfaden, welche andere für unpassierbar gehalten hätten, parallel zu Jacksons Kolonnen den Marsch fortsetzte. Die Bull Run Berge wurden auf einem

---

[1]) Es war dies ein Irrtum. Wie wir später sehen werden, befand sich am Abend des 26. die Vorhut des Corps Longstreet in Orleans. White Plains war im Laufe des 26. vom Corps Jackson passiert und am Abend können dort höchstens noch Nachzügler und Kolonnen gewesen sein.

[2]) Die erste Mitteilung dieses Faktums an Mc Dowell.

Saumpfade südlich von Thoroughfare Gap überschritten. In Gainesville vereinigte sich Stuart wieder mit Jackson, um dann von hier
aus diesem vorauszuschwärmen. Er stiess nur auf schwache Kavallerie-
Patrouillen der Unierten, wahrscheinlich zu der Kavallerie gehörig,
welche auf Popes Befehl (vergl. S. 131) von Manassas aus zur Aufklärung gegen Thoroughfare Gap geschickt war. Eine Meldung über
den Anmarsch der Konföderierten aus dieser Richtung gelangte aber
nicht an Pope. Dieser erfuhr, wie erwähnt, erst durch das plötzliche
Aufhören der telegraphischen Verbindung mit Washington, dass in
seinem Rücken etwas nicht in Ordnung sei.

Jackson wusste, dass bei Manassas Junction, der wichtigsten
Station der Orange-Alexandria Bahn zwischen Washington und dem
Rappahannock, grosse Lebensmittel-Vorräte aufgehäuft waren. Die
Konföderierten, welche bekanntlich von der ersten Schlacht am Bull
Run (21. Juli 1861) bis Anfang März 1862 dort gestanden hatten,
waren bemüht gewesen, ihre Stellung durch Anlage von Befestigungen
zu verstärken. Nachdem die Konföderierten nach Richmond zurückgegangen waren, und die Unierten die Stellung besetzt hatten, waren
die Werke von diesen vervollständigt und ausgebaut und boten einen
ausreichenden Schutz dar, weshalb der Punkt eben zum Depotplatz geeignet
erschien. Die Werke allein konnten ihn aber nicht sicher stellen, es gehörten dazu auch hinreichende Truppen, um sie zu besetzen und zu verteidigen. Allein daran fehlte es und es befand sich nur ein schwacher,
aus Infanterie und Kavallerie bestehender Posten dort. Deshalb hatte
Pope auch, wie wir weiter oben gesehen haben, von General Halleck
die Dislocierung des Corps Franklin nach Gainesville verlangt und
dem Linien-Kommissar Oberst Haupt in Alexandria befohlen, eine der
stärksten für die Armee von Nord-Virginien bestimmten Divisionen
nach Manassas zu schicken. Beides war nicht geschehen, aus dem
einfachen Grunde, weil keine Truppen vorhanden waren. Das Corps
Heintzelman war schon zur Armee Popes abgegangen, die Divisionen
Sturgis und Cox, auf welche Pope so bestimmt rechnete, waren noch
nicht eingetroffen und das Corps Franklin kam erst am 26. in Alexandria an. Jackson glaubte ohne Zweifel, dass die Unierten es an keiner
Anstrengung fehlen lassen würden, um ihre Depots zu schützen und
er entschloss sich demnach diesen Punkt in einer Weise zu überfallen,
welche ihn gegen Störungen sicher stellte. Ohne sich in Gainesville
lange aufzuhalten, wandte er sich von dort gegen Bristow Station,
wo eine wichtige Brücke über den Broad Run führte. Gelang es
ihm, diese Brücke zu zerstören, so machte er eine Unterstützung von
Manassas, von Warrenton her, unmöglich. Der Weg von Gainesville
über Bristow nach Manassas war allerdings um zwei Meilen länger,
als der direkte Weg, allein der durch diesen kleinen Umweg zu
erreichende Vorteil wog das völlig wieder auf. ·
    Der Marsch wurde mit solcher Eile fortgesetzt, dass Oberst Mun-
ford mit etwa 100 Reitern in der Nähe von Bristow Station etwa eine
Stunde vor Sonnenuntergang anlangte.[1] Hier befand sich nur eine

---
[1] In dieser Breite geht die Sonne Ende August etwa 6 Uhr 30 Min. unter.

Kompagnie Kavallerie und ebensoviel Infanterie. Die Kavallerie entfloh, die Infanterie jedoch hielt sich in einigen dort befindlichen Gebäuden und konnte erst durch die Brigade Hays, welche die Avantgarde bildete, überwältigt werden.

Kaum war dies geschehen, als man das Rasseln eines aus der Richtung von Warrenton kommenden Zuges hörte. Die Brigade Hays nahm Stellung rittlings des Bahnkörpers, vermochte aber natürlich den Zug nicht aufzuhalten. Der Lokomotivführer, welcher die feindlichen Truppen erkannte, gab vollen Dampf und brauste ohne Rücksicht auf das gegen ihn gerichtete Gewehrfeuer nach Manassas zu. Dann wurde rasch das Geleise eine Strecke nach Süden zu aufgerissen. Bald hörte man einen zweiten Zug, ebenfalls von Warrenton herankommen. Er bestand aus einer Lokomotive und einigen zwanzig leeren Waggons. Natürlich entgleiste derselbe an der aufgerissenen Stelle und stürzte den hier ziemlich hohen Damm hinab. Ein dritter, ziemlich dicht folgender, ebenfalls leerer Zug, wurde vom Lokomotivführer noch rechtzeitig zum Stehen gebracht, fiel aber in die Hände der Konföderierten. Der Lokomotivführer hatte jedoch noch Zeit gefunden, eine Anzahl von Signalen mit der Dampfpfeife zu geben, so dass ein ihm folgender vierter Zug Contredampf gab und nach Warrenton Junction entkam.

Die Anwesenheit der Konföderierten bei Bristow konnte nun nicht mehr lange ein Geheimnis bleiben. Sie musste ziemlich gleichzeitig in Alexandria — durch den ersten entkommenen Bahnzug — und in Warrenton Junktion — durch den letzten — bekannt werden. Wollte Jackson von der bisherigen Raschheit und Heimlichkeit seiner Bewegungen noch weiteren Nutzen ziehen, so durfte er keine Zeit verlieren.

Neben vielen anderen Gründen, welche die Wegnahme der Vorräte bei Manassas wünschenswert erscheinen liessen, sprach besonders einer laut mit, und das war der, dass Jacksons Leute hungrig waren. Sie waren so rasch marschiert, dass die Proviant-Kolonnen nicht hatten folgen können. Fünfzig Meilen hatten sie in zwei Tagen zurückgelegt und dabei von unreifen Äpfeln und Maiskolben gelebt. Der Rest der Division Ewell, sowie die Divisionen A. P. Hill und Taliaferro waren herangekommen, aber die Notwendigkeit raschen Handelns wurde von Allen so sehr gefühlt, dass, noch ehe Jackson Befehle wegen des weiteren Vorgehens erteilen konnte, General Trimble der Division Ewell sich freiwillig erbot, mit zwei Regimentern seiner Brigade — 21. Georgia- und 21. Nord-Carolina-Regiment, im Ganzen etwa 500 M. — sofort gegen Manassas vorzugehen, ein Anerbieten, welches Jackson gern annahm.

Es scheint nicht, als ob die schwache unierte Besatzung von Manassas irgend welche Warnung von dem sie bedrohenden Überfall erhalten hätte, wenigstens waren keine besonderen Vorsichtsmassregeln getroffen.

Die Dunkelheit war völlig eingetreten, als sich Trimble längs der Eisenbahn nach Manassas zu in Bewegung setzte. Obgleich Jackson Trimbles Anerbieten mit Freuden angenommen und diesem nicht die

geringste Andeutung gegeben hatte, dass er noch weitere Truppen
unter einem ältern General mit dem gleichen Auftrag abschicken werde,
erteilte er doch bald nach Trimbles Abmarsch Stuart den Befehl, mit
einem Teil seiner Kavallerie ebenfalls nach Manassas vorzugehen und
als älterer General den Oberbefehl über die Expedition zu übernehmen.
Ein nächtliches Unternehmen, seitens zweier getrennter Abteilungen
gegen dasselbe Ziel, von denen wenigstens eine nichts von der andern
weiss, konnte zu den verhängnisvollsten Verwickelungen führen. Davor
blieben im vorliegenden Falle die Konföderierten zwar bewahrt, wenn
es auch an Konfusion nicht fehlte. Stuart marschierte nördlich der
Eisenbahn, während Trimble sich seinen Weg südlich derselben in der
Dunkelheit suchte. Er war bis auf 1½ Meilen von Manassas Junction
gelangt, ohne eine Ahnung davon zu haben, dass noch eine andere
Truppenabteilung mit ihm kooperieren solle, ja, dass dieselbe ihn
bereits überholt habe. Gegen Mitternacht, als er noch 1½ Meilen
von seinem Ziele entfernt war, wurde die Stille der Nacht plötzlich
durch ein paar einzelne Gewehrschüsse unterbrochen. Niemand konnte
sich die Ursache erklären. Einige Offiziere ritten vor und entdeckten
Stuarts Kavallerie, aufmarschiert zwischen sich und Manassas.

Stuart war an die Ausführung des ihm von Jackson erteilten
Auftrages gegangen, ohne es für nötig zu halten, sich mit dem Befehlshaber der Infanterie, der bei dem zu erwartenden Nachtgefecht
die Hauptarbeit zufallen musste, ins Einvernehmen zu setzen. Er
hatte dem 4. Virginia-Kavallerie-Regiment den Auftrag erteilt, vor-
auszutraben, Manassas im weitem Bogen zu umgehen und von Norden
her anzugreifen, um der Besatzung von vornherein den Rückzug abzuschneiden. Mit dem Rest der Brigade Robertson ritt er nördlich
der Eisenbahn gegen Manassas vor. Nicht weit von diesem Ort wurde
ein auf dem Bahnkörper stehender Posten gefangen genommen und
der Marsch fortgesetzt. Bald stiess man auf die Feldwache, zu welcher
der gefangene Posten gehörte. Hier wurden die paar Schüsse gewechselt, welche Trimble gehört hatte. Der Feldwache aber gelang
es, zum grössten Teil zu entkommen und dadurch wurden die Bedeckungstruppen bei Manassas alarmiert. Während die konföderierte
Kavallerie ihren Marsch fortsetzte, krachte plötzlich ein Kanonenschuss
und eine Granate zischte über den Köpfen der Reiter fort. Stuart
sah, dass seine Hoffnung, die Unierten zu überrumpeln, vereitelt war
und blieb halten, um nunmehr die Ankunft Trimbles abzuwarten.
Aber auch als dieser nach kurzer Zeit herangekommen war, scheint
es doch noch an Einheit des Handelns gemangelt zu haben. Trimble
sagt in seinem offiziellen Bericht: er habe Stuart in Kenntnis gesetzt,
es sei seine Absicht, Manassas Junction anzugreifen, und er bitte um
Unterstützung durch die Kavallerie; während Stuart behauptet, er
habe Trimble befohlen, rittlings der Bahn mit Plänklern voraus
gegen den genannten Punkt vorzugehen. Trimble habe jedoch um
Erlaubnis gebeten, bis zum Morgen zu warten, was Stuart mit Rücksicht auf die Dunkelheit genehmigt habe. Für die Richtigkeit der
Darstellung Trimbles spricht der Umstand, dass er nicht bis zum

Morgen wartete, sondern sofort vorging. Die Nacht war sehr warm und es herrschte tiefe Dunkelheit. Eine Meile etwa setzten die Konföderierten ihren Marsch ungestört fort. Sie waren bis auf eine halbe Meile herangekommen, als die Unierten ihr Geschützfeuer wieder eröffneten. Allein die Schüsse, aufs Geratewohl abgegeben, thaten keinen Schaden und dienten nur dazu, den Angreifer zu ermutigen. Etwa hundert Schritte von den Batterien wurde Halt gemacht, die Linie nochmals geordnet, ein Losungswort ausgegeben und dann ging es zum Angriff. In wenigen Minuten war die ganze Sache erledigt. Jedes der beiden konföderierten Regimenter nahm im ersten Anlauf eine Batterie von 4 Geschützen mit completter Bespannung. Die Besatzung von Manassas leistete keinen Widerstand, sondern entfloh längs der Bahn nach Alexandria zu. Etwa 300 Gefangene blieben in den Händen der Konföderierten. Erst als Manassas Junction vollständig im Besitz der Brigade Trimble war, kam die Kavallerie Stuarts herbei. um wenigstens an den Früchten des leichten Sieges der Infanterie Teil zu nehmen.

Die folgenden Stunden waren für Trimble sehr sorgenvoll. Jeden Augenblick konnte die Ankunft eines mit Truppen beladenen Eisenbahnzuges, von Alexandria her, das Signal zur Wiedereröffnung des Kampfes sein, in welchem der Preis seines Sieges ihm wieder entwunden werden konnte. Seine Leute, so müde sie waren, wagten es nicht, sich dem Schlummer zu überlassen. Erst gegen Morgen nahte ausreichende Unterstützung, wodurch das Gefühl der Sicherheit wieder hergestellt wurde.

Jackson hatte seinem Corps bei Bristow nur eine kurze Rast gegönnt. Bald nach Mitternacht brach er mit den Divisionen A. P. Hill und Taliaferro in der Richtung nach Manassas auf. Die Division Ewell (mit Ausnahme der Brigade Trimble) blieb bei Bristow stehen und erhielt den Auftrag, Jacksons Rücken gegen etwaige Unternehmungen von Warrenton her zu decken. Mit den beiden genannten Divisionen traf er beim ersten Grauen des neuen Tages bei Manassas ein und damit waren die Früchte des Sieges Trimbles sicher gestellt.

Jackson traf sofort Anordnungen, um jedem von Washington oder Alexandria aus gemachten Versuch, ihn von Manassas zu vertreiben, entgegen zu treten. Dass Halleck Alles, was er an Truppen zur unmittelbaren Verfügung hatte, längs der Eisenbahn vorschicken werde, um die wertvollen Depots den Händen des Feindes zu entreissen, konnte nicht bezweifelt werden. Aber Jackson mochte wohl ziemlich genau unterrichtet sein — an Spionen fehlte es ja in dem secessionistisch gesinnten Alexandria nicht —, dass ihm von dort keine ernste Gefahr drohe. Immerhin wurden aber die Befestigungen besetzt, Geschütze in denselben aufgefahren und die Division A. P. Hill auf dem Plateau nördlich der den Bahnhof umgebenden Häusergruppe aufgestellt, während die Division Taliaferro etwas westlich der Eisenbahn-Gabelung verdeckt in Reserve aufgestellt wurde.

Ein erster Versuch, Manassas wieder zu nehmen, liess auch nicht lange auf sich warten. Bei Union Mills Station, der nächsten Station nach Alexandria zu, stand Oberst Scammon mit dem 11. und 12. Ohio-Regiment. Diese Truppen waren für die von West-Virginien zur Verstärkung Pope's herbeigerufene Division Cox bestimmt und warteten deren Eintreffen hier ab. Scammon war bereits durch das Schiessen bei Manassas alarmiert und ging, als er durch Versprengte hörte, was geschehen sei, gegen den Ort vor. Er kam dort an, als die Division A. P. Hill eben in ihre Stellung nördlich des Bahnhofs einrückte. Zwar versuchte er es auf der Eisenbahnbrücke über den Bull Run vorzugehen, erkannte jedoch nach kurzem Gefecht, dass die ihm gegenüberstehenden feindlichen Kräfte zu bedeutend seien. Er brach das Gefecht ab und zog sich in der Richtung auf Alexandria zurück. Stuarts Kavallerie verfolgte und streifte bis in die Gegend von Annandale und Fairfax C. H., wenige Meilen von Alexandria.

Hier war am 26. das Corps Franklin eingetroffen und ausgeschifft. Als die Nachricht von dem Überfall von Manassas dorthin gelangte, wurde in den ersten Morgenstunden die Brigade Taylor (Division Slocum) dieses Corps (1., 2., 3. und 4. New Jersey Regiment) auf einen Eisenbahnzug gesetzt und nach Manassas befördert. Auch hier glaubte man demnach, dass es nur eine schwache Streifpartei des Feindes sei, welche das Unheil angerichtet habe, sonst würde man nicht mit so unzureichenden Kräften einen Versuch gemacht haben, der der wirklichen Stärke des Feindes gegenüber völlig aussichtslos sein musste. Der Zug erreichte die Brücke über den Bull Run etwa um 7 Uhr vormittags. Hier verliessen die Truppen die Waggons, überschritten die Brücke und entwickelten sich dann zum Angriff. Ohne auf grossen Widerstand zu stossen, gelangten sie bis zu einem, zum Hospital eingerichteten Gebäude, welches etwa 850 Schritte von Manassas lag. An diesem Punkte angelangt, eröffneten plötzlich eine grosse Anzahl von Batterien ihr Feuer auf die schwache Brigade. Ausser den in den Befestigungen aufgestellten Geschützen, waren es 6 Batterien der Division A. P. Hill, welche ihr Feuer gegen dieselbe richteten. Das Resultat konnte nicht lange zweifelhaft sein. Bald riss Verwirrung in den Reihen der Unierten ein und sie wandten sich zur Flucht über die Eisenbahnbrücke. Die Batterien folgten und auch Infanterie der Division Hill nahm an der Verfolgung teil. Am linken Ufer des Bull Run gelang es den Offizieren der Unierten ihre Leute noch einmal zum Stehen zu bringen, aber nicht auf lange. Wieder richtete das Feuer der konföderierten Batterien solche Verheerungen in ihren Reihen an, dass sie bald in völliger Auflösung nach Alexandria zurückeilten. Eine halbe Meile verfolgten die Konföderierten die Unierten über den Bull Run hinaus, wobei noch manche Gefangene in ihre Hände fielen. General Taylor selbst war tödlich verwundet. Der Eisenbahnzug, welcher die Brigade gebracht hatte, ebenso wie die Brücke über den Bull Run wurden in Brand gesteckt, als die Konföderierten nach Manassas zurückkehrten.

Erst jetzt hatten sie Zeit, sich um die Beute zu bekümmern, welche sie bei Manassas gemacht hatten und fanden, dass dieselbe ihre kühnsten Erwartungen weit übertraf. Acht Geschütze mit

Munitionswagen und vollständiger Ausrüstung und Bespannung, 300 Gefangene, 200 entlaufene Sklaven, die dort als Arbeiter verwendet waren, 200 neue Zelte, 247 Pferde, 10 Lokomotiven, 2 grosse mit Vorräten beladene Eisenbahnzüge, 50 000 Pfund Speck, 1000 Fässer mit gepökeltem Rindfleisch, 20 000 Fässer mit Schweinefleisch, einige Tausend Fässer mit Mehl und Kaffee und eine grosse Menge Fourage fielen in die Hände der Konföderierten. Dazu kam noch der Inhalt der Marketender-Niederlagen, welche alle erdenklichen Artikel des Bedarfs und Luxus enthielten. Über diese Schätze fielen die hungrigen und ermüdeten Soldaten Jacksons her, nachdem ihnen die Vertreibung der Brigade Taylor Ruhe und Sicherheit, wenigstens für einige Stunden verschafft hatte. Mittel, um die Beute fortzuschaffen, waren nicht vorhanden. Was die Leute nicht selbst im Tornister und Brotbeutel tragen konnten, musste der Vernichtung geweiht werden, wenn man es nicht wieder in die Hände der Unierten fallen lassen wollte. denn dass sich Jackson in seiner isolierten Stellung nicht lange behaupten konnte, lag auf der Hand. So überliess man es den Leuten, zu essen, was sie essen und so viel einzustecken als sie tragen konnten. Aber auch den äussern Menschen vernachlässigte man nicht. Von Haufen neuer Montierungsstücke bekleideten sich die abgerissenen Leute Jacksons in die blauen Uniformen der Unierten; die Barfüssigen wurden beschuht, die Verwundeten und Kranken wurden mit Bequemlichkeiten und Delikatessen versorgt, welche sie lange hatten entbehren müssen.

Der erste Schritt in Lees Operationsplan war von einem Erfolg gekrönt, wie ihn auch die übertriebensten Erwartungen nicht hatten träumen können, und Jackson bereitete sich nun vor, den zweiten Schritt zu thun, und das war, sein Corps aus der exponierten und auf die Dauer unhaltbaren Stellung heraus- und in eine solche zu führen, wo er dem Rest der Armee, dem Corps Longstreet, auf dem nächsten Wege die Hand reichen konnte. Dazu war es nötig, die Zerstörung der erbeuteten Vorräte, welche gleichzeitig mit seinem Abmarsch erfolgen sollte, vorzubereiten. Denn, wenn seine Leute auch Alles verzehrten, was Männer, die drei Tage lang so gut wie nichts gegessen, aber angestrengt marschiert haben, essen konnten, wenn auch Alles aufgepackt wurde, was die Leute oder die vorhandenen geringen Transportmittel zu tragen vermochten, so blieben doch noch ungeheure Massen übrig, welche zerstört werden mussten. Die Vorbereitungen dazu wurden am Nachmittag des 27. getroffen. In welcher Weise er über seine Truppen disponierte, werden wir sehen, nachdem wir zuvor beobachtet haben, was sich am 27. in Washington, Alexandria und bei der Armee Popes zutrug.

Es ist vielfach behauptet worden, dass nur durch schwere Nachlässigkeiten und Unterlassungssünden der Erfolg Jacksons bei Manassas möglich war und das ist insofern richtig, als die Heeresleitung in Washington gewiss der Vorwurf trifft, ein so wichtiges und reich ausgestattetes Depot nicht genügend geschützt zu haben, namentlich nachdem man wenige Tage vorher durch den Überfall von Catletts

Station eine so eindringliche Warnung erhalten hatte, wessen die
feindliche Kavallerie fähig sei. Hatte man nicht Truppen genug, um
Manassas ausreichend zu schützen, so musste das Depot nach Alexandria
innerhalb des Fort-Gürtels gelegt werden. Der Vorwurf aber ist unbegründet, dass Halleck in diesen Tagen besondere Veranlassung gehabt hatte, eine feindliche Unternehmung gegen Manassas zu befürchten.
Im Gegenteil! Popes Depeschen waren die einzige Ursache seiner
Sorglosigkeit! Er hatte Halleck zu dem Glauben gebracht, dass die
Konföderierten nach dem Shenandoah Thal abmarschiert seien. Das
geht hervor aus einer Depesche Hallecks an Mc Clellan, welche am
26. um 11 Uhr morgens abging und worin es hiess: „Es ist Grund
vorhanden zu glauben, dass der Feind mit bedeutenden Kräften nach
dem Shenandoah Thal marschiert." Auch die Instruktionen, welche
der General en chef in dieser Depesche Mc Clellan gab, können diese
Annahme nur bestätigen. Dieser befand sich in Acquia Creek und
überwachte die Ausschiffung seiner von der Halbinsel ankommenden
Truppen, und Halleck telegraphierte ihm, dass er „für jetzt keine
Truppen mehr am Rappahannock abwärts ziehen wolle, weil voraussichtlich alle in der Richtung des Shenandoah Thales gebraucht
würden." Halleck schloss mit der Aufforderung an Mc Clellan, die
Leitung der Angelegenheiten bei Acquia Burnside zu überlassen und
selbst nach Alexandria zu kommen, von wo grosse Unregelmässig-
keiten berichtet würden, und dass Franklins Corps marschieren solle,
sobald es Transportmittel erhalten habe. Infolge dieser Depesche war
Mc Clellan noch am 26. von Acquia Creek abgesegelt und in der
Nacht zum 27. in Alexandria eingetroffen. In den Depeschen, welche
zwischen Halleck und Mc Clellan am Morgen des 27. gewechselt
wurden, spricht sich die herrschende Unklarheit über die Sachlage
deutlich aus, zugleich geht aber aus denselben hervor, dass man sich
wegen der Ereignisse bei Bristow Station, beziehungsweise Manassas,
keiner ernsten Besorgnis hingab. In seiner ersten Depesche an
Halleck am Morgen des 27. um 8 Uhr erwähnt Mc Clellan, er habe
gerade gehört, dass der Feind die Eisenbahnbrücke über den Bull
Run abgebrannt habe, jedoch wäre ihm gleichzeitig versichert, dass
dieselbe am nächsten Tage schon wiederhergestellt sein würde. Die
direkte Verbindung mit der Armee Popes war zwar unterbrochen,
aber es bestand noch Verbindung mit Burnside in Fallmouth und
dieser wiederum stand noch in telegraphischem Verkehr mit dem
General Fitz-John Porter, sodass man auf diesem Umwege noch
Nachrichten von der Armee Popes erhielt. „Porter berichtet,"
telegraphierte Halleck kurz darauf, „dass eine allgemeine Schlacht
unmittelbar bevorsteht. Franklins Corps sollte in forcierten Märschen vorwärts geschickt und soweit als möglich
mittelst der Eisenbahn verpflegt werden. Vielleicht ziehen Sie
eine andere Strasse als die nach Centreville vor. Oberst Haupt
hat soeben wegen Absendung von Truppen etc. telegraphiert.
Bitte, sprechen Sie mit ihm und geben Sie ihm Ihre Anweisungen. In bezug auf Bewachung der Eisenbahn ist eine grobe

Nachlässigkeit vorgefallen, die sofort wieder gut gemacht werden muss."

Der Wunsch, das Corps Franklin in forcierten Märschen vorwärts zu schieben, hat offenbar nichts mit den Ereignissen von Manassas zu thun, sondern wird von Halleck hier nur im Hinblick auf die von Porter als unmittelbar bevorstehend bezeichnete allgemeine Schlacht ausgesprochen. Zugleich aber deutet die Bemerkung, dass es mittelst der Eisenbahn verpflegt werden solle, darauf hin, dass Halleck es für notwendig hielt, den Ausmarsch des Corps nicht von der Beschaffung des vollständigen Fuhrwesens für dasselbe abhängig zu machen. Auf das Ereignis von Manassas bezieht sich wohl nur der letzte Satz, der von einer „groben Nachlässigkeit bei Bewachung der Eisenbahn" spricht, woraus hervorgeht, dass man über die wahre Bedeutung der Vorfälle noch nicht unterrichtet war.

Mc Clellan erwidert darauf um 10 Uhr 20 Minuten: „.. Ich habe Franklin den Befehl geschickt, sich vorzubereiten, mit seinem Corps sofort abzumarschieren und sich in Person bei mir einzufinden, um mich über seine Transportmittel zu informieren... Das Corps Sumner[1]) wird heute anfangen in Fallmouth einzutreffen. Williams Massachusetts Kavallerie wird heute zum grössten Teil in Fallmouth sein. Ich habe Burnside meine persönliche Eskorte (eine Schwadron 4. regulären Kavallerie-Regiments) geliehen, um den Rappahannock abwärts aufzuklären. Couch[2]) habe ich den Befehl geschickt, mit seiner Division sofort zu kommen."

Halleck antwortete darauf: „Weisen Sie General Casey[3]) an, Ihnen etwa 5000 M. der neuen unter seinem Befehl stehenden Truppen zu schicken. Übernehmen Sie die vollständige Leitung der Absendung von Truppen aus Alexandria. Entscheiden Sie die Frage betreff der Reihenfolge des Transports (*priority of transportation*) und der Stellen, welche sie besetzen sollen. Popes Hauptquartier ist in der Nähe von Warrenton Junction, allein ich kann die gegenwärtige Stellung seiner Truppen nicht erfahren," und bald darauf telegraphierte er: „Ich kann keine befriedigende Information von der Front erhalten, weder vom Feind, noch von unseren Truppen. Es scheint eine grosse Nachlässigkeit und Sorglosigkeit bei Manassas geherrscht zu haben. Franklins Corps sollte sobald als möglich in dieser Richtung vorgehen."

---

[1]) Die Abfahrt des Corps Sumner von Newport News hatte sich durch Mangel an Transportschiffen um einige Tage verzögert.

[2]) Die Division Couch gehörte zum 4. Corps (Keyes), welches ursprünglich auf der virginischen Halbinsel zurückbleiben sollte. Es stand in Yorktown, Fort Monroe und Newport News. Die Division Couch wurde, wie vorgreifend hier bemerkt werden mag, am 30. August nach Alexandria eingeschifft.

[3]) General Casey war während des Feldzugs auf der virginischen Halbinsel Brigade-Kommandeur gewesen, dann aber nach Washington berufen, um bei der Organisation der infolge Kongress-Beschlusses im Juli bewilligten neuen Aushebung von 300 000 M. auf Kriegsdauer (vergl. S. 42) und der durch Aufruf des Präsidenten vom 4. August — 300 000 M. Milizen auf 9 Monate (S. 164) — gestellten neuen Truppenteile thätig zu sein.

Mc Clellan suchte nun zunächst festzustellen, wo Pope, resp. seine Truppen waren, indem er über Fallmouth an Heintzelman in Warrenton und Porter in Bealton telegraphierte und sie fragte: „Wo seid ihr und wie ist die Sachlage? Wer steht vor eurer Front, rechts und links von euch? Sumner ist im Begriff, bei Acquia Creek zu landen. Wo ist Popes linker Flügel und was für Nachrichten vom Feinde? Der Feind hat die Bull Run Brücke in der letzten Nacht durch eine Kavallerie-Abteilung in Brand gesteckt."

Die Telegraphen-Ämter wurden ersucht, die Depeschen nachzusenden, falls die Addressaten sich nicht mehr an den betreffenden Orten befanden.

Von dieser Zeit an (10 Uhr morgens) findet sich am 27. keine Depesche mehr von Halleck an Mc Clellan, während Mc Clellan fortfuhr, beinahe alle Stunden, oft auch noch in kürzeren Zwischenräumen, an Halleck zu telegraphieren. Dass Halleck nicht antwortete, kann nicht Wunder nehmen. So ehrfurchtsvoll der Ton der Depeschen auch war, so ging doch aus den Vorschlägen Mc Clellans deutlich genug hervor, wenn es auch nirgends direkt ausgesprochen oder auch nur angedeutet wurde, dass er die ganze Situation für unhaltbar und zerfahren hielt. Halleck musste ihm Recht geben und konnte dabei, wenn er ehrlich sein wollte, nicht umhin, sich selbst einen nicht geringen Teil der Schuld beizumessen. So waren die Depeschen Mc Clellans ein Vorwurf für ihn, dessen Stachel er fühlte. Die Möglichkeit, dass eine Niederlage Popes Washington der Armee Lees preisgab, schien Halleck nicht erwogen zu haben. Und das war es gerade, was Mc Clellan besorgte. Er fürchtete, dass Popes Armee unrettbar einer Niederlage entgegenging, deren Folgen sich nicht ermessen liessen. Die letzteren möglichst abzuwenden, war von jetzt ab seine hauptsächlichste Sorge. Gegen 11 Uhr traf ein Telegramm von Burnside ein. Dieser teilte mit, was er durch Porter erfahren, namentlich auch, dass Pope die Entscheidungsschlacht bei Warrenton erwarte. Fiel sie ungünstig aus, so befand sich fast nichts mehr zwischen der siegreichen Armee Lees und der Bundeshauptstadt, als die von schwachen und eben erst ausgehobenen Truppen besetzten Forts. Um 11 Uhr 20 Min. frägt Mc Clellan deshalb bei Halleck an, ob es, angesichts der Depesche Burnsides, nicht geraten sei, das Corps Sumner nach Alexandria zu ziehen, um es dann im Verein mit dem Corps Franklin nach Centreville vorgehen zu lassen. Eine bei Warrenton geschlagene und ungünstig ausfallende Entscheidungsschlacht bringe die am untern Rappahannock stehenden Truppen in eine gefährliche Lage und sie seien vor Washington von grösserem Nutzen.

In den weiteren Depeschen drückt sich steigende Sorge aus. So telegraphierte er um 12 Uhr 5 Min.: „Mein Adjutant ist soeben von General Franklins Lager zurückgekehrt. Er meldet, dass die Generale Franklin, Slocum und Smith[1] in Washington sind. Er gab dem nächsten im Rang den Befehl, das Corps in Bereitschaft zu setzen,

---

[1] Der Corps- und die beiden Divisions-Kommandeure!!

sofort zu marschieren. Ich höre, dass diesen Morgen heftiges Feuer in der Gegend von Centreville gehört ist und habe hingeschickt, um feststellen zu lassen, was Wahres daran ist. Ich kann keine Kavallerie finden, um die Strasse aufklären zu lassen. Sind die Werke besetzt und zur Verteidigung bereit?" Dann fragt er wieder (12 Uhr 20 Min.), ob für das Vorgehen der für Pope bestimmten Verstärkungen oder für den Rückzug Popes, im Fall einer unglücklichen Schlacht, Brücken in hinreichender Anzahl über den Bull Run vorhanden seien, und um 1 Uhr 15 Min. meldet er, dass Franklins Artillerie keine Pferde habe, ausser für 4 Geschütze. Weiter schlägt er vor, das Corps Sumner auf dem Wasserwege so rasch als möglich nach Alexandria zu ziehen.

Seine Sorge um die unmittelbare Sicherheit Washingtons wird noch erhöht, als er endlich gegen ½2 Uhr Nachricht über das Gefecht Taylors erhielt. „Ich höre," telegraphiert er um 1 Uhr 35 Min., „dass die heute Morgen nach der Brücke über den Bull Run geschickte Brigade Taylor entweder aufgerieben oder gefangen ist. Die Kräfte, gegen welche sie gefochten hat, hatten viele Geschütze und etwa 5000 M. Infanterie und wurden noch fortwährend verstärkt. Auch Gainesville befindet sich im Besitz des Feindes." Demnach schien es also, als ob die feindlichen Streitkräfte, welche sich zwischen Pope und Washington geschoben hatten, viel bedeutender seien, als man bisher angenommen hatte, und es hatte einige Berechtigung, wenn Mc Clellan Zweifel darüber aussprach, ob die zur Hand befindlichen Truppen ausreichend seien, die Verbindung mit Pope wieder herzustellen. „Bitte, schicken Sie etwas Kavallerie über die Kettenbrücke," führt er fort, „und lassen Sie nach Lewinsville und Drainesville zu aufklären.... Ich meine, es müsste jetzt unsere Sorge sein, diese Werke vollständig sicher zu stellen und ein paar Armee-Corps so schnell als möglich zu mobilisieren, aber nicht eher vorzuschicken, bis sie ihre Artillerie und Kavallerie haben. Ich habe nach dem Oberst Tyler[1]) geschickt, dass er seine Artilleristen in die Werke stelle. Ist Fort Marcy sicher gestellt?"

Wie erwähnt, antwortete Halleck nicht, und Mc Clellans nächste Depesche ist, wohl infolge dessen, etwas gereizt.

„Sumner hat den Befehl erhalten," telegraphiert er um 2 Uhr 30 Min., „alle Truppen seines Corps, die er erreichen kann, hierher zu schicken. An Couch ist der Befehl erlassen, von Yorktown mit so wenig Aufenthalt als möglich hierher zu kommen. Erst eine Schwadron meiner Kavallerie ist angekommen, welche sofort ausgeschifft und nach der Front geschickt werden wird. Wenn Kavallerie in Washington vorhanden ist, so sollte sie angewiesen werden, sich sofort bei mir zu melden.

Ich meine immer noch, wir sollten zunächst für die unmittelbare Verteidigung von Washington auf beiden Seiten des Potomac Sorge

---

[1]) Kommandeur des 1. Connecticut-Artillerie-Regiments, welches speziell dem der Reserve-Artillerie der Potomac-Armee beigegebenen mobilen Belagerungstrain von 100 Geschützen zugeteilt gewesen war.

tragen. Ich bin nicht für die Vergangenheit verantwortlich und kann auch nicht für die Zukunft verantwortlich gemacht werden, wenn ich nicht Vollmacht erhalte, über die verfügbaren Truppen so zu disponieren, wie ich es für richtig halte. Bitte, setzen Sie mich schleunigst in Kenntnis, was meine Stellung eigentlich ist. Ich wünsche nicht im Dunkeln zu handeln."

Erst gegen 6 Uhr abends telegraphierte Halleck wieder an Mc Clellan, aber auch nicht um dessen mannigfache Anfragen zu beantworten, sondern um ihm Abschrift einer von Pope erhaltenen Depesche, welche dieser um 10 Uhr morgens abgeschickt hatte, zu übermitteln. In dieser Depesche hatte Pope verlangt, dass alle für ihn bestimmten Verstärkungen nach Gainesville dirigiert werden sollten. Mc Clellan beeilte sich darauf zu antworten, dass er Franklins Corps in Stärke von 10 000 M., eine Brigade unter General Tyler [1]) von 2800 M. und das 1. Connecticut-Artillerie-Regiment zur Verfügung habe, und wenn Halleck wünsche, so könnten diese Truppen sofort (*at a moments notice*) ausmarschieren, eine Anfrage, welche gegenüber dem am Morgen gegebenen Befehl Hallecks, dass das Corps Franklin in forcierten Märschen abmarschieren solle, ziemlich überflüssig erscheinen würde, wenn man nicht annimmt, dass Mc Clellan die Situation infolge der Nachrichten, welche die Versprengten der Brigade Taylor betreffs des Überfalls von Manassas gebracht hatten, für so verändert hielt, dass er die Absendung des Corps nicht mehr für thunlich hielt und deshalb nicht auf eigene Verantwortung anordnen wollte. Noch wusste man nicht genau, wie stark der bei Manassas so unvermutet aufgetretene Feind war. Durfte man ein einzelnes schwaches Corps nach Gainesville vorgehen lassen, wenn vielleicht die ganze feindliche Armee bei Manassas stand? War es überhaupt ratsam, bei dieser drohenden Nähe des Feindes die wenigen zur Besetzung der Forts bei Washington disponibeln Truppen durch Absendung eines Armee-Corps zu schwächen? Das mögen wohl die Erwägungen gewesen sein, welche Mc Clellan veranlassten, nochmals bei Halleck anzufragen, ob er die Absendung des Corps Franklin noch wünsche.

Das Ergebnis des ganzen Depeschenwechsels zwischen Halleck und Mc Clellan war, dass von Seiten der bei Alexandria und Washington stehenden Truppen am 27. gar nichts geschah, weder um den durch die ungenügende Sicherung von Manassas begangenen Fehler wieder gut zu machen und Jackson für sein allzu kühnes Vorgehen zu züchtigen, noch um weitere Verstärkungen zu Pope zu befördern.

Sehen wir nun, welche Entschlüsse dieser am 27. fasste und ausführte.

Die Ereignisse und Nachrichten vom 26. abends hatten es ihm endlich klar gemacht, dass sich starke Kolonnen des Feindes im Anmarsch gegen seine Verbindungslinien und zum Teil schon zwischen ihm und der Bundeshauptstadt befanden. Immer aber glaubte er noch, dass die Zerstörung der Bahn und des Telegraphen nur durch

---

[1]) Nicht zu verwechseln mit dem oben erwähnten Oberst Tyler.

vorausgeeilte Kavallerie bewirkt sei, während er, wie aus seinen später
noch zu erwähnenden Anordnungen hervorgeht, noch hoffte, Jackson
und seinen Hauptkräften bei Gainesville den Weg verlegen zu können.
Weiter aber war ihm klar geworden, dass die ihm so oft von
Washington aus zugesagten Verstärkungen noch wenig Fortschritte
gemacht hatten und dass selbst seine Hoffnung, wenigstens Manassas
und seine dortigen Depots von Washington aus gesichert zu sehen,
auf sehr schwachen Füssen stand. Er musste sich sagen, dass der
vermeintliche Streifzug der Kavallerie gegen die Eisenbahn bei Bristow
(von der Zerstörung seiner Depots bei Manassas wusste er noch nichts)
unmöglich gewesen wäre, wenn irgend erhebliche Kräfte bei Manassas
oder am Bull Run gestanden hätten. Da nun während des ganzen
26. der Feind auch am Rappahannock bei Sulphur Springs und
Waterloo beträchtliche Kräfte gezeigt hatte, so war es ihm klar, dass
er sich in Gefahr befand, zwischen zwei Feuer zu geraten. Er hätte
sich ja allerdings ohne Weiteres in der Richtung auf Fallmouth und
Acquia Creek zurückziehen können, allein dadurch hätte er Washington völlig preisgegeben und nach den letzten Ereignissen musste es
ihm zweifelhaft erscheinen, ob dort Truppen genug vorhanden seien,
um die Hauptstadt so lange zu schützen, bis er mit seinem Heere
sie auf dem Wasserwege über Acquia Creek erreichen konnte, um
so mehr, als dort keine Transportmittel für eine solche Armee be-
reitgestellt waren.

So peinlich Popes Lage war, so erkannte er doch sehr wohl,
dass auch sein Gegner ein sehr gewagtes Spiel spielte. Er hatte sich
freiwillig in zwei Teile geteilt, die jetzt so weit von einander entfernt waren, dass sie sich nicht mehr unmittelbar gegenseitig unterstützen konnten. Wenn auch Pope die numerische Stärke der konföderierten Armee als Ganzes nicht unerheblich überschätzte, so
wusste er doch, dass jeder der beiden Teile entschieden schwächer
war als seine Armee. Allerdings hatte letztere vom 18. August an
fast ununterbrochen marschiert und viel gefochten, denn seit jenem
Tage war kaum eine Stunde verstrichen, wo nicht von irgend einer
Richtung her Artilleriefeuer zu hören gewesen wäre. Die Leute hatten
wenig Gelegenheit gehabt zu ruhen und waren von der unausgesetzten
geistigen und körperlichen Anspannung sehr mitgenommen. Dazu
kam, dass bei dem beständigen Hin- und Hermarschieren die Verpflegung naturgemäss mangelhaft und unregelmässig gewesen war.
Unter diesen Umständen war es begreiflich, dass der Abgang an
Toten, Verwundeten, Kranken, Maroden und — Deserteuren ein ziemlich beträchtlicher war. Immerhin taxierte Pope am Morgen des 27.
die Stärke seiner Corps noch folgendermassen: Sigel 9000, Banks
5000, McDowell einschliesslich der Division Reynolds 15 500, Reno
7000, die Corps Heintzelman und Porter zusammen 18 000 M., im
Ganzen 54 500 M.[1]) Die Kavallerie stand mit 4000 M. auf dem

---

[1]) So in: *The campaign in Virginia. Official Report of Maj. Gen. John
Pope, pag. 18.* Er setzt hinzu: „Ich glaube, die Schätzung war hoch." In

Papier, aber die Pferde befanden sich, wie früher schon erwähnt, in einem so abgetriebenen Zustande, dass kaum mehr als 500 M. als noch einigermassen dienstfähig angesehen werden konnten, während der Rest wohl allenfalls noch als Eskorte der Trains und zu ähnlicher Verwendung, nicht aber zum Aufklärungsdienst oder Gefecht brauchbar erschien.

Immerhin war demnach seine Gesamtstärke noch derart, dass er an seiner Überlegenheit über jeden der beiden Teile der konföderierten Armee nicht zu zweifeln brauchte und wenn er über einen derselben rasch herfiel, so durfte er hoffen ihn isoliert zu schlagen, ehe der andere zur Unterstützung herbeikommen konnte. Auch gegen welchen der beiden Teile er sich zunächst wenden solle, war nicht schwer zu entscheiden. Schon aus Verpflegungsgründen musste ihm daran liegen, seine Verbindung mit Washington so rasch als möglich wieder herzustellen. War überdies seine Besorgnis begründet, waren dort wirklich nur wenig Truppen vorhanden, so war es um so mehr nötig, zunächst mit dem die Hauptstadt so unmittelbar bedrohenden Teile fertig zu werden. Waren dagegen diese Besorgnisse unbegründet, befanden sich genügende Truppen in Washington, dann um so besser! Dann konnten sie ihm von dort die Hand reichen und Jackson wurde zwischen zwei Feuer genommen und um so sicherer vernichtet. Gegen Jackson musste er sich also zunächst wenden. Wir wollen nicht behaupten, dass dies Popes Erwägungen waren. Im Gegenteil! Als er in den frühen Morgenstunden des 27. die Verhältnisse einigermassen zu überblicken begann, wurde es ihm peinlich klar, dass er rasche Entschlüsse fassen müsse, aber der Aufgabe, zu entscheiden, was das für Entschlüsse sein sollten, fühlte er sich nicht gewachsen. Er neigte zur Räumung von Warrenton und zur Besetzung von Gainesville, so das Richtige instinktiv treffend, aber er wollte die betreffenden Befehle nicht erlassen, ohne Mc Dowell um Rat gefragt zu haben. Um $^1/_2$6 Uhr telegraphierte er an ihn, er fühle, „dass er rasch in irgend einer Weise handeln" müsse, aber er bekannte offen, er wisse nicht in welcher. Mc Dowell war es, der dann ein Zurückgehen nach Gainesville vorschlug, was Pope auch billigte.

Er ordnete demnach am Morgen des 27. an, Mc Dowell solle mit seinem eigenen Corps, der Division Reynolds und dem Corps Sigel auf der grossen Chaussee nach Gainesville marschieren, so dass er diesen Ort womöglich noch am Abend des 27. erreiche. Reno mit seinem Corps, gefolgt von der Division Kearny des Corps Heintzelman, solle, ebenfalls womöglich noch am Abend des 27., Greenwich erreichen, sofort die Verbindung mit Mc Dowell aufnehmen und ihn eventuell

---

einer am 26. August um 7 Uhr abends an General Porter gerichteten Depesche schätzt er sie aber noch höher. Er erwähnt dort, dass Mc Dowell mit seinem eignen und dem Corps Sigel, sowie drei Brigaden der Division Reynolds etwa 34 000 M., Reno 8000 M., Banks 6000 M. stark seien. Rechnet man dazu die in der betreffenden Depesche nicht genannten Corps, Heintzelman und Porter mit zusammen 18 000 M., so kommt eine Gesamtstärke von 66 000 M. heraus.

bei Gainesville unterstützen. Porter erhielt den Befehl, einstweilen Warrenton Junction zu besetzen, bis er dort durch das Corps Banks abgelöst werde. Dann solle er ebenfalls auf Gainesville vorgehen, wo, wie Pope erwartete, inzwischen der Entscheidungskampf begonnen haben würde. Das Corps Banks erhielt den Auftrag, die Deckung und Fortschaffung der Trains von Warrenton Junction nach Manassas Junction zu übernehmen. Es sollte zu dem Ende zunächst bei Warrenton Junction stehen bleiben, bis der letzte Train in der Richtung auf Manassas abgefahren war, dann sollte es hinter dem Cedar Run Stellung nehmen und sich hier so lange als möglich behaupten. Die Division Hooker des Corps Heintzelman sollte auf dem längs der Eisenbahn führenden Wege nach Bristow Station marschieren. Pope selbst wollte ihr dahin folgen.

Unter den Trains, welche der Fürsorge des Corps Banks anvertraut wurden, sind wohl die in Warrenton Junktion angesammelten Eisenbahnzüge zu verstehen, da bezüglich der Bagagetrains der Truppen noch die weitere Anordnung getroffen wurde, dass die Trains sämtlicher Corps hinter der Division Hooker auf dem Wege nach Bristow marschieren sollten. Die Instruktion für Banks bezüglich der Stellung, welche er hinter Cedar Run nehmen sollte etc., hatte offenbar die Möglichkeit im Auge, dass der Feind, sobald er den Abzug Popes entdeckte, auch über den Rappahannock vorgehen könne.

Gingen diese Anordnungen auch augenscheinlich von der Annahme aus, dass Jackson Gainesville noch nicht passiert habe — was unter anderm auch daraus erhellt, dass Pope wiederholt seiner Überzeugung Ausdruck giebt, der entscheidende Kampf werde bei Gainesville geschlagen werden —, so waren sie doch auch der Sachlage entsprechend, so wie sie wirklich bestand. Die ganze Armee wurde nach Gainesville und die nächste Umgebung dirigiert, also der wichtige Strassenknoten besetzt, den jeder der beiden Teile der konföderierten Armee· passieren mußste, wenn er sich mit dem andern wieder vereinigen wollte, d. h. mit anderen Worten, Pope schob seine Armee wie einen Keil zwischen Jackson und den noch am Rappahannock stehen gebliebenen Teil der konföderierten Armee (Corps Longstreet), welcher, wie wir weiter unten sehen werden, auf derselben Strasse durch Thoroughfare Gap Jackson folgte.

Sobald Mc Dowell den oben erwähnten Befehl Popes erhielt, traf er die nötigen Anordnungen zu dessen Ausführung. Sigel, der mit seinem Corps in Warrenton selbst stand, befand sich am nächsten nach Gainesville zu und erhielt deshalb den Auftrag, sofort angemessene Kräfte nach Buckland Mills vorzuschieben, wo die Strasse den Broad Run mittelst einer Brücke überschreitet. Der Rest des Corps sollte sich bereit halten, dieser Avantgarde möglichst bald zu folgen. Nur Munitionswagen sollten die Truppen begleiten, alle andere Bagage war nach Warrenton Junction zu dirigieren, um von dort in der früher angedeuteten Weise unter dem Schutze des Corps Banks nach Manassas geschafft zu werden. Die Divisionen Reynolds, King und

10*

Ricketts sollten in dieser Reihenfolge dem Corps Sigel folgen. Allein Sigel hatte keine Kavallerie. Seine eigene Kavallerie hatte er an Buford abgegeben und es wurde deshalb General Bayard mit drei Regimentern, aber in einem zum Aufklärungsdienst wenig geeigneten Zustand dem Corps Sigel vorübergehend zugeteilt. Von Buckland Mills sollte Sigel weiter nach Gainesville vorgehen, jedoch erst, wenn das Corps Mc Dowell aufgeschlossen war.

Wieder war es die Brigade Milroy, welcher die Aufgabe zufiel, als Avantgarde vorzugehen. Ein kleines Kavallerie-Detachement ging voraus. Sein Zustand war freilich ein derartiger, dass man nicht bestimmt wissen konnte, ob es früher als die Infanterie bei Buckland Mills ankommen würde. Allein die Reiter kamen früher an. Sie fanden das Ostufer des Broad Run von konföderierter Kavallerie besetzt, die sich jedoch, ohne grossen Widerstand zu leisten, zurückzog, nachdem sie die Brücke in Brand gesteckt hatte. Das Feuer wurde rasch gelöscht, die Brücke repariert, und als Milroys Infanterie herankam, konnte sie den Bach ungehindert passieren und den Marsch nach Gainesville fortsetzen. An der Stelle, wo sich der Weg nach Haymarket abzweigt, liess Milroy ein aus allen drei Waffen gemischtes Detachement stehen, um zu verhindern, dass sich etwa feindliche Truppen von Haymarket aus zwischen ihm und dem Gros des Corps Sigel einschoben. In Gainesville wurden etwa 200 Nachzügler vom Corps Jackson getroffen, welche zu Gefangenen gemacht wurden. Der Rest des Corps Sigel erreichte ebenfalls am Abend Gainesville, mit Ausnahme der Brigade Steinwehr, welche Sigel an der Brücke über den Broad Run mit dem Auftrag stehen liess, diesen Punkt zu besetzen, bis die Spitze des Corps Mc Dowell herangekommen sei.

Inzwischen waren die drei Divisionen des Corps Mc Dowell am Nachmittag des 27. aus ihren vorgeschobenen Stellungen an der Strasse nach Waterloo und Sulphur Springs zurückgezogen und ebenfalls auf der grossen Strasse in Marsch gesetzt. Die Ufer des Rappahannock waren am Morgen des 27. vom Feinde vollständig verlassen gefunden, und die Vermutung, dass Longstreet Jackson gefolgt sei, fand so anscheinend Bestätigung. Das ihnen gesteckte Ziel, Gainesville, vermochten die Divisionen aber nicht mehr zu erreichen. Die Division Reynolds traf um 11 Uhr abends bei Buckland Mills ein und lagerte hier. Die Division Ricketts gelangte nur bis etwas über New Baltimore hinaus, wo sie nach einem sehr ermüdenden Marsch um 1 Uhr nachts Biwak bezog. Die Nacht war sehr dunkel und infolge dessen gab es Nachzügler und Zurückbleibende in grosser Zahl. Zu beiden Seiten der Strasse sah man zahlreiche Feuer brennen, um welche sich Gruppen der ohne Erlaubnis Zurückgebliebenen gelagert hatten und kochten oder ruhten. Die Versuchung, welche diese einladenden Feuer und der Gedanke an warmen Kaffee und Ruhe boten, die dort zu finden waren, war zu gross für viele der erschöpften Leute, und das unerlaubte Austreten und Zurückbleiben nahm eine bedenkliche Ausdehnung an, indessen fand sich am nächsten Morgen wieder Alles bei den Regimentern ein. Die Division King befand sich vor der Division Ricketts, nach Buckland Mills zu.

Reno und Kearny waren ohne Kampf am Abend nach Greenwich gelangt.

Nicht so leicht wurde es Hooker gemacht, seinen Bestimmungsort Bristow zu erreichen. Es war keineswegs Popes Absicht, diese Division von dem erwarteten Entscheidungskampf bei Gainesville fernzuhalten. Er wollte nur mit ihrer Hilfe erst feststellen, was für feindliche Kräfte sich eigentlich in seinem Rücken befanden. Die Nachrichten, welche er bis jetzt von Bristow oder anderen Punkten der Eisenbahn empfangen hatte, wo der Feind erschienen war, hatten ihn nicht befriedigt. So weit sich aus den im Laufe des 27. von ihm geschriebenen Depeschen schliessen lässt, war noch nichts eingetreten, was ihn hätte überzeugen können, dass mehr als ein blosses Streifcorps sich in seinem Rücken befand.

Auf dem Marsch nach Bristow Station brach die Vorhut der Division Hooker, die Brigade Carr, um 7 Uhr morgens von Warrenton Junction auf. Wie wir wissen, hatte Jackson, als er sich in der Nacht vom 26. zum 27. gegen Manassas wandte, die Division Ewell zur Deckung seines Rückens bei Bristow stehen lassen. Die beiden, hier feindlich aufeinander treffenden Divisionen, Ewell und Hooker, waren etwa gleich stark, jede drei Brigaden, und das Resultat eines ernsten Kampfes wäre jedenfalls zweifelhaft gewesen. Indessen hatte Ewell die Instruktion, den Feind, falls er von Warrenton Junction her kommen sollte, nur so lange aufzuhalten, dass Jackson Zeit gewann, sein Zerstörungswerk bei Manassas zu vollenden. Im Falle er hart gedrängt werde, solle er sich auf Manassas zurückziehen.

Die Brigade Carr überschritt zwischen 2 und 3 Uhr nachmittags den Kettle Run und stiess jenseits desselben auf die Vorposten der Konföderierten, welche sich feuernd langsam zurückzogen. Die Hauptstellung der Konföderierten befand sich auf einem Höhenzug, etwa 4—500 Schritt diesseits (südlich) des Broad Run. Ungefähr 400 Schritt vor dieser Stellung zog sich parallel zum Flusse ein Streifen dichten Tannenwaldes entlang. Hier wurden die beiden zurückgehenden Vorposten-Regimenter der Konföderierten (6. und 8. Louisiana) durch zwei Regimenter des Gros und eine Batterie verstärkt und das Gefecht kam zum Stehen. Oberst Carr hatte seine Brigade in zwei Treffen formiert. Im ersten Treffen stand das 5. New-Jersey-Regiment rechts (östlich), das 2. New-York und das 8. New-Jersey, links (westlich) der Eisenbahn, im zweiten Treffen folgte das 115. Ponsylvania-Regiment als Reserve. Die ebenfalls noch zur Brigade gehörigen Regimenter, 6. und 7. New-Jersey, waren von Hooker persönlich schon gleich nach Überschreitung des Kettle Run nach links geführt, um die rechte Flanke des Feindes zu umfassen. Die Stellung der Unierten befand sich ebenfalls am Rand eines dichten Gehölzes niedriger Tannen. Zwischen demselben und der Stellung der Konföderierten zog sich ein offenes, sanft nach der letzteren abfallendes Feld hin. Nachdem die Entwickelung der Brigade vollendet war, befahl Carr vorzugehen.

Die beiden links der Eisenbahn vorgehenden Regimenter wurden von
einem sehr heftigen Feuer begrüsst, sodass sie sich in einer, etwa
in der Mitte des offenen Feldes befindlichen Bodensenkung festsetzten
und von da das Feuer erwiderten. Das 5. New-Jersey hatte rechts
der Bahn, wo das Tannenunterholz sich weiter nach dem Feinde zu
erstreckte, nicht so rasch vorwärts gekonnt und hatte sich schliesslich,
um die Terrainschwierigkeiten zu umgehen, etwas mehr nach der Bahn
hingezogen. Hier fasste es einen Teil des feindlichen linken Flügels,
der, als der Angriff der Unierten sich anfänglich hauptsächlich gegen
den rechten Flügel gerichtet hatte, allmählich an der Eisenbahn vorgegangen war und hinter dem Bahndamm gedeckt, die westlich desselben kämpfenden unierten Regimenter beschoss. Jetzt kam auch
das 115. Pennsylvania-Regiment herbei und entwickelte sich rasch am
rechten Flügel des 5. New-Jersey und vereinigte sein Feuer mit dem
dieses Regiments. Dasselbe fasste die Konföderierten teilweise in
Flanke und Rücken. Nach einigen Salven begannen diese zu schwanken
und zu weichen und als jetzt die beiden Regimenter rechts der
Bahn mit lautem Hurrah vorgingen, zogen sich die Konföderierten
eiligst zurück. Das war das Signal für die beiden links der Bahn
stehenden Regimenter ebenfalls vorzugehen und den Erfolg des rechten
Flügels zu vervollständigen. Das Erscheinen der beiden von Hooker
nach links geführten Regimenter, sowie die Meldung, dass noch
weitere beträchtliche Streitkräfte der Unierten im Anmarsch seien,
veranlassten Ewell, seine Stellung auf dem rechten Ufer aufzugeben,
den Fluss zu überschreiten und den Rückzug nach Manassas anzutreten. Auf Seiten der Unierten waren inzwischen die beiden anderen Brigaden der Division Hooker herangekommen. Die Brigade
Grover hatte sich am rechten Flügel der Brigade Carr entwickelt,
die Brigade Taylor bildete hinter der Mitte der Stellung die Reserve.
Der Abend war schon weit vorgeschritten, als Hooker seiner Division
den Befehl erteilte, den Broad Run zu überschreiten und den jenseits desselben stehenden Feind anzugreifen. Es kam jedoch zu keinem ernsteren Gefecht mehr, da die Nacht hereingebrochen war, als
der Flussübergang beendet war. Die Brigade Early folgte nach eingetretener Dunkelheit den vorausgegangenen Brigaden der Division Ewell
nach Manassas und die Division Hooker bezog etwa zwei Meilen nördlich vom Broad Run Biwak.

Der Verlust der Unierten in dem Gefecht bei Bristow Station
betrug etwa 300 M. an Toten und Verwundeten, und der der Konföderierten wird wohl mindestens eben so gross gewesen sein, wenn
sie in ihren Berichten denselben auch als „klein" oder „verhältnismässig gering" bezeichnen.

Das Corps Porter endlich hatte ursprünglich den Befehl gehabt,
am 27. Warrenton zu erreichen. Auf dem Marsch dahin bis Bealton
gelangt, erhielt es am 27. vormittags die abändernde Anweisung, nach
Warrenton Junction zu marschieren. Porter eilte seinem Corps voraus und traf in Warrenton Junction den General Pope noch persönlich an. Von diesem erhielt er nunmehr auch mündlich nochmals die

schon in der früher mitgeteilten Ordre enthaltenen Befehle, in Warrenton Junction bis zur Ablösung durch das Corps Banks zu bleiben, dann aber so rasch als möglich in der Richtung auf Greenwich zu folgen. Die Truppen des Corps trafen zum Teil erst spät am Abend in Warrenton Junction ein, alle aber waren sehr erschöpft, denn sie hatten einen langen Marsch gehabt und das Wetter war sehr heiss. In Warrenton Junction wurde dem Corps Porter ein Teil der Division Sturgis überwiesen. Es waren dies Bruchstücke der Brigade Piatt, im Ganzen 846 M. Infanterie und zwei Geschütze. Sie waren von Alexandria mit der Eisenbahn gekommen, und zwar mit dem letzten Zug, welcher Bristow Station am 26. abends passiert hatte, ehe Jack- . son dort eintraf und die Bahn unterbrach. Die Züge, welche den Rest der Brigade befördern sollten, waren auf die Nachricht von der Zerstörung der Bahn bei Bristow, in Alexandria zurückgehalten worden.

Das Corps Banks empfing den Befehl, nach welchem es nach Warrenton Junction marschieren und dort die Fortschaffung der Trains und deren Deckung besorgen, und dann eine Stellung hinter, d. h. also am linken Ufer des Cedar Run, nehmen sollte, um 10 Uhr morgens in Fayetteville. Banks ordnete sofort das Notwendige an. — Alle Bagagewagen, Proviant-Kolonnen etc. sollten v o r dem Corps marschieren, nur Munitionswagen die Truppen selbst begleiten, welche für drei Tage gekochte Lebensmittel mit sich führen sollten. Gegen Mittag trat das Corps den Marsch an und zwar zunächst nach Bealton. Von dort wurde der Marsch am Nachmittag über Warrenton Junction nach Catletts Station [1]) fortgesetzt.

Auf Seiten der Konföderierten hatte der bis dahin am Rappahannock stehen gebliebene Teil, das Corps Longstreet, am 26. gegen Abend in aller Stille seinen Abmarsch bewerkstelligt und war derselben Strasse gefolgt, welche Jackson eingeschlagen hatte. Er war am Abend bis Orleans gelangt. Am nächsten Morgen wurde der Marsch wieder aufgenommen, ging aber nicht so rasch von statten, als Lee wohl wünschte. Wie wir wissen, war General Buford beauftragt, am 27. mit einer aus den bestberittenen Leuten der gesamten Kavallerie gebildeten Abteilung eine Rekognoscierung in der Richtung nach Salem vorzunehmen, um festzustellen, ob die am 25. beobachtete Kolonne sich nach dem Shenandoah Thal oder nach

---

[1]) So *Gordon, History of the Campaign of the Army of Virginia under John Pope, pag. 192.* Gordon war zur Zeit Brigade-Kommandeur im Corps Banks, sodass an der Richtigkeit des im Text gesagten nicht wohl gezweifelt werden kann. Auch Porter war, wie wir wissen, wenigstens mit einem Teil seines Corps, von Bealton nach Warrenton Junction marschiert. Um so unbegreiflicher erscheint es, dass weder Porter noch Pope etwas davon gewusst zu haben scheinen, dass Banks d u r c h Warrenton Junction nach Catletts Station marschiert sei, denn Porter erwartete, dem Befehl Popes entsprechend, am Abend des 27. in Warrenton Junction seine Ablösung durch Banks, und Pope beauftragte ihn in einem später noch ausführlich zu erwähnenden Befehl, Banks zur Eile anzutreiben, wenn er noch nicht in Warrenton Junction eingetroffen sei und — da über das Corps Porter anderweitig disponiert wurde — zwei Regimenter und zwei Geschütze in Warrenton Junction bis zum Eintreffen des Corps Banks dortselbst stehen zu lassen.

Thoroughfare Gap gewendet habe. Buford war am 27. bei Tagesanbruch auf der direkten Strasse von Warrenton nach Salem vorgeritten. Er war nirgends auf den Feind gestossen, es schien in der That, als ob Freund und Feind verschwunden seien. Das Land war vollständig verlassen und die Stille, welche überall herrschte, war förmlich drückend. Gegen Mittag erreichte er das Dorf Salem und hier erfuhr er, dass Jackson am Tage vorher mit drei Divisionen in der Richtung auf White Plains und Thoroughfare Gap durch Salem marschiert, und weiter, dass Longstreet von Süden her im Anmarsch und zur Zeit nur noch etwa zwei Meilen davon entfernt sei. Auch Longstreet hatte erfahren, dass Salem von den Unierten besetzt sei und das hatte ihn veranlasst, Halt zu machen. Er hatte keine Kavallerie bei sich, da die sämtliche Kavallerie der Konföderierten mit Jackson marschiert war. Aus diesem Grunde konnte er nicht feststellen, welcher Art und Stärke die unierten Streitkräfte seien, die Salem besetzt hatten. Er konnte demnach seinen Vormarsch nur mit der grössten Vorsicht und unter steter Gefechtsbereitschaft fortsetzen, nachdem er sein auf dem Marsche etwas auseinandergekommenes Corps hatte aufschliessen lassen, was einen Aufenthalt von etwa einer Stunde verursachte. Buford erfuhr die Wiederaufnahme des Vormarsches seitens Longstreets noch rechtzeitig, um Salem zu räumen, ehe er in Berührung mit Longstreets Infanterie gekommen war. Einige 50 Nachzügler Jacksons, welche in Salem aufgegriffen waren, wurden nach Warrenton geschickt. Buford wandte sich nach White Plains und kehrte von da nach Warrenton zurück, wo er um 9 Uhr abends eintraf. Letzteren Ort fand er natürlich verlassen, hörte aber, dass Mc Dowell nach Gainesville abmarschiert sei. Eine Meldung über das Ergebnis seiner Rekognoscierung schickte er noch in der Nacht an Mc Dowell, im Übrigen aber gönnte er seinen ermüdeten Pferden Ruhe bis Tagesanbruch am nächsten Morgen; dann folgte auch er nach Gainesville.

Longstreet hatte, langsam vorgehend, Salem gegen 5 Uhr abends erreicht und dann den Marsch nach White Plains fortgesetzt, wo er biwackierte.

Wir haben Jackson verlassen, als er am Nachmittag des 27. seine Vorbereitungen traf, die reichen bei Manassas Junction erbeuteten Vorräte, so weit er sie nicht mitnehmen konnte, zu vernichten. (Vgl. S. 139.) Alle Vorratshäuser und Niederlagen wurden mit Stroh und Heu gefüllt, die Lebensmittel in 46 Eisenbahnwagen verladen, welche dicht an einander geschoben wurden.

Am Nachmittag meldeten die ausgesandten Kavallerie-Patrouillen das Nahen der Unierten, sowohl in der Richtung auf Gainesville, wie auf Bristow und bald wurde von letzterer Richtung her auch der Kanonendonner von dem zwischen den Divisionen Ewell und Hooker entbrannten Gefecht vernehmbar. Jackson machte sich kein Hehl daraus, dass seine Situation nicht unbedenklich war. Es musste ihm vor allen Dingen darauf ankommen, einen entscheidenden Kampf so lange zu vermeiden, bis er der rechtzeitigen Unterstützung durch das Corps

Longstreet völlig sicher war. Wann Lee mit diesem vom Rappahannock abmarschieren würde, war ihm nicht bekannt. Er durfte jedoch das Vertrauen in Lee haben, dass dieser ihn nicht im Stiche lassen würde und als er demnach im Laufe des Nachmittags des 27. Meldungen erhielt, welche ihn zu dem Schlusse berechtigten, dass die ganze unierte Armee vom Rappahannock her im Anmarsch sei, da durfte er anderseits auch annehmen, dass Lee ebenfalls auf dem Wege zur Wiedervereinigung mit ihm sei. Freilich war das Corps Longstreet keine „Fuss-Kavallerie", aber immerhin durfte er darauf rechnen, dass es am Morgen des 29. Thoroughfare Gap erreicht haben und zu seiner Unterstützung herbeieilen konnte, vorausgesetzt, dass ihm die Unierten, denen hier die innere Linie zu Gebote stand, den Weg nicht verlegten. Bis dahin musste er also einem entscheidenden Kampf ausweichen.

Als am Nachmittag Ewell bei Bristow heftig angegriffen wurde, wusste er, dass seines Bleibens in Manassas nicht lange sein konnte. Es fragte sich nur, wohin er sich wenden solle. Zwei Wege standen ihm offen. Der eine war, rasch nach Aldie zu marschieren und sich von hier, westlich der Bull Run Berge bleibend, mit Longstreet wieder zu vereinigen, noch ehe dieser Thoroughfare Gap erreicht oder überschritten hatte. Bei Ausführung dieses Planes hatte er wenig zu riskieren, allein er würde Lees Entwürfe vollständig gestört haben. Er hätte Popes rückwärtige Verbindungen wieder frei gegeben, während es Lees Absicht gerade war, diesen zur Entscheidungsschlacht unter dem deprimierenden Eindruck der Unterbrechung seiner Verbindungen zu zwingen, und nachdem dessen Truppen schon angefangen hatten, infolge dieser Unterbrechung Mangel zu leiden.

Der andere Ausweg bot mancherlei Gefahren, machte aber anderseits die Durchführung des Feldzugs in der von Lee beabsichtigten Weise möglich. Er bestand darin, dass er mit seinem Corps eine kurze Strecke nach Norden ging und zwischen Groveton und Sudley Springs eine Stellung nahm, in der er sich defensiv behaupten und, während er die Chaussee Alexandria-Warrenton vollständig beherrschte, dem aus Thoroughfare Gap debouchierenden Corps Longstreet auf dem kürzesten Wege die Hand reichen konnte. Schlimmsten Falls blieb ihm der Rückzug nach Aldie auch noch von dort aus offen.

Jackson entschloss sich natürlich, den zweiten Ausweg zu wählen. Ehe wir den Dispositionen näher treten, welche er zur Ausführung dieses Entschlusses traf, ist es notwendig, den Einfluss darzulegen, welchen die Ereignisse des 27. auf die Anordnungen Popes ausübten.

Um 5 Uhr nachmittags hatte Pope noch von Warrenton Junction aus nach den ihm zugegangenen Meldungen die Mitteilung an Mc Dowell geschickt, dass der Feind sich vor der Division Hooker bei Bristow zurückziehe, dass Reno noch am Abend Greenwich erreichen und dass am nächsten Tage das Corps Heintzelman ebendahin folgen werde und auch dem Corps Porter diese Richtung angewiesen werden würde. Er solbst sei im Begriff nach Bristow aufzubrechen, um sein Hauptquartier beim Corps Heintzelman zu nehmen. Der Entschluss,

nach Bristow zu gehen, ist vielleicht der verhängnisvollste, welchen
Pope während des ganzen Feldzuges gefasst hat, denn in ihm ist die
Quelle von Anordnungen zu suchen, welche vom verderblichsten Ein-
fluss waren.

Als Pope mit General Hooker bei Bristow zusammentraf, hörte
er zuerst mit voller Bestimmtheit, dass das feindliche Corps, welches
gegen seine Verbindungen operiert hatte, kein blosses Streifcorps sei,
sondern aus den drei Divisionen Taliaferro, A. P. Hill und Ewell bestand und von Jackson kommandiert wurde. Jackson befand sich
nach den ihm zugehenden Nachrichten mit zwei dieser Divisionen
bei Manassas Junction und auch die vor Hooker zurückgehende Division Ewell hatte diese Richtung eingeschlagen. Eine Freude, wie
er sie lange nicht empfunden hatte, erfüllte ihn. Jetzt glaubte er,
Jackson sicher in der Hand zu haben. Ohne sich lange zu fragen,
ob Jackson wohl nach Erreichung seines nächsten Zieles — Wegnahme
resp. Zerstörung der dortigen Depots — bei Manassas stehen bleiben
oder nicht vielmehr eine Stellung suchen werde, wo er dem andern
Teil der konföderierten Armee, der ihm — daran konnte Pope unmöglich zweifeln — sobald als möglich zur Unterstützung folgen
werde, die Hand reichen konnte, ordnete Pope ein konzentrisches
Vorgehen seiner ganzen Armee gegen Manassas an. Selbst Gainesville, dieser wichtige Punkt, durch dessen starke Besetzung er am
leichtesten die Vereinigung der beiden getrennten Teile der feindlichen Armeen hindern konnte, sollte wieder vollständig preisgegeben
werden. In seinem „Report" sagt er, er habe angenommen, Jackson
werde versuchen, seinen rechten Flügel bei Bristow — also in südlicher Richtung — zu umgehen. Was ihn zu dieser Annahme veranlasst haben könnte, ist aus dem Report nicht zu sehen. Wenn
irgend welche Anzeichen dafür gesprochen hätten, dass das Corps
Longstreet auf der grossen Chaussee direkt über den Rappahannock
vorgehen werde, dann hätte ihm wohl der Gedanke kommen können,
dass Jackson die erwähnte Umgehung versuchen werde, um sich mit
Longstreet wieder zu vereinigen, derartige Anzeichen lagen aber durchaus
nicht vor. Im Gegenteil! Die Divisionen des Corps Mc Dowell, welche
am 26. von Warrenton auf der Strasse nach Waterloo beziehungsweise Sulphur Springs vorgeschoben waren, hatten am Morgen des
27., ehe sie ihren Marsch nach Gainesville antraten, konstatiert, dass
die Konföderierten vom Rappahannock abgezogen seien. Ähnliches
hatte das Corps Banks von Fayetteville aus beobachtet. Aber selbst
wenn ein direktes Vorgehen Longstreets in Aussicht stand, so blieb
doch die Annahme, dass Jackson eine Umgehung im Süden bei Bristow
versuchen werde, eine höchst gesuchte und unwahrscheinliche. Ein
Flankenmarsch Jacksons um Popes rechten Flügel herum war ein viel
zu gefährliches Manöver. Es hätte die Konföderierten der Gefahr
ausgesetzt, von überlegenen Kräften nach dem untern Potomac gedrängt zu werden. Dass Lee eine Vereinigung der beiden getrennten
Teile seiner Armee gerade hier anstreben werde, war auch schon um
deswillen unwahrscheinlich, weil er dann seinen Rücken den bei Acquia

Creek und Fallmouth stehenden unierten Corps (Sumner und Burnside) blosgestellt haben würde. Jacksons Rückzugslinien lagen ganz unzweifelhaft nach den Bull Run Bergen hin, entweder nach Thoroughfare Gap oder nach Aldie. Letztere war für Pope kaum erreichbar. Um so notwendiger wäre es aber gewesen, die Linie nach Thoroughfare Gap festzuhalten, um so mehr, als sie sich durch die Besetzung von Gainesville bereits in seinem Besitz fand.

Wahrscheinlicher ist es, dass Pope erst viel später auf den Gedanken gekommen ist, den Versuch zu machen, seine Anordnungen vom 27. abends mit der Möglichkeit einer Umgehung seines rechten Flügels zu rechtfertigen. Popes Report ist im Winter 1862—63 verfasst. Natürlich konnte er da die Situation, wie sie wirklich war, viel besser übersehen, als zu der Zeit, während die geschilderten Ereignisse sich zutrugen. Als er zum Abend des 27. gekommen war, mag ihm doch wohl eine Ahnung aufgedämmert sein, dass er mit seinen Anordnungen zu einem Vorgehen gegen Manassas, besonders durch die Aufgabe von Gainesville, einen kolossalen Fehler begangen hatte, einen Fehler, dem vielleicht der ganze Misserfolg der nächsten Tage zuzuschreiben ist. Um seine kopflose Handlungsweise einigermassen zu entschuldigen, ist er dann auf den unglücklichen Gedanken gekommen, in seinem Report zu sagen, er habe eine Umgehung seines rechten Flügels durch Jackson besorgt. Wir sagen „unglücklichen" Gedanken, weil selbst die Annahme einer Umgehung des rechten Flügels diese Anordnungen kaum in besserem Licht erscheinen lässt. Sie waren gegen eine derartige Umgehung ebenso wenig zweckentsprechend, wie den thatsächlichen Verhältnissen gegenüber. Überdies wird die Möglichkeit der Umgehung des rechten Flügels — und das spricht ebenwohl für unsere Annahme, dass wir es hier mit einem nachträglichen Gedanken Popes zu thun haben — in der am Abend des 27. erlassenen Ordre auch nicht mit einer Silbe angedeutet. Pope dachte am 27. abends nur daran, Jackson „in den Sack zu stecken"! Darauf liefen alle seine Anordnungen hinaus, durch deren Ausführung er alle Vorteile, welche durch die auf Mc Dowells Rat getroffenen geschickten Dispositionen vom 27. morgens erlangt waren, wieder aus der Hand gab.

V. Die Schlacht bei Manassas.[1]

(28.—30. August.)

Popes Befehle an Porter, Kearny und Mc Dowell. — Jackson weicht aus. — Porters Nachtmarsch nach Bristow. — Mc Dowells Anordnungen für den 28. — Sie werden durch Popes Befehl durchkreuzt. — Die Division Ricketts gegen Thoroughfare Gap gesandt. — Stellung der Konföderierten am Morgen des 28. — Konzentrisches Vorgehen gegen Manassas Junction. — Das Gefecht bei Groveton und seine Folgen. — Gefecht bei Thoroughfare Gap. — Lees Sorge. — Das Corps Banks am Kettle Run. — Porter bei Bristow. — Mc Clellan und das Corps Franklin. — Die Situation am Abend des 28. — Popes Auffassung derselben. — Seine Dispositionen für den 29. — Zurückgehen der Divisionen King und Ricketts. — Sigel erhält Befehl, Jackson zum Stehen zu bringen. — Mc Dowell sucht seine Divisionen. — Porter mit seinem Corps und der Division King gegen Gainesville vorgeschickt. — Die „gemeinsame Ordre" für Mc Dowell und Porter. — Jacksons Stellung am Morgen des 29. — Der Angriff des Corps Sigel — Der Anmarsch des Corps Longstreet. — Die Situation um Mittag des 29. — Mc Dowell verlässt mit der Division King das Corps Porter. — Die Division Schurz wird zurückgedrängt. — Vereinzelte Angriffe der Division Kearny und der Brigade Grover. — Mc Dowell trifft mit den Divisionen King und Ricketts in der Nähe des Kampfplatzes ein. — Abermaliger Angriff der Division Kearny. — Porter am Dawkins Branch. — Popes Ordre von $4\frac{1}{2}$ Uhr nachmittags. — Der letzte Kampf des 29. — Das Corps Franklin bei Annandale. — Die Stellung am Morgen des 30. — Mc Dowells Rekognoscierung. — Popes Befehl zur Verfolgung. — Die Division Reynolds auf Bald Hill. — Porters Angriff. — Vorgehen des rechten Flügels der Konföderierten. — Bald Hill von ihnen genommen. — Der Kampf um das Plateau beim Hause Henry. — Pope beschliesst den Rückzug nach Centreville. — Kavallerie-Gefecht bei Lewis Ford. — Das Corps Sumner wird von Alexandria vorgeschickt. — Popes Depesche an Halleck.

Das Terrain, auf welchem der Kampf zwischen den Divisionen Hooker und Ewell stattgefunden hatte, zeigte deutliche Spuren, dass die Konföderierten eine ernste Schlappe erlitten hatten. Bis $\frac{1}{2}$7 Uhr

---

[1] Die Konföderierten, welche das von den Unierten „Schlacht am Bull Run," genannte Treffen vom 21. Juli 1861 als „Schlacht bei Manassas" bezeichnen, nennen die hier geschilderte Schlacht „die zweite Schlacht bei Manassas". Übrigens kommt auch die Bezeichnung „Zweite Schlacht am Bull Run" vor.

abends rechtfertigten alle von Hooker eingehenden Meldungen den Schluss, dass der Feind in beschleunigter Weise zurückgegangen war. Um diese Zeit schickte Pope an Porter, der sich in Warrenton Junction befand, den Befehl, nach Bristow zu kommen. Derselbe lautete[1]): „General: Der kommandierende Major-General befiehlt, dass Sie um 1 Uhr nachts aufbrechen und mit Ihrem ganzen Corps oder demjenigen Teil desselben, welchen Sie bei sich haben, vorwärts kommen, sodass Sie bei Tagesanbruch morgen früh hier sind. Hooker hatte ein sehr ernstes Gefecht mit dem Feinde, mit einem Verlust von etwa 300 Toten und Verwundeten. Der Feind ist zurückgetrieben, geht aber längs der Eisenbahn zurück. Wir müssen ihn von Manassas vertreiben und das Land zwischen diesem Ort und Gainesville, wo sich Mc Dowell befindet, säubern. Wenn Morell noch nicht zu Ihnen gestossen ist, so schicken Sie ihm Nachricht, dass er sofort vorwärts eilt; benachrichtigen Sie auch Banks, dass er mit möglichster Eile vorwärts komme und Ihre Stellung bei Warrenton Junction einnehme.[2]) Es ist auf alle Fälle notwendig, dass Sie bei Tagesanbruch hier sind. Ich schicke einen Offizier mit dieser Depesche, welcher Sie hierher führen wird. Versäumen Sie ja nicht, Banks Nachricht zu schicken, welcher sich auf der Strasse von Fayetteville befindet, wahrscheinlich in der Richtung auf Bealton. Sagen Sie auch Banks, dass er am besten thäte, die Eisenbahnzüge bis diesseits Cedar Run zurückzuschicken. Wenn er nicht bei Ihnen ist, schreiben Sie in dem Sinne."

„P. S. Wenn Banks noch nicht in Warrenton Junction ist, so lassen Sie ein Infanterie-Regiment und zwei Geschütze als Wache stehen, bis er eintrifft, mit der Instruktion Ihnen sofort nach Banks' Eintreffen zu folgen.

Wenn Banks sich noch nicht in Warrenton Junction befindet, instruieren Sie den Oberst Clary[3]), die Züge bis diesseits Cedar Run zurück zu schicken und stellen Sie ein Regiment und einen Zug Artillerie dabei."

Um 9 Uhr abends erliess er noch weiter folgende Befehle:

„Major-General Kearny: Mit dem ersten Dämmern des Tages eilen Sie mit Ihrem Kommando mit möglichster Beschleunigung hierher (Bristow). Sie können nicht mehr als 3—4 Meilen entfernt sein. Jackson, A. P. Hill und Ewell stehen vor uns. Hooker hatte heute ein ernstes Gefecht mit denselben. Mc Dowell marschiert morgen früh

---

[1]) Der verhängnisvollen Folgen wegen, welche die Ereignisse dieser Tage namentlich für den General Porter hatten, teilen wir die diesem erteilten Befehle ihrem vollen Wortlaut nach mit, den wir Popes *„Official Report of the Campaign in Virginia of July and August 1862"* (*Milwaukee, Jermain and Brightman, 1863*) entnehmen. Auch die übrigen Befehle werden, wenigstens ihrem wichtigern Teile nach, wörtlich citiert werden. Wir bemerken dazu noch, dass wenn einzelne Stellen durch den Druck hervorgehoben werden, dies in den Original-Befehlen nicht der Fall ist, sondern geschieht, um die Aufmerksamkeit des Lesers auf die betreffende Stelle zu lenken.

[2]) Vergl. Anmerkung auf S. 151.

[3]) Oberst Clary war Popes Chef-Quartermaster.

bei Tagesanbruch von Gainesville nach Manassas Junction, Reno (von Greenwich) zur selben Zeit nach demselben Ort. Ich wünsche Sie, wenn möglich, bei Tagesanbruch hier zu haben, und wir werden die ganze Bande in den Sack stecken *(and we shall bag the whole crowd)*. Seien Sie rasch und fördersam *(expeditious)* und kümmern Sie Sich nicht um Bagage, Trains oder Strassen, bis diese Affaire vorüber ist . . . ."

„Major-General Mc Dowell: Bei Tagesanbruch morgen früh marschieren Sie rasch mit Ihren gesamten Kräften auf Manassas Junction, indem Sie Ihren rechten Flügel an die Manassas Gap Bahn anlehnen und Ihren linken Flügel gut nach Osten ausdehnen. Jackson, Ewell und A. P. Hill befinden sich zwischen Gainesville und Manassas Junction. Wir hatten heute ein ernstes Gefecht mit ihnen, wobei wir sie mehrere Meilen längs der Eisenbahn zurückgetrieben haben. Wenn Sie prompt und rasch beim ersten Dämmern des Tages auf Manassas Junction marschieren, werden wir die ganze Bande in den Sack stecken. Ich habe Reno angewiesen, zur selben Zeit von Greenwich nach Manassas Junction zu marschieren und Kearny, der hinter ihm steht, nach Bristow. Seien Sie rasch und der Tag ist unser."

General Reno erhielt eine Depesche ähnlichen Inhalts mit dem Befehl, von Greenwich nach Manassas Junction zu marschieren.

Von diesen Befehlen konnten die an Porter und Kearny gerichteten, weil sie eine Verstärkung des rechten Flügels bewirkten, allenfalls wohl auch von Nutzen sein, wenn die Konföderierten eine Umgehung des rechten Flügels versuchten. Aber Niemand, der diese Befehle liest, wird den Eindruck empfangen, dass sie mit der Absicht erlassen seien, einer erwarteten derartigen Umgehung entgegenzutreten. Auch nicht mit einer Silbe wird auf eine solche Möglichkeit, nicht einmal auf eine etwa zu erwartende Offensive Jacksons hingedeutet. Im Gegenteil! Sie scheinen mit jedem Wort anzudeuten, dass Pope selbst für den 28. eine energische Offensive gegen Jackson beabsichtigte. Kearny und Porter wollte er offenbar so früh bei Bristow haben, um mit den beiden Corps Heintzelman und Porter ebenfalls bei Tagesanbruch, oder wenigstens so früh als möglich, gegen Manassas vorzugehen. In der an Porter gerichteten Depesche spricht er von seiner Absicht, Jackson von „Manassas zu vertreiben" und „das Land zu säubern" und in den 2¼ Stunde später geschriebenen Befehlen an Mc Dowell und Kearny macht sich die Wirkung der inzwischen eingegangenen weiteren günstigen Meldungen von der über den Broad Run vorgegangenen Division Hooker dadurch bemerkbar, dass er sich jetzt sogar schon zu der Absicht versteigt, Jackson „in den Sack zu stecken". Er wollte damit wohl sagen, dass er glaube, Jackson könne durch überlegene Kräfte von Nordwesten, Westen und Südwesten konzentrisch angegriffen und ohne im Besitz einer Rückzugslinie zu sein, wohl zur Kapitulation gezwungen werden.

Allein Jackson liess sich nicht so leicht „in den Sack stecken". Wie wir im vorigen Kapitel gesehen haben, hatte er am Nachmittag des 27. alle Vorbereitungen getroffen, die Depots bei Manassas Junction zu vernichten. Es sollte dies gleichzeitig mit der Räumung des Ortes geschehen. Gegen Abend erhielt General A. P. Hill den Auftrag, zwei Brigaden seines Corps südlich von Manassas Junction mit Front nach Bristow Stellung nehmen zu lassen, um den Abmarsch des Corps zu decken. Kaum waren dieselben in der angegebenen Weise aufgestellt, als die Fackel an die erbeuteten reichen Vorräte gelegt wurde, und die Flammen, sich rasch verbreitend, den Himmel röteten und die Gegend weithin erleuchteten. Vor sich sahen sie die Brigade der Division Ewell, welche am Broad Run gegen Hooker gefochten hatte, von Bristow heranziehen, hinter ihnen marschierte der Rest der Division A. P. Hill über Blackburns Ford nach Centreville, während die Division Taliaferro auf der alten Militärstrasse von Manassas über die Alexandria-Warrenton Chaussee nach Sudley Springs zog, um auf dem alten Schlachtfelde von Manassas Halt zu machen. Sie führte den Teil der reichen Beute, den die vorhandenen Transportmittel fortzuschaffen gestatteten, mit sich. Die Division Ewell biwackierte in der Nacht zum 28. zwischen Manassas Junction und Bull Run, hatte aber den Befehl, am 28., sowie es eben zu dämmern begann, mit den beiden zur Deckung des Abzugs stehen gelassenen Brigaden der Division A. P. Hill den Bull Run ebenfalls bei Blackburns Ford zu überschreiten. Am Morgen des 28. hatte die Division Taliaferro mit einer Brigade Groveton, mit einer Sudley Mills besetzt, und zwei Brigaden standen etwa eine halbe Meile nördlich des Kreuzungspunktes der Strasse von Manassas nach Sudley Springs mit der grossen Chaussee. Die Division Hill brach um 10 Uhr von Centreville auf und marschierte auf der grossen Strasse nach Westen zu, während die Division Ewell am Nordufer des Bull Run entlang durch die Felder marschierte, um die Chaussee zu erreichen. Um die Situation klarer übersehen zu können, ist es nötig, uns kurz die Stellung des andern Teils der konföderierten Armee ins Gedächtnis zurückzurufen. Das Corps Longstreet war am Nachmittag des 27. mit seinem Gros in White Plains angekommen, seine Spitzen hatten am Abend noch den Eingang von Thoroughfare Gap erreicht. Letzteres ist von Haymarket 4, von Gainesville 6 Meilen entfernt, Groveton von Gainesville 3½ Meilen.

Vergleicht man die Anordnungen der beiden gegeneinander operierenden Generale unter Hinzuziehung der Karte, so findet man, dass Pope im Begriff stand, einen Stoss in die Luft zu thun, indem er an Jackson vorbei marschiert, wobei er überdies in seiner Hast, die ihm schon sicher dünkende Beute zu ergreifen, den Fehler begeht, die besetzte Rückzugslinie des Feindes wieder frei zu machen, und die beiden starken Corps, welche er zwischen die getrennten Teile der feindlichen Armee geschoben hatte, nach einer Richtung zu verwenden, wo kein Feind war. Kamen diese Dispositionen Popes vollständig zur Ausführung, so hinderte Jackson nichts, sich im Laufe des 28. so weit nach rechts zu schieben, dass er Gainesville noch mit besetzte und so seine Verbindung mit Lee und nötigenfalls seinen Rückzug nach Thoroughfare Gap sicher stellte.

Popes Befehle kamen jedoch nicht vollständig zur Ausführung. Es waren teils unüberwindliche physische Hindernisse, welche ihre volle Durchführung hinderten, teils hatte einer der Unterführer — Mc Dowell — aus eigener Initiative Anordnungen getroffen, welche nicht mehr rückgängig gemacht werden konnten, im Übrigen auch, wie wir sehen werden, geeignet waren, die Fehler Popes einigermassen wieder gut zu machen. Infolge dessen änderte sich die Situation im Laufe des 28. nicht so sehr zu Gunsten Jacksons, als dies bei einer vollen Durchführung der Befehle Popes der Fall gewesen sein würde.

Porter hatte den Befehl erhalten, um 1 Uhr nachts von Warrenton Junction nach Bristow Station zu marschieren und dort bei Tagesanbruch einzutreffen. Sein Corps war am 27. theils von Kellys Ford (Division Morell), teils von Bealton und Morrisville gekommen und nach einem langen, bei dem heissen Wetter ausserordentlich anstrengenden Marsch zum grossen Teil erst lange nach Dunkelwerden, ohne abgekocht zu haben, in Warrenton Junction eingetroffen. Seine ursprüngliche Instruktion hatte gelautet, am 28. nach Gainesville zu marschieren und in Erwartung eines frühen Aufbruchs hatte er noch am Nachmittag des 27. von Warrenton Junction aus (wohin er mit seinem Stabe seinem Corps vorausgeeilt war) zwei seiner Adjutanten abgeschickt, um die nach Gainesville führende Strasse zu rekognoscieren. Diese meldeten, dass diese Strasse zwar frei sei, dass aber der sich aus ihr nach Bristow abzweigende Weg vollständig von Wagen verfahren sei. Wir erinnern uns, dass auf Popes Befehl die Bagagetrains sämtlicher Corps hinter der diesen Weg einschlagenden Division Hooker her marschiert waren. Die Division Hooker war am Nachmittag bei Bristow in ein Gefecht verwickelt, welches bis zum Abend dauerte. Die Wagenkolonne war infolge dessen ins Stocken gekommen und die Strasse war nunmehr von 2—3000 Wagen und Fuhrwerken[1]) aller Art vollständig angefüllt. Sie standen auch nicht ordnungsmässig an einer Seite der Strasse, sondern ohne Ordnung durch einander. Die Strasse selbst war keineswegs eine Kunststrasse, sondern nur eine durch den Wald gehauene Lichtung. Man hatte sich nicht die Mühe genommen, die Wurzeln der grossen Bäume zu entfernen, selbst dünnere Stämme waren stellenweise stehen geblieben, und zu beiden Seiten war der Wald so dicht, dass an ein Ausweichen nicht zu denken war. Die Strasse lief längs der Eisenbahn und kreuzte sich häufig mit dieser.

Porter empfing den Befehl, um 1 Uhr nachts zu marschieren, 10 Minuten vor 10 Uhr abends. Der Adjutant, welcher ihn brachte, hatte fast $3^{1}/_{2}$ Stunde gebraucht, wovon ein Teil noch in die Dämmerung fiel, um die Entfernung von Bristow nach Warrenton zurück-

---

[1]) Diese Zahl ist offiziellen Berichten entnommen. Nimmt man die Länge eines vierspännigen Fuhrwerkes mit den notwendigen Zwischenräumen zu 15 Meter an und rechnet nur 2000 Wagen, so ergiebt sich eine Länge der Wagenkolonne von 30 Kilometer. Die Entfernung von Warrenton Junction nach Bristow beträgt aber nur 10 Meilen = 16,09 Kilometer. Es folgt daraus, dass die Wagen mindestens in doppelter Reihe auf der Strasse standen.

zulegen. Porter wandte sich sofort der Ausführung der Details des
Befehls zu, wie sie sich aus dem oben mitgeteilten Wortlaut desselben
ergeben. Eine Abschrift wurde an Banks gesandt und Oberst Clary,
der Chef-Quartermaster der Armee, erhielt den Befehl, die bei Warrenton Junction angesammelten Eisenbahnzüge alsbald in der Richtung
auf Manassas abzuschicken. Die Bewegung begann um $^1/_2$11 Uhr
nachts und dauerte bis 4 Uhr morgens. Zur Deckung von Warrenton Junction bestimmte er die ihm zeitweise zugeteilte Brigade Piatt
der Division Sturgis. (Vergl. S. 151.)

Als Popes Adjutant mit dem erwähnten Befehl eintraf, befanden
sich die beiden Divisions-Kommandeure, Morell und Sykes, und mehrere
Brigade-Kommandeure in Porters Zelt. Diesen zeigte er den Befehl,
mit dem Zusatz, sich zum Aufbruch um 1 Uhr nachts bereit zu
machen. Allein er stiess bei seinen Generalen auf entschiedenen
Widerspruch. Sie machten geltend, dass ihre Truppen, ohne Nahrungsmittel und nach einem langen ermüdenden Marsch, nicht imstande
seien, denselben ohne genügende Ruhe sofort wieder aufzunehmen.
Die Nacht war ganz ungewöhnlich finster und bei dem oben geschilderten Zustand der Strassen war vorauszusehen, dass in der Dunkelheit fortwährende Stockungen eintreten mussten, was bekanntlich
ausserordentlich ermüdend wirkt. Man war der Ansicht, dass das
Corps ebenso früh und in brauchbarerem Zustand Bristow erreichen
würde, wenn es kurz vor Tagesanbruch aufbrach, bis zu welcher Zeit
sich die Wagenkolonne auf der Strasse wohl soweit vorgeschoben
haben konnte, dass man erst mit Einbruch der Helligkeit auf sie
stiess. Ausser etwa einem Dutzend Ordonanzen hatte Porter keine
Kavallerie, die er hätte vorausschicken können, um die Wagen zum
Einhalten einer Seite des Weges anzuhalten. Auf dem Bahnkörper
konnte er auch nicht marschieren, denn seit $^1/_2$11 Uhr liefen dort
ununterbrochen Züge in der Richtung nach Manassas.

Dazu kam noch eine andere Erwägung. Der Buchstabe des
Befehls verlangte, dass das ganze Corps bei Tagesanbruch bei Bristow
stehen solle. Der Geist desselben aber forderte, dass es in brauch-
barem Zustand für einen weiteren Marsch von mindestens 8 Meilen,
möglicherweise für einen ernsten Kampf dort ankommen sollte. Der
Zweck des Marsches war in dem Befehl ausgesprochen, gleichsam als
ob Porter dadurch ermächtigt oder aufgefordert werden sollte, sein
eigenes Urteil zu Rate zu ziehen, wie er denselben am besten erreichen
könne. Durch nichts war in dem Befehl angedeutet, dass Pope einen
Angriff des Feindes bei Bristow und demnach ein defensives Gefecht
dort erwartete, sondern er stellte im Gegenteil fortgesetzte Offensiv-
Operationen in Aussicht. Wenn er um 1 Uhr nachts abmarschierte,
so kam Porter voraussichtlich mit seinem Corps in einem Zustand bei
Bristow an, in dem es gänzlich ungeeignet war, „den Feind von
Manassas zu vertreiben, und das Land zwischen diesem Ort und Gainesville von ihm zu säubern", wie es in dem Befehl hiess.

Porter sah sich demnach vor die Alternative gestellt, entweder
den Befehl seinem Wortlaut nach zu befolgen, aber damit die .

Erreichung des Zweckes desselben fast unmöglich zu machen, oder
den Geist desselben massgebend sein zu lassen und dadurch die
Erfüllung des Zweckes sicher zu stellen.

Nach langer und sorgfältiger Überlegung entschloss sich Porter
dazu, sein Corps so aufbrechen zu lassen, dass es in schlagfertigem
Zustand bei Bristow ankommen konnte. Er ordnete demnach den
Aufbruch für 3 Uhr morgens an und glaubte damit nur eine diskre-
tionäre Gewalt auszuüben, welche einem General, der eine so verant-
wortliche Stellung, wie die eines Corps-Kommandeurs inne hat, gewiss
zuerkannt werden muss, wenn der Höchstkommandierende meilenweit
entfernt ist und Befehle erteilt, bei deren Ausführung Verhältnisse mit-
sprechen, welche derselbe von dort aus nicht zu übersehen vermag.

Porter schickte um Mitternacht einige gut berittene Offiziere,
welche, von einem der Gegend kundigen Führer begleitet, Pope über
Porters Entschlüsse und die Gründe, welche ihn bewogen hatten, den
Aufbruch um zwei Stunden zu verschieben, Meldung machen und
ihn zugleich bitten sollten, ihm Kavallerie mit dem Auftrag entgegen
zu schicken, die Strasse frei zu machen. Diese Offiziere trafen erst
um 7 Uhr morgens bei Pope ein, da sie — einzelne Reiter — es
unmöglich gefunden hatten, auf der von verfahrenen Wagen versperrten Strasse vorwärts zu kommen.

Um 3 Uhr morgens, als Porters Colonne sich in Bewegung setzte,
war es noch sehr dunkel, sodass die Strasse von vorausreitenden Adjutanten nur mit Hülfe von angezündeten Lichtern gefunden werden
konnte. Die Hindernisse in der Strasse, im Verein mit der Dunkelheit,
verursachten auch sehr bald eine heillose Verwirrung und machten ein
wirkliches Vorwärtskommen erst mit Eintritt der Dämmerung möglich.

Sobald er das Corps wirklich in Bewegung sah, eilte Porter
voraus und meldete sich kurz vor 8 Uhr persönlich bei Pope in
Bristow. Nicht ein Wort des Vorwurfs oder Missbilligung, keine
Klage über verspätetes Eintreffen, äusserte Pope, und soweit Porter
an jenem Morgen zu beurteilen vermochte, war Pope mit dem Verfahren seines Untergebenen völlig einverstanden. [1]) Die Tête seines

---

[1]) Am allerwenigsten aber dachte Porter damals daran, dass ihm aus den
Ereignissen dieser Nacht ein schweres Verbrechen gemacht werden würde.
Als Pope bei der kriegsgerichtlichen Untersuchung gegen Porter als Zeuge
vernommen und gefragt wurde, ob er Porter seine Missbilligung zu erkennen
gegeben habe, antwortete er, es sei nicht seine Gewohnheit, sich seinen Untergebenen gegenüber wegen Nichtbefolgung ihnen gegebener Befehle zu beklagen. Aller Wahrscheinlichkeit nach war Pope am 28. morgens auch ganz
mit Porters Verfahren einverstanden. Erst später, als er nach einem Sünden-
bock suchte, auf welchen er die Verantwortung für die Folgen der von ihm
begangenen Fehler abwälzen könne, mag ihm auch die Handlung Porters
eingefallen und zur sicheren Vernichtung seines unglücklichen Opfers brauchbar erschienen sein. In seinem „Report“ sagt er, Jackson habe den „Fehler“
begangen, sich von Manassas nach Sudley Springs zurückzuziehen und nördlich der Strasse Stellung zu nehmen und nur diesem „Fehler“ Jacksons sei
es zu danken, dass Porters „Ungehorsam“ keine nachteiligen Folgen gehabt
habe. Es muss freilich für einen General sehr unangenehm sein, wenn sein
Gegner solche „Fehler“ macht, durch die seine feinst angelegten Pläne, deu-
selben „in den Sack zu stecken“, so schonungslos durchkreuzt werden!

Corps erreichte um $^3/_4$ 9 Uhr den Broad Run und hielt dort um das-selbe, welches immer noch infolge· Durchbrechung der Kolonne durch Eisenbahnzüge und durch die Widerspenstigkeit einzelner Wagenführer, die sich nicht hatten aufhalten lassen, in mehrere Teile zerrissen war, erst in sich aufschliessen zu lassen, was $1^1/_2$ Stunden in Anspruch nahm. Um 10 Uhr 20 Minuten stand das Corps geschlossen und in schlagfertigem Zustand bei Bristow südlich der Bahn.

Pope hatte, wie wir wissen, noch spät am Abend des 27. er-fahren, dass die Division Ewell, welche am Nachmittag vorher das Gefecht mit Hooker gehabt hatte, in der Richtung auf Manassas Junc-tion abgezogen sei, um sich dort mit Jackson zu vereinigen, und er hatte am Morgen des 28. die Absicht, ebendorthin zu folgen. Zur Zeit hatte er aber nur die Division Hooker zur Verfügung und deren Kommandeur hatte ihm am Abend vorher gemeldet, dass er nur noch vier Patronen pro Gewehr habe.[1] Mit diesen Truppen die Verfolgung zu unternehmen, erschien nicht angängig und er musste sich geduldi-gen, bis das Corps Porter oder die Division Kearny, welche von Green-wich her beordert war, angelangt waren.

Kearny traf etwa gleichzeitig mit dem Corps Porter ein. Da aber letzteres, wie vorerwähnt, längere Zeit zum Aufschliessen und Aufmarsch brauchte, Kearny auch nur etwa fünf Meilen marschiert und erst in den Morgenstunden aufgebrochen war, so erhielt Porter den Befehl, bis auf weiteres bei Bristow stehen zu bleiben, während Pope gegen 11 Uhr vormittags mit der Division Kearny, der die Division Hooker folgte, ohne vorher ihren Munitionsvorrat ergänzt zu haben, gegen Manassas vorging.

Reno, welcher ebenfalls bei Tagesanbruch von Greenwich aufge-brochen war, hatte von dort direkt die Richtung auf Manassas genommen.

[1] Pope hat in der kriegsgerichtlichen Untersuchung gegen Porter später behauptet, er habe gefürchtet, Jackson könne von diesem Munitionsmangel hören und infolge dessen am nächsten Morgen versuchen, den Kampf am Broad Run mit besserer Aussicht auf Erfolg zu erneuern und dies habe ihn veranlasst, Porter zu befehlen, um 1 Uhr nachts von Warrenton Junction aufzubrechen, um bei Tagesanbruch bei Bristow zu sein. Gegen die Glaub-würdigkeit dieser Behauptung spricht zweierlei:
1) ist der Befehl an Porter um 6 Uhr 30 Minuten datiert, während Pope in seinem Report selbst sagt, dass er Hookers Meldung zur Zeit der Dunkelheit (*at dark*), also wahrscheinlich circa $^1/_2$ Stunde nach Absendung des Befehls an Porter erhielt;
2) wird in dem Befehl selbst des Munitionsmangels der Division Hooker mit keiner Silbe erwähnt, ebenso wenig der Besorgnis vor einem Angriff Jacksons Ausdruck gegeben, im Gegenteil lässt, wie schon hervorgehoben, der Wortlaut des Befehls ganz bestimmt und nur auf die Absicht offen-siven Vorgehens schliessen.
Unter den bei Warrenton Junction stehenden Eisenbahnzügen befanden sich solche, welche mit Munition beladen waren, was Pope wissen konnte und musste. Hätte er zur Zeit der Absendung des Befehls an Porter schon von Hookers Munitionsmangel Kenntnis gehabt, so würde er sicher in dem Satz des Befehls, der von Rücksendung der Eisenbahnzüge handelt, ange-ordnet haben, dass die Munitionszüge zuerst abgeschickt werden sollten. Dies geschah freilich, aber zufällig und ohne besonderen Befehl Popes. Letzterer machte auch keinen Gebrauch davon und die Division Hooker nahm an den Operationen des 28. Teil, ohne vorher ihren Munitions-vorrat ergänzt zu haben.

11*

Mc Dowell endlich war, wie wir wissen, am 27. von Warrenton nach Gainesville marschiert. Er hatte am Abend dieses Tages mit dem Gros — seinem eigenen Corps und der Division Reynolds — die Gegend zwischen Buckland Mills und New Baltimore erreicht, während das Corps Sigel als Avantgarde nach Gainesville selbst vorgeschoben war (vergl. S. 148). Die Meldung Bufords über das Ergebnis seiner Rekognoscierung gegen Salem (vergl. S. 152) traf Mc Dowell in Buckland Mills, wo sich das Lager der Division Reynolds befand, und er freute sich, dass er sich in einer Stellung befand, von der aus er sich sowohl der am nächsten Tage durch Thoroughfare Gap debouchierenden Kolonne entgegenstellen, als auch die schon durchpassierte Kolonne (Jackson) verfolgen, jedenfalls aber die Vereinigung der beiden getrennten Flügel der feindlichen Armee am leichtesten hindern konnte.

In einer im Lager Reynolds abgehaltenen Konferenz, an der auch Sigel teilnahm, machte Mc Dowell die Mitteilung, dass Longstreet am nächsten Morgen (28.) durch Thoroughfare Gap debouchieren werde und dass Sigel, der sein Corps bereits auf der von dem genannten Pass nach Manassas führenden Strasse stehen habe, nach Haymarket marschieren solle, um den Pass zu beobachten und den Feind anzugreifen, wenn er debouchieren wolle. Zu dem Zwecke wolle er ihn durch eine Division seines eigenen Corps verstärken, während er mit den beiden anderen Divisionen die Kolonne verfolgen wolle, die schon durch den Pass gekommen sei. Diesen Verabredungen entsprechend, erliess Mc Dowell um $^1/_2 11$ Uhr abends folgenden Befehl:

„Da es sich herausgestellt hat, dass eine starke Division des Feindes unter General Longstreet heute Nachmittag 4 Uhr Salem verlassen hat, um in der Richtung auf die Stellung des Feindes bei Manassas durch Thoroughfare Gap zu marschieren, und sich jetzt auf dem Marsch befindet, so werden folgende vorläufige (preliminary) Bewegungen des linken Flügels der Armee sofort ausgeführt; General Sigels Corps wird ohne Zögern zu oder in der Nähe von Haymarket und Gainesville konzentriert.

„Eine Division des 3. Corps (Mc Dowell) verbleibt bei Buckland Mills, um gegen die Flanke des Feindes zu operieren, oder nach Haymarket zu marschieren, wie es am vorteilhaftesten befunden werden wird.

„Die Divisionen Kings und Ricketts werden nach Gainesville marschieren und um 2 Uhr morgens von dort aufbrechen, um die feindliche Stellung in der Richtung von Manassas anzugreifen. Dieser Angriff wird zufolge der Bestimmung der General-Ordre vom Hauptquartier von Virginien[1]), durch das Kommando des General Heintzelman, zur Zeit in Greenwich, unterstützt, welches den rechten Flügel des Angriffs bilden wird."

Ausserdem schickte er sofort den Kapitän Leski seines Stabes ab, um festzustellen, ob Truppen am Westufer des Broad Run entlang

---

[1]) Vergl. S. 146 und 147.

nach Thoroughfare Gap marschieren könnten und mit dem weiteren Auftrag, ihm sobald als möglich Nachrichten über den Feind zukommen zu lassen.

Bei diesen Anordnungen hatte Mc Dowell die Sicherung sowohl gegen Thoroughfare, wie gegen den etwas weiter nördlich gelegenen Pass Hopewell Gap im Auge, wozu die Truppenstellungen bei Buckland Mills und Haymarket angeordnet wurden. Gainesville lag von beiden Orten etwa gleichweit entfernt und konnte von dort aus nach beiden Richtungen hin gleich leicht Unterstützung geleistet werden.

Der Befehl für die Divisionen Ricketts und King, um 2 Uhr von Gainesville zum Angriff in der Richtung auf Manassas aufzubrechen, war nicht etwa eine Ausführung des weiter oben mitgeteilten (S. 158) um 9 Uhr abends von Bristow Station aus von Pope erlassenen Befehls, sondern er ging aus der eigenen Initiative Mc Dowells hervor.

Die Nachrichten über das Herannahen Longstreets, sowie über die von ihm getroffenen, oben mitgeteilten vorläufigen Dispositionen schickte Mc Dowell sofort an Pope. Sein Ordonanzoffizier war jedoch kaum fortgeritten und die Vorbereitungen zur Ausführung des von Mc Dowell gegebenen Befehls waren eben begonnen, als der um 9 Uhr abends in Bristow von Pope erlassene Befehl eintraf, wonach Mc Dowell mit seinen gesamten Streitkräften gegen Manassas vorgehen sollte.

Obgleich im höchsten Grade betroffen über eine Strategie, welche eine so herrliche Gelegenheit, die ganze Armee zwischen den beiden getrennten Flügeln des Feindes zu konzentrieren, leichtsinnig aus der Hand gab, traf Mc Dowell sofort neue Dispositionen, um die Befehle seines Chefs auszuführen. Die betreffende Ordre ist vom 28. datiert. Die Stunde ist nicht angegeben, sie ist aber ohne allen Zweifel kurz nach Mitternacht erlassen, noch ehe die Bewegungen zur Ausführung der vorläufigen Dispositionen begonnen hatten. Sie lautete:

„1. Major-General Sigel wird sofort mit seinem Corps auf Manassas Junction marschieren, seinen rechten Flügel an die Manassas Gap Bahn anlehnend.

2. Brigadier-General Reynolds wird auf der Chaussee hinter General Sigel hermarschieren und seine Division links des Corps Sigel formieren und auf Manassas Junction gehen.

3. Brigadier-General King wird unmittelbar hinter Reynolds folgen, seine Division links der Division Reynolds formieren und ebenfalls auf Manassas Junction marschieren.

4. Brigadier-General Ricketts wird dem General King folgen und auf Gainesville marschieren. Wenn bei seiner Ankunft dort sich keine Anzeichen von der Annäherung des Feindes von Thoroughfare Gap her bemerklich machen, so wird er seinen Marsch auf der Chaussee fortsetzen, sich links von General King formieren und auf Manassas Junction marschieren. Er wird seine Aufmerksamkeit beständig auf einen Angriff von Thoroughfare Gap her richten und im Falle er von dort her bedroht wird, so wird er seine Division nach links entwickeln und dem Angreifer entgegengehen."

Sehr bald nach erhaltenem Befehl brach Reynolds in der Richtung auf Gainesville auf, in der Hoffnung, bei seiner Ankunft dort, das Corps Sigel, hinter welchem er marschieren sollte, schon im Marsch zu finden. Indessen sollte diese Hoffnung getäuscht werden. Sigels letzte Division lagerte noch westlich von Gainesville an der Strasse. Als Reynolds, an der Spitze seiner Division marschierend, dort eintraf, fand er, dass die Leute sich eben erst von ihren Lagerstätten erhoben hatten und die Vorbereitungen zum Abmarsch noch in vollem Gange waren. Er liess halten, in der Erwartung, die Division werde sich rasch formieren und antreten. Aber auch diese Erwartung blieb unerfüllt, sodass er endlich seiner Division ungeduldig den Befehl gab, weiter zu marschieren. Er zog also an der Division, die vor ihm hergehen sollte, vorbei. Aber nicht allein durch zu spätes Antreten des Corps Sigel wurde sein Marsch verzögert. General Sigel war in der Armee durch seine Vorliebe für einen grossen Wagentrain berüchtigt. Trotzdem, wie seiner Zeit erwähnt, Pope den Befehl gegeben hatte, dass nur Munitionswagen die Truppen begleiten sollten, während alle übrige Bagage in Warrenton Junction gesammelt und dort durch das Corps Banks weitergeschafft wurde, hatte Sigel mehr als 200 Wagen bei sich, welche jetzt die Strasse nach Gainesville versperrten, sodass Reynolds nur langsam vom Fleck konnte. In Gainesville aber wartete seiner eine neue Überraschung. Hier hatte in den Feldern am Kreuzungspunkt der Eisenbahn mit der Chaussee, die Avantgarde Sigels die Gewehre zusammengesetzt, Feuer angezündet und bereitete in aller Ruhe ihr Frühstück. Es war jetzt $\frac{1}{2}$8 Uhr morgens. Fünf Stunden waren vergangen, seit Mc Dowell bei Buckland Mills Sigel den dringenden Befehl Popes gezeigt hatte, bei Tagesanbruch gegen Manassas vorzugehen. Er hatte ihm befohlen, sofort sich nach Gainesville zu begeben und, um Aufenthalt zu vermeiden, seine Divisionen aufschliessen zu lassen. Die Spitze befand sich in Gainesville. Augenscheinlich hatte die persönliche Erklärung Mc Dowells, dass Eile notwendig sei, wenig Eindruck auf Sigel gemacht. Als Mc Dowell die Meldung Reynolds über diese Sachlage empfing, schickte er einen höheren Offizier seines Stabes zu Sigel, um diesen zum Aufbruch zu treiben, aber der Vormittag war doch schon weit vorgeschritten, als dieser endlich antrat. Nun schlug er einen falschen Weg ein. Obgleich Mc Dowells Befehl es klar und deutlich aussprach, dass Sigel, ohne Rücksicht auf Strassen und Wege, mit dem rechten Flügel seines Corps an der Manassas Gap Bahn entlang marschieren solle, erklärte Sigel, er verstehe den Befehl so, dass er auf der nächsten nach der Orange-Alexandria Bahn führenden Strasse marschieren und dann mit seinem rechten Flügel an diese angelehnt, gegen Manassas vorgehen solle. Er schlug demnach einen südlich der Manassas Gap Bahn entlang führenden Landweg ein. Allerdings kam Sigel voraussichtlich auf diesem Wege rascher und in besserer Verfassung nach Manassas, als wenn er ohne Weg und Steg durch die Felder und Wälder nördlich der Bahn marschierte.

General Reynolds hatte inzwischen in Gainesville den Abmarsch des Corps Sigel abgewartet und war dann zunächst auf der Chaussee in der Richtung nach Centreville vorgegangen. Als seine Spitze aus Gainesville debouchierte, wurde sie von zwei Geschützen beschossen, welche auf einer Anhöhe, südlich der Strasse, neben der Farm Douglas Stellung genommen hatten. Die Avantgarden-Brigade, Meade, entwickelte sich sofort und die derselben zugeteilte Batterie erwiderte das Feuer. Da sie jedoch glatte Geschütze führte, so vermochte sie die feindliche Stellung nicht zu erreichen. Als eine herbeigeholte Batterie gezogener Geschütze das Feuer aufnahm, zog sich die konföderierte Artillerie sehr bald zurück. Die Division Reynolds ging nunmehr, zum Gefecht entwickelt, längs der Chaussee und südlich derselben vor, ohne jedoch vom Feinde noch weiter belästigt zu werden. Man sah nichts mehr von demselben, als zahlreiche Reiterpatrouillen. Reynolds schlug deshalb den etwa in der Mitte zwischen Gainesville und Groveton aus der Chaussee nach Süden abgehenden Weg ein, der über Bethlehem Church nach Manassas führte.

Sigel hatte auf seinem Marsch das Geschützfeuer, welches von dem eben erwähnten Gefecht herrührte, gehört. Seine Kavallerie, welche seinen Marsch in der linken Flanke nördlich der Eisenbahn deckte und ziemlich weit nach Norden streifte, hatte ebenfalls Feuer erhalten und zwar sogar Gewehrfeuer. Sigel wurde dadurch veranlasst, sein Corps im Contremarsch die Eisenbahn überschreiten zu lassen und südlich der Chaussee Stellung zu nehmen. Auf eine an Mc Dowell·geschickte bezügliche Meldung erhielt er jedoch den gemessenen Befehl, sofort seinen Marsch nach Manassas fortzusetzen.

Es muss wunderbar erscheinen, dass weder Mc Dowell, noch einer seiner Divisions-Generale aus dem Auftreten der Konföderierten der Division Reynolds gegenüber Veranlassung nahm, die Verhältnisse an der Chaussee etwas mehr aufzuklären, ehe sie die Richtung auf Manassas einschlugen. Wäre Mc Dowell, wenn auch nur mit seinen drei Divisionen in der Richtung auf Centreville vorgegangen, so wäre es am 28. unter Verhältnissen, welche für die Konföderierten sehr ungünstig lagen, zu einem Kampfe mit Jackson gekommen.

Die feindlichen Truppen, welche Reynolds Marsch zu stören versucht hatten, gehörten nämlich zu der Brigade der Division Taliaferro, welche bei Groveton stehen geblieben war, während die anderen Brigaden der Division ihren Marsch auf Sudley Springs fortgesetzt hatten.

General Taliaferro war bei Nacht marschiert und sein Marsch war den Unierten verborgen geblieben. Er sicherte durch seine Stellung die Verbindung Jacksons mit Longstreet, sobald es diesem gelungen war, aus Thoroughfare Gap zu debouchieren und zu gleicher Zeit die Strasse nach Aldie, auf welcher Jackson sich schlimmsten Falls zurückziehen konnte. Zur Beobachtung der Unierten in Gainesville, dessen Besetzung ihm natürlich bekannt war, hatte Taliaferro die Brigade Johnson in Groveton stehen lassen. Oberst Johnson hatte vor Tagesanbruch am 28. auf allen drei in Groveton sich treffenden Strassen starke Rekognoscierungs-Abteilungen vorgehen lassen und die auf der Chaussee gegen Gainesville vorgegangene Abteilung, war es gewesen, welche den Marsch der Division Reynolds und des Corps Sigel beunruhigt hatte.

Nach Gainesville und Manassas zu umhüllte die Kavallerie unter Stuart wie ein Schleier die Bewegungen der Konföderierten und erwies sich auch sonst noch in mancher Beziehung nützlich. So wurde z. B. am Morgen des 28. eine der zahlreichen Ordonanzen, welche Mc Dowell an Sigel schickte, von ihr gefangen und damit fiel eine Depesche in die Hände der Konföderierten, durch welche das Vorgehen des Corps Sigel und der Divisionen Reynolds und King gegen Manassas, sowie dass diese Streitkräfte zum Teil auf der Chaussee nach Groveton bis in die Nähe dieses Ortes vorgehen würden, dem Oberst Johnson enthüllt wurde. Oberst Johnson musste sich also auf einen Angriff überlegener Kräfte gefasst machen. Natürlich wurden so wichtige Nachrichten sofort an Jackson befördert und wenn auch der Träger der ersten Meldung, als er Jackson in der Richtung nach Manassas zu suchte, seinerseits wiederum in die Hände der Unierten fiel, so dürfte es doch wesentlich diesem Umstande zuzuschreiben sein, dass die Division King, als sie später, wie wir sehen werden, den Befehl erhielt, auf der Chaussee nach Centreville vorzugehen, bei Groveton auf sehr beträchtliche Kräfte stiess und in einem ernsten Kampf verwickelt wurde. Denn er wurde die Veranlassung, dass die Division Taliaferro im Laufe des Tages von Sudley Springs herbeigerufen wurde und Stellung in der Nähe der Chaussee nahm.

Von den beiden anderen Divisionen des Corps Jackson war die Division Ewell (vergl. S. 159) am frühen Morgen des 28. bei Blackburns Ford über den Bull Run gegangen, und dann eine kurze Strecke am östlichen Ufer dieses Flusses aufwärts marschiert. An der Chaussee angekommen, bog sie in diese ein, ging auf der steinernen Brücke auf das westliche Ufer des Bull Run zurück und wandte sich dann nach Norden, um vorläufig in der Nähe des Hauses Matthews Stellung zu nehmen. Die Division A. P. Hill, welche in der Nacht Centreville erreicht hatte, brach von hier, nachdem die beiden abends vorher bei Manassas zurückgelassenen Brigaden (vergl. S. 159) wieder zur Division eingerückt waren, um 10 Uhr morgens auf, überschritt den Bull Run auf der steinernen Brücke, wandte sich dann nach Norden und nahm am nördlichen Flügel Stellung. Das Corps Jackson hatte in seiner neuen Position Front nach Südosten. Es stand in einer nach der Chaussee zu konvexen Linie mit dem rechten Flügel (Division Taliaferro) etwa parallel zu derselben zwischen Gainesville und Groveton, der linke Flügel bei Sudley Springs. Er kreuzte hier den Bahnkörper einer unvollendet gebliebenen Eisenbahn.

Pope traf mit den Corps Heintzelman und Reno, letzteres von Greenwich kommend, gegen Mittag bei Manassas Junction ein, fand aber natürlich dort keinen Feind mehr, sondern nur die rauchenden Trümmerhaufen seiner Vorratshäuser und Eisenbahnzüge.

. Zu dieser Zeit war die Avantgarde des Corps Sigel, wieder die

Brigade Milroy, ebenfalls bis auf $1\frac{1}{2}$ Meilen an diesen Ort herangekommen, und hatte hier Halt gemacht, während Sigel das Gros des Corps etwa eine Meile weiter rückwärts halten liess, nachdem seine Kavallerie ihm die Meldung gemacht hatte, dass Manassas vom Feinde geräumt und im Besitz der Division Kearny sei. An Pope wurde eine Meldung über die Anwesenheit des Corps geschickt.

Letzterer hatte inzwischen Nachrichten über die Bewegungen der Konföderierten von Manassas aus gesammelt, welche alle darin übereinstimmten, dass dieselben über Blackburns Ford nach Centreville marschiert seien. Jetzt stand es bei Pope fest, dass Jackson versuche, ihm über Aldie zu entschlüpfen. Dem wollte er vorbeugen!

Um 12 Uhr schickte er an Mc Dowell den Befehl, mit seinem Corps nicht weiter in der Richtung auf Manassas zu marschieren, sondern von der Stelle aus, wo ihn der Befehl anweise, auf dem nächsten Wege nach Gum Springs zu gehen, und sich dort Jackson vorzulegen. Sehr bald jedoch wurde er andern Sinnes. Um 1 Uhr 20 Minuten wurde abermals ein Befehl an Mc Dowell befördert, in welchem Pope die Absicht aussprach, mit den Corps Heintzelman und Reno am Abend gegen Gainesville vorzugehen, vorausgesetzt, dass keine beträchtlichen Streitkräfte in Centreville getroffen würden, was er kaum annehme. Den Befehl, gegen Gum Springs vorzugehen, brauche Mc Dowell nicht auszuführen, wenn er das für zu gewagt halte, aber er (Pope) werde ihn (Mc Dowell) in allen Operationen unterstützen, welche er etwa vorschlagen werde. Er solle aber mit seinen Truppen nicht weiter nach Manassas zu kommen und zurückrufen, was in dieser Richtung marschiert sei.

Es scheint demnach, als ob Pope jetzt plötzlich eine Ahnung von der Wichtigkeit der Behauptung von Gainesville aufgestiegen sei, und wenn der vorstehende Befehl zur Ausführung gekommen wäre, hätte vielleicht noch Alles gut werden können. Allein Pope änderte seinen Entschluss nach wenigen Stunden abermals. Um 4 Uhr 15 Minuten wurde der Befehl an Mc Dowell abgesandt, sofort mit allen seinen Kräften auf Centreville zu marschieren. Die Corps Heintzelman, Reno und Sigel hatten schon früher den Befehl erhalten, ebenfalls in der Richtung auf Centreville vorzugehen. Jacksons Absicht, durch den Rückzug über Centreville Pope irre zu führen, war demnach vollständig gelungen.

Wir folgen zunächst den Abteilungen, welche von Pope direkt auf Centreville dirigirt waren:

Die Division Kearny übernahm die Spitze. An den noch brennenden Eisenbahnzügen vorbeimarschierend, überschritt sie den Bull Run und schlug die Richtung auf Centreville ein. Hier traf ihre Avantgarde am späten Nachmittag ein, um zu vernehmen, dass die Division A. P. Hill am Vormittag um 10 Uhr in westlicher Richtung abmarschiert sei. Nur noch eine Abteilung feindlicher Kavallerie war dort, welche ruhig abzog, als Kearnys Vorhut das Dorf erreichte. Die Unierten folgten bis zum Cub Run, dessen Brücke von den Konföderierten zerstört wurde. Das Gros der Division bezog zwischen Bull Run und Centreville Biwak.

Hinter Kearny marschierte die Division Hooker. Sie kam von Bristow, welchen Ort ihre letzte Brigade erst um 2 Uhr nachmittags verlassen hatte, setzte aber den Marsch ohne Aufenthalt fort und biwakierte am Abend am Südufer des Bull Run bei Blackburns Ford. Das Corps Sigel hatte mit der Spitze seines Gros einen Punkt, etwa $2^1/_2$ Meilen von Manassas, erreicht, als Popes Befehl eintraf, gegen Centreville vorzugehen. Der nächste Weg, welchem Sigel folgte, brachte das Corps auf die Strasse, welche von Manassas über New Market nach Sudley Springs führt. Etwa $^1/_2$ Meile südlich von New Market zweigt sich ein Weg in nordöstlicher Richtung aus dieser Strasse ab, welcher den Bull Run bei Balls Ford überschreitet, und dann etwas mehr als eine Meile östlich der steinernen Brücke in die Chaussee mündet. Es war 3 Uhr nachmittags, als sich Sigel in dieser Richtung in Marsch setzte, während Milroy, der, wie wir wissen, mit seiner Brigade um eine Meile näher an Manassas Junction herangekommen war, nunmehr der Kolonne folgte.

Die an der Tête befindliche Brigade Stahl, der Division Schurz, war in der Nähe des Bull Run angelangt, als sie plötzlich in der linken Flanke beschossen wurde. Es waren Batterien der konföderierten Division A. P. Hill, welche auf den Anhöhen, südlich der Chaussee, aufgefahren waren. Das Corps Sigel schwenkte nach links ein und seine Batterien antworteten den Konföderierten. Bald darauf machte sich von der Gegend von Groveton her der Lärm eines sehr heftigen Kampfes hörbar. Die Brigade Milroy, welche sich am linken Flügel Sigels befand, ging möglichst eilig in der Richtung des Geschützfeuers vor, musste aber wegen der bald eintretenden Dunkelheit ihr Vorgehen einstellen. Kurz darauf endete auch der Kampflärm bei Groveton. Diese Vorgänge hatten Sigel die Überzeugung verschafft, dass Centreville von den Konföderierten geräumt sei, und dass sie von dort in westlicher Richtung zurückgegangen seien. Er hielt ein weiteres Vorgehen auf Centreville für überflüssig, schlug vielmehr eine nördliche Richtung ein und bezog auf den Anhöhen südlich Youngs Branch, in der Nähe der Farm Henry, Biwak, die Division Schurz nördlich der genannten Farm in der Nähe der Chaussee, rechts davon nach der Farm Robinson hin die Brigade Stahl der Division Schenck und links und jenseits der Strasse Manassas-Sudley die Brigade Mc Lean der Division Schenck und die Brigade Milroy. Die Brigade Steinwehr, welche bekanntlich am 27. bei Buckland Mills zurückgelassen war, traf erst später ein und lagerte dann südlich der Farm Henry.

Wir haben weiter oben die drei Befehle mitgeteilt, welche nach einander an Mc Dowell geschickt wurden. Ob, wann und wo diesen General der erste dieser Befehle — welcher den Vormarsch gegen Gum Springs anordnete — erreicht hat, ist nicht festzustellen. Jedenfalls scheint derselbe auf die Bewegungen der Mc Dowell unterstellten Truppen keinen Einfluss ausgeübt zu haben, denn das Corps Sigel;

welches ja auch dazu gehörte, traf, wie wir gesehen haben, kurz nach
der Division Kearny in der Nähe von Manassas Junction ein, und
konnte von Pope noch direkt den Befehl erhalten, auf Centreville zu
gehen, und auch die Division Reynolds scheint in ihrem Vormarsch
nicht aufgehalten zu sein, da sie etwa drei Stunden später als Sigel
in der Nähe von Manassas eintraf, ein Zeitunterschied, der sich
wohl durch das kleine Gefecht, welches sie beim Debouchieren
aus Gainesville hatte, erklären lässt. Möglich ist es immerhin auch,
dass McDowell die Division halten liess, als er den Befehl erhielt,
gegen Gum Springs vorzugehen, vielleicht um sich zunächst über die
dorthin führenden Wege zu orientieren. Sie hat dann aber jedenfalls
den Marsch in der Richtung auf Manassas wieder aufgenommen, denn,
wie wir sehen werden, trafen sie die späteren Befehle auf dem Marsche
dorthin. Der zweite Befehl, von 1 Uhr 20 Minuten, durch welchen
McDowell ermächtigt wurde, den Marsch nach Gum Springs aufzugeben, keinenfalls aber weiter in der Richtung auf Manassas vorzugehen, hat jedenfalls bei der Übermittelung an McDowell einen
Aufenthalt erfahren, denn er gelangte nur wenige Minuten vor dem
dritten, um 4 Uhr 15 Minuten datierten Befehl — sofort auf Centreville zu gehen — in McDowells Hände, sodass er weiter nicht in
Betracht kam.

Mc Dowell befand sich bei der Division Reynolds und diese hatte
zur Zeit (etwa 5 Uhr nachmittags) mit der Tête die Gegend von
Bethlehem Church erreicht. Als der Befehl, auf Centreville vorzugehen,
eintraf, schlug die Division die Sudley Springs-Strasse ein, dieselbe,
welche Sigel marschiert war. Sie war etwa eine Stunde in der neuen
Richtung fortmarschiert, als sehr heftiges Geschützfeuer von Groveton
hier hörbar wurde. Auch vom Bull Run her, wohin das Corps Sigel
sich gewandt hatte, wurde Geschützfeuer gehört, welches jedoch erheblich geringer war und sehr bald wieder schwieg. Reynolds liess
seine Division halten und überlegte, ob er den erhaltenen Befehl
strikt ausführen und auf Centreville gehen, oder auf den Kanonendonner los marschieren solle. Er entschloss sich für das letztere und
während er seiner Division den Befehl gab, eiligst in nordöstlicher
Richtung vorzugehen, sprengte er selbst voraus. Es war beinahe
dunkel, als er auf dem Kampfplatz eintraf. Wie wir sehen werden,
hatte die Division King dort ein Gefecht gehabt, das übrigens
beendet war, ehe Reynolds den General King gefunden hatte. Dieser
erklärte ihm, dass er seine Stellung behaupten werde, und nachdem
Reynolds die Unterstützung seiner Division für die am nächsten
Morgen zu erwartende Erneuerung des Kampfes zugesagt, kehrte
er zu letzterer zurück. Die Division bezog dann Biwak hinter dem
Corps Sigel.

Die Division King war um 8 Uhr aus ihrem Lager zwischen
New Baltimore und Buckland Mills aufgebrochen. Gegen Mittag war
die Hitze sehr stark geworden und General King hatte deshalb während der heissesten Stunden des Tages die Leute in den schattigen
Gehölzen an der Strasse ruhen lassen. So kam es, dass die Division

zur Zeit, als Mc Dowell den dritten der oben erwähnten Befehle erhielt, mit allen Kräften gegen Centreville vorzugehen, gerade Gainesville erreicht hatte, und nunmehr den Befehl empfing, auf der Chaussee
nach diesem neuen Bestimmungsort weiter zu marschieren. An der
Spitze der Division marschierte die Brigade Hatch, dann folgte die
Brigade Doubleday, hierauf Gibbon und endlich Patrick. Die Strasse
war breit, Infanterie und Artillerie marschierten in parallelen Kolonnen
nebeneinander. Die Schatten waren länger geworden und die Sonne
neigte sich dem Horizont zu, als plötzlich und gänzlich unerwartet ein
lebhaftes und rasches Geschützfeuer von links her gehört wurde und
Granaten in den Reihen der überraschten Unierten krepierten. Die Avantgarde — Brigade Hatch — war über die gefährdete Stelle schon vor
längerer Zeit hinweg gekommen und es waren die Brigaden Doubleday und Gibbon, welche betroffen wurden. Einen Augenblick schien
Verwirrung in ihren Reihen einreissen zu wollen, welche durch die
Genauigkeit des Feuers noch vermehrt wurde. Dasselbe kam von
einer etwa 1000 Schritt nördlich der Chaussee und nicht weit von
Gainesville gelegenen Höhe. Nur einen Augenblick dauerte die Verwirrung. Bald ertönten Kommandoworte, und im Laufschritt gingen
beide Brigaden vor, bis sie durch einen an der Nordseite sich hinziehenden Wald der feindlichen Batterie entzogen waren. Die beiden
Brigade-Kommandeure kamen zusammen, um rasch ihre Massnahmen
zu besprechen. General King befand sich noch in Gainesville, und
General Hatch, der älteste Brigade-Kommandeur, war ebenfalls zu
weit entfernt, um auf seine Ankunft warten zu können, denn rasches
Handeln war vor allem notwendig.

Die Brigaden Doubleday und Gibbon schwenkten sofort links
ein und nahmen eine Stellung parallel zur Chaussee und dicht an
deren nördlichem Rande. Der linke Flügel der Brigade Gibbon fand
einigermassen Deckung in einem grossen Obstgarten, während der
rechte Flügel der Brigade Doubleday in dem schon erwähnten Gehölz
Anlehnung und Schutz fand. Gegen diese Stellung gingen von Seiten
der Konföderierten die Brigade Starke (früher Taliaferro) und die
Stonewall Brigade der Division Taliaferro, sowie die Brigaden Trimble
und Lawton der Division Ewell vor. Das Gefecht kam schliesslich
derart zum Stehen, dass beide Teile, in annähernd parallelen Linien
formiert, 80—100 Schritt von einander entfernt standen und schossen.
Beiderseitige Versuche, durch Vorgehen den Gegner zu vertreiben,
kamen nicht über die ersten Anfänge hinaus. Die Brigaden Hays
und Early der Division Ewell, welche bei Beginn des Gefechts an der
aus der Chaussee sich nach Norden abzweigenden Strasse nach Aldie,
und zwar dicht hinter dem Kreuzungspunkt derselben mit der angefangenen Eisenbahn standen, wurden zwar von Jackson herbeigerufen,
kamen aber nicht mehr zur Thätigkeit, da die Dunkelheit dem Gefecht um 9 Uhr ein Ende machte. Ähnlich erging es der unierten
Brigade Hatch, welche in ihrem Marsch auf der Chaussee bis zu dem
Punkte gelangt war, wo die Strasse nach Aldie abgeht, sowie der
von Gainesville herbeieilenden Brigade Patrick.

Die Verluste waren auf beiden Seiten sehr beträchtlich. Genaue Angaben darüber fehlen.[1]) Jedoch hatten die Konföderierten unter anderen den Verlust des General Ewell zu beklagen, dem eine Kugel ein Knie zerschmettert hatte, sodass eine Amputation des Beines notwendig wurde, welche den verdienstvollen General auf lange Zeit dem aktiven Dienst entzog. Auf seiten der Unierten hatte die Brigade Gibbon am meisten Verluste erlitten.

Als der Kampf beendet war, wurde die Division zum Biwakieren auf einem Felde an der Strasse in der Nähe des Kampfplatzes zusammengezogen, während die Generale berieten, was nun zu thun sein. Dass es unmöglich sei, am nächsten Tage den Marsch nach Centreville fortzusetzen, war Allen klar, und es konnte sich nur darum handeln, ob man, bis Unterstützung herbeikam, die erreichte Stellung behaupten oder sich auf anderm Wege mit der Armee vereinigen solle. Aus keiner der am 28. zur Kenntnis Kings und seiner Brigade-Kommandeure gekommenen Massnahmen Popes liess sich der Schluss ziehen, dass dieser am nächsten Tage Teile seiner Armee in der Richtung auf Gainesville verwenden werde und es war demnach sehr fraglich, ob sie an dieser Stelle auf Unterstützung zu rechnen hatten. Es wurde demnach beschlossen, über Gainesville auf demselben Wege nach Manassas Junction zu marschieren, auf welchem das Corps Sigel dorthin gezogen war. Um 1 Uhr nachts sollte angetreten werden.

Wäre McDowell in der Nähe gewesen, so wäre es vielleicht nicht zu diesem Beschluss gekommen. Allein McDowell war, nachdem er um 5 Uhr nachmittags der Division Reynolds den Befehl erteilt hatte, nach Centreville zu marschieren, nach Manassas vorausgeeilt, um dort mit General Pope zu konferieren, ohne ihn jedoch finden zu können. So kam es, dass McDowell weder von dem Gefecht der Division King, noch von den später zu erwähnenden Befehlen Popes etwas erfuhr.

Eine Unterstützung für die Division King wäre wohl auch noch von anderer Seite, als von den zwischen Manassas und Centreville versammelten Abteilungen der Armee von Virginien möglich gewesen. Wie wir wissen, hatte McDowell befohlen, dass die Division Ricketts seines Corps den übrigen Divisionen nur dann nach Manassas Junction folgen solle, wenn sie bei ihrer Ankunft in Gainesville erführe, dass in der Richtung von Thoroughfare Gap nichts zu besorgen sei. Weiter hatte McDowell angeordnet, dass Oberst Wyndham mit dem 1. New-Jersey-Kavallerie-Regiment mit dem ersten Tagesschimmer gegen Thoroughfare Gap vorreite, um die Kolonne, welche, wie ihm durch Buford gemeldet war, am 27. mit ihrem Gros bei White Plains ge-

---

[1]) Eine Angabe darüber ist nur in dem Bericht der Division Ewell enthalten, in dem der Verlust, welchen diese, d. h. hauptsächlich die zwei vorzugsweise beteiligten Brigaden Trimble und Lawton erlitten, auf 219 Tote, 539 Verwundete und 11 Vermisste angegeben wird. Man wird also kaum Fehl greifen, wenn man den Gesamtverlust der Konföderierten auf ca. 400 Tote und 1000 Verwundete annimmt. Der der Unierten wird etwa eben so gross gewesen sein.

lagert hatte, zu beobachten. Der Auftrag, mit welchem er den Kapitän Leski seines Stabes ebenfalls nach Thouroughfare Gap entsandte, ist schon oben (vergl. S. 164) erwähnt.

Um 10 Uhr 15 Minuten meldete Kapitän Leski: „Der Feind marschiert durch den Pass. Oberst Wyndham wird ihn aufhalten, so lange er kann und bittet um Verstärkung", worauf General Mc Dowell dem General Ricketts den Befehl schickte: „Senden Sie eine Brigade und eine Batterie zum Oberst Wyndham und folgen Sie mit Ihrer ganzen Division."

Um 8 Uhr morgens setzte sich die Division Ricketts von New Baltimore aus in Marsch, und schlug dann, nachdem der eben erwähnte Befehl Mc Dowells bei ihr eingetroffen war, den sich etwas östlich von Buckland aus der Chaussee abzweigenden Weg nach Haymarket ein. Hier legten die Truppen das Gepäck ab und gingen rasch nach Thoroughfare Gap vor. Um 3 Uhr nachmittags etwa traf Ricketts mit den Reitern Wyndhams zusammen, welche sich langsam vor dem Feinde zurückzogen, der um diese Zeit im Besitz fast des ganzen Passes war.

Das konföderierte Corps Longstreet war, wie oben erwähnt, am 27. mit dem Gros bis White Plains gelangt. Am Morgen des 28. wurde der Marsch wieder aufgenommen, aber bald kam die Meldung, dass das Defilé sich im Besitz der Unierten befinde.

Zwar zogen sich die feindlichen Streitkräfte, welche nur aus Kavallerie zu bestehen schienen, langsam zurück, hielten aber den Vormarsch der konföderierten Avantgarde, namentlich auch dadurch auf, dass sie die Strasse durch Fällen von Bäumen sperrten, so dass sie nur langsam vorwärts kam. Sobald es bekannt war, dass der Pass von den Unierten besetzt sei, schickte General Longstreet drei Divisionen seines Corps vor. Die Division D. R. Jones sollte längs der Eisenbahn vorgehend den Ausgang des Defilés direkt zu erzwingen suchen, während die Divisionen Wilcox und Hood durch Umgehung des Defilés nach den beiden Flanken unterstützend wirken sollten.

Der Division Jones gelang es in der That, nicht nur den östlichen Ausgang des Passes zu erreichen, sondern auch jenseits desselben zu beiden Seiten der Bahn Stellung zu nehmen, um den Angriff der Division Ricketts zu erwarten, deren Herrannahen ihm von den Abteilungen, welche zu beiden Seiten des Passes über die Berge geklettert waren, gemeldet wurde.

Ricketts sah demnach, dass er zu spät kam, um sich noch vor den Konföderierten in Besitz des Passes zu setzen, aber er beschloss doch den Versuch zu machen, sich dem weiteren Debouchieren bis zum Eintritt der Dunkelheit zu widersetzen und sich dann unter deren Schutz zurückzuziehen. Er hatte von seinen vier Brigaden, eine im ersten, zwei im zweiten Treffen und die vierte in Reserve und entwickelte sich auf einem, etwa 900 Schritt vom Ausgang des Defilés entfernten Plateau. Von hier aus eröffneten seine Batterien ihr Feuer gegen die Stellung der Konföderierten, welches unerwidert blieb, da die Division Jones keine Artillerie bei sich hatte. Infolge dessen

gingen die unierten Batterien, gefolgt von ihrer Infanterie, sehr bald
weiter vor und nahmen eine zweite Aufstellung auf etwa 400 Schritt
und jetzt griff auch die Infanterie auf beiden Seiten in das Gefecht
ein, welches bis zum Sonnenuntergang dauerte, ohne dass ein Teil
entscheidende Vorteile über den andern zu erringen vermochte. Als
die Dämmerung eintrat, brach Ricketts das Gefecht ab und ging in
der Richtung auf Gainesville zurück, um so mehr, als er erfahren
hatte, dass ihn Umgehungs-Kolonnen in beiden Flanken bedrohten.

Gegen seine rechte Flanke war die Division Wilcox[1]) in der
Stärke von 3 Brigaden und 2 gezogenen Batterien vorgeschickt. Sie
hatte den Auftrag erhalten, die Bull Run Berge bei Hopewell Gap zu
überschreiten. Dieser Pass liegt von Thoroughfare Gap nur 3 Meilen
entfernt, aber die Strasse dahin ist sehr schwierig und bergig, sodass
es 10 Uhr abends war, ehe die Division Wilcox den westlichen Eingang dieses Passes erreichte. Im Laufe des Tages hatte sich auch
hier unierte Kavallerie gezeigt und es musste also erst festgestellt
werden, ob das Defilé vom Feinde besetzt sei. Allein die feindliche
Kavallerie war abgezogen und Wilcox konnte seinen Marsch fortsetzen.
Um Mitternacht lagerte er mit seinen Divisionen am östlichen Fusse
der Bull Run Berge, an der Strasse von Hopewell nach Haymarket.
Seine Avantgarde war noch eine Meile weiter bis Antioch Church
vorgeschoben.

Die zweite Umgehungs-Kolonne bestand aus 2 Brigaden unter
General Hood. Sie überschritt die Berge südlich von Thoroughfare
Gap auf einem Fusspfade. Auch hier waren die zu überwindenden
Schwierigkeiten beträchtlich, und es war ebenfalls Mitternacht, ehe
Hood am östlichen Fusse der Bull Run Berge sein Biwak beziehen
konnte. Damit war der schwierigste Theil des ganzen Unternehmens
für die Konföderierten überwunden. Drei Divisionen des Corps Longstreet lagerten in der Nacht vom 28. zum 29. östlich der Bull Run
Berge und die Verbindung mit Jackson zu guter Zeit am andern
Morgen war gesichert. Ein sorgenvoller Tag lag hinter Lee, jetzt
aber konnte er sich beruhigt einige Stunden der Ruhe hingeben. Bei
all' seinem Vertrauen auf Jackson und all' seiner Geringschätzung
für Pope, war sein Herz mit Sorgen erfüllt gewesen, als er die Meldung erhielt, dass Thoroughfare Gap von den Unierten besetzt' sei,
und als er gegen Abend selbst bei dem Passe anlangte, schlug ferner
Kanonendonner an sein Ohr, und zeigte ihm, dass auch Jackson im
Kampf stehe. Wie, wenn Jackson von überlegenen Kräften über-

---

[1]) In der auf S. 82 gegebenen Übersicht der Zusammensetzung und
Stärke des Corps Longstreet ist keine „Division" Wilcox erwähnt, sondern nur zur Division Longstreet gehörige Brigade Wilcox. Es scheint
jedoch, als ob nach Beginn des Feldzugs, wahrscheinlich nach Trennung der
Armee in zwei Corps, eine Teilung der Division Longstreet, die ohnehin im
Vergleich zu den anderen Divisionen sehr stark war, stattgefunden hatte,
und zwar in 2 Divisionen, jede zu 3 Brigaden. Von diesen führte eine
Division General Kemper, die andere General Wilcox. Es werden wenigstens
in konföderierten Berichten nach dem genannten Zeitpunkt stets „Divisionen"
dieses Namens erwähnt.

wältigt würde, ehe es ihm gelang, ihm zu Hülfe zu eilen? Eine feindliche Abteilung, deren Stärke sich noch nicht genau übersehen liess, machte ihm das Debouché streitig. Hatte Pope vielleicht seine ganze Armee zwischen die getrennten Flügel der Konföderierten eingeschoben?

Seine ernsten Sorgen unter einem ruhigen Äussern verbergend, erstieg Lee gegen Abend einen Berg, von dessen Gipfel er eine weite Aussicht nach Osten zu hatte. Dort sah er lange und aufmerksam durch sein Glas. Dicht zu seinen Füssen lag die enge, von hohen Felswänden eingefasste Schlucht, durch welche sich die Kolonnen Longstreets hindurchwanden, um sich den östlichen Ausgang aus dem Pass zu erkämpfen. Weiter nach Osten zu fiel vom Fusse der Bull Run Berge das Terrain in sanften Wellen nach dem Plateau von Manassas zu ab und dort, etwa 8 Meilen entfernt hinter dem Walde, musste Groveton liegen. Über dem Orte schwebte eine graue Wolke von Pulverdampf und dumpfe Kanonenschläge dröhnten an sein Ohr, sich durch den lauten Geschützdonner des sich unmittelbar zu seinen Füssen abspielenden, aber durch die Terrainformation seinem Auge entzogenen Gefechts deutlich vernehmbar machend! Gedankenvoll schob er sein Glas zusammen und wandte sich langsam zurück. Da tönte plötzlich durch die tiefer werdende Dämmerung das wohlbekannte jauchzende Gellen an sein Ohr, welches ihm einen Sieg seiner Truppen verkündete. Der Feind, welcher ihm den Weg verlegt hatte, befand sich auf dem Rückzug und seiner Verbindung mit Jackson stand nichts mehr im Wege!

Während die verstehend geschilderten Ereignisse sich zwischen Manassas Junction und Thoroughfare Gap zutrugen, hatte das Corps Banks sich weiter der ihm gestellten Aufgabe — Zurückschaffung und Deckung der Eisenbahnzüge, welche in Warrenton Junction gesammelt waren — gewidmet. Der Transport der letzteren liess sich vorläufig nur bis zum Kettle Run bewirken, da die über dies Gewässer führende Brücke zerstört war. Als Pope dies gemeldet wurde, schickte er um 10 Uhr 40 Minuten vormittags, also kurz vor seinem Aufbruch nach Manassas, von Bristow aus einen Befehl an Banks, dass er alle etwa in Warrenton Junction noch vorhandenen Eisenbahnzüge sofort ebenfalls bis Kettle Run zurückschicken und dann mit seinem Corps ebendorthin folgen solle, um dort Stellung zur Deckung der Bahnzüge zu nehmen, während die Brücke so schnell als möglich wieder hergestellt werden sollte.

Banks war infolge dessen am Nachmittag des 28. längs der Eisenbahn zurückgegangen. Obgleich vom Feinde nichts wahrgenommen wurde, fühlte man sich doch keineswegs frei von Besorgnis. Banks hatte ebensowenig Kenntnis von der Stellung der Armee Popes, wie von der des Feindes. Aus verschiedenen Richtungen wurde Artilleriefeuer gehört, und als man in die Nähe des Kettle Run gelangt war, konnte man sehen, dass sowohl in der Gegend von Thoroughfare Gap, wie an der grossen Chaussee bei Groveton gefochten wurde und wenn das auch ziemlich weit von der Eisenbahn entfernt war, so hatte die konföderierte Kavallerie doch schon so zahlreiche Beweise ihres kühnen Unternehmungsgeistes gegeben, dass man Alles von ihr erwarten durfte. Es war am Kettle Run in den angesammelten Eisenbahnzügen eine gewaltige Masse von Vorräten, Munition, Lebensmitteln etc. angeläuft. Wenn der Feind dies erfuhr — und er war von seinen Spionen in Virginien meist trefflich bedient —, so war deren Zerstörung wohl eine Aufgabe, die einen Stuart reizen konnte. Banks bezog deshalb keineswegs mit leichtem Herzen am 28. abends seine Biwaks am Kettle Run.

Inzwischen hatte sich schon im Laufe des Tages herausgestellt, dass der Schaden, welchen die Brücke erlitten hatte, weit erheblicher war, als man anfänglich vorausgesetzt hatte. Es erschien zweifelhaft, ob es möglich sein werde, dieselbe so rasch herzustellen, dass die Züge noch vor der Entscheidungsschlacht nach Alexandria zurückgeschafft werden konnten. In diesem Falle mussten sie zerstört werden, um sie nicht bei ungünstigem Ausgang in die Hände des Feindes fallen zu lassen. Pope hatte deshalb schon am Vormittag des 28., noch ehe er Bristow verliess, einige Anordnungen getroffen, welche zum Zweck hatten, so viel als möglich von den Vorräten für die Truppen zu retten. Bekanntlich war beim Abmarsch der Armee von Warrenton in der Richtung auf Gainesville und Greenwich am 27. angeordnet, dass den Truppen selbst nur ihre Munitionswagen folgen, alle übrigen Trains aber in Warrenton Junction gesammelt und von dort längs der Bahn zurückgeführt werden sollten. Wir haben weiter gesehen, wie in der Nacht vom 27. zum 28. diese ungeheure Wagen-Kolonne den Marsch des Corps Porter aufgehalten hatte. Jetzt, am 28., wälzte sich dieselbe langsam an der Stelle vorbei, wo die Eisenbahnzüge am Kettle Run zusammengefahren waren. Pope befahl nunmehr zunächst, dass die Trains, die auf dem Nachtmarsch durch einander geraten waren, wieder geordnet werden und dann ihren Corps folgen sollten. Ausserdem ordnete er (11 Uhr 10 Min.) an, dass in jeden Wagen, welcher die mit Munition beladenen Eisenbahnzüge passiere, ein oder zwei Kisten mit Munition eingestellt werden sollten. Dieser Befehl wurde gleich darauf (11 Uhr 20 Min.) dahin erweitert, dass die am Kettle Run gesammelten Eisenbahnzüge in die vorbeipassierenden Bagage-Trains, soweit es der Raum gestattete, umgeladen und hierbei mit den die Munition enthaltenden Eisenbahnzügen der Anfang gemacht werden sollte. Auf diese Weise gelang es, wenigstens einen Teil dieser Vorräte vor der Brandfackel zu retten, der, wie wir sehen werden, auch diese Eisenbahnzüge verfielen.

Das Corps Porter hatte den ganzen Tag über ruhig bei Bristow gestanden. Es war dort, wie wir wissen, zwischen 9 und 10 Uhr morgens eingetroffen und als Porter bei seiner Ankunft dort hörte, dass Manassas Junction vom Feinde geräumt sei, bat er Pope zunächst um die Erlaubnis, seinen Truppen eine kurze Rast gönnen zu dürfen. Darauf hatte ihm dieser den Befehl erteilt, bis auf weiteres bei Bristow stehen zu bleiben. Als Pope dann den vorausmarschierten Corps nach Manassas gefolgt war, hatte Porter zweimal — um 1 Uhr

mittags und um 5 Uhr nachmittags — Offiziere mit der Anfrage zu
Pope geschickt, ob er Befehle für ihn habe, beide Male aber die
Antwort erhalten, er solle bleiben, wo er sei; wenn man seiner be-
dürfe, werde man nach ihm schicken. Auch Porter hatte die Anzeichen der Gefechte bei Thoroughfare Gap und Groveton wahrgenommen und daraus seine Schlüsse gezogen.

Um das Bild der Ereignisse des 28. August zu vervollständigen,
erübrigt nunmehr noch nachzutragen, was in Alexandria und Washington vorfiel. Wie wir im vorigen Kapitel gesehen haben (vergl. S. 144),
hatte Mc Clellan nach Eingang der Nachrichten über die Niederlage der
Brigade Taylor sich veranlasst gesehen, den Befehl Hallecks, das Corps
Franklin in Eilmärschen in der Richtung auf Gainesville abzusenden,
aus mannigfachen und triftigen Gründen einstweilen unausgeführt zu
lassen. Er wollte wenigstens zunächst Halleck seine Auffassung der
Sachlage darlegen und wenn er danach auf seiner eigenen Ansicht beharrte und den Befehl nicht widerrief, so trug er auch die
Verantwortung dafür. Zu dem Ende hatte sich Mc Clellan am Abend
des 27. nach Washington begeben, und die mit Halleck gepflogenen
Verhandlungen hatten das Ergebnis gehabt, dass dieser allerdings
darauf bestand, dass das Corps Franklin am Morgen des 28. in der
Richtung auf Manassas vorgehe.

Die nun folgenden Ereignisse haben eine heftige Kontroverse
hervorgerufen. Die Freunde und Bewunderer Mc Clellans haben behauptet, derselbe habe Alles gethan, was in seinen Kräften stand, um
Pope Unterstützung angedeihen zu lassen und die Absichten Hallecks
und der Regierung auszuführen, und wo er sich Abweichungen von
Hallecks Anweisungen und Befehlen erlaubt habe, haben sich diese
in den Grenzen der einem General in so hoher Stellung zustehenden
Diskretion gehalten und seien durch die Umstände gebieterisch verlangt worden. Seine Feinde dagegen bestehen darauf, er habe aus
Ärger über seine Abberufung von der virginischen Halbinsel und aus
Missgunst gegen Pope die Absendung von Verstärkungen für diesen
unter allerhand Vorwänden hinaus zu schieben und zu verzögern gesucht, um zu verhindern, dass dieser Erfolge erringe. In der That
kann dem Leser beim Studieren der betreffenden Depeschen wohl
manchmal der Geduldsfaden reissen. Dennoch aber halten wir es für
unmöglich, dass ein Mann wie Mc Clellan in einer nahe an Hochverrat
streifenden Weise Genugthuung für seine gekränkte Eitelkeit, Befriedigung seines persönlichen Grolls gegen Pope, Halleck und den
Kriegsminister Stanton, auf Kosten der Sache des Vaterlandes suchen
sollte. Wir glauben vielmehr, dass auch diese Verzögerungen sich
aus den Charakter-Eigenschaften Mc Clellans erklären lassen, welche
während des Feldzugs auf der virginischen Halbinsel, namentlich
während der Periode der Unthätigkeit am Chickahominy, so auffallend
zu Tage getreten waren; aus seinem Mangel an Fähigkeit, entscheidende
Entschlüsse zu fassen, zu wagen um zu gewinnen, und seiner Neigung,
die Kräfte des Feindes um das drei- bis vierfache zu überschätzen.
Wir wollen uns indessen hier jedes Urteils enthalten und einfach die

Thatsachen berichten und so viel als möglich durch Mitteilung des
Wortlautes der gewechselten Depeschen und erteilten Befehle belegen
und es dem Leser überlassen, sich selbst sein eigenes Urteil zu bilden.
Wie erwähnt, war in der Unterredung zwischen Halleck und
Mc Clellan in der Nacht vom 27. zum 28. das Vorgehen des Corps
Franklin beschlossen worden. In den ersten Morgenstunden des 28.
erfuhr jedoch Halleck, dass Mc Clellan nach der Besprechung, welche
bis 2 Uhr nachts gedauert hatte, nicht nach Alexandria zurückgekehrt, sondern in Washington verblieben sei. Mit Recht zweifelhaft, ob unter solchen Umständen der Befehl zum Vorgehen an
Franklin erlassen sei, schrieb Halleck selbst an diesen General, teilte
ihm das Ergebnis der Unterredung mit Mc Clellan mit und erteilte
ihm schliesslich den Befehl, auf Grund des Briefes in Übereinstimmung
mit der mit Mc Clellan getroffenen Abrede zu handeln, d. h. also, sofort den Vormarsch anzutreten. Halleck glaubte nunmehr ohne Zweifel,
dass die Sache aufs beste eingeleitet sei und dass Franklin sich nun
wohl endlich in Marsch setzen werde. Allein zu seiner grossen
Überraschung erhält er am Nachmittag eine „Alexandria, 1 Uhr mittags" datierte Meldung Mc Clellans, aus welcher hervorging, dass
Franklin nicht allein noch nicht in Marsch gesetzt sei, sondern auch,
dass sich noch gar nicht übersehen liess, wann dies geschehen werde.
„Ich habe alles Mögliche gethan, um Artillerie und Kavallerie herbei-
zuschaffen," schrieb Mc Clellan, „sobald Franklin mit einer entsprechenden Menge dieser beiden Waffengattungen versehen werden kann, soll
er gehen."
Halleck erwiederte darauf: „Nicht ein Augenblick mehr darf verloren werden. Es muss eine so starke Streitmacht als möglich auf
Manassas vorgeschoben werden, um die Verbindung mit Pope aufzunehmen, ehe der Feind verstärkt wird," und wieder erhielt er von
Mc Clellan eine Antwort, welche das Vorgehen Franklins in nächster
Zeit zweifelhaft erscheinen liess; „General Franklin befindet sich bei
mir," telegraphierte er um 4 Uhr 10 Minuten. „In einigen Minuten
werde ich wissen, wie es mit seiner Artillerie und Kavallerie steht.
Wir sind noch nicht in einem solchen Zustande, dass wir
vorwärts gehen könnten, kann sein, morgen früh." Nach dieser
Antwort scheint es Halleck in stiller Resignation aufgegeben zu haben,
Franklin noch an diesem Tage auf die Beine zu bringen, denn am
Abend telegraphiert er an Mc Clellan: „Es darf nun keinen Aufenthalt
mehr geben in bezug auf das Vorgehen des Corps Franklin gegen
Manassas. Es muss morgen früh marschieren, bereit oder nicht.
Wenn wir zu lange zögern, fertig zu werden, so wird überhaupt keine
Notwendigkeit mehr vorliegen, zu marschieren, denn Pope wird dann
ohne unsere Hilfe entweder geschlagen oder siegreich sein. Wenn
Mangel an Wagen herrscht, so müssen die Leute Provisionen tragen,
bis die Wagen kommen, um sie ihnen abzunehmen."
Es geschah demnach auch am 28. nichts, um von Alexandria
her die Verbindung mit Pope aufzunehmen, oder ihn zu unter-
stützen.

Aus der vorstehenden Schilderung der Ereignisse am 28. ergiebt sich, dass am Abend dieses Tages die Situation kurz folgende war: Pope hatte seine Verbindungslinie mit Alexandria wieder gewonnen. Sowohl die Eisenbahn, wie die Chaussee dahin waren in seinem Besitz. Allerdings konnte ihm das zunächst noch wenig Nutzen bringen, da die Brücken und Durchlässe weit über Manassas hinaus, nach Alexandria zu, zerstört waren, indessen war doch deren Wiederherstellung in nächster Zeit zu erwarten. Selbst telegraphische Verbindung nach Washington bestand noch nicht wieder, sodass man dort sogar noch während des grössten Teils des 29. im Unklaren über die Sachlage blieb. Um einen Transportdienst für Lebensmittel etc. auf der Chaussee einzurichten, dazu fehlte es an den nötigen Fuhrwerken in genügender Zahl, sodass in dieser Beziehung die Lage Popes noch immer eine recht peinliche war und der Schaden, welcher durch die Zerstörung der Vorräte bei Manassas durch Jackson angerichtet war, sich sehr empfindlich fühlbar machte.

Das konföderierte Corps Jackson stand mit Front nach Südosten längs der unvollendeten Zweigbahn, welche sich bei Gainesville aus der Manassas Gap Bahn abzweigt, mit dem linken Flügel in der Gegend von Sudley Springs, mit dem rechten Flügel etwa da, wo die als Pageland Lane bezeichnete Strasse die genannte Bahn durchschneidet. Ihm gegenüber stand auf und an der Chaussee, etwas westlich des Schnittpunktes mit Pageland Lane bis nach Gainesville hin, die Division King, Jackson den direkten Weg nach Gainesville versperrend. Rechts von King, aber etwa 2 Meilen weiter östlich und ohne Verbindung mit King, in dem Winkel zwischen der Chaussee und der Sudley Springs Strasse, östlich der letzteren, stand das Corps Sigel und südlich davon die Division Reynolds. Noch weiter östlich, jenseits des Bull Run, bei und südlich von Centreville stand die Division Kearny des Corps Heintzelman. Die Division Hooker desselben Corps und das Corps Reno befanden sich noch bei Blackburns Ford am Bull Run. Das waren diejenigen Truppen, welche unmittelbare Fühlung mit dem unter Jackson stehenden Teil des feindlichen Heeres hatten. Ausserdem stand die starke Division Ricketts zwischen Gainesville und Thoroughfare Gap, dicht bei erstgenanntem Ort, das Corps Porter bei Bristow und das Corps Banks am Kettle Run.

Diese Stellung war, wie ein Blick auf die Karte lehrt, so zerfahren wie möglich. Die Verbindung zwischen Longstreet und Jackson war kaum noch zu hindern, und es wäre wohl für Pope das Einfachste und Beste gewesen, am 29. Alles, so rasch es sich thun liess, hinter den Bull Run zurückzunehmen, dort eine starke Verteidigungsstellung zu nehmen und einerseits den Angriff der Konföderierten, andererseits die Verstärkungen von Alexandria her abzuwarten. Konnte er sich dazu nicht entschliessen, wollte er trotzdem versuchen, die Vereinigung der beiden Heeresteile des Gegners zu verhindern, so wäre dazu in erster Linie notwendig gewesen, diejenigen Corps, welche er zum direkten Angriff auf Jackson verwenden konnte, nämlich Sigel mit der Division Reynolds, Heintzelman und Reno mehr zusammen zu fassen.

Der Aufmarsch dieser Corps musste entweder in der Nacht vom 28. zum 29., oder in den ersten Morgenstunden des 29. längs der Sudley Springs Strasse erfolgen, derart, dass am 29. Sigel und Reynolds den linken Flügel, das Corps Heintzelman, dessen Division Kearny schon am weitesten nach Norden stand, den rechten Flügel und das Corps Reno das Centrum bildete. Ein vereinzelter Angriff der zunächst am Feinde stehenden Abteilungen (Sigel) war zu vermeiden, bis der Aufmarsch vollendet war. Im Falle sie von den Konföderierten angegriffen wurden, hatten sie sich defensiv zu verhalten, ihre Stellung aber zu behaupten.

Ferner wären die Corps Porter und Banks beim ersten Morgengrauen des 29. auf Gainesville zu dirigieren gewesen. Gainesville ist etwa eben so weit von Bristow, wie von Thoroughfare Gap. Beide Corps hätten demnach voraussichtlich rascher in Gainesville sein können, als Longstreet, namentlich wenn die Division Ricketts, die noch durch die Division King verstärkt werden konnte, dessen Marsch aufgehalten hätte. Die Verwendung des Corps Banks in der Richtung auf Gainesville wäre jedenfalls nützlicher gewesen, als die Deckung der Eisenbahnzüge, welche gar nicht bedroht waren und, wie wir sehen werden, doch geopfert werden mussten. Die auf diese Weise Longstreet entgegentretenden Streitkräfte wären diesem numerisch mindestens gewachsen, wenn nicht überlegen gewesen.

Durch eine derartige Disposition hätte Pope wenigstens das erreicht, dass seine Armee in zwei, unter sich allerdings nicht verbundene kompakte Massen vereinigt war, von denen der einen (Porter, Banks und Ricketts) die Aufgabe zufiel, Longstreet aufzuhalten, während die andere mit Jackson fertig zu werden suchte. Eine Verbindung der beiden grossen Flügel hätte sich vielleicht dadurch herstellen lassen, dass die Division King in der am Abend des 28. erreichten Stellung an der Chaussee belassen wurde, während die Division Reynolds, links von Sigel und westlich der Sudley Springs Strasse aufmarschierend, die Lücke schloss. Eine unmittelbare Verbindung der beiden grossen Hauptteile des unierten Heeres wäre übrigens im vorliegenden Falle von nebensächlicher Bedeutung gewesen, da jedem Teile eine besondere Aufgabe zufiel, zu deren Lösung er ausreichend stark gewesen wäre, und der Feind ebenfalls in zwei Teile ohne Verbindung geteilt war. Eine Sachlage, wie sie durch solche Dispositionen herbeigeführt war, hätte zwar keineswegs als eine solche bezeichnet werden können, welche nichts zu wünschen übrig liess, sie wäre aber doch der thatsächlich bestehenden und der durch Popes gleich zu erwähnende Disposition angebahnten vorzuziehen gewesen.

Jacksons Lage war am 28. abends zwar bedeutend besser als am 27., aber immer noch prekär genug. Es standen ihm direkt, zum Teil schon in Fühlung mit ihm, Streitkräfte gegenüber, welche ihm zwar numerisch überlegen, aber zu weit auseinander gezogen und unter sich mangelhaft verbunden waren. Getrennte Angriffe einzelner Teile dieser Streitkräfte brauchte er nicht zu fürchten, und ehe sie einen gemeinsamen, einheitlichen Angriff unternehmen konnten, mussten noch ein paar Stunden des nächsten Tages vergehen und darin konnte sich viel ändern. Er hatte weiter eine Stellung genommen, in der er den Rücken nach Thoroughfare Gap, seiner natürlichen Rückzugslinie, kehrte. Seine Verbindung mit Longstreet war zwar noch keineswegs zweifellos sicher gestellt, da die Unierten sowohl die Chaussee von Centreville nach Gainesville, zwischen Jacksons Stellung und letzterem Ort, als auch die Strasse von Gainesville nach Thoroughfare Gap noch in der Gewalt hatten. Freilich waren die nach letzterer detachierten Streitkräfte so gering (Division Ricketts), dass sie allein Longstreet voraussichtlich keinen langen Widerstand zu leisten vermochten, wenn sich dieser erst einmal den Ausgang aus Thoroughfare Gap erzwungen hatte, was bekanntlich am Abend des 28. geschehen war.

Pope scheint dagegen seine Situation am Abend des 28. im rosigsten Licht geschaut zu haben. Gegen $^1/_2$ 10 Uhr empfing er Nachrichten über das Gefecht der Division King zwischen Gainesville und Groveton, sowie dass diese im wesentlichen ihre Stellung an der Chaussee behauptet habe. Offenbar, so scheint er räsoniert zu haben, hat Jackson versucht nach Osten zurückzugehen, um sich Longstreet zu nähern und ist daran durch die Division King verhindert; das heisst also mit anderen Worten: die Division King hat Jackson den Rückzug abgeschnitten. Mit dem Kopf steckte Jackson demnach offenbar schon in dem Sack darin und es kam nur darauf an, ihn vollends hinein zu schieben und den Sack zu schliessen. Das gedachte Pope am 29. zu besorgen. Bei seinen Anordnungen zu diesem Manöver scheinen ihn zwei Grundgedanken beherrscht zu haben, der erste war der, dass Jackson zunächst versuchen werde, nach Nordwesten durchzubrechen, um dann die Strasse nach Leesburg zu gewinnen, der zweite war, Longstreet sei noch so weit entfernt, dass er unmöglich noch rechtzeitig zur Unterstützung Jacksons herbeikommen könne.

Was den ersten dieser Gedanken anlangt, so weiss der Leser dieser Blätter, dass Pope sich über die Lage und die sich daraus ergebenden Absichten Jacksons in einem gewaltigen Irrtum befand, der indessen verzeihlich ist. In Bezug auf den zweiten Gedanken aber scheint es völlig unfassbar, wie er in einen solchen Irrtum verfallen konnte, wie wir jetzt zunächst nachweisen werden. Selbst wenn er in der Nacht vom 28. zum 29. noch keine direkte Nachricht erhalten hat, dass die Kolonne unter Longstreet Thoroughfare Gap am Abend des 28. thatsächlich schon passiert hatte, so lagen doch indirekte Anzeichen genug vor, welche Pope dahin führen mussten, die Ankunft Longstreets am Morgen des 29. zu erwarten. Seinen Gegner, den General Lee, musste er so weit kennen, um zu wissen, dass dieser sicherlich nicht eine Minute später zur Wiedervereinigung mit Jackson aufbrechen werde, als unbedingt erforderlich war. Ferner hatte ihm McDowell in der Nacht vom 27. zum 28. eine Meldung geschickt (nach der Rekognoscierung durch Buford), woraus er sehen musste, dass sich Longstreet am Nachmittag des 27. bei White Plains befand, also nur noch wenige Meilen von Thoroughfare Gap entfernt. Auch erwähnt Pope in seinem Report ausdrücklich, dass er seine Befehle an Mc Dowell am 28. abends diesem durch einen Offizier seines eignen (Mc Dowells) Stabes übersandt habe, der doch also bei Pope gewesen sein muss. Dieser Offizier war ganz zweifellos von allem unterrichtet, denn Mc Dowell hatte es ja in seinem, die „vorläufigen Dispositionen" anordnenden Befehl (vergl. S. 164) vom 27. abends 12 Uhr geradezu ausgesprochen, dass am „Nachmittag um 4 Uhr (27.) eine starke Division des Feindes unter Longstreet in Salem gewesen sei, um durch Thoroughfare Gap zu marschieren". Sollte eine so überaus wichtige Thatsache, wie die Anwesenheit einer starken feindlichen Division am 27. nachmittags 4 Uhr in Salem im Marsch nach Thoroughfare Gap es war, nicht zum Gegenstand der Besprechung seitens der Offiziere in Popes Hauptquartier mit dem Offizier von Mc Dowells Stabe gemacht sein? Bei der spätern kriegsgerichtlichen Untersuchung gegen General Porter hat Pope überdies wörtlich folgendes gesagt: „Ich hatte die Verbindung dieser Corps (Jackson und Longstreet) jeden Augenblick befürchtet, da ich aus eingegangenen Nachrichten wusste, dass Longstreet vorwärts eilte, um sich mit Jackson zu vereinigen. Ich erwartete demnach diese Bewegung Longstreets bestimmt während des Nachmittags des 29." Selbst diese Erwartung scheint schon unbegreiflich, wenn man annimmt, dass Pope im Laufe des 28. Kenntnis erhielt, Longstreets Corps habe sich am Nachmittag des 27. in White Plains befunden. So langsames Marschieren war man doch von den Konföderierten überhaupt nicht, ganz besonders aber nicht unter Verhältnissen, wie die vorliegenden, gewöhnt, dass die Erwartung berechtigt gewesen wäre, sie würden 1½ Tage brauchen, um die kurze Strecke von White Plains nach Gainesville zurückzulegen.

Dass er der Ansicht gewesen sei, die Division Ricketts werde allein imstande sein, das Vordringen Longstreets genügend lange aufzuhalten, nachdem sich diese einmal das Debouché erzwungen, ist in Popes Report nirgends auch nur im Entferntesten angedeutet und auch nicht anzunehmen. Wo er in den, den 27. und 28. behandelnden Abschnitten seines Reports die Division Ricketts erwähnt, geschieht dies mit dem Ausdruck des Bedauerns über ihre Detachierung (Rep. pag. 21), sodass man zu dem Schlusse berechtigt ist, er sei mit der Entsendung dieser Division gegen Thoroughfare Gap überhaupt nicht einverstanden gewesen.[1]

In seinem Report sagt er freilich, er habe mit seinen Dispositionen für den 29. (welche gleich erwähnt werden sollen) Longstreet einen solchen Vorsprung abgewonnen, dass er durch energische Anwendung seiner gesamten Kräfte Jackson hätte zermalmen können, ehe es Longstreet irgend möglich gewesen sei, das Schlachtfeld zu erreichen (*to crush Jackson before Longstreet could by any possibility reach the scene of action*). Es darf jedoch nicht aus den

---

[1] „Er (Mc Dowell) hatte jedoch," heisst es am angeführten Orte, „ohne mein Wissen die Division Ricketts in der Richtung von Thoroughfare Gap detachiert und diese Division war demnach für seine Bewegung gegen Centreville nicht verfügbar."

Augen verloren werden — was schon einmal hervorgehoben wurde —, dass der Report mehrere Monate nach beendetem Feldzug geschrieben ist, und dass Pope dort natürlich Alles hervorsuchte, um seine Massregeln als richtig und seine Auffassung als der Sachlage entsprechend erscheinen zu lassen. Wohl aus demselben Grund hat er auch nach dem Kriege bis in die neueste Zeit hinein die Behauptung Porters, dass Longstreet schon in den Vormittagsstunden des 29. die Verbindung mit Jackson bewerkstelligt und an dessen rechtem Flügel Stellung genommen hatte, als unwahr aufs Heftigste bekämpft, bis die Veröffentlichung der Berichte Longstreets und die Revision des kriegsgerichtlichen Verfahrens gegen Porter im Jahre 1878 die Richtigkeit dieser Behauptung so schlagend dargethan haben, dass auch nicht der leiseste Zweifel mehr dagegen bestehen kann.

Für Jackson gab es, wie Pope glaubte, kein Entrinnen mehr! Seine einzige Sorge war, dass er versuchen könne, nach Norden in der Richtung auf Leesburg auszuweichen. Er schickte deshalb zwischen $9\frac{1}{2}$ und 10 Uhr abends folgende Befehle ab: An General Kearny: „General McDowell hat den Rückzug des Feindes abgeschnitten und steht jetzt vor seiner Front, Sigel rechts von McDowell.[1]) Wenn er diese Nacht nicht auf Nebenwegen, welche nach Norden führen, entrinnen kann, so muss er gefangen werden. Ich wünsche, dass Sie um 1 Uhr diese Nacht antreten, selbst wenn Sie. nicht mehr als 2000 M. mit fortbringen können, obgleich ich hoffe, dass Sie den grössten Teil Ihrer Division mitnehmen. Folgen Sie der Chaussee von Centreville nach Warrenton. Der Feind ist nicht mehr als $3\frac{1}{2}$ Meilen von Ihnen entfernt. Pressen Sie Leute aus der Stadt (Centreville) als Führer. Gehen Sie vorsichtig vor und treiben Sie die Vorposten des Feindes noch in der Nacht zurück und greifen Sie beim ersten Morgenschimmer energisch an. Hooker soll dicht hinter Ihnen folgen. Dehnen Sie Ihren rechten Flügel gut nach Norden aus und nehmen Sie ihn beim Angriff wohl vor. Marschieren Sie bestimmt nicht später als 1 Uhr, mit allen Leuten, welche Sie vorwärts bringen können." General Heintzelman erhielt den Befehl: „McDowell hat dem Feind den Rückzug abgeschnitten. Sigel steht unmittelbar rechts daneben und ich sehe keine Möglichkeit, dass er entrinnen kann. Ich habe Kearny instruiert, um 1 Uhr nachts vorsichtig vorzugehen, bis er auf die Vorposten des Feindes stösst, und ihn bei Tagesanbruch energisch anzugreifen. Es ist von der äussersten Wichtigkeit, dass Hooker ihm dicht folge. Ich wünsche deshalb, dass Hooker um 3 Uhr morgens antrete, die Chaussee von Centreville nach Warrenton einschlage und an dieser Strasse, $1\frac{1}{2}$ Meilen jenseit Centreville, als Reserve für Kearny Halt mache. Schicken Sie sofort eine Abschrift dieser Depesche an Hooker und ich ersuche Sie ganz besonders darauf zu sehen, dass Hooker zur bestimmten Stunde abmarschiert, selbst wenn

---

[1]) Wo Pope hier von McDowell spricht, kann er immer nur die Division King meinen. Er ignoriert auch die grosse Lücke, welche sich zwischen King und Sigel befand ($2\frac{1}{4}$ Meilen), und ist augenscheinlich über die Sachlage nur sehr unvollkommen unterrichtet.

er nur mit der Hälfte seiner Leute antreten könnte. Ich verlasse mich darauf." Sigel erhielt Anweisung, mit Tagesanbruch ebenfalls energisch anzugreifen, und an Mc Dowell wurde der Befehl geschickt, unter allen Umständen mit der Division King, die von letzterer nach Beendigung des Gefechts am Abend innegehabte Stellung, welche Jackson den Weg nach Gainesville verlegte, zu behaupten. Alle diese Befehle waren vom 28. 10 Uhr abends datiert.

Bezüglich Porters sagt Pope in seinem Report, dass er ihm den Befehl geschickt habe von Manassas, „wo er, im Verfolg meiner Befehle vom Tage vorher, hätte sein sollen", beim ersten Tagesgrauen auf Centreville zu marschieren.

Unter den im Report abgedruckten Befehlen etc. Popes befindet sich keiner, durch welchen Porter angewiesen wurde, im Laufe des 28. von Bristow nach Manassas zu marschieren, ebensowenig, wie sich im Text des Reports, ausser der eben citierten Stelle, irgend welche Andeutung findet, dass ein solcher Befehl an Porter erlassen sei. Bei der Feindseligkeit Popes gegen Porter ist mit Bestimmtheit anzunehmen, dass er einen Befehl, durch welchen er eine weitere Anklage wegen Ungehorsams gegen Porter hätte begründen können, ganz gewiss nicht ausgelassen hätte, wenn ein solcher existiert hätte. Porter dagegen behauptet — und hat die Richtigkeit dieser Behauptung bei der Revision seines Prozesses durch die beschworenen Aussagen der betreffenden Offiziere bewiesen —, dass er zweimal im Laufe des 28. Adjutanten an Pope geschickt und angefragt habe, ob er irgend welche Befehle für ihn habe. Er habe aber beide Male, zuletzt gegen 7 Uhr abends (Zeit der Rückkehr des betreffenden Adjutanten), die Antwort erhalten, er solle bleiben wo er sei, wenn man ihn nötig habe, werde man nach ihm schicken. (Vergl. S. 178.)

Der Porter erteilte, von Popes Stabschef Oberst Ruggles unterzeichnete Befehl war datiert: „In der Nähe des Bull Run am 29. August 3 Uhr morgens" und lautete: „General: Mc Dowell hat Jacksons Rückzug abgeschnitten. Sigel befindet sich unmittelbar rechts von Mc Dowell. Kearny und Hooker marschieren beim ersten Morgengrauen gegen den Rücken des Feindes. Major-General Pope befiehlt, dass Sie beim ersten Tagesschimmer mit Ihrem ganzen Corps auf Centreville marschieren und Ihre Trains folgen lassen. Es ist sehr wichtig, dass Sie zu einer frühen Stunde des Morgens hier sind. Ein heftiges Gefecht wird wahrscheinlich stattfinden und Ihre Gegenwart ist notwendig."

Inzwischen traten während der Nacht zwei Ereignisse ein, welche die Voraussetzungen, auf denen die eben mitgeteilten Dispositionen beruhten, vollständig über den Haufen warfen und die Situation noch mehr zu Gunsten Jacksons umgestalteten. Wir haben weiter oben gesehen (vergl. S. 171), dass der Befehl mit allen seinen Kräften auf Centreville zu marschieren um 5 Uhr nachmittags in Mc Dowells Hände gelangt war, als sich dieser General bei der Division Reynolds befand. Mc Dowell war, nachdem er Reynolds und King die entsprechenden Anweisungen geschickt hatte, fortgeritten, um Pope aufzusuchen und sich mit diesem zu besprechen. Die Beziehungen, welche zwischen Mc Dowell und dem Oberfeldherrn bestanden, dessen wiederholte Inanspruchnahme Mc Dowells um Rat und Hülfe, wo Pope sich selbst nicht mehr zu helfen wusste, lassen ein solches Verfahren erklärlich erscheinen. Seine Versuche, Pope zu finden, waren vergeblich, und er verbrachte schliesslich den grössten Teil der Nacht bei Manassas Junction, fünf Meilen vom nächsten Truppenteil seines Armee-Corps (Division Reynolds), neun Meilen von dem Ort, wo seine Gegenwart am erforderlichsten gewesen wäre (Gainesville) und wo er vermutet wurde. So kam es, dass Mc Dowell weder bei dem Gefecht der Division King gegenwärtig war, noch überhaupt etwas davon erfuhr, noch auch, dass der an ihn gerichtete Befehl Popes, wodurch angeordnet wurde, dass die Division King ihre Stellung an der Chaussee unter allen Umständen behaupten solle, in seine Hände gelangte. Aber auch dem Kommandeur der Division King scheint der Befehl nicht zugegangen zu sein.

Wir haben an betreffender Stelle erwähnt, dass nach Beendigung des Gefechts bei Gainesville King sich mit seinen Brigade-Kommandeuren beraten hatte und zu dem Entschluss gekommen war, nach kurzer Ruhe um 1 Uhr morgens mit der Division nach Manassas Junction zu marschieren. Er hatte sich darauf nach Gainesville begeben, da er krank war und sich nicht länger aufrecht erhalten konnte. Das Kommando der Division ging an den ältesten Brigade-Kommandeur, General Hatch, über. Von Gainesville aus fuhr King in einer Ambulance nach Manassas Junction, wo er lange vor seiner Division ankam. Ein günstiger Zufall liess ihn dort mit Mc Dowell zusammentreffen, und dadurch erfuhr dieser erst von dem Gefecht am Abend vorher.

Der Abmarsch der Division King zog das zweite Ereignis nach sich.

General Ricketts hatte spät in der Nacht Gainesville erreicht und war hier mit General King zusammengetroffen. Von diesem hatte er gehört, dass seine Division um 1 Uhr nachts nach Manassas Junction abmarschieren werde. Ricketts hatte natürlich eingesehen, dass er unter diesen Umständen nicht allein in Gainesville bleiben könne, und er beschloss deshalb, ebenfalls seinen Rückzug nach Bristow fortzusetzen. Die Kavallerie-Brigade Buford liess er jedoch noch bei Gainesville stehen, um die von Thoroughfare Gap kommende feindliche Kolonne zu beobachten. Eine Meldung über seine Beobachtungen am 28. namentlich, dass er durch überlegene, durch Thoroughfare Gap kommende feindliche Kräfte zum Rückzug gezwungen sei, schickte er nicht an Pope, ebensowenig über seinen Marsch nach Bristow, sodass Pope über die Division Ricketts noch längere Zeit im Unklaren blieb.

Der Verbindung zwischen Jackson und Longstreet stand nun nicht das geringste Hindernis mehr im Wege.

Pope erfuhr den Rückzug der Division King etwa um 3 Uhr vormittags durch den General Gibbon, der der Division vorausgeritten war, um Pope aufzusuchen und ihm zu melden, dass der Weg

Longstreets zur Vereinigung mit Jackson offen sei, und ihm Bericht über die Ereignisse des letzten Abends zu erstatten, bei welchen seine Brigade in so hervorragender Weise beteiligt gewesen war. Wäre es Pope möglich gewesen, sich völlig in die Sachlage hineinzudenken, so hätte er sich sagen müssen, dass unter diesen Umständen die Vereinigung zwischen Longstreet und Jackson nur die Frage weniger Stunden und es wohl jetzt unmöglich sei, Jackson zu „zermalmen," ehe Longstreet herangekommen sei. Dann hätte er sich weiter sagen müssen, dass seine Armee, verzettelt und zersplittert, wie sie am frühen Morgen des 29. war, nicht imstande sei, den Kampf mit den vereinten Kräften der Konföderierten aufzunehmen. Schleuniger Rückzug hinter den Bull Run und Zusammenfassen seiner Kräfte dort, war das Einzige, was jetzt noch geschehen konnte, um so mehr, als auch Verpflegungsrücksichten einen solchen Rückzug, selbst im Falle des Erfolges gegen die Konföderierten, notwendig gemacht haben würden.

Allein Pope scheint nur von dem Gedanken beseelt worden zu sein, die Beute, deren er sicher zu sein glaubte, nicht entschlüpfen zu lassen. Zum Rückzug hinter den Bull Run, zur Stillung des Hungers, war es nachher immer noch Zeit. Dass Jackson versuchen werde, in der Richtung auf Leesburg durchzubrechen, glaubte er freilich nicht mehr. Er scheint vielmehr der Ansicht gewesen zu sein, Jackson werde sich den begangenen Fehler sofort zu Nutzen machen, um sich aus der Schlinge zu ziehen und Longstreet zu nähern. Er glaubte ihn augenscheinlich im vollen Rückzug nach Osten, wie aus seinen Anordnungen zu schliessen ist. Er befahl nämlich dem General Sigel, den Feind anzugreifen, sobald es hell genug sei und „ihn zum Stehen zu bringen, wenn das möglich sei". Die Division Reynolds sollte ihn dabei unterstützen. General Heintzelman erhielt den Befehl, mit den Divisionen Kearny und Hooker rasch die Richtung auf Gainesville zu nehmen. Reno sollte dicht hinter Hooker auf der Chaussee folgen. Sie sollten so rasch als möglich vorgehen und sobald sie den Feind eingeholt hätten, die Verbindung nach links hin mit Sigel aufnehmen und rasch und mit Energie angreifen.

General Porter hatte am 28., während er bei Bristow unthätig wartete und Pope vergeblich um Befehle bat, die Anzeigen der fernen Kämpfe beobachtet. In gerader Linie nur 11 Meilen von Thoroughfare Gap entfernt, hatte er gesehen, wie sich der Duft der Berge mit dem Rauch der Geschütze mischte. Er hatte in dem zu seinen Füssen sich hinziehenden Thal des Broad Run den Donner der Kanonen gehört, der deutlicher und deutlicher wurde, als Ricketts sich vor überlegenen Kräften nach Gainesville zurückzog. Man kann sich demnach vorstellen, wie peinlich ihn der obenerwähnte Befehl Popes überraschte, den er etwa um 6 Uhr morgens empfing. Während er erwartet hatte, nach Gainesville beordert zu werden, wurde ihm die Richtung auf Centreville angewiesen. Dort konnte nach seiner Auffassung der Sachlage unmöglich ein „ernstes Gefecht", wie es in dem Befehl hiess, stattfinden. Nichtsdestoweniger setzte er die Ausführung des Befehles sofort ins Werk, sodass sein Corps etwa $^1/_2$ Stunde nach Empfang desselben antrat. Er selbst beeilte sich, vorauszureiten, um womöglich Pope zu finden, und seine, ohne Zweifel anders über sein Corps verfügenden, Befehle entgegenzunehmen. Bei Manassas Junction traf er die Division King, welche um 6 Uhr dort eingetroffen war und in Wiers Haus, nicht weit von Manassas Junction, fand er die Generale Mc Dowell und King.

Mc Dowell war noch vor Sonnenaufgang wieder ausgeritten, um zunächst die Division Reynolds seines Corps aufzusuchen. Er hatte dieselbe auch gefunden und noch während seiner Anwesenheit war dort der Befehl eingetroffen, dass Reynolds das Corps Sigel bei dem mit Tagesanbruch zu unternehmenden Angriff unterstützen solle. Mc Dowell war hierauf weggeritten, um zu ermitteln, was aus den Divisionen King und Ricketts geworden sei, von denen er immer noch keine Nachricht hatte. Ersterer begegnete er zwischen der Strasse nach Sudley Springs und Manassas Junction im Marsche nach letzterem Orte und vernahm bei dieser Gelegenheit, dass der kranke General King in einer Ambulance angekommen und in Wiers Haus abgestiegen sei. Hierhin begab sich Mc Dowell und hörte nun zuerst von dem Gefecht der Division King am vorhergehenden Abend, sowie dass dieselbe sich ohne Befehl auf dem Marsche nach Manassas Junction befinde. Ebenso hörte er, dass Ricketts durch überlegene Kräfte von Thoroughfare Gap auf Gainesville zurückgedrängt sei und die Absicht habe, von dort nach Bristow zurückzugehen. Bald darauf traf Porter ein.

Mc Dowell schien durch die Wendung, welche die Dinge genommen hatten, sehr besorgt zu sein und sprach ebenfalls seine Verwunderung über den Befehl aus, welcher Porter nach Centreville rief. Erst hier hörte Porter Näheres über die Gefechte, welche die Divisionen King und Ricketts am Tage vorher gehabt hatten, und deren Folgen.

Während die Generale zusammensprachen, war die Spitze des Corps Porter herangekommen und hatte Wiers Haus passiert.

In der sichern Erwartung, andere Befehle zu erhalten und um seinem Corps soviel als möglich vergebliches Marschieren zu ersparen, eilte Porter abermals voraus, um Pope aufzusuchen. In der Gegend von Mitchells Ford am Bull Run angekommen, traf er in der That auch einen Offizier von Popes Stab, Kapitän Piatt, welcher ihm den mündlichen Befehl überbrachte, „auf Gainesville zu marschieren und die Division King mitzunehmen". Porter liess sofort die Spitze seines Corps kehrt machen und auf Manassas Junction zurückmarschieren. Dann schrieb er hastig ein Anerkenntnis, dass er den mündlichen Befehl erhalten habe und im Begriff sei, ihn auszuführen. und bat, um Missverständnisse zu vermeiden, ihm in Zukunft alle Befehle schriftlich zuzufertigen. Er fügte hinzu, was er von Mc Dowell und King über die Sachlage erfahren hatte, namentlich auch, dass Longstreet schon am Abend vorher diesseits Thoroughfare Gap angelangt sei.

Ob er auch die Vermutung aussprach, dass Gainesville sich zur

Zeit bereits in den Händen der Konföderierten befinden dürfte, mag dahin gestellt bleiben, da der Wortlaut des Berichtes nicht vorliegt.[1] Wenn er es nicht that, so gehörte nicht viel Scharfsinn auf Seiten Popes dazu, um selbst zu diesem Schlusse zu gelangen.

Von Manassas nach Gainesville sind 8 Meilen, während die Entfernung von Thoroughfare Gap nach Gainesville nur 6 Meilen beträgt. Dass Longstreet sich mit einem Teil seines Corps bereits am Abend vorher diesseits des Passes befand, war in der Meldung ausgesprochen. Es war zur Zeit, als diese von Mitchells Ford aus nach Centreville abgeschickt wurde, etwa 9 Uhr geworden und wenn, wie mit Bestimmtheit anzunehmen war, Longstreet seinen Marsch bei Tagesanbruch, oder sagen wir um 5 Uhr, wieder aufgenommen hatte, so konnte seine Vorhut mit Leichtigkeit Gainesville erreicht haben, da zwei Meilen (3,21 Kilom.) per Stunde keine übermässige Marschleistung für Truppen darstellt. Longstreet hatte also um diese Zeit seine Verbindung mit Jackson wahrscheinlich schon bewerkstelligt. Da nun das Corps Porter und die Division King zusammen höchstens 17 000 M. stark waren, während Longstreet annähernd richtig auf 25 000 M. geschätzt wurde, so konnte Pope sich selbst die Frage beantworten, ob Porter stark genug sein würde, Longstreet wieder aus Gainesville zu vertreiben.

Diesen Bericht schickte Porter durch den in seinem Stabe befindlichen Dr. Abbott an Pope und folgte dann seinem Corps nach Manassas. Es war ½10 Uhr, als dasselbe wieder dort ankam. Nunmehr traf Porter auch den General Gibbon, welcher, wie oben erwähnt, in der Nacht in Popes Hauptquartier gewesen war, um diesem Bericht über das am Abend vorher stattgehabte Gefecht bei Gainesville zu erstatten, bei welchem die Brigade Gibbon vorzugsweise beteiligt war. Gibbon überbrachte eine schriftliche Wiederholung des schon vom Kapitän Piatt mündlich bestellten Befehles.

Derselbe lautet:

„Eilen Sie mit Ihrem Corps und der Division King, welche Sie mitnehmen werden, vorwärts nach Gainesville. Ich folge dem Feind auf der Warrenton-Chaussee abwärts. Seien Sie rasch, oder wir werden viel verlieren."

Der Zweck dieses Befehls war offenbar, dasjenige wieder zu gewinnen, was durch Ricketts' und Kings Rückzug verloren war. Ob das aber noch möglich sei, musste nach dem vorstehend Ausgeführten doch mehr als zweifelhaft erscheinen.

Auch McDowell war von dem Befehl Popes, durch welchen die Division King von seinem Corps detachiert und Porter unterstellt wurde, wenig erbaut, und richtete sofort das Ersuchen an Pope, ihm

---

[1] Von den in diesen verhängnisvollen Tagen zwischen Porter und Pope gewechselten Depeschen sind merkwürdiger Weise die Mehrzahl derjenigen, welche zur Entlastung Porters dienlich sein konnten, „verloren" gegangen, während alle diejenigen, die zum Beweis der Schuld Porter irgend verwendbar waren, sorgfältig aufbewahrt sind.

die Division King zurückzugeben. Einstweilen bat er Porter, beim etwaigen Aufmarsch seines Corps, die Division King an den rechten Flügel zu nehmen, damit der Rücktritt derselben zu seinem eigenen Corps ohne Schwierigkeiten bewerkstelligt werden könne.

Nach halbstündigem Aufenthalt bei Manassas, der durch die Ausgabe von Munition veranlasst war, setzte das Corps Porter etwa um 10 Uhr seinen Marsch in der Richtung auf Gainesville fort, nunmehr verstärkt durch die Division King. Diese war, wie wir wissen, gegen 6 Uhr bei Manassas Junction angekommen, erschöpft von dem Kampf des vorigen Abends und dem darauf folgenden Nachtmarsch. Der momentanen Ruhe froh, hatten sich die Leute, gleich, nachdem Halt gemacht war, an die Bereitung ihres Frühstücks begeben. Als das Corps Porter vorbeimarschierte, verbreitete sich rasch die Nachricht, das seien Truppen von der Potomac-Armee, eine Kunde, die mit grossem Jubel aufgenommen wurde, denn nun schien es sicher, dass die Vereinigung der beiden Armeen bewerkstelligt und der Zweck, für den sie soviel Mühen, Entbehrungen und Gefahren ertragen hatten, erreicht sei. Aber der Jubel verstummte, als ihnen bald darauf der Befehl bekannt wurde, dass sie dem Corps nach Gainesville, wo sie eben herkamen, folgen sollten. Wieder war die Hoffnung auf eine kurze Ruhe eine eitle gewesen. Schwerfällig erhoben sich die Leute. Die Tornister wurden wieder auf die schmerzenden Schultern genommen und in einem Zustande vollständiger geistiger Stumpfheit zog die Division hinter dem Corps Porter her.

Während die Truppen sich in Bewegung setzten, führte Mc Dowell die Besprechung mit Porter fort. Er versicherte diesem, dass es nicht in der Absicht der Heeresleitung läge, heute einen entscheidenden Kampf herbeizuführen. Es sei vielmehr im Plane, hinter dem Bull Run eine neue Linie zu formieren und dort Verstärkungen von der Potomac-Armee abzuwarten. Auf welche Mitteilungen aus dem Hauptquartier sich diese Behauptungen Mc Dowells stützten, ist unklar. Er selbst war seit dem vorigen Nachmittag 5 Uhr, also seit etwa 16 Stunden, ausser jeder direkten Verbindung mit Pope. Gerade der Umstand, dass Pope die Division King, die gewissermassen verwaist und herrenlos in der Welt umherwanderte, dem Corps Porter zuteilte, spricht dafür, dass um jene Zeit Pope noch nicht wusste, wo Mc Dowell sich befand. Hätte er gewusst, dass dieser sich bei Porter und King befand, so würde er wahrscheinlich diesem das Corps Porter unterstellt haben, um gemeinsam mit der Division King, die ja zum Corps Mc Dowell gehörte, gegen Gainesville vorzugehen. Wahrscheinlich ist Pope erst durch das erwähnte schriftlich an ihn gerichtete Ersuchen, ihm die Division King zurückzugeben, wieder in Verbindung mit Mc Dowell gekommen. Auch die sonstigen Verhältnisse lassen Mc Dowells Auffassung nicht begründet erscheinen. Der Befehl, welchen Sigel und Reynolds noch vor Tagesanbruch empfangen hatten, als Mc Dowell sich dort befand, ordnete einen „energischen Angriff" an, der erste Befehl, den Porter erhalten hatte, rief ihn allerdings nach Centreville, also hinter den Bull Run, sprach aber doch auch von einem „ernsten Gefecht," welches zu erwarten sei, und jetzt schickte der zweite Befehl das Corps Porter in entgegengesetzter Richtung. Das sah nicht aus, wie die Absicht, die Armee hinter den Bull Run zu konzentrieren und einen Entscheidungskampf zu vermeiden. Dennoch konnte die Auffassung Mc Dowells nicht ohne Eindruck auf Porter bleiben, denn dass jener der *spiritus familiaris* Popes, der eigentlich treibende Geist in dem ganzen Feldzug war, hatte Porter wohl rasch erkannt. Überdies traf bald darauf, wie wir sehen werden, ein Befehl ein, welcher das, was Mc Dowell über Popes Absichten sagte, zu bestätigen schien.

Nach Beendigung der Unterredung mit Mc Dowell begab sich Porter an die Spitze seiner Kolonne, während Mc Dowell an der Queue derselben folgte, einmal, weil er hoffte, dass ihm die Verfügung über die Division King zurückgegeben werden würde, dann aber auch, weil er die Division Ricketts erwarten wollte, um ihr weitere Anweisungen zu erteilen. Die Ankunft derselben musste nun bald erfolgen, da ihr der Befehl, nach Manassas zu kommen, zugeschickt war, gleich nachdem ihr Rückzug auf Bristow bekannt geworden war.

Die Vorhut der an der Spitze des Corps Porter marschierenden Division Morell hatte kurz nach 11 Uhr die Stelle erreicht, wo die Strasse nach Gainesville von dem Bach Dawkins Branch durchschnitten wird. Das Thal dieses Baches ist unbewaldet, aber in kurzer Entfernung von den Thalrändern zieht sich auf beiden Seiten dichtes Gehölz hin, welches es ermöglicht, dass jeder der beiden Gegner, welche sich an diesem Bache gegenübertreten, seine Streitkräfte und Bewegungen dem andern verbergen konnte. Von dem Saum der Wälder aus beherrschte man das gegenüberliegende Ufer in wirksamer Gewehrschussweite. Noch in dem auf der Ostseite des Baches gelegenen Wald stiessen Morells Plänkler auf den Feind, der sich langsam vor ihnen nach dem Bache zurückzog. Einige feindliche Reiter, welche gefangen wurden, sagten aus, dass sie' zum Corps Longstreet gehörten. Mächtige Staubwolken, welche gerade vorwärts und weit nach Nordwesten hin aus den Wäldern aufstiegen, liessen auf den Anmarsch beträchtlicher Truppenmassen schliessen.

Porter hatte den Befehl auf Gainesville zu marschieren, musste also das Thal des Dawkins Branch überschreiten. Die Division Morell wurde sofort entwickelt, ein Regiment als Schützen aufgelöst über den Bach vorgeschickt, und die Brigade Butterfield erhielt den Auftrag, die Höhen des jenseitigen Ufers womöglich früher zu besetzen, als der Feind herangekommen war. Die Division Sykes schloss auf, um nötigenfalls die Division Morell zu unterstützen.

Während diese Bewegungen noch im Gange waren, kehrte der schon früher erwähnte Dr. Abbott aus Popes Hauptquartier zurück, und brachte einen neuen Befehl des Obergenerals mit, welcher an Mc Dowell und Porter gemeinsam gerichtet war. Abbott hatte Mc Dowell, dem er weiter rückwärts begegnet war, bereits eine Abschrift desselben eingehändigt. Diese von Centreville datierte „gemeinsame

Ordre" — so werden wir sie bei künftigen Bezugnahmen darauf bezeichnen, — lautete:

„An die Generale Mc Dowell und Porter: Sie werden mit Ihren
vereinigten Kommandos in der Richtung auf Gainesville vormarschieren.
Ich habe dem General Porter dahinzielende schriftliche Befehle vor
1¹/₂ Stunden zugeschickt. Heintzelman, Sigel und Reno gehen auf
der Warrenton-Chaussee vor und müssen jetzt nicht weit von Gainesville sein. Ich wünsche, dass sobald die Verbindung zwischen
diesen Kräften und den Ihrigen hergestellt ist, das Ganze
halten soll. Es könnte nötig werden, diesen Abend hinter
den Bull Run nach Centreville zurückzugehen. Ich glaube,
dass das der Verpflegung wegen so sein wird. Ich habe keine Befehle irgend welcher Art an Ricketts geschickt und keine, welche in
irgend welcher Weise die Bewegungen der Truppen Mc Dowells hindern
sollen, ausgenommen, was ich diese Nacht durch seinen Adjutanten
geschickt habe, nämlich die Stellung an der Warrenton Chaussee zu
behaupten, bis die Truppen von hier dem Feinde in Flanke und
Rücken fielen. Ich kenne nicht einmal Ricketts Stellung, da ich bis
zu einer späten Stunde, diesen Morgen, nicht imstande war, zu ermitteln, wo sich General Mc Dowell befand. General Mc Dowell wird
sofort Schritte thun, um sich mit Ricketts in Verbindung zu setzen,
und wird ihn instruieren, sich sobald als möglich wieder mit den
anderen Divisionen seines Corps zu verbinden. Wenn irgend beträchtliche Vorteile durch Abweichungen von dieser Ordre erreicht werden
können, so braucht sie nicht strikte ausgeführt zu werden. Eins
muss im Auge behalten werden, und das ist, dass die
Truppen eine Stellung einnehmen, von der aus sie den Bull
Run heute Abend oder morgen früh erreichen können. Alle
Anzeichen deuten darauf hin, dass die gesamten Kräfte des Feindes
in einem Tempo in dieser Richtung marschieren, welches sie morgen
Abend oder am nächsten Tage hierher bringen wird. Mein
Hauptquartier wird für jetzt beim Corps Heintzelman oder hier am
Orte sein."

Was dieser Befehl bezweckte, konnte man wohl nach wiederholtem
Durchlesen herausfinden, jedenfalls aber war es klar, dass Pope bei
Ausgabe desselben die ganze Sachlage falsch aufgefasst. Er wollte
offenbar seine ganze Armee östlich und nicht weit von Gainesville
formieren. Das war natürlich nur möglich, wenn sie beim Vorgehen
auf Gainesville nicht auf Widerstand stiess, oder wenigstens nur auf
so geringfügigen Widerstand, dass das Vorgehen dadurch nicht aufgehalten wurde. Was sie dann thun sollte, wenn sie sich östlich
Gainesville formiert hatte, darüber spricht sich Pope nicht aus, vielleicht sollte sie abwarten, ob die Konföderierten sie nun angreifen
würden. Am Abend sollte sie aber jedenfalls oder doch höchst wahr-
scheinlicherweise hinter den Bull Run zurückgehen. Aus diesem Grunde
durfte auch nicht zu weit gegen Gainesville vorgegangen werden.
Mc Dowell und Porter sollten gerade weit genug vorgehen, um die
Verbindung mit Heintzelman, Reno und Sigel herzustellen, welche

Pope nicht weit von Gainesville vermutete. Thatsächlich war aber noch nicht einmal die Verbindung zwischen Heintzelman und Reno einerseits und Sigel andererseits hergestellt und das Vordringen des letzteren auf der Strasse war, wie das bei Groveton hörbare und sichtbare Kanonenfeuer bewies, noch weit von Gainesville entfernt auf Widerstand gestossen. Ausserdem war den beiden Generalen, an welche die Ordre gerichtet war, anheimgestellt, dieselbe ganz oder teilweise unausgeführt zu lassen, vorausgesetzt, dass dadurch beträchtliche Vorteile erreicht werden konnten und wobei die Möglichkeit des Rückzugs hinter den Bull Run am Abend oder am nächsten Morgen nicht aus den Augen verloren werden durfte. Völlig unbegreiflich aber ist es, wie Pope zu der Ansicht kommen konnte, dass die gesamten Kräfte des Feindes „morgen Abend oder am nächsten Tag", also 36—48 Stunden nach Abfassung dieser Ordre, am Platz sein würden. Der Befehl wurde durch denselben Boten — Dr. Abbott — überbracht, welcher Porters Bericht nach dem Hauptquartier Popes getragen und in dessen eigne Hände gelegt hatte, worin Porter das Debouchieren Longstreets aus Thoroughfare Gap am Abend vorher meldete!

Ausserdem traf die „gemeinsame Ordre" noch eine wichtige Bestimmung. Sie fügte auch die Division Ricketts, welche freilich zur Zeit noch nicht erreichbar war, noch zu den Streitkräften hinzu, welche gegen Gainesville operieren sollten und brachte diese dadurch auf ca. 25 000 M., eine Stärke, welche zur Lösung der gestellten Aufgabe allenfalls ausreichend gewesen wäre.

Eine besondere Frage wurde noch durch die gemeinsame Ordre angeregt, nämlich die, ob durch dieselbe Porter mit seinem Corps für die Ausführung des in derselben gegebenen Auftrags dem General Mc Dowell, als rangältesten Major-General, unterstellt wurde, oder ob die beiden Generale, koordiniert neben einander stehend, nur gemeinsam dieselbe Aufgabe zu lösen hatten. Nach unseren Anschauungen würde ein Zweifel nicht aufkommen können, dass bei Lösung der gestellten Aufgabe der rangälteste General den Oberbefehl über die gemeinsam und auch örtlich vereinten, von der Hauptarmee detachierten Kräfte führte. Auch nach den amerikanischen Kriegsartikeln würde dasselbe Verhältnis Platz greifen.[1])

Dennoch gab es Leute, welche der Ansicht waren, dass zwischen Porter und Mc Dowell das Verhältnis der Koordination bestanden habe. Pope selbst hat als Zeuge in der Untersuchung wider Porter unter Eid erklärt, „es sei seine Absicht gewesen, dass sie (Mc Dowell und Porter) unabhängig von einander und jeder in direkter Unterstellung unter ihn selbst (Pope) handeln sollten. Es wird aus dem weiteren

---

[1]) Artikel 62 der zur Zeit giltigen Kriegsartikel lautet:
„Wenn auf Märschen, Wachen oder in Quartieren verschiedene Corps der Armee sich vereinigen oder Dienst zusammen thun, so soll derjenige Offizier, welcher nach seinem Patent den höchsten Rang in der Armee ... führt, das Ganze kommandieren und alles anordnen, was für den Dienst notwendig ist, es sei denn, dass es vom Präsidenten der Vereinigten Staaten, je nach der Natur des Falles, anders bestimmt wird."

Verlauf der Darstellung klar werden, dass er diese Erklärung wohl nur abgegeben hat, um Porter die Möglichkeit zu nehmen, sich wegen Nichtausführung der „gemeinsamen Ordre" hinter der Verantwortung Mc Dowells zu decken.

Kurz nachdem Porter die „gemeinsame Ordre" aus den Händen des Dr. Abbott entgegengenommen hatte, traf Mc Dowell ein. Aus seinem ganzen Auftreten ging hervor, dass er sich als Kommandierender betrachtete und Porter nahm das auch als selbstverständlich hin. Er ordnete sofört die Einstellung der von Porter eingeleiteten Bewegungen zur Sicherung des Übergangs über Dawkins Branch an und meinte unter anderm: „Dies ist nicht der Ort, eine Schlacht zu schlagen, wir sind zu weit vor." Er hatte nämlich kurz vorher durch den General Ricketts eine Meldung des bekanntlich mit der Beobachtung von Gainesville betrauten General Buford erhalten. Dieselbe lautete:

„Siebzehn Regimenter, eine Batterie und fünfhundert Mann Kavallerie sind vor $^3/_4$ Stunden auf der Strasse nach Centreville durch Gainesville passiert." Die Meldung war 9 Uhr 30 Minuten datiert, bezog sich also auf $^3/_4$ 9 Uhr. Es war jetzt nach 12 Uhr. Seit mehr als drei Stunden war demnach Longstreet im Passieren durch Gainesville begriffen. Es konnte nicht dem geringsten Zweifel mehr unterliegen, dass die Spitze des Corps Longstreet etwa zwei Stunden früher sich mit dem rechten Flügel vereinigt, als Porter Dawkins Branch erreicht hatte. Zwei Stunden Zeit hatte das Corps Longstreet gehabt, rechts von Jackson aufzumarschieren und es war zweifellos, dass seine Hauptkräfte zur Stelle und Porter gegenüber im Aufmarsch begriffen waren. Die aufsteigenden Staubmassen liessen darüber keinen Zweifel aufkommen. Nun hat zwar der konföderierte General Stuart in seinem Bericht über diese Operationen erwähnt, dass Leute des 5. Virginia-Kavallerie-Regiments, welche Baumzweige an die Schweife ihrer Pferde gebunden hatten, auf der Strasse hin und her geritten seien, um Staubwolken zu erregen und dadurch den Feind irre zu führen. Es ist aber später, und zwar durch die beschworenen Aussagen des Kommandeurs des 5. Virginia-Kavallerie-Regiments, Oberst Rosser, festgestellt, dass diese künstliche Stauberzeugung nur auf der, Meadowville Lane genannten, Verbindungsstrasse zwischen Chaussee und Eisenbahn stattfand, während von Pageland Lane und allen von Gainesville nach Südwesten führenden Strassen, ebenso wie von der Strasse von Thoroughfare Gap nach Gainesville Staubwolken aufstiegen, welche in der That von Longstreets Truppen herrührten.

Ehe wir sehen, in welcher Weise Mc Dowell die „gemeinsame Ordre" ausführte, müssen wir die Bewegungen des rechten Flügels der Unierten und der Konföderierten während des Vormittags des 29. verfolgen.

Als Pope die Meldung erhielt, dass die Division King ihre Stellung an der Chaussee in der rechten Flanke Jacksons aufgegeben habe, war er im höchsten Grade entrüstet über die verständigste Anordnung, welche während des ganzen Feldzuges getroffen war, über die

Entsendung der Division Ricketts gegen Thoroughfare Gap, um Longstreet aufzuhalten, denn dieser Anordnung schrieb er es zu, dass das
Gefecht der Division King nicht zu einem Erfolg geführt hatte, weil
sie ohne Unterstützung geblieben war, und dass sie sich genötigt gesehen hatte, in der Nacht ihre Stellung an der Chaussee aufzugeben.[1])
Er glaubte, Jackson werde diesen Fehler benutzen, um sich nach
Westen zurückzuziehen. Deshalb schickte er an Sigel den schon erwähnten Befehl, den Feind energisch anzugreifen, sobald es hell genug
sei, um sehen zu können, und ihn zum Stehen zu bringen, wenn es
möglich sei. Sigel fand es durchaus nicht schwierig, Jackson „zum
Stehen zu bringen", denn die Annahme Popes, dass dieser sich im
Rückzuge befinde, war ein grosser Irrtum. Er befand sich vielmehr
noch wesentlich in derselben Stellung, welche er im Laufe des 28.
besetzt hatte.

Der linke Flügel derselben lehnte sich bei Sudley Springs an
den Catharpin Run. Die unvollendete Eisenbahn, welche in der Nähe
von Sudley Springs den Bull Run überschreitend, sich nach Gainesville hinzog, wollte Jackson als Verstärkung derselben benützen. Die
Einschnitte, mit welcher sie die Anhöhen durchschnitt, bildeten treff-
liche Schützengräben, die Dämme über die tiefer gelegenen Mulden
Brustwehren.

Die Ausdehnung der Stellung Jacksons betrug nicht mehr als
1³/₄ Meilen (2800 bis 3200 m), zu deren Besetzung er ca. 20 000 M.
zur Verfügung hatte. Den linken Flügel bildete die Division Hill,
und zwar zunächst des Catharpin Creek die Brigade Gregg. Drei
Regimenter dieser Brigade standen auf einer bewaldeten Anhöhe östlich der Eisenbahn, welche hier einen tiefen Einschnitt bildet. Ihr
linker Flügel lehnte sich an den Bull Run, ihr rechter etwa an New-
mans Farm. Ein Regiment bildete längs des Bull Run eine Defensiv-
Flanke mit Front nach Norden. Rechts von Gregg, aber hinter (westlich) der Eisenbahn, folgten die Brigaden Thomas und Field, die drei
übrigen Brigaden der Division Hill standen in Reserve. Auf Hill
folgte die Division Ewell (nach Verwundung des Divisions-Komman-
deurs geführt durch General Lawton). Sie stand in einem Wald, den
Blicken des Angreifers entzogen. Vor ihrer Stellung bildete die
Eisenbahn einen hohen Damm. Am rechten Flügel endlich stand die
alte Stonewall-Division (nach Taliaferros Verwundung am Abend vorher geführt durch General Starke) in den zur Plantage Wilkins gehörigen Gärten und Feldern. Vor Jacksons Centrum und linkem
Flügel war die Eisenbahn von einem Waldstreifen eingefasst. An
einigen Stellen, so im Centrum, erstreckte sich dieser Wald weiter nach
Westen hin und bot für die konföderierten Reserven gedeckte Auf-
stellungen, während an andern Orten, wie z. B. am linken Flügel der
Konföderierten, die Ausdehnung des Waldes nach Osten hin die An-

---

[1]) In Popes offiziellem Report heisst es: „Die Disposition meiner Truppen
westlich von Jackson schlug fehl infolge der Bewegung Ricketts gegen
Thoroughfare Gap und des dadurch herbeigeführten Abganges der Division
King."

näherungswege der Unierten verdeckte. An Artillerie hatte Jackson keinen Mangel. An seinem rechten Flügel standen 8 Batterien mit 30 Geschützen, am linken Flügel 4 Batterien mit 18 Geschützen. Das waren die Dispositionen Jacksons gegen einen Angriff von Osten her. Um sich weiter gegen eine, seine Verbindung mit Longstreet gefährdende Bedrohung seiner rechten Flanke zu sichern, hatte er die Brigaden Early und Hays der Division Ewell und eine Batterie an dem Punkte, wo die Eisenbahn die Chaussee durchschnitt, nördlich der letzteren aufgestellt. Early, welcher den Oberbefehl über dieses Detachement führte, entwickelte sich parallel zur Chaussee und schob seine Plänkler bis zur Eisenbahn vor. Er hatte den Auftrag stehen zu bleiben, bis das Eintreffen Longstreets seine Gegenwart dort überflüssig mache; dann sollte er zu seiner Division zurückkehren. Dass Longstreets Eintreffen im Laufe des Vormittags zu erwarten sei, wusste Jackson durch einige Couriere, welche General Lee in den ersten Morgenstunden an ihn abgesandt hatte.

Zwei Regimenter der Brigade Early (das 13. und 31. Virginia) stellte Jackson in den südlich Groveton und der Chaussee gelegenen Waldparzellen auf, hauptsächlich um die Bewegungen des linken Flügels des Corps Sigel und der Division Reynolds zu beobachten.

Den Streitkräften Jacksons stand auf seiten der Unierten am Morgen des 29. nur das Corps Sigel und die Division Reynolds direkt gegenüber.

Es war eben 5 Uhr vorüber, als Sigel sein Corps zum Angriff und zwar parallel zur Chaussee und südlich derselben formierte. Seinen rechten Flügel bildete die Division Schurz[1]), das Centrum die Brigade

---

[1]) Carl Schurz war am 2. März 1826 zu Liblar bei Cöln a. Rh. geboren und hatte in Bonn Philologie und Geschichte studiert. Hier trat er in Beziehungen zu Gottfried Kinkel und nahm im Jahr 1849 an der revolutionären Bewegung in der Pfalz und Baden Anteil. Nach Niederwerfung des Aufstandes in Rastatt gefangen, gelang es ihm zu entfliehen und nach der Schweiz zu entkommen, von wo er 1850 unter falschem Namen als Student der Medicin nach Berlin kam, hauptsächlich um die Flucht Kinkels aus dem Gefängnis in Spandau vorzubereiten, welche ihm auch im November 1850 gelang. Schurz ging nun zunächst nach London, wo er heiratete. Im Jahre 1852 wanderte er nach Amerika aus und liess sich anfänglich in Philadelphia nieder. 1855 siedelte er nach Wisconsin über und nahm bald regen Anteil am politischen Leben. Namentlich bewährte er sich als ein Führer der republikanischen Partei, zu deren Sieg 1860 er wesentlich beitrug. Lincoln ernannte ihn zum Gesandten der Union am Hofe zu Madrid, welchen Posten er auch im Juni 1861 antrat. Im folgenden Frühjahr kehrte er jedoch nach Amerika zurück, um gegen die Secession zu kämpfen und machte den Krieg als Divisions-General bis zu Ende mit. Nach wiederhergestelltem Frieden unternahm er auf Wunsch des Präsidenten Johnson eine Beobachtungsreise durch den Süden und erstattete einen meisterhaften Bericht über die dortigen Zustände und die Mittel zur Heilung derselben. Er wandte sich dann nach Michigan und gründete zu Detroit eine republikanische Zeitung. 1869 wurde er vom Staat Missouri zum Senator gewählt und bekämpfte als solcher die Politik des Präsidenten Grant bezüglich St. Domingos. Im Jahre 1877 nahm er lebhaften Anteil an der Agitation zu Gunsten der Wahl des Präsidenten Hayes, der ihn dann nach seinem Amtsantritt zum Minister des Innern machte, welche Stellung er bis zum 4. März 1881 bekleidete.

Milroy und den linken Flügel die Division Schenck. Die Division
Steinwehr — nur eine Infanterie-Brigade und die Reserve-Artillerie
— verblieb in Reserve.

General Schurz entwickelte seine Division mit der Brigade
Schimmelpfennig am rechten, der Brigade Krzyzanowski am linken
Flügel. Jede Brigade bestand aus drei Infanterie-Regimentern und
einer Batterie. Zwei Infanterie-Regimenter standen im ersten Treffen
jeder Brigade, das dritte folgte als zweites Treffen. Die Batterie der
Brigade Krzyzanowski folgte dem linken Flügel, die der Brigade
Schimmelpfennig wurde einstweilen noch zurückgehalten.

Vor sich hatte Schurz die Chaussee und jenseits derselben fiel
das Terrain sanft zu dem Bache Youngs Branch oder Youngs Creek
ab. Das jenseitige Ufer desselben war bewaldet und in diesem Gehölz wurde der Feind vermutet.

Schurz setzte sich zuerst in Bewegung. Die rechte Flügel-Brigade
erhielt als Direktions-Punkt das Farmhaus Matthews angewiesen, welches man auf den Höhen jenseits des Baches liegen sah. Links von
demselben erstreckte sich ein dichter Wald. Die Brigade Krzyzanowski
sollte denselben von rechts her umfassen. Sobald der Aufmarsch vollendet war, gingen die Brigaden, Schützen voraus, vor. Youngs Branch
wurde durchwatet, der schmale Waldstreifen am linken Ufer durch-
schritten und die Bewegung gegen Matthews Farm fortgesetzt. Inzwischen war auch Milroy vorgegangen, hatte aber von vorn herein
seine Direktion mehr nach links genommen, sodass sich während des
Vorgehens der Zwischenraum zwischen ihm und Schurz allmählich
vergrössert hatte. Letzterer erhielt deshalb den Befehl, zur Herstellung
der Verbindung sich etwas mehr nach links zu ziehen. Dies führte
seinen linken Flügel in den links von Matthews Farm gelegenen
Wald, und diesen fanden sie von den konföderierten Plänklern besetzt.
Um den Angriff auf denselben vorzubereiten, nahm die Batterie der
Brigade Krzyzanowski hinter dem linken Flügel der Schützenlinie
Stellung und eröffnete ihr Feuer auf den gegenüber liegenden Wald-
saum.

Das Feuergefecht hatte einige Zeit gedauert, als Schurz vom
Oberst Schimmelpfennig eine Meldung erhielt, dass eine starke Truppen-
Kolonne in der rechten Flanke gesehen wäre und man nicht unter-
scheiden könne, ob es Freund oder Feind sei. Schimmelpfennig er-
hielt darauf den Befehl, eine Defensiv-Flanke zu bilden und durch
Patrouillen feststellen zu lassen, ob die gesehene Kolonne feindliche
Truppen seien oder nicht.

Inzwischen hatte sich das Feuergefecht über die ganze Linie der
Division Schurz verbreitet. Dieselbe blieb dabei im langsamen Vor-
schreiten, die ihr gegenüber befindlichen Konföderierten aus dem
Walde links von der Farm Matthews heraus-, nach dem die Eisenbahn-
linie einfassenden Walde hindrängend.

Während sich dies bei der Division Schurz zutrug, war die
Brigade Milroy längs der Sudley Springs Strasse vorgegangen und
hatte ein Schützengefecht mit dem Feinde begonnen, an welchem

auch ihre Batterien teilnahmen. Auch hier leisteten die Konföderierten keinen ernsten Widerstand, sodass die Unierten allmählich Terrain gewannen.

Die Division Schenck war südlich der Chaussee und mehr in westlicher Richtung vorgegangen. Sie hatte den Wald erreicht, welcher sich westlich von Groveton längs eines kleinen Zuflusses des Youngs Branch bis über die, Lewis Lane No. 2 genannte Strasse hinzieht. Vor ihr lag eine Lichtung und jenseits derselben erstreckt sich das als Gibbons Wood bezeichnete Gehölz. Schenck stiess auf keinen erheblichen Widerstand, da, wie wir wissen, in diesen Gehölzen nur zwei von der Brigade Early detachierte Regimenter standen. Das Gefecht beschränkte sich hier auf ein schwaches Tirailleurgefecht.

Dagegen griffen ihre Batterien in das Gefecht der Brigade Milroy ein, indem sie die vor dieser zurückgehenden Konföderierten in der Flanke beschossen. Letztere 'hatten auf einer Höhe nördlich der Chaussee eine grosse Batterie aufgefahren, welche im Kampfe mit Milroy stand. Man konnte die Geschütze selbst nicht sehen, sondern sah nur den Rauch derselben über die Bäume aufsteigen. Plötzlich erhielt die am rechten Flügel, zunächst der Chaussee befindliche Division Schenck ebenfalls indirektes Artilleriefeuer, und um sich diesem zu entziehen, ging Schenck bis zur Lewis Lane No. 1 vor. Seine Batterien hatten inzwischen aus Munitionsmangel den Kampfplatz verlassen und er entschloss sich, in dem Gibbons-Gehölz nach Norden vordringend, die konföderierten Batterien in Flanke und Rücken zu fassen und sie zu nehmen. Zu dem Zwecke schickte er einen Offizier seines Stabes ab, um zu rekognoscieren und nahm eine Frontveränderung vor, welche seine Stellung der Chaussee parallel machte.

Es sollte jedoch nicht zu dem geplanten Angriff kommen.

Unter den hier geschilderten Ereignissen war es mittlerweile etwa 8 Uhr morgens geworden. Die konföderierten Vortruppen, um die es sich bis jetzt überall nur gehandelt hatte, waren langsam auf die Hauptstellung hinter der unvollendeten Eisenbahn zurückgegangen und die Division Schurz hatte den Wald, der dieser unmittelbar vorliegt. südwestlich von der Farm Newmann erreicht. Milroy befand sich links von und etwas hinter ihr. Seine Hauptstellung den Unierten leichten Kaufes zu überlassen, lag aber keineswegs in der Absicht Jacksons. Er hatte sehr bald erkannt, dass zunächst nur sein Centrum und sein äusserster rechter Flügel bedroht seien und hatte deshalb Teile der Division A. P. Hill zur Unterstützung des Centrums näher an dieses herangezogen. Bald war das Vorgehen der Division Schurz zum Stehen gebracht. Der ernsthafte Charakter, welchen das Gefecht annahm, machte sich schon durch das lebhaftere Feuer bemerklich, wodurch General Steinwehr veranlasst wurde, ein Regiment der Reserve Schurz zur Unterstützung zuzuschicken. Schurz behielt dasselbe zur eigenen Verfügung, während er das bisher in Reserve gehaltene Regiment der Brigade Krzyzanowski in das durch das vorhin erwähnte Heranziehen der letzteren an Milroy etwas zu gross gewordene Intervall zwischen seinen beiden Brigaden schickte. Bald darauf ging die

Division Lawton (Ewell) der Konföderierten ihrerseits zur Offensive über. Der Stoss traf hauptsächlich das Centrum der Division Schurz, welches nach kurzem Kampf zum Weichen gebracht wurde, was natürlich auch das Zurückgehen der Flügel zur Folge hatte. Der Waldstreifen an der Eisenbahn musste geräumt werden und kam in die Hände der Konföderierten, welche den Saum besetzten. Es gelang jedoch dem Divisions-Kommandeur, die geworfenen Regimenter bald wieder zu sammeln, seine Division neu zu ordnen und, energisch vorgehend, sich wieder in Besitz des Waldstreifens zu setzen.

Es war jetzt 10 Uhr vormittags.

Wir haben bereits weiter oben erwähnt, dass Oberst Schimmelpfennig am frühen Morgen gemeldet hatte, es werde eine starke Kolonne in der rechten Flanke gesehen, von der sich nicht bestimmen lasse, ob Freund oder Feind, und dass er den Auftrag erhalten hatte, dies durch Patrouillen feststellen zu lassen. Dies war geschehen und es hatte sich herausgestellt, dass die beobachtete Kolonne die im Anmarsch befindliche Division Kearny sei. Jetzt war dieselbe herangekommen und wollte rechts neben Schurz Stellung nehmen. Dieser war Kearny entgegen geritten und war von demselben gebeten, seine Division nach links zusammenzuschieben, weil der Raum zwischen dem rechten Flügel der Division Schurz und dem Bull Run zu beschränkt für die Entwickelung der Division Kearny war. Während dies bewerkstelligt wurde, waren die Konföderierten aufs neue mit erheblichen Kräften über die Eisenbahn vorgegangen, um sich wieder in den Besitz des vorgelegenen Waldes zu setzen. Milroy hatte von seinem Standpunkte aus dies beobachtet und daraus Veranlassung genommen, zwei seiner vier Regimenter zur Unterstützung Schurz' abzuschicken. Dieselben hatten Aufstellung im Centrum der Division, zwischen den beiden Brigaden genommen. Kaum waren sie hier angelangt, als der Kampf um den Wald von neuem in voller Heftigkeit entbrannte. Wiederum richtete sich der Stoss der Konföderierten hauptsächlich gegen das Centrum der Division Schurz und bald sah man die beiden Regimenter der Brigade Milroy in Verwirrung aus dem Walde kommen. Ein Versuch des früher von Steinwehr geschickten Reserve-Regiments, die verfolgenden Konföderierten aufzuhalten, hatte nur geringen Erfolg. Auch dies Regiment (29. New-York) kam bald ziemlich aufgelöst aus dem Walde zurück. Glücklicherweise eröffnete jetzt eine seiner Batterien aus vorteilhafter Stellung ein wohlgezieltes Feuer gegen den Wald, wodurch die Konföderierten verhindert wurden, aus demselben hervorzubrechen und Schurz Gelegenheit bekam, seine in Unordnung geratenen Regimenter wieder zu sammeln und zu ordnen.

Milroy hatte die Absicht gehabt, sich mit den beiden Regimentern seiner Brigade, welche er noch bei sich hatte, gegen eine feindliche Batterie zu wenden, die ihn in der linken Flanke beschoss und sehr lästig zu werden begann. Ehe er diese Absicht jedoch zur Ausführung bringen konnte, hatte er mit ansehen müssen, wie seine beiden zur Unterstützung Schurz' abgesandten Regimenter geschlagen aus dem

Wald zurückkamen. Dies hatte ihn veranlasst, noch ein drittes Regiment abzuschicken, welches durch eine in dem Waldstreifen befindliche Lücke gegen die Eisenbahn vorgehen sollte, um der bedrängten Division Schurz Luft zu machen. Aber es erging diesem Regiment nicht besser. Von einem sehr heftigen Feuer des wohlgedeckten Feindes empfangen, geriet es sehr bald in Verwirrung und kam aufgelöst zurück.

Als Sigel die Bedrängnis seines rechten Flügels gewahrte, schickte er eine Batterie der Reserve-Artillerie vor und erteilte ausserdem dem General Schenck den Auftrag, sich näher an das Centrum heranzuziehen und namentlich Milroy zu unterstützen, und dieser Auftrag war es, welcher Schenck verhinderte, seine Absicht, die nördlich der Chaussee stehende Batterie anzugreifen (vergl. S. 198), auszuführen.

Milroy war es inzwischen gelungen, sein geschlagenes Regiment zu sammeln und im Verein mit dem noch intakten über die Höhe des Stony Ridge in das Gehölz einzudringen, welches sich längs der Strasse von Groveton nach Sudley Springs hinzieht, und sich dort, wenn auch mit Schwierigkeit, zu behaupten. Hier nahm die Brigade Stahl der Division Schenck, welche dieser infolge des Befehls Sigels zur Unterstützung Milroys über die Chaussee gesandt hatte, links von Milroy Stellung.

Zur selben Zeit, als die Brigade Stahl zur Unterstützung Milroys abgesandt wurde, nahm Schenck wahr, dass sich eine Plänklerkette von links rückwärts nähere, welche, wie sich bald herausstellte, zur Division Reynolds gehörte. Schenck setzte sich mit diesem General in Verbindung und ersuchte denselben, ihm eine Batterie zur Unterstützung zu schicken, welche am rechten Flügel der allein noch südlich der Strasse befindlichen Brigade Mc Lean auffuhr und den Kampf mit der grossen Batterie der Konföderierten aufnahm. Wärend dessen nahm Reynolds links der genannten Brigade Stellung. Er hatte aber seinen Aufmarsch kaum vollendet, als er durch vorangeschickte Späher erfuhr, es seien von Gainesville her zu beiden Seiten der Strasse beträchtliche Streitkräfte des Feindes im Anmarsch und dieselben griffen so weit nach Süden aus, dass seine linke Flanke bedroht erschien. Es waren, wie wir später sehen werden, die Spitzen des Corps Longstreet, namentlich die Division Hood.

Unter diesen Umständen mit Recht seine Stellung für zu exponiert haltend, beschloss Reynolds über die Lichtung östlich von Gibbons Wood zurückzugehen und Stellung in dem längs Lewis Lane No. 1 sich hinziehenden Waldstreifen zu nehmen. Schenck, hiervon in Kenntnis gesetzt, blieb nichts übrig, als sich dieser Bewegung anzuschliessen. So wurde also die rechte Flanke Jacksons, welche durch die Besetzung von Gibbons Wood durch Schenck und Reynolds sehr ernstlich gefährdet war, gerade im richtigen Augenblick durch Longstreets Erscheinen gesichert.

Inzwischen hatte Sigel von der Ankunft Kearnys Kunde erhalten und hielt nunmehr den Augenblick für gekommen, einen entscheidenden Schlag gegen Jackson zu führen. Er schickte an Kearny die

Mitteilung, Longstreet sei noch nicht eingetroffen und die Möglichkeit, entscheidende Resultate herbeizuführen, sei noch vorhanden. Kearny möge deshalb mit seinen gesamten Kräften zum Angriff vorgehen und dabei seinen rechten Flügel etwas vornehmen, um die linke Flanke der Konföderierten zu umfassen, während er (Sigel) sie in der Front angreifen werde. General Schenck erhielt Befehl, ebenfalls mit halbrechts über die Strasse vorzugehen, meldete jedoch, dass er das nicht thun könne, weil er dadurch seinen linken Flügel den starken südlich der Strasse vordringenden Streitkräften des Feindes blosstellen würde.

Der Adjutant, welcher dieses Schriftstück an Kearny zu überbringen hatte, war beauftragt, dasselbe vorher dem General Schurz zur Durchsicht zu geben. Letzterer scheint dies als einen Befehl aufgefasst zu haben, den Angriff zu wiederholen. Ohne Antwort von Kearny abzuwarten, befahl er seiner Division, welche sich inzwischen wieder gesammelt und geordnet hatte, auf der ganzen Linie zum Angriff vorzugehen. Derselbe wurde mit grosser Entschlossenheit ausgeführt und die Konföderierten in den Wald zurückgedrängt. Am rechten Flügel gelang es der Brigade Schimmelpfennig etwa da, wo der Weg nach Sudley Springs die Eisenbahn kreuzt, sich nicht nur des Eisenbahndammes zu bemächtigen, sondern auch noch darüber hinaus, etwa bis zur Farm Cushing vorzudringen. Lange vermochte sie sich freilich nicht zu behaupten. Von starken Kräften gedrängt, war sie bald gezwungen ihre vorgeschobene Stellung wieder zu verlassen. Der Eisenbahndamm blieb jedoch in ihrem Besitz.

Weniger glücklich war anfänglich der linke Flügel. Hier behaupteten sich die Konföderierten an dem Eisenbahndamme und machten durch ihr heftiges Gewehrfeuer ein weiteres Vordringen unmöglich. Erst als zwei Gebirgshaubitzen, welche General Sigel von der Reserve-Artillerie vorgeschickt hatte, in der Schützenlinie der Brigade Krzyzanowski Stellung genommen hatten, gelang es, die Konföderierten zum Weichen zu bringen und auch hier den Bahndamm zu nehmen.

Allein Schurz' Vorstoss blieb isoliert. Weder ging Kearny zum Angriff vor, noch gelang es Milroy, aus der Waldparzelle an der Sudley Springs Strasse vorzubrechen. Schurz blieb ununterstützt. Seine Verbindung nach beiden Seiten hin war bereits verloren und er konnte unter diesen Umständen an ein weiteres Vordringen nicht denken. Das Gefecht kam demnach an dem Bahndamme, den Schurz behauptete, zum Stehen.

Es war dies kurz nach 12 Uhr mittags.

Etwa um dieselbe Zeit trafen auch die Division Hooker und das Corps Reno auf der Chaussee von Centreville her ein und nahmen zunächst Stellung an dem Kreuzungspunkt der Chaussee mit der Strasse nach Sudley Springs, nördlich der ersteren und östlich der letzteren. Auf ihr Eingreifen in das Gefecht werden wir später zurückkommen.

Wie sich aus vorstehender Schilderung ergiebt, hatte sich auf seiten der Konföderierten Jackson in Erwartung der sicher in Aussicht stehenden Unterstützung durch Longstreet wesentlich defensiv verhalten, es aber doch nicht zu verhindern vermocht, dass er an seinem linken Flügel (durch die Division Schurz) aus seiner Hauptverteidigungsstellung herausgedrängt war.

General Longstreet war mit seinem Corps am frühen Morgen von Thoroughfare Gap aufgebrochen und, wie er sagt, in einem Tempo von drei Meilen pro Stunde (4,8 Kilom.), auf Gainesville marschiert. Noch ehe dieser Ort erreicht war, wurde der Kanonendonner von Groveton her hörbar und die Marschgeschwindigkeit wurde bis zu den Grenzen des Möglichkeit gesteigert. Um $^3/_4$9 Uhr passierte die Têten-Division Hood den Ort Gainesville und marschierte nunmehr auf der Chaussee auf Jacksons rechten Flügel zu. Etwa um 10 Uhr begann sie ihren Aufmarsch hinter demselben, der sie in eine Stellung hinter Pageland Lane rittlings zur Chaussee brachte.

Inzwischen war General Lee, der mit der Division Hood marschiert war, in Gainesville mit dem General Stuart zusammengetroffen und dieser hatte ihm Vortrag über die Stellung des Feindes, wie die des Corps Jackson gehalten. Bald darauf ging von der Kavallerie-Brigade Robertson, welche zur Aufklärung längs der Eisenbahn nach Manassas Junction zu geschickt war, die Meldung ein, dass von letztgenanntem Orte beträchtliche Streitkräfte im Anmarsch seien. Infolge dessen wurde angeordnet, dass die Division Kemper, welche zunächst hinter Hood folgte, rechts der letzteren, längs Meadowville Lane Stellung nehmen solle und die Division D. R. Jones erhielt den Befehl, längs der Manassas Gap Bahn in südöstlicher Richtung vorzugehen. Letztere marschierte etwa um 11 Uhr in der Gegend des Hauses Munroe auf und ging dann entwickelt vor.

Die Plänkler, auf welche Porter, wie früher erwähnt, bei seinem Vormarsch in der Gegend von Dawkins Branch stiess, gehörten der Kavallerie-Brigade Robertson an und es wäre zu jener Zeit noch möglich gewesen, sich des rechten Thalrandes von Dawkins Branch zu bemächtigen. Die zu diesem Zwecke vorgeschickte Brigade Butterfield wurde aber bekanntlich auf Mc Dowells Befehl (vergl. S. 194) zurückgerufen und gleich darauf besetzte die konföderierte Division D. R. Jones den Wald am rechten Ufer. Es war dies um 12 Uhr mittags.

Um diese Zeit waren also vom Corps Longstreet drei Divisionen (Hood, Kemper und Jones) rechts neben Jackson aufmarschiert. Die vierte Division — Wilcox — wurde einstweilen in Reserve, nördlich der Chaussee und etwa $^1/_2$ Meile westlich von Pageland Lane aufgestellt, die fünfte Division endlich — Anderson — befand sich noch auf dem Marsch zwischen Thoroughfare Gap und Gainesville. Sie traf, wie gleich hier bemerkt werden mag, erst spät abends bei der Armee ein.

Die Situation war nach dem Vorstehenden um die Mittagsstunde des 29. etwa folgende: Auf dem rechten Flügel hatte sich das Corps Sigel und namentlich dessen Division Schurz in einem Angriff auf Jackson erschöpft. Es hatte zwar zu einigem Terraingewinn geführt, dieser konnte aber nur mit Mühe behauptet, noch weniger ausgenützt werden, weil es an der nötigen Unterstützung fehlte. Truppen dazu trafen zwar schon im Laufe des Vormittags und namentlich gegen Mittag ein, wurden aber nicht verwendet, weil es an einer angemessenen Leitung fehlte. Pope, der sich den Vormittag über in Centreville befunden hatte, traf nämlich erst nach 12 Uhr mittags in der Nähe des Kampfplatzes ein, obgleich er wissen musste, dass gekämpft wurde, da er selbst Sigel den Befehl erteilt hatte, bei Tagesanbruch anzugreifen.

Am linken Flügel war das Corps Porter bei Dawkins Branch auf den Feind gestossen. Hinter den zwei schwachen Divisionen dieses Corps erstreckte sich die lange Marsch-Kolonne der Divisionen King und Ricketts, erste zwischen Dawkins Branch und Manassas, letztere noch zum Teil auf dem Wege von Bristow nach Manassas. Bei Bristow Station selbst stand das Corps Banks, welches auch keinen Befehl hatte, von dort in irgend welcher Richtung abzumarschieren, sondern nur angewiesen war, für Deckung der Eisenbahnzüge und Herstellung der Bahn zu sorgen. Die Divisionen Ricketts und King hatten am Tage vorher gefochten und fast die ganze Nacht marschiert. Sie waren also sehr erschöpft und abgespannt.

Zwischen linkem und rechtem Flügel aber befand sich eine, etwa 1½ bis 2 Meilen breite Lücke!

Der Versuch, Jackson isoliert zu schlagen, ehe Longstreet herangekommen, war demnach nicht nur vollkommen gescheitert, sondern ein beträchtlicher Teil der unierten Armee war nicht einmal aufmarschiert und von dem Hauptteil getrennt, während die Konföderierten vollständig entwickelt und in einer zusammenhängenden Linie ihnen gegenüberstanden!

Wir haben die Generale Fitz-John Porter und Mc Dowell um 12 Uhr mittags bei Dawkins Branch verlassen, als letzterer eben dort eingetroffen war und auf Grund der „gemeinsamen Ordre" den Befehl übernommen und die von Porter eingeleiteten Bewegungen zur Überschreitung von Dawkins Branch rückgängig gemacht hatte. Die gemeinsame Ordre bestimmte zunächst ein Vorgehen in der Richtung auf (towards) Gainesville (nicht etwa nach Gainesville), und fügte dann weiter hinzu, Eines müsse vor allem im Auge behalten werden, nämlich, dass die Truppen am Abend oder am nächsten Morgen den Bull Run erreichen könnten. Letzteres wurde später nochmals wiederholt und „wegen der Verpflegung" als höchst wahrscheinlich notwendig werdend hingestellt. Ferner bestimmte die Ordre, dass die Verbindung mit dem rechten Flügel hergestellt werden und, wenn dies erreicht sei, das Ganze halten solle.

Man hatte den ganzen Morgen schon Kanonendonner von Groveton her gehört. Das war nun freilich nichts Ungewöhnliches, denn seit man am 22. mit den Konföderierten am Rappahannock Fühlung gewonnen hatte, war ausser den Nächten kaum eine Stunde vergangen, wo nicht von irgendwoher Kanonendonner hörbar gewesen wäre. Mc Dowell sprach auch einigermassen verächtlich darüber und meinte, es

sei wohl „das gewöhnliche Artillerie-Duell auf weite Entfernung",
welches weder Wichtigkeit habe, noch Erfolge erziele. Immerhin aber
konnte man daraus, dass der Kanonendonner ziemlich stationär geblieben
war, schliessen, dass der rechte Flügel der Armee an der Warrenton
Chaussee keine erheblichen Fortschritte mache.

Die beiden Generale erkannten, als sie sich kurz nach Empfang
der „gemeinsamen Ordre" zusammenfanden, das Kritische der ganzen
Sachlage wohl. Wenn die Konföderierten angriffen — was zu thun
sie sich anzuschicken schienen —, so stand zwischen ihnen und der
lang auseinander gezogenen Kolonne der ermüdeten Divisionen Mc
Dowells, aber auch zwischen ihnen und der exponierten linken Flanke
des rechten Flügels, nur das schwache Corps Porter. Der Zweck
der ganzen Bewegung in der Richtung auf Gainesville war vereitelt,
denn die Verbindung zwischen Longstreet und Jackson hatte offenbar
stattgefunden. Nach Mc Dowells Ansicht konnte unter diesen
Umständen ein weiteres Vorgehen gar nicht in Frage kommen,
sondern es konnte sich jetzt nur noch darum handeln, die Linie nach
rechts hin auszudehnen, und so die Verbindung mit dem rechten
Flügel aufzunehmen.

In diesem Sinne sprach sich Mc Dowell aus, als er mit Porter
die Sachlage besprochen und in diesem Sinne sind auch seine
schon angeführten Worte: „Porter, Sie sind zu weit vor, dies ist
nicht der Ort, eine Schlacht zu schlagen", als eine Anweisung auf-
zufassen, nicht über Dawkins Branch vorzugehen, womit auch übereinstimmte, dass Mc Dowell sofort die schon vorgegangene Brigade Butterfield zurückbeorderte.

Es lag darin noch keine wesentliche Abweichung von der „gemeinsamen Ordre", denn es lag auf der Hand, dass durch weiteres Vorgehen, selbst wenn man nicht auf den Feind gestossen wäre, die
Verbindung mit dem rechten Flügel, der selbst nicht vorwärts kam,
nicht erreicht werden konnte.

Schon früher hatte bekanntlich Mc Dowell den General Porter ersucht, bei einem etwaigen Aufmarsch die Division King an seinen rechten
Flügel zu nehmen, um beim Herankommen der Division Ricketts sein
Corps zusammen zu haben. Um nun eine Stellung für die Division
King zu suchen, ritten Mc Dowell und Porter in dem Wald, östlich
von Dawkins Branch, in nördlicher Richtung über die Eisenbahn vor.
Sie fanden jedoch, dass etwa eine Meile jenseits der Bahn der Wald
so dicht und undurchdringlich wurde, dass es keine Möglichkeit war,
hier Artillerie vorwärts zu bringen und dass selbst Infanterie keinerlei
Art von geordneter Formation beibehalten konnte. Es war die Absicht gewesen, die Division Sykes, welche dicht hinter Morell folgte und bereits
begonnen hatte, aufzuschliessen, diejenige Stellung am linken Ufer von
Dawkins Branch einnehmen zu lassen, welche zur Zeit durch die Division
Morell besetzt war. Diese sollte sich rechts schieben und nördlich der
Eisenbahn Stellung nehmen. Daran sollte sich die Division King schliessen,
und die Division Ricketts, die nun auch bald herankommen musste,
sollte dann die noch verbleibende Lücke zwischen der Division King

und der Division Reynolds am linken Flügel Sigels ausfüllen. Mc
Dowell und Porter hatten deshalb die Brigade Griffin der Division
Morell gleich mitgenommen, um den Waldrand an Dawkins Branch
nördlich der Eisenbahn zu besetzen, damit der Rest der Division
Morell gedeckt hinter ihr wegmarschieren konnte. Durch den Marsch
der Brigade Griffin wurde es aber festgestellt, dass der Wald für
Truppen undurchdringlich sei. Sie wurde deshalb in ihre alte Stellung
zurückgeschickt, wobei sie von einer in der Nähe des Hauses Carraco
aufgefahrenen Batterie beschossen wurde. Eine Batterie der Division
Morell nahm dies Feuer auf, welches jedoch beiderseits sehr bald
wieder eingestellt wurde.

Auch Mc Dowell und Porter kehrten zur Stellung der Division
Morell zurück.

Auf diesem Wege war augenscheinlich die Herstellung der
Verbindung mit dem rechten Flügel unmöglich. Durch die nördlich
der Eisenbahn und westlich von Dawkins Branch sich fast bis nach
Groveton hinziehende Lichtung zu marschieren, war ebenso unthunlich, denn dazu wäre zunächst die Forcierung des Übergangs über
Dawkins Branch und dann ein Defilieren im Flankenmarsch vor der
Front des Feindes vorbei nötig gewesen. Das würde sofort einen
allgemeinen Kampf herbeigeführt haben, den Mc Dowell vermeiden
wollte.

Unter diesen Umständen war es klar, dass der einzige Weg, auf
welchem die Division King an den linken Flügel der Division Reynolds gebracht werden konnte, der war, dieselbe bis etwa nach Bethlehem Church zurückzunehmen, und dann von da aus die Sudley
Springs Strasse zu gewinnen. Dies beschloss Mc Dowell zu thun und
er teilte diesen Entschluss Porter mit den Worten mit: „Setzen Sie
Ihre Streitkraft hier ein, ich werde die meinigen die Sudley
Springs Strasse hinaufführen, an den linken Flügel der Truppen,
welche dort mit dem Feinde engagiert sind."[1]

Porter verstand diese Worte nicht und rief dem davonsprengen-
den Mc Dowell nach: „Was soll ich thun?", erhielt jedoch nur einen
Wink mit der Hand als Antwort. Offiziere seines Stabes, welche die
Äusserung Mc Dowells gehört und verstanden hatten, setzten ihn
davon in Kenntnis und Porter konnte sie nach der ganzen Sachlage
nicht anders auffassen, als eine Aufforderung sich defensiv in der
Stellung, in der er sich befand, zu verhalten.

---

[1] „Put your force in here etc." Es lässt sich dieser Satz nicht genau
im Deutschen wiedergeben. Wörtlich übersetzt heisst es: „Fügen Sie Ihre
Kraft hier ein", und das kann ebensowohl den Sinn haben: „Lassen Sie
Ihre Truppen hier Stellung nehmen und dieselbe behaupten", wie
„Lassen Sie Ihre Truppen hier angreifen". Mc Dowell hat später behauptet, er habe Porter den Befehl zum Angreifen gegeben. Das würde
im Widerspruch mit der ganzen Handlungsweise Mc Dowells seit dem Erscheinen der Konföderierten am Dawkins Branch stehen, und um so weniger
verständlich sein, als er im Begriff stand, fast die Hälfte der zu einem
Angriff verfügbaren Truppen (die Division King ca. 8000 M.) von Porter
hinwegzuführen. Eine gleich zu erwähnende mündliche Botschaft an Porter
riet diesem auch zu einer ganz entgegengesetzten Handlungsweise.

Mc Dowell enthob also Porter der noch unerfüllten und auch unerfüllbaren Verpflichtung, die Verbindung mit dem rechten Flügel bei Groveton herzustellen. Er erreichte seinen grossen Wunsch, die Division King unter seinen Befehl zurücktreten zu sehen, marschierte nach einem Punkt, von dem aus er „den Bull Run leicht am Abend oder am nächsten Morgen erreichen" konnte und machte ferner die Strasse in Porters Rücken frei, so dass auch dieser nach dem Bull Run zurückgehen konnte, wenn es befohlen wurde. Das waren die „beträchtlichen Vorteile", welche Mc Dowell durch „Abweichungen von dieser Ordre" erreichen zu können glaubte, und welche ihn veranlassten, dieselbe „nicht strikte auszuführen". (Vergl Wortlaut der „gemeinsamen Ordre" S. 192.)

Durch den Abmarsch Mc Dowells war die „gemeinsame Ordre", welche den vereinten Kräften Mc Dowells und Porters gewisse Aufgaben gestellt hatte, für Porter nicht mehr verbindlich und er war in seinen weiteren Entschlüssen unabhängig geworden. Er musste sich in denselben nur leiten lassen von den Intentionen der Oberleitung, soweit ihm dieselben bekannt waren und von den bestehenden Verhältnissen.

Für die Intentionen der Oberleitung konnten ihm nur die zuletzt erhaltenen Befehle als Anhalt dienen. In der „gemeinsamen Ordre", dem letzten Befehl, welchen er empfangen, war nichts enthalten, was auf die Absicht einer Schlacht hindeutete. Im Gegenteil, der Befehl, zu halten, wenn die Verbindung mit dem rechten Flügel hergestellt sei, wies darauf hin, dass keine Schlacht beabsichtigt sei. Damit stimmten auch Mc Dowells mündliche Auslassungen vollständig überein und Porter hatte Grund genug anzunehmen, dass Mc Dowell mit den Ansichten und Absichten Popes mehr vertraut sei, wie irgend ein anderer General der Armee. Mc Dowell hatte es ja geradezu ausgesprochen, dass ein weiteres Vorgehen gar nicht in Frage kommen könne. Weiter musste er im Auge behalten, „dass seine Truppen eine Stellung einzunehmen hatten, von der aus sie den Bull Run am Abend oder am nächsten Morgen erreichen konnten. Das Corps hatte bereits 10 Meilen marschiert und befand sich an Dawkins Branch, 8 Meilen vom Bull Run. Alles dies musste Porter zu dem Entschluss drängen, einstweilen ruhig an Dawkins Branch stehen zu bleiben, den Feind genau zu beobachten und sein weiteres Verhalten den Umständen entsprechend einzurichten, sofern nicht neue bestimmte Befehle von Pope ihm ein anderes Handeln vorschrieben.

Als Porter diese Verhältnisse überdenkend zu seinem Corps zurückritt, sah er auf feindlicher Seite Infanteriemassen in der Ferne im Anmarsch und auch Artillerie bewegte sich in der Lichtung nördlich der Bahn. Die Möglichkeit annehmend, dass der Feind zur Zeit doch noch nicht so stark sei, als Mc Dowell und er beim ersten Wahrnehmen desselben geglaubt hatten, war er der Ansicht, dass, wenn überhaupt ein Schlag geführt werden solle, dies sofort geschehen müsse, ehe die von ihm soeben beobachteten im Anmarsch befindlichen Verstärkungen eingetroffen seien. Er beschloss deshalb, auf eigene

Verantwortung die Division Morell zu entwickeln, um den Angriff auf die jenseits Dawkins Branch stehenden feindlichen Kräfte unverzüglich auszuführen. Dazu musste er sich jedoch die Mitwirkung der Division King sichern. Er schickte deshalb seinen Stabschef, den Obersten Locke, an Hatch mit dem Ersuchen, nicht abzumarschieren. Locke traf den General Mc Dowell bei diesem und erhielt von Letzterem den Auftrag, Porter zu sagen, dass er (Mc Dowell) nach·rechts marschieren und die Division King mit sich nehmen werde. Porter thäte am besten, zu bleiben, wo er sei, wenn es jedoch notwendig werde, zurückzugehen, so solle er dies nach seinem (Mc Dowells) linken Flügel thun.

Mc Dowell hatte durch seine Entfernung das durch die „gemeinsame Ordre" begründete Verhältnis als Befehlshaber Porters freiwillig gelöst. Porter konnte diese Botschaft demnach nicht als einen Befehl auffassen. Immerhin aber musste sie, bei dem ihm bekannten Beziehungen Mc Dowells zu Pope, als Ratschlag bei seinen Erwägungen über sein weiteres Verhalten bedeutend ins Gewicht fallen. Allein die Entfernung Mc Dowells hatte noch die weitere Folge, dass er durch den Abmarsch der Division King zu einer Offensive gegen die ihm gegenüberstehenden feindlichen Kräfte zu schwach wurde.

Aus dem Vorstehenden ergiebt sich für die Beurteilung des weiteren Verhaltens Porters folgendes:

Erstens: Er war nach den mündlichen Mitteilungen Mc Dowells, sowie nach dem Wortlaut der „gemeinsamen Ordre" zu der Annahme berechtigt, dass es den Ansichten der Oberleitung nicht·entsprechen würde, wenn er einen grösseren Kampf herbeiführe.[1]) Ein solcher musste aber unfehlbar entbrennen, wenn er versuchte, den Übergang über Dawkins Branch zu forcieren und weiter in der Richtung auf Gainesville vorzudringen.

Zweitens: Nach Erwägung aller Umstände musste er zu der Überzeugung gelangen, dass es seine Aufgabe sei, die linke Flanke der an der Chaussee und nördlich derselben stehenden Heeresteil vor Umfassung zu schützen. Dies konnte nur geschehen durch defensive Behauptung der Stellung an Dawkins Branch. Jede Offensive musste zu einem grösseren Kampf führen, der leicht eine Niederlage seines schwachen Corps zur Folge haben konnte. Dann stand den Konföderierten nichts mehr im Wege, mit ihrem rechten Flügel eine grosse Linksschwenkung auszuführen und die Unierten bei Groveton in der

---

[1]) Es geht dies auch aus einem an die Generale Sigel, Heintzelman und Reno gerichteten Befehl Popes hervor, welcher diesen um 12 Uhr mittags am 29. überbracht wurde. Derselbe lautete:

„Wenn Sie durch überlegene Kräfte des Feindes stark gepresst werden, so werden Sie den Kampf nicht weiter treiben. (*If you find yourself heavily pressed by superior numbres of the enemy you will not push matters further.*) Fitz-John Porter und die Division King vom Corps Mc Dowell gehen von Manassas Junction in der Richtung auf Gainesville vor und werden an Ihrem linken Flügel eintreffen. Sie haben etwa 20 000 M. Die Armee muss heute Abend oder morgen früh hierher (Centreville) zurückkehren, wegen der Verpflegung und Fourage."

linken Flanke zu f.ssen, wie sie das thatsächlich am andern Tage thaten. Er durfte seinerseits auch den Feind nicht zur Offensive herausfordern, denn eine solche konnte dieselben Folgen haben. Nur dadurch, dass er den Feind im Unklaren darüber liess, wie stark er sei, und ihn durch geschickte Demonstrationen zu dem Glauben veranlasste, dass er eine Offensive beabsichtige, konnte er diesen veranlassen, seinen rechten Flügel zu verstärken, also grössere Massen von Truppen von dem Kampfe an der Chaussee fernzuhalten. Das war die Aufgabe, welche sich Porter stellte und wir werden später sehen, wie geschickt er sie löste.

Endlich drittens musste er sich sagen, dass nach dem Abmarsch der Division King die ihm verbliebenen Streitkräfte zu einer Offensive zu gering seien. Würde eine solche trotz allen vorstehenden Erwägungen dennoch notwendig werden, so musste sie zu einer schweren Niederlage seines Corps führen, und ein solches Opfer durfte nur gebracht werden, wenn dadurch sehr wichtige Vorteile zu erreichen waren. Einstweilen aber sah er, wie wir oben dargelegt, nur schwere Nachteile als Folgen einer Niederlage seines Corps.

Über dem Rekognoscierungsritt nach rechts, den Versuchen, die Brigade Griffin dort durch den Wald zu bringen und den sich daran knüpfenden Überlegungen waren mehrere Stunden verstrichen, sodass es zwischen 3 und 4 Uhr nachmittags geworden war, als Mc Dowell Porter verliess und die Division King ihren Kontremarsch begann, um denselben Weg zum drittenmale innerhalb 24 Stunden zurückzulegen.

Wir wenden unsere Aufmerksamkeit nunmehr wieder den Ereignissen am rechten Flügel nach 12 Uhr mittags zu und rufen uns zunächst ins Gedächtnis zurück, wie sich die Sachlage dort um 12 Uhr mittags gestaltet hatte. Im Süden der Strasse, in dem Wald zwischen Lewis Lane No. 1 und Comptons Lane, standen die Division Reynolds und die Division Schenck. Die Brigade Stahl, welche in den späteren Vormittagsstunden zur Unterstützung Milroys entsandt war, war zu ihrer Division zurückgekehrt. Nördlich der Strasse war zunächst eine Lücke in der Aufstellung, dann kam in dem an der Strasse von Groveton nach Sudley Springs sich hinziehenden Gehölz mit dem linken Flügel etwa bei Groveton S. H.[1]) die Brigade Milroy. Rechts derselben war die Division Steinwehr (eine Brigade) aufmarschiert und daran schloss sich längs des Eisenbahndammes bis zum Übergang über die Strasse von Manassas nach Sudley Springs die Division Schurz, welche sich, nachdem ihr rechter Flügel zeitweise über die Bahn vorgedrungen gewesen war, jetzt an dem Bahndamm behauptete. Rechts, rückwärts von Schurz, stand die Division Kearny.

Um 12 Uhr trafen ferner die Division Hooker und das Corps Reno auf der Chaussee von Centreville her ein und nahmen Rendezvous-Stellung in dem Winkel zwischen Chaussee und der Strasse nach Sudley Springs nordwestlich von Stone House. Eine Brigade der

---

[1]) d. h. *School-House* (Schul-Haus).

Division Stevens des Corps Reno ging weiter auf der Chaussee vor, um nötigenfalls Schenck und Reynolds zu unterstützen.

Auf seiten der Konföderierten hatte sich die Division Hood vorwärts des Vereinigungspunktes von Pageland Lane mit der Chaussee derart entwickelt, dass sie mit einer Brigade nördlich, mit einer südlich der Chaussee stand. Nach Vollendung ihres Aufmarsches erhielt sie von Longstreet den Befehl vorzugehen, bis sie mit dem rechten Flügel Jacksons aligniert sei. Dieses Vorgehen war es, was, wie wir gesehen haben, die Räumung des Gibbons-Gehölzes seitens der Division Reynolds und Schenck zur Folge hatte, welches nunmehr von Hood besetzt wurde, während die ebengenannten unierten Divisionen bis zur Lewis Lane Nr. 1 zurückgingen. Der Wald zwischen Gibbons Wood und Lewis Lane Nr. 1 blieb zunächst noch durch die Plänkler besetzt.

Als nunmehr gegen 1 Uhr eine Brigade der Division Stevens vom Corps Reno auf der Chaussee anlangte, beschloss General Schenck mit diesen Verstärkungen den Versuch zu machen, die verlorene Stellung in Gibbons Gehölz wieder zu nehmen. Stevens hatte eine Batterie von vier 20pfündigen gezogenen Parrott-Kanonen unter Lieutenant Benjamin bei sich, welche in dem Winkel zwischen Lewis Lane Nr. 1 und Chaussee, etwa 200 Schritt hinter dem rechten Flügel der Division Schenck, Stellung nahm. Zwei Batterien des Corps Sigel fuhren in gleicher Höhe nördlich der Chaussee auf. Die beiden Infanterie-Regimenter der Brigade Stevens fanden ihren Platz links der Batterie Benjamin, auf dem vom Feinde abgekehrten Abfall des Hügelrückens, auf welchem die Batterie aufgefahren war. Nachdem die Parrotts ihr Feuer eröffnet hatten, traten aus Gibbons Gehölz südlich der Chaussee feindliche Plänkler heraus und gingen gegen Groveton vor, zugleich die Batterien beschiessend. Sie wurden jedoch durch zwei von General Stevens vorgeschickte Compagnien wieder zurückgetrieben.

Inzwischen hatte General Schenck seinen Adjutanten, Oberst Chesebrough, zum General Reynolds geschickt, um diesen aufzufordern, zur Wiedernahme von Gibbons Wood mit vorzugehen. Reynolds hatte jedoch die weitere Ausdehnung der feindlichen Stellung nach Süden hin — den Aufmarsch der Division Kemper — beobachtet und war infolge dessen bis nach Comptons Lane zurückgegangen, gleichzeitig seine Front etwas mehr nach Südwesten nehmend. Unter diesen Umständen musste der von Schenck beabsichtigte Vorstoss unterbleiben und auch dieser sah sich genötigt, seinen linken Flügel etwas zurückzunehmen. Es war das etwa gegen zwei Uhr nachmittags. Von da an bis nach 4 Uhr beschränkte sich der Kampf hier im wesentlichen auf eine Kanonade, die auf unierter Seite hauptsächlich durch die Batterie Benjamin geführt wurde, weil die Batterien des Corps Sigel schon kurz nach 2 Uhr wegen Munitionsmangel ihr Feuer einstellen mussten.

Wir müssen in der Darstellung der Ereignisse jetzt um einige Stunden zurückgreifen.

Während Schurz und Milroy im Centrum engagiert waren, kam, wie wir gesehen haben, kurz nach 10 Uhr die erste Division des

Corps Heintzelman, die Division Kearny, auf der Chaussee an, bog
nach Norden von derselben ab und marschierte hinter dem fechtenden Corps Sigel nach dem rechten Flügel. Auf dem Marsche dahin
erfolgte die Aufforderung Schurz', an dem beabsichtigten Angriff teilzunehmen. Schurz wartete jedoch, wie erwähnt, den Aufmarsch der
Division Kearny nicht ab, sondern ging allein zum Angriff vor. Inzwischen hatte Kearny seinen Marsch fortgesetzt und war am äussersten
rechten Flügel östlich der Farm Newman, nördlich des Weges, welcher
an dieser vorbei nach der Sudley Springs Strasse führt, aufmarschiert.
Im ersten Treffen hatte er die Brigade Robinson und die Brigade
Poe und im zweiten Treffen, hinter der Mitte des ersten, die Brigade
Birney. Die Brigade Robinson wurde jedoch bald darauf an den linken
Flügel des ersten Treffens genommen, und kam so südlich des Weges.
Von links vorwärts her war heftiges Gewehrfeuer hörbar, welches
von dem Kampfe der Division Schurz an dem Eisenbahndamme her-.
rührte. Vor der Stellung Robinsons befand sich ein Wald, welcher
sanft zu einem kleinen Bach abfiel. Jenseits desselben stieg das Terrain
wieder und hier bildete die Eisenbahn einen flachen Einschnitt.

Nach beendetem Aufmarsch ritt General Robinson vor, um sich
von dem Stand des Gefechts zu überzeugen und fand die Division
Schurz an dem Eisenbahndamme, südlich der Sudley Springs Strasse.
sich mit Mühe der Angriffe der Konföderierten erwehrend. Er eilte
zurück und führte sofort seine Brigade vor, um Schurz zu unterstützen. Kaum war er jedoch an dem Eisenbahneinschnitt nördlich
der Strasse angelangt, als er gewahren musste, dass die Division
Schurz zurückgegangen sei.

Schurz hatte sich gegen die übermächtigen Angriffe der Konföderierten nicht länger zu halten vermocht, zumal auch seinen Leuten
die Munition auszugehen begann. Er war zurückgegangen, und versuchte es noch einmal, in dem Wald an der Sudley Springs Strasse.
östlich des vorerwähnten kleinen Baches, Stand zu halten. Durch
das Zurückgehen Schurz' war aber der linke Flügel der Brigade Robinson entblösst und gegen diesen Flügel richteten sich die Angriffe der jetzt zur Verfolgung Schurz' vorgehenden Konföderierten.
Robinson suchte der drohenden Umfassung dadurch zu begegnen, dass
er seine Brigade rasch etwa 400 Schritte nach links zog. Gleichzeitig
nahm er eine Linksschwenkung vor, sodass er rittlings der Eisenbahn zu stehen kam, und nun seinerseits die vorgehenden Konföderierten in der Flanke bedrohte. Dadurch wurde allerdings Schurz Luft
gemacht, aber Robinson wurde in einen heftigen Kampf verwickelt,
in welchen nach und nach auch die Brigade Birney hineingezogen
wurde. Sie litten nicht nur von dem Gewehrfeuer der Konföderierten.
sondern namentlich auch durch das Feuer einer Batterie, welche rechts
rückwärts des rechten Flügels Stellung genommen hatte.

Inzwischen war auch, wie wir wissen, die zweite Division des
Corps Heintzelman, die Division Hooker, in der Nähe des Kampfplatzes angelangt. Die Spitze dieser Division zeigte sich gegen 11 Uhr
auf der Chaussee. etwa in der Mitte zwischen der steinernen Brücke

über den Bull Run und der Sudley Springs Strasse. Reno folgte
Hooker. Sie waren seit dem frühen Morgen im Marsche und kamen
von der Gegend von Blackburns Ford am Bull Run über Centreville,
hatten also schon mindestens 10. Meilen zurückgelegt und bedurften
der Ruhe, ehe sie verwendet wurden. Um 12 Uhr etwa nahmen sie
die schon früher erwähnte Rendezvous-Stellung nordöstlich des Stone-
house und ruhten dort etwa eine Stunde, während welcher die eben
beschriebenen Ereignisse bei der Division Schurz und der Brigade
Robinson vorfielen. Bald nach 1 Uhr ersuchte Sigel dringend um
Unterstützung, beziehungsweise Ablösung seiner seit dem frühen Morgen
im Kampfe stehenden Truppen, namentlich der Division Schurz. Infolge dessen wurden zunächst zwei Regimenter der Brigade Carr (6.
und 7. New-Jersey) zur Ablösung Schurz' vorgeschickt. Um zwei Uhr
folgte der Rest der Brigade Carr. Dank der Ausdauer der Brigade
Robinson ging die Ablösung ungestört von statten. Schurz konnte
die sehr zusammengeschmolzenen Reste seiner Division sammeln und
nach dem Winkel nördlich der Chaussee und westlich der Sudley
Springs Strasse zurückführen, wo sie verblieb, ohne an den weiteren
Kämpfen des Tages teilzunehmen.

Kurz ehe dies geschehen, war endlich auch General Pope auf
dem Kampfplatz erschienen. Gleich nach seiner Ankunft meldete
ihm General Sigel, dass seine Linie sehr schwach sei und sein Corps
schon sehr stark gelitten habe. Er bat seine Truppen zurückziehen
zu dürfen. Pope erklärte ihm jedoch, dies sei vollständig unmöglich,
da kein Ersatz vorhanden sei. Er wolle ihn jedoch nicht zu erneuten
Angriffen vorschicken, da die Corps Mc Dowell und Porter dem Feind
sehr bald in die rechte Flanke und wahrscheinlich sogar in den
Rücken fallen würden, was natürlich eine völlige Veränderung der
ganzen Gefechtslage herbeiführen müsse. Um jedoch seinem hart bedrängten Centrum einigermassen Luft zu machen, schickte er den Befehl
an Kearny, „eine starke Abteilung diagonal vorwärts nach der Front
zu schicken, um das Centrum in den Wäldern von dem Drucke zu
erleichtern". Die Brigade Robinson befand sich in der zur Ausführung
dieses Auftrages günstigsten Stellung und ihr wurde deshalb der Befehl zugeschickt, vorzugehen. Anfänglich gelang es Robinson auch, etwas
Terrain zu gewinnen, allein frische Massen des Feindes, welche ihn
in Front und Flanke bedrohten, machten seinem Vorgehen nicht
allein ein Ende, sondern nötigten ihn schliesslich auch, über die
Eisenbahn und den kleinen Bach zurückzugehen. Kurz vorher war
die Brigade Taylor der Division Hooker und eine Brigade des
Corps Reno in dem Wald an der Eisenbahn vorgegangen, um die
Brigade Carr zu unterstützen, aber auch hier waren die Angriffe der
Konföderierten so mächtig geworden, dass nicht einmal der Wald
behauptet werden konnte, sondern den Konföderierten überlassen wurde.

Es war das nach 3 Uhr nachmittags. Robinson, Carr, Taylor
und Reno hatten die Versuche, die Stellung der Konföderierten am
rechten Flügel und im Centrum zu durchbrechen, aufgegeben und
sammelten neue Kräfte. Pope aber glaubte, dass jetzt der Zeitpunkt

14*

gekommen sei, wo die Umgehung des feindlichen rechten Flügels
durch die Corps Mc Dowell und Porter wirksam werden müsse, und
er war der Ansicht, dass ein abermaliger energischer Angriff gegen
das feindliche Centrum von Erfolg begleitet werden müsse. Die
einzige hier noch zur Disposition stehende frische Truppenabteilung
war die Brigade Grover der Division Hooker und diese erhielt demnach den Befehl, in der Richtung auf die Lücke zwischen dem Wald
an der Sudley Springs Strasse, aus welchem die Brigade Carr etc.
vertrieben war, und dem Gehölz an dem Wege von Groveton nach
Sudley Springs anzugreifen. Vergeblich machte General Hooker darauf
aufmerksam, dass ein solcher vereinzelter Angriff wenig Aussicht auf
Erfolg darbiete. Pope bestand auf seinen Willen.

Grover stand hinter dem Kamm von Stony Ridge an der Sudley
Springs Strasse. Er formierte seine Brigade in einem Treffen, die
Regimenter in Kolonnen in folgender Reihenfolge: 1., 11. und 16. Mas-
sachusetts-, 2. New Hampshire- und 25. Pennsylvania-Regiment. Mit
Ungestüm vorgehend, gelang es dem rechten Flügel, die Konföderierten
aus dem schon viel umstrittenen Wald herauszutreiben. Jetzt lag
die Eisenbahn vor ihnen, hinter deren 10 Fuss hohen Damm die
Konföderierten ihnen Salve auf Salve entgegensandten. Nachdem sie
dies Feuer mit einer Salve auf nächste Entfernung erwiedert hatten,
sprangen sie vorwärts nach dem Eisenbahndamm und erstiegen denselben. Auf der Krone kam es zu einem kurzen Handgemenge, in
welchem Kolben und Bajonett ihre Arbeit thaten, und welches mit
der Flucht der Konföderierten endete. Die Unierten folgten. In
einiger Entfernung hinter der Bahn standen die zweiten Treffen der
Brigaden Gregg und Thomas der Division A. P. Hill, deren erste
Treffen an der Eisenbahn geworfen waren. Ohne sich an das ihnen
entgegengeschickte Gewehrfeuer zu kehren, stürzten sich die Unierten
auf das zweite Treffen und nach kurzer Zeit, war auch dieses über
den Haufen gerannt. Durch Verluste geschwächt, durch den Kampf
erschöpft und in Unordnung geraten, kam aber jetzt ihr Siegeslauf
zum Stehen, als ihnen eine dritte Linie entgegentrat. Er war die Brigade Early der Division Lawton, welche, wie wir wissen, am Morgen
von Jackson am äussersten rechten Flügel aufgestellt war (vergl. S. 196).
Durch das Eintreffen Hoods war sie dort überflüssig geworden und
zu ihrer im Centrum stehenden Division zurückgekehrt und kam gerade
zur rechten Zeit, um die bedrängte Flügel-Brigade der Division A.
P. Hill zu unterstützen. Auch die Brigade Hays der Division Lawton
ging gegen Grover vor. Diesen frischen Kräften vermochte Grover
nicht zu widerstehen. Ein Regiment der Brigade Milroy, welches
von diesem General zur Unterstützung vorgeschickt wurde, vermochte
daran auch nichts zu ändern. Grover versuchte es zwar, noch kurze
Zeit die Eisenbahn zu behaupten, sah sich jedoch bald genötigt, auch
diese wieder aufzugeben und durch den Wald hindurch in seine
frühere Stellung zurückzukehren. Der ganze Kampf hatte kaum eine
halbe Stunde gedauert, hatte aber der Brigade Grover doch 486 M.
an Toten, Verwundeten und Vermissten gekostet, fast ein Viertel

ihres Effektivbestandes. Das 11. Massachusetts-Regiment hatte allein 112 M. von einem Effektivbestand von 283 M. verloren.

Damit hatten die Angriffe der Unierten auf das Centrum der Konföderierten für diesen Tag ihr Ende erreicht. Wie aufeinanderfolgende Wellen waren die einzelnen Divisionen herangebrandet, aber ebenso auch wieder zurückgeströmt. Zuerst hatte Schurz den Eisenbahndamm gewonnen, dann hatten die Brigaden Carr und Taylor, die Division Hooker und eine Brigade vom Corps Reno hier angegriffen. aber alle diese Angriffe waren vor 3 Uhr nachmittags zurückgewiesen. Endlich kam der Angriff Grovers, alle vorhergehenden an Ungestüm und Wirkung übertreffend, aber dennoch wie alle früheren schliesslich erfolglos.

Es war jetzt zwischen 4 und 5 Uhr nachmittags und auf der ganzen Linie war eine Pause im Kampfe eingetreten, welche nur gelegentlich einmal durch einen einzelnen Kanonenschuss unterbrochen wurde.

Während der zuletzt geschilderten Kämpfe hatte Pope erwartungsvoll nach Süden gelauscht und gehofft, jeden Augenblick die Kanonen Porters und McDowells in der rechten Flanke des Gegners donnern zu hören. Allein er sah sich in dieser Erwartung getäuscht. Statt dessen erhielt er eine Meldung McDowells, wodurch er erfuhr, dass dieser mit seinem Corps auf der Sudley Springs Strasse im Anmarsch und sein Eintreffen im Bereich des Schlachtfeldes etwa in zwei Stunden zu erwarten sei.

Die Division Ricketts war auf dem Marsche von Bristow nach Manassas mit ihrer Spitze gerade an den Punkt gelangt, wo sich, ungefähr $\frac{1}{2}$ Meile von Bethlehem Church, ein Querweg nach der Sudley Springs Strasse abzweigt, als McDowell mit der Division King von Dawkins Branch her dort anlangte und sie hatte sich dann gleich dieser Division angeschlossen. McDowell hatte also nunmehr sein Armee-Corps wieder zusammen.

Wir sind hier an einem unklaren Punkt in der Geschichte dieses Tages angelangt. Wie wir wissen, war die Trennung McDowells von Porter und sein Marsch nach dem rechten Flügel eine erhebliche Abweichung von der „gemeinsamen Ordre". Diese Abweichung musste McDowell Pope gegenüber vertreten und rechtfertigen, und es musste dies geschehen durch Darlegung der Gründe, welche ihn veranlasst hatten, den in der „gemeinsamen Ordre" angeordneten Vormarsch in der Richtung auf Gainesville aufzugeben. Aus der Entwickelung dieser Gründe würde sich von selbst eine Schilderung der bei Dawkins Branch zur Zeit seiner Trennung von Porter bestehenden Verhältnisse ergeben haben. Wie wir gesehen haben, hatte ja McDowell auch in der That sofort eine Meldung über seine Trennung von Porter und seinen Marsch auf der Sudley Springs Strasse nach Norden an Pope abgeschickt. Man sollte es demnach als ganz selbstverständlich annehmen, dass in dieser Meldung auch eine kurze Angabe der Gründe enthalten gewesen sei, die ihn zu dem von Popes Befehlen abweichenden Verfahren veranlasst hatten, umsomehr, als er wissen musste, dass

die Nachricht von der Anwesenheit beträchtlicher feindlicher Streitkräfte vor der Front des von ihm zurückgelassenen Corps Porter von
ganz unendlicher Wichtigkeit für Pope sein musste und diesem gar
nicht rasch genug übermittelt werden konnte.

Ob McDowell eine derartige Meldung an Pope geschickt hat,
lässt sich aus den vorliegenden Berichten nicht direkt ermitteln.
Alles berechtigt aber zu der Annahme, dass es nicht geschehen sei,
weil andernfalls Pope sich nicht in einem so bedeutenden Irrtum über die
wirkliche Stellung Porters hätte befinden können und weil er dann
die Erwartung hätte aufgeben müssen, Porter demnächst in Flanke
und Rücken des Gegners erscheinen zu sehen, eine Erwartung, welche
er, wie wir sehen werden, noch hegte, selbst nachdem er McDowells
Meldung über seinen Anmarsch empfangen hatte.

In dem seinem Report beigegebenen Plan No. 5 ist das Corps
Porter nördlich der Manassas Gap Bahn, an der Strasse Pageland Lane, in der Nähe des Hauses Munroe eingezeichnet, während
es sich thatsächlich südlich der Bahn und am östlichen Thalrande
von Dawkins Branch, rittlings der Strasse Manassas-Gainesville, d. h.
reichlich zwei Meilen von der von Pope angegebenen Stellung entfernt,
befand. Ferner kommt in seinem Report der Satz vor: „Ich glaube,
in der That, ich bin gewiss, dass Porter um 5 Uhr nachmittags am
29. vor seiner Front keine beträchtlichen Truppenkörper (*no considerable
body*) des Feindes hatte."

Aus alledem sollte man schliessen, dass Pope von McDowell
keine Meldung erhalten hat, welche ihm gestattete, sich ein klares
Bild der Lage zu machen. Anderseits aber sträubt sich all' unser
militärischer Instinkt dagegen, anzunehmen, dass General McDowell,
ein durch und durch gebildeter und erfahrener Offizier, es verab-
säumt haben sollte, eine Thatsache von so enormer Wichtigkeit, wie
es das Erscheinen beträchtlicher feindlicher Kräfte am Ufer des Dawkins Branch war, unverzüglich seinem Chef zu melden.

Wir stehen also vor der Alternative, entweder anzunehmen,
dass McDowell einen ganz unverzeihlichen, schon nahe an ein Verbrechen streifenden Fehler begangen hat, indem er Pope keine die
Sachlage bei Dawkins Branch mit ausreichender Klarheit schildernde
Meldung geschickt hat, oder, wir sind gezwungen zu glauben, dass
Pope absolut unfähig war, sich aus den ihm zugehenden Meldungen
seiner Untergebenen ein klares Bild von der militärischen Lage zu-
sammenzustellen.

Nach dem Empfang der Meldung über das Herannahen McDowells
schickte Pope um 4½ Uhr den Befehl an Porter, sofort gegen Flanke
und wo möglich gegen den Rücken des Feindes in Aktion zu treten,
dabei aber seinen rechten Flügel mit General Reynolds in Verbindung
zu halten.[1]) Wir werden später sehen, in wie weit Porter in der
Lage war, diesen Befehl auszuführen, als er ihn empfing.

Eine Stunde nach Absendung derselben — diese Zeit hielt Pope

---

[1]) Den Wortlaut dieser Ordre siehe S. 220.

für ausreichend für den betreffenden Ordonnanz-Offizier, um den Weg bis zu dem Platze zurückzulegen, wo nach seiner Annahme sich Porter befand — glaubte er, dass nunmehr der Zeitpunkt gekommen sei, wo ein Vorstoss seines eignen rechten Flügels mit dem befohlenen Angriff Porters „gegen rechte Flanke und womöglich Rücken des Feindes" zusammentreffen müsse und er erteilte demnach abermals den Generalen Heintzelman und Reno den Befehl zum Vorgehen. Der Division Hooker, welche in den früher geschilderten Kämpfen empfindlich gelitten hatte, wurde von Heintzelman die mehr passive Rolle der Behauptung ihrer Stellung zugedacht, während mit Ausführung des eigentlichen Angriffs die Division Kearny betraut wurde. Kearny formierte seine Division zwischen der Farm Newman und der Eisenbahn, parallel zur letzteren, rittlings des hier in die Sudley Springs Strasse mündenden Weges. Im ersten Treffen hatte er die Brigade Poe am rechten, die Brigade Birney am linken Flügel. Die Brigade Robinson bildete im zweiten Treffen die Reserve. Als der Aufmarsch in dieser Weise beendet war, ging Kearny mit grosser Energie vor. Während der Kämpfe, welche nachmittags im Centrum stattgefunden hatten, war die am linken Flügel Jacksons stehende Division A. P. Hill im ganzen mehr nach rechts geschoben, als sie ursprünglich gestanden hatte. Infolge dessen gelang es der Division Kearny, die linke Flanke der Division A. P. Hill zu umfassen, als sie, mit grosser Energie vorgehend, die Eisenbahn überschritten und hierauf eine Linksschwenkung ausgeführt hatte. So ungestüm war der Angriff Kearnys, dass Hills linker Flügel aufgerollt wurde und es hätte wohl zu einem nachhaltigen Erfolg kommen können, wenn es nicht an der nötigen Unterstützung gefehlt hätte.

Die Division Stevens des Corps Reno, welche auf Befehl Popes links hinter Kearny Stellung genommen hatte, als die Brigaden Carr und Taylor der Division Hooker die Division Schurz abgelöst hatten, ging zwar ebenfalls bis an die Eisenbahn vor, aber sie war nicht stark genug, um viel ausrichten zu können. Hill hatte sich sofort, als er die bedenkliche Lage seines linken Flügels sah, um Unterstützung ans Centrum gewandt und von hier war auch die Brigade Early in entsprechender Richtung vorgegangen. Sie stiess hauptsächlich auf die Division Stevens, der sie den Besitz der Eisenbahn streitig machte. Inzwischen hatte sich auch die Division A. P. Hill von ihrer ersten Überraschung erholt. Ihre Überlegenheit machte sich Kearny gegenüber fühlbar, sodass sich dieser nach kurzer Zeit genötigt sah, in seine alte Stellung zurückzukehren.

Ehe wir die letzten Kämpfe des Tages schildern, müssen wir kurz die Entwickelung des Corps Longstreet am rechten Flügel Jacksons verfolgen.

Wie bereits früher erwähnt, war die Téten-Division Hood mit zwei Brigaden gegen $^1/_2 11$ Uhr vormittags rittlings der Chaussee in der Gegend von Pageland Lane aufmarschiert und war von da vorgegangen, bis sie mit Jackson aligniert war, d. h. bis etwa in die Mitte zwischen Lewis Lane No. 1 und No. 2. Nach Hood folgte die selbstständige Brigade Evans (vergl. S. 82 Anm.), welche hinter der Division Hood Stellung nahm. Wir haben schon gesehen, welchen Einfluss das Erscheinen dieser Truppen auf die Ereignisse am linken Flügel der Unierten, bei den Divisionen Schenck und Reynolds hatte. Nach Evans folgten drei Brigaden Infanterie unter General Wilcox, dieselben marschierten durch Gainesville, folgten der Chaussee und nahmen etwa drei Meilen östlich von Gainesville zu beiden Seiten der Strasse eine Reserve-Stellung. Hier verblieb Wilcox bis gegen 4 Uhr nachmittags, und wir werden später sehen, in welcher Art weiter über ihn disponiert wurde. Südlich der Chaussee und rechts von Hood entwickelte sich die Division Kemper, ebenfalls drei Brigaden, und rechts von dieser, rittlings der Manassas Gap Bahn, die Division D. R. Jones, auch drei Brigaden stark. Diese Stellungen hatten die genannten Truppenteile im wesentlichen um 12 Uhr mittags erreicht. Die Division R. H. Anderson hätte zwar im Falle der Not noch rechtzeitig zur Unterstützung herbeigeholt werden können. Da eine Notwendigkeit zur Eile jedoch nicht eintrat, so erreichte sie die Nachbarschaft des Schlachtfeldes erst am späten Abend.

Wir haben den General Porter verlassen in dem Augenblick, als er nach 3 Uhr nachmittags durch den Abmarsch der Division King gezwungen wurde, den Gedanken an einen sofortigen Angriff auf die ihm gegenüberstehende Division Jones aufzugeben und sich mit einer defensiven Rolle zu begnügen, welche er so durchzuführen hatte, dass der Feind nicht nur dadurch verhindert wurde, Truppen von seinem rechten Flügel zur Verstärkung Jacksons zu entsenden, sondern im Gegenteil, den rechten Flügel auf Kosten Jacksons zu verstärken, veranlasst wurde. Zu dem Ende liess er die Division Morell, welche sich bekanntlich bereits zu dem beabsichtigten Angriff entwickelt hatte, zurückziehen und in dem am Thal von Dawkins Branch sich entlang ziehenden Wald eine Stellung nehmen, in welcher sie dem Auge des Gegners entzogen blieb. Eine kurze Strecke dahinter an der Strasse stand die Division Sykes, zur etwa nötig werdenden Unterstützung Morells bereit. Kurz nach dem Eintreffen in dieser Stellung, während, wie früher erwähnt, die Brigade Griffin den Versuch gemacht hatte, in nördlicher Richtung über die Eisenbahn vorzudringen, war es zu einem Kampfe zwischen den beiderseitigen Batterien gekommen, der indessen nur kurze Zeit gedauert hatte, aber doch heftig genug gewesen war, die Konföderierten zu veranlassen, die Brigade Corse der zunächst links der Division Jones stehenden Division Kemper bis nach der Farm Munroe vorzuziehen, um zur Unterstützung der im Feuer stehenden Batterie bereit zu sein.[1]) Porter selbst nahm seinen Aufenthalt in der Nähe von Bethlehem Church, von wo er das Terrain nach Norden weit übersehen und leicht mit Mc Dowell communicieren

---

[1]) Report des Oberst Corse, welcher die Brigade Kemper führte, seit die „Division" Kemper organisiert war. *South. Hist. Soc. Papers VIII, pag. 538.*

konnte. Sollten es die Umstände erforderlich machen, so konnte er in kurzer Zeit die erste Linie seines Corps erreichen. General Morell hielt ihn inzwischen durch häufige schriftliche Meldungen über die Vorgänge beim Feinde unterrichtet. Es geht daraus — sowie aus den Berichten der konföderierten Generale — hervor, dass die Konföderierten durch den anfänglichen Aufmarsch der Division Morell zu dem Glauben veranlasst wurden, dass ein Angriff auf die Division Jones unmittelbar bevorstehe. General Lee hatte seinerseits den Wunsch, nach beendetem Aufmarsch der Armee-Abteilung unter Longstreet konzentrisch gegen die Jackson gegenüberstehenden Truppen vorzugehen. Er gab diesen Plan jedoch auf dringende Vorstellungen Longstreets auf, welcher auf die dem rechten Flügel und Rücken bei einer solchen Bewegung von seiten Porters drohenden Gefahren aufmerksam machte.

Longstreet sah, dass das Terrain auf dem linken Ufer von Dawkins- Branch von den Unierten besetzt war. Wie stark diese waren, liess sich bei dem dichten Walde nicht beurteilen. Aber er konnte unmöglich glauben, dass die Unierten hier nur ein schwaches Corps — zu weit entfernt, um im Falle eines Angriffs rechtzeitig unterstützt werden zu können — aufgestellt hatten. Die Patrouillen der Unierten drangen mit grosser Kühnheit vor. Den rechten Flügel der Division Jones häufig umgehend, erschienen sie nicht selten in deren Rücken und gaben Veranlassung, dass die Brigade Corse auf die Südseite der Eisenbahn gezogen wurde, um Flanke und Rücken der Division Jones zu decken[1]), wo sie später von der Brigade.Drayton abgelöst wurde. Longstreet war durch alles dies so sehr von der Erheblichkeit der ihm gegenüberstehenden Streitkräfte überzeugt und deren Haltung erschien ihm so drohend, dass er es sogar für notwendig hielt, auch noch die drei Brigaden unter Wilcox, welche, wie wir gesehen haben, ursprünglich an der Chaussee zur eventuellen Unterstützung Jacksons oder Hoods aufgestellt waren, nach seinem rechten Flügel zu ziehen. Sie trafen gegen 5 Uhr nachmittags einige hundert Schritte hinter der Division Jones ein und nahmen in der Gegend des Hauses Carraco Stellung, sodass also Porter durch seine Anwesenheit und sein Verhalten neun Brigaden von den zwölf des Corps Longstreet[2]), welche am 29. überhaupt zur Stelle waren, vor seiner Front fesselte und bewirkte, dass Jackson thatsächlich nur durch die zwei Brigaden unter Hood unterstützt wurde, während die Brigade Evans ohne Verwendung blieb.

Während des ganzen Tages war von Norden her bald mässigeres, bald heftigeres Geschützfeuer hörbar gewesen. Man konnte häufig Hohlgeschosse hoch in der Luft zerspringen sehen und daraus den

---

[1]) Report des Oberst Corse a. a. O.

[2]) Von der auf S. 82 angegebenen Gesamtstärke des Corps Longstreet (26 768 M.) müssen die Divisionen R. H. Anderson und Hood, sowie die Brigade Evans abgerechnet werden, und wenn man die Brigade Drayton mit 1800 M. der Division Jones zurechnet, so erhält man für die zwölf, Porter gegenüberstehenden, Brigaden eine Stärke von etwa 14 000 M. Porter war etwa 9600 M. stark.

Schluss ziehen, dass der Geschützkampf auf weite Entfernungen geführt werde. Gegen derartige Beobachtungen war man aber durch die fast ununterbrochene Kanonade während der Tage, an denen die Armee am Rappahannock gestanden hatte, einigermassen abgestumpft. Gewehrfeuer war, vielleicht infolge der ungünstigen Windrichtung, nicht vernommen worden. Diese Beobachtungen standen also durchaus nicht im Widerspruch mit der Bemerkung, welche Mc Dowell noch kurz vor seiner Entfernung gemacht hatte, dass das „gewöhnliche Artillerie-Duell auf weite Entfernung ohne Wirkung und zu keinem Resultate führend" im Gange sei. Nach 5 Uhr nachmittags jedoch, nachdem das Feuer unmittelbar vorher merkbar abgenommen, fast geschwiegen hatte, wurde es plötzlich ausserordentlich lebhaft, schien aber viel weiter entfernt zu sein. Es war das Geschützfeuer, welches durch den zweiten Angriff der Division Kearny in der Gegend von Sudley Springs hervorgerufen wurde. Auf Porter aber musste es den Eindruck machen, als ob das Corps Sigel, von dessen Anwesenheit und Kämpfen allein er bis dahin wusste, erheblich zurückgedrängt sei. War diese Vermutung begründet, dann war die militärische Sachlage ausserordentlich bedenklich geworden und Porter musste sofort thun, was er konnte, um eine Katastrophe abzuwenden. Er erteilte demnach dem General Morell den Befehl, mit seiner Division Sigel zu Hülfe zu marschieren.

Wäre dieser Befehl ausgeführt, so wäre Porter mit der schwachen Division Sykes allein zurückgeblieben, um die Strasse nach Manassas zu behaupten und den Marsch der erschöpften Division Ricketts zu decken, welche sich um diese Zeit gerade zwischen Bethlehem Church und der Sudley Springs Strasse befand. Ehe jedoch Morell Zeit fand, die befohlene Bewegung zur Unterstützung Sigels zu beginnen, erhielt Porter eine Meldung von ihm, dass der Feind mit beträchtlichen Streitkräften gegen Front und linke Flanke vorgehe. Sofort schickte Porter ihm den Befehl, stehen zu bleiben, und als gleich darauf eine zweite Mitteilung Morells eintraf, durch welche er Porter benachrichtigte, dass der Kommandeur des als Plänkler am weitesten vorgeschobenen Regiments, Oberst Marshall, gemeldet habe, der Feind versuche offenbar, die linke Flanke zu umfassen und gleichzeitig andeutete, dass es am geratensten erscheine, zurückzugehen, weil der Feind augenscheinlich noch weitere Streitkräfte von Norden her nach seinem rechten Flügel ziehe (die Division Wilcox), wiederholte Porter den Befehl, Stand zu halten, mit dem Zusatz, er werde sogleich selbst erscheinen, und der Bemerkung: „Wir können nicht zurückgehen, so lange Mc Dowell aushält." Ehe er nach der Front ritt, schickte er nachstehende Mitteilung ab:

„An die Generale Mc Dowell und King. Ich habe es unmöglich gefunden, Verbindung nach Groveton durch die Wälder aufzunehmen. Der Feind ist in beträchtlicher Stärke auf dieser Strasse, und da er unsere Kräfte zurückgetrieben zu haben scheint, da das Feuer des Feindes vor-, das unsere zurückgegangen ist, so habe ich mich entschlossen, nach Manassas zurückzugehen. Ich habe es versucht, mit

Mc Dowell und Sigel zu communiciren, allein meine Kuriere sind dem Feinde in die Hände gefallen. Er hat Artillerie, Kavallerie und Infanterie gesammelt und die vorgehenden Staubwolken zeigen, dass er mit bedeutenden Kräften herbeikommt. Ich gehe jetzt nach vorn, um zu sehen, was vorgeht und wie die Sachen stehen und werde Ihnen Mitteilung zukommen lassen." ·

Sodann erteilte er noch der ihm zeitweise zugeteilten Brigade Piatt[1]) den Befehl, nach Manassas Junction zurückzugehen, um diesen Punkt für alle Fälle zu sichern.

Als Porter bei Morell ankam, fand er, dass seine Auffassung bezüglich der Sachlage am rechten Flügel, eine irrige war, und dass der Eindruck, als ob das Geschützfeuer sich nach rückwärts bewegt habe, dadurch hervorgerufen war, dass es von einem entfernteren Orte kam.[2]) Natürlich gab Porter nun den Gedanken an einen Rückzug nach Manassas wieder auf, und auch die Brigade Piatt wurde wieder zurückgerufen. Als bald darauf Nachrichten von Mc Dowell kamen, dass am rechten Flügel „Alles gut" gehe, beschloss er, Morell den Befehl zu geben, mit hinreichenden Streitkräften anzugreifen, um den Feind weiter zu fesseln und sich Aufklärung über die Stärke der ihm gegenüberstehenden feindlichen Truppen zu verschaffen.

Er schickte folgenden Befehl an denselben: „Ich wünsche, dass Sie zwei Regimenter, unterstützt von zwei anderen, mit Schützen voraus, vorschicken und die feindliche Abteilung, welche mit dem Zug Artillerie Ihnen gegenübersteht, angreifen. Der Kampf an unserem rechten Flügel steht gut und der Feind soll im Rückzug auf der Chaussee sein. Geben Sie dem Feinde ein kräftiges Geschützfeuer zu kosten, wenn unsere Truppen vorgehen."

Bis dahin hatten Porters Meldungen an Mc Dowell, welche er jetzt auf der Sudley Springs Strasse abschickte, wo sie richtig an den Ort ihrer Bestimmung gelangten, diesem volle Mitteilungen über Porters Massnahmen und das Verhalten des Feindes vor dessen Front gebracht. Da er keine anderen Instruktionen erhielt, so musste er daraus schliessen, dass sein Verhalten gebilligt wurde und er in derselben Weise zu handeln bis zum Dunkelwerden fortfahren könne. Dann erwartete er den Befehl, „hinter den Bull Run nach Centreville zurückzugehen", wie das in der „gemeinsamen Odre" als wahrscheinlich in Aussicht gestellt war. Um jedoch sicher zu sein, dass er den Absichten Popes entsprechend handle, hatte er·gegen 4 Uhr nachmittags einen seiner Adjutanten, Lieutenant Weld, an diesen geschickt, mit einer Meldung, worin er seine Absicht, im geeigneten Moment anzugreifen, aussprach und um Nachrichten und Befehle bat.

General Morell, überzeugt, dass ein Angriff mit nur zwei Regi-

---

[1]) Die Brigade Piatt war von Porter am 28. morgens in Warrenton Junction stehen gelassen, bis sie vom Corps Banks abgelöst wurde (vergl. S. 161). Sie war am Morgen des 29. wieder zu Porter gestossen.

[2]) Man konnte von Morells Stellung aus die Gegend bis zum Kreuzungspunkt der Chaussee und der Sudley Springs Strasse und auch die nördlich der ersteren nahe gelegenen Anhöhen übersehen.

mentern eine entschiedene Niederlage und danach eine Verfolgung
herbeiführen müsse, begann seine ganze Division zum Angriff zu entwickeln, bat aber gleichzeitig, unter Hinweis auf die grosse Stärke
des Feindes, den ganzen Angriff zu unterlassen. Während die Vorbereitungen Morells noch im Gange waren, überzeugte sich Porter,
dass Morell Recht habe und dass durch einfaches Festhalten des
Feindes vor der Front, alle guten Folgen eines Kampfes erreicht, die
möglichen nachteiligen Folgen aber vermieden würden, und da der Tag
sich seinem Ende zuneigte, so gab er den Angriff auf, wies aber
Morell an, seine Truppen für die Nacht so aufzustellen, dass sie alle
Angriffe zurückweisen und alle Befehle ausführen konnten, welche
Lieutenant Weld etwa von Pope mitbrachte.

Dieser kehrte gegen Sonnenuntergang zurück. Er hatte Porters
Meldung persönlich an Pope übergeben, den er in der Nähe der
Kreuzung der Chaussee mit der Sudley Springs Strasse getroffen hatte,
brachte aber keine Befehle des Obergenerals mit. Um $1/_2 7$ Uhr abends,
kurz nach Welds Rückkehr, traf der Kapitän Pope, Neffe und Adjutant des Generals, ein und überbrachte den früher schon kurz erwähnten, 4 Uhr 30 Minuten datierten Befehl [1]), welcher lautete:

„Die Richtung Ihres Marsches (*your line of march*) bringt Sie
in die rechte Flanke des Feindes. Ich wünsche, dass Sie sofort vorwärts gegen die Flanke des Feindes und, wenn möglich, gegen den
Rücken desselben in Aktion treten (*push forward into action*), wobei Sie Ihren rechten Flügel in Verbindung mit General Reynolds zu
halten haben. Der Feind ist in den Wäldern vor unserer Front
massiert, kann aber herausbombardiert werden (*but can be shelled
out*), sobald Sie seine Flanke engagieren. Behalten Sie starke Reserven, gebrauchen Sie Ihre Batterien und halten Sie sich stets gut
nach rechts geschlossen. Im Falle Sie genötigt werden, zurückzugehen,
so thun Sie das nach rechts rückwärts, damit Sie in enger Verbindung mit dem rechten Flügel bleiben."

Der Befehl zeigte, dass Popes Auffassung von der militärischen
Sachlage eine total falsche war. Es lag auf der Hand, dass er sich
entweder in völliger Unkenntnis darüber befand, oder es ignorierte,
dass zwischen Jacksons Flanke und Porter sich fast das ganze Corps
Longstreet befand. Eine buchstäbliche Ausführung des Befehls,
ein Angriff auf die rechte Flanke Jacksons, war einfach unmöglich.
Dazu hätte das Corps Porter in nördlicher Richtung über die Eisenbahn, ohne Weg und Steg in der Richtung auf Groveton marschieren
müssen, ein Unternehmen, welches sich schon bei dem am Mittag angestellten Versuch als unausführbar herausgestellt hatte. Jetzt, wo
der Einbruch der Dunkelheit vor der Thür stand, durfte man gar
nicht daran denken, ganz abgesehen davon, dass ein solches Unternehmen vor der Front eines in Schlachtordnung stehenden aufmerk-

---

[1]) Lieutenant Weld hatte für den Ritt von Porter zu Pope und, nach
Abgabe seiner Meldung an diesen, wieder zurück zu Porter, kaum so viel
Zeit gebraucht, wie Kapitän Pope, um nur den Weg vom Obergeneral zu
Porter zurückzulegen.

samen Feindes vorbei, wohl ebenfalls als unausführbar betrachtet werden muss.

Es konnte sich also nur darum handeln, zu erwägen, ob der Geist des Befehls einen Angriff auf die vor ihm stehenden feindlichen Streitkräfte verlangte oder rechtfertigte. Porter hatte, wie wir wissen, einen solchen Angriff in kleinerem Massstab (als gewaltsame Rekognoscierung und Demonstration) schon vorher beabsichtigt, aber aufgegeben, weil er sich der Überzeugung nicht verschliessen konnte, dass derselbe zu einem allgemeinen Gefecht führen müsse, wobei den Konföderierten die Schwäche der ihnen hier gegenüberstehenden Truppen natürlich nicht lange verborgen bleiben konnte. Was das für Folgen haben würde, war klar.

Dennoch kam Porter zu der Entscheidung, dass er angesichts des Befehls zum Angriff schreiten müsse und schickte sofort seinen Stabschef, Oberstlieutenant Locke, mit dem mündlichen Auftrag an General Morell, mit seiner ganzen Division zum Angriff vorzugehen. Hierauf schrieb er eine Depesche an Pope, in welcher er sagte, dass er Alles, was in seinen Kräften stehe, thun werde, um den Befehl auszuführen, obgleich er denselben wahrscheinlich zu spät erhalten habe, um noch etwas ausrichten zu können und obgleich ein Angriff seiner Ansicht nach nur zu einer Niederlage führen könne. Stunde und Minute des Empfangs der 4 Uhr 30 Minuten-Ordre waren in dieser Depesche Porters genau vermerkt.[1]) Nach Übergabe derselben an Kapitän Pope, eilte Porter nach der Front, um persönlich den angeordneten Angriff zu leiten. Als er bei der Division Morell eintraf, fand er den Kommandeur derselben beschäftigt, seine Division in die für den Angriff nötige Formation zu bringen. Ehe er jedoch damit fertig geworden war, war die Dunkelheit völlig hereingebrochen und machte allen Angriffsbewegungen ein Ende. Auch am rechten Flügel, von woher um diese Zeit zum erstenmale während des Tages Infanteriefeuer gehört war, schwieg der Kampf vollständig. In der Stellung, welche die Truppen bei Einbruch der Nacht einnahmen — Morell entwickelt in Linie, Sykes dahinter massiert —, verbrachten sie die Nacht, bis sie am nächsten Morgen ein Befehl Popes nach einem anderen Orte rief.

Das Infanteriefeuer, welches, wie oben erwähnt, noch in den letzten Abendstunden von Norden her gehört wurde, rührte vom letzten Kampfe des Tages her.

Mc Dowell war mit der Division King, der sich bei Bethlehem Church die Division Ricketts angeschlossen hatte, die Sudley Springs

---

[1]) Einer der hauptsächlichsten Anklagepunkte gegen Porter war die Nichtbefolgung des Befehls von 4 Uhr 30 Minuten. Pope hat stets behauptet, Porter habe diesen Befehl spätestens 5 Uhr 30 Minuten erhalten, also noch zeitig genug, um ihn ausführen zu können, während Porter erklärte, er habe ihn nach Sonnenuntergang bekommen. Während alle Depeschen, die irgendwie zur Belastung Porters dienen konnten, in der kriegsgerichtlichen Untersuchung vorgelegt wurden, behauptete Pope, die im Text erwähnte Depesche Porters, welche die Zeit des Empfanges der 4 Uhr 30 Minuten-Ordre enthält, nicht finden zu können.

Strasse hinaufmarschiert. Sein Vormarsch war nicht sehr rasch von statten gegangen, da auf der Strasse Munitions-Kolonnen marschierten und Sanitätswagen Verwundete zurückschafften, um sie in den zerstreuten Farmhäusern zu beiden Seiten der Strasse unterzubringen, von denen rote Flaggen wehten, zum Zeichen, dass dort ein Lazareth sei. Als die Spitze der Kolonne die Chaussee erreicht hatte, wandte sie sich links und schlug die Richtung auf Groveton ein. Sie erhielt jedoch bald den Befehl, den rechten Flügel zu verstärken, wo, wie wir wissen, nach 5 Uhr nachmittags, die Division Kearny den letzten erfolglosen Angriff gemacht hatte. Mc Dowell sollte zu dem Ende durch die Felder östlich der Sudley Springs Strasse marschieren. Kaum hatte Mc Dowell sein Corps in diese neue Richtung gebracht, als er einen neuen Befehl Popes erhielt, durch welchen er angewiesen wurde, die Division King längs der Chaussee vorgehen zu lassen, um den Feind zu „verfolgen".

Es war nach 6 Uhr, als General Hatch, der an Stelle des erkrankten General King die Division führte, diesen Befehl erhielt. Er marschierte die Sudley Springs Strasse wieder hinab, zuerst die Brigade Hatch, dann Doubleday, hierauf folgte Patrick und endlich Gibbon, welche in dem Kampf am vorhergehenden Abend am meisten gelitten hatte. An dem Kreuzungspunkte der Sudley Springs Strasse mit der Chaussee hielt General Mc Dowell mit seinem Stabe. „General Hatch," rief er, „der Feind ist in vollem Rückzug, verfolgen Sie rasch" und dabei zeigte er mit dem Arm in der Richtung nach Groveton die Strasse hinab. Das Tempo steigerte sich bis zum Laufschritt. „Der Feind ist auf dem Rückzug," flog von Mund zu Mund und diese Nachricht gab auch dem Ermattetsten neue Kräfte. So ging es bei den Truppen der Division Reynolds und des Corps Sigel vorbei, welche nördlich und südlich der Strasse hinter ihren Batterien massiert standen und die vorgehenden „Verfolger" mit lauten Hurrahs begrüssten. Weiter ging es eiligen Laufes auf der Chaussee nach Groveton. Auf den Lärm des Kampfes war tiefe Stille gefolgt, aber eine Stille, die etwas Beängstigendes hatte. Noch wurden keine der bekannten Anzeichen eines Rückzuges wahrgenommen, keine Nachzügler wurden aufgegriffen, keine weggeworfenen Tornister, kein stehen gebliebener Wagen wurde gesehen. Allmählich machte sich ein gewisses Gefühl der Unsicherheit geltend, der Marsch wurde langsamer und langsamer, und endlich kamen die Kolonnen zum Stehen. Man befand sich etwa $1/4$ Meile von Groveton. Nach diesem Orte zu stieg das Terrain sanft an und was sich hinter dieser Höhe befand, konnte man nicht sehen, um so weniger, als es schon zu dunkeln begann. Es wurden also Plänkler vorausgeschickt. Kaum hatten dieselben den Kamm der Höhe erreicht, als auch auf ihrer ganzen Linie das Schützenfeuer begann, ein Zeichen, dass sie den Feind vor sich hatten. Es war die Division Hood, welche, wie wir wissen, am rechten Flügel Jacksons Stellung genommen und gerade den Befehl von Lee erhalten hatte, längs der Strasse vorzugehen, bis sie auf den Feind stiess. Kaum hatten die beiden ersten unierten Brigaden Zeit, nördlich und südlich der Strasse in Linie zu deployieren, als die Division Hood herankam. Sie hatte die Brigade Law nördlich, die Texas-Brigade (Wofford) südlich der Strasse und im zweiten Treffen folgte die Brigade Evans.

Sobald General Hatch erkannt hatte, dass der Feind nicht nur ernstlichen Widerstand leiste, sondern auch seinerseits Miene machte, zum Angriff vorzugehen, schickte er seinen General-Adjutanten, Kapitän Judson zurück, um Mc Dowell Meldung zu machen. Er fand diesen noch an derselben Stelle haltend. Als er seine Meldung gemacht hatte, rief Mc Dowell: „Was! Zögert General Hatch? Sagen Sie ihm, der Feind befindet sich bestimmt im Rückzug und er soll verfolgen." Judson kehrte zu General Hatch zurück und überbrachte den erneuten Befehl Mc Dowells, aber er sah sofort, dass es sich nicht mehr um eine „Verfolgung" handeln könne.

In dem Feuergefecht, welches sich entspann, hatten die Unierten, unterstützt von einer Batterie, anfänglich ihre Stellung behauptet. Erst als sie in der linken Flanke, südlich der Strasse, durch die Brigade Hunter, der Division Kemper umfasst wurden, gab General Hatch den Befehl zum Rückzug. Im gleichen Augenblick ging die Division Hood im Laufschritt zum Angriff vor und bald waren Freund und Feind mit einander vermischt. Drei Geschützen der Batterie gelang es, abzufahren, das vierte fiel in die Hände der Konföderierten. Die inzwischen eingetretene völlige Dunkelheit vermehrte noch die Verwirrung. Eine halbe Meile weit wültzte sich die Masse längs der Chaussee nach Osten, dann kam sie allmählich zum Stehen und die Offiziere versuchten ihre Abteilungen zu ordnen, aber die beiderseitigen Streitkräfte waren so untereinander geraten, dass es vorkam, dass Offiziere Abteilungen zu ordnen und aufzustellen suchten, die bei näherer Betrachtung dem Feinde angehörten. Bei einem solchen Vorfall wurde der Kommandeur des 1. Texas-Regiments, Oberst Work, von einem nordstaatlichen Soldaten mit dem Gewehrkolben erschlagen, und verschiedene Fahnen wurden aus den Händen ihrer arglosen Träger gerissen.

Hood merkte, dass er zu weit vorgegangen war, und ritt deshalb zurück, um sich Ermächtigung auszubitten, wieder in die Stellung zurückkekren zu dürfen, von der aus er bei Sonnenuntergang den Angriff unternommen hatte. Diese Ermächtigung wurde erteilt und Hood kehrte etwa um zwei Uhr morgens in seine alte Stellung hinter Groveton zurück. Kaum war er hier angekommen, als er von einem Offizier seines Stabes in Kenntnis gesetzt wurde, dass die Division R. H. Anderson auf der Strasse vorbeimarschiert sei und nun westlich von Hood biwackire. Da letzterer aus seinen Beobachtungen im Laufe des vergangenen Tages wusste, dass die von Anderson gewählte Stelle etwa von 30—40 Geschützen der Unierten unter Feuer genommen werden könne, ritt er sofort zu Anderson und drang in denselben, zurückzugeben, weil er sich sonst der Gefahr aussetze, dass seine in geschlossenen Massen lagernde Division, sobald es hell genug sei, von den unierten Batterien beschossen würde. Anderson sah das Richtige in Hoods

Vorschlag. Er liess seine Leute antreten und marschierte hinter die Stellung der Division Hood zurück.[1] —

Um die Geschichte des verhängnisvollen 29. August zu vervollständigen, erübrigt nunmehr noch einen Blick auf die Ereignisse in Alexandria, beziehungsweise Washington, zu werfen.

Dem dringenden Befehl Hallecks, dass das Corps Franklin marschieren solle, „bereit oder nicht", war endlich Folge geleistet. Es war seit 6 Uhr morgens im Marsche und Mc Clellan meldete diese Thatsache um 10 Uhr 30 Minuten an Halleck:

„Franklins Corps ist in Bewegung. Es ist etwa um 6 Uhr morgens aufgebrochen. Ich kann ihm nur zwei Schwadronen Kavallerie mitgeben. Ich schlage vor, General Cox nach Uptons Hill [2] vorzuschieben, um diesen wichtigen Punkt mit seinen Werken zu behaupten und Kavallerie-Patrouillen über Freedom Hill und Hunters Lane nach Vienna zu schicken. Cox hat 2 Schwadronen Kavallerie. Bitte, antworten Sie sofort, ob diese Anordnungen Ihre Billigung finden. Ich habe Woodbury angewiesen, mit der Ingenieur-Brigade Fort Lyon zu besetzen. Sumner hat gestern Abend zwei Regimenter in die Nähe der Forts Ethan Allen und Marcy detachiert. Die Brigade Meagher[3] ist noch zu Acquia Creek. Wenn er (Sumner) zur Unterstützung · Franklins vorgeht, bleiben wir ohne zuverlässige Truppen in und bei Washington und doch ist Franklin allein zu schwach. Was soll geschehen? Keine weitere Kavallerie ist angekommen, ich habe nur drei Schwadronen. Franklin hat nur 40 Patronen und keine Wagen, um mehr fortzuschaffen. Ich glaube nicht, dass Franklin imstande ist, viel zu leisten, wenn er auf ernsten Widerstand stösst.

„Ich würde ihn nicht vorgeschickt haben, wenn Sie es nicht gestern Abend so dringend befohlen hätten. Was haben Sie von Vienna und Drainesville gehört?"

Aus dieser Depesche geht zunächst hervor, dass Mc Clellan sich noch immer ernste Sorge wegen der Sicherheit der Hauptstadt machte, und nach der ganzen Lage der Verhältnisse hatte er wohl Ursache dazu. Von Pope und seiner Armee hatte man schon seit einigen Tagen keine direkten Nachrichten und das letzte, was man überhaupt gehört hatte, war eine von Burnside übermittelte Depesche Porters, welche um 9 Uhr 30 Minuten am 28. von Bristow abgegangen war, worin Porter mitteilte, dass die Armee Popes an diesem Tage (28.) [4] konzentrisch auf Manassas vorgehen werde. Dagegen war in den

---

[1] Die hier mitgeteilten Einzelnheiten sind nach dem, vom verstorbenen General Hood hinterlassenen, von Beauregard herausgegebenen Werke: „*Advance and Retreat. Personal Experiences in the United States and Confederate States Armies by J. B. Hood*", New-Orleans, 1880, gegeben.

[2] An der Strasse von Alexandria nach Leesburg.

[3] Vom Corps Sumner.

[4] *Porter writes to Burnside from Bristow 9. 30. A. M. yesterday that Popes forces were then moving on Manassas.* Halleck an Mc Clellan am 28. August. Statt „*yesterday*" (gestern) muss es heissen: „*today*" (heute). Denn die fragliche Depesche Porters an Burnside ist vom 28. August, 9 Uhr 30 Minuten morgens von Bristow datiert.

letzten Tagen feindliche Kavallerie bis in die Nähe von Alexandria gestreift und man wusste bestimmt, dass Centreville am Morgen des 28. von der feindlichen Division A. P. Hill besetzt gewesen sei. Danach schien es in der That, als ob der Feind es verstanden hatte, sich mit bedeutenden Streitkräften, vielleicht mit seiner ganzen Armee, zwischen Pope und der Bundeshauptstadt einzuschieben. Nimmt man weiter hinzu, dass Mc Clellan, wie gewöhnlich, die Stärke der feindlichen Armee bei weitem überschätzte und sie jedenfalls für bedeutend stärker, als die Armee Popes hielt, so ist es wohl erklärlich, dass er sich der Sorge hingab, die Bundeshauptstadt könne gefährdet sein, und sei es auch nur durch ein Streifcorps, welches nach Mc Clellans Auffassung immer noch stark genug sein konnte, um den wenigen bei Washington befindlichen Truppen zu schaffen zu machen.

Weiter geht aus der Depesche hervor, dass Mc Clellan das Corps Franklin nur mit grossem Widerstreben hatte ziehen lassen. Unter der Annahme, dass ein erheblicher Teil der feindlichen Armee sich zwischen Pope und Alexandria befand, ist dies Widerstreben sehr erklärlich, denn es musste gewiss bedenklich erscheinen, ein schwaches Corps, ohne Artillerie und mit, für eine weitreichende Aufklärung unzureichender Kavallerie, sozusagen dem Feinde in die Arme zu treiben, und zugleich für die Verteidigung der bedrohten Bundeshauptstadt zu verlieren. Dass das etwa Mc Clellans Auffassung der Sachlage war, geht wohl aus der oben mitgeteilten Depesche hervor. Dann war es aber seine Pflicht, das klar und nicht blos indirekt auszusprechen und wenn dann Halleck dennoch auf dem Vormarsch Franklins bestand, so übernahm er auch die Verantwortung für die etwaigen Folgen. Dies hatte Halleck freilich schon durch den am Morgen des 28. direkt an Franklin erlassenen Befehl (vergl. S. 179) und mehr noch durch die an Mc Clellan am Abend des 28. erlassene Weisung, Franklin am Morgen des 29. „bereit oder nicht" fortzuschicken gethan, und wenn er danach noch Instruktionen an Franklin erteilte, die mit den Befehlen, welche Halleck früh erlassen hatte — Vorgehen des Corps Franklin bis zur Herstellung der Verbindung mit Pope —, im Widerspruch standen, so überschritt er damit die Grenzen der ihm zustehenden diskretionären Gewalt. Er mag dabei von vollständig lauteren Beweggründen geleitet worden sein, weil er die bezüglichen Anordnungen Hallecks für verderblich oder mindestens gefährlich hielt und man braucht nicht dazu zu greifen, ihn der Unlust zu beschuldigen, die Corps der Potomac-Armee zur Unterstützung des ihm verhassten Pope herzugeben, welcher nachzugeben in diesem Falle Verrat gewesen wäre.

Er hatte aber, wie wir sehen werden, Franklin derartige Instruktionen erteilt, die mit den früheren Befehlen Hallecks im Widerspruch standen, und diese Überschreitung seiner Befugnisse wurde noch dadurch vergrössert, dass er Halleck nicht sofort davon Mitteilung machte. In der oben mitgeteilten Depesche ist nichts enthalten, was den Leser zu dem Schlusse berechtigte, Franklin werde nur eine so geringe Strecke vorgehen, dass sich sein Marsch nicht als eine Bewegung

zur Unterstützung Popes, sondern höchstens als das Vorschieben eines
Beobachtungscorps zur Aufklärung der weiteren Umgebung von Alexandria und der auf dem rechten Ufer des Potomac gelegenen Forts
darstellt. Halleck war beim Lesen der Depesche zu dem Schlusse
berechtigt, dass sich Franklin nunmehr endlich auf dem Marsche zu
Pope befinde. Er hielt die Sache für erledigt und nahm deshalb
in seiner Antwort weiter keinen Bezug auf Franklin.

„Uptons Hill, Arrangement gut," telegraphierte Halleck um
12 Uhr mittags. „Wir müssen Wagen und Munition Franklin nach-
schicken, so rasch sie ankommen. Meaghers Brigade ist gestern hierher
beordert. Fitzhugh Lee soll, wie glaubwürdig versichert wird, am
letzten Sonntag drei Stunden lang in Alexandria gewesen sein. Von
Drainesville keine Nachrichten."

Es war deshalb einigermassen eine Uberraschung für Halleck, als
er erst aus einer ebenfalls um 12 Uhr mittags datierten Depesche
Mc Clellans, die sich mit der vorstehenden kreuzte, erfuhr, dass Franklin
keineswegs den Befehl von Mc Clellan erhalten hatte, vorzugehen, bis
die Verbindung mit Porter gewonnen sei.

„Ich habe den grössten Teil des 12. Pennsylvania-Kavallerie-Regi-
ments angewiesen, sich beim General Barnard zum Aufklärungsdienst
nach Rockville, Poolesville etc. zu melden. Wenn Sie einen Streifzug der feindlichen Kavallerie auf Ihrer Seite des Flusses besorgen,
so wäre es besser, wenn ich eine oder zwei Brigaden des Corps
Sumner in die Nähe von Tennallytown schickte, wo sie mit zwei oder
drei alten Regimentern in den Forts Allen und Marcy sowohl die
Kettenbrücke, wie Tennallytown decken können. Würde es mit Ihren
Ansichten übereinstimmen, den Rest des Corps Sumner zwischen Arlington und Fort Corcoran aufzustellen, von wo er sowohl Cox als
Franklin, als auch die Kettenbrücke, und selbst Tennallytown unter-
stützen kann. Franklin hat nur zwischen 10 und 11 000 M. zum
Dienst. Wie weit wünschen Sie, dass er vorgehe?"

Als er um 1 Uhr noch keine Antwort auf dies Telegramm hatte,
telegraphierte er weiter:

„Ich warte sehnsüchtig auf eine Antwort auf meine letzte Depesche in Betreff Sumners. Ich wünsche den nötigen Befehl sofort
zu geben. Bitte, ermächtigen Sie mich, neue Regimenter permanent
meinen alten Brigaden zu überweisen. Ich kann auf diese Weise den
alten und neuen Truppen viel Gutes thun. Ich werde versuchen,
eine Linie vorwärts der Forts Allen und Marcy wenigstens mit starken
Avantgarden zu halten. Ich wünsche die Linie über Prospect Hill,
Mackalls-, Minors- und Halls Hill zu behaupten. Dadurch werden wir
bei Zeiten gewarnt. Soll ich mit den Truppen in dieser Gegend
nach eigenem bestem Dafürhalten verfahren, einschliesslich Franklins,
welcher, wie ich wirklich denke, unter den gegenwärtigen Umständen,
nicht über Annandale hinaus vorgehen sollte?"

Erst durch diese Depesche erfuhr Halleck, und auch nur indirekt, dass Franklin den Befehl hatte, nur bis Annandale vorzugehen,
und nahm daraus Veranlassung, um 2 Uhr 48 Minuten kurz zu tele-

graphieren, er wünsche, dass Franklin weit genug vorgehe, um etwas über den Feind ausfindig zu machen.[1])

Etwas später scheint Halleck von Mc Clellan nochmals eine volle Darlegung der Gründe verlangt zu haben, die ihn veranlasst hatten, das Corps Franklin in Annandale Halt machen zu lassen und er hat dabei wohl seinem Missfallen über diese Eigenmächtigkeit Mc Clellans in einer Weise Ausdruck gegeben, die einer Beschuldigung des Ungehorsams gleichkam. Mc Clellan antwortete darauf um 8 Uhr abends:

„Ein Vergleich meiner Telegramme von 10 Uhr 30 Minuten morgens, 12 und 1 Uhr mittags und Ihrer Antwort von 2 Uhr 48 Min. nachmittags wird die Gründe angeben, weshalb Franklin bei Annandale angehalten wurde. Seine kleine Kavallerie-Abteilung — Alles, was ich ihm mitgeben konnte — hatte den Befehl, so weit als möglich in der Richtung auf Manassas vorzugehen. Es wäre nicht vorsichtig genug gewesen, wenn Franklin unter den bestehenden Verhältnissen weiter als Annandale vorgegangen wäre, ehe wir wussten, was sich zu Vienna befand. General Franklin war bis etwa 1 Uhr mittags hier und bemühte sich, die Verpflegung seines Corps zu regeln, und ich vermag nicht einzusehen, dass in dem Haltmachen bei Annandale und dem Verbleiben Franklins hier ein Ungehorsam gegen Ihre Befehle lag. Ich bitte Sie für morgen betreffs der Bewegungen Franklins ganz bestimmte Befehle zu geben. Ich habe Oberst Haupt beauftragt, Konstruktions- und Lebensmitteltrains sobald als möglich abzusenden. General Tyler wird die nötigen Eskorten geben. Ich habe angeordnet, dass General Banks' Proviant-Kolonnen heute Abend noch wenigstens bis Annandale marschieren, mit einer Eskorte vom General Tyler. In betreff der morgen auszuführenden Bewegungen wünsche ich bestimmte Instruktionen, da es nicht angenehm für mich ist, des Ungehorsams gegen Ihre Befehle beschuldigt zu werden, wenn ich einfach nur von der diskretionären Befugnis Gebrauch gemacht habe, mit der Sie mich betraut haben."

Auf diese Depesche erfolgte keine Antwort und Mc Clellan schickte dann selbst an General Franklin den Befehl, sich sobald als möglich in Verbindung mit Pope zu setzen und die Deckung der für diesen bestimmten Lebensmittel-Transporte zu übernehmen. Von diesen Anordnungen erstattete er um 10 Uhr abends Meldung an Halleck und erhielt darauf abermals ein Telegramm von letzterm, dessen Inhalt wiederum nur indirekt aus der Antwort Mc Clellans zu entnehmen ist:

„Ihre Depesche empfangen. Das Corps Franklin hat den Befehl, morgen früh um 6 Uhr weiter zu marschieren. Sumner hat etwa 14 000 M. Infanterie, ohne Kavallerie und Artillerie hier. Die Brigade Cox von vier Infanterie-Regimentern ist hier, mit zwei Batterien.

---

[1]) Mc Clellan giebt in seinem Report leider nicht den Wortlaut dieser und der gleich noch zu erwähnenden späteren Depesche Hallecks, auf welchen man nur aus den Antworten Mc Clellans einen Schluss ziehen kann. Der im Text angeführte Satz aus der Depesche von 2 Uhr 48 Minuten ist aus: *General Popes Virginia Campaign of 1862, by Lewis Este Mills, Detroit 1870*, entnommen.

Mannschaften von zwei Regimentern, sehr erschöpft, kamen heute hier
an. Auch die Brigade Tyler von drei neuen Regimentern, aber wenig
ausgebildet, ist hier. Alle diese Truppen werden den Befehl empfangen,
sich bereit zu halten, morgen früh zu marschieren, und, mit Ausnahme des Corps Franklin, weitere Befehle abzuwarten. Wenn Sie
wünschen, dass ein Teil derselben in der Richtung auf Manassas vorgehen soll, so bitte ich Sie, mich in Kenntnis zu setzen.

„Oberst Wagner des 2. New York-Artillerie-Regiments ist soeben
von der Fronte eingetroffen, er berichtet, dass starke Infanterie- und
Kavallerie-Streitkräfte der Rebellen sich in der Nähe von Fairfax C. H.
befinden, und erzählt von Gerüchten, aus verschiedenen Quellen, wonach sich Lee und Stuart mit beträchtlichen Kräften bei Manassas
befinden sollen, sowie, dass der Feind die Absicht habe, mit 120 000 M.
gegen die Forts bei Arlington und der Kettenbrücke vorzugehen, mit
dem Plane, Washington und Baltimore anzugreifen. General Barnard
telegraphiert mir heute Abend, dass die Befestigungswerke auf dieser
Seite des Potomac noch 2000 M. Artilleristen erfordern, sowie noch
weitere Truppen, um je nach Umständen die Zwischenräume (zwischen
den Forts) zu verteidigen. Ich stimme vollständig mit ihm überein
und halte unsere Befestigungswerke längs des oberen Teiles unserer
Linie auf dieser Seite des Flusses mit ihren gegenwärtigen Besatzungen für sehr unsicher und die Bewegungen des Feindes scheinen
einen Angriff auf diese Werke anzudeuten.“

Damit endete die Korrespondenz zwischen Mc Clellan und Halleck
an diesem Tage. Aber auch mit dem Präsidenten Lincoln hatte Mc
Clellan am 29. einige Depeschen gewechselt, welche nicht unerwähnt
bleiben dürfen, weil sich auch aus ihnen ein Schluss auf Mc Clellans
Auffassung der Situation ziehen lässt.

Um 2¹/₂ Uhr nachmittags telegraphierte Lincoln: ·

„Was für Nachrichten von der Richtung von Manassas Junction
her? Was für welche im Allgemeinen?“ worauf Mc Clellan antwortete:

„Die letzten Nachrichten, welche ich von Manassas Junction her
empfangen habe, kommen von Versprengten (*stragglers*) und gingen
dahin, dass der Feind Centreville räume und nach Thoroughfare Gap
zurückgehe. Das ist jedoch keineswegs zuverlässig. Mir ist klar,
dass einer von zwei Wegen eingeschlagen werden sollte: 1) Alle
unsere verfügbaren Kräfte zu konzentrieren, und die Verbindung mit
Pope aufzunehmen, oder 2) es Pope zu überlassen, sich aus·
der Klemme zu ziehen *(to get out of his scrape)* und sofort alle
unsere Mittel zu gebrauchen, um die Bundeshauptstadt vollständig
sicher zu stellen. Kein Mittelding entspricht jetzt.

„Sagen Sie mir, was Sie wünschen, dass ich thue, und ich werde
alle meine Kräfte daran setzen, es auszuführen. Ich wünsche zu
wissen, was meine Befehle und Befugnisse sind. Ich verlange nichts,
sondern werde allen Befehlen, welche Sie geben, gehorchen. Ich
bitte nur, um rasche Entscheidung, dass ich sofort die nötigen Ordres
geben kann. Zögern thuts jetzt nicht mehr!“

Lincoln entschied sich natürlich für Mc Clellans ersten Vorschlag.

„Ich glaube," telegraphierte er um 4 Uhr 10 Minuten zurück „dass Ihre erste Alternative, nämlich alle unsere verfügbaren Kräfte zu konzentrieren und die Verbindung mit Pope aufzunehmen, die richtige ist, indessen ich wünsche nicht zu befehlen. Ich überlasse das jetzt General Halleck, unterstützt durch Ihren Rat."

Franklin war also am 29. nur bis Annandale gelangt. Von dort aus war es ihm aber schon an demselben Tage gelungen, die Verbindung mit Pope aufzunehmen. Pope erhielt am 30. morgens bei Tagesanbruch folgendes Schreiben von Franklin, welches 8 Uhr abends 29. August datiert war:

„An den kommandierenden Offizier in Centreville: Ich bin von General Mc Clellan angewiesen, Ihnen mitzuteilen, dass er alle verfügbaren Wagen in Alexandria mit Rationen für Ihre Truppen beladen lassen wird, ebenso wie alle Eisenbahnwagen, sobald Sie eine Kavallerie-Eskorte nach Alexandria schicken, um den Train zu decken."

Diese Depesche machte natürlich einen höchst ungünstigen Eindruck auf Pope, denn in der Zumutung, einen Teil seiner abgehetzten Kavallerie nach Alexandria, was nach seiner Ansicht von Truppen schwärmte, zur Eskorte von Trains zu schicken, glaubte er einen Mangel an gutem Willen seitens Mc Clellans erblicken zu sollen und damit musste seine Hoffnung auf wirksame und rechtzeitige Unterstützung von Alexandria her schwinden. In der That erscheint es unbegreiflich, dass Mc Clellan auch nur einen Augenblick daran denken konnte, ein solches Ansinnen ~zu stellen. Dass die abzuschickenden Proviant-Kolonnen gerade von Kavallerie eskortiert werden mussten, war doch nicht unbedingt nötig. Im Gegenteil! Eine wirklich angegriffene Kolonne wird von Infanterie weit wirksamer geschützt, als von Kavallerie, und an Infanterie hatte Mc Clellan doch keinen Mangel. Aus der weiter oben mitgeteilten Depesche Mc Clellans an Halleck geht übrigens hervor, dass er den Gedanken später aufgab und das Corps Franklin beauftragte, die Deckung der für Popes Armee bestimmten Kolonnen zu übernehmen.

Um die Geschichte des verhängnisvollen 29. zu vervollständigen, erübrigt noch einen kurzen Blick auf das Corps Banks zu werfen. Wie wir wissen, hatte dasselbe am Abend des 28. am Kettle Run Stellung genommen, um die dort gesammelten Eisenbahnzüge zu decken (vergl. S. 177). Hier war am 29. an der Wiederherstellung der Brücke über das genannte Gewässer gearbeitet, während die Eisenbahnzüge, soweit es möglich war, in die vorbeimarschierenden Trains der Truppen entladen wurden. Im Laufe des Nachmittags (5 Uhr) erhielt Banks einen Befehl, die Trains nach Manassas Junction und Centreville zu schicken, die Strassen dorthin seien frei, und es werde keine Schwierigkeiten machen. Ferner sollte er Arbeiter-Kommandos voraussenden, um die Eisenbahn bis zum Bull Run sobald als möglich wieder in fahrbaren Zustand zu setzen. „Dies ist von der äussersten Wichtigkeit, und Sie können es gar nicht früh genug ausführen. Arbeiten Sie Tag und Nacht daran," schloss die Depesche Popes.

Dieser Befehl wurde am Abend zur Ausführung gebracht und gleichzeitig die Brigade Gordon der Division Williams zur Deckung der Arbeiter-Kommandos nach Bristow Station vorausgeschickt. — Die Situation, wie sie sich im Laufe des 29. gestaltete, war demnach für Pope kaum günstiger geworden. Zwar hatte er den grössten Teil seines Heeres — die Corps Mc Dowell, Sigel, Heintzelman und Reno — zusammen und das noch detachierte Corps Porter leistete ihm da, wo es sich befand, einen wichtigen, von Pope freilich nicht erkannten Dienst, indem es beträchtliche Streitkräfte des Feindes auf sich zog, und ihm so an seinem rechten Flügel ein numerisches Übergewicht verschaffte. Aber der moralische Halt dieser Truppen war durch die vergeblichen Kämpfe des Tages, durch die aus dem ewigen Hin- und Hermarschieren der letzten Tage hervorgehende, durch den Mangel an Nahrungsmitteln noch erhöhte physische Erschöpfung erheblich erschüttert.

So verlustreich die Kämpfe des 29. waren, so tragen sie doch nicht den Charakter einer allgemeinen, oder, wie Pope sich in einer Depesche am 30. morgens an Halleck ausdrückte, schrecklichen Schlacht.[1] Es waren, wie General Heintzelman treffend sagt, Zuckungen (*spurts*) vereinzelter Divisionen, welche sich, ohne Unterstützung gelassen, in vergeblichem Ringen verbluteten. General Schurz sagt in seinem Bericht: „Wenn alle diese Streitkräfte, statt in vereinzelten Versuchen zerstückelt zu werden *(instead of being frittered away in isolated efforts)*, zu irgend einem Zeitpunkt nach einem gemeinsamen Plan kooperiert hätten, so würde das Ergebnis des Tages viel grösser gewesen sein...."

Dass das so kam, lag an den Anordnungen Popes. Am Abend des 28. war das Corps Sigel das einzige, welches Fühlung mit dem Feinde hatte, und es erhielt den Befehl, mit Tagesanbruch anzugreifen, während die zunächst befindlichen Corps (Heintzelman und Reno) noch wenigstens drei bis vier Stunden zu marschieren hatten, ehe sie auf dem Kampfplatz eintreffen konnten. Als sie endlich angekommen waren, fehlte es an der einheitlichen Leitung, denn Pope war noch in Centreville verblieben und traf noch weitere drei Stunden später ein. So sahen wir die Division Schurz vorgehen und als sie nach bedeutenden Verlusten sich vollständig erschöpft hatte, von Teilen der Division Hooker abgelöst werden. Dann folgt wieder der vereinzelte Angriff der Division Kearny am rechten Flügel.

Aber auch nach dem Eintreffen Popes wird die Sache nicht besser. Zunächst schickt er, um seinem Centrum Luft zu machen, die Brigade Grover zu einem Angriff vor, der von dieser mit bewundernswerter Bravour ausgeführt wird, ihr aber die Hälfte ihres Effektivstandes kostet, sie zu weiteren Kämpfen an diesem Tage unfähig macht und doch keinen dauernden Erfolg haben kann, weil es eben

---

[1] „Wir haben gestern hier eine schreckliche (*terrific*) Schlacht gegen die vereinten Kräfte des Feindes geschlagen, welche mit ungeschwächter Wut von Tagesanbruch bis zur Dunkelheit dauerte, zu welcher Zeit der Feind von dem Felde getrieben war, welches wir jetzt behaupten."

auch eine vereinzelte Zuckung bleibt, welcher der Feind überlegene Kräfte entgegenwerfen kann. Dann, als die Zeit herangekommen ist, wo nach Popes Ansicht die geträumte Umgehung durch das Corps Porter wirksam werden muss, ist es wiederum nur die Division Kearny, welche eingesetzt wird, um die Entscheidung herbeizuführen, und endlich spät am Abend wird noch die Division King längs der Chaussee vorgeschickt, um den angeblich im „vollen Rückzug" befindlichen Feind „zu verfolgen".

Wäre Lees Plan, mit dem Corps Longstreet eine grosse Linksschwenkung auszuführen, um Popes linke Flanke bei Groveton zu umfassen, schon am Nachmittag des 29. gelungen, so würde die definitive Entscheidung zu Ungunsten Popes schon am Abend des 29. gefallen sein, und dass das nicht eintrat, verdankte er einzig und allein dem Auftreten Porters an Dawkins Branch, der mit seinen 9000 M. das ganze Corps Longstreet, mit Ausnahme der schwachen Division Hood und der erst spät am Abend eintreffenden Division Anderson festhielt. Hätte Lee die Schwäche Porters bei Zeiten erkannt — was bei jedem andern als strikt defensiven Verhalten Porters hätte der Fall sein müssen —, so wäre das Corps wahrscheinlich sehr bald überwältigt worden und die Umfassung der linken Flanke Popes mit allen ihren Folgen wäre ebenfalls schon am Abend des 29. eingetreten.

Dass Porter diese Rolle, die er am Nachmittag des 29. mit so viel Geschick und Erfolg durchführte, auch am 30. noch längere Zeit fortsetzen konnte, war nicht anzunehmen. Es war für Lee zu wichtig, möglichst bald eine Entscheidung herbeizuführen, und jeder Versuch, bei Dawkins Branch gewaltsam vorzugehen, hätte ihm sofort Porters Schwäche enthüllen müssen. Einen solchen Versuch würde Lee demnach gleich am Morgen des 30. gemacht haben, nachdem die Ankunft der starken Division Anderson ihn jeder Sorge um seinen linken Flügel enthob. Porter einfach zum Rest der Armee nach der Chaussee heranzuziehen, war wohl die am wenigsten empfehlenswerthe Massnahme, denn dadurch wurde den Konföderierten der Weg für die beabsichtigte grosse Linksschwenkung ihres rechten Flügels offen gelassen. Die Verluste mögen in den Kämpfen der letzten Tage auf beiden Seiten annähernd gleich gewesen sein. Es war also das relative Stärkeverhältnis auch noch etwa dasselbe, d. h. die numerische Überlegenheit war auf seiten der Unierten. Wollte Pope unter diesen Verhältnissen den Entscheidungskampf in seiner gegenwärtigen Stellung herbeiführen, so musste er die zwischen seinem rechten Flügel und dem Corps Porter befindliche grosse Lücke durch Abteilungen des ersteren, etwa das Corps McDowell, ausfüllen. Gegen diese Stellung, welche sich von Sudley Springs im Norden bis nach Dawkins Branch im Süden über einen Raum von 5 Meilen erstreckte, lässt sich der gegründete Einwand erheben, dass sie für Popes Kräfte zu ausgedehnt war.[1] In-

---

[1] Nimmt man Popes Stärke am Morgen des 30. zu 45 000 bis 50 000 M. an und die Länge der Stellung rund zu einer deutschen Meile = 10 000 Schritt, so würden auf jeden Schritt 4,5 bis 5 M. kommen. In dieser Stärke ist aber auch das Corps Banks enthalten, was hier nicht mit in Betracht kommen kann.

dessen hatte das so lange nicht viel zu sagen, als man sich einem numerisch schwächern, auf einen eben so grossen Raum verteilten Feind gegenüber befand. Pope aber hielt die Armee der Konföderierten für stärker als die seinige und unter dieser Voraussetzung würde es den Verhältnissen am meisten entsprochen haben, wenn er in der Nacht vom 29. zum 30. seine Armee hinter den Bull Run zurückgenommen und dort in starker Verteidigungsstellung die Verstärkungen durch die Corps der Potomac-Armee, die doch nun endlich kommen mussten, abgewartet hätte. Zwei Tage bereits waren seine Truppen ohne Lebensmittel, seine Pferde ohne Futter geblieben. Die Verpflegungsschwierigkeiten mussten sich in demselben Verhältnis mindern, wie sich seine Entfernung von seiner Verpflegungsbasis, Alexandria, verringerte. Der Zweck, welchen Pope bei seinen Anordnungen für den 29. im Auge gehabt hatte — Verhinderung der Vereinigung zwischen Jackson und Longstreet —, war ohnehin verfehlt und die Gelegenheit, Jackson isoliert zu schlagen, unwiederbringlich verloren. Alles das wies für Pope auf ein defensives Verhalten hin, bis die Wiederherstellung seiner Verbindungen und das Eintreffen der zu erwartenden Verstärkungen ihn in den Stand setzte, eine neue energische Offensive zu beginnen. Dass Pope ursprünglich den Rückzug hinter den Bull Run für den Abend des 29. auch ins Auge gefasst hatte, geht aus seinen an diesem Tage erlassenen Befehlen, namentlich auch aus der weiter oben ihrem Wortlaute nach mitgeteilten, an Mc Dowell und Porter gerichteten „gemeinsamen Ordre" hervor. Allein diesen verständigen Entschluss scheint er im Laufe des Tages wieder aufgegeben zu haben. Was ihn dazu veranlasst hat, geht aus seinem Report nicht hervor, allein er scheint das Ergebnis der Kämpfe des 29. als im ganzen nicht ungünstig für die Unierten aufgefasst und ferner nicht geglaubt zu haben, dass die Vereinigung zwischen Jackson und Longstreet bereits stattgefunden habe.

Es giebt Leute, deren körperliches Auge für gewisse Farben unempfänglich ist. Ähnlich scheint Popes geistiges Sehvermögen für die Anwesenheit Longstreets völlig unempfindlich gewesen zu sein. Er vermochte es nicht einzusehen, dass Longstreet da war, und selbst noch am Morgen des 30. versuchten es die Generale Porter und Reynolds vergebens, ihn zu überzeugen, dass er es mit der ganzen Heeresmacht des Feindes zu thun habe. Noch immer glaubte er, nur Jackson und höchstens einen kleinen Teil des Corps Longstreet vor sich zu haben, und hoffte immer noch einen entscheidenden Erfolg über diesen Teil des feindlichen Heeres davontragen zu können, besonders wenn er auch das Corps Porter zur Hauptmasse seiner Armee heranzöge. Er war in hohem Grade aufgebracht gegen diesen General, weil er angeblich sein Corps unthätig hatte ruhen lassen, während der Kanonendonner der Kämpfe an sein Ohr schlug, in denen sich die übrigen Teile des Heeres erschöpften! Dieser Unwille kam auch in dem Befehle zum Ausdruck, welchen er Porter am Abend des 29. um 8 Uhr 50 Minuten zuschickte:

„General! Sofort nach Empfang dieser Ordre, deren Empfangs-
zeit sie genau angeben wollen, werden sie nach dem Schlachtfeld des
heutigen Tages marschieren und sich dort persönlich bei mir melden
und weitere Befehle einholen. Sie werden verstehen, dass von Ihnen
erwartet wird, dass Sie diese Ordre strikte befolgen und drei Stunden
nach Empfang derselben oder nach Tagesanbruch morgen früh auf
dem Felde anwesend sind.“

Porter empfing diesen Befehl am 30. um 3 Uhr morgens. So
sehr er auch das Verderbliche dieser Massregel einsah, so lag doch
so viel Misstrauen in dem ganzen Tone desselben, dass auch nicht
die geringste Abweichung davon zulässig erschien. Er setzte demnach
sein Corps sofort von Dawkins Branch aus in Marsch und meldete sich
kurz nach Sonnenaufgang an der Kreuzung der Sudley Springs-Strasse
mit der Chaussee bei Pope. Hier wurde er angewiesen, die Division
King des Corps McDowell abzulösen.

Beim Abmarsch von Dawkins Branch hatte sich noch ein un-
angenehmes Versehen ereignet. General Morell hatte die Brigade
Griffin bis zuletzt in ihrer Stellung stehen lassen und befohlen, dass
sie nur mit grösster Vorsicht und ganz allmählich abmarschieren solle,
um die Aufmerksamkeit des Feindes nicht auf den Abzug hinzulenken.
Es war zur Zeit noch ganz dunkel und infolge der oben erwähnten
Anordnungen verlor die Brigade Griffin die unmittelbar vor ihr mar-
schierende Abteilung der Division Morell aus dem Gesichte. So kam
es, dass General Griffin, dem das Ziel des Marsches nicht bekannt
war, bei Bethlehem Church nicht in den nach der Sudley Springs-
Strasse führenden Querweg einbog, sondern gerade aus marschierte
und schliesslich nach Centreville gelangte. Auch die Brigade Piatt,
welche den Befehl hatte, der letzten Abteilung des Corps Porter zu
folgen, schloss sich ihr an. Beide Truppenteile waren somit für die
Kämpfe des 30. nicht verfügbar.

Am Morgen dieses Tages hatte die unierte Armee demnach eine
Stellung eingenommen, welche einem umgekehrten, sehr stumpf-
winkeligen V mit ungleichen Schenkeln ähnlich war. Der längere
derselben erstreckte sich von der Chaussee etwa in der Mitte zwischen
Groveton und der Kreuzung mit der Sudley Springs-Strasse, nach
Norden auf Sudley Springs zu und bestand, von der Chaussee angefangen, aus den Corps Porter, Sigel, Reno und Heintzelman. Den
kürzeren Schenkel, südlich der Chaussee und mit Front nach Süden
stehend, war durch die Division Reynolds gebildet. Die Divisionen
King und Ricketts standen in der Nähe und nördlich der Chaussee
in Reserve. Von dieser Stellung stieg das Terrain glacisartig nach
Westen an. Bei Groveton beginnend und sich südlich der Chaussee
ausbreitend, war ein dichter Wald, dem die Division Reynolds gegenüber stand. Nördlich der Chaussee und von Groveton kam zunächst
eine breite Lichtung — dem Corps Porter gegenüber —, durch
welche man auf den Kämmen der entfernteren Höhen zahlreiche
Batterien der Konföderierten sehen konnte. Daran schloss sich der
schmale Streifen dichten Waldes, welcher die Eisenbahn einfasste.

Die Plänkler der Konföderierten hielten den Saum der oben erwähnten Gehölze besetzt. Im übrigen waren ihre Bewegungen durch dieselben sowohl, wie durch die Höhenverhältnisse des Terrains vollkommen verdeckt, während sie ihrerseits den ganzen Landstrich bis über den Bull Run hinaus übersehen konnten.

Pope war von der Überzeugung durchdrungen, dass er rasch handeln müsse. Schon die Rücksicht auf die Verpflegung erlaubte ihm nicht, in seiner gegenwärtigen Stellung zu warten, bis es dem Gegner gefiel, ihn anzugreifen. Dann aber erwartete er jetzt auch stündlich das Eintreffen Longstreets, wodurch sich die Stärkeverhältnisse zu seinem Ungunsten ändern mussten.[1]) Er zog deshalb verschiedene Angriffspläne in Erwägung. Namentlich schien er für einen Angriff in der Richtung der von Sudley Springs nach Haymarket führenden Strasse, also gegen den linken Flügel der Konföderierten eingenommen zu sein und er erteilte Mc Dowell den Befehl, mit seinem eigenen Corps, sowie den Corps Porter und Heintzelman in dieser Richtung anzugreifen, während Centrum und linker Flügel stehen bleiben sollten, so dass also während des Angriffs eine Linksschwenkung auszuführen war, die, wenn erfolgreich, ein Aufrollen der Stellung der Konföderierten bewirkte. Ehe die nötigen Anordnungen getroffen wurden, um die Corps Porter und Mc Dowell nach dem rechten Flügel zu bringen, ritt General Mc Dowell dorthin, um zu rekognoscieren und wir werden später auf die Ergebnisse dieser Rekognoscierung zurückkommen.

In seinem Report sagt Pope, dass er keinen Erfolg von diesem Angriff gehofft habe. Er wusste, sagte er, dass seine Armee „durch seit vielen Tagen ununterbrochenes Marschieren und Fechten erschöpft war, dass die Soldaten seit zwei Tagen ohne Nahrungsmittel, die Pferde der Artillerie und Kavallerie, beständig im Geschirr und unter dem Sattel, seit zwei Tagen ohne Futter geblieben seien" und dass er weder auf Nahrungsmittel, noch auf Verstärkungen von Alexandria rechnen durfte, aber dass er sich, trotz dieser ungünstigen

----

[1]) In seinem offiziellen Report sagt Pope: „Während der ganzen Nacht des 29. und des Vormittags des 30. traf die Vorhut der Hauptarmee unter Lee auf dem Felde ein, um Jackson zu verstärken, so dass uns um 12 oder 1 Uhr dieses Tages Kräfte gegenüberstanden, welche den unsern erheblich überlegen waren und die noch jeden Augenblick durch fernere von Thoroughfare kommende Truppen des Feindes vermehrt wurden."

Wir wiederholen hier, dass Pope am frühen Morgen des 30. noch nicht von der Ankunft Longstreets überzeugt werden konnte, und es muss im Auge behalten werden, dass der Report, aus dem der vorstehende Satz citiert ist, erst später geschrieben ist, nachdem die Ereignisse ihn belehrt hatten, dass am Morgen des 30. Longstreets Truppen da waren.

Wir brauchen den Leser wohl kaum darauf aufmerksam zu machen, dass auch die vorstehende Annahme Popes unrichtig ist. Das ganze Corps Longstreet war, wie wir wissen, bereits am 29. mittags da, nur die Division Anderson kam erst später. Am 30. kamen keine weiteren Verstärkungen an.

Es muss ferner noch ins Gedächtnis zurückgerufen werden, dass selbst nach dem Eintreffen des Corps Longstreet und der Division Anderson die numerische Überlegenheit immer noch auf seiten der Unierten war.

Umstände und obgleich fast ohne Hoffnung auf einen erfolgreichen Ausgang seiner Operationen, entschlossen habe, „dem Feind eine Schlacht zu liefern und ihm wenigsten solche Schläge beizubringen, welche ihm möglichst viel Schaden thäten (*as would cripple him as much as possible*), und jedes weitere Vorgehen gegen die Hauptstadt thunlichst lange aufhalten mussten."

Allein es traten sehr bald einige Ereignisse ein, welche Popes Auffassung der Sachlage total änderten und ihm die Überzeugung gaben, dass die Konföderierten sich auf dem Rückzug befänden und dass sein Vorgehen kein Angriff, sondern eine Verfolgung sei.

Wir haben gesehen, dass Mc Dowell sich nach dem rechten Flügel begeben hatte, um von dort aus zu rekognoscieren, ehe er den befohlenen Angriff unternahm. Die Rekognoscierung wurde von Truppen des Corps Heintzelman ausgeführt und General Heintzelman begleitete Mc Dowell persönlich bei derselben.

Am Tage vorher hatten die Konföderierten einige vorgeschobene Posten auf dem linken Ufer des Bull Run östlich der von Sudley Springs nach Norden führenden Strasse gehabt. Zur Überraschung Mc Dowells und Heintzelmans wurde gefunden, dass der Feind diese Posten eingezogen hatte. Die Rekognoscierung ging dann weiter in südwestlicher Richtung bis etwa nach Sudley Springs und eine kurze Strecke darüber hinaus vor, aber auch hier wurden keine stärkeren Kräfte des Feindes gefunden. Man stiess nur auf Plänkler und kleinere Posten, die man für Arrièregarden hielt. Mc Dowell und Heintzelman waren nunmehr überzeugt, dass der Feind sich im Rückzug befinde, und sie ritten eilig zu General Pope zurück, um diesem dies wichtige Ergebnis ihrer Rekognoscierung zu melden. Unterwegs trafen sie den General Sigel, welcher ebenfalls Beobachtungen gemacht haben wollte, die auf einen Rückzug des Feindes schliessen liessen, und hier erscheint es am Platze, uns etwas ins Gedächtnis zurückzurufen, was eine solche Auffassung vielleicht erklären kann. Wie wir wissen, war auf seiten der Konföderierten die Division Anderson spät am Abend angekommen und in der Dunkelheit weit über deren Hauptstellung hinausgegangen. General Hood hatte dies nach Beendigung des Gefechts mit der Division King erfahren und auf seine Veranlassung war Anderson befohlen, etwas zurückzugehen. Infolge dieses Befehles hatte sich die Division etwa zur Zeit des Tagesanbruch auf der Chaussee in westlicher Richtung in Marsch gesetzt. Sie erzeugte eine mächtige Staubwolke, welche sich natürlich ebenfalls in westlicher Richtung bewegte. Das kann von den Unierten beobachtet und in der That Veranlassung zu dem Glauben einer rückgängigen Bewegung der Konföderierten gegeben haben.

Während am rechten Flügel durch Mc Dowell und Heintzelman die erwähnte Rekognoscierung vorgenommen wurde, hatten Reynolds und Porter am linken Flügel sich dahin verständigt, dass es notwendig sei, sich Aufklärung über die Stellung und Stärke der ihnen gegenüberstehenden, feindlichen Kräfte zu verschaffen. Die von Porter vorgeschickten Plänklerketten stiessen anfänglich auf keinen erheblichen Widerstand, und Porter konnte feststellen, dass die Hauptstellung der Konföderierten sich hinter der Eisenbahn befand. Auch Reynolds gelang es, die feindlichen Tirailleure in den Wald südlich der Strasse zurückzudrängen und eine Stelle zu erreichen, welche ihm einen freien Überblick gestattete. Hier fand er, dass ihm sehr beträchtliche Kräfte gegenüberstanden und dass starke feindliche Kolonnen in dem Terrain südlich der Chaussee bis nach der Manassas Gap-Eisenbahn hin im Vormarsch begriffen seien, welche seine linke Flanke zu umgehen drohten. Reynolds und Porter meldeten ihre Wahrnehmungen persönlich an Pope und trafen bei ihm etwa gleichzeitig mit den Generalen McDowell und Heintzelman ein. Vergeblich versuchten sie Pope zu überzeugen, dass die Konföderierten an nichts weniger dächten, als an einen Rückzug, dass sie im Gegenteil sich anschickten anzugreifen und im Begriffe seien, den linken Flügel zu umfassen, vergeblich stellten sie ihm vor, dass sie — Reynolds und Porter — am Tage vorher Gefangene gemacht hätten, welche zu Divisionen des Corps Longstreet gehörten. Misstrauisch gegen Alles, was von Generalen der Potomac-Armee kam, glaubte er ihnen nicht. Er schickte den General Buford ab, um die Sache zu untersuchen.

Ohne dessen Rückkehr abzuwarten, traf er inzwischen seine Dispositionen für die Verfolgung und erteilte einstweilen mündlich seine Befehle. Danach fiel dem Corps Porter die Hauptarbeit an der Chaussee zu.

Porter kehrte zu seinem Corps zurück und hier hatten seine Leute inzwischen einen unierten Soldaten aufgegriffen, der am Tage vorher in feindliche Gefangenschaft geraten war. Dieser sagte aus, er habe die feindlichen Offiziere davon sprechen hören, dass ihre Armee zurückgehe, um sich mit Longstreet zu vereinigen. Porter schickte pflichtschuldigst den Mann an Pope, fühlte sich aber doch gedrungen, dem Obergeneral mitteilen zu lassen, dass er ihn entweder für einen Dummkopf halten, oder glauben müsse, er sei von den Konföderierten absichtlich frei gelassen, um den Unierten eine falsche Nachricht zuzutragen, und dass seine Mitteilungen nicht den geringsten Glauben verdienten. Er erhielt jedoch die mündliche Antwort, „General Pope glaubt dem Mann und befiehlt, dass Sie angreifen. King wird unterstützen“.

Ehe wir den Kämpfen folgen, welche sich aus der „Verfolgung“ des angeblich zurückgehenden Feindes entwickelten, ist es notwendig, uns nochmals kurz die Stellung der Konföderierten zu vergegenwärtigen.

Am linken Flügel, beim Corps Jackson, hatte sich gegen den 29. wenig verändert, nur hatte er sein Corps mehr zusammen gezogen. Dasselbe war im allgemeinen in zwei Treffen formiert, von denen das erste an der Eisenbahn, das zweite auf den bewaldeten Anhöhen dahinter stand. An seinem äussersten linken Flügel, auf dem nördlichen Abfall des Sudley Mountain waren fünf Batterien aufgefahren. Jacksons rechter Flügel befand sich etwa Groveton S.H.

gegenüber. Hier erhebt sich zwischen Eisenbahn und Chaussee ein Hügel, dessen Westabfall zum teil von Gibbons Wood bedeckt ist, von dem aus man das Terrain östlich von Groveton zu beiden Seiten der Chaussee bis auf 2000 Schritt und mehr übersehen kann. Auf diesem Hügel hatte am Tage vorher die Reserve-Artillerie des Corps Longstreet, das leichte Artillerie-Bataillon (Washington Artillery) unter Oberst J. B. Walton (6 Batterien mit im Ganzen 19 Geschützen) Stellung genommen. Oberst Walton war am Nachmittag um $^1/_2$4 Uhr zurückgegangen, um seine Munition zu ergänzen und war am 30. noch nicht wieder zurückgekehrt.[1]) Indessen war gegen Morgen das Bataillon leichter Artillerie unter Oberst S. D. Lee, welches die Reserve-Artillerie der Armee bildete (4 Batterien mit 18 Geschützen), angelangt und hatte auf Anraten des General Hood diese Stellung besetzt und die Lücke zwischen Jackson und Longstreet ausgefüllt. Es sollte in derselben entscheidend wirken.

In dem Gehölz am westlichen Abhang des Hügels standen die drei Brigaden unter General Wilcox, welche am späten Abend des 29. vom rechten Flügel, wohin sie bekanntlich zur Unterstützung der Division Jones gegen die befürchtete Offensive Porters gezogen waren (vergl. S. 217), wieder nach dem Centrum zurückgerufen waren. Wilcox hatte im ersten Treffen die Brigade Featherstone, die mit Jacksons rechtem Flügel Verbindung hatte, daneben, rechtwinklig zur Chaussee, die Brigade Pryor, dahinter im zweiten Treffen seine eigene Brigade. Die Division Hood mit der Brigade Evans, beide unter Kommando des General Evans, stand etwas weiter vorwärts, etwa da, wo Dogans Branch am weitesten von der Chaussee nach Süden zu entfernt ist, ebenfalls rechtwinklig zur Chaussee und zwar die Brigade Law nördlich derselben (also die Brigade Pryor der Division Wilcox maskirend), die Brigade Evans südlich derselben bis nach Dogans Branch hin und die Brigade Wofford (Hood), die Linie am rechten Ufer dieses Baches verlängernd. Anfänglich war dem General Evans auch noch die Brigade Pickett der Division Kemper zugeteilt, welche im zweiten Treffen hinter der Brigade Hood stand. Hinter der Division Wilcox, an dem Punkte, wo sich die Strasse nach Aldie in nördlicher Richtung aus der Chaussee abzweigt, stand die Division Anderson, mit den Brigaden Mahone, Wright und Armistead, davon zwei im ersten Treffen rechts und links der Chaussee, die dritte dahinter im zweiten Treffen. An die Division Anderson schloss sich südlich der Chaussee die Division Kemper mit den Brigaden Kemper (Corse) und Jenkins, zu denen später noch die Brigade Pickett kam, und endlich folgte die Division Jones mit den drei Brigaden Toombs, Anderson und Drayton. Am äussersten rechten Flügel, südlich der Eisenbahn, stand die Kavallerie-Brigade Robertson mit zwei Batterien und das 5. Virginia-Kavallerie-Regiment, Oberst Rosser, mit einer Batterie. Letzteres war besonders mit der Sicherung gegen Bristow Station beauftragt.

---

[1]) *Southern Historical Society Papers Vol. VI, pag. 216* und *251.*

Die ersten Bewegungen der Unierten waren von General Lee und vielen seiner Offiziere beobachtet worden. Am rechten Flügel war General Stuart unter Bedeckung einer Kompagnie Kavallerie vorgeritten und hatte festgestellt, dass die Truppen, welche am Tage vorher das linke Ufer von Dawkins Branch besetzt gehalten hatten, abgezogen waren. Darauf hatte er einen sehr hohen Baum erstiegen und erkannt, dass die Hauptmasse der unierten Armee nördlich der Chaussee versammelt war und sich augenscheinlich vorbereitete, die Stellung Jacksons anzugreifen.

Am linken Flügel hatten die schon erwähnten Rekognoscierungen, welche Mc Dowell und Heintzelman, sowie Porter unternommen hatten, zu mehrfachen Zusammenstössen geführt. Plänkler des Corps Heintzelman waren über den Eisenbahnkörper gegangen und in dem Zwischenraum zwischen den Divisionen Ewell und A. P. Hill vorgedrungen. Die Brigade Early der ersteren hatte plötzlich Feuer in der linken Flanke erhalten, wodurch sogar die Heranziehung einer Brigade der Division A. P. Hill veranlasst wurde, und am rechten Flügel Jacksons beobachtete der Oberst Bradley T. Johnson, wie die Vorhut vom Corps Porter Groveton besetzte und machte sich bereit, einem Angriff zu widerstehen, der jedoch nicht erfolgte.

Wir haben den General Porter verlassen, als er gegen 12 Uhr mittags den mündlichen Befehl erhielt, anzugreifen. Er hatte infolge dessen sein Corps folgendermassen formiert: Den linken Flügel bildete die Brigade Buchanan der Division Sykes, welche vor der Farm J. Dogan entwickelt wurde. Die zweite Brigade[1]) derselben Division unter Oberst Chapman wurde als zweites Treffen dahintergestellt, die dritte Brigade — Warren — bildete die Reserve. Rechts der Division Sykes und etwas vorwärts formierten sich die zwei Brigaden der Division Morell unter Befehl des General Butterfield. Die dritte Brigade (Griffin) und mit ihr General Morell waren bekanntlich irrtümlicherweise nach Centreville marschiert (vergl. S. 233).

Als Porters Corps sich in dieser Stellung entwickelt hatte, entspann sich zunächst eine lebhafte Kanonade, verbunden mit einem mässigen Tirailleurgefecht. Die Plänkler der Konföderierten wurden ohne grosse Mühe in den Wald südlich der Chaussee gedrängt, aber es wurden auf feindlicher Seite keine grösseren geschlossenen Truppenkörper gesehen. Inzwischen war die Division Butterfield, rechts von Sykes, etwa in der Richtung auf Wilkins Farm vorgegangen. Anfänglich stiess sie auf keinen erheblichen Widerstand. Als sie sich jedoch dem die Eisenbahn einfassenden Walde näherte, wurde sie von sehr lebhaftem Gewehrfeuer empfangen. Dem entschlossenen Vorgehen Butterfields gegenüber gingen die Konföderierten zwar langsam zurück,

---

[1]) Beide Brigaden bestanden ausschliesslich aus Regimentern der regulären Armee, und zwar die Brigade Buchanan aus dem 3. und 4., dem 1. Bataillon des 12. und dem 1. und 2. Bataillon des 14. Regiments, die Brigade Chapman aus dem 2., 6., 10., 11. und 17. Regiment. Die beiden Brigaden galten für die bestdisciplinierten Truppen der Armee.

aber nur um ihre Hauptstellung, den Eisenbahndamm und die bewaldeten Anhöhen dahinter, zu besetzen.

Es war jetzt etwa $^1/_2$3 Uhr nachmittags geworden und in diesem Augenblick wurde Porter folgender schriftliche Befehl Popes überbracht:

„Die nachfolgenden Kräfte werden sofort zur Verfolgung des Feindes vorgehen und ihn den ganzen Tag lebhaft drängen:

„Major-General McDowell wird mit dem Kommando der Verfolgung beauftragt. Das Corps des Major-General Porter wird auf der Warrenton Chaussee vorgehen, gefolgt von den Divisionen der Generale King und Reynolds.

„Die Division des General Ricketts wird die Strasse nach Haymarket einschlagen, gefolgt vom Corps des General Heintzelman. Die notwendige Kavallerie wird dieser Kolonne vom General McDowell zugeteilt werden, an welchen regelmässige und häufige Meldungen zu schicken sind.

„Das grosse Hauptquartier wird sich irgend wo auf der Warrenton Chaussee befinden.“

Diese Ordre war datiert „Hauptquartier in der Nähe von Groveton 12 Uhr mittags,“ war also offenbar nur eine Wiederholung und weitere Ausführung des mündlichen Befehls.

Unmittelbar darauf kam eine von McDowell zur Ausführung des vorstehenden erlassene Spezial-Ordre ein:

„Nachdem General McDowell mit dem Kommando der zur Verfolgung des Feindes vorgeschickten Kräfte beauftragt ist, hat er mich angewiesen, Ihnen mitzuteilen, dass Ihr Corps unmittelbar von der Division King, unterstützt von Reynolds, gefolgt sein wird. Heintzelman mit seinem Corps, dem die Division Ricketts vorausgeht, wird rechts von Ihnen, auf der Strasse von Sudley Springs nach Haymarket vorgehen. Er ist angewiesen, seine Plänkler nach links auszudehnen und es ist wünschenswert, dass Sie mit Ihrem rechten Flügel Verbindung mit demselben aufnehmen.

„General McDowells Hauptquartier wird sich an der Tête der Division Reynolds auf der Warrenton Chaussee befinden. Teilen Sie eine starke Avantgarde ab und gehen Sie bei Verfolgung des Feindes rasch vor, bis Sie Fühlung mit demselben gewonnen haben. Melden Sie häufig. Die Brigade Bayard (Kavallerie) wird Befehl erhalten, sich bei Ihnen zu melden. Verwenden Sie dieselbe, um während Ihres Vorgehens gut nach links hin aufzuklären.“

Unterzeichnet war der Befehl vom Oberst Schriver, Chef des Stabes des General McDowell.

Die Corps Reno und Sigel, über welche in der vorstehend mitgeteilten Ordre Popes nicht disponiert war, sollten eine General-Reserve bilden, über welche sich Pope selbst die Verfügung vorbehalten hatte.

Eine irrtümlichere Auffassung der augenblicklichen Sachlage, als sie sich in diesen beiden Befehlen ausspricht, ist kaum denkbar!

Porter stand schon seit zwei Stunden im Gefecht mit dem Feinde,

hatte also schon lange „Fühlung gewonnen" und war auf einen nachhaltigen Widerstand des in starker Stellung befindlichen Feindes gestossen. An einen Rückzug dachte derselbe offenbar nicht und von
Verfolgung konnte keine Rede sein.

Als Porter den vorstehenden Befehl erhielt, war er nach einer
ganz anderen Richtung mit dem Feinde engagiert und hatte gerade
seine Dispositionen getroffen, um die beiden unter General Butterfield
fechtenden Brigaden durch die Divisionen Sykes und King zu unterstützen. Ausserdem hatte er die Hülfe des rechts rückwärts von ihm
stehenden Corps Sigel erbeten. Letzteres war durch die halbrechts
gerichtete Vorwärtsbewegung der Division Butterfield zum teil maskiert
und litt bereits durch gegen Butterfields Regimenter gerichtete, aber
zu weit gehende Artillerie-Geschosse.

Ganz abgesehen davon, dass es sich gar nicht um eine „Verfolgung" handeln konnte, war es unter diesen Verhältnissen für
Porter ganz unmöglich, das Gefecht abzubrechen und solche Verände-
rungen seiner Dispositionen vorzunehmen, wie sie notwendig gewesen
wären, um auf der Warrenton Chaussee vorzugehen, wie die oben mitgeteilten Befehle das verlangten. Er benachrichtigte deshalb den
General Mc Dowell, dass er versuchen werde, eine Linksschwenkung
auszuführen, wenn sein im Gang befindlicher Angriff erfolgreich sein
werde, um so allmählich die Chaussee zu gewinnen. Er wiederholte
dabei nochmals die Bitte, das Corps Sigel zu seiner Unterstützung
anzuweisen.

Inzwischen hatten sich am linken Flügel der Unierten Ereignisse
zugetragen, welche die Lage hier sehr bedenklich erscheinen liessen
und ihren Einfluss auch auf das Corps Porter hatten.

Die Division Reynolds hatte während der Nacht vom 29. zum
30. hinter Chinns Haus in dem Thale des kleinen Baches biwakiert,
welcher Youngs Branch zufliesst. Am Vormittag hatte General Reynolds seine Division bei Chinns Haus, ungefähr senkrecht zur Chaussee,
entwickelt und war dann, als Porter um Mittag zum Angriff vorging,
in gleicher Höhe mit demselben südlich der Chaussee ebenfalls vorgegangen. Seine Schützen drangen, ohne auf Schwierigkeiten zu stossen,
bis zum Rande des südlich von Groveton sich erstreckenden Waldes
vor, allein hier trafen sie auf so erheblichen Widerstand, dass er
nach und nach drei Regimenter als Plänkler auflöste und vorschickte,
aber auch denen gelang es nur sehr langsam vorwärts zu kommen.
Ein viertes Regiment schickte er nach links, um die linke Flanke
seiner vorgehenden Division zu decken. Vor seiner Front und nach
links hin verdeckte der Wald die Aussicht.

Als das Gefecht in der Front fast zum Stehen gekommen war,
ritt General Reynolds, von innerer Unruhe getrieben, nach links durch
den Wald hindurch, bis in das offene Terrain jenseits desselben vor.
Hier sah er denn, dass der Schützenlinie des nach links entsandten Regiments gegenüber und derselben parallel eine konföderierte Schützenlinie stand. Dahinter sah man Kavallerie-Trupps.
Reynolds übersah sofort die Lage. Er erkannte, dass der Feind sich

durchaus nicht auf dem Rückzug befand, sondern im Gegenteil, hier wenigstens, im Vorgehen, augenscheinlich um den linken Flügel der Unierten zu umfassen. Reynolds ritt sofort zurück, gefolgt von dem Feuer der feindlichen Tirailleure, durch welches ein ihn begleitender Ordonnanzreiter getötet wurde. Er suchte Mc Dowell auf und stellte ihm die Sachlage vor, nicht ohne einige bittere Bemerkungen über die gänzlich verkehrte Auffassung, welche den Dispositionen Popes zu Grunde lag. Mc Dowell erteilte ihm den Befehl, seine Division zurückzuziehen und auf dem Plateau, auf welchem das Haus der Mrs. Henry liegt, Front nach Süden, Stellung zu nehmen. Reynolds gelang es, nicht ohne Schwierigkeiten und Verluste, das Gefecht abzubrechen. Er ging jedoch vorläufig nur bis zu dem sich nach Norden erstreckenden Abfall von Bald Hill zurück. Hier wurde ihm auf Befehl Popes, der die missliche Lage der Division Reynolds erkannt hatte, alsbald die Division Schenck des Corps Sigel zur Unterstützung geschickt, welche ebenfalls auf Bald Hill, rechts neben Reynolds Stellung nahm. Beide, Reynolds und Schenck, hatten hier Front nach Westen. Ausserdem ordnete Pope an, dass von der dem Corps Heintzelman zeitweise überwiesenen Division Ricketts zwei Brigaden (Tower und Hartsuff) ebenfalls nach dem linken Flügel gezogen werden und auf dem Plateau beim Hause Henry Stellung nehmen sollten.

Wie wir wissen, hatte General Porter als Antwort auf den schriftlichen Befehl Mc Dowells, den er um $^1/_2$3 Uhr erhalten hatte, gebeten, dass ihm das Corps Sigel zur Unterstützung geschickt werden möge. Bald darauf erhielt er eine weitere schriftliche Mitteilung, eine Erwiederung auf seine Meldung, dass er versuchen werde, eine Linksschwenkung auszuführen, um die Warrenton-Chaussee zu erreichen, falls sein im Gange befindlicher Angriff erfolgreich sei. Dieselbe lautete: „Major-General Mc Dowell befiehlt, dass Sie die Bewegung nach links ausführen, welche Sie in Ihrer Note an ihn vorschlagen, und General Heintzelman, gegenwärtig hier, wird die Sache in der Front und am rechten Flügel leiten. Die Divisionen King und Reynolds stehen zu Ihrer Verstärkung zu Ihrer Verfügung." Eine Nachschrift besagte jedoch: „Da Anzeichen wahrgenommen sind, dass der Feind mit seinem rechten Flügel vorgehen will, so ist Reynolds von Ihrer Kolonne abberufen und nach dem linken Flügel geschickt. Es wird dennoch angenommen, dass Sie mit der Division King stark genug sind, Ihren Zweck zu erreichen; wenn nicht, wird General Pope Ihnen Sigel schicken."

Offenbar ist der Hauptteil dieser Depesche geschrieben, ehe Mc Dowell mit General Reynolds zusammengetroffen war und von diesem etwas von der Bedrohung des linken Flügels erfahren hatte, während die Nachschrift nach der Besprechung mit Reynolds hinzugefügt wurde.

Man kann daraus annähernd den Zeitpunkt bestimmen, wann der Rückzug der Division Reynolds vom linken Flügel Porters stattfand. Es muss etwa um $^1/_2$4 Uhr nachmittags gewesen sein.

Durch diesen Rückzug wurde plötzlich die linke Flanke Porters entblösst. Oberst Warren, Kommandeur der dritten Brigade der

Division Sykes, welcher mit seiner Brigade in Reserve hinter der Farm J. Dogan stand, sah sofort, dass die Division Reynolds ersetzt werden müsse, wenn nicht das Corps Porter in eine bedenkliche Lage kommen solle. Er ging deshalb auf eigene Verantwortung über die Chaussee und entwickelte seine schwache Brigade an der von Reynolds verlassenen Stelle.

Während dieser Zeit hatten die beiden Brigaden unter Butterfield langsam Terrain gewonnen und den Kamm der letzten vor der Eisenbahn liegenden Anhöhe erreicht. Hier aber stiessen sie auf einen so entschlossenen Widerstand der Konföderierten, dass ein weiteres Vordringen nicht möglich war. Zweimal meldete Butterfield dem General Porter, dass er kein Terrain mehr zu gewinnen vermöge. Porter erteilte deshalb den Generalen Sykes und Hatch den Befehl, zur Unterstützung Butterfields vorzugehen. Ehe dies jedoch noch geschehen konnte, hatte eine südlich der Warrenton-Chaussee aufgefahrene Batterie ein enfilierendes Feuer eröffnet, so dass Butterfield genötigt war, zurückzugehen. Die Konföderierten versuchten zu folgen, wurden dabei aber ihrerseits von den nördlich der Chaussee aufgefahrenen Batterien der Divisionen Sykes und Butterfield, sowie namentlich auch enfilierend von den beiden südlich der Strasse stehenden Batterien der Brigade Warren so wirksam beschossen, dass sie die Verfolgung alsbald aufgaben.

Inzwischen hatten sich die Divisionen Sykes und King (Hatch) entwickelt und im Verein mit ihnen ging Butterfield nochmals zum Angriff vor.

General Hatch hatte seine Division in sieben Linien hintereinander formiert, mit 50 Schritt Abstand zwischen den Linien. Die erste und zweite Linie war von seiner eigenen Brigade, die dritte und vierte von der Brigade Patrick, die fünfte und sechste von der Brigade Gibbon und die siebente von der Brigade Doubleday gebildet. Der rechte Flügel stand etwa dem Punkte gegenüber, wo die Strasse von Groveton nach Sudley Springs die Eisenbahn kreuzt. Bei Aufstellung der Division war aber insofern ein Fehler passiert, als die Front der Division nicht parallel zur Stellung des Feindes — der Eisenbahn — lief, sondern zu dem genannten Weg. Infolge dessen stiess der rechte Flügel früher auf den Feind als der linke und dieser hatte im feindlichen Feuer eine Schwenkung auszuführen. Sykes, welcher nur noch zwei schwache Brigaden hatte, nachdem die Brigade Warren, wie erwähnt, südlich der Strasse Stellung genommen, formierte sich hinter Butterfield, um diesen zu unterstützen.

Der Angriff Porters und Hatchs stiess auf die Stonewall-Division und den rechten Flügel der Division Ewell.

Die konföderierten Plänkler wurden ohne grosse Mühe zurückgetrieben. Die Batterien des Oberst Lee, welche, wie wir wissen, auf dem Hügel westlich von Groveton zwischen Chaussee und Eisenbahn aufgefahren waren, beschossen die anstürmenden Unierten auf wirksamste Entfernung in der Flanke. Obgleich dieselben durch dies Feuer schwere Verluste erlitten, liessen sie sich doch nicht im Vordringen aufhalten und gelangten bis in die Nähe der Eisenbahn. Hier wurden sie von einem heftigen Gewehrfeuer empfangen, welches aber nur ein augenblickliches Stutzen hervorrief, bis die Eisenbahn selbst erreicht war. Nunmehr entspann sich ein äusserst erbitterter Kampf. Einen Augenblick schwankte die Linie der Unierten vor dem heftigen Feuer, welches die gedeckt stehenden Konföderierten auf sie abgaben. Aber nur einen Augenblick! Wieder gingen sie über den offenen und ungedeckten Raum vor, in das mörderische Feuer eines durch den tiefen Eisenbahneinschnitt geschützten Feindes. Aber hier brach sich ihre Kraft. Linie auf Linie, Brigade nach Brigade stürmte heran, aber der Eisenbahneinschnitt verblieb im Besitz der Konföderierten. So erbittert wurde hier gekämpft, dass Leute, deren Munition erschöpft war, zur primitiven Waffe des Urmenschen, zum Stein, griffen, um sich den Gegner vom Leibe zu halten. Wäre jetzt die nötige Unterstützung herangekommen, so wäre der heldenmütige Angriff vielleicht doch noch von Erfolg gekrönt gewesen. Allein daran fehlte es. Mehrere Male setzten die Reserven an, um ihre vorangegangenen Kameraden zu unterstützen, allein das Flankenfeuer der konföderierten Batterien war so heftig, dass sie jedes Mal in Unordnung zurückgehen mussten.

Eine Brigade der Division Sykes, welche sich auf Befehl Porters gegen die Batterien des Oberst S. D. Lee wandte, gelangte zwar bis auf 200 Schritte an dieselben heran[1]) (wie später durch die Lage der Toten konstatiert wurde), musste aber dann ebenfalls Kehrt machen und zurückgehen.

Das Vorgehen der Unierten wurde mit solcher Entschlossenheit ausgeführt, dass selbst Jackson für den Ausgang besorgt wurde. Er sah seine braven Soldaten eine Linie zurückwerfen, nur um sofort aufs ungestümste von einer zweiten angegriffen zu werden. Von der Division Starke (Stonewall) waren nur zwei Brigaden da, die dritte war zurückgegangen, um ihre Munition zu ergänzen. Von der Division Ewell waren hauptsächlich die Brigaden Early, Trimble und Lawton beteiligt. Da auch, wie wir sehen werden, die Division Hill auf dem linken Flügel engagiert war, so sah sich Jackson endlich genötigt, den General Lee zu bitten, ihn durch Longstreet unterstützen zu lassen. Ehe der betreffende Befehl diesen General noch erreichte, hatte derselbe aus eigener Anschauung bereits Kenntnis von Jacksons Lage erhalten.

Longstreet war beschäftigt gewesen, seine Divisionen für den Angriff auf den linken Flügel der Unierten zu ordnen und vorzubereiten, als nach 3 Uhr nachmittags eine Botschaft der Generale Evans und Hood ihn erreichte, durch welche er ersucht wurde, dahin zu kommen, wo sich diese Generale befanden. Er kam dem Verlangen nach und traf sie auf einer Anhöhe südlich der Strasse, von der aus man das Vorgehen des Corps Porter und der Division Hatch gegen die Stellung

---

[1]) Report des General S. D. Lee. *Southern Historical Society Papers*, Vol. VI, pag. 63 u. 64.

Jacksons sehen konnte. Kaum war er hier angelangt, als ein Kourier des General Lee angesprengt kam, mit dem Befehl, durch eine Diversion des rechten Flügels dem bedrängten Jackson Luft zu machen. Longstreet konnte sich jedoch der Besorgnis nicht entschlagen, Jackson werde nicht so lange Stand halten können, bis eine solche Diversion wirksam werden könne, und hielt eine unmittelbarere Unterstützung für geboten. Er liess deshalb zwei in der Nähe befindliche Batterien herbeiholen. Diese nahmen auf einer Anhöhe südlich der Strasse Stellung und beschossen Porters anstürmende Linien ebenfalls in der Flanke, jedoch auf weit grössere Entfernung, als die Batterien des Obersten S. D. Lee.

Noch ehe die zweite derselben abgeprotzt hatte, war Porter zu der Überzeugung gekommen, dass sein Angriff keinen Erfolg haben könne. Das enfilierende Artilleriefeuer, verbunden mit dem direkten Infanteriefeuer, vernichtete die Linien, wenn sie fast im Begriffe standen, in die eigentliche feindliche Stellung an der Eisenbahn einzudringen. Vier aufeinanderfolgende und mit verzweifelter Energie unternommene Angriffe waren von den Konföderierten zurückgewiesen. General Hatch, der, schwerverwundet, Porter aufsuchte, ehe er sich nach dem Verbandplatz begab, berichtete, dass auch bei seiner Division die Sachen kläglich stünden. Mehr als ein Drittel seines Effektivbestandes hatte das Corps Porter verloren, und es wäre Wahnsinn gewesen, noch weitere Versuche gegen die starke und so gut verteidigte Stellung der Konföderierten zu machen, zumal jetzt auch der rechte Flügel des Feindes sich zum Angriff anschickte und dadurch event. den Rückzug Porters bedrohte. Dieser sammelte demnach die Trümmer seines Corps in der Nähe der Farm Dogan unter dem Schutze der Division Schurz. Der ganze Kampf Porters hatte nicht viel mehr als eine halbe Stunde gedauert.

Auf dem linken Flügel der Unierten war, wie wir wissen, die Division Reynolds auf Befehl Mc Dowells zurückgegangen und hatte Stellung auf Bald Hill, Front nach Westen, genommen, wo sich die Division Schenck an ihren rechten Flügel setzte. Der erwartete Angriff der Konföderierten fand jedoch vorläufig noch nicht statt. Mc Dowell, Reynolds und Warren waren von der Höhe von Bald Hill Augenzeugen des heldenmütigen Angriffs des Corps Porter und der Division King, aber sie sahen auch, wie diese Truppen sich in vergeblichen Anstrengungen erschöpften. Auch Pope, der auf Buck Hill nördlich der Chaussee Aufstellung genommen hatte, sah den Kampf des Corps Porter mit an, aber da ihm seine Stellung einen bessern Überblick bot, und er namentlich die formidable Artillerieaufstellung des Feindes, durch deren Flankenfeuer die Anstrengungen des Corps Porter hauptsächlich vereitelt wurden, übersehen konnte, so war er imstande, schon früher, als die obengenannten Offiziere, zu erkennen, dass der Angriff vergeblich sein und das Corps Porter zum Rückzug genötigt werden würde. Dass dieser Rückzug nach den vorausgegangenen Kämpfen kein geordneter sein und es deshalb wünschenswert sein würde, wenn das zurückgehende Corps durch eine noch intakte Truppe aufgenommen würde, hinter der es sich sammeln konnte, lag auf der Hand. Eine solche war auch ·in der Division Schurz des Corps Sigel vorhanden und allenfalls wäre auch noch das in der Nähe befindliche Corps Reno dazu heranzuziehen gewesen, keinesfalls war es nötig, den an sich schon stark gefährdeten linken Flügel noch weiter zu schwächen. Das war es aber gerade, was geschah, und zwar war es Mc Dowell selbst, der seine früher getroffenen verständigen Anordnungen wieder rückgängig machte, indem er dem General Reynolds den Befehl erteilte, rechts abzumarschieren und sich nördlich der Strasse hinter dem Corps Porter so zu formieren, dass sich dieses hinter seiner Linie sammeln konnte. Reynolds beeilte sich, diesem Befehl Folge zu leisten. Kaum hatte er aber seine Stellung verlassen, als es sich zeigte, wie verkehrt diese Anordnung war.

Für den rechten Flügel der Konföderierten — Corps Longstreet — war der Rückzug des Corps Porter das Signal zum Vorstoss gewesen. Auf dem linken Flügel Longstreets, dicht an der Chaussee, ging die Division Hood, unterstützt durch die ·Brigade Evans, vor, rechts davon die Division Kemper und am äussersten rechten Flügel die Division Jones, welche sich im Laufe des Tages aus ihrer etwas isolierten Stellung an der Manassas Gap-Bahn, wo sie durch die Abberufung des Corps Porter überflüssig geworden war, näher an die Division Kemper herangezogen hatte. Auch die Division Anderson, welche ursprünglich eine zur Verfügung des Obergenerals verbleibende Reserve bilden sollte, war Longstreet überwiesen, und von der Division Wilcox nahm die Brigade Wilcox ebenfalls an dem Vorgehen Longstreets teil, während die beiden anderen Brigaden dieser Division, wie wir später sehen werden, mit dem linken Flügel unter Jackson vorgingen.

Die Division Hood stiess zunächst auf die Brigade Warren des Corps Porter, welche bekanntlich südlich der Strasse Stellung genommen hatte, als die Division Reynolds nach Bald Hill zurückgegangen war. Warrens Brigade bestand aus zwei Batterien und zwei Infanterie-Regimentern, dem 5. und 10. New York Regiment. Er hielt die von ihm eingenommene Stellung für den Schutz der Flanke des zurückgehenden Corps Porters für so wichtig, dass er dieselbe behaupten zu müssen glaubte, trotzdem er sich nicht verhehlen konnte, dass sie für seine schwachen Kräfte sehr exponiert sei. Als die konföderierte Division Hood zum Angriff vorging, konnte er natürlich angesichts eines überlegenen Feindes nicht zurückgehen, sondern hoffte, dass ihm rechtzeitige Unterstützung zu teil werden würde. Er blieb also stehen und liess die anrückenden Kolonnen herankommen. In erster Linie hatte er das 10. New York Regiment entwickelt, welches dem Ansturm des Feindes nicht lange Widerstand ·zu leisten vermochte. Es ging zurück, wurde aber so heftig verfolgt, dass es kaum früher als der nachdringende Feind bei dem 5. New York Regiment anlangte, und zwar wurde das Feuer des letzteren durch die Zurückgehenden maskiert.

Während Warren versuchte, die Front des 5. Regiments frei zu machen, erhielt er plötzlich aus dem in seiner linken Flanke gelegenen, sich bis hinter seine Stellung erstreckenden Wald Feuer, was von den schlimmsten Folgen begleitet war. Warren wollte Kehrt machen lassen, um zurückzugehen und eine Stellung zu gewinnen, wo er den Feind wieder vor sich hatte. Allein im Lärm des Kampfes wurde kein Kommando gehört. Die Offiziere, welche sich bemühten, Warren zu unterstützen, fielen, und erst nach langer Zeit gelang es, die Regimenter zurückzuführen. Das 5. Regiment hatte 298, das 10. Regiment 138 M. an Toten, Verwundeten und Vermissten verloren. Während dieses Kampfes hatte die Division Reynolds ihren Rechtsabmarsch ausgeführt, um, nach dem Befehl Mc Dowells, Stellung nördlich der Strasse zu nehmen. Ihre beiden ersten Brigaden Meade und Seymour hatten den Marsch auch unbehelligt fortgesetzt, die dritte Brigade jedoch, unter Oberst Anderson, wurde noch von dem Stosse getroffen, welcher die Brigade Warren überrannt hatte. Vergebens versuchte Anderson demselben Widerstand zu leisten. Seine Batterie von vier Geschützen fiel in die Hände der Konföderierten, nachdem ihr Chef gefallen war. Unter grossen Verlusten von Stellung zu Stellung gedrängt, ging die Brigade schliesslich in Auflösung in östlicher Richtung zurück.

Weiter stürmten die Wogen des konföderierten Angriffs · und prallten zunächst an die Brigade Mc Lean der Division Schenck vom Corps Sigel.

Wie wir wissen, war diese Division zur Unterstützung Reynolds beordert worden, als dieser nach Bald Hill zurückgegangen war und hatte an dessen rechtem Flügel Stellung genommen, die Brigade Mc Lean stand südlich der Chaussee, die Brigade Stahl nördlich derselben bis nach Dogans Farm. Rechts hinter Schenck stand die Division Schurz, welcher noch die Brigade Koltes der Division Steinwehr zugeteilt war. Schurz hatte seine Truppen in Regiments-Kolonnen aufgestellt, und zwar die Brigade Koltes am linken Flügel, hinter der Brigade Stahl der Division Schenck, die Brigade Schimmelpfennig am rechten Flügel; im zweiten Treffen hinter dem Intervall dieser beiden Brigaden die Brigade Krzyzanowski.

Mc Lean hatte seine Stellung am rechten Flügel der Division Reynolds noch nicht lange eingenommen, als diese dem seiner Zeit mitgeteilten Befehl Mc Dowells zufolge rechts abschwenkte und vor seiner Front vorbei nach der Chaussee zu marschierte. Gleich darauf erfolgte der beschriebene Angriff der Konföderierten auf die Brigaden Warren und Anderson, der mit deren Niederlage endete. Die Verfolger stiessen nun zunächst auf die Brigade Mc Lean. Während die Brigade Warren ihrer geringen Stärke wegen, die Brigade Anderson, weil sie unerwartet in der Marsch-Kolonne in der Flanke getroffen war, einen nachhaltigen Widerstand nicht zu leisten vermocht hatten, stiessen die Konföderierten bei der Brigade Mc Lean zuerst auf kräftige Gegenwehr. Die Batterie derselben, welche in der Mitte der Linie Stellung genommen hatte, beschoss die Vordringenden zuerst mit Granaten, schliesslich mit Kartätschen, und als jetzt auch die Infanterie mit an dem Kampf teilnahm, geriet das Vorgehen der

Konföderierten ins Stocken und sie wurden selbst momentan zum Rückzug gezwungen. Auch die Brigade Stahl nahm an diesem Kampfe teil, da jetzt auch auf und nördlich der Chaussee die konföderierte Brigade Wilcox und Teile der Division Anderson vordrangen. Allein der Widerstand konnte nicht von langer Dauer sein, die umfassende Bewegung der Konföderierten äusserte auch hier ihre Wirkung. Bald wurde dem Oberst Mc Lean gemeldet, dass links im Rücken der Brigade Truppen aus dem Walde hervorbrüchen. Sie trugen dunkle Uniformen und man hielt sie anfänglich für Unierte, um so mehr, als auch ihre Marschrichtung eine solche war, dass man sie für Unterstützungen halten konnte, welche bestimmt waren, den von der Division Reynolds verlassenen Platz einzunehmen. Allein man wurde bald eines Bessern belehrt. Aus dem dem linken Flügel der Brigade Mc Lean gegenüberliegenden Wald drang jetzt ebenfalls eine unverkennbar feindliche Abteilung hervor, verband sich mit der zweifelhaften und bald wurde gegen den linken Flügel der Brigade Mc Lean ein heftiges Artillerie- und Gewehrfeuer eröffnet. Unter diesen Umständen war ein schleuniger Rückzug geboten.

In diesen Rückzug wurde auch die Brigade Stahl mit hineingezogen. Als General Schurz dies wahrnahm, schickte er zunächst die Brigade Koltes zur Unterstützung vor und als diese sehr bald in nachteilige Gefechtsverhältnisse verwickelt war, liess er die Brigade Krzyzanowski folgen. Südlich der Chaussee war eine feindliche Batterie von 4 Geschützen aufgefahren, deren Feuer sehr lästig wurde. Ihre Wegnahme hielt Oberst Koltes für so wichtig, dass er seine Brigade für die Erfüllung dieser Aufgabe einsetzte. Er stellte sich selbst an ihre Spitze und seine Leute durch Wort und Beispiel anfeuernd, ging er gegen die Batterie vor. Allein das Feuer war zu heftig. Oberst Koltes selbst fiel. Ein Sprengstück einer Granate tötete ihn und sein Pferd. Nur wenige Leute gelangten bis an die feindlichen Geschütze und wurden hier gefangen genommen.

General Sigel, welcher den Kampf von einer Anhöhe, nördlich der Chaussee, beobachtet hatte, konnte sich der Einsicht nicht verschliessen, dass er allein mit der Division Schurz den Angriff des Feindes nicht aufzuhalten vermöge, nachdem die Brigaden, welche den linken Flügel der Armee gebildet hatten, nach und nach zertrümmert waren. Er erteilte deshalb Schurz den Befehl, mit seiner Division hinter die Sudley Springs Strasse zurückzugehen.

Damit war die Anhöhe Bald Hill und ihr nach Norden sich erstreckender Abfall im unbestrittenen Besitz der Konföderierten.

Die Misserfolge, welche die Brigaden und Divisionen der Unierten befallen hatten, waren in Verbindung mit der sich immer deutlicher aussprechenden Umfassung des linken Flügels Veranlassung gewesen, dass Mc Dowell sich bemüht hatte, eine zweite Stellung auszuwählen und vorzubereiten, in welcher ein letzter Versuch gemacht werden sollte, dem Vordringen des Feindes Halt zu gebieten und die Möglichkeit eines geordneten Rückzuges über den Bull Run zu erkämpfen. Der Tag war schon weit vorgeschritten und es konnte sich nur noch darum handeln, einige wenige Viertelstunden Widerstand zu leisten, bis die Dunkelheit dem Kampf und der Verfolgung ein Ende machte, um dann unter deren Schutz den Rückzug anzutreten. Dazu hatte Mc Dowell das Plateau ausersehen, welches den Raum südlich der Chaussee zwischen der Strasse nach Sudley Springs und dem Bull Run ausfüllt, auf dessen höchstem Teil die Farm der Mrs. Henry liegt. Dorthin wurden die geschlagenen Truppen Porters, Reynolds, und Sigels beordert. Es standen schon die beiden Brigaden der Division Ricketts dort, welche, wie an betreffender Stelle erwähnt (vgl. S. 241), vom General Pope dorthin beordert waren, als ihm Reynolds Meldungen über die ersten Anzeichen der beginnenden Umfassung seines linken Flügels zugingen. Diese Truppen — die Brigaden Tower und Hartsuff mit zwei Batterien — wollte Mc Dowell den Konföderierten entgegenwerfen, um deren allzuheftiges Nachdringen aufzuhalten und so Zeit zu gewinnen, die obengenannten Truppenabteilungen auf dem Plateau zwischen den Farmen Henry und Robinson zu ordnen.

General Tower erhielt den Befehl, mit den beiden Brigaden gegen Bald Hill vorzugehen. Sie vermochten jedoch diesen Punkt nicht mehr zu erreichen, sondern stiessen bereits in dem Thale von Chinns Branch auf den Feind. Es war die konföderierte Division Jones, welche am Tage vorher Porter an Dawkins Branch gegenüber gestanden hatte. Jones hatte jedoch nur die beiden Brigaden Toombs und Anderson bei sich. Die Brigade Drayton war gegen Mittag infolge einer Meldung der am rechten Flügel aufklärenden Kavallerie, dass starke feindliche Abteilungen von Bristow gegen Manassas im Marsch seien (vergl. S. 253), zurückgehalten worden, und traf erst wieder ein, als der Kampf beendet war. Die Brigade Toombs marschierte am linken, die Brigade Anderson am rechten Flügel. Als beim Vorgehen eine Farm passiert werden musste, war das linke Flügel-Regiment der Brigade Toombs, das 20. Georgia-Regiment, links, die drei anderen Regimenter derselben, rechts der Farm vorbeigegangen, und die so entstandene Lücke war durch eine kleine Direktions-Veränderung des 20. Georgia-Regiments noch vergrössert. Dies Regiment stiess zuerst auf die Unierten, welche ein kleines, dichtes Tannengehölz an dem südwestlichen Abfall der zwischen Chinns Branch und der Sudley Springs Strasse sich erhebenden Anhöhe erreicht und besetzt hatten. Es wurde von einem heftigen Gewehrfeuer' empfangen, welches von den Konföderierten im Vorgehen erwiedert wurde. Bald hatten letztere das Gehölz erreicht, aus welchem sich die Unierten langsam zurückzogen. Jenseits desselben war das Terrain offen und als die nachdringenden Konföderierten bis auf die Kuppe der Anhöhe gelangt waren, sahen sie vor sich das trockene Bett eines Zuflusses von Chinns Branch und jenseit desselben an dem dünn bewaldeten steilen Abfall des rechten Thalrandes die beiden unierten Brigaden mit ihren Batterien in Stellung. Oberst Banning, welcher für den abwesenden General Toombs die Brigade führte, und sich beim 20. Georgia-Regiment befand, befahl die feindliche Stellung anzugreifen. Im Laufschritt wurde das Bett des Baches erreicht und hier, wo man vor dem feindlichen Feuer geschützt war, Athem geschöpft. Dann begannen die Konföderierten die jenseitige Anhöhe zu ersteigen. Als sie jedoch über dem Rande des unteren steileren Teiles derselben erschienen, wurden sie auf nächste Entfernung von einem so wirksamen Kartätsch- und Gewehrfeuer empfangen, dass sie nicht weiter vorzudringen vermochten und nach dem geschützten tiefer gelegenen Thale zurückgingen.

Die drei anderen Regimenter der Brigade Toombs und die Brigade Anderson hatten inzwischen ihren Marsch fortgesetzt und erschienen kurz nach dem eben geschilderten fehlgeschlagenen Angriff in der linken Flanke der Brigaden Hartsuff und Tower, und zwangen diese dadurch wieder nach dem Plateau bei der Farm Henry zurückzuchen.

Inzwischen hatte Mc Dowell den Rand des Plateaus, südlich des Hauses Henry, mit den durch die vorausgegangenen Kämpfe am wenigsten erschütterten Truppenabteilungen besetzt. Es waren dies die Brigaden Meade und Seymour der Division Reynolds und die Brigaden Chapman und Buchanan der Division Sykes vom Corps Porter. Die übrigen, durch die erlittenen Niederlagen in Unordnung gerathenen Truppen suchte Pope nördlich der Chaussee zu sammeln.

Die beiden Brigaden der Division Reynolds sollten mit Front nach Süden in Linie entwickelt mit ihrem rechten Flügel etwa vor dem Henry-Haus, links davon die Brigade Chapman, und dahinter in Reserve die Brigade Buchanan Stellung nehmen. General Porter befand sich bei den beiden seinem Corps angehörigen Brigaden und General Mc Dowell leitete die Aufstellung und den Kampf.

Die Brigade Chapman war die erste dieser Truppen, welche ihre Stellung erreichte und sie kam in einem sehr gelegenen Augenblick. Durch die Gehölze südlich des Hauses Henry waren starke feindliche Kolonnen — drei Regimenter der Brigade Toombs und die Brigade Anderson der Division Jones — im Anmarsch. Chapman löste ein Regiment in Schützen auf und liess die Übrigen in Linie entwickelt folgen, und ging so dem Feind entgegen. Unterholz bedeckte den Boden und verbarg das Herannahen des Feindes. Aber bald standen sich beide Gegner gegenüber und das Vordringen der Konföderierten kam zum Stehen. Dreiviertel Stunden lang hielt Chapman hier Stand, während welcher Zeit die Konföderierten ·sich beständig nach rechts ausdehnten und seinen linken Flügel umfassten. Erst als sein Rückzug durch diese Umfassung bedroht schien, erhielt er den Befehl, nach der oben beschriebenen Stellung am Plateau wieder zurückzugehen.

Hier waren inzwischen die Brigaden Buchanan, Seymour und Meade, sowie Teile des Corps Reno eingetroffen und sofort heftig von den Konföderierten angegriffen. Seymour, Meade und Reno standen im ersten Treffen, wie weiter oben beschrieben, Buchanan dahinter. An ihrem rechten Flügel nahm bald darauf auch noch die Brigade Schimmelpfennig des Corps Sigel (Division Schurz) Stellung. Dieselbe hatte bis dahin noch keinen aktiven Anteil an dem Kampfe genommen, indessen im passiven Ausharren in ihrer Stellung nördlich von Dogans Farm (nördlich der Strasse) erhebliche Verluste erlitten. Als Schurz gezwungen war zurückzugehen, ˙ fand er auf den Anhöhen zunächst östlich der Sudley Springs Strasse, statt einer geschlossenen Reserve, wie er .erwartet hatte, ungeordnete Massen von Versprengten aller möglichen Truppenabteilungen. Er versuchte vergeblich dieselben zu ordnen. Zu dieser Zeit befanden die Brigaden Chapman und Buchanan der Division Sykes sich noch nördlich der Strasse und waren gerade im Begriff, nach dem Plateau beim Hause Henry abzumarschieren. Während Schurz noch mit fruchtlosen Versuchen beschäftigt war, die Versprengten zu ordnen, traf ein Befehl vom General Sigel ein, eine Brigade zur Unterstützung Milroys vorzuschicken. Die Brigaden Koltes und Krzyzanowski waren durch die weiter oben geschilderten Kämpfe sehr erschöpft und Schurz erteilte deshalb der Brigade Schimmelpfennig den entsprechenden Befehl. Allein die Brigade Milroy[1]) war nirgends zu finden und auf der Suche danach kam Schimmelpfennig auf das Plateau beim Hause Henry. So willkommen ihre Unterstützung dort war, vermochte sie doch das Schicksal des Tages nicht mehr zu wenden.

Mc Dowell, der, wie wir wissen, hier persönlich das Gefecht leitete, sah bald ein, dass er seine erste Linie unterstützen musste, umsomehr als auch die weiter links fechtende Brigade Chapman meldete, dass sie nicht lange mehr zu widerstehen vermöge. Es stand ihm zunächst nur noch die Brigade Buchanan zur Verfügung, welcher er jetzt den Befehl erteilte, vorzugehen, und Seymour und Meade zu unterstützen. Aber auch das Eingreifen dieser Brigade vermochte nicht dem stetigen Vordringen der Konföderierten Einhalt zu thun. Gelang es denselben, den Südrand des Plateaus in Besitz zu nehmen, so beherrschten sie das ganze Terrain bis zur Chaussee und darüber hinaus. Der Tag neigte sich stark seinem Ende zu, und es bedurfte vielleicht nur noch eines kurzen Widerstandes, um die Armee vor einer gänzlichen Niederlage zu bewahren. Nördlich der Chaussee war inzwischen etwas Ordnung in die Masse der Versprengten gekommen. Mc Dowell sah deutlich, dass längs der Chaussee geschlossene Truppenkörper in Linie aufmarschiert waren, und er fragte sich, ob er Teile derselben zur Behauptung seiner Stellung heranziehen könne. Er war der Ansicht, dass diese Reserven von Pope selbst dort aufgestellt seien und dass der Obergeneral sich die ausschliessliche Verfügung über dieselben

---

[1]) General Milroy selbst ritt für seine Person im Zustand höchster Aufregung auf dem Schlachtfelde umher und mischte sich vielfach in die Führung von Truppen, die ihn nichts angingen. (General Mc Dowell sagt z. B. in seinem Report: „.... und als ich mich in der Nähe der Division Sykes befand, kam General Milroy, ein tapferer Offizier, vom Corps Sigel, in einem Zustand voller Wuth herangesprengt, mit gezogenem Degen und schon aus der Ferne gestikulierend, und rufend, man müsse Verstärkungen vorschicken, um den Tag und das Vaterland zu retten. Sein Wesen, seine Gemeinplätze, welche nicht die geringste Information brachten, und die, nach der Art, wie sie ausgesprochen wurden, nur bewiesen, dass er sich in einem Zustand befand, ebenso ungeeignet Ereignisse zu beurteilen, wie Truppen zu führen, veranlassten mich, ihn kalt zu empfangen ...." Oberst Buchanan, in dessen Führung Milroy ebenfalls hineingeredet hatte, sagt: „Milroys Benehmen war sehr aufgeregt, so, dass es die Aufmerksamkeit Aller erregte, welche zugegen waren, und viele veranlasste, sich zu erkundigen, wer das sei, der da so wild umherjage und was er wolle." (*Gordon, The Army of Virginia* etc.)

vorbehalten habe. Ehe er noch zu einem Entschluss gelangt war, ob er Popes Ermächtigung zur Heranziehung dieser Reserven nachsuchen solle oder nicht, traf ein Befehl des Letzteren an ihn ein. Danach sollte er mit allen Truppen seines Corps, welche er erreichen könne, die Übergänge über den Bull Run und seinen linken Zufluss, den Cub Run, besetzen. Es war dies nach 7 Uhr abends. Pope hatte beschlossen, wenn, die Dunkelheit dem Gefecht ein Ende gemacht haben würde, mit der Armee über den Bull Run zurückzugehen und bei Centreville Stellung zu nehmen. Infolge dessen erteilte Mc Dowell den unter seiner Leitung fechtenden Truppen den Befehl, langsam nach Norden zurückzugehen. So gelangten die Konföderierten in den Besitz des Plateaus beim Hause Henry, allein die Dunkelheit machte dem Kampf ein Ende, sodass eine weitere Verfolgung der zurückgehenden Unierten nicht möglich war.

Um 8 Uhr abends wurde den verschiedenen Corps der Befehl zugeschickt, nach Centreville zurückzugehen. Ehe wir ihnen dorthin folgen, ist es notwendig, kurz der Ereignisse am rechten Flügel der Armee Popes zu gedenken.

Wie wir wissen, hatte General Heintzelman am Nachmittag den Befehl erhalten, den zurückgehenden Feind auf der von Sudley Springs nach Haymarket führenden Strasse zu „verfolgen", und es war ihm dazu noch die Division Ricketts des Corps Mc Dowell zugeteilt, von der jedoch noch vor Beginn der Bewegung die Brigaden Hartsuff und Tower wieder nach dem linken Flügel beordert waren, sodass nur die Brigade Duryée dieser Division noch beim Corps Heintzelman verblieb.

Als nach erhaltenem Befehle die Vorwärtsbewegung begann, stiess man auf starke Schützenschwärme der Konföderierten, sodass die Einbildung, man habe einen zurückgehenden Feind vor sich, sehr bald zerrissen war. Es gelang zwar, die feindlichen Schützen zurückzutreiben und die Brigade Duryée überschritt selbst die Eisenbahn und erreichte Sudley Church. Hier wurde sie jedoch von einem so heftigen Geschützfeuer empfangen, dass ein weiteres Vorgehen nicht möglich war. General Heintzelman rief dieselbe deshalb zurück. Er begnügte sich mit der gemachten Demonstration und das Gefecht beschränkte sich von da an hier auf ein schwach unterhaltenes Kanonenfeuer. Es scheint so, als ob die ganze Division Hooker bis zum Eintreffen des Befehls zum Abmarsch nach Centreville etwa eine Meile von dem Orte, wo die Entscheidungskämpfe geschlagen wurden, unthätig ruhte und die Leute von erhöhten Punkten, Zäunen, Lafeten etc. die Kämpfe am linken Flügel beobachteten. Die Division Kearny wurde gegen Abend von Heintzelman zur Unterstützung der vorgeschobenen Brigade Duryée vorgeschickt.

Als der letzte Angriff des Corps Porter gegen die Stellung Jacksons abgeschlagen war, hatte letzterer ein allgemeines Vorgehen seines Corps angeordnet. Es gelang demselben, die Waldungen östlich der Eisenbahn zu erreichen und zu behaupten. Ein weiteres Vorgehen war jedoch anfänglich wegen des Feuers einiger sehr gut postierter

Batterien der Unierten nicht möglich. Erst als diese, teils aus Munitionsmangel, teils weil sie sich bei der allgemeinen· rückgängigen Bewegung der Unierten in Gefahr sahen, isoliert zu bleiben, genötigt
waren, abzufahren, konnte ein weiteres Vorgehen auf der ·ganzen
Linie stattfinden. Dabei stiess der linke Flügel der Division A. P.
Hill auf die Brigade Duryée, welche durch einen umfassenden Angriff zum Rückzug gezwungen wurde, ·wobei ihre Batterie drei Geschütze verlor. General Kearny blieb in seiner Stellung bis gegen
10 Uhr abends, zu welcher Zeit er ebenfalls den Rückzug nach Centreville antrat.
Eine Darstellung der Kämpfe des 30. August würde nicht vollständig sein, wenn nicht auch des Kavallerie-Kampfes gedacht würde,
der am Abend am linken Flügel der Unierten stattfand.
Die konföderierte Kavallerie-Brigade Robertson (2., 6., 7. und
12. Virginia Kavallerie-Regiment) hatte schon am 29. am rechten
Flügel dem Corps Porter gegenüber gestanden. Am 30. erhielt dieselbe den Auftrag, bei der beabsichtigten grossen Linksschwenkung
den rechten Flügel zu decken, diesem vorauszueilen und eine
solche Stellung zu erreichen, dass sie mit ihren Batterien womöglich die Position der Unierten enfilieren könne. Zu diesem Ende
wurden ihr noch das 5. Virginia Kavallerie-Regiment unter Oberst
Rosser und vier Batterien zugeteilt. Eine solche Stellung war auf
dem Höhenrücken, in der Nähe der Farm Wheeler gefunden, von
wo die Batterien allmählich in Echelons in der Richtung gegen
das Plateau beim Hause Henry vorgingen, bis sie in das Gewehrfeuer
der Unierten kamen, wo sie bis Beendigung des Kampfes im Feuer
stehen blieben.
Als gegen Abend der Sieg sich mehr und mehr den Konfö-
rierten zuzuneigen schien, eilte General Robertson, das 5. Kavallerie-
Regiment bei den Batterien stehen lassend, mit seiner Brigade auf
den Bull Run zu, um durch Besetzung der Übergänge, namentlich
auch der Steinbrücke, den Rückzug der Unierten zu belästigen und
zu verwirren.
Robertson ging auf dem Wege vor, welcher bei Lewis Ford den
Bull Run überschreitet. In der Nähe der Farm Lewis angelangt,
bemerkte der mit dem 2. Kavallerie-Regiment die Vorhut bildende
Oberst Munford, dass auf der Anhöhe rechts der genannten Farm
eine Abtheilung feindlicher Kavallerie, anscheinend eine Kompagnie,
aufgestellt sei. Er schickte sogleich eine Schwadron (2 Kompagnien)
·unter Oberstlieutenant Watts ab, um die Unierten anzugreifen. Diese
wärteten jedoch den Angriff der Übermacht nicht ab, sondern zogen
sich auf das Gros der Brigade Buford zurück, welches im Grunde in
der Nähe von Lewis Ford hielt.
Oberstlieutenant Watts blieb nunmehr halten und der Rest des
2. Kavallerie-Regiments ging etwas zurück, um eine Stellung zu nehmen, von der aus bei einem Angriff auf Watts dieser leichter unterstützt werden konnte. Ein solcher liess auch nicht lange auf sich warten.
Die Brigade Buford kam in mehreren Treffen hintereinander ange-

trabt. Munford ging sofort zur Attacke vor. Das erste Treffen der
Unierten, deren erschöpfte Pferde kaum zum Galopp gebracht werden
konnten, wurden von den im vollen Lauf ansprengenden Konföderierten
durchbrochen und geworfen, allein das zweite Treffen hielt fest und
warf seinerseits die Konföderierten. Das Handgemenge und die Verfolgung dauerten nicht lange, weil die Konföderierten mit ihren frische-
ren Pferden sich denselben bald entzogen. Inzwischen war das Gros
der Brigade Robertson ebenfalls herangekommen und entwickelte sich
zur Attacke, und zwar mit dem 7. und 12. Kavallerie-Regiment im
ersten, dem 6. Kavallerie-Regiment als Reserve im zweiten Treffen.
Die gegenseitige Stellung war so, dass beide Teile sich nach links hin
überflügelten.

Dem Angriff so überlegener Kräfte konnte Buford nicht widerstehen, besonders als das zweite Treffen der Konföderierten seine rechte
Flanke attackierte, während er keine Reserven mehr einzusetzen hatte.
Er wurde über den Bull Run zurückgeworfen, dort aber von einer
Batterie aufgenommen, welche der weiteren Verfolgung der Konföderierten ein Ziel setzte. Der beiderseitige Verlust in diesem Gefechte
war mässig. Die Konföderierten geben denselben auf 5 Tote und
40 Verwundete an. Oberstlieutenant Watts war schwer, Oberst Munford leicht verwundet. Auf Seiten der Unierten war der Kommandeur des 1. Michigan Kavallerie-Regiments, Oberst Broadhead, tödlich
verwundet.

Das Corps Banks hatte sich während des 30. der ihm von Pope
gestellten Aufgabe — Deckung der bei Bristow Station angesammelten
Züge und Vorräte und Wiederherstellung der Eisenbahn — gewidmet.
Zu dem Ende war die Division Greene[1] am Vormittag von Bristow
nach Manassas Junction vorgegangen, ohne auf den Feind gestossen
zu sein. Sie war bis gegen 2 Uhr nachmittags dort geblieben und
um diese Zeit, also kurz vor Beginn des Kampfes bei Groveton,
wieder nach Bristow zurückgekehrt. Um $1/_2$7 Uhr abends schickte
Pope den Befehl an Banks, alle bei Bristow angesammelten Vorräte,
ebenso wie das dort befindliche Betriebsmaterial der Eisenbahn zu
zerstören und nach Centreville zu marschieren, und zwar auf dem
Umweg über Brentsville, weil der direkte Weg infolge der durch
den ungünstigen Ausgang des Kampfes veränderten Situation für das
einzelne Corps zu gefährlich gewesen wäre.

Die Frage liegt wohl nahe, warum Pope das Corps Banks nicht
zum Entscheidungskampf herangezogen hat. Wenn dasselbe am 30.
vormittags den Befehl erhalten hätte, von Bristow nach dem Kampf-
feld abzumarschieren, so wäre es etwa bei Beginn des ersten Kampfes
im Rücken von Longstreets rechtem Flügel erschienen und sein plötz-
liches Auftreten dort hätte voraussichtlich dem Kampf eine ganz
andere Wendung gegeben. Es war jetzt, durch Heranziehung detachiert gewesener und Hinzufügung neuer Regimenter, erheblich stär-

---

[1] General Greene kommandierte die zweite Division des Corps an
Stelle des in der Schlacht bei Cedar Mountain verwundeten General Augur.

ker als zur Zeit, wo es die Schlacht am Cedar Mountain schlug[1]),
und war am besten ausgeruht von der ganzen Armee. Der Schutz
der Vorräte bei Bristow war unter den obwaltenden Verhältnissen
von untergeordneter Bedeutung, denn die Armee war für ihre Verpflegung jetzt doch auf Alexandria angewiesen. Wurde die Entscheidungsschlacht gewonnen — und die Chancen des Erfolges wurden durch die Heranziehung des Corps gewiss erheblich erhöht —,
so waren die Vorräte gerettet, ging sie verloren, nun, so fielen eben
die Vorräte in Feindes Hand, ein Schaden, welcher die Wirkung der
Niederlage nicht erhöht, und wahrscheinlich kaum bemerkt worden
wäre. Wollte man sie aber unbedingt nicht in Feindes Hand fallen
lassen, so konnten sie am Morgen des 30., vor Abmarsch des Corps
Banks, zerstört werden, auf die Gefahr hin, dass der Gewinn der
Schlacht dies Opfer später nutzlos erscheinen liess. Der Sieg wäre
damit nicht zu theuer erkauft gewesen.

Zwischen Mc Clellan und Halleck fand auch am 30. ein lebhafter
Depeschenwechsel statt.

Am Morgen wurde in Alexandria Geschützfeuer, angeblich aus
der Gegend von Fairfax C. H., gehört, was Mc Clellan an Halleck
meldete. Ferner teilte er ihm um 11 Uhr mit, dass er das Corps
Sumner, mit Ausnahme einer Brigade, welche in der Gegend der
Kettenbrücke verbleiben sollte, ebenfalls vorgeschickt habe. Dasselbe
solle über Annandale und Fairfax C. H. marschieren. Sumner und
Franklin hatten den Befehl, sich so rasch als möglich mit Pope zu
vereinigen. Er knüpfte daran die Anfrage, ob die Division Couch
ebenfalls nach ihrer Ankunft gleich vorgeschickt werden solle.

Diese Depesche scheint sich mit einer Anfrage Hallecks gekreuzt
zu haben, denn eine halbe Stunde später — 11 Uhr 30 Minuten —,
telegraphiert Mc Clellan:

„Ihr Telegramm von 9 Uhr morgens erhalten. Seit dem Augenblick, wo General Franklin Kenntnis davon erhielt, dass er von
Alexandria abmarschieren solle, hat er sich bemüht, Transportmittel
vom Quartermaster zu Alexandria zu erlangen, aber man hat stets
entgegnet, dass keine verfügbar seien und so ist denn sein Corps
ohne Wagen abmarschiert. Nach dem Abmarsch erhielt er 20
Wagen, um etwas Reserve-Munition fortzuschaffen, durch Entleeren
eines Lebensmitteltrains des Corps Banks. General Sumner bemühte
sich ebenfalls, durch Nachfrage beim Quartermaster-Departement,
Wagen zum Fortschaffen seiner Reserve-Munition zu erlangen, aber
ohne Erfolg, und er war somit genötigt, mit dem auszumarschieren,
was seine Leute in den Patrontaschen tragen konnten. Ich habe
diesen Morgen angeordnet, dass alle Wagen meines Hauptquartiers,
welche gelandet sind, entleert, und sofort mit Munition für Sumner
und Franklin beladen werden, allein sie werden nicht weit reichen,
um dem Mangel abzuhelfen.

---

[1]) Gordon in „History of the Campaign of the Army of Virginia", pag. 414,
giebt die Stärke der Infanterie auf „nicht weniger als 8000 M." an. Es
hatte ausserdem noch ein Kavallerie-Regiment und mehrere Batterien.

„Fünfundachtzig Wagen hat das Quartermaster-Departement gestern Abend zusammengebracht und mit Lebensmitteln beladen. Sie sind um 1 Uhr morgens mit einer Eskorte über Annandale abgesandt worden. Alle Anstrengungen sind gemacht worden, um Ihre Befehle prompt auszuführen. Die grosse Schwierigkeit scheint in der Thatsache zu liegen, dass der grösste Teil der in Alexandria und Washington vorhandenen Transportmittel für die laufende Verpflegung der Besatzungen in Anspruch genommen ist. So liegt die Sache, nach mir gemachten Mitteilungen des Quartermaster und es scheint wahr zu sein. Ich nehme bestimmt an,. dass das Ihnen nicht richtig dargestellt ist."

Nachmittags um 1 Uhr 45 Minuten befahl Halleck, dass Artillerie-Munition in grösster Eile nach Centreville an Pope gesandt werden solle. General Mc Clellan antwortete sofort, er werde alle Wagen, die ihm geschickt würden, mit Munition beladen lassen, obgleich er nichts von Popes Kalibern wisse. Aber die Wagen müssten von Washington beschafft werden. Wenn die bei der Kettenbrücke zurückgebliebene Brigade des Corps Sumner ebenfalls noch vorgehen solle, so würde Zeit erspart werden, wenn der Befehl direkt von Halleck erlassen würde. Er (Mc Clellan) werde die Kompagnie Scharfschützen, welche jetzt sein Lager bewache, als Eskorte mit dem Munitionstrain fortschicken, ebenso wie die letzte Schwadron Kavallerie, welche er noch bei sich habe. Mehr könne er nicht thun, denn damit habe er den letzten Mann der Potomac-Armee abgegeben, der in seinem Bereich sei.

Während am Morgen nur vereinzelte Kanonenschüsse gehört waren, wurde in den späteren Nachmittagsstunden der Kanonendonner sehr lebhaft. General Mc Clellan, der wenig Vertrauen in die Führung Popes hatte, wurde von den ernstesten Besorgnissen erfüllt, und man kann sich ausserdem vorstellen, wie bitter schmerzlich es für ihn war, denken zu müssen, dass die Truppen der Armee, welche er geschaffen hatte, jetzt unter der Führung eines Anderen mit dem Feinde rangen. Er gab diesen Gefühlen endlich am Abend um 10 Uhr 30 Minuten in einem Telegramm an Halleck Ausdruck. „Ich kann dem Schmerz und der Kränkung, welche ich heute beim Hören des fernen Feuers meiner Leute erlitten habe, keinen Ausdruck geben," heisst es darin. „Da ich hier unnütz bin, so bitte ich gehorsamst, dass man mir gestatten möge, wenn die Wahrscheinlichkeit vorliegt, dass der Kampf morgen erneuert wird, mich mit meinem Stabe nach dem Kampfplatz zu begeben, nur um bei meinen Leuten zu sein. Sie werden nicht schlechter fechten, wenn ich bei ihnen bin. Wenn es nicht für am besten gehalten wird, mich mit dem Kommando selbst meiner eigenen Armee zu betrauen, so bitte ich einfach, deren Schicksal auf dem Schlachtfelde wenigstens teilen zu dürfen. Bitte, antworten Sie noch diese Nacht."

Die Antwort kam jedoch erst am nächsten Morgen. Halleck erklärte, er könne nichts thun, ohne mit dem Präsidenten zu conferieren,

da General Pope auf dessen Befehl an der Spitze des Departements
stehe. — Inzwischen hatte General Pope gegen 6 Uhr abends die Meldung
erhalten, dass General Franklin bis auf etwa 4 Meilen von Centreville herangekommen sei. Er schickte ihm deshalb den Befehl, sein
Corps „und alle Truppen, welche er sammeln könne", in den Befestigungen und anderen starken Stellungen bei Centreville aufzustellen
und dieselben bis zum letzten Mann zu behaupten.

Pope selbst traf zwischen 9 und 10 Uhr abends in Centreville
ein und schickte von da aus folgende Depesche an Halleck:

„Wir haben heute wieder eine schreckliche (*terrific*) Schlacht
gehabt. Der Feind, bedeutend verstärkt, griff unsere Stellung heute
früh an.[1]) Wir haben dieselbe bis 6 Uhr abends fest behauptet.
Zu dieser Zeit massierte der Feind sehr starke Kräfte unserem
linken Flügel gegenüber und drängte diesen etwa $1/2$ Meile zurück. Bei Eintritt der Dunkelheit behaupteten wir diese Stellung.
Unter den herrschenden Umständen — Leute und Pferde sind zwei
Tage ohne Nahrung gewesen, und der Feind ist uns numerisch überlegen — hielt ich es für am besten, hierher zurückzugehen. Die Bewegung ist in vollständiger Ordnung und ohne Verlust ausgeführt.
Die Truppen sind in guter Stimmung und marschieren ohne Übereilung und Verwirrung vom Schlachtfeld ab. Ihr Benehmen war
sehr gut. Die Schlacht war einige Stunden lang ohne Aufhören sehr
heftig (*most furious*) und die Verluste auf beiden Seiten sehr schwer.
Der Feind ist schlimm geschlagen (*badly whipped*) und uns wird es
gut gehen (*we shall do well enough*). Machen Sie sich keine Sorgen. — Wir werden uns hier schon halten.. Die Anstrengungen und
Entbehrungen dieser Armee während der letzten zwei oder drei Wochen
spotten jeder Beschreibung. Wir haben den Feind so lange aufgehalten als es möglich war, ohne die Armee zu verlieren. Wir haben
ihn schwer beschädigt und ich denke, die Armee hat Anspruch auf
die Dankbarkeit des Vaterlandes. Sein Sie unbesorgt, Alles wird gut
gehen.   John Pope, Major-General.
„P. S. Wir haben nichts verloren — weder Geschütze noch
Wagen."[2])

Eine sonderbare Depesche! Sollte sie einen Sieg oder eine
Niederlage verkündigen? Wie wenig sie geeignet war, dem Empfänger ein richtiges Bild der Situation zu geben, geht aus der Antwort hervor, welche Halleck am andern Tage an Pope richtete:

---

[1]) Ist unwahr, denn die Unierten waren die Angreifer. Der Angriff
fand auch erst am Nachmittag statt. Die Kämpfe am Vormittag beschränkten sich auf Rekognoscierungen und gelegentliche vereinzelte Kanonenschüsse.

[2]) Es waren etwa 12—16 Geschütze und zahlreiche sonstige Fuhrwerke
in die Hände der Konföderierten gefallen. Pope diktierte obige Depesche
dem General Roberts in die Feder. Als er die Nachschrift aussprach,
machte ihn Roberts darauf aufmerksam, dass das nicht richtig sei, er (Roberts)
habe selbst gesehen, dass Geschütze und Fuhrwerke verloren gegangen
seien. Pope bedeutete ihm jedoch, er solle schreiben, wie er es diktiere!!

„Mein lieber General! Sie haben Ihre Sache brav gemacht! (*You have done nobly.*) Weichen Sie keinen Zoll weiter zurück, wenn es möglich ist. Alle Reserven werden vorwärts geschickt. Die Division Couch geht heute, ein Teil derselben ist schon gestern Abend mit Franklin und Sumner, welche jetzt bei Ihnen sein müssen, nach Sangsters Station gegangen. Können Sie den Angriff nicht erneuern? Ich schreibe nicht ausführlicher, aus Besorgnis, dass diese Depesche Sie nicht erreicht. Ich thue Alles, was in meinen Kräften ist, für Sie und Ihre brave Armee. Gott segne Euch beide! Senden Sie mir wo möglich öfter Nachrichten.

H. W. Halleck, General en chef."

VI. Vom Bull Run zum Potomac.

(31. August bis 2. September 1862.)

Der Rückzug der Unierten. — Zerstörung der Vorräte bei Bristow. — Der Rückmarsch des Corps Banks. — Die Stellung von Centreville. — Popes Depesche an Halleck. — Lee beschliesst eine abermalige Umgehung der rechten Flanke Popes. — Jackson wird wieder mit der Ausführung derselben beauftragt. — Stuarts Kavallerie im Rücken der Unierten. — Mc Clellan in Alexandria ohne Kommando. — Beunruhigende Nachrichten und Mc Clellans Ratschläge. — Popes Stärke am Morgen des 1. September. — Seine Anordnungen. — Unterredung zwischen Pope und Porter. — Befehl zum sofortigen Aufbruch nach Fairfax C. H. — Stellung der Unierten am Nachmittag des 1. September. — Jacksons Vormarsch gegen Germantown. — Das Gefecht bei Ox Hill. — Tod der Generale Stevens und Kearny. — Popes Befehl für den 2. September. — Mc Clellan an die Spitze der Verteidigung von Washington gestellt. — Pope verdächtigt die Offiziere der Potomac-Armee. — Mc Clellans Telegramm an Porter und dessen Antwort. — Pope erhält Befehl nach Washington zurückzugehen. — Der Marsch der Konföderierten. — Die Division D. H. Hill trifft ein. — Mc Clellan übernimmt das Kommando über die Armee. — Pope wird zum Kommandierenden des Departements des Nord-Westen ernannt. — Die Verluste beider Teile.

Der Rückzug der Unierten vom Schlachtfelde nach Centreville war im allgemeinen in guter Ordnung und vollkommener Ruhe ausgeführt. Zwar hatte es nicht an Versprengten gefehlt, aber es waren doch nirgends Szenen vorgefallen, welche als Flucht oder Panik aufgefasst werden können. General Pope hatte noch in der Nacht den Corps-Kommandeuren den Befehl zugeschickt, sich so früh als thunlich am Morgen des 31. persönlich bei ihm einzufinden.

Das Corps Porter traf etwa um 2 Uhr morgens bei Centreville ein und besetzte nach den schon vorher ausgegebenen Anordnungen Popes die Befestigungswerke im Norden des Fleckens. Das Corps Franklin hatte Centreville am 30. nachmittags 5 Uhr erreicht und nach kurzer Rast den Marsch nach dem Bull Run zu fortgesetzt. Es hatte jedoch nur etwa zwei Meilen zurückgelegt, als es auf die ersten zurückmarschierenden Truppen der Armee stiess und erfuhr, dass diese den Befehl habe, nach Centreville zurückzugehen. Es war bereits völlig dunkel, und Franklin marschierte deshalb ebenfalls nach dem genannten Orte zurück, wo er um $^1/_2$3 Uhr morgens links von Porter in Centreville selbst und den unmittelbar südlich davon gelegenen Verschanzungen Stellung nahm. Östlich von Centreville, hinter dem Intervall zwischen den Corps Franklin und Porter, nahm das Corps Heintzelman Stellung. Das Corps Sigel endlich, welches bei Tagesanbruch anlangte, nebst dem Corps Reno besetzten die Verschanzungen, welche in einiger Entfernung südlich von Centreville lagen. Mc Dowell wurde zwei Meilen östlich des Ortes an der Strasse nach Fairfax C. H. aufgestellt und das Corps Sumner, welches im Laufe des Tages zu erwarten war, wurde angewiesen, den rechten Flügel nach Chantilly hin zu verlängern und namentlich den letztgenannten Ort stark zu besetzen. Wir werden später sehen, dass es diesen Ort nicht mehr erreichte.

General Banks hatte, wie im vorigen Kapitel erwähnt (vergl. S. 253), den Befehl erhalten, die bei Bristow Station angesammelten Vorräte in Brand zu stecken und mit dem Umweg über Brentsville nach Centreville zu marschieren. Dieser Befehl traf erst am frühen Morgen des 31. bei Banks ein, und erst durch ihn wurde diesem General klar, in welch' bedenklicher Lage er sich befand.

Das Corps hatte eine sehr unbehagliche Nacht verbracht. Es hatte in Strömen geregnet und die Leute befanden sich in jener verdriesslichen Stimmung, welche eine regnerische Biwaksnacht stets zurücklässt. Der Befehl jedoch, Alles zu zerstören, für dessen Erhaltung und Rettung sie während der letzten Tage gewacht und gearbeitet hatten, und selbst die eigene Bagage und Ambulanzen nicht zu schonen, sowie sich zum schleunigen Rückzug bereit zu halten, verwandelte den Missmuth in Niedergeschlagenheit. Das war ein sicheres Zeichen, dass die Sache, für welche sie fochten, wieder eine Niederlage erlitten habe, und jeder fühlte, dass der begonnene Rückzug erst hinter den Forts bei Alexandria enden werde.

Auf den Geleisen der Orange-Alexandria Bahn standen meilenlange Züge, beladen mit allen denkbaren Armee-Bedürfnissen, welche das Corps von Warrenton und Warrenton Junction herbeigeschafft und gedeckt hatte. In unglaublich kurzer Zeit stand diese ganze Masse in Flammen. Manches hätte sich vielleicht retten lassen. Es befanden sich zahlreiche neu eingestellte Rekruten bei den Regimentern des Corps, welche, in den letzten Tagen von Washington gekommen, zum Teil noch unbewaffnet waren. Diesem Mangel hätte wohl abgeholfen werden können, aber Niemand dachte daran und ganze Wagenladungen von Gewehren wurden ein Raub der Flammen und die Rekruten mussten den Marsch unbewaffnet antreten, soweit sie nicht zur Selbsthilfe gegriffen und sich eigenmächtig angeeignet hatten, was sie auf dem ordnungsmässigen Wege nicht erlangen konnten. Auch die Truppen-Bagage selbst wurde zum Teil zerstört, nur in der Division Greene und der Brigade Gordon der Division Williams blieb sie erhalten, nachdem deren Führer sich persönlich dafür verantwortlich gemacht hatten, dass die Geschwindigkeit des Marsches durch dieselbe nicht beeinträchtigt werden solle. Sobald die Vorbereitungen beendet waren, wurde der Marsch in grösster Eile angetreten. Jenseits Brentsville wurde der Broad Run durchfurtet und dann die Strasse nach Union Mills Station eingeschlagen, aus dieser jedoch abgebogen, noch ehe der Bull Run erreicht war. Um Mittag überschritt das erschöpfte Corps das letztere Gewässer bei Blackburns Ford und nahm am linken Ufer, den Befehlen Popes entsprechend, Stellung.[1])

Über das, was der am Morgen des 31. bei Pope abgehaltene Kriegsrat der kommandierenden Generale verhandelt hat, liegen keine näheren Nachrichten vor, wahrscheinlich aber hat er die Frage in Erwägung gezogen, was weiter zu thun sei, namentlich, ob die Armee in der Stellung bei Centreville stehen bleiben oder den Rückzug fortsetzen solle, der dann natürlich bis hinter die Forts von Washington und Alexandria gehen musste.

Für die Entscheidung dieser Frage kommt die Stellung an sich und die militärische Situation in betracht.

Vom Thale des Cub Run aus steigt das Terrain sanft nach Osten an und erreicht in einigen Kuppen in unmittelbarer Nähe von Centreville seine grösste Höhe. Diese Kuppen waren von einer Anzahl von Redouten gekrönt, welche von den Konföderierten im Winter 1861—62 und somit in erster Linie gegen einen von Osten, von Washington her, kommenden Angriff gerichtet. Sie waren jedoch auf Anordnung Mc Clellans schon im Laufe des Sommers derart umgebaut, dass sie jetzt gegen einen von Westen kommenden Angriff benutzt werden konnten. Das Terrain zwischen Cub Run und Centreville ist ziemlich frei und dem Feuer der in diesen Werken aufgestellten Geschütze ausgesetzt. Gegen einen direkten Angriff besass die Stellung demnach eine bedeutende Stärke. Sie hatte jedoch den Nachteil, dass beide Flügel in der Luft standen und leicht umgangen werden konnten. Nach links hin, nach Süden, hätte sich dies ausgleichen lassen, wenn Pope Kräfte genug gehabt hätte, den untern Bull Run ausreichend zu besetzen. Es wäre dies um so mehr notwendig gewesen, als seine eigene Verpflegungslinie auf seinen linken Flügel stiess. Bei dem herabgekommenen Zustand seiner Bespannungen musste er für seine Verpflegung auf die Eisenbahn rechnen. Erst wenn sein Pferdestand durch Remontierung gründlich aufgebessert war, konnte allenfalls die Chaussee mit zu Hilfe genommen werden. Nach rechts hin, nach Norden, aber war durch keine Ausdehnung eine sichere Anlehnung zu gewinnen. Dieser Flügel aber schien am meisten bedroht. Die Armee Lees hatte sich bis dahin auf demselben Wege verpflegt, auf dem sie anmarschiert war, d. h. über Thoroughfare Gap. Es konnte keine grossen Schwierigkeiten machen, die Verpflegungslinie westlich der Bull Run Berge weiter zu führen, um bei ferneren Operationen

---

[1]) Hier fand man, „dass einige jener militärischen *misérables*, welche nie Befehle befolgen und nie unter ihrem Ungehorsam zu leiden haben, ohne Belästigung direkt durch Manassas nach unserm Lagerplatz marschiert waren". Gordon a. a. O., pag. 425. Diese direkte Entfernung beträgt nur etwa die Hälfte des Weges, welchen das Corps zurückgelegt hatte.

in der virginischen Ebene die von Aldie aus über Chantilly nach Fairfax C. H. gehende Little River Turnpike oder die Strasse von Leesburg nach Alexandria zu benutzen. Es gehörte deshalb kein grosser Scharfblick dazu, um vorauszusehen, dass die Konföderierten schwerlich gegen die verschanzte Stellung von Centreville anrennen, sondern wahrscheinlich diese im Norden umgehen würden, entweder um durch eine abermalige Unterbrechung ihrer Verbindungen die Armee Popes von neuem in eine schlimme Lage zu bringen, oder um den Potomac, oberhalb Washington, zu überschreiten und den Krieg in das Gebiet des Nordens zu tragen. In ersterem Falle war die Armee der Unierten nochmals gezwungen, unter ungünstigen Verhältnissen um ihre Verbindung mit Washington zu kämpfen, im zweiten Falle hätte sie sich entweder an die Fersen des Feindes heften, oder schleunigst über Washington zurückgeben müssen, um den Feind nördlich des Potomac aufzusuchen. Zu keinem dieser letzteren Operationen war sie in ihrem augenblicklichen Zustande fähig. Sie bedurfte dringend eines gründlichen Retablissements, welches, da ihr der Feind wahrscheinlich nicht viel Zeit dazu lassen würde, sich am besten in Washington bewirken liess.

Unter diesen Umständen wäre es am verständigsten gewesen, den Rückzug nach Washington fortzusetzen, sobald es die Ermüdung der Truppen erlaubte; jedenfalls musste versucht werden, am Nachmittag des 31. noch Fairfax C. H. zu erreichen, wo man wenigstens vor einer unmittelbaren Bedrohung der Rückzugslinie sicher war.

Ob diese Erwägungen in dem am Morgen des 31. bei Pope abgehaltenen Kriegsrat zur Sprache gebracht wurden, mag dahin gestellt bleiben. Jedenfalls fasste Pope den Entschluss, zunächst bei Centreville stehen zu bleiben. Er scheint dabei freilich nicht ganz nach eigenem Ermessen gehandelt zu haben. General Porter sagt wenigstens[1]), er (Pope) habe versichert, dass er dazu gezwungen sei, durch Befehle von Washington, wo „eine politische Notwendigkeit im Gegensatz zu einer militärischen die Oberhand behalten habe, obgleich dadurch möglicherweise der Untergang der Armee bedingt werden könne“.

In allen seinen Anordnungen spricht sich der Entschluss aus, bei Centreville Stand zu halten, wenn auch die Möglichkeit eines Rückzugs wohl nicht ausser Acht gelassen wurde. Er gab eingehende Instruktionen für den Sicherheitsdienst, befahl, dass alle nicht zum Heranschaffen von Munition und Lebensmitteln unbedingt notwendigen Wagen sofort nach Alexandria zurückgeschickt werden sollten und Ähnliches. Fairfax Station wurde zur Verpflegungsbasis gemacht, und zur Deckung dieses Ortes die Brigade Caroll der Division Hooker dorthin detachiert. Auch in seiner Korrespondenz mit Halleck spricht sich der Entschluss aus, Stand zu halten, wenn hier auch der Wunsch durchzufühlen ist, die Verantwortung dafür Halleck zuzuschieben. „Unsere Truppen sind alle hier und in Stellung,“ telegraphierte er

---

[1]) *Narrative of the Services of the Fifth Army-Corps in 1862 in Northern-Virginia, pag. 36.*

um 10 Uhr 45 Min. morgens, „wenn auch sehr angegriffen und erschöpft. Ich meine, es wäre viel besser gewesen, wenn Sumner und
Franklin drei oder vier Tage früher hier gewesen wären, aber Sie
können sich darauf verlassen, dass wir ihnen (dem Feinde) einen so
verzweifelten Kampf liefern werden, als ich ihn aus unseren Leuten
herauszwingen kann *(as I can force our men to stand up to)*.

„Ich möchte wissen, ob Sie · sich wegen Washingtons sicher
fühlen, wenn diese Armee vernichtet ist. Ich werde fechten, so lange
ein Mann Stand halten will. Sie müssen es beurteilen, was geschehen
soll, im Hinblick auf die Sicherheit der Hauptstadt.

„Der Feind treibt schon eine Kavallerie-Rekognoscierung gegen
den Cub Run vor, ob als Vorspiel zu einem noch heute zu unternehmenden Angriff, weis ich noch nicht. Ich schicke Ihnen diese
Depesche, damit Sie unsere Stellung und meine Absichten kennen.“

Sie kreuzte sich mit dem am Schlusse des vorigen Kapitels mitgeteilten Telegramm, in welchem Halleck dem General seine Anerkennung
über das Geleistete aussprach. Eine solche Anerkennung seines hohen
Chefs war natürlich für Pope ausserordentlich wohlthuend und wenn
sich aus seiner oben mitgeteilten Depesche wohl noch der geheime
Wunsch herausfühlen lässt, Halleck zu veranlassen, ihm den Befehl
zur Räumung von Centreville und zum Rückzug nach Alexandria zu
erteilen, so ist davon jetzt keine Rede mehr. Gehoben durch das
Lob des Obergenerals, dankt er diesem sofort für seine gütige Anerkennung, die er gern in einer solchen Form haben möchte, dass er
sie der Armee mitteilen könne. „Wir werden bis zum letzten Mann
fechten,“ führt er fort, „die ganze Secessions-Armee hat uns gestern
angegriffen. Ich hatte diesen Morgen einen Brief von Lee. Ewell
ist getödtet, Jackson schwer verwundet, andere Generäle von gerin-
gerer Bedeutung verwundet. Der Plan des Feindes wird ohne Zweifel
sein, meine Flanke zu umgehen. Wenn er das thut, so wird er alle
Hände voll haben. Meine Truppen sind in guter Stimmung. Ich
habe Kavallerie-Pferde schrecklich nötig. Schicken Sie mir zehntausend
in Abteilungen und unter starker Eskorte.“

Der Briefwechsel mit Lee war von Pope ausgegangen. Er hatte
am Morgen des 31. einen Parlamentär an Lee geschickt und um eine
kurze Waffenruhe gebeten, um die Verwundeten aufsuchen zu lassen.
Lee hatte den Waffenstillstand abgeschlagen, aber Pope ermächtigt,
Ärzte und Ambulanzen nach dem Schlachtfelde zu schicken, um seine
Verwundeten abholen zu lassen. Es braucht wohl kaum erwähnt zu
werden, dass in Lees Antwort weder etwas von Ewells Tode, noch von
Jacksons oder anderer Generale Verwundung stand, obgleich Pope
durch die oben mitgeteilte Depesche — ob absichtlich oder nicht, mag
dahin gestellt bleiben — den Glauben erweckt, er habe diese Nachrichten aus Lees Brief.[1])

---

[1]) Folgendes ist die betreffende Korrespondenz:

Centreville, 31. August 1862.

„Mein Herr! Viele der Verwundeten dieser Armee sind auf dem Schlachtfeld zurückgeblieben, für welche ich Ambulanzen zu senden wünsche. Wollen

In der That wären die Vorteile einer zeitweiligen Einstellung
der militärischen Operationen so einseitig auf seiten der ·Unierten
gewesen, dass man wohl kaum fehl geht, wenn man annimmt, dass
das ganze Ansinnen von Pope nur gestellt war, um einige Tage Zeit
zu gewinnen. Lee konnte sich aber auf diese Weise die Früchte
seines Sieges nicht aus der Hand winden lassen.

Nachdem er am Morgen des 31. gehört, dass die Unierten
auf den Höhen bei Centreville Stellung genommen hatten, beschloss
er sofort durch eine abermalige Bedrohung ihrer Rückzugslinie sie
zur Aufgabe dieser Stellung, oder zum Schlagen in ungünstigen Verhältnissen zu zwingen. Er erteilte deshalb dem General Longstreet
den Befehl, auf dem Schlachtfelde des vorigen Tages stehen zu bleiben
und die Aufmerksamkeit der Unierten auf sich zu lenken, während
Jackson den Bull Run bei Sudley Springs überschreiten und die
Little River Turnpike zu gewinnen suchen sollte.

In Verfolg dieser Befehle hatte Longstreet seine Kavallerie bis
an den Cub Run vorgeschickt. Dieses Gewässer war auf dem linken
Ufer von der Division Stevens des Corps Reno besetzt, welche sich
dem· weiteren Vorgehen der konföderierten Kavallerie widersetzte.
Letztere hatte nicht die Absicht, den Übergang zu erzwingen, und
es wurden hier nur einzelne Kanonenschüsse gewechselt. General
Pope nahm aber doch Veranlassung, am Nachmittag die Division
Reynolds an den Cub Run vorzuschicken, um die Division Stevens
abzulösen.

General Jackson war auf der Strasse nach Gum Springs in nördlicher Richtung vorwärts marschiert, bis zu deren Vereinigung mit
der Little River Turnpike und hatte dann in dieser die Richtung
auf Germantown eingeschlagen. Heftige Regengüsse erschwerten das

---

Sie mich, bitte, in Kenntnis setzen, ob Sie in einen Waffenstillstand willigen,
bis für sie Sorge getragen ist? Ich bin, mein Herr, Ihr gehorsamer Diener
John Pope, Major-General.
An den kommandierenden Offizier der konföderierten Streitkräfte bei Groveton."

Lees Antwort lautete:

„Hauptquartier der Armee von Nord-Virginien, 31. Aug. 1862.
An den Major-General Pope etc.

Mein Herr! Rücksichtnahme auf Ihre Verwundeten veranlasst mich zu
gestatten, dass Sie Ambulanzen schicken, um dieselben in Ihre Linien zu
transportieren. In einen Waffenstillstand oder Einstellung der militärischen
Operationen dieser Armee kann ich nicht willigen. Wenn Sie Ihre Verwundeten abholen lassen wollen, so sollten sich Ihre Ambulanzen bei Dr.
Guilet, Medical-Direktor dieser Armee, melden, welcher die nötigen Anweisungen für den Transport erteilen wird.

Die Verwundeten werden parolisirt und es wird als selbstverständlich
vorausgesetzt, dass keine Verzögerungen in ihrer Fortschaffung eintreten.
Sehr ehrfurchtsvoll Ihr ergebener Diener
R. E. Lee."

Pope schickte infolge dessen Ärzte und Ambulanzen ab, aber die Zahl
der Verwundeten war so gross, dass am 3. September noch mehrere tausend
wegzuschaffen waren.

Fortkommen beträchtlich, sodass nur die Gegend von Pleasant Valley
erreicht wurde. Vor Jackson, in der Richtung auf Germantown zu,
stand General Stuart mit der Brigade Fitzhugh Lee. Dieselbe hatte
die Stellung der Unierten ebenfalls im Norden umritten und die Little
River Turnpike zwischen Chantilly und Germantown erreicht. Von
hier aus beschoss er die nach Alexandria zurückgehenden Trains mit
seiner reitenden Batterie. Einen Angriff auf dieselben konnte er der
starken Eskorte und der Nähe beträchtlicher Truppenmengen wegen
nicht wagen. Andrerseits konnten auch die Unierten, wegen gänzlichen Mangels an dienstfähiger Kavallerie, sich dieser Belästigung
nicht anders erwehren, als dass gelegentlich eine Batterie das Feuer
der Konföderierten aufnahm und diese zum Abzug zwang, um an einer
anderen Stelle wieder aufzutreten.

Mc Clellan in Alexandria gab sich inzwischen der ernstesten Sorge
über die Lage hin, ohne imstande zu sein, irgendwie thätig eingreifen
zu können. Bekanntlich hatte er am Abend des 30. Halleck gebeten,
ihm die Erlaubnis auszuwirken, nach der Front gehen zu dürfen,
um wenigstens gegenwärtig zu sein, wenn die Corps der alten Potomac-Armee im Kampfe standen, wenn er dieselben auch nicht führen
sollte. Darauf hatte er von Halleck am 31. morgens eine kurze ab-
weisende Antwort erhalten. Inzwischen war am 30. noch folgender
Befehl vom Kriegs-Ministerium erschienen.

„Folgende sind die Befehlshaber, welche in Virginia operieren:
General Burnside kommandiert sein eignes Corps, ausgenommen die-
jenigen Truppenteile desselben, welche zeitweilig detachiert und dem
General Pope zugeteilt sind;

„General Mc Clellan kommandiert diejenigen Teile der Potomac-
Armee, welche nicht zu General Popes Armee vorwärts geschickt sind;

„General Pope kommandiert die Armee von Virginien und alle
derselben zeitweilig zugeteilten Streitkräfte.

„Sämmtliche Streitkräfte stehen unter Kommando des General
Halleck, General en chef.“

Dieser Befehl kam am 31. morgens in Mc Clellans Hände und
war, wie ihm mitgeteilt wurde, auf Befehl des Kriegssekretärs Stanton
ausgefertigt. Da sämtliche Truppen der Potomac-Armee jetzt an
die Armee Popes abgegeben waren, so hatte Mc Clellan thatsächlich
gar nichts mehr zu sagen. Nur die ca. 100 M., welche er zur Bewachung des Lagers des Hauptquartiers bei Alexandria zurückbehalten
hatte, die Offiziere seines persönlichen Stabes und die noch auf der
virginischen Halbinsel, in der Nähe von Fort Monroe stehende Division Peck des Corps Keyes (zu welchem ausserdem noch die bereits
an Pope abgegebene Division Couch gehörte), standen noch unter
seinem Befehl. Als daher Halleck um 12 Uhr 45 Minuten an Mc
Clellan telegraphierte, dass noch so viele der neuen Regimenter als
möglich zum Ausmarsch bereit gemacht, und noch einige in der Nähe
der Kettenbrücke aufgestellt werden sollten, musste Mc Clellan unter
Bezugnahme auf die oben mitgeteilte Ordre des Kriegsminister erklären, dass ihm keine Verfügung über die neuen Regimenter zustehe,

sondern dass es Sache der Generale Barnard und Casey[1]) sei, die von Halleck gewünschten Anordnungen zu treffen.

Diese Depesche beantwortete Halleck erst um 10 Uhr abends:

„Seit ich Ihr Telegramm, welches sich auf die Kommando-Verhältnisse bezog, erhalten habe, bin · ich nicht imstande gewesen, andere Depeschen, als solche von grösster Dringlichkeit zu beantworten. Ich habe die Ordre, wie sie veröffentlicht ist, noch nicht gesehen, aber werde Ihnen morgen früh schreiben. Sie werden den Befehl über Alles behalten, was in dieser Gegend steht und nicht zeitweise zu Popes Armee im Feld gehört.

„Ich bitte Sie, mir in dieser Krisis mit Ihrer Geschicklichkeit und Erfahrung beizustehen, denn ich bin vollständig erschöpft."

Im Laufe des Tages waren mittlerweile noch einige Nachrichten zu Mc Clellan gedrungen, welche diesen mit der ernstesten Besorgnis erfüllten und er benutzte die Gelegenheit, derselben Ausdruck zu geben, als er spät in der Nacht noch Halleck Bericht erstattete:

„Die Schwadron des 2. regulären Kavallerie-Regiments, welche ich mit General Sumner geschickt habe, ist heute Nachmittag etwa 2 Uhr einige drei Meilen jenseits Fairfax C. H. auf der Little River Turnpike von Fitzhugh Lee, welcher dort mit 3000 M. Kavallerie und drei leichten Batterien stand, gefangen genommen. Ich habe mit dem ersten Sergeanten[2]) gesprochen, welcher sagte, dass sie eine Meile von Fairfax waren, als er sie zuletzt sah. Pope hatte keine Truppen auf jener Strasse und die Schwadron kam infolge eines Irrtums dorthin. Rechts von Centreville steht nichts von unseren Truppen als das Corps Sumner. Viel Geschützfeuer ist heute gehört worden. Ein Rebellen-Major hat dem Sergeanten gesagt, dass die Rebellen unseren ganzen linken Flügel heute zurückgetrieben hätten. Er sagt, die Strasse sei mit Wagen und Versprengten gefüllt, welche nach Alexandria ziehen. Es erscheint klar, nach dem, was der Sergeant sagte, dass wir gestern entschieden geschlagen sind, und dass Popes rechter Flügel vollständig exponiert ist.

„Ich empfehle, dass keine weiteren Truppen der Division Couch nach der Front geschickt werden, ferner, dass Burnside so bald als thunlich hierher gerufen wird und dass Alles, was diesseits Fairfax erreichbar ist, sofort eingezogen wird, einschliesslich der Truppen an der Eisenbahn. Ich besorge, dass der Feind Fairfax C. H. besetzen wird, oder es jetzt vielleicht schon besetzt und dadurch Popes Rückzug abgeschnitten hat, wenn letzterer nicht diese Nacht nach Sangsters oder Fairfax Station zurückgeht. Ich meine, diese Befehle sollten sofort erlassen werden. Ich habe kein Vertrauen in die getroffenen Dispositionen, soweit ich sie erfahren kann. Um offen zu sprechen — und die Lage macht das nötig —, so scheint mir eine vollständige Abwesenheit von Verstand (*a total absence of brains*) zu herrschen,

---

[1]) General Barnard war Kommandant von Washington und General Casey kommandierte die provisorische Brigade, zu der die neu aufgestellten Regimenter formiert waren.

[2]) D. i. Wachtmeister.

und ich fürchte den völligen Untergang der Armee. Ich habe etwas
Kavallerie hier, welche irgend welche Befehle, die Sie etwa zu geben
haben, befördern kann. Die Lage ist ernst und verlangt ernste Massnahmen. Die Frage ist die Rettung des Landes. Ich höre, dass
unser Verlust gestern 15 000 M. betrug. Solche Verluste ohne Zweck
können wir nicht ertragen. Es ist meine sorgfältig erwogene Überzeugung, dass die Interessen der Nation es fordern, dass Pope, wenn
möglich, heute Abend zurückgehen und kein Augenblick verloren
werden sollte. Ich werde alle Kavallerie, welche ich habe, dazu verwenden, nach rechts hin aufzuklären. Bitte, antworten Sie sofort. Ich
habe die Überzeugung, dass Sie sich auf die Nachrichten, welche ich
Ihnen gebe, verlassen können. Ich werde die ganze Nacht aufbleiben
und mich bereit halten, jeden Befehl, welchen Sie mir geben, auszuführen."

Der Bitte Mc Clellans um sofortige Antwort kam Halleck diesmal nach. Um 1 Uhr 30 Min. nachts telegraphierte er:

„Burnside hat gestern früh morgens den Befehl erhalten, hierher zu kommen. Halten Sie den Rest der Division Couch zurück und
treffen Sie Anstalten, alle zurückgehenden Truppen in der Linie der
Werke anzuhalten, oder da, wo Sie am besten eine äussere Ver-
teidigungslinie einrichten zu können glauben. Meine Nachrichten
von Pope reichen bis 4 Uhr nachmittags. Bis dahin war Alles in
Ordnung. Ich muss auf bestimmtere Nachrichten warten, ehe ich
einen Rückzug anordnen kann, da das Zurückgehen nach der Linie
der Werke im Falle eines Unglücks natürlich befohlen werden muss.

„Schicken Sie mir alle Nachrichten, soweit sie zuverlässig sind.
Ich werde die ganze Nacht aufbleiben und bereit sein zu handeln,
wie es die Umstände erfordern. Ich bin mir über die Schwere der
Krisis vollständig klar, und war es schon seit vielen Wochen."

Wie wir gesehen haben, hatte sich Popes Befürchtung, dass der
Feind versuchen werde, ihn in der rechten Flanke zu umgehen, sehr
rasch bewahrheitet. Die konföderierte Kavallerie hatte bereits in
seinem Rücken Gefangene gemacht, und das Corps Jackson lagerte
am Abend des 31. bei Pleasant Valley, in seiner rechten Flanke.

Pope hatte die Nachricht von der Gefangennahme der von Sumner
zur Rekognoscierung vorgeschickten Schwadron des 2. regulären Kavallerie-Regiments (s. o. Mc Clellans Depesche an Halleck) spät am
Abend des 31. erhalten, und schickte infolge dessen um 3 Uhr vormittags den Befehl an Sumner, bei Tagesanbruch mit nicht weniger
als einer Brigade, wenn nötig unterstützt durch eine zweite, eine
Rekognoscierung nach Norden, nach der Little River Turnpike, zu
unternehmen. Dieselbe sollte, soweit als thunlich, eine genau nördliche Richtung einhalten und nicht unter fünf Meilen vorgetrieben
werden, und es sei von grösster Wichtigkeit, dass sie zu früher
Stunde unternommen werde. Um $^3/_4 6$ Uhr liess er eine weitere Depesche folgen, in welcher er aussprach, dass die Rekognoscierung nur
den Zweck habe, festzustellen, ob beträchtliche Bewegungen des Feindes
nach dem rechten Flügel und dem Rücken hin stattfänden. Kavallerie

stehe dazu nicht zur Verfügung, da nicht ein Pferd imstande sei, Dienst zu thun[1]), und es könne vielleicht nötig sein, um die gewünschten Nachrichten zu erhalten, den Schleier, welcher die feindliche Kavallerie um die Bewegungen der Truppen breite, zu durchbrechen. Es sei nicht nötig, mit dem Gros der Brigade über die Little River Turnpike hinauszugehen, wenn nur die Patrouillen weit genug vorgingen, um festzustellen, ob der Feind gegen Germantown und Fairfax C. H. vorgehe. Ein Gefecht solle aber vermieden werden und die rekognoscierende Abteilung solle zurückgezogen werden, wenn sie die gewünschte Aufklärung erhalten habe.

Es war gegen 11 Uhr vormittags als Pope nach den eingehenden Meldungen nicht länger zweifeln konnte, dass die Konföderierten im Begriff seien, seinen rechten Flügel zu umgehen und dass er keine Zeit verlieren dürfe, wenn er dieser Bewegung entgegentreten wollte. Pope schätzte seine Kräfte auf Grund der ihm am Morgen des 1. September von den Armee-Corps eingereichten Stärke-Rapporte wie folgt:

Corps Mc. Dowell	. . . .	10 000	Mann
„ Sigel	. . . . . . ungefähr	7 000	„
„ Heintzelman	. . . .	6 000	„
„ Reno	. . . .	6 000	„
„ Banks	. . . .	5 000	„
„ Porter (viel zu hoch geschätzt auf:)		9 000	„
„ Franklin	. . . .	8 000	„
„ Sumner	. . . .	11 000	„
		62 000	Mann.

Allein er sagt in seinem Report, die Leute seien noch am 1. September so gebrochen (*broken down*) und vollständig erschöpft (*completely exhausted*) gewesen, dass sie zu aktiven Operationen gegen den Feind nicht zu gebrauchen waren. Pope beschloss deshalb zwar Alles zu thun, um seine Rückzugslinie zu sichern, aber erst am 2. September dem Feinde entgegenzutreten. Von diesem Entschluss erstattete er um 11 Uhr vormittags Meldung an Halleck mit dem Zusatz, dass der zu erwartende Kampf notwendigerweise ein verzweifelter werden würde. Er hoffe, dass alle Vorbereitungen getroffen seien, um die Befestigungen von Washington energisch zu verteidigen. Weiter traf er noch folgende Anordnungen: General Hooker erhielt den Befehl, sich für seine Person nach Germantown zu begeben und das Kommando über die dort befindlichen und etwa noch von Washington ankommenden Truppen zu übernehmen. In Germantown stand eine Brigade unter Oberst Hinks, in Fairfax C. H. eine zweite unter Oberst Torbert.[2]) Letzterer wurde angewiesen, sofort nach Germantown zu marschieren und sich dort mit der Brigade Hinks zu vereinigen, um

---

[1]) General Buford hatte am 31. gemeldet, dass nicht mehr als fünf Pferde per Kompagnie noch imstande seien zu traben.

[2]) Ob diese zwei Brigaden aus neu errichteten Regimentern bestanden, oder ob sie zur Division Sturgis oder Cox gehörten, lässt sich nicht ermitteln.

mit dieser zusammen unter Befehl des General Hooker zu treten. Weiter wurde Oberst Torbert ersucht, nach Alexandria zu schicken und die Division Couch und alle sonst noch von Washington unterwegs befindlichen Truppen schleunigst nach Germantown zu rufen. „Sie müssen so früh als möglich heute Nachmittag[1]) - bestimmt aber heute Abend dort sein.“ Mc Dowell erhielt um 12 Uhr den Befehl, mit seinem Corps rasch nach Germantown zu marschieren, auch die beiden oben erwähnten Brigaden an sich zu ziehen und die Chaussee von Centreville nach Alexandria zu decken. Um 4 Uhr nachmittags schickte er noch den weiteren Befehl an Mc Dowell, im Falle er am Abend Kanonendonner von Centreville her höre, in nördlicher Richtung vorzugehen und dabei sowohl nach rechts hin mit Hooker, als auch links hin mit den bei Centreville stehenden Truppen Verbindung zu halten. Pope hielt demnach neben der Umgehung auch noch einen direkten Angriff gegen die Stellung von Centreville für möglich. Die Division Kearny des Corps Heintzelman erhielt den Befehl, auf der Strasse nach Fairfax C. H. bis zu einem Punkte, 2½ Meilen von Centreville, zurückzugehen. Ausserdem wurden Massregeln getroffen, um die mit Fuhrwerken aller Art angefüllte Chaussee von Centreville über Fairfax C. H. nach Alexandria frei zu machen.

Gegen 3 Uhr nachmittags suchte Pope den General Porter auf, um sich mit diesem über die Lage zu besprechen. Porter machte kein Hehl daraus, dass er die gegenwärtig von der Armee innegehabte Stellung für schlimmer als nutzlos hielt und drang auf sofortigen Rückzug, um Washington und Maryland rechtzeitig zu schützen. Er meinte, es sei ein Fehler gewesen, so lange bei Centreville stehen zu bleiben, Alles dränge darauf hin, die Stellung zu räumen. Pope sei für die Sicherheit der Hauptstadt und die richtige Verwendung der Armee verantwortlich. Die Sachlage werde augenscheinlich in Washington nicht richtig beurtheilt. Keine Befehle einer so entfernten Behörde sollten ihn veranlassen, ein in jeder Beziehung fehlerhaftes Verhalten zu beobachten. Porter hob hervor, dass das Gesagte ganz allein seine Meinung, unbeeinflusst durch Andere sei und schlug vor, dass Pope auch die Ansicht anderer in der Nähe befindlicher Generale hören solle. Auf Porters Vorschlag begab sich Pope mit ihm zu General Franklin in dessen Zelt, wo sich nach kurzer Zeit, infolge ergangener Aufforderung, die beiden Divisions-Kommandeure des Corps Franklin, die Generale Slocum und F. W. Smith, sowie die Brigade-Kommandeure, General Hancock, Newton und Bartlett einfanden. Alle sprachen sich in demselben Sinne aus, wie Porter.

Infolge dessen gab Pope mündlich den Befehl zum sofortigen Aufbruch nach Fairfax C. H. Gerade als diese Entscheidung getroffen war, trat Oberst Kelton in das Zelt, ein Adjutant Hallecks, den dieser von Washington abgeschickt hatte, um sich persönlich über die Lage der Dinge zu informieren. Nachdem ihm der oben erwähnte Entschluss

---

[1]) Der Befehl ist datiert Centreville, 1. September, 2 Uhr nachmittags. Bekanntlich hatte übrigens Halleck bereits am 31. das Vorschicken weiterer Truppenteile, namentlich der Division Couch, sistiert. Vergl. S. 266.

und die Gründe, welche denselben veranlasst hatten, auseinandergesetzt waren, sprach er seine Überraschung über eine so ungünstige Darstellung der Sachlage aus. Er sagte, dass er nach den offiziellen Berichten, welche in Washington eingegangen seien, Pope an der Spitze starker Kräfte in gutem Zustand und in, durch grosse Erfolge gehobener Stimmung zu finden erwartet hätte, obgleich seit einiger Zeit Gerüchte im Umlauf gewesen seien, welche das Gegenteil behauptet hätten, und die er leider jetzt begründet finden müsse. Er fügte hinzu, dass er von Halleck ermächtigt sei, dasselbe anzuordnen, was Pope soeben beschlossen hatte, wenn er die ungünstigen Gerüchte bestätigt fände.

In Ausführung des von Pope gegebenen Befehls gewann das Corps Franklin am 1. September nachmittags noch Fühlung mit dem Corps Mc Dowell und nahm links rückwärts desselben Stellung. General Reno erreichte noch den Punkt, wo die angefangene Eisenbahn, welche in der Schlacht am 29. und 30. eine so hervorragende Rolle spielte, etwa eine Meile westlich von Germantown die Chaussee schneidet. Dann folgten Heintzelman, Sigel, Sumner und Porter längs der Chaussee, sodass Porter noch in der Nähe von Centreville stand. Das Corps Banks setzte sich als Deckung der Trains auf der südlich und parallel zur Chaussee führenden alten Braddock-Strasse in Marsch.

Die zum Schutze der Chaussee in seinem Rücken von Pope nach Germantown disponierten Truppen, nahmen am Nachmittag des 1. folgende Stellung: die Division Ricketts und die beiden Brigaden Hinks und Torbert gingen auf der Little River Turnpike gegen Chantilly vor und nahmen rittlings derselben auf den Höhen am rechten Ufer des Difficult Creek Stellung. Diese Truppen standen unter Befehl des General Hooker. Die Division King des Corps Mc Dowell besetzte Germantown und stellte sich mit Front nach Westen so auf, dass eine ihrer Brigaden südlich, die beiden anderen nördlich der Chaussee standen, die vierte Brigade (Doubleday) erhielt um 4 Uhr nachmittags den Befehl, nach Fairfax C. H. abzumarschieren, um im Verein mit der schon am Tage vorher dorthin geschickten Brigade Carroll das dortige Depot zu schützen. Die Division Reynolds nahm westlich der Strassengabelung an der Chaussee und parallel zu derselben Stellung, so dass ihr linker Flügel etwa da stand, wo die Chaussee den Difficult Run überschreitet. Reynolds Linie bildete demnach mit der Kings etwa einen rechten Winkel. Links von Reynolds, auf einer Anhöhe nördlich der Chaussee, stand die Kavallerie-Brigade Buford, und hinter Reynolds linkem Flügel nahm, wie bereits erwähnt, das Corps Franklin Stellung, und das zunächst von Centreville herkommende Corps Reno ging längs der Eisenbahn nach Nordosten vor und besetzte einige dort befindliche Anhöhen.

General Jackson hatte am 1. September den Marsch von Pleasant Valley aus wieder aufgenommen. Eine regelmässige Verpflegung seiner Leute hatte nicht mehr stattgefunden, seit er am 25. vom Rappahannock zur Ausführung seines Umgehungsmarsches aufgebrochen war. Seit jener Zeit hatten sie von Maiskolben und Obst gelebt, und

nur die am 27. bei Manassas Junction erbeuteten Vorräte hatten eine
kurze Unterbrechung dieser mageren Diät gestattet. Dabei waren sie
beständig marschiert oder hatten gefochten. Man kann sich deshalb
kaum wundern, wenn sie jetzt beinahe am Ende ihrer Kräfte angelangt waren, denn selbst Jacksons unvergleichliche „Fuss-Kavallerie"
waren schliesslich doch nur Menschen. Man würde indessen sehr irren,
wenn man glauben wollte, dass dieser Zustand auf die Stimmung der
Leute irgend welchen nachteiligen Einfluss gehabt hätte. Im Gegenteil! Scherz und Lachen erhob sich in ihren Reihen, wenn sich ein
Anlass dazu bot. Jackson hatte sich aber doch veranlasst gesehen,
seinen Leuten eine längere Rast zu gönnen, und so kam es, dass der
Nachmittag schon ziemlich weit vorgeschritten war, als er Chantilly
erreichte. Hier erfuhr er durch den General Fitzhugh Lee, der mit
seiner Kavallerie-Brigade zu ihm gestossen war, dass die Unierten am
Difficult Run ständen und auch Germantown stark besetzt hätten.
Jackson beschloss sofort sie dort anzugreifen.

Etwa in der Mitte zwischen Chantilly und Germantown überschreitet die Little River Turnpike einen langgestreckten, sich von
Norden nach Süden erstreckenden, schmalen und nicht sehr hohen
Hügelrücken, Ox Hill genannt. Die beiderseitigen Abfälle sind bewaldet. Hinter diesem Hügel wollte sich Jackson zum Angriff auf
die Stellung der Unierten entwickeln. Die an der Spitze des Corps
befindliche Division A. P. Hill bog von der Strasse ab und marschierte
südlich derselben auf, so dass sie den rechten Flügel der Linie bildete. Ihr folgte die Division Ewell (geführt vom General Early) im
Centrum und die Stonewall-Division unter Kommando des General
Starke am linken Flügel. Dieser lehnte sich an die Little River
Turnpike, so dass das ganze Corps zwischen der Warrenton-Chaussee
und der vorgenannten Strasse entwickelt war. Auf dem nördlich derselben befindlichen Teil von Ox Hill fuhren zahlreiche Batterien auf,
welche sich mit den Batterien der Division Ricketts auf weite Entfernung herumschossen. Die Division A. P. Hill musste nun, um an
ihren Platz zu gelangen, einen Flankenmarsch vor dem Corps Reno vorbei ausführen und sah sich während desselben durch letzteres plötzlich angegriffen. Es war das kurz vor 6 Uhr abends. Die an der
Tête befindliche Brigade Branch formierte sich sofort und ging gegen
die Unierten vor, kam jedoch bald vor dem überlegenen Feuer der
letztern zum Stehen. Links von Branch entwickelte sich die Brigade
Field. Allein ihr Führer, Oberst Brockenbrough, sah sich bald genötigt, zu melden, dass er hart gedrängt werde und kein Terrain
zu gewinnen vermöge. Die jetzt in das Gefecht eintretende Brigade
Pender kam beim Vorgehen auseinander, so dass ein Teil seiner Regimenter in das Gefecht der Brigade Branch verwickelt wurde, während
der andere Teil sich mit der links von Brockenbrough vorgehenden
Brigade Thomas vereinigte. Links der letztern trat noch die Brigade
Gregg, geführt von Oberst Mc Gorvan, in das Gefecht ein, während
die Brigade Archer hinter dem linken Flügel zur eventuellen Unterstützung bereit gehalten wurde. Die Schlachtlinie der Konföderierten

folgte im allgemeinen einer Strasse, welche sich etwa $2\frac{1}{2}$ Meilen östlich von Centreville aus der Chaussee abzweigt, anfangs in nordöstlicher, später fast genau nördlicher Richtung über den Rücken von Ox Hill zieht, die Little River Turnpike $2\frac{1}{2}$ Meilen von der Gabelung bei Germantown kreuzt und dann weiter in nördlicher Richtung führt. Auf seiten der Unierten stand das Corps Reno ebenfalls parallel zu dem genannten Weg und etwa $800 - 1000$ Schritt von demselben entfernt, mit dem rechten Flügel an der angefangenen Eisenbahn. In dieser Stellung standen sich beide Parteien gegenüber, ohne dass eine der anderen zu Leibe gegangen wäre. Ein beispiellos heftiger Regensturm mit Gewitter wirkte allerdings lähmend auf beide Teile, namentlich aber auf die Konföderierten, denen der Wind den Regen gerade ins Gesicht trieb. Einen Moment kurz nach Beginn des Gefechts schien es, als ob dasselbe eine Wendung zu gunsten der Konföderierten nehmen wolle. Der linke Flügel des Corps Reno wurde durch die Division Stevens gebildet, und als General Stevens an der Spitze seiner Truppen fiel, gerieten dieselben in Verwirrung und begannen zu weichen. Glücklicherweise aber traf in diesem kritischen Moment Unterstützung ein. Das Corps Heintzelman war in seinem Marsche nach Fairfax C. H. mit der an der Spitze befindlichen Division Kearny auf der Chaussee gerade in Höhe des linken Flügels des Corps Reno gelangt, als das Gefecht entbrannte. Die an der Tête befindliche Brigade Birney machte sofort nach links Front und ging in nördlicher Richtung vor. Die Division Stevens zog sich gerade in einiger Unordnung zurück, verfolgt von bedeutenden Kräften des Feindes (Brigade Branch). Das Eingreifen der Brigade Birney brachte die Konföderierten zwar zum Stehen, verwickelte aber auch die Brigade Birney in ein verlustreiches Gefecht. Kurz darauf kam General Kearny in Person mit einer Batterie auf dem Kampfplatz an. Rechts der Brigade Birney war durch das Zurückgehen der Division Stevens eine Lücke in der Linie der Unierten entstanden. In der Absicht, das zweite Treffen der Brigade Birney in diese Lücke zu werfen, ritt Kearny vor, um das Terrain zu rekognoscieren. Mittlerweile war der schon erwähnte Gewittersturm ausgebrochen. Der Regen fiel in Strömen und wurde von dem Winde fast horizontal über die Erde hingetrieben. Blitz folgte auf Blitz und unaufhörlich rollender Donner übertönte das Knattern des Gewehrfeuers und das Krachen der Geschütze. Es herrschte ein fahles Zwielicht in den Pausen zwischen den Blitzen und machte es schwer, etwas zu unterscheiden. Kearny kam auf seinem Ritt in ein Gehölz, in dem es fast ganz dunkel war. Als er einige Soldaten, auf welche er stiess, nach der Stellung der Division Reno fragte, zeigte ihm ein Blitz zu spät die graue Uniform der Konföderierten. Er wandte sein Pferd und sprengte zurück, aber auch den Anderen hatte der Blitz die Uniform eines höhern Offiziers der feindlichen Armee gezeigt. Ein Schuss krachte hinter ihm und zum Tode getroffen stürzte Kearny aus dem Sattel.

Inzwischen hatte General Birney vergeblich auf die Rückkehr Kearnys gewartet. Es war keine Zeit zu verlieren und er zog deshalb zwei Regimenter seines zweiten Treffens rechts heraus, um die entstandene Lücke auszufüllen. Bald darauf trafen auch die beiden anderen Brigaden der Division Kearny ein. Die Brigade Robinson ging links von Birney vor, während die Brigade Berry, geführt von Oberst Poe, die Brigade Birney ablöste und Vorposten aussetzte, nachdem die völlig hereingebrochene Nacht dem Gefecht ein Ende gemacht hatte, ohne dass eine eigentliche Entscheidung erfolgt war. Auf der Chaussee war inzwischen die Division Hooker (geführt vom General Grover) bis in die Höhe des Kampfplatzes herangekommen. Südlich der Chaussee hatte das Corps Banks Stellung genommen. Dasselbe hatte, wie wir wissen, am Nachmittag des 1. September den Marsch auf der Braddock-Strasse angetreten, sich aber bei Ausbruch des Kampfes nach Norden gewandt und hatte hinter dem linken Flügel der Division Kearny, aber südlich der Chaussee, Stellung genommen. Der linke Flügel der Unierten war dadurch gegen alle Eventualitäten gesichert.

Die Divisionen Ewell und Starke hatten einen geringen Anteil an dem Kampfe genommen. Von seiten der ersteren waren die Brigaden Trimble und Hays zur Unterstützung der Division A. P. Hill gegen den rechten Flügel des Corps Reno vorgegangen. Die Brigade Hays war dabei durch einen Gegenstoss der Unierten in Verwirrung zurückgeworfen und wurde hierauf durch einige Regimenter der Brigade Early abgelöst. Das Gefecht beschränkte sich von da an auch hier auf ein stehendes Feuergefecht, welches durch den Regensturm und die einbrechende Nacht beendet wurde. Der Versuch der Konföderierten, den Rückzug Popes zu verhindern, war gescheitert. Wenn dieser in der Nacht seinen Marsch nach Washington fortsetzte, so konnten sie das Manöver schwerlich wiederholen, abgesehen davon, dass es um so bedenklicher wurde, je mehr sich die Unierten den Forts von Washington-Alexandria näherten.

Pope hatte sein Hauptquartier noch am Abend des 1. nach Fairfax C. H. verlegt. Von hier aus erliess er nach beendetem Kampfe folgenden Befehl:

„Die Armee - Corps Heintzelmans, Sigels, Porters und Renos werden so früh nach Tagesanbruch als möglich beginnen, sich langsam nach rechts, in der Richtung auf Fairfax C. H., zu ziehen, bis sie enge Fühlung mit einander gewinnen. Major-General Reno wird so früh als möglich an der alten Eisenbahn entlang marschieren, welche er jetzt besetzt hält, die andern längs der Chaussee. Er wird die in seinem Rücken befindlichen Corps über seine genaue Stellung und jeden Schritt seiner Bewegungen in Kenntnis setzen und um Unterstützung ersuchen, falls er deren bedürftig ist. Sie werden nicht mehr als eine halbe Meile hinter ihm sein. Wenn ein ernstes Gefecht auf irgend einem Punkte der Linie beginnt, so werden die Corps-Kommandeure rechts und links davon sofort einen Offizier ihres Stabes absenden, welcher sich bei dem die angegriffenen Truppen kommandierenden General meldet und ihm mitteilt, dass sie bereit sind, ihn zu unterstützen, wenn es nötig ist. Für jetzt wird das grosse Hauptquartier sich zu Fairfax C. H. befinden."

Um 3 Uhr morgens begannen die Corps sich im Verfolg dieses Befehles langsam nach Osten zu ziehen. Bei Tagesanbruch stand die ganze Armee um Fairfax C. H. konzentriert, bereit nach jedem Punkte abzumarschieren, dessen Besetzung sich als notwendig herausstellen sollte.

· Inzwischen aber bereiteten sich in Washington wichtige Entscheidungen vor.

Am Morgen des 1. September hatte sich Mc Clellan nach Washington begeben, um persönlich mit Halleck zu konferieren und namentlich Klarheit in die Kommandoverhältnisse zu bringen. Der General en chef instruierte ihn mündlich, den Befehl über die Verteidigung von Washington zu übernehmen, wobei jedoch ausdrücklich sein Befehlsbereich auf die Werke und deren Besatzungen beschränkt und irgend welche Verfügung über die unter Pope operierenden Truppen ausgeschlossen wurde. Auf Vorschlag Mc Clellans wurde hierauf der Oberst Kelton, Hallecks Assistent-General-Adjutant, nach Centreville geschickt, um sich persönlich von dem Stand der Dinge zu überzeugen. Wir haben weiter oben sein Eintreffen dort, gerade als die Konferenz in Franklins Zelt abgehalten wurde, berichtet.

Am Nachmittag erhielt Mc Clellan eine Aufforderung Hallecks, sich zu ihm zu begeben, um dort mit dem Präsidenten Lincoln zusammenzukommen, der ihn zu sprechen wünsche.

Pope hatte nämlich am Morgen des 1. September eine lange Depesche an Halleck gerichtet:

„Alles war gestern und soweit auch diesen Morgen (8 Uhr 50 Minuten) ruhig. Meine Leute ruhen alle; sie haben es nötig. Fourage für unsere Pferde wird herangeschafft. Unsere Kavallerie ist vollständig zusammengebrochen, so dass nicht fünf Pferde in einer Kompagnie sind, die noch traben können. Die Folge davon ist, dass ich genötigt bin, beträchtliche Infanterie-Abteilungen an der Strasse in meinem Rücken zu halten, um sie sicher zu stellen, und selbst dann ist es schwierig, die feindliche Kavallerie von dieser Strasse fern zu halten. Ich werde morgen wieder angreifen, wenn ich kann, sicher aber den nächsten Tag.

„Ich halte es für meine Pflicht, Ihre Aufmerksamkeit auf das unmilitärische und gefährliche Benehmen vieler Brigade- und einiger Divisions - Kommandeure der von der Halbinsel hierher geschickten Streitkräfte zu lenken. Jedes Wort, jede Handlung und Absicht ist entmutigend; darauf berechnet, den Geist der Leute zu ruinieren und ein Unglück herbeizuführen. Ein Corps-Kommandeur, welcher den Befehl erhalten hatte, von Manassas Junction vorzugehen und sich mit mir bei Groveton [1]) zu vereinigen, kam gar nicht, obgleich er nur fünf Meilen entfernt war, und, was noch schlimmer ist, ging sogar

---

[1]) Porter, auf welchen hier offenbar angespielt wird, hatte nie den Befehl erhalten, sich mit Pope „bei Groveton zu vereinigen", sondern nur den, in der Richtung auf Gainesville vorzugehen und Halt zu machen, sobald die Verbindung mit den in gleicher Richtung auf der Chaussee vorgehenden Truppen hergestellt war. Siehe „gemeinsame Ordre" S. 192.

nach Manassas[1]) zurück, ohne zu fechten, und zwar während er den
Lärm der nur drei Meilen von ihm tobenden Schlacht, welche den
ganzen Tag dauerte, deutlich hörte. Nur infolge peremptorischer Befehle vereinigte er sich am nächsten Tag mit mir. Eine seiner Brigaden, deren Kommandeur angiebt, nach seiner Division gesucht zu
haben, blieb geradezu den ganzen Tag in Centreville, in voller Sicht
der Schlacht, und machte keinen Versuch heranzukommen. Was die
Sache noch schlimmer macht: Beide sind Offiziere der regulären Armee,
welche sich nicht aus Unwissenheit oder Furcht zurückhalten. Ihre
beständige Rede, in welcher sie sich öffentlich und in gemischter Ge-
sellschaft gehen lassen, ist, dass „die Armee des Potomac nicht fechten
will", dass sie demoralisiert sei durch die Abberufung von der Halbinsel etc. Wenn Offiziere hohen Ranges ein solches Beispiel geben,
so übt das einen schlimmeren Einfluss als unter denen niedriger
Grade aus.

„Sie können sich kaum eine Vorstellung von der Demoralisation
unter den Offizieren höhern Ranges in der Potomac-Armee machen,
welche in allen Fällen in persönlichen Gefühlen in bezug auf den
Wechsel des Kommandeurs en chef und ähnliches ihre Wurzel haben.
Diese Leute sind nur Werkzeuge oder Parasiten, aber ihr Beispiel
trägt verderbliche Früchte und muss notwendigerweise verderbliche
Früchte tragen. Sie müssen diese Dinge wissen, denn Sie allein können
ihnen ein Ende bereiten. Ihre Quelle liegt ausserhalb meines Bereichs,
wenn auch ihre Wirkungen sehr fühlbar und sehr gefährlich sind.
Ich versuche alles, was ich kann, und werde sie sicher an einen
Posten stellen, wo sie entweder fechten oder davon laufen müssen.
Mein Rat ist (ich gebe ihn mit Freimut, da ich weiss, dass Sie ihn
nicht missverstehen), dass Sie diese Armee nach den Befestigungen
von Washington zurückziehen und sie dort gründlich reorganisieren.
Sie können dadurch grosses Unglück abwenden. Ich betrachte diese
Angelegenheit nur in rein militärischem Lichte, und sie ist schlimm
genug und gross genug, um irgend welche Massregeln dringend notwendig zu machen. Wenn das Herz in dem Führer fehlt, und alle
Neigungen dahin zielen, sich zurückzuhalten, kann von den Leuten
nicht viel erwartet werden.

„Bitte, schicken sie mir Kavallerie-Pferde unter starker Eskorte.
Ich habe sie furchtbar nötig, mehr als ich sagen kann."

Dass viele Offiziere der Armee Popes in seine Führung kein Vertrauen hatten, ist schon an anderer Stelle erwähnt worden. Dieser Mangel
an Vertrauen beschränkte sich aber keineswegs auf die Offiziere der Potomac-Armee, sondern war auch unter den Offizieren derjenigen Corps, welche
ursprünglich allein die Armee von Nord-Virginien gebildet hatten, zu

---

[1]) Dass Porter nicht nach Manassas zurückgegangen war, weiss der
Leser. Er hatte nur in einer seiner Depeschen an Mc Dowell (vergleiche
Seite 218 unten), in der Annahme, dass das Gefecht nördlich der Chaussee eine
für die Unierten ungünstige Wendung genommen habe, seine Absicht ausgesprochen, nach Manassas zurückzugehen, diese Absicht aber sofort wieder
aufgegeben, als er sehr bald das irrige seiner Annahme erkannt hatte.

finden. Diesem Misstrauen mag auch häufig zu unverhohlen Ausdruck
gegeben sein, und das hatte gewiss keinen vorteilhaften Einfluss auf
die Truppen gehabt. Aber, fragen wir, hatte denn nicht Pope Alles
gethan, um dies Misstrauen in seine Fähigkeiten als Führer in vollem
Masse zu rechtfertigen? War nicht der ganze Feldzug vom Rappahannock bis Centreville eine Kette von falschen Kombinationen, die
von einem auffallenden Mangel an Einsicht und strategischem Urteil
zeugen, und darauf gegründeten falschen Massregeln? Aber selbst wenn
ihm das sichere Bewusstsein innegewohnt hätte, dass das Misstrauen
gegen seine Führung ungerechtfertigt sei, dass er stets zur rechten
Zeit das Richtige angeordnet habe und seine Führung kein Vorwurf
treffe, durfte er ohne die vollgültigsten Beweise nicht so weit gehen,
zwar nicht direkt auszusprechen, aber doch in nicht misszuverstehender
Weise anzudeuten, dass das gegen ihn gerichtete Übelwollen Einzelner
bis zu hochverräterischen Handlungen und Unterlassungen geführt
habe. Es war mindestens voreilig, dass er in einem Satze seiner Depesche den General Fitz-John Porter ziemlich deutlich des absichtlichen
Ungehorsams beschuldigte. Ein jeder andere Feldherr würde es sich
zur Aufgabe gemacht haben, die Verhältnisse soweit zu klären, dass
auch nicht mehr der geringste Zweifel bestehen konnte, ehe er eine
Anklage von solcher Schwere gegen einen General erhob. Wir wissen
aus den vorstehenden Blättern, dass Pope eine total falsche Auffassung
der Sachlage hatte. Aber er hat an dieser falschen Auffassung bis in
die neueste Zeit mit einer Zähigkeit festgehalten, welche zeigt, dass er
sich eines Bessern nicht belehren lassen will. Gerade diese Zähigkeit
scheint der Beweis zu sein, dass Pope schon damals, als er die Depesche vom 1. September abfasste, nach einem bestimmten überlegten
Plane handelte. Wir können in derselben nichts anderes erblicken,
als den ersten Schachzug in einem Spiele, welches dahin führen sollte,
die Verantwortung für den missglückten Feldzug von den eigenen
Schultern abzuwälzen, ein Spiel, welches ihm leider nur zu gut ge-
lingen sollte. —

. Als Mc Clellan im Quartier Hallecks ankam, fand er dort den
Präsidenten. Lincoln sagte ihm, er habe Grund zu der Annahme, dass
die Potomac-Armee es an freudiger Mitwirkung und Unterstützung in
der Armee Popes habe fehlen lassen, und er erbat es als einen besonderen Gefallen von Mc Clellan, seinen Einfluss aufzubieten, um
diesen Zustand zu ändern. Mc Clellan entgegnete, er sei überzeugt,
dass der Präsident falsch berichtet sei. Was auch immer die Gesinnungen der Potomac-Armee gegen den General Pope sein möchten,
so sei er sicher, dass sie dessen Befehle ausführen, ihn im vollsten
Masse unterstützen und voll ihre Pflicht thun würde. Lincoln, der
tief bewegt war, bat ihn dann noch, an „Fitz-John Porter oder einen
seiner anderen Freunde" zu telegraphieren und so zu versuchen, die
ungünstigen Gesinnungen, wenn solche existierten, zu beseitigen. Mc
Clellan erklärte sich bereit, Alles zu thun, was in seiner Macht sei,
um die Wünsche des Präsidenten zu erfüllen und ihn von seiner Sorge
zu befreien. Lincoln dankte ihm herzlich und verliess dann die Wohnung

Hallecks. Mc Clellan aber telegraphierte um· 5 Uhr 30 Minuten an Porter, wie folgt:

„Ich bitte Sie um meinet-, wie um des Vaterlandes und der alten Potomac-Armee willen, dass Sie und alle meine Freunde dem General Pope die vollste und herzlichste Mitwirkung in allen jetzt im Gange befindlichen Operationen zu teil werden lassen. Das Schicksal unsers Vaterlandes, die Ehre unserer Armee stehen auf dem Spiel und Alles kommt jetzt auf das freudige Zusammenwirken aller im Felde stehenden an. Diese Woche ist die Krisis unseres Schicksals. Sagen Sie dasselbe allen meinen Freunden in der Potomac-Armee, und dass die letzte Bitte, welche ich an sie zu richten habe, die ist, dass sie um unseres Vaterlandes willen dem General Pope dieselbe Unterstützung zu teil werden lassen, die sie mir haben angedeihen lassen.

„Ich bin mit der Verteidigung von Washington beauftragt und thue Alles, was in meinen Kräften steht, um Euern Rückzug sicher zu stellen, im Falle dieser notwendig werden sollte."

Porter erhielt diese Depesche am Morgen des 2. September in Fairfax C. H: Es war ihm vollständig unverständlich, warum gerade an ihn eine solche Aufforderung gerichtet wurde, und er suchte sofort den General Pope auf, um von diesem eine Erklärung zu verlangen und in Gegenwart von zuverlässigen Zeugen jeder unbegründeten Klage oder falschen Darstellung entgegenzutreten, durch welche etwa der Versuch gemacht werden sollte, die Verantwortung für den fehlgeschlagenen Feldzug auf andere Schultern abzuwälzen.

Nachdem er die Depesche mehreren bei Pope anwesenden Corps-Kommandeuren gezeigt hatte, bat er um die Erlaubnis, folgende Antwort absenden zu dürfen, was auch zugestanden wurde:

„Sie mögen Sich versichert halten, dass alle Ihre Freunde, wie überhaupt ein jeder, der sein Vaterland lieb hat, stets dem General Pope seine herzlichste Mitwirkung und beständige Unterstützung in Ausführung seiner Befehle und Pläne zu teil worden lassen wird und zu teil hat werden lassen. Unsere Toten und Verwundeten und unsere entkräfteten Truppen sind redende Zeugnisse unserer Hingabe an unsere Pflicht."

In der sich daran anschliessenden Unterhaltung, bei welcher nur noch General Ruggles, Popes Stabs-Chef, zugegen war, erklärte Pope, dass er keinerlei Klage gegen Porter und sein Corps angebracht habe (!), nur die Angelegenheit der Brigade Griffin, welche an der Schlacht des 30. nicht teilgenommen habe, habe er zur Sprache gebracht.[1]) Porter erklärte, wie es gekommen war, dass die Brigade Griffin am 30. morgens irrtümlich nach Centreville marschiert sei, und Pope war durch diese Erklärung auch anscheinend zufriedengestellt. Er sagte jedoch, dass Porter ihm vor seiner Vereinigung mit der Armee von Virginien Grund zur Klage gegeben habe und zwar dadurch, dass er in einem Briefe, der in die Hand des Präsidenten gefallen sei, sich Bemerkungen über seine (Popes) militärische Führung und Gewandt-

---

¹) Vergl. S. 233.

heit erlaubt, Niederlagen vorausgesagt und den Plan des vergangenen
Feldzugs ungerechterweise als den Popes kritisiert habe.

Der Brief, auf welchen Pope hier anspielt, war von Porter Anfang Juli von Harrisons Landing aus geschrieben, also zu einer Zeit,
wo Porter noch keine Ahnung davon hatte, dass es ihm selbst be-
schieden sein könne, unter Pope fechten zu müssen. Es war die Antwort auf einen Brief von Washington, in welchem der Plan eines
Feldzugs, der unter Popes Führung in Szene gesetzt werden sollte,
mitgeteilt war. Die Bemerkungen, welche Porter über den Plan machte,
veranlassten den Empfänger des Briefes, denselben dem Präsidenten
vorzulegen.[1]

Porter konnte sich der Sache im Augenblick nicht erinnern, erklärte sich aber zu jeder von Pope gewünschten Genugthuung bereit,
wenn er ungerecht gewesen sei. Wenn er Unglück vorausgesagt habe,
so müsse übrigens Pope zugeben, dass seine Voraussetzung in Erfüllung gegangen sei.

Nach dieser Abschweifung kehren wir nach Washington zurück.

Mc Clellan hatte, nachdem er zum Befehlshaber der Verteidigung
von Washington ernannt war, sein Hauptquartier natürlich nach der
Stadt verlegt.

Am Morgen des 2. kamen der Präsident Lincoln und General
Halleck in sein Quartier und teilten ihm mit, dass der Oberst Kelton
von Centreville zurückgekehrt sei und dass nach dessen Darstellung
die Sachen viel schlimmer stünden, als man bisher in Washington angenommen habe. Die Armee befinde sich in einem sehr schlechten
Zustande, die Strassen seien mit Ausreissern, Versprengten und Fuhrwerken gefüllt u. s. w. Pope sei der Befehl geschickt, sofort nach den
Befestigungen von Washington zurückzugehen. Mc Clellan solle alsbald
Massregeln treffen, die Ausreisser zu sammeln und, wenn die Armee
Popes in die Nähe komme, ihr entgegengehen, das Kommando
übernehmen[2] und dann die Truppen in die für die Verteidigung
besten Stellungen bringen. —

General Pope hatte am Morgen des 2. September mit Spannung
der Entscheidung der Frage entgegengesehen, ob der Feind ihm direkt
folgen oder von neuem versuchen werde, seine rechte Flanke zu umgehen. Dass die Konföderierten in der Richtung auf den Potomac in
Marsch waren, war deutlich zu sehen, aber ob dies in der Absicht
geschah, diesen Fluss zu überschreiten und in Maryland einzufallen
oder Popes Flanke nochmals zu umgehen, erschien noch zweifelhaft.
Pope hielt es einstweilen für geboten, sich gegen die letztere Mög-

---

[1] *Porters Narrative, pag. 44.*
[2] Der einzige schriftliche Befehl, welcher am 2. September in dieser
Beziehung erlassen wurde, lautete:

„Major-General Mc Clellan wird das Kommando der Befestigungen von
Washington und aller für die Verteidigung der Hauptstadt bestimmten
Truppen übernehmen."

Da die ganze Armee Popes zunächst zur Verteidigung der Hauptstadt bestimmt wurde, so ging damit der Befehl über die Armee *de facto*
an Mc Clellan über.

lichkeit zu schützen und beschloss deshalb eine Aufstellung hinter dem Difficult Creek, mit dem rechten Flügel an der Strasse von Alexandria nach Leesburg, mit dem linken Flügel bei Flint Hill zu nehmen, Gegen $1/2$ 10 Uhr morgens erteilte er den Corps-Kommandeuren die entsprechenden mündlichen Befehle.

Die Bewegungen, um diese Stellung einzunehmen, waren noch nicht weit vorgeschritten, als gegen Mittag der Befehl von Halleck eintraf, ohne unnötige Verzögerung hinter die Linie der Forts von Washington-Alexandria zurückzugehen. Pope machte dies alsbald der Armee durch folgende Ordre bekannt:

„Folgende Truppenbewegungen werden, in Verfolg von eingegangenen Instruktionen vom Kriegs-Departement, sogleich ausgeführt, nämlich:

1) Das Corps Banks wird auf der Braddock-Strasse und über Annandale marschieren und bei oder in der Nähe des Forts North Stellung nehmen.

2) Die Corps Franklin und Hooker werden der Little River Turnpike nach Alexandria folgen.

3) Das Corps Heintzelman wird der Braddock-Strasse nach Fort Lyon folgen.

4) Das Corps Mc Dowell benutzt die Strassen über Falls Church, die Little River- und die Columbia Turnpike nach den Forts Craig und Tyllinghast.

5) Die Corps Porter, Sumner und Sigel marschieren über Vienna nach der Kettenbrücke. Die drei letztgenannten Corps bleiben gut aufgeschlossen und in Unterstützungs-Entfernung von einander.

„Die Kavallerie unter General Buford wird den Marsch der drei Corps Porter, Sumner und Sigel decken, die Brigade Bayard die Truppen, welche auf der Strasse zunächst südlich marschieren. Sumner bildet die Nachhut auf der Strasse, welche ihm angewiesen ist. Hooker wird die Rückendeckung auf der Little River- und Banks auf der Braddock-Strasse übernehmen. General Banks wird die bei Sangsters und Fairfax Station stehenden Truppenabteilungen einziehen und das Depot an letztgenanntem Orte auflösen, indem alle Bestände mit der Bahn nach Alexandria geschafft werden. Die Wagen-Trains, mit Ausnahme derjenigen, welche die Truppen unmittelbar bei sich haben, gehen auf der Little River Turnpike nach Alexandria. Die Corps-Kommandeure schicken einen zuverlässigen Offizier nach Alexandria, welcher dort die Trains der betreffenden Corps wieder übernimmt und nach dem Standort des Corps führt. Der Chef-Arzt wird sofort Massregeln treffen, um alle Kranken und Verwundeten nach Alexandria zurückzuschaffen. General Reno wird sofort den Marsch auf der Little River Turnpike nach Alexandria antreten. Die Corps-Kommandeure werden Offiziere ihres Stabes einige Stunden vorausschicken, um dem General Mc Clellan ihre Annäherung an die Orte ihrer Bestimmung zu melden."

So trat denn die Armee von Virginien ihren letzten Marsch an, und die verschiedenen Corps erreichten den Ort ihrer Bestimmung, ohne vom Feinde erheblich belästigt zu werden.

Auf seiten der Konföderierten hatte das Corps Longstreet bereits am 1. September den Bull Run bei Sudley Springs überschritten und war Jackson gefolgt. Es befand sich zwischen Pleasant Valley und Chantilly, als das Gefecht bei Ox Hill begann. Obgleich der Marsch beschleunigt wurde, war dasselbe doch beendet, ehe das Corps Chantilly erreicht hatte, und es blieb deshalb für die Nacht vom 1. zum 2. dort stehen. Am Morgen des 2. ging die Brigade Early der Division Ewell aus der Stellung, welche sie am Abend des 1. nach Beendigung des Gefechtes eingenommen hatte, einige hundert Schritte vor, fand jedoch, dass die Unierten während der Nacht ihre Stellung geräumt und nach Fairfax C. H. zurückgegangen waren. Longstreet ging im Laufe des Tages ebenfalls bis Ox Hill vor und auch die Division D. H. Hill, welche auf Befehl Lees am 26. August von Hanover Junction abmarschiert war (vergl. S. 107), traf am 2. September dort ein. So war denn die ganze Armee der Konföderierten bei Ox Hill vereinigt. Nur die Brigade Bradley Johnson der Stonewall-Division wurde zur Rekognoscierung in der Richtung auf Drainesville geschickt, und der Marsch dieser Abteilung war von den Unierten beobachtet und gab Veranlassung zu dem Glauben, dass die Konföderierten abermals eine Umgehung der rechten Flanke Popes beabsichtigten. Gegen Mittag meldeten die Kavallerie-Patrouillen, dass die Unierten den Rückzug nach Washington angetreten hätten.

Auch die Konföderierten waren der Ruhe bedürftig. Zum ersten Male seit der Wegnahme der Depôts bei Manassas (27. August) konnten regelmässige Rationen ausgegeben werden. Seit der Abmarsch vom Rappahannock begann, waren sie beständig im Marsch oder im Gefecht gewesen, und die Verpflegung war während der letzten Tage auch nicht vom besten gewesen. Grüne Maiskolben und unreife Äpfel hatten die Hauptnahrungsmittel gebildet. Viele hatten die Schuhe verloren und infolge dessen so wunde Füsse bekommen, dass sie kaum noch fortkonnten.

Lee nahm deshalb von einer weiteren Verfolgung Abstand. Nur die Kavallerie unter Stuart wurde vorgeschickt, um den Marsch des Feindes zu beobachten und mit seinen reitenden Batterien nach Möglichkeit zu belästigen.

McClellan war am Nachmittag aus Washington aufgebrochen, um der Armee entgegenzureiten. In der Gegend von Uptons Hill stiess er auf die Spitze des Corps McDowell, bei welcher sich die Generale Pope und McDowell befanden. Während McClellan sich mit diesen Generalen besprach, um sich ein möglichst genaues Bild der Situation zu verschaffen, und die wenigen Adjutanten, welche er bei sich hatte, fortgeschickt wurden, um den sich Alexandria nähernden Corps Instruktionen zu überbringen, war von der Richtung der über Vienna führenden Strasse Geschützfeuer hörbar. General Pope sprach die Ansicht aus, dass das Corps Sumner wahrscheinlich engagiert sei, worauf General McClellan, begleitet von einem Adjutanten und drei Ordonnanzen, davonsprengte, um die Kolonne aufzusuchen. Er traf mit ihr zusammen, als die Dunkelheit schon hereingebrochen war, und

begleitete sie bis Lewisville, wo er sich überzeugte, dass das gehörte
Gefecht nichts zu bedeuten habe und das Corps Sumner seine Stellung
ohne ernstliche Belästigung erreichen werde. Dann kehrte er nach
Washington zurück.

Mit dem Einrücken der Armee in ihre Stellungen hinter der
Linie der Forts von Washington-Alexandria hatte der „Feldzug in
Nord-Virginien" seinen Abschluss gefunden. General Pope, welcher
seit dem Augenblick, wo die Armee die Fortslinie erreicht hatte und
damit unter Mc Clellans Befehle getreten war, thatsächlich keine
Funktion mehr hatte, bat, dass er auch formell von seinem Posten
enthoben werden möge. Sein Gesuch wurde angenommen und er
wurde am 7. September zum Kommandierenden des Departements des
Nord-Westen mit dem Hauptquartier in St. Paul in Minnesota ernannt
und mit Übernahme dieses Kommandos trat er, wenigstens was den
Krieg zwischen Nord und Süd anlangt, von der militärischen Schau-
bühne ab.

Südstaatliche Schriftsteller behaupten, dass Popes Fehler in dem
kurzen Feldzug so zahlreich waren, wie sie es überhaupt sein konnten.
Der aufmerksame Leser der vorstehenden Darstellung wird dies Urteil kaum zu hart finden.

Die Verluste, welche beide Teile in dem vergangenen Feldzuge
erlitten hatten, waren sehr beträchtlich. Detaillierte Berichte darüber
liegen nur für einzelne Truppenteile vor, und wir begnügen uns deshalb mit einer summarischen Angabe. Danach betrug der Verlust am
27., 28., 29. und 30. August auf seiten der Unierten 13 744 M. an
Toten, Verwundeten und Vermissten, der der Konföderierten an denselben Tagen 9849 M. Letztere behaupten, 30 Geschütze, mehr als
20 000 Stück Handwaffen, zahlreiche Fahnen etc. erbeutet zu haben.

General Lee erstattete am 3. September von Chantilly aus einen
kurzen Bericht an den Präsidenten Jeff. Davis, in welchem er unter
anderem anführt, dass die Generale Ewell, Trimble, Taliaferro, Field,
Jenkins und Mahone verwundet seien, und dann schliesst: „Nichts
konnte die Tapferkeit und Ausdauer der Truppen übertreffen, welche
jede Gefahr und Entbehrung auf dem Schlachtfelde, wie auf dem
Marsche freudig ertrugen."

Pope versuchte in seinem mehrfach zitierten Report die Schuld
des Misslingens in erster Linie auf die numerische Überlegenheit des
Gegners zurückzuführen.

„Zu keiner Zeit," sagte er, „hätte ich hoffen können, gegen die
ungeheuer überlegenen Kräfte des Feindes, welche mir gegenüberstanden und jeder Zeit imstande waren, mich zu überflügeln und
meine kleine Armee in den Staub zu werfen, eine erfolgreiche Schlacht
zu schlagen. Nur durch beständige Bewegung, unaufhörliche Wachsamkeit und gewagte Gefechte und Schlachten wurde es erreicht, dass
die unter meinem Befehle stehenden Streitkräfte nicht überwältigt
wurden, während zu gleicher Zeit der Feind bei seinem Vorgehen
gegen Washington behindert und aufgehalten wurde, bis endlich die
Streitkräfte von der Halbinsel zur Verteidigung der Hauptstadt ver-

sammelt waren. Ich hoffte, dass der Feind im Verlauf dieser Operationen eine Unklugheit begehen oder sich eine Blösse geben würde, aus welcher ich Nutzen ziehen konnte, um wenigstens einen partiellen Sieg zu erringen. Diese Gelegenheit bot sich dar durch das Vorgehen Jacksons auf Manassas Junction. Aber obgleich die unter den Umständen besten Dispositionen getroffen wurden, so wurde die Erreichung des Zweckes doch in einer Weise und durch Ursachen verhindert, welche jetzt wohl bekannt sind. Es ist mir eine Genugthuung, zu wissen, dass die Führung des Feldzuges, von der jede Einzelheit Tag für Tag dem General en chef mitgeteilt wurde, von diesem und der Regierung gut geheissen wurde, und ich lege nunmehr die Sache freudig dem Urteile des Vaterlandes vor."

Die in den vorstehenden Blättern enthaltenen Angaben in bezug auf die Stärkeverhältnisse beider Parteien sind das Ergebnis sorgfältiger Prüfung und Sichtung. Für die Armee unter Pope sind dieselben meist seinem eigenen Report entnommen, und wenn die dort enthaltenen Zahlen mit der Wirklichkeit nicht übereinstimmen, so ist anzunehmen, dass sie eher zu niedrig, als zu hoch gegriffen sind. Über die Stärkeverhältnisse der Armee unter Lee giebt das mehrfach erwähnte Werk von Taylor (*Four years with Lee.*) durchaus zuverlässigen und unanfechtbaren Aufschluss, da es sich in seinen Angaben auf die jetzt in den Archiven zu Washington befindlichen Original-Stärke-Rapporte der Truppen stützt und deren Angaben sorgfältig prüft und beleuchtet. Aus diesem Werke hat sich die Thatsache ergeben, dass die konföderierte Armee während des ganzen Krieges numerisch weit schwächer war, als bis auf die neueste Zeit allgemein geglaubt und behauptet wurde, ganz abgesehen von den unsinnig übertriebenen Schätzungen, deren Mc Clellan sich schuldig machte und auf welche er seine Massnahmen begründete, beziehungsweise durch die er seinen Mangel an Initiative zu rechtfertigen suchte.

Auch in dem hier geschilderten Feldzug war nur in der allerersten Zeit eine nicht sehr bedeutende numerische Überlegenheit auf seiten der Konföderierten (ca. 49 000 Konf. gegen 43 000 Unierte). Diese Überlegenheit schwand mit dem Eintreffen des Corps Reno und schlug in das Gegenteil um, und von da änderte sich das Verhältnis mit jeder neuen Division der Potomac-Armee, welche eintraf, mehr und mehr zu gunsten der Unierten.

Zu dem, was Pope in dem oben citierten Satz seines Report noch weiter sagt, erscheint ein Kommentar überflüssig, da der Leser der vorstehenden Blätter über dessen Bedeutungslosigkeit wohl schwerlich im Zweifel sein kann, eben so wenig darüber, auf welche „Weise und durch welche Ursachen" Popes Absicht von der Blösse, welche sich der Gegner durch Zerreissung seiner Armee in zwei Teile gegeben hatte, Nutzen zu ziehen, vereitelt wurde. Es geschah nicht, weil die „unter den bestehenden Umständen besten Dispositionen" unausgeführt blieben, sondern weil diese Dispositionen teils ganz und gar nicht zweckentsprechend waren, teils weil diejenigen, mit denen man sich allenfalls einverstanden erklären kann, entweder zu spät

oder unter Umständen getroffen wurden, wo sie unausführbar geworden waren.

Der Report, welchem der oben zitierte Satz entnommen ist, trägt
das Datum des 27. Januar, eines Tages, an welchem das kriegsgerichtliche Urteil über General Fitz-John Porter bereits publiziert war, und
wenn Pope sagt, dass die Art und Weise, auf, und die Ursachen, durch
welche seine Absicht vereitelt, jetzt wohl bekannt seien, so will er
damit die durch die kriegsgerichtliche Untersuchung und die Verurteilung angeblich bewiesene verräterische Handlungsweise Porters
als die Grundursache des Missglückens des vergangenen Feldzugs hin-
stellen.

Für Denjenigen, welcher vorliegender Arbeit mit Aufmerksamkeit
gefolgt ist, erscheint vielleicht eine besondere Rechtfertigung Porters
überflüssig, wir wollen jedoch, gewissermassen als letzten Beleg für die
Richtigkeit der vorausgegangenen Darstellung, unsere Arbeit mit einer
kurzen Darstellung der Verurteilung und der Rechtfertigung Porters
zum Abschluss bringen.

VII. Der Prozess Porter.

Pope beklagt sich über mangelnde Unterstützung seitens der Offiziere der Potomac-Armee. — Persönliche Beziehungen zwischen Pope und Porter. — Des Letzteren Depeschen an Burnside. — Umschwung in den Ansichten der massgebenden Persönlichkeiten. — Porter wird in Anklagezustand versetzt. — Die Zusammensetzung des Kriegsgerichts. — Befehl zur Beendigung der Verhandlungen. — Die Anklage gegen Porter. — Der verspätete Abmarsch von Warrenton Junction. — Ungehorsam gegen die „gemeinsame Ordre". Ungehorsam gegen die Ordre von 4 Uhr 30 Minuten nachmittags. — Die Anklage auf Verletzung des 32. Kriegsartikels. — Die Zeit der Ankunft des Corps Longstreet auf dem Schlachtfeld. — Der Wahrspruch und das Urteil. — Porters Versuche, eine Revision seines Prozesses herbeizuführen. — Popes „Kurze Darlegung der Angelegenheit Fitz John Porters". — Der Bericht Stonewall Jacksons über die Kämpfe des 30. — Porters erneuetes Gesuch im Jahr 1874 von Pope befürwortet. — Der Graf von Paris über Porters Verhalten am 29. — Popes Brief an ihn. — Der Graf von Paris tritt auf Porters Seite. — Die Einsetzung des Revisions-Ausschusses. — Pope weigert sich, vor demselben zu erscheinen. — Der Bericht des Revisions-Ausschusses. — Porters Rechtfertigung vor dem Senat. — Schlusswort.

Bereits in dem Briefe, welchen General Pope am 1. September 8 Uhr 50 Minuten morgens von Centreville an Halleck richtete (vergl. S. 274), hatte er im Allgemeinen angedeutet, dass es ihm bei den vergangenen Operationen vor Allem an der freudigen und hingebenden Unterstützung von seiten der höheren Offiziere der Potomac-Armee gefehlt habe und er hatte ganz besonders auf den General Porter hingewiesen, wenn er dessen Namen auch nicht ausdrücklich genannt hatte. Bekanntlich hatte dieser Brief die Folge, dass Präsident Lincoln den General Mc Clellan bat, er möge an Porter oder „einen andern seiner Freunde" von der Potomac-Armee telegraphieren und denselben auffordern, alle Gefühle persönlicher Zu- und Abneigung zu unterdrücken und General Pope nach besten Kräften zu unterstützen. Mc Clellan kam diesem Verlangen nach, und Porter antwortete durch ein Telegramm, welches den Verdacht des Mangels an freudiger Unterstützung des Obergenerals entschieden zurückwies. Dass aber Mc Clellan sein eben erwähntes Telegramm gerade an Porter gerichtet hatte, wurde später, besonders in Verbindung mit den Depeschen Porters an Burnside, auf die wir noch zurückkommen, von den Gegnern des

letzteren benutzt, um anzudeuten, dass sogar Mc Clellan es für notwendig gehalten habe, Porter zu loyalem Handeln aufzufordern.

Bemerkt mag übrigens noch werden, dass bei wiederholten persönlichen, dienstlichen wie ausserdienstlichen Zusammentreffen Porters
mit Pope, ersterer nicht den geringsten Anlass fand, aus dem Auftreten des letzteren ihm gegenüber, den Schluss zu ziehen, dass er
sich durch irgend etwas die Unzufriedenheit seines Vorgesetzten zugezogen habe. Im Gegenteil! Als die erwähnte telegraphische Aufforderung Mc Clellans zu hingebender Unterstützung Popes in Porters
Hände gelangte, begab sich dieser zum Obergeneral, um zu hören, ob
eine von diesem ausgesprochene Klage die Veranlassung zur Absendung der sonderbaren Depesche gegeben habe. Pope erklärte jedoch
in Gegenwart seines Stabschefs, Oberst Ruggles, er habe sich durchaus nicht über Porter oder sein Corps beschwert und habe auch keine
Ursache dazu. Nur der Marsch der Brigade Griffin von Dawkins
Branch nach Centreville statt nach dem Schlachtfeld am Morgen des
30. habe ihm Ursache zur Unzufriedenheit gegeben. Porter erklärte
den Irrtum, welcher dazu Veranlassung gegeben hatte, anscheinend
zur Befriedigung Popes. Letzterer bemerkte jedoch noch, dass Porter
ihm in der Zeit v o r der Vereinigung seines Corps mit der Armee
von Virginia Ursache zur Klage gegeben habe, und zwar dadurch,
dass er in einem Briefe, der in des Präsidenten Lincolns Hände gekommen sei, sich über seine (Popes) militärischen Fähigkeiten ungünstig ausgesprochen, Unglück vorausgesagt und den Plan des soeben beendeten Feldzugs ungerecht kritisiert habe.

Der Brief, auf welchen sich diese Bemerkungen Popes bezogen,
war ein Privatbrief, welchen Porter schon Ende Juli von Harrisons
Landing aus geschrieben hatte, noch ehe er eine Ahnung davon hatte,
dass er selbst bestimmt sei, unter Pope zu fechten. Der Empfänger
des Briefes hielt die in demselben ausgesprochenen Ansichten für
wichtig genug, um den Brief dem Präsidenten Lincoln vorzulegen.

Porter hatte demnach keine Veranlassung, ein feindseliges Auftreten Popes gegen sich zu erwarten.

Nach Abgabe des Kommandos der Armee an Mc Clellan, kam
Pope am 3. September nach Washington und erhielt hier zum ersten-
mal Einsicht in die von Porter an Burnside und von diesem weiter
nach Washington geschickten Depeschen, deren Inhalt seinen höchsten
Zorn erregte.

Als Porter von Fallmouth abmarschierte, um sich mit der Armee
von Virginien zu vereinigen, hatte Burnside ihn gebeten, ihn über
den Gang der Ereignisse unterrichtet zu halten. Porter, welcher für
die Nachsendung seiner Trains u. s. w. noch auf Burnside angewiesen
war, und schon aus diesem Grunde Verbindung mit ihm halten
musste, kam diesem Verlangen nach und stellte zu diesem Zweck auf
seinem Marsche stets telegraphische Verbindung mit Fallmouth her.
Als diese Vereinigung am 27. in Warrenton Junction bewirkt war,
hatte bereits die Unterbrechung der direkten telegraphischen Verbindung mit Washington durch den Angriff Jacksons auf Manassas Junction

stattgefunden. Porter machte Pope auf die Verbindung durch Burnside aufmerksam, dieser lehnte jedoch deren Benutzung ab. Ersterer hielt sich um so mehr für berechtigt, Burnside noch weitere Nachrichten zugehen zu lassen, als der Präsident Lincoln dem letzteren gegenüber den dringenden Wunsch geäussert hatte, auf diesem Wege über die Vorgänge bei der Armee möglichst unterrichtet zu bleiben. Die Depeschen Porters an Burnside waren Privat-Depeschen, welche nicht für die Öffentlichkeit bestimmt und nur auf ausdrücklichen Wunsch Burnsides an diesen geschickt waren. Burnside aber hatte grosses Vertrauen in Porters Urteil und beförderte sie deshalb an den Präsidenten Lincoln oder an Halleck weiter. Auch das war eine Privatangelegenheit zwischen Burnside und Lincoln.

In einigen dieser Depeschen nun hatte sich Porter in ziemlich wegwerfender Weise über Pope geäussert, ein Verfahren, welches mindestens unvorsichtig und in anbetracht dessen, dass es sich um seinen nächsten Vorgesetzten handelte, wohl auch unpassend war.

In der ersten nach der Vereinigung mit Pope abgesandten Depesche an Burnside heisst es: „... Ich fand einen grossen Unterschied zwischen diesen Truppen und den unsrigen, aber ich glaube, sie sind frisch, da sie heute ihre Kleidungsstücke etc. verbrannten, ohne dass die geringste Ursache vorlag. Ich höre, dass sie sehr demoralisiert sind und einige gute Truppen nötig hatten, um ihnen Herz zu geben und, wie ich denke, auch Kopf. Wir arbeiten jetzt, um hinter den Bull Run zu kommen und ich glaube, wir werden in einigen Tagen dort sein, wenn die Strategie uns nicht aufbraucht. Die Strategie ist grossartig und die Taktik im umgekehrten Verhältniss..."

„All das Gerede," heisst es in einer anderen vom 28. August, „dass Jackson in den Sack gesteckt werden solle, war Dunst (*bosh*). Das ungeheure Loch — Manassas — war aufgelassen, und der Feind sprang hindurch. Die Geschichte, dass McDowell den Rückzug Longstreets abgeschnitten habe, war nicht gut begründet.... Ich denke mir, das nächste wird ein Streifzug Longstreets, der abgeschnitten war, in unsern Rücken sein." In einer anderen vom 29. August erscheint der Satz: „Pope ging nach Centreville mit den beiden letzteren (den Corps Heintzelman und Reno) als Leibwache, zu jener Zeit nicht wissend, wo der Feind war, während Sigel innerhalb acht Meilen und in Sicht mit ihm im Gefecht stand. Ein Kommentar ist überflüssig... Es könnte scheinen, als ob der Feind zwecklos umherwandere, aber ich denke mir, er weiss, was er will, und das ist mehr, als irgend jemand hier oder sonst wo weiss."

Sie enthielten aber auch noch mehr. Sie gaben Burnside Kenntnis von der rasch wechselnden Situation, welche Popes Befehle oft nicht zutreffend und manchmal unausführbar erscheinen liess. In einigen Fällen machte Porter auch Vorschläge, wie aus den Fehlern des Feindes Nutzen zu ziehen sei, und im allgemeinen geht aus denselben hervor, dass Porter eine richtigere Auffassung der Sachlage hatte, als Pope. Porter befand sich dabei anfänglich auch noch in dem Glauben, dass der ursprüngliche Plan ausgeführt werden würde,

das heisst, dass die Hauptmasse der Potomac-Armee bei Acquia Creek
landen und sich auf der Linie des Rappahannock mit der Armee von
Virginien vereinigen werde und dass dann beide Armeen unter ihren
Generalen Mc Clellan und Pope kooperieren sollten, wobei Mc Clellan
die Oberleitung haben würde. Darauf bezieht es sich, wenn er z. B.
in einer Depesche vom 25. August morgens, in welcher er Burnside
seine für diesen Tag beabsichtigten Bewegungen, die er noch ohne
Befehl Popes auf eigene Verantwortung unternahm, sagt: „Stimmt
Mc Clellan zu?" oder wenn er in einer anderen vom 26. abends, also
ebenfalls zu einer Zeit abgeschickt, wo er thatsächlich noch nicht
unter das Kommando Popes getreten war, die Bitte ausspricht: „Bitte,
setzen Sie Mc Clellan in Kenntnis, damit ich weiss, dass ich richtig
handle," und selbst Äusserungen, wie: „Ich hoffe, Mc (d. i. Mc Clellan)
arbeitet daran, dass wir aus dieser Geschichte herausbeordert werden,"
lassen sich noch erklären, ohne dass man hochverräterische Gesinnungen bei Porter vorauszusetzen braucht.

    Als Pope am 3. September nach Washington kam, erfuhr er
von diesen Depeschen und nahm Kenntnis von denselben. Er war
wütend. Jetzt gingen ihm die Augen auf, meinte er, und er wolle
mit Porter Abrechnung halten, und von da an stand es fest bei ihm,
dass der Verrat Porters schuld an dem Misslingen des Feldzugs sei,
und dass dieser dafür zur Rechenschaft gezogen werden müsse. Offenbar ist die in einigen Depeschen zum Ausdruck kommende geringe
Meinung von Popes Feldherrntalenten die eigentliche Ursache, weshalb
Porter vor das Kriegsgericht gestellt wurde. In einem an den zeitigen
General en chef, General Grant, gerichteten Briefe, d. d. Atlanta, 16.
September 1867, in welchem Pope gegen die Gewährung des von
Porter eingereichten Gesuchs um Revision seines Prozesses Einspruch
erhebt, kommt ein Satz vor, aus welchem das fast mit Bestimmtheit
hervorgeht: „Depeschen, welche er (Porter) an Burnside schickte, und
zwar sowohl vor wie nach seiner Vereinigung mit mir, und die, wie
er selbst sagt[1]), für Mc Clellan bestimmt waren, finden sich in den
Akten des Kriegsgerichts. Sie deuten auf einen Gemütszustand und
eine Feindseligkeit und Bitterkeit, welche, wie ich zu sagen wage,
unter solchen Umständen ihres Gleichen nicht hat. Sie stellen die
gröbste und abscheulichste Verletzung der Disziplin und des militäri-
rischen Anstandes dar, welche in irgend einem offiziellen Aktenstück [2])
dieses Landes zu finden sind, ganz zu schweigen von dem Mangel

---

[1]) Porter sagt nirgends etwas, dass seine Depeschen für Mc Clellan bestimmt seien. Er wusste, dass ihr wesentlicher Inhalt nach Washington befördert wurde, und während Mc Clellan sich in Alexandria befand, mag er
wohl vermutet haben, dass dieser Kenntnis davon erhielt. Dass Burnside
die Depeschen ihrem vollen Inhalt nach an Lincoln oder Halleck schickte,
scheint Porter weder beabsichtigt, noch gewusst zu haben.

[2]) Porters Depeschen waren Privatdepeschen von Freund zu Freund,
keine offiziellen Aktenstücke. Wenn sie durch Weiterbeförderung an den
Präsidenten und dadurch, dass sie im Kriegsministerium zu den Akten genommen wurden, zu offiziellen Schriftstücken wurden, so ist das nicht Porters
Schuld.

an Takt, der sich darin ausspricht. Dass ein Untergebener .... solche Depeschen schreiben konnte, übersteigt beinahe alles glaubliche. Wie ich sage, es deutet auf einen Gemütszustand, der zu Allem fähig ist, und diese Depeschen selbst liefern die vollste Erklärung von Porters Betragen, welche jemals gegeben werden kann."

Eine solche tiefe Entrüstung ist sicher nicht durch die Depeschen Porters, aus denen wir oben die schlimmsten Proben mitgeteilt haben, gerechtfertigt. Dass andere nicht so streng darüber dachten, geht unter anderem auch aus der Aussage Burnsides vor dem Kriegsgericht hervor. „Er habe niemals den Eindruck aus den Depeschen empfangen, dass Porter nicht geneigt sei, seine ganze Pflicht als Popes Untergebener zu thun. Ich sah in denselben genau das, was ich von einem grossen Teil der Offiziere aussprechen hörte, mit denen ich in jener Zeit in Berührung kam, nämlich einen grossen Mangel an Vertrauen in die Leitung des Feldzugs. Ich sah in den Depeschen — und habe ihm das auch gesagt —, was man als unüberlegte Ausdrucksweise bezeichnen kann, aber nichts, was mich nur einen Augenblick veranlasst hätte, zu besorgen, dass er nicht seine ganze Pflicht thun würde."

Die Einsicht in diese Depeschen Porters war es, welche Pope so reizte, dass er sich im höchsten Grade entrüstet über diesen General äusserte, die angeblich von demselben begangenen Insubordinations-Vergehen u. s. w. zur Sprache brachte und dabei auch seine Verdächtigungen gegen Mc Clellan und die Generale der Potomac-Armee überhaupt wiederholte. Sie fielen bei Halleck und dem Kriegsminister Stanton auf einen günstigen Boden[1]), und Pope erhielt noch am 3. September den Auftrag, schleunigst einen kurzen Bericht über seinen Feldzug einzureichen, welcher als Grundlage für eine zu erhebende Anklage dienen könne.

Halleck war so begierig, dies Schriftstück bald zu erhalten, dass er in Pope drang, in Washington zu bleiben und es sofort aufzusetzen. Das konnte jedoch Pope nicht thun, ohne seine Akten zu Rate zu ziehen, die sich in seinem Hauptquartier bei Balls Crossroads südlich des Potomac befanden, wohin er deshalb zurückkehrte. Am nächsten Tage (4. September) lieferte er den gewünschten Bericht an Halleck ab, „allein zu dieser Zeit hatten Einflüsse zweifelhaften Charakters und

---

[1]) In *Life of Lincoln, by Arnold*, heisst es:
„Zwei Wege wurden im Kabinet Lincolns vorgeschlagen und besprochen. Der eine war, Mc Clellan an die Spitze sämtlicher Streitkräfte, welche die Armee von Virginien und die Potomac-Armee bildeten, zu stellen; der andere war, ihn und einige seiner Untergebenen zu verhaften und wegen Ungehorsams und Insubordination in Untersuchung zu ziehen. General Halleck und der Kriegsminister beschuldigten ihn des Ungehorsams gegen erhaltene Befehle, und dass er für die Niederlagen unter Pope verantwortlich sei, und sie hatten offenbar Recht.

„Es wurde von mindestens einem Mitglied des Kabinets behauptet, dass Mc Clellan wegen seines wiederholten Ungehorsams und der Nichtverstärkung Popes den Tod verdient habe. Er und Fitz-John Porter müssten der Nachwelt, als für die Hinopferung Popes und seiner Armee verantwortlich, überliefert werden."

Verhandlungen von ganz zweifelloser Unschicklichkeit die Ansichten
der Behörden vollständig geändert. Es ist nicht nötig und würde
vielleicht kaum passend sein, wenn ich diese Dinge hier auseinandersetzen wollte. Ich werde mich deshalb darauf beschränken, die Folgen,
welche daraus hervorgingen, zu besprechen. Das erste Resultat war,
dass mein Bericht unterdrückt wurde, welcher am Tage vorher so
dringend verlangt war, damit die Thatsachen sofort dem Lande vorgelegt werden könnten und der als Grundlage für ein Verfahren dienen
sollte, wie es die Gerechtigkeit erforderte. Der Grund für diesen
Wechsel der Ansichten war hinlänglich klar. Die Einflüsse und Verhandlungen, auf welche ich oben hingedeutet habe, liessen es den Behörden für die zeitigen Interessen der Regierung wesentlich erscheinen,
dass General Mc Clellan wieder mit dem Kommando betraut werde,
und die weitere Folge war, dass das Übelwollen und schlechte Benehmen, welches die Regierung noch Tags zuvor ans Licht zu ziehen
so eifrig gewillt schien, wenigstens für jetzt übersehen wurden. In
der nach Ansicht der Regierung bestehenden Krisis wurde ich, angeblich zu gunsten des öffentlichen Interesses, gezwungen, mich dem
Tadel, der Entstellung und Verleumdung in bezug auf einen Feldzug
zu unterwerfen, welchen die Regierung sowohl mir persönlich, als
gegenüber zahlreichen Freunden meiner selbst und der Gerechtigkeit,
beständig und offen, nicht nur damals, sondern auch später, stets als
mit hervorragender Geschicklichkeit und Energie geführt bezeichnet
hat, und durch welchen grössere Erfolge erreicht seien, als irgend
jemand mit solchen Kräften und unter solchen Umständen für möglich
gehalten hatte, und dessen schliesslicher triumphierender Erfolg nur
durch das schlechte Benehmen Derjenigen verloren ging, welche eben
für ihren Verrat durch Erreichung des Zieles belohnt waren, welches
sie durch denselben erstrebt hatten."[1]

Es ist hier nicht der Ort, nachzuweisen, wie wenig begründet
die hier citierte Andeutung Popes war, dass die Wiedereinsetzung
Mc Clellans die Folge von „Einflüssen zweifelhaften Charakters und
Verhandlungen von ganz zweifelloser Unschicklichkeit" gewesen sei,
sondern es kommt hier nur darauf an, zu zeigen, dass man höhern
Ortes nach ruhiger Überlegung den Augenblick nicht für geeignet
hielt, eine Anzahl sonst verdienter Generale dem Dienste zu entziehen
und wegen ihres Verhaltens während des letzten Feldzugs vor Gericht
zu stellen, welches zunächst nur in den Augen derjenigen, die selbst
nicht ohne schwere Verantwortlichkeit waren, ein schuldvolles war.

Erst als Mc Clellan im November 1862 definitiv vom Kommando
der Potomac-Armee enthoben war, schien der Augenblick gekommen,
die Angelegenheit wieder aufzunehmen.

In Zeiten, in welchen eine Nation von schweren Schicksalsschlägen
heimgesucht wird, sucht die öffentliche Meinung nur zu gern nach
einem Opfer, dem sie die Schuld für das öffentliche Unglück aufbürden

---

[1] *Report of General Pope, in Report of the Committee on the Conduct
of the War. Supplements. Vol. 2, pag. 189 ff.*

kann. In solchen Zeiten sind Anklage und Verurteilung oft gleichbedeutend. In jener Periode, von welcher hier die Rede ist, war durch die Insinuationen Popes, Hallecks und Stantons der öffentlichen Meinung eine bestimmte Richtung gegeben. Man flüsterte sich Verdächtigungen zu, Anklagen schwebten auf Aller Lippen und wurden von fast Allen, gewiss aber von der Regierung geglaubt, dass in den Reihen und unter den Generalen der Potomac-Armee Unbotmässigkeit und Verrat herrsche, und dass etwas geschehen müsse. Es müsse ein Exempel statuiert werden, um die Disciplin wieder herzustellen und diese angebliche Unbotmässigkeit und Verräterei mit der Wurzel auszurotten. Obgleich in dem Feldzug gegen den siegreichen in Maryland eingefallenen General Lee nichts vorgefallen war, was die Anklage im geringsten unterstützen konnte, obgleich die Potomac-Armee die am 5. November erfolgte definitive Absetzung Mc Clellans vollkommen ruhig hingenommen hatte, wollte die Anklage nicht verstummen. Sie erhob sich vielmehr stärker und stärker und die Notwendigkeit, dass etwas geschehen müsse, um der Ungehörigkeit ein Ende zu machen, oder sie zu bestrafen, wurde in jeder Zeitung besprochen. Der See wollte sein Opfer haben.

Das war der Zeitpunkt, wo die Anklage gegen den General Porter erhoben wurde. Am 12. November wurde er vom Dienste suspendiert und nach Washington beordert. Als sein Ankläger trat nicht General Pope, sondern der in dessen Stabe als Inspektor-General thätig gewesene Brigadier-General Roberts auf, obgleich es wohl keinem Zweifel unterworfen sein kann, dass dieser nur eine vorgeschobene Persönlichkeit war, und wenn Pope, als Zeuge vernommen, aussagte, dass er nicht der Urheber der Klage sei und nichts damit zu thun habe, so widerspricht er sich damit selbst, indem in seinem an den Kongress-Ausschuss zur Untersuchung der Kriegführung im November 1865 gerichteten Report der Satz vorkommt: „Ich betrachtete es als eine Pflicht, welche ich dem Lande schuldete, Fitz-John Porter der Gerechtigkeit zu überliefern, weil er vielleicht zu anderer Zeit und bei besserer Gelegenheit etwas hätte thun können, was noch verderblicher gewesen wäre. Mit seiner Verurteilung und Bestrafung endeten alle offiziellen Beziehungen, welche ich mit irgend etwas hatte, was sich auf die Operationen in Virginien bezog."[1])

Dass Pope nicht offiziell als Ankläger auftrat, hatte aber auch noch eine andere Bedeutung. In der amerikanischen Militär-Gerichtsordnung heisst es (Gesetz vom 29. Mai 1830): „Wenn ein General, welcher eine Armee kommandiert, der Ankläger oder Verfolger (*accuser or prosecutor*) eines unter seinem Kommando stehenden Offiziers der Armee der Vereinigten Staaten ist, so soll das zur Untersuchung gegen den betreffenden Offizier bestimmte General-Kriegsgericht vom Präsidenten der Vereinigten Staaten ernannt werden." Dadurch, dass nicht Pope, sondern Roberts als Ankläger Porters auftrat, wurde es vermieden, dass diese Bestimmung Platz griff, und das

---

[1]) *Report of General Pope*, a. a. O. pag. 190.

Recht der Ernennung der Mitglieder des Kriegsgerichtes verblieb beim General en chef, General Halleck. Wenn nun auch nicht angedeutet werden soll, dass Halleck sich von seiner feindseligen Gesinnung gegen Mc Clellan und seine Freunde bis zu einer absichtlich parteiischen Besetzung des Kriegsgerichtes hinreissen liess, so sind dabei doch jedenfalls Fehler vorgekommen. Drei der Mitglieder (die Generale King, Ricketts und Buford) hatten an dem Feldzug teil genommen, standen also der Sache nicht ganz unbefangen gegenüber. Zwei derselben waren aber ganz direkt beim Ausgang der Sache interessiert. Wie wir wissen, hatte General Pope in seinen Depeschen vom 27. abends ausgesprochen, dass das feindliche Corps Jackson abgeschnitten sei, und er „die ganze Bande in den Sack stecken werde". Am 28. hatte Pope den Sack selbst wieder aufgemacht, indem er die Corps Mc Dowell und Sigel von Gainesville auf Manassas Junction dirigiert hatte. Trotzdem wäre die Vereinigung zwischen Jackson und Longstreet noch immer zu verhindern gewesen, wenn nicht die Divisionen Ricketts und King in der Nacht vom 28. zum 29. ihre Stellungen an der Warrenton-Chaussee im Rücken Jacksons freiwillig geräumt hätten, und nach Manassas Junction zurückgegangen wären. Dass es nicht gelungen war, Jackson, wie Pope versprochen, in den Sack zu stecken, war dasjenige, was die öffentliche Meinung am meisten aufbrachte, und als General Porter zur Untersuchung gezogen wurde, glaubte man allgemein, dass dieser das Entkommen Jacksons verschuldet habe. In der That bildete die Nichtausführung des wiederholten Befehles, nach Gainesville zu marschieren, einen der hauptsächlichsten Anklagepunkte gegen Porter, und der Nichtbefolgung dieses Befehles wurde es zugeschrieben, dass die Vernichtung Jacksons am 29. nicht gelungen war. Wir wissen, dass die Ausführung dieses Befehls unmöglich war, weil die Verbindung zwischen Jackson und Longstreet bereits am frühen Morgen des 29. gesichert war, und zwar hauptsächlich infolge des Abmarsches der Divisionen King und Ricketts in der Nacht zum 29. Diese beiden Generale mögen vollkommen ehrenhafte und charakterfeste Männer gewesen sein, aber sie waren doch nur Menschen und konnten unmöglich vollkommen unbefangenen Sinnes an ihre Aufgabe gehen. Sie konnten selbst wegen des Entrinnens Jacksons in Untersuchung gezogen werden. Wie konnten sie über einen Offizier zu Gericht sitzen, der desselben Verbrechens angeklagt war und dessen Freisprechung vielleicht dazu führte, dass die Anklage gegen sie erhoben wurde? Aber nicht allein das! General King war gleichzeitig Zeuge, und zwar Belastungszeuge! Heisst es nicht von der menschlichen Natur zu viel verlangen, wenn man einen Mann in eine solche Lage bringt? In der Ordre, durch welche die neun das Kriegsgericht bildenden Generale ernannt wurden, hiess es: „Keine anderen, als die genannten Offiziere können ohne offenbare Schädigung des Dienstes zur Zeit versammelt werden." Liegt nicht darin schon das Eingeständnis einer gewissen Übereilung und war es nicht beklagenswert, dass man dadurch genötigt war, zwei Generale als Richter zu kommandieren, die bei der Sache nicht unbeteiligt waren? Auch noch in einem andern Umstand spricht sich ein gewisser Drang nach Übereilung der Sache aus, welches in einer Angelegenheit, wo Ehre und Leben eines bis dahin geachteten Generals auf dem Spiele standen, sicherlich hätte vermieden werden müssen. Am 6. Januar erhielt General Hunter, der Präses des Kriegsgerichts, folgenden Befehl· des Kriegsministers: „General: Die Lage des Dienstes verlangt, dass die Verhandlungen des Kriegsgerichts, welchem Sie präsidieren, ohne unnötige Verzögerung zu Ende gebracht werden. Sie werden deshalb angewiesen, ohne Rücksicht auf Stunden, Sitzungen zu halten und Ihre Verhandlungen so rasch, als es sich mit der Rücksicht auf Gerechtigkeit gegen den öffentlichen Dienst verträgt, zu schliessen."

Nicht an die Gerechtigkeit gegen den Angeklagten, sondern an die Gerechtigkeit gegen den öffentlichen Dienst appellierte der Kriegsminister als Motiv für eine hastige Entscheidung der Sache!

Noch an demselben Tage wurden die Zeugenvernehmungen geschlossen und hierauf dem Angeklagten drei Tage Zeit zur Vorbereitung für seine Verteidigung gelassen. Am 10. Januar um $1/_2$ 11 Uhr morgens trat das Kriegsgericht wieder zusammen und es wurde die Verteidigungsschrift Porters hastig vorgelesen. Dieselbe nimmt in den gedruckten Verhandlungen des Kriegsgerichts 40 eng gedruckte Seiten in Anspruch und ihre Vorlesung dauerte vier und eine halbe Stunde. Dennoch begnügte sich das Gericht mit einem einmaligen Anhören derselben und zog sich gleich nachher zur Beratung zurück. Um 6 Uhr abends war Alles vorbei. Porter war schuldig befunden und verurteilt!!

Die gegen Porter erhobene Anklage behauptete Verletzung des 9. und des 52. Kriegs-Artikels.

Ersterer lautet:

„Jeder Offizier oder Soldat, welcher unter irgend welchem Vorwand seinen vorgesetzten Offizier schlägt oder eine Waffe gegen denselben zieht oder erhebt, oder ihn mit Gewaltthätigkeit bedroht, während er sich in Ausübung seines Dienstes befindet, oder welcher einem gesetzmässigen Befehl seines Vorgesetzten nicht gehorcht, soll den Tod erleiden, oder eine andere Strafe, welche, der Natur des Vergehens entsprechend, durch den Spruch eines Kriegsgerichts über ihn verhängt wird."

Der Artikel 52 lautet:

„Jeder Offizier oder Soldat, welcher sich vor dem Feinde schlecht benimmt, wegläuft, oder ein Fort, Posten oder Wache, welche er zu verteidigen kommandiert ist, schmachvoll preisgiebt, oder Worte spricht, welche andere veranlassen können, etwas derartiges zu thun, oder wer seine Waffen und Munition wegwirft, oder wer seinen Posten oder seine Fahne verlässt, um zu plündern und zu rauben, ein jeder solcher Verbrecher soll, wenn er förmlich überführt wird, den Tod erleiden oder eine andere Strafe, welche durch den Spruch eines Kriegsgerichts über ihn verhängt wird."

Die Verletzung des 9. Kriegs-Artikels sollte erfolgt sein:

1) dadurch, dass er statt, wie befohlen, in der Nacht vom 27. zum 28. August um 1 Uhr von Warrenton Junction nach Bristow abzumarschieren, die Zeit des Abmarsches um 2 Stunden hinausschob;

2) durch Ungehorsam gegen die an Mc Dowell und Porter gerichtete „gemeinsame Ordre" (vgl. S. 192);

3) durch Nichtbefolgung des von 4 Uhr 30 Minuten nachmittags datierten Befehles, durch welchen ein Angriff gegen Flanke und Rücken des Feindes angeordnet wurde;

4) durch Nichtbefolgung des Befehls von 8 Uhr 50 Minuten abends des 29. August, durch welchen er nach dem Schlachtfeld des Tages berufen wurde, namentlich auch dadurch, dass er die Brigade Griffin nach Centreville marschieren liess; und endlich

5) dadurch, dass er die Brigade Piatt in ähnlicher Weise nach Centreville marschieren liess.

Die Verletzung des 52. Kriegs-Artikels sollte begangen sein:

1) dadurch, dass er nach Empfang der Ordre von 4 Uhr 30 Min. am 29. August nicht allein nicht angriff, sondern vor den vordringenden Kräften des Feindes zurückging, ohne den Versuch zu machen, dieselben zu engagieren;

2) dadurch, dass er, trotzdem es ihm bekannt war, dass am 29. August eine heftige Schlacht zwischen den Truppen der Unierten und denen der Konföderierten geschlagen wurde, und er sich mit seinem Armee-Corps in der Nähe befand und den Kanonendonner hörte, dasselbe nicht am Kampfe teilnehmen liess, sondern schmählicherweise vor den vordringenden Kräften des Feindes zurückging, ohne einen Versuch zu machen, dieselben zu engagieren und sich Aufklärung über deren Stärke zu verschaffen;

3) dadurch, dass er, trotzdem er am 29. August den Eindruck hatte, dass der rechte Flügel der Unierten in nachteilige Gefechtsverhältnisse verwickelt sei und anscheinend geschlagen werde, schmählicherweise diesem nicht zu Hülfe eilte, sondern nach Manassas Junction zurückging; und endlich

4) dadurch, dass er am 30. August den erhaltenen Befehl, den Feind anzugreifen, mit unnötiger Langsamkeit ausführte, wodurch er dem Feind Gelegenheit gab, seine Bewegungen zu beobachten und sich auf den Angriff vorzubereiten, und dass er schliesslich den Angriff mit so wenig Nachdruck ausführte, dass er wenig oder gar keinen Eindruck auf den Feind machte, auch seine Streitkräfte unnötiger Weise aus dem Gefecht zog, ohne erhebliche persönliche Anstrengungen zu machen, seine Truppen zu sammeln und anzufeuern, die Opfer zu ertragen und den durch die Wichtigkeit der Stellung und des Augenblicks gebotenen Widerstand zu leisten.

Jeder der hier aufgeführten Punkte bildete eine besondere „Spezifikation" der bezüglichen Hauptanklage und die Überführung in einem dieser neun Punkte würde genügt haben, ihn der betreffenden Hauptanklage für schuldig zu erklären.

Wie man sieht, wurden die Depeschen an Burnside, von welchen schon weiter oben die Rede gewesen ist, nicht zum Gegenstand der Anklage gemacht, aber sie wurden als Beweismaterial von der Anklage verwertet, um aus denselben den „schlechten Geist (*bad animus*)" Porters nachzuweisen und sie hatten in dieser Beziehung eine viel grössere Wirkung auf die Stimmung des Kriegsgerichts gegen Porter, als man ihrem Inhalt nach erwarten sollte. Es hing das zusammen mit dem schon früher erwähnten Misstrauen gegen die Potomac-Armee, welches die öffentliche Meinung zur Zeit beherrschte. Mc Clellan hatte am 7. Juli von Harrisons Landing aus einen Brief an den Präsidenten Lincoln gerichtet, in welchem er seine Ansichten über die Führung des Krieges und namentlich auch ausgesprochen hatte, dass die verfassungsmässigen Rechte der abgefallenen Staaten aufs gewissenhafteste geachtet und der Militärgewalt namentlich nicht gestattet werden dürfe, sich in die Verhältnisse der Sklaverei zu mischen. Dieser Brief hatte bei seinem Bekanntwerden die heftigste Entrüstung der radikalen Partei wachgerufen. Nun wurden die Depeschen Porters bekannt, von dem man wusste, dass er mit Mc Clellan übereinstimmte und diese Depeschen enthielten etwas, was sich wohl als ein Appell an Mc Clellan auslegen liess, vom Dienen unter Pope erlöst zu werden. Das konnte nur dazu dienen, dem allgemein verbreiteten Glauben neue Nahrung zu geben, dass eine Clique von Offizieren bestehe, deren Haupt Mc Clellan sei, die im Geheimen mit den Secessionisten sympathisierten und niemals weder an das Recht, noch an die Fähigkeit der Regierung glaubten, dieselben zu unterwerfen. Das Telegramm Mc Clellans an Porter vom 1. September (vgl. S. 276), in welchem er diesen „und alle seine (meine) Freunde um seinet- (meinet-) und des Vaterlandes willen bat, den General Pope nach besten Kräften zu unterstützen, war gewiss nicht geeignet, dies Vorurteil abzuschwächen. Eine unglücklichere und für Porter schädlichere Depesche als diese, kann man sich kaum denken, und dass Lincoln die Absendung eines Telegramms solchen Inhalts verlangte, war vielleicht eine Folge der Depeschen Porters an Burnside.

Es kann hier nicht unsere Aufgabe sein, den Verhandlungen des Kriegsgerichts im Einzelnen zu folgen und die Grundlosigkeit der einzelnen Anklagen nachzuweisen. Es würde das im Wesentlichen auf eine wiederholte Schilderung der Ereignisse des 27., 28., 29. und 30. August hinauslaufen, bezüglich deren wir den Leser auf die betreffenden Abschnitte der vorstehenden Kapitel verweisen. Wir wollen uns auf einige wenige Bemerkungen über die einzelnen Anklagepunkte beschränken.

Dass Porter den Wortlaut des Befehles, den Marsch von Warrenton Junction nach Bristow am 28. August um 1 Uhr morgens anzutreten, nicht befolgt hatte, konnte nicht geleugnet werden. Wir haben aber an der betreffenden Stelle (vgl. S. 161) nachzuweisen versucht, dass Porter durch den Aufschub des Abmarsches um zwei Stunden die Ordre gerade ihrem Geiste nach am besten zu befolgen glaubte, indem er nur dadurch sein Corps in einem solchen Zustand nach Bristow zu bringen hoffen durfte, dass es zu den, nach dem Wortlaut des Befehls beabsichtigten weiteren Offensiv-Operationen sofort verwendbar war. Die Beweggründe, welche ihn zu dem Aufschub veranlasst hatten, waren die Vorstellungen seiner Divisions- und Brigade-Kommandeure, welche hauptsächlich die Ermüdung der Truppen, die abnorme Dunkelheit der Nacht und den Umstand, dass die einzuschlagende Strasse durch mehrere tausend Wagen verfahren sei, geltend machten.

Judge-Advocat Oberst Holt, welcher die Anklage vertrat, behauptete, dass die Truppen des Corps Porter schon zwischen 12 und 1 Uhr mittags am 27. bei Warrenton Junction eingetroffen gewesen seien, also bis 1 Uhr nachts 12 Stunden Ruhe gehabt hätten. Obgleich diese Behauptung nur durch den General Roberts unterstützt wurde, welcher angab, zwischen 12 und 1 Uhr eine Unterredung mit General Morell in Warrenton Junction gehabt zu haben (was übrigens bezüglich der Zeit vom General Morell selbst bestritten wurde), glaubte der Gerichtshof dem Judge-Advocat und liess die Ermüdung der Truppen nicht gelten. Ähnlich ging es mit der Dunkelheit. Der Ankläger suchte nachzuweisen, dass die abnorme Dunkelheit erst gegen 11 Uhr eingetreten sei, also keinen Beweggrund zu dem schon um 10 Uhr gefassten Entschluss, den Abmarsch um zwei Stunden aufzuschieben, bilden konnte. Es wurde auch hervorgehoben, dass andere Truppen, namentlich das Corps Mc Dowell, welches am 27. von Warrenton nach Gainesville disponiert war und seine Lagerplätze zum Teil erst gegen Mitternacht erreichte, durch die Dunkelheit nicht am Marschieren gehindert gewesen sei. Dass letzteres auf einer vorzüglichen Chaussee, welche nicht durch ungeheure Wagen-Kolonnen beengt war, marschierte, wurde nicht berücksichtigt. Überhaupt wurde das Vorhandensein der 2—3000 Wagen in der zu benutzenden Strasse fast gar nicht beachtet, weil es dem Adjutanten Popes, welcher den in Rede stehenden Befehl von Bristow nach Warrenton Junction überbracht hatte, gelungen war, diesen Weg in drei Stunden 20 Minuten zurückzulegen. Dass dieser den Ritt (von 6 Uhr 30 Min. bis 9 Uhr 50 Min.) zum Teil noch in der Abenddämmerung, zum Teil vor Eintritt der abnormen Dunkelheit ausgeführt hatte und dass ein einzelner Reiter sich leichter durch eine Wagen-Kolonne hindurchwindet, als ein Armeecorps, wurde nicht beachtet. Sobald Porter zu dem Entschluss gekommen, den Abmarsch um zwei Stunden aufzuschieben, schickte er eine Meldung an Pope, worin er diesen Entschluss und die Beweggründe, welche ihn dazu veranlasst hatten, mitteilte. Der Adjutant, der diese Meldung überbrachte, brauchte über sechs Stunden, um zu Pope zu gelangen. Als letzterer als Zeuge vor dem Kriegsgericht erschien, wurde er auch wegen dieser Meldung Porters befragt. Er vermochte das Original jedoch nicht vorzulegen, weil er es angeblich verlegt hatte und entsann sich von dem Inhalt nur noch der Meldung über den beschlossenen Aufschub, nicht aber der Beweggründe, welche dazu geführt hatten.

So wurde Porter wegen dieses Anklagepunktes für schuldig be-

funden. Bei der Revision des Prozesses gelang es ihm jedoch nachzuweisen, dass die Gründe, welche ihn zum Aufschub des Abmarsches
bewogen, nicht allein wirklich bestanden hatten, sondern auch vollständig triftig gewesen waren. Es wurde nachgewiesen, dass die
Division Morell erst gegen Abend bei Warrenton Junction eingetroffen war. Auch dass die abnorme Dunkelheit schon um 10 Uhr
infolge eines Regensturmes geherrscht habe und in der That ungewöhnlich stark war, musste zugegeben werden. Selbst General Ruggles,
Popes Stabschef, bezeugte, dass er sich verirrt habe, als er aus seinem
Zelte getreten sei, um den Bagagewagen aufzusuchen. General Patrick,
Brigade-Kommandeur im Corps Mc Dowell, gab zu Protokoll, dass
er sich genötigt gesehen habe, die Chaussee durch eine quer über
dieselbe aufgestellte Reihe von Mannschaften zu sperren, um seine
Regimenter zu veranlassen, gegen 11 Uhr abends von der Chaussee
nach dem ausgesuchten Lagerplatz abzubiegen. Auch über den Zustand der von Porter zu benutzenden Strasse wurden viele Zeugnisse
beigebracht, welche Porters Behauptung, dass der Marsch auf derselben in den dunkelsten Stunden der Nacht unmöglich gewesen sei,
unterstützten. Ein Zeuge sagt aus, dass die Wagen die Strasse versperrt hätten „wie eine Masse von Eisschollen, welche gegen die
Küste getrieben sind". Selbst beim Abmarsch um 3 Uhr morgens
brauchte das Corps infolge der häufigen Stockungen mehr als sechs
Stunden, um 12 engl. Meilen (= 19 km) zurückzulegen und es war
trotzdem so auseinandergekommen, dass fast zwei weitere Stunden
zum Aufschliessen bei Bristow in Anspruch genommen wurden.

Der zweite Anklagepunkt behauptete einen Ungehorsam gegen
die „gemeinsame Ordre".

Über die Bedeutung dieser Ordre haben wir an der betreffenden
Stelle das Nötige gesagt. Der Ungehorsam sollte nicht gegen die
Ordre direkt begangen sein, sondern gegen einen auf Grund derselben
von Mc Dowell an Porter gegebenen mündlichen Befehl. Wie früher
(vergl. S. 205) erwähnt, sagte Mc Dowell, ehe er sich bei Dawkins
Branch von Porter trennte, um mit der Division King abzumarschieren: „Setzen Sie Ihre Kräfte hier ein" (*Put your force in
here*) und dass dies der Wortlaut seines Befehls war, hat er bei den
Revisions-Verhandlungen zugegeben. Wir haben schon früher (vergl.
S. 205 Anm.) auf das Unbestimmte und Vieldeutige des Ausdruckes
hingewiesen. Mc Dowell hat vor dem Kriegsgericht erklärt, er habe
damit einen Befehl zum Angriff erteilt und das Kriegsgericht eignete
sich diese Ansicht an und erklärte Porter des Ungehorsams für schuldig.
Bei den Revisions-Verhandlungen wurde Mc Dowell im Kreuzverhör in
die Enge getrieben, und musste zunächst einräumen, dass sein Ausdruck ein sehr vager und unbestimmter gewesen sei. Weiter befragt,
in welcher Weise er sich die Ausführung des Angriffs nach Abzug
der Division King gedacht habe, musste er endlich einräumen, dass
er nur vorausgesetzt habe, Porter werde nach seiner besten Einsicht
als Soldat und Corps-Kommandeur handeln. (Akten des Revisions-
Ausschusses S. 817.)

Der dritte Punkt der Anklage beschuldigte Porter des Ungehorsams gegen die von 4 Uhr 30 Min. am Nachmittag des 29. August datierte Ordre (vgl. S. 220), durch welche ihm ein sofortiger Angriff gegen Flanke und womöglich Rücken des Feindes anbefohlen wurde. In dieser Frage kommt es wesentlich auf die Zeit an, wann dieser Befehl in die Hände Porters gelangte. Kapitän Douglas Pope, Adjutant und Neffe des Generals, sagte vor dem Kriegsgericht aus, dass er um 4 Uhr 30 Minuten mit der Ordre abgeritten sei und dieselbe um 5 Uhr, „vielleicht innerhalb 3 Minuten nach 5 Uhr" in die Hände Porters gelegt habe und auf Grund dieser Aussage wurde Porter vom Kriegsgericht, auch hinsichtlich dieser „Spezifikation", für schuldig befunden. Letzterer hat auf dem Kouvert, welches er dem Adjutanten zurückgab, und auf einer gleichzeitig abgesandten Meldung, dass er den Befehl sofort ausführen werde, die Zeit des Empfanges angegeben. Beide Schriftstücke — Kouvert und Meldung — sind aber von Pope „verlegt" und konnten nicht vorgelegt werden. Nun hat zunächst General Ruggles, Popes Stabschef, welcher den Befehl nach Popes Diktat geschrieben, erklärt, es sei seine Gewohnheit gewesen, Datum und Stunde beim Beginn des Diktierens zu schreiben, sodass 4 Uhr 30 Minuten keinenfalls die Zeit bezeichne, zu welcher dem Kapitän Pope die Ordre zur Besorgung übergeben sei. Er erklärte aber weiter noch, dass er es zwar nicht gewiss wisse, die Möglichkeit aber nicht in Abrede stellen könne, dass eine Unterbrechung beim Diktieren eingetreten sei, sodass die Zeit vom Beginn des Schreibens (4 Uhr 30 Minuten) bis zur Abfertigung des Kapitän Pope möglicherweise länger gewesen sei, als zum ununterbrochenen Schreiben der Ordre an sich erforderlich gewesen wäre. Dadurch ist dem Zeugnis des Kapitän Pope die Basis entzogen, auf der es steht, da selbst bei Benutzung des nächsten Weges von dem Ort, wo sich Pope um 4½ Uhr nachmittags befand, und den Befehl ausgab, bis zu der Stelle, wo sich Porter zur Zeit der Ankunft der Ordre aufhielt, eine halbe Stunde eine ungewöhnlich kurze Zeit scheint. Es kommt aber noch einiges andere hinzu, um dessen Aussage unglaubwürdig erscheinen zu lassen. Kapitän Pope und der ihn begleitende Ordonnanzreiter Duffee haben ausgesagt, sie seien auf ihrem Ritt zu Porter keinen Truppen begegnet und Kapitän Pope hat gleichzeitig behauptet, sie seien von der Chaussee aus auf der Strasse Sudley Springs-Manassas geritten. Auf dieser marschierte aber zu jener Zeit die Division Ricketts und geht daraus hervor, dass Kapitän Pope und sein Begleiter keinenfalls auf dieser Strasse — der nächsten — gewesen sein können.

Wie bei den Revisions-Verhandlungen zu Tage gekommen ist, hat denn auch Kapitän Pope, als er nicht mehr im Dienste seines Oheims, sondern in einer abgelegenen Garnison stand und noch nicht an eine Revision des Prozesses Porter gedacht wurde, seinen Tischkameraden, Kapitän Moale und Lieutenant Jones, gegenüber eingestanden, **dass sein Zeugnis vor dem Kriegsgericht nicht wahr gewesen sei.** Ihnen gegenüber hat er eingeräumt, dass er die Zeit des Empfangs

der Ordre behufs Besorgung nur aus der Überschrift „4 Uhr 30 Minuten" entnommen, und sich ausserdem auf seinem Ritt zu Porter
verirrt habe. Er habe „eine oder zwei Stunden", oder „eine sehr lange
Zeit" zu dem Ritt gebraucht. Auch ist festgestellt, dass er erst lange
nach völlig eingetretener Dunkelheit ins Hauptquartier zurückgekehrt
ist. Weiter aber traten bei den Revisions-Verhandlungen noch eine
Anzahl durchaus glaubwürdiger Zeugen auf, welche unter Eid erklärten,
dass sie das Eintreffen des Kapitän Pope bei Porter mit angesehen
hätten. Es sei „6 Uhr 30 Minuten" oder „kurz nach Sonnenuntergang" oder „zwischen Sonnenuntergang und Dämmerung" erfolgt.
Endlich aber ist bei den Revisions-Verhandlungen noch eine Depesche
Porters an McDowell ans Licht gekommen, welche „29. August 6 Uhr
abends" datiert ist und aus deren Wortlaut klar hervorgeht, dass er
seit längerer Zeit nichts von McDowell oder Pope gehört hatte, also
zu jener Zeit (6 Uhr) sicher noch nicht im Besitz des Befehls war.
Man kann also wohl nach alledem annehmen, dass Porter den Befehl
zum Angriff nicht vor 6½ Uhr erhalten hat. Zu dieser Zeit war es aber
zu spät, den Angriff noch auszuführen. Zwar erliess Porter sofort
nach Empfang der Ordre seine Befehle zur Ausführung derselben und
begab sich selbst zu der in der vordersten Linie stehenden Division
Morell, und zwar in solcher Eile, dass er vergass, dem in seiner Nähe
befindlichen General Sykes gleich die nötigen Instruktionen zu erteilen. Er musste aber Morell Recht geben, der ihm klar machte, dass
die Vorbereitungen zum Angriff nicht vor völlig eingetretener Dunkelheit beendet sein könnten. So unterblieb denn der von Pope befohlene und Porter beabsichtigte Angriff, der übrigens die von
ersterem erwartete Wirkung keinesfalls haben konnte, da es sich nach
der ganzen Sachlage nicht um einen Angriff gegen Flanke und Rücken,
sondern um ein direktes Vorgehen gegen einen überlegenen und in
sehr starker Stellung befindlichen Feind handelte.

Wegen des vierten und fünften Punktes der ersten Hauptanklage
wurde Porter von dem Kriegsgerichte für nichtschuldig erklärt und
wir brauchen uns damit nicht weiter zu beschäftigen.

Die zweite Hauptanklage wirft Porter in den drei ersten Spezifikationen schmähliches Imstichelassen seiner kämpfenden Kameraden, in
der vierten Mangel an Energie bei Ausführung eines befohlenen Angriffs vor. Den letzten Anklagepunkt liess das Kriegsgericht sehr bald
fallen, weil es einsah, dass derselbe zu grundlos sei. Wegen der drei
anderen Spezifikationen der zweiten Hauptanklage wurde Porter schuldig gefunden. Da dieselben sich wesentlich um die Frage drehen, ob
Porters Benehmen am 29. ein den Umständen entsprechendes, militärisch korrektes war, so können alle drei Punkte durch Erörterung
dieser Frage erledigt werden, wobei wir übrigens auf den betreffenden
Abschnitt des V. Kapitels verweisen. Es handelt sich dabei zunächst
darum, ob Porter Grund hatte anzunehmen, dass am rechten Flügel
nördlich der Warrenton Chaussee eine „Schlacht wütete". Wir haben
früher gesehen, dass bei Porters Stellung den ganzen Tag über nur
Kanonenfeuer, mit Ausnahme einer Salve in später Abendstunde, ge-

hört wurde, und dass auch darin mehrfach längere Pausen eintraten. An Kanonendonner war man aber während der letzten Tage gewöhnt worden, da fast kein Augenblick vergangen war, wo nicht in irgend einer Richtung Geschützfeuer hörbar war. Mc Dowell selbst bezeichnete es als „das gewöhnliche Artillerie-Duell auf weite Entfernung, bei dem nichts herauskommt", und wir haben früher aus den Berichten einiger bei den Kämpfen nördlich der Chaussee beteiligter Generale Stellen citiert (vergl. S. 230), aus denen hervorgeht, dass auch diese die Ereignisse des 29. nicht als eine „Schlacht" auffassen. Aber selbst wenn Porter den Eindruck gewonnen hatte, dass dort eine Schlacht geschlagen wurde, so musste er sich noch die Frage vorlegen, ob er unter den vorliegenden Verhältnissen seinen Kameraden direkt zu Hülfe marschieren, oder durch einen Angriff auf die vor ihm stehenden feindlichen Streitkräfte indirekte Unterstützung bringen sollte, Fragen, welche er ohnehin für sich entscheiden musste, sodass es für die Beurteilung von Porters Verhalten ziemlich gleichgültig ist, ob nördlich der Chaussee eine Schlacht geschlagen wurde, oder nur vereinzelte Gefechte stattfanden. Dass er angesichts der ihm an Dawkins Branch gegenüberstehenden, augenscheinlich überlegenen Streitkräfte nicht nach Norden abmarschieren konnte, lag ohne weiteres auf der Hand, und dass er besser that, durch passives Ausharren und gelegentliche Demonstrationen die feindlichen Truppen sich gegenüber festzuhalten, als durch einen Angriff seine Schwäche bloszustellen und sich einer Niederlage auszusetzen, welche in ihren Folgen die linke Flanke der nördlich der Chaussee kämpfenden Truppen preisgegeben hätte, glauben wir betreffenden Ortes nachgewiesen zu haben.

Noch ein Punkt muss erwähnt werden. In allen drei Spezifikationen wird Porter beschuldigt, dass er zurückgegangen sei, ohne die feindlichen Kräfte engagiert zu haben, und in der dritten Spezifikation wird sogar gesagt, dass er nach Manassas Junction zurückgegangen sei. Wir wissen, dass diese Beschuldigung grundlos ist, da Porter die Stellung, welche er erreicht hatte, als sein Vormarsch zum Stehen kam, beibehielt, bis ihn der Befehl Popes am Morgen des 30. abrief. Dennoch wurde er auch deswegen für schuldig gefunden. Ein Hauptbeweismittel war dabei die Depesche Porters an Mc Dowell und King, welche an betreffender Stelle im Wortlaut mitgeteilt ist (vergl. S. 218 u. 219), worin Porter ausspricht, dass er den Eindruck empfangen habe, als ob das Gefecht am rechten Flügel sich rückwärts bewege und dass er, wenn er nichts gegenteiliges höre, nach Manassas Junction zurückgehen werde. Bekanntlich kam diese Absicht nicht zur Ausführung. Im Gegenteil traf Porter unmittelbar nach Absendung der Depesche Dispositionen zu einem Angriff, welcher als Demonstration wirkte und auf seiten der Konföderierten die Heranziehung der Division Wilcox nach dem rechten Flügel zur Folge hatte. Allerdings waren im Laufe des Nachmittags einige rückgängige Bewegungen vorgenommen. Eine Brigade der Division Morell war über die Eisenbahn vorgeschickt, um den Versuch zu machen, die Verbindung mit Reynolds herzustellen. Sie wurde zurückgenommen, nachdem sich herausgestellt hatte, dass sie nicht durchkommen konnte. Ferner war die Division Sykes vorwärts Bethlehem Church in Rendezvous-Stellung massiert, nachdem die Division Morell ihre Stellung an Dawkins Branch erreicht hatte. Dazu mussten die vordersten Truppenteile der Division Sykes, welche in der Marsch-Kolonne dicht hinter der Division Morell gefolgt waren, eine Strecke zurückmarschieren. Auf diese Bewegungen bezogen sich meist die Aussagen der Belastungszeugen, auf Grund deren die Verurteilung Porters erfolgte. Dafür, dass der Rückzug bis nach Manassas Junction gegangen sei, liess sich allerdings nicht der geringste Anhalt finden, und es wurden deshalb im Urteil auch die Worte der 3. Spezifikation „nach Manassas Junction" ausdrücklich ausgenommen.

Für die ungünstige Beurteilung des Verhaltens Porters am 29. seitens Kriegsgerichts war die Behauptung Popes von grossem Einfluss, dass die ersten Truppen des Corps Longstreet nicht vor Abend des 29. sich mit Jackson vereinigt hätten und dass demnach Porter an Dawkins Branch nur ganz unbedeutende Abteilungen, wahrscheinlich nur einzelne Kavallerie-Patrouillen, gegenüber gestanden hätten. Es ist erstaunlich, mit welcher Zähigkeit Pope auch noch in der Folge an dieser irrigen Ansicht festgehalten hat, und wenn jetzt die Richtigkeit der Auffassung Porters auch nicht den geringsten Schatten eines Zweifels mehr zulässt, so bleibt für die Beurteilung des Verhaltens Porters immer noch die Frage zu entscheiden, ob dieser wirklich am Morgen des 29. genügende Gründe hatte, die Anwesenheit überlegener Streitkräfte zwischen sich und Gainesville anzunehmen. Diese Frage muss aber unbedingt bejaht werden. Porter wusste — er hatte den fernen Kampf zum Teil von Bristow aus beobachtet —, dass Ricketts am 28. das Debouchieren Longstreets aus Thoroughfare Gap von Mittag bis gegen Abend aufgehalten hatte, dann aber zurückgegangen war. Longstreets Kolonne hatte demnach bis zum Morgen des 29. hinlänglich Zeit gehabt, in der Nähe des Passes aufzuschliessen und brauchte am Vormittag dieses Tages nur noch acht Meilen zu marschieren, um den rechten Flügel Jacksons zu erreichen und sich dort zu entwickeln. Als daher Mc Dowell bei seinem Zusammentreffen mit Porter diesem die seiner Zeit erwähnte Meldung des General Buford zeigte, wonach bedeutende Truppenmassen (17 Infanterie-Regimenter etc.) um 8 Uhr 45 Minuten durch Gainesville passiert und auf der Chaussee in der Richtung auf Groveton weiter marschiert seien, da wusste Porter ganz genau, dass das die Tête des Corps Longstreet gewesen war. Die Staubwolken, welche sich auf allen Strassen zwischen der Chaussee und der Manassas Gap-Bahn heranwälzten, zeigten, dass ausser den von Buford gemeldeten Truppen, noch weitere Massen, wahrscheinlich der Rest des Corps Longstreet, im Aufmarsch, und zwar gerade der Marschrichtung Porters entgegen, begriffen seien. Dazu kam, dass Jackson, den man im Rückzug geglaubt hatte, gar keine Miene machte, seine Stellung zu räumen. Das gehörte Kanonenfeuer war stationär geblieben, war wenigstens bestimmt nicht nach Westen vorgerückt. Daraus ging hervor, dass Jackson den gegen ihn gerichteten Angriffen zähen Widerstand entgegensetzte, also ausreichender Unterstützung ganz sicher war.

Es konnte somit gar keinem Zweifel unterworfen sein, dass die Spitze des Corps Longstreet mindestens zwei Stunden früher am rechten Flügel Jacksons eingetroffen war, als die Tête der Kolonne Porters und Mc Dowells Dawkins Branch erreichte, und es war fast ebenso sicher, dass auch der Rest des Corps Longstreet, wenigstens dessen Hauptmasse, Porter gegenüber aufmarschiert sei, und dass das bei den weiteren Entschliessungen nicht ausser Acht gelassen werden durfte.

Im Gegensatz zu dieser augenscheinlichen Vorbereitung des Feindes für den Kampf, waren von den 32 000 M., welche den linken Flügel der Unierten bildeten, nur die 9000 M. des Corps Porter zur augenblicklichen Verwendung bereit. Das Corps Banks (7000 M.) stand noch bei Bristow und hatte keinen Befehl, über diesen Ort hinauszugehen. Die Division Ricketts (8000 M.) befand sich auf dem Marsch von Bristow nach Manassas, allein die Leute waren durch das beständige Marschieren, Tag und Nacht während der letzten Zeit, und das Gefecht des Tages vorher so erschöpft, dass auf sie, selbst für einen defensiven Kampf, kaum zu rechnen war. Die Division King (7000 M.) befand sich dicht hinter dem Corps Porter, war aber in einem nur wenig besseren Zustand, als die Division Ricketts. So sehen wir also, dass sich eine lange Kolonne, zum grossen Teil ermüdeter und zu Angriffsoperationen kaum fähiger Truppen von Dawkins Branch bis fast nach Manassas und von da bis nach Bristow erstreckte, welche auf den entwickelten und aufmarschierten rechten Flügel der zusammenhängend stehenden konföderierten Armee gestossen war, während sich in der Stellung der Unierten, zwischen dem Corps Porter und der Division Reynolds, die links von Sigel bei Groveton stand, eine fast zwei Meilen breite Lücke befand.

Das war die militärische Situation am linken Flügel der Unierten und am rechten der Konföderierten, zur Zeit als Mc Dowell an der Spitze der Kolonne Porters erschien und dessen schon getroffene Dispositionen zum Übergang über Dawkins Branch und Wegnahme der gegenüberliegenden Höhen wieder rückgängig machte.

Der Versuch, Jackson zu schlagen, ehe er verstärkt werden konnte, war somit nicht nur total fehlgeschlagen, sondern die Konföderierten waren völlig zur Schlacht aufmarschiert, während die Unierten das nicht waren. Der Augenblick, ein defensives Verhalten einzuschlagen und die Konzentration der Armee abzuwarten, war nicht nur gekommen, sondern schon zu lange hinausgeschoben. —

Wie bereits erwähnt, wurde das Urteil am 10. Januar 1863 gefällt. Porter würde der Verletzung des 9. Kriegsartikels in drei Fällen, und der des 52. Kriegsartikels ebenfalls in drei Fällen für schuldig gefunden, zur Kassation verurteilt und auf immer für unwürdig erklärt, unter der Regierung der Vereinigten Staaten ein Amt zu bekleiden, welches auf Vertrauen beruhe und Ehre oder Nutzen einbrächte!

So schwer die Strafe war, so scheint sie den Verbrechen gegenüber, deren Porter für schuldig befunden war, doch nicht ausreichend. Wie aus dem weiter oben angeführten Wortlaut der beiden Kriegsartikel hervorgeht, lassen dieselben dem Richter bei Ausmessung der Strafe den weitesten Spielraum. Er kann auf einen einfachen Verweis und auf den Tod erkennen. Im vorliegenden Falle aber wäre sicher die schwerste Strafe, die das Gesetz zuliess, d. h. die Todesstrafe, die allein ausreichende Sühne gewesen, und dadurch, dass das Gericht es augenscheinlich nicht wagte, die Todesstrafe auszusprechen, gab es der Vermuthung Raum, dass es selbst nicht ganz an die unantastbare Gerechtigkeit seines Verfahrens glaube.

Um rechtskräftig zu werden, bedurfte das Urteil der Bestätigung durch den Präsidenten. Dieser, mit Arbeiten und Sorgen aller Art überhäuft, konnte die sehr umfangreichen Akten nicht persönlich studieren, und beauftragte deshalb den bei dem Prozess als Staatsanwalt thätig gewesenen Judge-Advocat, Oberst Holt, damit, ein möglichst objektiv gehaltenes Referat über die Sache auszuarbeiten. Das war nun freilich eine höchst unglückliche Wahl, denn Niemand von dem Personal des Gerichts, ja kaum einer der Belastungszeugen, Pope und Mc Dowell nicht ausgenommen, hatte während der Verhandlungen eine solche bittere parteiische Feindseligkeit gegen den Angeklagten zur Schau getragen, als Holt. In diesem Sinne fiel denn auch das Referat aus, welches Holt dem Präsidenten am 13. Januar vorlegte, sodass dieser nicht umhin konnte, den Spruch des Kriegsgerichts zu bestätigen. Dies erfolgte am 19. Januar, und damit war das Urteil rechtskräftig und unwiderruflich geworden.

Was Porter bei diesem Ausgang der Sache empfand, vermag ihm wohl nur ein Unglücklicher nachzufühlen, der sich selbst in ähnlicher Lage befunden hat. Von dem Bewusstsein erfüllt, dass er seine Pflicht nach bestem Gewissen ganz und voll gethan hatte, sah er sich durch einen Spruch, von dessen Ungerechtigkeit er überzeugt sein musste, dazu verurteilt, den Rest seiner Tage mit einer Bürde von Schmach und Schande belastet zu verbringen, die fast zu schwer für menschliche Schultern war. Es war nicht ein Urteil, dessen Wirkung gewisse Zeit dauert, bis die angeblich verletzte Majestät des Gesetzes gesühnt war, sondern es war eine Strafe über ihn verhängt, durch welche jeder Tag, jede Stunde, jede Minute des Restes seines Lebens zu einer Zeit der bittersten Busse für Verbrechen wurde, die er sich bewusst war, nicht begangen zu haben. Wahrlich! der Tod, obgleich im Auge des Gesetzes die härtere Strafe, wäre Milde gewesen, im Vergleich zu dem über Porter verhängten Los!

Aber gerade das Bewusstsein seiner Unschuld hielt Porter aufrecht. Er kannte von da an nur eine Aufgabe für den Rest seines Lebens, und das war die Wiederherstellung seiner in den Schmutz getretenen Ehre. Den Namen, dem seine Vorfahren einen ruhmvollen Platz in der Geschichte seines Vaterlandes verschafft hatten, musste er seinen Kindern, gereinigt von der Schmach, mit welcher ihn ein ungerechtes Urteil befleckt hatte, hinterlassen. In der Unablässigkeit seiner Versuche, eine Revision seines Prozesses herbeizuführen, liegt der beste Beweis, dass er sich unschuldig fühlte. Ein Mann, der im Stillen das Bewusstsein mit sich herumtrug, dass er schuldig, und das über ihn verhängte Urteil ein gerechtes sei, würde, mochte er auch seine Unschuld vor der Welt noch so laut beteuern, sich doch dabei beruhigt haben und froh gewesen sein, wenn seine Angelegenheit in Vergessenheit geriet, und er würde sie sicher nicht durch die unablässigen und mit grösster Öffentlickeit betriebenen Versuche, den Prozess wieder aufgenommen zu sehen, seinen Mitbürgern immer aufs Neue ins Gedächtnis zurückgerufen haben.

Den Versuchen Porters, eine Wiedereröffnung der Untersuchung zu erlangen, traten namentlich Pope und Mc Dowell in eigentümlicher Weise entgegen. Man sollte annehmen, dass Jedermann nur das wärmste Interesse dafür haben konnte, die Wahrheit an das Licht gebracht und volle Gerechtigkeit geübt zu sehen. Dem gegenüber traten die beiden genannten Generale, namentlich aber General Pope, den Anträgen Porters auf Revision seines Prozesses mit einem Eifer entgegen, der jeden Unbefangenen nur Wunder nehmen konnte und den Eindruck erwecken musste, dass, sie nicht blos im Interesse der Gerechtigkeit handelten, sondern ein ganz direktes persönliches Interesse an der Verhinderung der Revision hatten. Das war freilich auch der Fall, denn wenn festgestellt wurde, dass die gegen Porter erhobenen Anklagen falsch und unbegründet waren, wer trug dann die Schuld an dem Misslingen des Feldzugs? Die Mittel, deren sie sich dabei bedienten, waren nicht eben die lautersten, wie wir sehen werden.

Schon im August 1863 wurde durch eine Anzahl hochangesehener Männer, zum Teil Mitglieder des Kongresses, ein Gesuch zu gunsten Porters an Lincoln gerichtet. Der nächste Versuch wurde durch Porter selbst im Jahre 1867, unter Präsident Johnson, gemacht. Vielleicht war es ein Glück für Porter, dass diese beiden Versuche keinen Erfolg hatten, denn während des Krieges, wo z. B. namentlich das Zeugnis der konföderierten Generale nicht zu erlangen gewesen wäre, und auch unmittelbar nach dem Kriege, wäre eine so gründliche Untersuchung kaum möglich gewesen, und es ist zweifelhaft, ob eine weniger sorgfältige und umfassende Prüfung alles Beweismaterials zu einer Rechtfertigung Porters, namentlich einer so glänzenden und vollständigen geführt haben würde. Eine abermalige Revision des Prozesses wäre aber noch schwieriger durchzusetzen gewesen, als die erste.

Ein weiterer Appell Porters wurde 1869 an den Präsidenten, General Grant, gerichtet und gerade bei dieser ·Gelegenheit trat das persönliche Interesse, welches Pope und Mc Dowell gegen die Revision hatten, in ganz besonders gehässiger Weise hervor, weshalb hier einige Worte darüber folgen mögen.

Sobald Porters Gesuch bekannt wurde, veröffentlichte Pope eine „Kurze Darlegung der Angelegenheit Fitz-John Porters" (*Brief Statement of the case of Fitz-John Porter*). Er beginnt mit einer kurzen Darstellung des Verhaltens Porters am 29. August, in welcher der Leser wenig Übereinstimmung mit den Thatsachen, wie sie aus diesen Blättern bekannt sind, finden wird.

„...Etwa um 9 Uhr am Morgen des 29. August erhielt Porter, der sich zu Manassas Junction befand, von mir den Befehl, auf der direkten Strasse nach (*to* nicht *towards*, wie es in dem Originalbefehl heisst) Gainesville vorzugehen.

„In Befolgung dieses Befehls erreichte er zwischen 11 und 12 Uhr morgens den Punkt, wo die Strasse sich bei Bethlehem Church teilt, und ging auf der direkten Strasse nach Gainesville weiter vor bis die Queue seiner Kolonnen die Strassen-Gabelung erreicht hatte. Sein Corps war das fünfte Armee-Corps und zählte, verstärkt durch die Brigade Piatt der Division Sturgis, volle 12 000 M. (?), fast ein Drittel der im Bereich des Schlachtfeldes anwesenden Armee... Es war das tüchtigste und best-disziplinierte Corps der ganzen Armee und da es an jenem Tage nur drei oder vier Meilen, und am vorhergehenden Tage nicht viel mehr marschiert hatte, so war es auch das bei weitem frischeste. Mc Dowell war mit seinem Corps von Manassas Junction hinter Porter her marschiert. Als er jedoch die Strassenteilung bei Bethlehem Church erreicht hatte, hörte er das Getöse einer ernsten Schlacht, welche bei Groveton geschlagen wurde, und, die Queue des Corps Porter passierend und die nach Sudley Springs führende Strasse aufwärts marschierend, brachte er sein Corps auf den linken Flügel unserer Linie in Stellung und trat sofort in das Gefecht ein. Diese kurze Darlegung der Thatsachen, welche durch Vergleich mit jedem offiziellen Report oder durch die Zeugenaussagen im Prozess Porter bewahrheitet werden kann, ist für das klare Verständnis der Situation zur Zeit als Porters Verbrechen begangen wurde, notwendig. Zwischen 3 und 4 Uhr nachmittags, als die Schlacht nicht weniger als drei bis vier Stunden innerhalb seiner Hörweite gewütet hatte (während welcher Zeit sein Corps mit zusammengesetzten Gewehren da verblieb, wo Mc Dowell es verlassen hatte), schrieb er folgenden Brief an General Mc Dowell — adressiert an Mc Dowell und King —, welcher, wie oben gesagt, einige Stunden zuvor, angezogen vom Lärm der Schlacht, die Sudley Springs Strasse aufwärts marschiert war, um an dem Kampf teilzunehmen:

„„An die Generale Mc Dowell und King: Ich habe es unmöglich gefunden, auf der Strasse nach Groveton mit Ihnen in Verbindung zu treten. Der Feind steht in erheblicher Stärke auf dieser Strasse, und da er unsere Kräfte zurückgetrieben hat, indem das Feuer des Feindes vor-, das unserige zurückgegangen ist, so habe ich beschlossen, nach Manassas zurückzugehen. Ich habe es versucht, mit Mc Dowell und Sigel in Verbindung zu treten, aber meine Boten sind dem Feinde in die Hände gefallen. Der Feind hat Artillerie, Kavallerie und Infanterie mir gegenüber versammelt und die sich vorwärts bewegenden Massen von Staub zeigen, dass er in grosser Stärke herankommt... Wäre es nicht besser, wenn Sie Ihre Trains zurückschickten.““

„In anderen Worten schreibt Porter mit voller Überlegung (*deliberately*), dass er, in dem Glauben, unsere Armee rechts und inner-

halb weniger als vier Meilen von ihm werde geschlagen und von
dem Feld getrieben, was zu thun beabsichtige? — etwa den vor
seiner Front stehenden Feind anzugreifen und so den Teil der Armee,
von dem er angeblich glaubte, dass er geschlagen werde, zu unterstützen und ihm Luft zu machen, oder wenn er das für unausführbar
hielt, mit seinem Corps die vorher von Mc Dowell benutzte Strasse
einzuschlagen (welche den ganzen Tag offen war, da beständig Ordonnanzen und Kouriere auf ihr passierten), um die Armee, von welcher
er angeblich glaubte, dass sie geschlagen und vom Felde getrieben
werde, zu verstärken und vor einer Niederlage zu bewahren? Konnte
es im Sinne eines ehrlichen Mannes, Bürger oder Soldat, einen andern
ehrenhaften Weg geben, als diese zwei? Porter dachte nicht so. Mit
seinem tüchtigen Corps, an Zahl fast ein Drittel der Armee — in
Bezug auf Frische und Schlagfertigkeit jedem andern in der Armee
überlegen —, sagt er mit voller Überlegung, dass er die Absicht
habe, unter so erschrecklichen *(appalling)* Umständen nach Manassas
Junction, also geradezu von der Armee fort, zurückzugehen und sie
dem Unglück zu überlassen, was er über sie hereingebrochen glaubte.
Können Worte die Wirkung dieser einfachen Darlegung verstärken?

„Da inzwischen nichts von Porter gehört war, nachdem ich seit
12 Uhr eifrig auf den Donner seiner Kanonen in der rechten Flanke
des Feindes gelauscht hatte, schickte ich ihm um 4 Uhr 30 Minuten
folgende Ordre (folgt die bekannte Ordre).

„Die Abgabe dieses Befehls an Porter um 5 Uhr, wenigstens an-
derthalb Stunden vor Sonnenuntergang und volle zwei Stunden, ehe
der Kampf für den Abend zu Ende war, wurde in der Untersuchung
gegen ihn vollständig bewiesen. Aber der Befehl wurde in keiner
Weise befolgt und scheint auf Porter gar keinen Eindruck gemacht
zu haben, ausgenommen, dass er, statt sich nach Manassas zurückzuziehen, nur einen Teil des Weges· dahin zurückging — weit genug,
um den Feind aus dem Gesicht und aus dem Bereich der Gefahr zu
kommen. Was ist nun die Anklage, auf welche hin Porter in Untersuchung gezogen und kassiert wurde? (Hier folgt ein Auszug aus
der Anklage, und zwar die zweite Hauptklage, und die erste, zweite
und dritte Spezifikation derselben.) Dann führt Pope fort:

„Ein Vergleich dieser Spezifikationen mit dem Brief Porters an
Mc Dowell und King, welcher oben angeführt wurde, zeigt, dass sie
beinahe wörtliche Citate von dem Briefe sind. Nur das Wort „schmäh-
lich“ ist eingeführt, ein Adjektiv, welches Wenige für zu stark für
eine solche Handlungsweise finden werden.

„Dass Porter genau das that, was er, wie er an Mc Dowell und
King schrieb, zu thun beabsichtigte, war natürlich jedem Mann im
fünften Armee-Corps vollständig bekannt und konnte vor dem Kriegsgericht leicht bewiesen werden. Es ist unmöglich zu glauben, dass
irgend Jemand im Lande, der die Thatsachen kennt, so vorurteilsvoll
gefunden werden könnte, diese Handlungsweise zu rechtfertigen, oder
eine Modifikation des Urteils gegen Porter zu fordern. Porter selbst
ist es, welcher die Anklage gegen sich schrieb und dessen eigenes

schriftliches Zeugnis seine Verbrechen beweist. Es ist unmöglich, dass irgend Jemand, am wenigsten ein Soldat, eine Entschuldigung oder eine befriedigende Erklärung für ein solches Benehmen finden kann." Kann man sich, wenn man die wahren Thatsachen kennt, eine perfidere Entstellung derselben denken, eine Entstellung, welche wahrscheinlich gegen besseres Wissen erfolgt ist, denn dass Pope im Jahre 1869 die Thatsachen noch nicht besser gekannt habe, als er sich hier den Anschein giebt, ist kaum anzunehmen. Wie wenig wählerisch er in seinen Mitteln war, geht unter anderm auch daraus hervor, dass er in dem citierten Brief Porters an Mc Dowell und King einen nicht unwichtigen Satz auslässt. Vor dem letzten Satz muss nämlich eingeschaltet werden: „Ich begebe mich jetzt an die Spitze der Kolonne, um zu sehen, was vorgeht und wie die Dinge stehen. Ich werde mit Ihnen communicieren." Aus diesem Satz geht doch unzweifelhaft hervor, dass Porter, ehe er seine Absicht, nach Manassas zurückzugehen, ausführte, sich nochmal über den Stand der Angelegenheiten informieren und mit Mc Dowell und King communicieren wollte, und der Leser weiss, dass die Eindrücke, welche er bei der Division Morell („an der Spitze der Kolonne") empfing, derart waren, dass er die Absicht, nach Manassas Junction, oder überhaupt zurückzugehen, aufgab.

Pope versucht dann weiter nachzuweisen, dass die Gründe, welche Porter in dem Schreiben an Mc Dowell und King für seinen angeblich beabsichtigten Rückzug nach Manassas anführt — Anwesenheit des Feindes in grosser Stärke ihm gegenüber und ungünstiger Verlauf des Gefechts am rechten Flügel der Unierten —, nicht bestanden hätten und zwar sucht er dies aus den Berichten der konföderierten Generale zu begründen. Auch dabei kommt es ihm auf Auslassungen wichtiger Stellen nicht an.

Zunächst zitiert er den Bericht des General Stuart vom 28. Februar 1863, um zu beweisen, dass keine erheblichen Kräfte der Konföderierten Porter gegenüberstanden. In diesem Report heisst es:

„Am nächsten Morgen (29.) brach ich infolge der Wünsche des General Jackson wieder auf, um zu versuchen, die Verbindung mit Longstreet herzustellen, von welchem wir in der Nacht vorher günstige Nachrichten erhalten hatten.... Ich traf die Spitze von General Longstreets Kolonne zwischen Haymarket und Gainesville und machte dort den kommandierenden General mit der Stellung des General Jackson und des Feindes bekannt. Dann passierte ich mit der Kavallerie durch die Kolonne, sodass sie an Longstreets rechte Flanke kam und ging direkt gegen Manassas vor, während die Kolonne die Chaussee beibehielt, um sich an Jacksons rechten Flügel zu setzen. Ich wählte eine feine Stellung für eine Batterie und nachdem mir eine solche geschickt war, feuerte ich einige Schüsse nach der vermuteten Stellung des Feindes, was ihn veranlasste, seine Stellung zu wechseln. General Robertson, welcher mit seinem Kommando auf der Strasse nach Manassas weiter abwärts geschickt war, um zu rekognoscieren, berichtete, dass der Feind vor seiner Front stehe. Als ich

mich dahin begab, fand ich, dass Rossers Regiment links von der
Strasse mit dem Feinde engagiert war und Robertsons Vedetten
hatten den Feind im Anmarsch von Bristow nach Sudley Springs
gefunden. Die Verlängerung seiner Marschlinie würde durch meine
Stellung, welche sowohl für Artillerie, wie zur Beobachtung eine sehr
gute war, geführt, und Longstreet in der Flanke getroffen haben.
Ich wartete seine Ankunft lange genug ab, um festzustellen, dass es
wenigstens ein Armeecorps war, und liess während dieser Zeit Trupps
von Reitern Büsche auf der von Gainesville kommenden Strasse entlang ziehen, um (durch den Staub) den Feind zu täuschen, eine List,
welche, wie Porters Bericht zeigt, erfolgreich war. Ferner benachrichtigte ich den kommandierenden General, der sich zur Zeit auf der
Chaussee befand, dass Longstreets Flanke und Rücken ernstlich bedroht seien und dass der Höhenrücken, welchen ich besetzt hielt, von
grosser Wichtigkeit für uns sei. Sofort nach Empfang dieser Mitteilung wurden die Brigaden Jenkins, Kemper und D. R. Jones und
mehrere Geschütze von General Longstreet zu mir geschickt und von
mir mit Front nach Bristow in Stellung gebracht, des Feindes Vorgehen erwartend. Nachdem einige Schuss mit gezogenen Geschützen
gewechselt waren, ging dies Corps in der Richtung auf Manassas zurück, in dem es Artillerie mit der nötigen Unterstützung zurückliess,
um seine Stellung bis zur Nacht zu behaupten...."
    Pope macht dazu folgende Bemerkungen: „Man sieht demnach,
dass als Porter in seiner am weitesten vorgeschobenen Stellung erschien, wo er soviel sah, oder zu sehen sich einbildete, in Wahrheit
nichts vor ihm war, als einige Kavallerie-Regimenter und eine Batterie."
Das ist freilich richtig, aber von Porter auch nie bestritten
worden. Der Leser erinnert sich anderseits aber auch, dass Porter
sich nach der Ankunft seiner Tète an Dawkins Branch sofort ent-·
schloss, sich Aufklärung über die ihm gegenüberstehenden Kräfte zu
verschaffen und sich des Höhenrandes am rechten Ufer zu bemächtigen und dass er bereits alle Einleitungen zur Erzwingung des Über-
ganges getroffen hatte, als Mc Dowell herankam und auf Grund der
„gemeinsamen Ordre" die Einstellung des beabsichtigten Angriffs befahl und damit war der günstige Augenblick verstrichen.
    In dem folgenden Satz Popes:
    „Die ,sich vorwärts bewegenden Staubmassen, welche andeu-
teten, dass der Feind in grosser Stärke anwesend sei', wovon er in
seinem Briefe schreibt, waren weiter nichts, als der durch die paar
Kavalleristen, welche Zweige auf der Warrenton Chaussee auf und
ab schleiften, erregte Staub," versucht Pope die alte, längst auf ihre
wahre Bedeutung oder eigentlich Unbedeutendheit zurückgeführte Geschichte wieder aufzuwärmen. Abgesehen davon aber ist der Brief an
Mc Dowell und King erst in den späten Nachmittagsstunden geschrieben,
und der zu jener Zeit von Porter beobachtete Staub war sicher nicht
mehr der um Mittag von Stuarts Reitern erzeugte.
    Dann führt Pope fort:
    „Es wird ferner bemerkt werden, dass Stuart ausdrücklich sagt,

(was vor dem Kriegsgericht zu widerlegen versucht wurde), dass
Porters Marschlinie ihn direkt auf die Flanke des Feindes führte
und dass sowohl Flanke wie Rücken derselben durch sein Vorgehen
ernstlich bedroht waren."

Das war nur so lange richtig, als die Stellung der Konföderierten
sich nicht bis über die Strasse von Gainesville nach Manassas erstreckte, und das mag zur Zeit, als die Spitze des Corps an Dawkins
Branch eintraf, noch zutreffend gewesen sein. Um so mehr bleibt es zu
bedauern, dass Mc Dowell den von Porter schon eingeleiteten Angriff
nicht gestattete. Übrigens wissen wir aus der früheren Darstellung
der Ereignisse und werden es nachher aus Longstreets Report nochmals nachweisen, dass die Division Jones gleich von vornherein nach
der Manassas Gap Bahn disponiert wurde und zur Zeit des Eintreffens
der Spitze des Corps Porter an Dawkins Branch wahrscheinlich ebenfalls schon in der Nähe dieses Baches angelangt war. Sicher aber
führte Porters Marschlinie nicht mehr in Flanke und Rücken des
Feindes, als der Befehl von 4 Uhr 30 Minuten nachmittags ausgefertigt wurde.

Um noch weiter zu beweisen, dass die Porter gegenüberstehenden
Streitkräfte ganz unbedeutend waren, zieht Pope auch noch Longstreets
Report vom 10. Oktober 1862 in seine ‚Kurze Darlegung' hinein.

„Auch wird beobachtet werden," führt er, zunächst noch Stuarts
Report commentierend, fort, „dass, als Longstreet pflichtmässig von
der ihm drohenden Gefahr benachrichtigt und ersucht war, Truppen
zu schicken, um sich Porters Vorgehen entgegenzustellen, er nur diese
drei Brigaden schickte, nämlich Jenkins, Kempers und D. R. Jones
(alles, was er entbehren konnte, wie aus Jacksons Report hervorgehen wird), und das waren positiv alle Streitkräfte, welche jemals
Porter gegenüber standen, und die dort nicht mit der Absicht aufgestellt waren, anzugreifen, sondern womöglich Porters Vordringen zu
hindern."

„Wir wollen nun sehen, was General Longstreet über die Sache
zu sagen hat:

„„Zu einer späteren Stunde des Tages meldete Major-General
Stuart den Anmarsch des Feindes in starken Kolonnen gegen meinen
äussersten rechten Flügel. Ich zog General Wilcox mit seinen drei
Brigaden vom linken Flügel zurück und brachte sein Kommando in
eine Stellung, wo es Jones unterstützen konnte, im Falle eines Angriffs auf meinen rechten Flügel. Nach einigen Schüssen zog der
Feind seine Kräfte zurück, indem er sie nach seiner Front herum-
führte und begann etwa um 4 Uhr nachmittags gegen General Jacksons Stellung vorzugehen. Wilcox' drei Brigaden wurden in ihre
frühere Stellung zurückgeführt, und Hoods zwei Brigaden, unterstützt durch Evans wurden rasch zum Angriff vorgeführt. Zur selben
Zeit machten Wilcox' drei Brigaden eine ähnliche Vorwärtsbewegung,
wie auch Hemtons Brigade von Kempers Kommando.""

„Es scheint demnach, dass Longstreet, sobald Porter vor diesen
überwältigenden Kräften auf Manassas zurückging, sofort diese

20*

Brigaden zurückzog und mit Jacksons rechtem Flügel vereinigte und
alsbald mit denselben gegen denjenigen Teil unserer Armee vorging,
wegen dessen Niederlage Porter in seinem Briefe an Mc Dowell so
schmerzliche Besorgnisse ausspricht. Nach diesem Report ist es ganz
klar, dass er nicht verfehlte, das seinige zu thun, sich als Prophet
zu erweisen."

Zunächst macht sich Pope eine Ungenauigkeit in Stuarts Report
zu Nutze, und zwar mit voller Kenntnis des Irrthümlichen, wie wir
nachher sehen werden. Stuart spricht von den „Brigaden" Kemper,
Jenkins und D. R. Jones, während Kemper und Jones „Divisionen"
von je drei Brigaden kommandierten. Die Brigade Jenkins gehörte zur
Division Kemper. Hierauf citiert Pope aus dem Report Longstreets
die Stelle, worin von der Entsendung des „General Wilcox mit seinen
drei Brigaden" nach dem rechten Flügel und seiner Zurückberufung
die Rede ist. Dem Citat aus Longstreets Report geht unmittelbar
der Satz voraus: „und das (nämlich die drei Brigaden Kemper, Jenkins und Jones) waren positiv alle Streitkräfte, welche jemals Porter
gegenüber aufgestellt waren," und es folgt auf das Citat alsbald die
Bemerkung: „es scheint demnach; dass .... Longstreet die Brigaden
sofort wegzog etc." Ganz offenbar will Pope in dem Leser den Glauben
erwecken, als ob die drei Brigaden unter Wilcox mit den Brigaden
Kemper, Jenkins und Jones identisch wären. Eine solche Täuschung
des Lesers wäre freilich nicht möglich, wenn Pope ehrlich genug
gewesen wäre, noch etwas mehr aus Longstreets Report zu citieren,
was dem angeführten Satze vorausging. Dort heisst es nämlich:
„Früh am 29. waren die Kolonnen vereinigt und der Vormarsch
zur Vereinigung mit Jackson wurde wieder aufgenommen... Als wir
uns dem Felde näherten, wurden einige Batterien der Division Hood
in Stellung gebracht und diese wurde rechts und links der Chaussee
und rechtwinklig zu derselben entwickelt und durch die Brigade
Evans unterstützt. Drei Brigaden unter General Wilcox wurden zur
Unterstützung des linken, drei andere unter General Kemper zur Unterstützung des rechten Flügels dieses Kommandos (der Division Hood
und der Brigade Evans) vorgeschickt. General D. R. Jones' Division
wurde auf der Manassas Gap-Eisenbahn nach rechts hin und in bezug
auf die drei letzten Brigaden (Kemper) *en echelon* aufgestellt." Hieran
schliesst sich dann unmittelbar der von Pope citierte Satz. Da dieser
natürlich diesen Teil von Longstreets Report eben so gut kannte,
wie den von ihm citierten, so geht daraus hervor, dass Pope recht
wohl wusste, es sei ein Irrtum Stuarts, wenn er von den „Brigaden"
Kemper und Jones spricht und ferner, dass Popes Versuch, die „drei
Brigaden unter Wilcox" mit den Brigaden Kemper, Jenkins und
Jones identisch erscheinen zu lassen, nur durch die unvollständige
Citierung des Longstreet'schen Reports möglich war. Es geht aber
noch weiter daraus hervor, dass die Division Jones bereits vor dem
Eintreffen der Meldung Stuarts über den Anmarsch des Corps Porter
nach der Manassas Gap-Bahn disponiert war.

Das Unglaublichste aber leistet Pope, indem er den Versuch

macht, zu beweisen, dass auch der zweite der von Porter für seine Absicht des Rückzuges nach Manassas geltend gemachten Gründe — ungünstiger Verlauf des Gefechts am ·rechten Flügel der Unierten — nicht zutreffend und im Gegentheil die Gefechtslage zur Zeit für die Konföderierten sehr nachteilig gewesen und nur durch das Eingreifen der durch den angeblichen Rückzug Porters disponibel gewordenen Brigaden zu Gunsten der Konföderierten gewendet sei. Er sagt: „Wir wollen nun sehen, in welcher Lage sich der Rest der Rebellen-Armee befand, während diese bemerkenswerten Vorgänge sich zutrugen. Und hier wollen wir uns auf das Zeugnis Stonewall Jacksons berufen, welcher an jenem Tage der Höchstkommandierende war: (Aus Jacksons Report über die Operationen vom 15. August bis 5. September 1862.)

„„Nach einigen unbedeutenden Plänklergefechten und heftigem Artilleriefeuer ging gegen 4 Uhr nachmittags die föderale Infanterie aus der Deckung des Waldes vor und avancierte in mehreren Linien, zuerst den rechten Flügel engagierend, aber bald den Angriff auch auf das Centrum und den linken Flügel ausdehnend. In wenigen Augenblicken stand unsere ganze Linie in heftigem und blutigem Kampfe mit dem Feinde. Wenn eine Linie zurückgeworfen war, so nahm eine andere ihre Stelle ein und drang vor, als ob sie entschlossen wäre, uns durch die Gewalt ihrer Zahl und die Wut ihres Angriffs aus unserer Stellung zu vertreiben. So ungestüm und nachhaltig waren diese Vorstösse, dass ich mich veranlasst sah, zum kommandierenden General zu schicken und um Unterstützung zu bitten, aber das rechtzeitige und tapfere Vorgehen Longstreets am rechten Flügel schaffte meinen Truppen Luft von dem Drucke der überwältigenden Übermacht und gab diesen tapfern Leuten die Chancen eines gleichen Kampfes. Als Longstreet auf dem rechten Flügel vorging, wurde dem Vordringen der Föderalen Einhalt gethan und bald wurde ein allgemeines Vorgehen meiner ganzen Linie angeordnet. Mit Eifer und Entschlossenheit drang jede Brigade vor und es fielen auf einzelnen Teilen des Feldes Scenen des Handgemenges und mörderischen Kampfes vor, wie sie sich im Wogen der Schlacht nicht oft ereignen. Die Föderalen wichen vor unseren Truppen zurück, gerieten in Unordnung und flohen endlich in Eile, wobei sie ihre Toten und Verwundeten auf dem Felde zurückliessen. Während ihres Rückzuges schoss die Artillerie mit vernichtender Gewalt auf die Masse der Flüchtlinge. Die Infanterie folgte, bis die Dunkelheit der Verfolgung ein Ende machte."„

, „Es scheint demnach," kommentiert Pope, „dass Jackson von der Armee, welcher Porter für geschlagen hielt, so in die Enge getrieben wurde, dass er seine Stellung nicht behaupten konnte und Lee um Unterstützung bat. Aber Lee hatte nach dem Zeugnis des Chef-Ingenieurs seines Stabes, an jenem Morgen auf der jenseitigen Seite am Thoroughfare Gap, volle 30 Meilen entfernt, gefrühstückt, und es war völlig unmöglich, Jackson vor einer sehr späten Stunde der Nacht zu verstärken, lange vor welcher Zeit das Gefecht beendet

gewesen sein würde.. Was rettete also Jackson vor einer vernichten-
den Niederlage? Wie! Die nämlichen Truppen, welche von Porters
Front weggezogen waren, als dieser das Feld verlassen hatte."

Dem aufmerksamen Leser kann es nicht entgehen, wie Pope sich
hier in Widerspruch mit sich selbst setzt. Mit den Worten, dass·es
für Lee „völlig unmöglich war, Jackson vor einer sehr späten Stunde
der Nacht zu verstärken," hält er an der alten Fiktion fest, dass
Lee mit dem Corps Longstreet (an andere Truppen konnte er nicht
denken) noch weit entfernt gewesen sei, und doch hatte Jackson in
der von Pope citierten Stelle seines Report gesagt, dass ihm die
rechtzeitige Unterstützung Longstreets Luft gemacht habe. Oder
will Pope den Eindruck hervorrufen, er habe geglaubt, dass Longstreet persönlich nur mit einem ganz geringen Teil seines Corps gegenwärtig, Lee mit der Hauptmasse derselben aber noch weit entfernt
gewesen sei? Er selbst citiert aber doch nur wenige Zeilen weiter
oben Longstreets Report und in diesem — allerdings nicht in dem
von Pope angeführten, sondern in dem vorsorglicher Weise wegge-
lassenen Satze derselben — wird von den Divisionen Hood, Wilcox,
Kemper, Jones und der Brigade Evans gesprochen und im Jahre 1869
als die ,Kurze Darlegung' geschrieben wurde, war Pope die *Ordre
de bataille* seines Gegners doch gewiss so weit bekannt, dass er
wusste, dass hier sämtliche Truppenteile des Corps Longstreet genannt sind, mit Ausnahme der Division R. H. Anderson, welche allerdings erst am Abend des 29. eintraf. Was will er ferner damit
sagen, wenn er, gestützt auf die Mitteilung des Ingenieur-Chefs im
Stabe Lees, dass dieser am Morgen des 29. noch westlich am Thoroughfare Gap gefrühstückt habe, behauptet, dass Lee noch volle
30 Meilen entfernt gewesen sei? Thoroughfare Gap ist von Gainesville etwa sechs Meilen entfernt. Vielleicht hat Pope, als er diese
Behauptung niederschrieb, eine der Karten zu Rate gezogen, welche
er seinem an das „*Committee on the Conduct of the War*" gerichteten Report beigefügt hatte. Auf der Übersichtskarte „*Map of the
field of operations of the Army of Virginia during the months of
July and August 1862*" sind nämlich die. Namen Manassas Gap
und Thoroughfare Gap verwechselt. Letzterer steht an dem Passe,
wo die Manassas Gap-Bahn die Blue Ridge Kette überschreitet,
dicht bei Front Royal, Manassas Gap an dem durch die Bull Run
Berge führenden Pass, während es umgekehrt sein müsste. Auf allen
übrigen dem Report beigegebenen Karten steht übrigens der Name
Thoroughfare Gap an richtiger Stelle. Lee befand sich am 29. August
thatsächlich seit etwa 11 Uhr morgens auf dem Schlachtfelde, und es ist
schwer zu glauben, dass Pope das im Jahre 1869 noch nicht gewusst
haben sollte. Übrigens sollte schon die Rücksicht auf Jacksons Report ihn verhindert haben, eine so unglaubliche Behauptung aufzustellen, dass Lee, zur Zeit als die in dem Citat aus diesem Report
geschilderten Kämpfe stattfanden, sich volle 30 Meilen entfernt befunden habe. Jackson sagt in dem angeführten Abschnitt, er habe
zu dem kommandierenden General, d. h. also Lee, geschickt und ihn

um Unterstützung bitten lassen. Will Pope uns zumuten zu glauben, dass Jackson in einem Augenblick, wo es sich vielleicht um Minuten handelte, zu einem „volle 30 Meilen" entfernten Obergeneral geschickt habe?

. Das Unglaublichste an dem zuletzt betrachteten Abschnitt der ‚Kurzen Darlegung' ist aber, dass der citierte Satz aus dem Report Jacksons sich gar nicht auf die Kämpfe des 29., sondern auf die des 30. August bezieht, und dass unter den ungestümen und nachhaltigen Vorstössen, von denen dort erzählt wird, sie hätten Jackson so bedrängt, dass er sich genötigt gesehen habe, um Unterstützung zu bitten, gerade die Angriffe des Corps Porter am Nachmittag des 30. verstanden sind. Pope wendet also, so zu sagen, Porters Kanonen gegen diesen selbst.

Es scheint, als ob der erwähnte Auszug aus Jacksons Report schon vor der Veröffentlichung der ‚Kurzen Darlegung' in der Presse besprochen und dabei von Porter darauf aufmerksam gemacht sei, dass sich derselbe auf den 30. August beziehe, denn Pope sagt in seiner ‚Kurzen Darlegung' in einer Anmerkung: „Fitz-John Porter behauptet, dass der obige Auszug aus Jacksons Report sich auf den 30. und nicht auf den 29. August beziehe. Korrekturbogen, welche diese Auszüge enthielten, wurden zur Prüfung und Bestätigung an das Kriegsdepartement geschickt, als die gedruckte Darlegung, von der sie einen Teil bilden, fertig war, und sie wurden an den Schreiber mit der von dem Offizier des Kriegsministeriums, welcher die Records der Rebellen verwaltet, ausgestellten Bescheinigung zurückgeschickt, dass sie getreue Abschriften der Original-Reports der betreffenden Rebellenoffiziere über die Operationen des 29. August seien. Porter ist demnach wahrscheinlich im Irrtum."

Obgleich Niemand, der die Ereignisse kennt, auch nur einen Augenblick im Zweifel darüber sein kann, dass der citierte Auszug sich auf die Kämpfe des 30. August bezieht, so hielt doch Pope an der Behauptung fest, dass der 29. August gemeint sei, und thut es vielleicht gegenwärtig noch, wenn er sich auch offenbar nicht so ganz sicher in dieser Beziehung fühlt, wie wir gleich sehen werden.

Es scheint nämlich, als ob zur Zeit, als der Revisions-Ausschuss im Jahre 1878 seine Verhandlungen bereits begonnen hatte, die Frage, ob sich der in Rede stehende Auszug auf den 29. oder 30. beziehe, von neuem besprochen und Pope etwas davon zu Ohren gekommen sei. Er richtete infolge dessen am 23. Oktober 1878 einen Brief an den General en chef, General Sherman, der auch veröffentlicht wurde und in welchem dieselbe Behauptung vorkommt. Es heisst dann weiter in dem Briefe:

„Obgleich General Mc Dowell in seiner Aussage, vor dem jetzt in der Angelegenheit Porters versammelten Ausschuss behauptet, dass er diese Auszüge angefertigt und gedruckte Kopien derselben an mich geschickt habe, so halte ich es doch für nötig, sowohl meine Beziehungen zu dem späteren Gebrauch in dem oben erwähnten Schriftstück (‚Kurze Darlegung'), als auch mein Recht, sie zu gebrauchen,

zu erklären." Er teilt dann mit, dass ihm die Auszüge im Jahre
1867 von Washington aus zugeschickt seien, er wisse nicht von wem,
und dass er sie vor dem Gebrauch vom Kriegsdepartement habe verifi-
cieren lassen, wie aus der Anmerkung in der ‚Kurzen Darlegung'
hervorgeht. Wie es mit dieser ‚Verificierung' ergangen, ist sehr leicht
zu erklären. Es wurde ihm bescheinigt, dass die betreffenden Auszüge wortgetreue Kopien der entsprechenden Stellen der Reports waren,
aber in dem Auszug aus Jacksons Report war eben der Satz, aus welchem sich ergiebt, dass die Kämpfe des 30. geschildert wurden, fort-
gelassen. Pope nimmt also Bezug auf seine Anmerkung zur ‚Kurzen
Darlegung' und führt dann fort:

„Nachdem ich so in der ‚Darlegung' selbst die Aufmerksamkeit
auf die Behauptung Porters gelenkt, dass der Auszug aus Jacksons
Report sich auf den 30. und nicht auf den 29. beziehe, und meine
Berechtigung zum Gebrauch derselben nachgewiesen, wie auch meinem Glauben Ausdruck gegeben hatte, dass Porter sich
irre, und nachdem ich weiter ausgeführt hatte, dass die Beweise
gegen Porter auch ohne Berücksichtigung von Jacksons Report vollständig seien, so dass dieser weiter nicht in Betracht komme, war
ich der Ansicht und bin es noch, dass ich Alles gethan
habe, was Recht und Billigkeit fordern." (!!)

„Die ‚Kurze Darlegung' mit der erwähnten Anmerkung am
Ende derselben, wurde dann im Kriegsministerium zu den Akten genommen, und Oberst Schriver, General Townsend und Andere erhielten
Abdrücke, sodass die Anmerkung am Ende derselben ihnen seit acht
Jahren bekannt ist, und keiner dieser Offiziere hat mir gegenüber
jemals angedeutet, dass ein Irrtum passiert sei. Die Ansicht des
Oberst Smith und die Behauptung des General Porter müssen demnach gegen die Bescheinigung des General Townsend und den Brief
des Obert Schriver in die Wagschale geworfen werden, und was sich
auch schliesslich als Wahrheit herausstellen möge, so
sehe ich nicht ein, was ich weiter noch damit zu thun
habe."

Wie wir eben gesehen haben, hatte McDowell vor dem Revisions-Ausschuss ausgesagt, dass er den Auszug aus Jacksons Report
1869 an Pope geschickt habe, obgleich dieser schon seit zwei Jahren
in Besitz derselben war, und auf eine Gelegenheit wartete, ihn gegen
Porter verwenden zu können. Er hatte sich aber damit nicht be-
gnügt, sondern ein ähnliches Schriftstück, wie Popes ‚Kurze Darlegung' verbreitet, in welchem hauptsächlich von dem Auszug aus
Jacksons Report, betreffend die Kämpfe des 30., Gebrauch gemacht
wurde, um zu beweisen, dass Porter Kenntnis von einer „wütenden
Schlacht" am rechten Flügel gehabt haben müsse und dass nur seine
Unthätigkeit den Unierten den Sieg entrissen habe. Man sollte kaum
glauben, dass McDowell, der, wie wir wissen, am 30. mit der speziellen
Leitung des Kampfes betraut war, und unter dessen Augen die von
Jackson geschilderten ungestümen Angriffe des Corps Porter statt-
fanden, auch nur einen Augenblick zweifelhaft sein konnte, dass der

Auszug sich auf den 30. bezog. Dennoch veröffentlichte er ihn, mit einer Überschrift, welche andeutete, dass es eine Schilderung der Kämpfe des 29. sein solle. Wenn das Alles gewesen wäre, so wäre es schlimm genug gewesen, aber es sollte noch mehr kommen. Als Mc Dowells Schriftstück erschienen war, trat Oberst Smith auf, welcher den Feldzug im Stabe Popes mitgemacht hatte, und einer der bittersten Feinde Porters war, sodass seine Aussage ganz wesentlich mit zur Verurteilung Porters beigetragen hatte. Aber wenn er auch Alles in einem Porter ungünstigen Lichte anzusehen geneigt war, so war er doch ein wahrheitsliebender Mann, der offenbare Unwahrheiten selbst zum Nachteil Porters nicht ruhig hingehen lassen mochte. Smith erklärte sofort öffentlich, dass hier ein Fehler vorgekommen sei, und dass der veröffentlichte Auszug aus Jacksons Report sich auf den 30. und nicht auf den 29. beziehe. Dadurch wurde die Frage eine öffentliche und wurde in der Tagespresse behandelt. Nun sollte man wohl denken, dass jeder Ehrenmann in einem solchen Falle Alles gethan hätte, was in seiner Macht stand, um festzustellen, ob er wirklich zum Nachteil eines Andern einen so schweren Missgriff begangen habe. Nicht so Mc Dowell. Er liess die Sache gehen und that gar·nichts, um sich Aufklärung zu verschaffen, und erst bei seinem Verhör·vor dem Revisions-Ausschuss musste er, nachdem ihm der vollständige Report Jacksons vorgelegt war, einräumen, dass er sich geirrt habe und dass der Auszug sich in der That auf den 30. und nicht auf den 29. bezöge[1]), und daran knüpfte sich folgender weiterer Verlauf des Verhörs:

„Frage: Als dieser Zweifel aufkam, ob der Auszug sich thatsächlich auf den 29. oder 30. bezog, haben Sie sich keine Mühe gegeben herauszufinden, was richtig sei?

„Antwort: Nein, aber die ‚Mühe‘ wurde genommen, indem nach Washington geschickt wurde, um festzustellen, ob der Auszug korrekt war, und sie sagten dort, das sei er.

„Frage: Dachten Sie nicht daran, dass, wenn dieser Fehler gemacht sei, und der Auszug sich wirklich auf den 30. und nicht auf den 29. bezog, dem General Porter eine Ungerechtigkeit zugefügt sei, die damals schon hätte gut gemacht werden müssen?

„Antwort: Sie dürfen nicht vergessen, dass ich bis vor wenigen Minuten nicht gewusst habe, was ich jetzt allerdings als Thatsache zugebe, dass sich jener Auszug nicht auf den 29. bezog.

„Frage: Aber als es in Frage gestellt wurde, ob der Auszug sich auf den 29. oder 30. bezog, haben Sie sich gar keine Mühe gegeben, herauszufinden, auf welchen Tag er sich bezog?

„Antwort:· Nein!

„Frage: Haben Sie damals nicht daran gedacht, dass, wenn es ein Irrtum war, dem General Porter eine Ungerechtigkeit zugefügt sei, welche zu jener Zeit wieder gut gemacht hätte werden können und sollen?

---

[1]) Akten des Revisions-Ausschusses pag. 768.

„Antwort: Nein, das habe ich nicht gethan, weil ich nicht glaubte, dass es meine Sache sei (*because I did not think it my province to do it*)."

So erklärt also der eine von den beiden Männern, welche die falschen Berichte in Umlauf gesetzt hatten, als ihnen ihr grober Irrtum endlich so überzeugend vorgehalten wird, dass sie ihn nicht länger in Abrede stellen können: „Er sähe nicht ein, was er weiter damit zu thun habe", und der andere meint: „Es sei nicht seine Sache gewesen", den Irrtum aufzuklären!

Soweit Popes kurze Darlegung, auf welche wir näher eingegangen sind, um dem Leser zu zeigen, welcher Mittel Porters Feinde sich zu bedienen keinen Anstand nahmen, um die gewünschte Revision des Prozesses zu hintertreiben.

Einen weiteren Versuch in dieser Richtung machte Porter im Jahre 1874, welcher von Resolutionen der Staatslegislaturen von New Hampshire, New Jersey und Pennsylvania, die diesen Akt der Gerechtigkeit empfahlen, unterstützt wurde.

Bei dieser Gelegenheit erhob auch Pope seine Stimme für eine Revision des Prozesses, indem er unter dem 18. April 1874 in einem Briefe den Präsidenten Grant bat, dass dieser die Angelegenheit „so eingehend als er glaube, dass Gerechtigkeit und Milde es verlangten, prüfe oder einen Ausschuss von urteilsfähigen Offiziere hohen Ranges, welche mit den Armeen und Operationen, die in Betracht kommen, nichts zu thun hatten, niedersetze, um die von Porter vorgebrachten neuen Beweismittel zu prüfen und Bericht zu erstatten, welchen Einfluss dieselben auf den Spruch des Kriegsgerichts ausgeübt haben würden, vorausgesetzt, dass ihre Wahrheit vollständig bewiesen werden könnte".

Hervorragende Rechtsgelehrte, wie Charles O'Connor, Daniel Lord, der Richter W. D. Shipman von New York, Sidney Bartlett, die Richter Benjamin Curtis und J. G. Abbott von Boston und Montgomery Blair, einst Mitglied des Kabinetts Lincolns, gaben schriftliche Gutachten über die Gerechtigkeit von Porters Sache ab, welche dem Präsidenten vorgelegt wurden.

Porters Gesuche wurden zwar niemals abgeschlagen, ihnen aber auch niemals Folge gegeben.

Ehe wir uns der endlich erlangten Revision des Prozesses zuwenden, wollen wir noch an einem Beispiel zeigen, wie Pope keine Gelegenheit vorbeigehen liess, feindlich gegen Porter aufzutreten, und selbst denjenigen, welche Porters Verhalten missbilligten, berichtigend entgegentrat, wenn das Mass des gegen Porter ausgesprochenen Tadels ihm nicht genügend erschien. Im Jahre 1875 erschien der 3. Band des Werkes des Grafen von Paris[1]), welcher auch den Feldzug Popes im August 1862 behandelt.

Bei Beurtheilung des Verhaltens Porters am Nachmittag des 29. erkennt er die Anwesenheit Longstreets an, und spricht es auch

---

[1]) *Histoire de la Guerre civile en Amérique. Paris, Michel Lévi Frères.*

aus, dass ein Angriff gegen die Flanke des Gegners, wie ihn Pope erwartete, nicht mehr möglich gewesen sei. Ebenso nimmt er an, dass die 4½ Uhr-Ordre zu spät an Porter gelangt sei, um sie noch ausführen zu können. Im Übrigen aber tadelt er Porters angebliche Unthätigkeit aufs allerentschiedenste und spricht aus, dass ein energischer Angriff Porters dem rechten Flügel der Unierten Luft gemacht und denselben wahrscheinlich vor dem Echec, den er noch spät am Abend durch den Angriff der Division Hood erlitt, bewahrt haben würde. Entschuldigend für Porter bemerkt er jedoch, dass die Art, wie dieser die Befehle seines Vorgesetzten auslegte, durch die Verwirrung, welche augenscheinlich in der Oberleitung der Armee herrschte, erklärbar sei.

In einem besonderen Anhang kommt er nochmals auf den Fall zurück und weist nach, dass die gegen Porter erhobenen Anklagen unbegründet seien, und dass die vielen sich widersprechenden Befehle der letzten Tage wohl das unglückliche Zögern (*les funestes hésitations*) Porters entschuldigen könnten. Für das, was Porter wirklich mit Grund vorgeworfen werden könne, dass er nicht, ohne formelle Befehle abzuwarten, angegriffen habe, seien andere Generale häufig mit einem einfachen Ausdruck der Missbilligung seitens ihrer Vorgesetzten davongekommen.

Gegen diese Ausführung wandte sich Pope in einem offenen Briefe, datiert „Fort Leavenworth, Kansas, 29. Mai 1876". Am Eingang dieses Schreibens erklärt er, es sei nur natürlich, wenn sich beim Grafen von Paris eine gewisse Voreingenommenheit zu gunsten Mc Clellans und seiner Freunde, in dessen Stab er gedient habe, geltend mache, es sei aber überraschend, dass dieselbe so weit gehe, dass er dadurch zu Irrtümern, Widersprüchen und Ungereimtheiten verleitet werde, welche den Wert seines Werkes erheblich beeinträchtigten. Nachdem er die Stellen des Buches des Grafen von Paris, mit denen er sich nicht einverstanden erklären kann, kurz angeführt hat, folgt als Grundlage für seine beabsichtigte Widerlegung ein Auszug aus der Anklageakte wider Porter. Der wesentlichste Widerspruch des Grafen von Paris gegen die Vergehen, deren Porter überführt sei, bestehe darin, dass ersterer behaupte, Porter habe die Ordre von 4½ Uhr nachmittags zu spät erhalten, und ein von diesem gemachter Angriff würde die von Pope erwarteten Folgen nicht gehabt haben. Bezüglich des ersten Punktes erklärt Pope, es sei über allen Zweifel bewiesen, dass Porter die fragliche Ordre spätestens um ½ 6 Uhr erhalten habe (er giebt jetzt schon eine halbe Stunde mehr zu als früher). In Bezug auf den zweiten Punkt — die Folgen eines von Porter unternommenen Angriffs — sagt er, das sei Ansichts-Sache, und er erhebe den Anspruch, dass Offiziere „von hohem Rang, bekanntem Charakter und militärischer Geschicklichkeit, welche in der Schlacht anwesend, und aus persönlicher Wahrnehmung mit der Situation vollkommen vertraut waren, um das wenigste zu sagen, ebenso kompetente Beurteiler sind, wie Sie, der Sie zu jener Zeit nicht einmal im Staate Virginia waren, und die, wie ich glaube, nicht mehr

wie Sie selbst durch Vorurteile beeinflusst sind". Nachdem er im
Eingang seines Briefes den Grafen von Paris gerade die Beeinflussung
vorgeworfen hat, ist der letzte Satz allerdings nicht gerade geeignet,
dem angerufenen Urteil der „Offiziere von hohem Rang etc." viel
Wert zu verleihen, und in der That beruft er sich dann weiter auf
— Mc Dowell, seinen Bundesgenossen und Helfershelfer bei der Verfolgung Porters. Mc Dowell hatte vor dem Kriegsgericht ausgesagt,
dass ein Angriff Porters zu einem vollständigen Erfolg geführt haben
würde!

Ganz besonders scheint Pope aber durch die Behauptung des
Grafen von Paris gereizt worden zu sein, dass die „Gleichgiltigkeit
Porters gegen die Stimme der Kanonen, die Art, wie er die Befehle seiner
Vorgesetzten auslegte, die Verspätung, mit welcher diese Befehle ihn
erreichten, die unvermeidlichen Folgen der Verwirrung bei der Ober-
leitung der Armee waren, auf die wir schon hingewiesen haben".

„Ist es wirklich wahr," ruft Pope aus, „dass ,Verwirrung in der Oberleitung der Armee' zur ,unvermeidlichen Folge' die Begehung eines mon-
strösen militärischen Verbrechens hat, seitens eines Offiziers, der zu den
höchsten in Rang und Stellung gehört? Sicherlich würde in keiner
Armee der Welt ein solcher Gedanke geduldet werden, und er wird
gewiss auch nicht von Ihnen verfochten. Indem Sie für einen grossen
Verbrecher den Milderungsgrund geltend machen, dass das ungeheuer-
liche militärische Verbrechen, welches er begangen hat ,die unver-
meidliche Folge' einer angenommenen ,Verwirrung in der allgemeinen
Oberleitung der Armee' gewesen sei, können Sie jetzt, wie mir scheint,
unmöglich umhin, die traurige Stellung zu verstehen, traurig sowohl
in moralischem, wie in militärischem Sinne, in welche Ihre Sympathien
Sie gebracht haben."

Pope übersieht bei dieser Beweisführung völlig, dass der Graf von
Paris es gerade in Abrede stellt, dass Porter ein „ungeheuerliches
militärisches Verbrechen" begangen habe. Er wirft ihm nur einen allerdings bedauerlichen Fehler vor, der wohl durch die Verwirrung im
Hauptquartier in milderem Lichte erscheinen könne. Daraus dem Grafen
von Paris die Behauptung unterzuschieben, dass ein ungeheures militärisches Verbrechen jemals durch Verwirrung im Hauptquartier entschuldigt werden könne, ist denn doch ein Manöver, was sich kaum
näher qualifizieren lässt.

Der Versuch, welchen Pope macht, die Behauptung zu widerlegen, dass Verwirrung in der allgemeinen Heeresleitung geherrscht
habe, ist so schwach, dass er keine Beachtung verdient. „Kaum ein
Befehl, sicherlich keiner von Wichtigkeit, wurde von mir anders als
schriftlich ausgegeben, und alle diese Befehle enthielten nicht nur die
eingehendsten Instruktionen (so eingehend, wie es im Kriege selten
ist), sondern in den meisten Fällen genaue Angaben über Stunde
und Ort der Absendung. Diese Befehle befinden sich in den Akten des
Kriegsministeriums, und sind Ihnen und jeder andern verantwortlichen
Person zugänglich, und die wichtigsten derselben sind vom Kongress
gedruckt und veröffentlicht. Ich verlange keinen weiteren Beweis

der völligen Grundlosigkeit Ihrer Behauptung, bezüglich der ,Verwirrung', als diese liefern, und ich empfehle sie einer Aufmerksamkeit, welche, wie es scheint, Sie denselben bis jetzt nicht geschenkt haben, wenn Sie sich überhaupt die Mühe genommen haben, sie zu prüfen." Wir haben dem Leser zahlreiche Proben dieser Befehle gegeben, es ist in der That wohl kaum ein wichtigerer, der nicht seinem vollen Wortlaute nach mitgeteilt wäre, und der Leser wird mit uns einverstanden sein, dass man sich kaum ein drastischeres Bild von der in Popes Hauptquartier herrschenden Verwirrung, die sich zeitweise bis zur Ratlosigkeit steigerte, denken kann, als es diese Befehle geben. Jeder einzelne derselben ist, einige Ausnahmen abgerechnet, an sich ziemlich klar, aber aus ihrer Zusammenstellung wird es aufs peinlichste ersichtlich, wie der unaufhörliche Wechsel in den Plänen der Oberleitung, die widerspruchsvollen Instruktionen, welche von Beginn des Feldzugs die Offiziere in Verlegenheit setzten, und die Soldaten durch unnötige Anstrengungen ermüdeten und entmutigten, und die Divisionen der Armee nach allen Richtungen zerstreuten, „um die ganze Bande in den Sack zu stecken", zu einer Zeit, wo ein festes Zusammenhalten allein das fliehende Kriegsglück hätte fesseln können, den Führern der Konföderierten die Gelegenheit zur Erringung eines glänzenden Erfolgs boten, die sie aufs beste auszunützen verstanden.

In seiner Antwort, d. d. Chateau d'Eu, Seine Inferieure, France, 8. October 1876, erklärt der Graf von Paris, dass ihm Popes Brief Veranlassung gegeben habe, die ganze Angelegenheit nochmals aufs sorgfältigste zu prüfen, und er danke ihm, dass er ihm so Gelegenheit gegeben habe, sein Urteil über einige wichtige Punkte zu korrigieren. Es sei nicht sein Fehler, wenn die Folge sei, dass er den Tadel mildern müsse, welchen er, wie er jetzt glaube, in seinem Buche zu schwer gegen Porter gerichtet habe. Nachdem er die Ereignisse des Nachmittags des 29. nochmals kurz dargelegt und ausgeführt, dass Porters Verantwortlichkeit erst mit dem Abmarsch Mc Dowells begonnen, und ihm die „gemeinsame Ordre" unter der er zu handeln hatte, einen grossen Spielraum gelassen habe, sagt er: „Er hätte vielleicht mehr thun können, als er that, um die Konföderierten nach Abzug der Division King zu täuschen. Ohne einen Angriff zu weit durchzuführen, hätte er Demonstrationen machen, und selbst partielle Gefechte herbeiführen können, um so viel Kräfte des Feindes als möglich auf sich zu ziehen. Aber, wenn man es auch wohl bedauern kann, dass er dies nicht gethan hat, und wenn man auch geltend machen kann, wie ich es gethan habe, dass, wie gering auch die Folgen gewesen sein mochten, es immer ein Fehler war, so kann ihm doch immer nur ein Irrtum des Urteils vorgeworfen werden."

Damit genug von Pope und seiner Feindschaft gegen Porter und alle diejenigen, welche diesen zu entschuldigen und zu verteidigen unternahmen. Wir wollen uns einer angenehmeren Aufgabe, der glänzenden Rechtfertigung zuwenden, welche Porter zu teil ward.

Im Jahre 1878 bewilligte endlich der Präsident Rutherford

Hayes das Gesuch Porters um Revision seines Prozesses und wies
den General en chef General Sherman an, einen besonderen Ausschuss
(*board*) zu kommandieren, welcher alle neuen Beweismittel, sowohl
diejenigen, welche sich bei den Akten des Kriegsministeriums befänden, wie die, welche sonst dem Ausschuss vorgelegt werden würden,
im Zusammenhang mit den Kriegsgerichts-Akten prüfen, Bericht erstatten und Vorschläge machen sollte, welche Schritte nach seiner
(des Ausschusses) Ansicht, die Gerechtigkeit vorlange. Der Ausschuss
bestand aus dem Major-General J. M. Schofield, Kommandeur der
Militär-Akademie von West-Point, dem Brigadier-General A. H. Terry
und dem Oberst G. W. Getty vom 3. Artillerie-Regiment. Als Proto-
kollführer (*Recorder*) fungierte der Judge-Advokat Major Asa B.
Gardener, welcher zu gleicher Zeit gewissermassen als Staatsanwalt
die Sache gegen Porter vertrat. Der Ausschuss sollte zu West-Point
zusammentreten, erhielt jedoch die Befugnis, seine Sitzungen an jedem
ihm geeignet oder notwendig erscheinden Orte abzuhalten.
     Die Verhandlungen begannen am 20. Juni 1878 und dauerten
mit verschiedenen Unterbrechungen bis in die erste Hälfte des Januar
1869. Es wurden im Ganzen 142 Zeugen vernommen, von denen
die Verteidigung (Porter) 43 vorgeführt hatte. Es kann hier nicht
unsere Aufgabe sein, den Verhandlungen mit ihren Einzelnheiten zu
folgen, wir wollen nur eines Zwischenfalles Erwähnung thun, welcher
sich auf die Vernehmung Popes bezog.
     Im Oktober verlangte der Präsident des Revisions-Ausschusses,
General Schofield, dass General Pope vorgeladen werden solle. Die
Verteidigung konnte denselben natürlich nicht als Entlastungszeuge
vor die Schranken fordern, weil sie ihre eigenen Zeugen doch nicht
gut im Kreuzverhör in die Enge treiben konnte, was ihr Hauptzweck
war. Aber auch der Judge-Advokat Major Gardener, der seine Aufgabe in einem Porter entschieden feindlichen Sinne auffasste, weigerte
sich, eine Ladung an ihn zu richten. Er machte geltend, dass Pope
kein Augenzeuge irgend welcher Handlungen Porters gewesen sei und
keinen Aufschluss über die Richtigkeit der von Porter vorgebrachten
neuen Beweismittel zu geben vermöge. Es sei auch nicht erwiesen,
dass die von Pope beim Kriegsgericht als militärischer Sachverstän-
diger ausgesprochenen Ansichten von Einfluss auf dessen Spruch gewesen seien. Keiner dieser Gründe könne vorgebracht werden, um
Popes Gegenwart zu fordern und ihn einem Kreuzverhör in betreff
dieser Ansichten auszusetzen. Er erklärte sich jedoch schliesslich bereit, Pope vorzuladen, wenn der Rechtsbeistand Porters sich verpflichte,
beim Kreuzverhör sich gewisse Einschränkungen aufzuerlegen. Dies
wurde abgelehnt und an den Ausschuss die Bitte gerichtet, Pope vorzuladen, weil Porters Ehre durch seinen Vorgesetzten erheblich ge-
schädigt sei. Nach längeren Erörterungen zwischen dem Judge-Advokat und den Rechtsbeiständen Porters entschied der Ausschuss am
17. Oktober, dass dem Antrag Folge gegeben werden solle.
     Am 18. Oktober telegraphierte General Schofield an Pope, welcher
sich als Kommandierender des Departements Missouri zu Fort Leaven-

worth in Kansas befand: „Der Ausschuss hat sich vertagt, um am nächsten Donnerstag, 24. Oktober, wieder zusammenzutreten, wo er erwartet, Ihre Aussage in der Angelegenheit Porters zu hören. Bitte, bringen Sie Ihr Depeschenbuch und, wenn möglich, diejenigen der Offiziere Ihres Stabes und alle Depeschen Porters aus der Zeit der zur Untersuchung stehenden Operationen mit." Schon am Tage vorher war ein Telegramm abgegangen, welches die Vorladung Popes enthielt. Auf beide antwortete dieser am 21. Oktober wie folgt: „Ich habe Ihre Depesche vom 17. cr. erhalten, in welcher Sie aussprechen: ‚Angesichts der Thatsache, dass die Rechtsbeistände des Bittstellers [1]) ausgeführt haben, wie sie der Ansicht sind, dass die Gerechtigkeit gegen ihren Klienten Ihre Gegenwart hier fordert, verlangt der Ausschuss, dass Sie am nächsten Donnerstag, den 24. cr., als Zeuge vor demselben erscheinen.' In Erwiderung hierauf, habe ich zu sagen, dass, wenn der Bittsteller meine Anwesenheit als Zeuge für notwendig hält, er den Antrag stellen sollte, mich *sub poena* als Zeuge für ihn vorzuladen. Nur als Zeuge entweder für ihn oder für die Regierung kann ich mit einem Schein von Gesetzlichkeit in der Sache erscheinen. Auf ein blosses Verlangen des Ausschusses zu kommen, würde mich in eine nicht nur falsche, sondern in jeder Beziehung aussergewöhnliche, und sowohl den Gesetzen, wie der Praxis der bürgerlichen wie militärischen Gerichtshöfe des Landes unbekannte Stellung bringen. Während ich vollkommen bereit bin, in einer dem Gesetz oder der Praxis bekannten Stellung vor Ihnen zu erscheinen, kann ich nicht auf ein blosses Verlangen hin als ein freiwilliger Zeuge auftreten und ohne dass ich weiss, ob ich für die Regierung oder den Bittsteller vorgeladen werde. Da Sie sagen, dass mein Erscheinen infolge der Ausführungen oder Vorschläge des Bittstellers verlangt wird, so ist wohl anzunehmen, dass ich als Zeuge für ihn vorgefordert werde, jedoch ist dies in Ihrem Telegramm nicht bestimmt ausgesprochen, noch enthält Ihr Telegramm eine *sub poena* Vorladung, sondern nur ein einfaches Verlangen. Einer regelmässig erlassenen *sub poena* Vorladung als Zeuge für eine der beiden Seiten zu erscheinen, werde ich gern und rasch Folge leisten. Ich bin vollständig bereit, als Zeuge in der Sache zu erscheinen und verlange nur in dieselben Beziehungen zu dem Ausschuss und den Parteien gesetzt zu werden, wie die anderen Zeugen."

In einem zweiten Telegramm von demselben Tage zeigt Pope noch an, dass er mit Rücksicht auf den Dienst, zum 24. nicht in New York sein könne[1]), sondern frühestens Sonnabend den 26.

Infolge obiger Antwort erliess General Schofield nunmehr noch am 21. eine formelle *sub poena* Vorladung, und setzte Pope telegraphisch davon in Kenntnis, zugleich mit der Bitte, ihm mitzuteilen, wann er in New York eintreffen werde. Inzwischen hatte sich aber

---

[1]) Porter wird in den offiziellen Aktenstücken des Ausschusses stets als *petitioner*, Bittsteller, bezeichnet.

[2]) Der Ausschuss hielt zur Zeit seine Sitzungen auf Governors Island im Hafen von New York.

Pope auch an das Kriegsministerium gewendet, was wohl notwendig
war, um die Erlaubnis zu erhalten, sich von seinem Posten entfernen zu dürfen. Der Erfolg dieses Schrittes geht aus einem an General
Schofield unter dem 22. Oktober gerichteteten Telegramm hervor, in
dem es hiess: „. . . . Ich habe vom Kriegsminister Instruktionen empfangen, hierzubleiben, bis mir weitere Anweisungen zugehen.“

Hierauf wurde Präsident Hayes ersucht, Pope den Befehl zu
geben, vor dem Revisions-Ausschuss zu erscheinen, allein dieser zog
vor, es der Diskretion des General Pope zu überlassen, ob er der
Vorladung folgen wolle oder nicht. Wie letzterer diese ihm überlassene
Freiheit der Entschliessung auffasste, zeigt ein an den Judge-Advokat
Major Gardner gerichtetes Telegramm vom 29. October. „Ich bin
vom Kriegsminister durch Telegramm vom heutigen Tage in Kenntnis
gesetzt, dass der Präsident es ablehnt, mir den Befehl zu geben, vor
Ihrem Ausschuss als Zeuge zu erscheinen oder nicht zu erscheinen,
sondern er überlässt die Angelegenheit meiner Diskretion. Angesichts
dieser Thatsache und der telegraphischen Instruktion ·des Kriegsministers über die Geschäftsführung des Ausschusses, von denen der
Kriegsminister dem Bittsteller Abschriften übergeben haben muss,
bleibe ich auf dem in meinem Telegramm an General Schofield vom
21. cr. zum Ausdruck gebrachten Standpunkt stehen. Dennoch, obgleich der Vertreter der Regierung sich weigert, mich als Zeuge für
dieselbe *sub poena* vorzuladen und der Bittsteller es ebenso ablehnt,
mich für sich *sub poena* vorzufordern und ich demnach von keiner
der Parteien *sub poena* geladen bin, will ich, wenn der Ausschuss
irgend welche Auskunft, über irgend einen in dieser Untersuchung
ans Licht gebrachten Punkt verlangt, dem mit Vergnügen entsprechen,
entweder dadurch, dass ich auf schriftliche Fragen beschworene Antworten erteile, oder wenn der Ausschuss das für notwendig hält,
dadurch, dass ich zu diesem Zweck in Person vor demselben erscheine,
wenn mir entsprechende Benachrichtigung zugeht.“

Dadurch will Pope offenbar das Kreuzverhör ausschliessen.

Die Angelegenheit führte in der Sitzung des Ausschusses vom
29. Oktober zu einer stürmischen Scene zwischen General Schofield
und dem Judge-Advokat, welche in der New-York Times vom 30. Oktober 1878 in folgender Weise dramatisch geschildert wird:

„Gestern Morgen (29. Oktober) erhob sich General Schofield
von seinem Sitz und spielte, nachdem er vorstehende Korrespondenz[1])
vorgelesen hatte, auf gewisse Briefe vertraulicher Art an, welche
zwischen ihm, dem Kriegsminister und dem Präsidenten gewechselt
seien. Keine Anwort, sagte er, habe er von General Pope auf sein
letztes Telegramm[2]) erhalten, obgleich der Recorder (Judge-Advokat
Major Gardener) eine Depesche von dem General erhalten habe, in
welcher er ablehne, als Zeuge zu erscheinen. Der Ausschuss hat

---

[1]) Zwischen ihm und Pope.
[2]) Es scheint demnach, als ob General Schofield nach Empfang des
oben erwähnten Telegramms Popes vom 22. Oktober nochmals an diesen
telegraphiert hätte.

keine offizielle Kenntnis von den Beziehungen, welche zwischen dem Recorder und dem General Pope existieren (Sensation), was aber ein Telegramm anlange, welches neulich zu den Akten genommen sei, als General Getty allein in der Sitzung anwesend war, so sei das unrechtmässiger Weise geschehen und der Ausschuss werde Sorge tragen, dass es wieder aus den Akten entfernt werde.

(Das Telegramm, auf welches hier Bezug genommen wird, ist das lange von General Pope an General Schofield vom 21. Oktober — s. o. —.)

Major Gardener erblasste und sprang auf. Er wünsche zu wissen, ob die Bemerkung des General Schofield ein Vorwurf sein solle. In dem Falle protestiere er —. Der Satz blieb unvollendet.

General Schofield (sehr blass und furchtbar aussehend [*looking very white and tremendous*]): ‚Es s o l l ein Vorwurf sein. Eine fernere Besprechung wird nicht gestattet. Der Recorder kann seinen Protest schriftlich einreichen.‘

Major Gardener wünschte zu wissen, ob die übrigen Mitglieder des Ausschusses dem gegen ihn gerichteten Vorwurf zustimmten.

General Schofield: ‚Schweigen Sie, Herr, vergessen Sie nicht, mit wem Sie sprechen.‘

Major Gardener bleibt auf seiner Ansicht stehen und wünscht einen Protest gegen den Vorwurf des Ausschusses zu Protokoll zu geben. General Schofield (mit den Füssen stampfend und weiss vor Zorn): ‚Schweigen Sie, Herr! Kein Protest von Ihnen wird angenommen, ausgenommen schriftlich.‘

Es wurde endlich beschlossen, die Szene nicht vor der Öffentlichkeit fortzusetzen und der Ausschuss ging zu einer geheimen Sitzung über, wo, wie im Korridor gehört werden konnte, eine stürmische Debatte erfolgte. Nach einigen Minuten verstummten die zornigen Stimmen und Major Gardener verliess das Zimmer, sehr blass aussehend. Als die Thüren wieder geöffnet wurden, gab er mit einigen' anmutigen Redensarten seinen Standpunkt auf und General Schofield erklärte, dass wenn der Ausschuss sich genötigt gesehen habe, dem Recorder einen Vorwurf zu machen, so hätte damit nicht die Reinheit seiner Motive, als er die Angelegenheit zu den Akten brachte, angezweifelt werden sollen."

Nunmehr wurde die Frage erörtert, ob es angebracht sei, General Pope ein Fragenverzeichnis vorzulegen, allein der Ausschuss erklärte, dass durch blosse Auskunftserteilung der General ihm nichts nützen könne. General Schofield sagte darauf: „der Ausschuss hat seine Befugnisse erschöpft und hält es für ungeeignet, weitere Schritte in dieser Angelegenheit zu thun." Damit war die Sache erledigt, und Pope erschien nicht vor dem Ausschuss. Durch die Stellung, welche er diesem gegenüber einzunehmen für gut fand, hat Pope in der öffentlichen Meinung sich selbst jedenfalls mehr geschadet, als dem General Porter.

Die Verhandlungen des Ausschusses kamen in einem Plaidoyer der drei Rechtsbeistände Porters und des Judge-Advokat zum Abschluss

und hierauf wurde ein Bericht über das Ergebnis der Verhandlungen
an den Kriegsminister erstattet, welcher vom 19. März 1879 datiert
ist. Wir lassen hier einen kurzen Auszug aus demselben folgen. Nach
einigen einleitenden Worten heisst es:

„Wir haben eine sehr gründliche Prüfung des Beweismaterials
vorgenommen, welches uns vorgelegt ist und in irgend einer Weise
mit dem Wesen der Sache in Zusammenhang steht. Der Recorder
hat, den Instruktionen, welche ihm der Ausschuss erteilt hat, entsprechend, mit grossem Fleisse nach noch anderem Beweismaterial, als
dem von dem Bittsteller vorgelegten, besonders nach solchem gesucht,
welches den von diesen geltend gemachten Ansprüchen ungünstig war.

„Entsprechende Sorgfalt ist beobachtet worden, die militärischen
Operationen der Armee von Virginien und das Betragen der Offiziere
derselben nicht weiter in betracht zu ziehen, als es zu einer völligen
und gerechten Klarstellung des uns zur Untersuchung vorgelegten
Gegenstandes notwendig erschien. Andererseits haben wir nicht ge-
zögert, alle Thatsachen gründlich zu prüfen, deren genaue Kenntnis
uns zur Bildung eines korrekten Urteils über das Wesen der Sache
und zur Bestimmung der Massnahmen, welche die Gerechtigkeit vom
Präsidenten angesichts des Gesuches des Bittstellers erfordert, nötig
erschien.

„Wir haben den Vorteil der Zeugenaussagen einer grossen Anzahl von Offizieren der ehemaligen konföderierten Armee gehabt, Aussagen, welche zur Zeit der kriegsgerichtlichen Untersuchung gegen
Porter nicht zu erlangen waren. Auch haben wir uns das Zeugnis
vieler Offiziere und Soldaten der unierten Streitkräfte zu nutzen gemacht, welche auf dem Schlachtfelde gegenwärtig waren, ebenso wie
vieler dokumentarischen Beweismittel, um weiteres Licht über Punkte
zu verbreiten, welche in den Akten des Kriegsgerichts nicht vollkommen klar gelegt waren, und wir haben endlich genaue Karten
des Schlachtfeldes von Manassas zur Verfügung gehabt, welche nach
neueren, unter Leitung des Ingenieur-Chefs von einem ausgezeichneten
Offizier dieses Corps, der selbst an der Schlacht teil genommen hat[1]),
gemachten Aufnahmen gezeichnet waren.

„Ohne eine solche Karte sind weder die Zeugenaussagen, auf
Grund deren General Porter verurteilt wurde, noch die neuern, diesem
Ausschuss vorgelegten, richtig zu verstehen.

„Das Beweismaterial, welches wir so zu prüfen in der Lage
waren, im Verein mit dem, welches dem Kriegsgericht vorlag, hat
manche wichtige Thatsachen ganz ausser Frage gestellt, über welche
bis dahin Meinungsverschiedenheiten herrschten. In bezug auf einige
derselben hatten Porters Ankläger, und ohne Zweifel auch das Kriegsgericht, welches ihn schuldig fand, grundirrtümliche (*radically erro-
neous*) Ansichten.

„Das Resultat war, wie wir glauben, dass alle Thatsachen dem
Bereich vernünftigen Zweifels entrückt und festgestellt sind, welche

---

[1]) General Warren.

zur Bildung eines korrekten Urteils über das Wesentliche des Falles Fitz-John Porter von Bedeutung sind. Dadurch sind wir in den Stand gesetzt, mit vollständiger Einhelligkeit und ohne Zweifel in unserm Gemüt mit den Gründen unserer Schlussfolgerungen zu berichten, was für Schritte nach unseren Ansichten der Gerechtigkeit vom Präsidenten angesichts des Gesuches des Bittstellers zu thun fordert.

„Dies Beweismaterial macht verschiedene Punkte klar:

1) die unvollkommene und in mancher Beziehung irrtümliche Feststellung von Thatsachen, eine Folge der nur teilweisen und ungenauen Kenntnis über dieselben, welche sich zur Zeit de; Kriegsgerichtes im Besitz der Zeugen befand, und die ausserordei·lich ungenauen Karten mit falschen Truppeneinzeichnungen, wodurch irrtümliche Behauptungen begründet wurden, die noch irrtümlichere Eindrücke hervorriefen;

2) die Ansichten und Folgerungen hervorragender Offiziere waren auf diese unvollkommene Kenntnis gegründet;

3) die viel vollständigere und genauere Feststellung von Thatsachen, welche jetzt durch eine grosse Anzahl von Augenzeugen der beiden kämpfenden Parteien bewirkt worden ist;

· 4) durch die genauen Karten des Operationsfeldes und die sorgfältige Einzeichnung der Truppenstellungen zu verschiedenen Zeiten, zeigen sich bisher widersprechende oder unvereinbare Feststellungen als vollkommen harmonisch und einander entgegenstehende Meinungen stellen sich als auf verschiedene Ansichten über die gleiche militärische Situation gegründet dar, und endlich:

„Widersprechendes Zeugnis in bezug auf Operationspläne, Auslegung von Befehlen, Beweggründe des Handelns und den relativen Grad der Verantwortlichkeit für unglückliche Resultate.

„Eine sorgfältige Berücksichtigung aller wesentlichen Thatsachen, welche jetzt völlig festgestellt sind, im Verein mit dem widersprechenden oder unvollständigen Zeugnis, worauf oben hingewiesen ist, lässt verschiedene Ansichten in bezug auf den Gegenstand entstehen, mit welchem General Porters Sache untrennbar verbunden ist. Diese verschiedenen Ansichten des Gegenstandes betreffen notwendiger Weise in grösserem oder geringerem Grade die Handlungen, Beweggründe und Verantwortlichkeiten Anderer, ebenso wie die des Bittstellers. Wir haben mit grosser Sorgfalt und Mühe und nach unsern besten Fähigkeiten jeden und alle dieser Gesichtspunkte, von denen aus der Gegenstand betrachtet werden kann und betrachtet worden ist, in Erwägung gezogen, und wir finden: alle diese möglichen Ansichten des Gegenstandes, wenn sie im Lichte der Thatsachen, die durch unanfechtbares Zeugnis völlig festgestellt sind, geprüft werden, führen alle unvermeidlich zu einer und derselben Schlussfolgerung in bezug auf die Schuld oder Unschuld Porters, gegenüber den speziellen Anklagepunkten, wegen deren er vor Gericht gestellt und schuldig gefunden wurde.

„Wir sind demnach imstande, während wir an Porters Verhalten und an die Befehle, welche er erhielt, den Massstab der höchsten Verantwortlichkeit gelegt haben, welche anerkannt militärische

Grundsätze der hohen Stellung, die er bekleidete, unter den Umständen, in denen er sich befand, zuschreiben, diejenige Ansicht des ganzen Gegenstandes anzunehmen, welche in möglichst geringem Grade Fragen über die Handlungen, Beweggründe oder Verantwortlichkeit Anderer mit hineinziehen."

Der Bericht geht nun dazu über, eine Darstellung der Ereignisse zu geben, welche die Anklage gegen General Porter hervorriefen, wobei er sich auf eine einfache Darlegung wesentlicher und durch positive Beweise festgestellter Thatsachen beschränkt.

Betreffs der Anklage des verspäteten Abmarsches von Warrenton Junction in der Nacht vom 27. zum 28. August ist der Ausschuss zu der Überzeugung gelangt, dass es eine physische Unmöglichkeit war, in jener Nacht auf der betreffenden Strasse zu marschieren, und dass durch den Versuch, dem Buchstaben des Befehls zu gehorchen, nichts gewonnen wäre. Es wäre sogar noch weiser gewesen, wenn der Aufbruch noch später erfolgt wäre. In der Abweichung von dem Befehl habe Porter nur die einem Corps-Kommandeur in Abwesenheit des Höchst-Kommandierenden zweifellos zustehende Diskretion ausgeübt.

Nach einer eingehenden Darlegung der Situation der beiden Armeen am 29. August tritt der Ausschuss den Ausführungen bei, welche Porter vor dem Kriegsgericht geltend machte, nämlich, dass Popes Befehle unter einer irrigen Auffassung der Sachlage gegeben seien, indem nicht Jackson allein, sondern auch das ganze Corps Longstreet mit 25 000 M. anwesend gewesen sei und Porter, welcher nur 9000 M. hatte, gegenüberstand, und dass Porters Corps der einzige von den 25 000 M. starken Truppenteilen des linken Flügels der Unierten war, welcher zum Gefecht bereit war.

Der Bericht führt dann weiter aus, dass sowohl Mc Dowell wie Porter am Morgen des 29. Kenntnis von der Anwesenheit der gesamten Streitkräfte des Gegners im Bereich des Schlachtfeldes hatten und dass Mc Dowell, als Porters Vorgesetzter, bis nach Mittag die Operationen leitete, dass er Porters schon eingeleiteten Angriff verhinderte, und dass nach der Trennung Mc Dowells von Porter dieser auf eigene Verantwortlichkeit handeln musste und danach nur zwei Divisionen von zusammen 9000 M. hatte, mit denen er zwischen Lees Hauptarmee (Corps Longstreet) und der langen müden Kolonne Mc Dowells stand.

Ausser anderen wichtigen Thatsachen wird im Bericht klar gelegt, dass es Porters Demonstrationen in den ersten Nachmittagsstunden des 29. waren, welche auf seiten der Konföderierten zu dem Glauben führten, dass ein Angriff gegen den äussersten rechten Flügel bevorstehe und dass infolge dessen Longstreet seine Reserven (Division Wilcox) nach dem rechten Flügel schickte.

Der Bericht giebt weiter der Überzeugung Ausdruck, dass die berühmte 4 Uhr 30 Minuten-Ordre nicht vor 6 Uhr 30 Minuten in Porters Hände gelangt sei. Es sei unmöglich gewesen, dass die Boten (Kapitän Douglas Pope und seine Ordonnanz) die Strasse benützt hätten, welche sie angaben. Einer der Zeugen machte offenbar falsche Angaben und ein anderer räumte ein, dass er bewusst falsche Aussagen in bezug auf die Strasse, welche sie geritten seien, gemacht habe. Dem gegenüber wird die erwähnte Zeit der Ankunft der Ordre von so einwandfreien Zeugen, wie General Sickles, die Obersten Locke und Monteith und einige andere, bekundet und deren Aussage wird in eigentümlicher Weise durch eine erst jetzt wieder ans Licht gekommene Depesche Porters bestätigt, welche um 6 Uhr abends datiert ist und aus deren Inhalt klar hervorgeht, dass Porter zu jener Zeit noch nicht im Besitz der 4 Uhr 30 Minuten-Ordre war. Im Augenblick, wo Porter diese empfing, gab er die zu ihrer Ausführung nötigen Befehle, aber die Dunkelheit brach herein und, wie es im Bericht heisst: „Die Ordre war auf offenbar irrige Voraussetzungen basiert und befahl etwas, was unmöglich ausgeführt werden konnte. Die Division Morell in der Dunkelheit gegen den Feind vorzuschicken, wäre in keiner Weise eine Befolgung der Ordre gewesen. Porter befahl deshalb sehr weise, dass die Vorbereitungen eingestellt werden sollten."

Diesen Teil des Berichts schliessend, führt der Ausschuss fort: „Etwa um diese Zeit, als die Dunkelheit hereinbrach, passierte die Queue der ermüdeten Colonne Mc Dowells[1]) die Queue des Corps Porter und befand sich noch mehrere Meilen von dem ihr bestimmten Platz auf dem Schlachtfeld entfernt. Die Unions-Armee war selbst jetzt noch nicht zur Schlacht bereit. ... Wir glauben, dass diese einfache Erzählung der Ereignisse des 29. August den wahren Charakter von Porters Benehmen während dieser Zeit aufs klarste zeigt. Wir sind nicht imstande, irgend etwas zu finden, was einer Kritik unterworfen werden müsste, noch weniger aber etwas, was Vorwürfe oder Verurteilung verdient.

„Porters Pflicht an jenem Nachmittag war zu einfach und klar, um eine Meinungsverschiedenheit zuzulassen. Sie war: seine Stellung zu behaupten und die Entwickelung der Truppen Mc Dowells zu decken, bis die letzteren, oder wenigstens ein Teil derselben, in Linie aufmarschiert war, die Verbindung mit ihnen aufzunehmen und dann, wenn keine weiteren Befehle kamen, in Übereinstimmung mit denselben zu handeln.... Porter dachte einen Augenblick daran, den Versuch zu machen, Sigel Hilfe zu leisten, den er im Rückzug glaubte, ehe McDowell die Division King zur Unterstützung herbeigeführt hatte. Das war die nächste Annäherung an die Begehung eines Fehlers, zu dem Porter an jenem Nachmittag kam. Aber es wurde schnell genug klar, dass ein solcher Zweck aufgegeben werden musste. Porter hatte seinen vollen Anteil an der Verantwortlichkeit, da wo er war....

„Er hatte häufige Berichte an seine Vorgesetzten geschickt, in welchen er ausführte, was er gethan hatte, oder was er nicht imstande gewesen zu thun, wie seine Lage war in bezug auf den Feind und was dessen Stärke sei, welche Eindrücke der von dem Gefecht zu seiner Rechten zu ihm herübertönende Lärm auf ihn machte, wie es ihm nicht gelungen sei, irgend welche Mitteilungen von irgend einem der Kommandeure der

---

[1]) Division Ricketts.

Hauptarmee oder Befehle von Pope oder Mc Dowell zu erlangen, indem
er Adjutanten zu General Pope geschickt, aber keine Antwort, ja nicht
einmal die Nachricht erhalten habe, dass die wichtige 4 Uhr 30 Min.-
Ordre an ihm abgesandt sei[1]), und hatte schliesslich seinen Vorgesetzen
(McDowell) benachrichtigt, dass er genötigt sein werde am Abend wegen
der Lebensmittel und des Wassers, welche da, wo er sich befand,
nicht zu haben waren, zurückzugehen. Diese Berichte wurden nicht
nur häufig, sondern auch früh genug abgeschickt um den rechtzeitigen.
Empfang von Befehlen oder Mitteilungen von Pope oder Mc Dowell,
wenn sie deren zu erteilen oder zu machen hatten, sicher zu stellen,
ehe es Zeit war, zurückzugehen. Alle diese Depeschen wurden in den
späteren Nachmittagsstunden abgeschickt. Sie alle deuten die Absicht des Rückzuges nur für den Fall an, dass der Rückzug der Hauptarmee ausser Zweifel sei und in diesem Falle die weitere Absicht, den
Rückzug der Armee, soweit als möglich, zu decken, oder nach Einbruch der Nacht zurückzugehen, wie es in der „gemeinsamen Ordre"
in Aussicht genommen war, wenn keine weiteren Befehle oder Mitteilungen über Popes Pläne zu erlangen waren."

Nach einigen weiteren Sätzen, welche die Beschuldigung ent-
kräften, dass Porter zurückgegangen sei, oder die Absicht gehabt
habe, zurückzugehen, heisst es weiter:

„Es scheint, dass bei der Verurteilung des Benehmens des General
Porter angenommen worden ist, er habe einen Befehl zum Angriff
oder Andeutungen von aggressiven Plänen Popes oder irgend einen
Wink oder Anweisung in diesem Sinne von General Mc Dowell erhalten,
oder dass innerhalb Gehörweite eine solche Schlacht im Gange war, oder
irgend etwas anderes in der militärischen Situation lag, was ihm veranlasst haben sollte, auch ohne Befehl vor Empfang der 4 Uhr 30 Minuten-Ordre anzugreifen. Alles das ist gerade das Gegenteil der Wahrheit. General Popes letzter Befehl, General Mc Dowells Anweisungen
während er sich bei Porter befand, die militärische Situation, wie sie
sowohl Porter, wie Mc Dowell bekannt war und die Bewegung, welche
Mc Dowell sich entschlossen hatte, auszuführen, um seine eigenen Truppen
in die Schlachtlinie zu bringen, der Stand des Gefechts am rechten
Flügel, alles das verband sich, um jeden Angriff Porters während des
ganzen Nachmittags, bis zum Empfang des Befehls Popes bis Sonnenuntergang zu verbieten, und selbst dieser Befehl hätte unmöglich
erlassen werden können, wenn die Situation richtig aufgefasst worden
wäre. Ein Angriff seinerseits wäre eine Verletzung des Geistes seiner
Befehle gewesen, ein verbrecherischer (criminal) Missgriff, der unvermeidlich zum Verderben geführt hätte. Kurz und gut, es blieb
ihm als treuer Soldat keine Wahl, als im wesentlichen das
zu thun, was er gethan hat.

„Der Umfang unserer Erhebungen hat uns nicht in den Stand
gesetzt, die Quelle des grossen Irrtums zu entdecken, welcher in den
Zeugenaussagen vor dem Kriegsgericht in betreff der Zeit der Ankunft

---

[1]) Wegen der Sendung des Lieutenant Weld vergl. S. 220.

der Hauptmasse der Armee Lees auf dem Felde von Manassas begangen
worden ist. Aber die Informationen, welche um Mittag des 29. im Besitz der Unions-Offiziere waren und später in ihren offiziellen Berichten
veröffentlicht wurden, im Verein mit den Aussagen vor dem Kriegsgericht, liefern klare, ausführliche und überzeugende Beweise, dass die
Hauptmasse jener Armee um diese Zeit auf dem Felde anwesend gewesen sein muss..... Die Thatsache steht fest, dass Longstreet mit
vier Divisionen von voll 25 000 M. dort auf dem Felde war, ehe
Porter mit seinen 9000 M. ankam, dass der General en chef der
Konföderierten persönlich wenigstens zwei oder drei Stunden früher
eintraf, als der Kommandeur der Armee von Virginien, und dass Porter
mit seinen zwei Divisionen an diesem Tage die Armee von Virginien
vor dem Verderben rettete, was die natürliche Folge der früheren
Vorbereitungen des Feindes zur Schlacht sein musste.

„Wenn die 4 Uhr 30 Minuten-Ordre pünktlich überbracht worden
wäre, so würde eine schwere Verantwortung auf Porters Schultern
gelegt worden sein. Der Befehl war auf Voraussetzungen gegründet,
welche ganz wesentlich falsch waren und auf Erwartungen, welche
unmöglich verwirklicht werden konnten.

„Er verlangte einen Angriff auf des Feindes Flanke oder Rücken,
welcher nicht ausgeführt werden konnte und erwartete, dass die angreifenden Truppen Verbindung mit Reynolds hielten, welcher sich
weit rechts befand und unerreichbar war. Dennoch würde es zu
spät gewesen sein, den Irrtum aufzuklären und die Ordre modifizieren
zu lassen. Die Ordre schien ein Teil eines allgemeinen Planes zu
sein. Sie musste rasch oder gar nicht ausgeführt werden. Wenn
Porter einen Angriff gemacht hätte, nicht den unmöglichen, welcher
befohlen war, sondern einen direkten Angriff auf den rechten Flügel
des Feindes — würde er ohne Vorwurf wegen der nutzlosen Auf-
opferung seiner Truppen geblieben sein? Wir glauben nicht. Es ist
ein allgemein anerkannter militärischer Grundsatz, dass ein Corps-
Kommandeur nicht gerechtfertigt ist. wenn er einen hoffnungslosen
Angriff in Befolgung des Befehls eines Vorgesetzten ausführt, der sich
nicht an Ort und Stelle und augenscheinlich im Irrthum über die
wesentlichsten Voraussetzungen befindet, auf welche seine Ordre basiert
ist. In einem solchen Falle ist es die Pflicht eines Corps-Kommandeurs, nicht einen wirklichen Angriff auszuführen, sondern eine energische Demonstration, um den Feind vor seiner Front zu verhindern,
Verstärkungen nach anderen Teilen seiner Linie zu schicken.

„Das ist alles, was Porter zu thun berechtigt gewesen wäre,
selbst wenn er die 4 Uhr 30 Minuten-Ordre um 5 Uhr erhalten hätte.
Eine solche Demonstration oder selbst ein wirklicher Angriff nach
5 Uhr von Porter allein ausgeführt, konnte nicht die geringste
günstige Wirkung auf das allgemeine Resultat haben. Die Truppen-
aufstellung, welche Porter früher am Nachmittag sichtbar entwickelte,
hatte allen gewünschten und allen möglichen günstigen Erfolg. ....
Ein kräftiger und nachhaltiger Angriff der vereinigten Kräfte Porters
und Kings gegen den rechten Flügel des Feindes hätte, wenn er früh

am Nachmittag begonnen wäre, vielleicht ein so grosser Teil der
Streitkräfte des Feindes nach jener Gegend des Schlachtfeldes ziehen
können, dass Pope eine Chance des Erfolges gegen Jackson gehabt
hatte, aber ein Angriff von Porter allein, wäre ein wirkungsloser
Schlag gewesen, verderblich nur für die Truppen, welche ihn unternahmen und gefolgt durch einen Gegenstoss, der für die Unierten
vernichtend sein konnte. Ein solcher Angriff unter solchen Umständen wäre nicht nur ein grosser Fehler gewesen, sondern von einem
intelligenten Offizier begangen, würde es ein grosses Verbrechen gewesen sein.

„Was Porter in Wirklichkeit that, erscheint jetzt, obgleich seine
Lage damals keineswegs frei von Verlegenheit und Sorge war, nur
als die einfache, von der Natur gebotene Handlungsweise, bezüglich
deren ein intelligenter Soldat keine Wahl hat. Es ist unmöglich,
dass irgend ein Kriegsgericht eine solche Handlungsweise verurteilen
konnte, wenn es sie korrekt verstanden hätte. Im Gegenteil, seine
Handlungsweise war gehorsam, der Subordination entsprechend, treu
und umsichtig. Sie rettete am 29. August die Unionsarmee vom
Verderben."

Damit waren die Ereignisse, welche als Grundlage für diejenigen
Anklagepunkte gedient hatten, wegen deren Porter schuldig befunden
war, erledigt. Allein der Ausschuss zog auch noch das Benehmen
Porters am 30. mit in den Bereich seiner Erwägungen, und zwar
zunächst den Abmarsch derselben nach Norden infolge der vom 29. Aug.,
8 Uhr 50 Minuten abends datierten Ordre Popes (vergl. S. 233).
Der Bericht sagt darüber:

„Auf den ersten Blick scheint es, dass Porter mit dieser infolge
der Ordre rasch und ohne Zögern unternommenen Bewegung einen
schweren Fehler beging. Er befand sich bereits auf dem Schlachtfelde, stand dem in grosser Stärke anwesenden Feind gegenüber und
hielt eine Stellung von äusserster Wichtigkeit für die Sicherheit der
Armee Popes, während der letztere, nach der Ordre zu schliessen,
sich in bezug auf diese hochwichtigen Thatsachen völlig im Dunkeln
befand. Freilich war die Ordre sehr bestimmt, gebieterisch und auch
misstrauisch in ihren Ausdrücken. Aber gerade diese Ausdrücke trugen
mit dazu bei, zu zeigen, dass der Befehl auf einem gänzlichen Missverstehen der wichtigsten Thatsachen basierte, ohne welches Missverstehen es geradezu unmöglich erscheint, dass eine solche Ordre erlassen
werden konnte. Eine wohlbegründete militärische Regel ist es nun,
dass eine solche Ordre niemals befolgt werden darf, bis der Kommandeur, welcher sie gegeben hat, von seinem Irrtum in Kenntnis gesetzt
und ihm so Gelegenheit gegeben ist, sie zu korrigieren. Aber bei
näherer Prüfung scheint die entgegengesetzte Ansicht von Porters
Verhalten unter dieser Ordre die richtige zu sein.

„Porter hatte die Anwesenheit des Feindes in beträchtlicher
Stärke vor seiner Front wiederholt an Mc Dowell gemeldet. Es war
anzunehmen, dass diese Berichte an Pope gelangt waren, wie es bezüglich eines derselben sicher ist. Porter hatte auch gegen 4 Uhr

nachmittags einen Adjutanten mit einer schriftlichen Botschaft an Pope geschickt, und hatte die 4 Uhr 30 Minuten-Ordre noch nach 6 Uhr 30 Minuten abends schriftlich beantwortet. Diese beiden letzten Depeschen sind von Pope nicht aufbewahrt worden und ihr Inhalt ist uns deshalb nicht bekannt, aber wir sind gezwungen anzunehmen, dass sie die Situation so schilderten, wie Porter zur Zeit wusste, dass sie war, und wie er sie in seinen häufigen Berichten an McDowell geschildert hatte, und die letzte dieser Depeschen — die Antwort auf die 4 Uhr 30 Minuten-Ordre — war später abgegangen, als die späteste derjenigen, in welcher er seine Absicht zurückzugehen ausgesprochen hatte. Demnach hatte Porter seinem Vorgesetzten schon allen Aufschluss zu teil werden lassen, den zu geben ihm möglich war, und es blieb ihm nichts übrig, als zu gehorchen.[1]) Diese Bewegung des Corps Porter am Morgen des 30. August war der Beginn der unglücklichen Operationen jenes Tages. Das Corps, welches die linke Flanke der Armee Popes gedeckt hatte, wurde aus seiner richtigen Stellung fortgezogen, und dadurch rechter Flügel und Flanke dem Angriff erheblich überlegener Kräfte des Feindes blosgestellt, es wurde nach der Mitte des Schlachtfeldes gebracht und ‚zur Verfolgung des Feindes' vorgeschickt."

Nachdem sich der Bericht noch weiter mit den Kämpfen des 5. Armee-Corps am 30. August beschäftigt hat, sagt er weiter:

„Diese Ereignisse des 30. wurden von den Verhandlungen des Kriegsgerichts ausgeschlossen, aber die Gerechtigkeit fordert, dass sie hier erwähnt werden, da sie von grosser Bedeutung für die Frage des Geistes, in welchem Porter handelte, sind, womit sich der Judge-Advokat so eingehend in seinem (für den Präsidenten bearbeiteten) Abriss des Falles Porter beschäftigt hat.

„Das Vorangegangene ist die einfache Geschichte des Anteils, welchen Porter und sein Corps an den Ereignissen nahm, welche den nachfolgenden Anklagen, Spezifikationen, Entscheidungen etc. zur Grundlage dienten."

Hier folgt der Wortlaut der Anklagen mit ihren Spezifikationen, der Wahrsprüche des Gerichts, des Urteils und der Bestätigungsordre, und der Bericht schliesst dann:

„Diese Anklagen und Spezifikationen haben sicherlich keine wahrnehmbare Ähnlichkeit mit den Thatsachen des Falles, wie sie jetzt festgestellt sind. Demnach war es unsere Pflicht, die Ansichten, welche das Kriegsgericht beherrschten, und wie sie in den Wahrsprüchen und den vom Judge-Advokat, welcher die Anklage vertreten hatte, für den Präsidenten verfassten Abriss des Falles zu Tage traten, sorgfältig mit diesen Thatsachen zu vergleichen, und so jeden Irrtum, in welchen das Kriegsgericht verfiel, deutlich wahrzunehmen. Wir vertrauen, dass es nicht notwendig sein wird, die Ergebnisse dieses Vergleichs in allen Einzelheiten vorzulegen, und dass es hin-

---

[1]) Weil er annehmen musste, dass die Ordre unter voller Kenntnis der Situation erlassen sei.

reichend sein wird, wenn wir auf die Grundirrtümer hinweisen und erklären, dass alle wesentlichen Thatsachen in jedem einzelnen Falle in klarem und unversöhnlichem Gegensatz zu den angenommenen Thatsachen stehen, auf Grund deren Porter schuldig befunden wurde.

„Die Grundirrtümer, von denen die Überführung des General Porter abhing, können mit wenigen Worten aufgezählt werden. Es wurde behauptet und anscheinend zur Befriedigung des Kriegsgerichts bewiesen: dass nur ungefähr die Hülfte der konföderierten Armee am 25. August auf dem Felde von Manassas anwesend war, während General Lee sich mit der andern Hülfte noch jenseits der Bull Run Berge befand; — dass General Popes Armee, mit Ausnahme des Corps Porter, in einem heftigen und beinahe gleichen Kampfe mit dem Feinde stand, und dass es nur eines Flankenangriffs, welcher von Porter erwartet wurde, bedurft hätte, um die Niederlage und Vernichtung oder Gefangennahme der konföderierten Streitkräfte unter Jackson sicher zu stellen; -- dass Mc Dowell und Porter mit ihren vereinten Kräften, mit denen Porters an der Spitze, gegen Gainesville vorgegangen seien, bis die Spitze ihrer Kolonne einen Punkt in der Nähe der Warrenton-Chaussee erreicht hatte, wo sie eine Division konföderierter Truppen fanden, ‚siebzehn Regimenter‘, welche Buford gezählt hatte, als sie durch Gainesville passierten und nach dem Schlachtfeld bei Groveton marschierten; — dass Mc Dowell Porter befahl, sofort diese auf dem Marsch zur Verbindung mit Jackson befindliche Kolonne, oder, wenn sie schon aufmarschiert waren, Flanke und Rücken der Linie anzugreifen, während er selbst seine eigenen Truppen die Sudley Springs Strasse hinaufführen und gegen das Centrum des Feindes in der Nähe von Groveton werfen wollte; — dass Porter, nachdem sich Mc Dowell von ihm getrennt hatte, gegen diesen Befehl ungehorsam war, jener Division des Feindes gestattete, unbelästigt an ihm vorbeizumarschieren und dann in der Richtung nach Manassas Junction zurückging; — dass Porter in dieser zurückgezogenen Stellung den ganzen Nachmittag verblieb, auf den Lärm der Schlacht hörte und in aller Ruhe Betrachtungen über eine angenommene Niederlage seiner Kameraden im Centrum und auf dem rechten Flügel anstellte; — dass, nachdem diese Division des Feindes Porters Kolonne passiert und sich am rechten Flügel Jacksons in der Nähe von Groveton formiert hatte, ein Befehl an Porter geschickt wurde, die rechte Flanke und den Rücken des Feindes, auf welche seine Marschrichtung ihn bringen müsse, anzugreifen, dass er aber gegen diesen Befehl mit vollem Bewusstsein ungehorsam war und keinen Versuch machte, denselben auszuführen: — dass dadurch die Gelegenheit verloren ging, Jacksons detachiertes Corps zu schlagen, ehe der andere Flügel von General Lees Armee sich mit ihr vereinigen konnte und dass, nachdem diese Vereinigung in der Nacht des 29. bewirkt war, die Niederlage der Armee Popes am 30. eine Folge von Porters Nachlässigkeit und Ungehorsam war.

„Im Gegensatz zu diesen Grundirrtümern sind folgende überaus wichtige Thatsachen festgestellt:

„Als Porter in der Richtung auf Gainesville vorging und während er sich noch beinahe vier Meilen von diesem Orte und mehr als zwei Meilen von dem nächsten Punkte der Warrenton Chaussee entfernt befand, stiess er auf den rechten Flügel der konföderierten Armee, 25 000 M. stark, welcher am Morgen auf dem Schlachtfeld angekommen war und schon in Schlachtlinie stand. Da er in diesem Augenblick noch nicht vollständig über die Bewegungen des Feindes unterrichtet war und unter dem Befehl Popes handelte, rasch in der Richtung auf Gainesville vorzugehen, drängte Porter vorwärts, um den vor ihm stehenden Feind anzugreifen, als Mc Dowell an Ort und Stelle mit neueren Nachrichten über den Feind und späteren und ganz verschiedenen Befehlen Popes eintraf, das Kommando übernahm und Porters Vorgehen zum Stillstand brachte. Diese neueren Nachrichten gestatteten keinen Zweifel mehr, dass die Hauptmasse der Armee Lees sich bereits auf dem Schlachtfelde befand und Pope in den Vorbereitungen zur Schlacht weit überholt hatte. General Mc Dowell entschied rasch, keinen Versuch zu machen, weiter vorzudringen, sondern seine Kolonne so zu entwickeln, dass die Verbindung mit Popes rechtem Flügel hergestellt wurde, welcher im Kampfe mit Jackson stand. Um dies auszuführen, trennte Mc Dowell sein Corps vollständig von dem Porters und gab das Kommando und jedes Recht, Porters Corps zu kommandieren, auf. Mc Dowell gab Porter keinen Befehl anzugreifen, noch überhaupt irgend welchen Befehl, nach welchem dieser seine Handlungsweise nach der Trennung regeln sollte.

„Aus den Zeugenaussagen geht nicht hervor, dass er dem General Porter in irgend einer Weise die irrtümliche Auffassung der militärischen Sachlage mitteilte, welche vor dem Kriegsgericht aufrecht erhalten wurde, noch dass er General Porter gegenüber irgend eine Erwartung andeutete, er würde einen Angriff machen. Im Gegenteil, die Aussagen sämmtlicher Zeugen über das, was wirklich gesagt und gethan wurde; die Kenntnis, welche Mc Dowell und Porter in betreff des Feindes hatten und die Bewegung, welche Mc Dowell beschlossen hatte auszuführen und mit seinen Truppen wirklich ausführte, beweisen endgültig, dass in Porters Geist kein Zweifel darüber aufkommen konnte, es sei seine Pflicht, sich defensiv zu verhalten und seine Stellung zu behaupten bis Mc Dowells Bewegung ausgeführt sei. Es würde einen grossen Mangel an militärischem Urteil gezeigt haben, in der Situation, wie sie zur Zeit Mc Dowell und Porter wohl bekannt war, das Gegenteil zu thun oder anzuordnen.

„General Pope scheint, nach seinen Befehlen und seinem Zeugnis zu urteilen, zu jener Zeit in völliger Unkenntnis über die wahre Sachlage gewesen zu sein. Er hatte die Absendung der Division Ricketts gegen Thoroughfare Gap um Longstreet am 28. entgegenzutreten missbilligt, weil er glaubte, dass die Hauptmasse der Armee Lees das Feld von Manassas nicht vor dem 30. abends erreichen könne. Deshalb schickte er den von 4 Uhr 30 Minuten datierten Befehl an Porter, Jacksons rechte Flanke und Rücken anzugreifen.

Glücklicherweise erreichte dieser Befehl Porter nicht vor Sonnenuntergang — zu spät, um noch irgend welchen Angriff zu machen. Jeder Angriff, welchen Porter zu irgend einer Zeit am Nachmittag machen konnte, wäre notwendigerweise aller guten Resultate bar geblieben. Porters treues, gehorsames und intelligentes Benehmen an diesem Nachmittag rettete die Unions-Armee vor einer Niederlage, welche an jenem Tage eine Folge der rascheren Concentration des Feindes gewesen wäre. Die einzige ernstlich kritische Periode dieses Feldzugs, nämlich die Zeit zwischen 11 Uhr vormittags und Sonnenuntergang des 29. August, ging so glücklich vorüber. Porter hatte die militärische Situation verstanden und gewürdigt und, so weit er nach eigenem Urteil gehandelt hatte, war sein Verfahren weise und verständig. Für das Unglück des folgenden Tages war er in keiner Weise verantwortlich. Wem sonst auch die Verantwortung aufgebürdet werden muss, es war keine Folge einer Handlung oder Unterlassung Porters. „Das Urteil des Kriegsgerichts über General Porters Benehmen. war offenbar auf sehr irrtümliche Eindrücke gegründet, nicht nur in bezug darauf, wie dies Verhalten und was die Befehle waren, sondern auch in Beziehung auf alle Umstände, unter denen er handelte. Dies ist ganz besonders wahr in Bezug auf den Charakter der Kämpfe des 29. August. Diese Kämpfe bestanden aus einer Anzahl von scharfen und tapferen Treffen zwischen kleineren Teilen der gegenüberstehenden Streitkräfte. Sie waren von kurzer Dauer und von einander getrennt durch lange Pausen, welche mit Plänkeleien und Artillerie-Duellen ausgefüllt wurden. Bis nach 6 Uhr abends war zu irgend einer Zeit nur ein kleiner Teil der beiderseitigen Truppen engagiert. Etwa bei Sonnenuntergang trat auf jeder Seite noch eine Division in der Nähe von Groveton in den Kampf. Das Gewehrfeuer dieses letzten Gefechts und Hurrarufen der Konföderierten, etwa zur Zeit der Dunkelheit, wurde von den Offizieren von Porters Corps deutlich gehört, aber zu keiner andern Zeit während des ganzen Nachmittags war das Gewehrfeuer so, dass es bei Porters Stellung gehört werden konnte. · Kein Lärm, als der von Artillerie, wurde während all' der Stunden gehört, wo Porter, nach Ansicht des Kriegsgerichts, ruhig dem Getöse der unmittelbar zu seiner Rechten tobenden wütenden Schlacht lauschte. Und dieser Kanonendonner war keineswegs derart, dass er auf eine allgemeine Schlacht schliessen liess.

„Die Berichte über den 29. und die über den 30. August sind in eigentümlicher Weise mit einander verwechselt worden. Selbst die Berichte der Konföderierten sind nach Beendigung des Krieges ähnlich falsch verstanden worden. Die vom 30. sind irrtümlicherweise auf den 29. bezüglich angeführt worden, um zu beweisen, dass eine wütende Schlacht geschlagen wurde, während Porter sich am 29. verhältnismässig unthätig verhielt. Der heftige und tapfere Kampf seiner eigenen Truppen am 30. ist auf diese Weise benützt worden, um den ursprünglichen Irrtum aufrecht zu halten, durch den er verurteilt wurde. General Porter wurde thatsächlich verurteilt, weil er an seiner eigenen Schlacht nicht teil genommen hatte. Das war der Irrtum, auf Grund dessen er des schmachvollsten dem Soldaten bekannten Verbrechens für schuldig befunden wurde. Wir glauben, nicht einer unter all' den tapferen Soldaten auf jenem blutigen Feld verdiente eine solche Verurteilung weniger als er.

„Der Beweis des schlechten Geistes (*bad animus*) Porters ist angesichts der Beweise für sein echt soldatisches und treues Benehmen nicht mehr von Bedeutung. Allein, es ist unsere Pflicht es auszusprechen, dass die unvorsichtige und unfreundliche Sprache, in welcher General Porter sein Misstrauen in die Fähigkeiten seines vorgesetzten Kommandeurs zum Ausdruck brachte, nicht entschuldigt werden kann.[1]) Und diesem Mangel an Vorsicht ist in hohem Masse die falsche Auffassung seiner Motive wie seines Benehmens, sowie seine daraus folgende Verurteilung zuzuschreiben.

„Nachdem wir so die Gründe für unsere Schlussfolgerung gegeben haben, haben wir die Ehre, im Verfolg des Befehls des Präsidenten, zu berichten, dass, nach unserer Meinung, die Gerechtigkeit von ihm solche Schritte verlangt, wie sie notwendig erscheinen mögen, um die Wahrsprüche und das Urteil des Kriegsgerichts gegen den Major-General Fitz-John Porter zu annullieren und zu beseitigen und ihn wieder in die Stellungen einzusetzen, deren ihn dieses Urteil beraubt hat — und dass diese Wiedereinsetzung vom Tage seiner Entlassung aus dem Dienste gerechnet werden sollte.“

Wenn ein Offizier durch ein vom Präsidenten befohlenes Kriegsgericht zur Dienstentlassung verurteilt wird, so kann nach amerikanischem Gesetz eine Wiederanstellung nur durch förmliches Gesetz, d. h. durch eine von beiden Häusern des Kongresses angenommene Bill stattfinden. Präsident Hayes konnte also dem Antrag des Revisions-Ausschusses nicht ohne weiteres Folge geben. Alles, was er thun konnte, war, die Angelegenheit dem Kongress zu unterbreiten. Dies geschah am 5. Juni 1879 unter Vorlage des gesamten Aktenmaterials und des Schlussberichts, aber es dauerte bis spät in das Jahr 1880 hinein, ehe die Sache im Senat zur Verhandlung kam, und ein Gesetzentwurf zur Annahme gelangte. In der Einleitung derselben wird der Schlusssatz des Ausschussberichts wiederholt und es heisst dann weiter: „... und in Erwägung, dass der Präsident die Verhandlungen und Schlussfolgerungen des Ausschusses dem Kongress mit einer Botschaft vorlegte, in welcher er erklärte, dass er, weil er keine Befugniss habe, den Vorschlägen des Berichts eine weitere Folge zu geben, als dieselben dem Kongress vorzulegen, die genannten Verhandlungen und Schlussfolgerungen dem Kongress zur Information und solcher Beschlussfassung, als nach seiner Weisheit geeignet und gerecht scheint, übersende, so wird

„Beschlossen: dass der Präsident hiermit ermächtigt sein soll, innerhalb 18 Monaten nach Annahme dieses Gesetzes und nicht später, nach und mit dem Rat und der Zustimmung des Senats, Fitz-

---

[1]) Bezieht sich auf die Depeschen an Burnside, von denen S. 285 u. ff. die Rede war.

John Porter, welcher durch den Spruch eines Kriegsgerichts am 19. Januar 1863 aus dem Dienste entlassen war, wieder in der Armee einzustellen, unter dem Vorbehalt jedoch, dass durch eine solche Anstellung kein höherer Rang als Oberst[1]) auf der Pensionsliste verliehen wird und weiter unter dem Vorbehalt, dass der genannte Porter keinen Gehalt, Entschädigung oder Abfindung für die Zeit zwischen seiner Entlassung und Wiederanstellung empfangen soll."

Im Repräsentantenhaus, wo die radikale Partei die Oberhand hat, welche den alten Groll gegen McClellan und seine Freunde nicht fahren lassen will, kam der vorliegende Entwurf nicht zur Annahme.

Ob Porter weitere Anstrengungen machen wird, dass dem Bericht des Revisions-Ausschusses auch die im Schlusssatz beantragte praktische Folge gegeben werde, muss dahin gestellt bleiben. Seine Freunde raten ihm nicht dazu. Am 4. März 1881 hat James B. Garfield den Präsidentenstuhl der Vereinigten Staaten bestiegen, der im Januar 1863 als General in der Freiwilligen-Armee Mitglied des Kriegsgerichts war, welches Porter verurteilte, und da der in Aussicht genommene Gesetzentwurf die Wiederanstellung Porters nicht einfach dekretiert — was übrigens auch ein Eingriff in die Rechte des Präsidenten wäre —, sondern diesem nur die Befugnis zur Wiederanstellung erteilt, so wäre es fraglich, ob Garfield von dieser Befugnis Gebrauch machen würde.

Für Porter ist das wesentlichste erreicht. Seine Ehre ist durch den Ausspruch eines aus hochangesehenen, unabhängigen und unparteiischen Offizieren bestehenden Ausschusses, nach peinlichst gewissenhafter Prüfung, nicht allein ganz und voll wiederhergestellt, sondern es ist von demselben auch ausgesprochen, dass das Benehmen, für welches er verurteilt wurde, nicht nur kein Vorwurf, weit weniger Grund zu einer schweren Anklage geben konnte, sondern im Gegenteil die höchste Anerkennung verdiente. So angenehm es für ihn wäre, wenn diesem Ausspruch durch Wiederanstellung öffentliche Anerkennung vor der Nation gegeben würde, so ist das doch weniger wesentlich und Porter kann sich recht gut mit dem begnügen, was er erreicht hat. —

Als ich die vorliegende Periode des Nordamerikanischen Bürgerkrieges zuerst studierte, war ich von der schweren Verschuldung Porters fest überzeugt. Einer sich dann und wann geltend machen wollenden milderen Beurteilung seines Benehmens stellte sich immer wieder die Erwägung entgegen, dass ein aus neun unabhängigen ehrenhaften Generalen zusammengesetztes Kriegsgericht, welches Porter für schuldig erklärt und zu einer entehrenden Strafe verurteilt hatte, sich unmöglich so schwer geirrt haben könne. Erst der gehässige Ton, welcher in den gegen Porter gerichteten Publikationen Popes angeschlagen wird, machten mich misstrauisch gegen die Gerechtigkeit der Sache des letzteren. Im Verlaufe der weiteren eingehenderen

---

[1]) Bei seiner Verurteilung war Porter in der regulären Armee Oberst. gewesen. Major-Generals-Rang hatte er nur in der Freiwilligen-Armee.

Studien kam ich allmählich zu einer Auffassung, welche der im Werke des Grafen von Paris zum Ausdruck gelangten nahe stand. Das Bekanntwerden der Verhandlungen des Revisions-Ausschusses und das dabei zu Tage gekommene Beweismaterial aber hat mir endlich die Überzeugung unabweisbar aufgedrängt, dass Porters Verhalten das allein richtige, und das über ihn gefällte Urteil ein irrtümliches war, sodass ich den Schlussbericht dieses Ausschusses ganz und voll als der Sachlage und der Wahrheit entsprechend anerkennen muss. Zugleich kann ich mich der weniger erfreulichen Ansicht nicht verschliessen, dass Pope und Mc Dowell gegen besseres Wissen den Glauben an Porters Schuld aufrecht erhalten haben. Ich will nicht sagen, dass sie schon zur Zeit des Kriegsgerichts von der Grundlosigkeit der gegen Porter erhobenen Anklage überzeugt waren. Gegen eine solche Annahme sträuben sich alle Instinkte eines ehrenhaften Mannes, und ich bin deshalb überzeugt, dass sie zu jener Zeit in gutem Glauben gehandelt haben.

Anderseits ist aber unmöglich anzunehmen, dass zwei Generale, die einen so hervorragenden Anteil an dem Feldzug genommen hatten, nicht alle die zahlreichen Publikationen offizieller auf den Feldzug bezug habender Aktenstücke gelesen und studiert haben sollten, die seit jener Zeit veröffentlicht sind. Dann aber musste notwendigerweise mindestens ein starkes Misstrauen in die Richtigkeit vieler von ihnen zum Nachteil Porters aufgestellter und verfochtener Behauptungen und in die Gerechtigkeit des schweren, über ihren einstigen Waffengeführten gefällten Urteils in ihnen aufsteigen, und das hätte sie unmittelbar veranlassen müssen, Alles zu thun, was in ihren Kräften stand, um die Sache aufzuklären, die Wahrheit festzustellen und die Schmach, welche auf einen Unschuldigen gehäuft war, diesem abzunehmen. Ich bin leider gezwungen gewesen, nachzuweisen, dass Pope und Mc Dowell anders dachten, und Alles thaten, die Aufklärung zu verhindern. Das Urteil über ein solches Verhalten überlasse ich dem Leser.

Wenn es mir gelungen ist, diesen von der Schuldlosigkeit Porters zu überzeugen, so wird er sich mit mir freuen, dass einem unschuldig Verurteilten eine, wenn auch späte, so doch vollständige und glänzende Rechtfertigung zu teil geworden ist, und dann ist eine der Aufgaben, welche ich mir mit der vorliegenden Arbeit gestellt hatte, gelöst. Die andere war, dem Leser eine möglichst richtige und klare Darstellung des Feldzugs in Virginien im August 1862 zu geben, und auch in bezug auf diese, wage ich mich der Hoffnung hinzugeben, dass mir ihre Lösung annähernd gelungen ist.